601 FRENCH VERBS

Dr. Anne-Catherine Aubert
with
Dr. Lori Langer de Ramírez
Nicky Agate, M.A.
Sophie Bizard, M.A.
Matthew Mergen, M.A.
Madeline Turran, M.A.

Berlitz Publishing
New York Munich Singapore

601 French Verbs

Contacting the Editors
Every effort has been made to provide accurate information in this publication, but changes are inevitable. The publisher cannot be responsible for any resulting loss, inconvenience, or injury. We would appreciate it if readers would call our attention to any errors or outdated information by contacting Berlitz Publishing, 193 Morris Avenue, Springfield, NJ 07081, USA.
Email: comments@berlitzbooks.com

First Printing: June 2010
Printed in Canada

Publishing Director: Sheryl Olinsky Borg
Project Manager/Editor: Nela Navarro
Editorial: Nicky Agate, Sophie Bizard, Matthew Mergen
Production Manager: Elizabeth Gaynor
Cover Design: Claudia Petrilli, Leighanne Tillman
Interior Design/Art: Claudia Petrilli and Datagrafix, Inc.

Table of Contents

About the Authors

Dr. Anne-Catherine Aubert

Dr. Anne-Catherine Aubert is a professor of French language and literature at Princeton University. Dr. Aubert holds a licence ès lettres in History, French and German from the University of Neuchatel, Switzerland. She received an M.A. in French from Indiana University and a Ph.D. in French from Rutgers, The State University of New Jersey. She participates in workshops and conferences on the importance of integrating current technologies into the teaching of foreign languages and cultures.

Dr. Lori Langer de Ramírez

Dr. Lori Langer de Ramírez holds a Master's Degree in Applied Linguistics and a Doctorate in Curriculum and Teaching from Teachers College, Columbia University. She is currently the Chairperson of the ESL and World Language Department for Herricks Public Schools in New Hyde Park, N.Y. Dr. Langer de Ramírez is the author of several Spanish-language books and texts and has contributed to many textbooks and written numerous articles about second language pedagogy and methodology. Her interactive website, www.miscositas.com, offers teachers over 40 virtual picturebooks and other curricular materials for teaching foreign languages.

Nicky Agate, M.A.

Nicky Agate currently teaches French language and literature at Rutgers University in Newark, N.J., where she also serves as the faculty advisor to the French Club. Ms. Agate has an M.A. in French from New York University and an M.F.A. in Literary Translation from the University of Iowa. A published translator and journalist, she has also travelled, studied and taught extensively in France.

Sophie Bizard, M.A.

Sophie Bizard is currently teaching French in Madrid, Spain at the Madrid School of Foreign Languages. Ms. Bizard has an M.A. in Teaching French as a Foreign Language and a B.A. in Chinese Language and Literature. She has taught French in China at Nanjing Science and Technology University and Shanghai School of Foreign Languages, and in Cambodia at Royal University of Law and Economics.

Matthew Mergen, M.A.

Matthew Mergen is a French teacher at North Plainfield High School and Middle School in North Plainfield, N.J., where he has taught all levels of French from beginner to Advanced Placement. Mr. Mergen has an M.A. in French from Middlebury College and a B.A. in French and English from the University of Notre Dame. He has studied in France at the Université de Paris X – Nanterre and the Université Catholique de l'Ouest and worked as an international student advisor at the Franco-American Commission for Educational Exchange in Paris.

Madeline Turran, M.A.

Madeline Turan is currently a full-time lecturer at the State University of New York at Stony Brook, teaching French, Foreign Language Pedagogy and supervising Student Teachers. She holds a Bachelor of Arts in French and Secondary Education from D'Youville College in Buffalo, N.Y., a Master of Arts in French and Secondary Education from Long Island University.

Reviewers

Berlitz Publishing is grateful for the valuable comments and suggestions made by the team of teacher and student reviewers during the stages of development. Their contributions, expertise, experience and passion for the French language are clearly reflected in this important project.

Mille mercis!

Teachers

Molly Brooks, East Chapel Hill High School, Chapel Hill, North Carolina

Kari Evanson, New York University, New York, New York

Michel Pasquier, Herricks High School, New Hyde Park, New York

Debra Soriano, North Plainfield High School, North Plainfield, New Jersey

Students

Nora Asamoah, Stony Brook University, Stony Brook, New York

Megan Fischer, Stony Brook University, Stony Brook, New York

Kerstin Gentsch, Princeton University, Princeton, New Jersey

Katy Ghantous, Princeton University, Princeton, New Jersey

Dear Student,

As with everything in life, if you want to become good at something, you have to practice. Learning French is the same: it is crucial to your growth that you practice the language in many different contexts. For example:

- *watching French language television and listening to French language songs*
- *listening to French language radio broadcasts and podcasts*
- *reading French language books, stories and newspaper magazine articles*
- *and, most importantly: engaging native speakers of French in conversation*

These are all critical ways to immerse yourself with the structures and vocabulary of French. Along with this authentic practice is the need for precision – and this is where 601 French Verbs *can help you to improve your fluency. When you are through producing a story, an essay, a blog entry or an email in French, consult* 601 French Verbs *to ensure that your message is being communicated correctly. A good understanding of the verb tenses, their conjugations and their structures will enable you to express yourself freely and correctly. And, take some time to work through the activities at the end of* 601 French Verbs. *They are aimed at assessing your understanding of the use of verbs in real-life contexts, such as conversations and short stories.*

It is our hope that 601 French Verbs *will become an invaluable source of information for you during your years on the road to French fluency.*

It is also our hope that your road will be paved with the joy of learning and the wonder of communicating in a new language.
Bonne chance!

- Dr. Anne-Catherine Aubert and Dr. Lori Langer de Ramírez

Dear Teacher,

It is so exhilarating to watch our students grow and thrive in their study of the French language. We watch in awe as they master subject-verb agreement and we smile with delight when they finally grasp the subjunctive mood! But there are also trying times on the road to French proficiency. Understanding the many different tenses and conjugations in the target language can prove challenging to many students. This is where 601 French Verbs *can serve as an important source of support and encouragement for our students.*

601 French Verbs *is an essential book for your students and you to use as a reference at home, in the classroom or at the library. We all recall times when a student wants to say or write something in French, but just doesn't have the verb paradigm mastered quite yet. While communication can certainly take place without this precision of language, it is less likely to be successful and can often frustrate students. By having* 601 French Verbs *handy when students are working in the language, teachers can help scaffold the language that students have already acquired. Students can check their work using the book, as well as use it for reference as they create essays, blog entries, original creative writing pieces and other writing or oral productions in the French classroom.*

601 French Verbs *can help students to feel secure in the language while also providing valuable information and practice that can lead to more advanced proficiency in French. We all know that a secure student is a student who is open to learning more. It is our hope that this book serves as an important resource for students as they continue on their road to French proficiency.*

- Dr. Anne-Catherine Aubert and Dr. Lori Langer de Ramírez

How to Use This Book

Welcome to *601 French Verbs*! This is *the* verb reference book for today's student. This book was created to help you learn the French verb system, not for the sake of studying French verbs, but so that you can communicate and enjoy speaking French! *601 French Verbs* will help make studying easier and also provide you with opportunities to improve, practice and even have fun *en français*.

Learn to make the most of this book by becoming familiar with the contents. Go back to the Table of Contents (TOC) on page 3. The TOC will help you navigate and locate the following sections in this book:

About the Authors/Reviewers
You will notice that *601 French Verbs* is written by a team of experienced teachers committed to helping you learn French. The book was reviewed by another team of equally experienced teachers and engaged students from various schools and universities.

Letter to the Student/Letters to the Teacher
Dr. Anne-Catherine Aubert, one of the book's main authors, shares tips to help you practice French in different contexts. Dr. Anne-Catherine Aubert also tells you how *601 French Verbs* will help you improve your overall fluency in French, whether you are writing an essay, a blog, an email, a text message or prepping for an exam.

Verb Guide
The Verb Guide is a brief, clear, student-friendly overview of all the important parts of the French verb system. The Verb Guide also provides you with practical tips on how to place accents correctly to enhance your writing skills. It also provides useful Memory Tips to help you understand how important verbs, such as *être*, are used.

Alphabetical Listing of 601 Verbs
601 French Verbs provides an alphabetical listing of 601 of the most commonly-used French verbs in academic, professional, and social contexts. Each verb page provides an English translation of the French verb. The verb conjugations have endings that are highlighted for easy reference, which in turn makes learning the conjugations of the different tenses much easier!
We have identified 75 of the most useful and common French verbs. These "75 Must Know Verbs" are featured with a blue background for easy reference. In addition, the authors have written Memory Tips to help you remember key verbs. These verbs are also marked for easy reference.

French Verb Activities/Answer Key

The activity pages provide you with a variety of accessible and practical exercises that help you practice both the conjugation and usage of verbs. There is an Answer Key on page 686 so that you can check your own answers.

Must Know Verbs

You will find a list of Must Know Verbs. These verbs are 75 of the most useful and common French verbs. Remember, these verbs are marked for easy reference in the body of the book.

Tech Verb List

Here, you will find a list of verbs commonly used when talking about technology. Now you can send email, download a podcast, open documents and use search engines in French!

French Text Messaging

Time to have fun in French! Use this text-messaging guide to text *en français.* You can also use this text-messaging guide when writing emails or communicating on social-networking sites.

Test Prep Guide

The Test Prep Guide offers a quick bulleted list of helpful strategies for test prep for French and for your other classes. These tips will help you before, during and after the exam. *Bonne chance!*

Index of over 2500 French Verbs Conjugated Like Model Verbs

At the beginning of the index, you will find a list of model verbs. We have included these verbs since most other French verbs are conjugated like one of these model forms. We suggest that you study these model verbs; once you know these conjugations, you will be able to conjugate almost any verb!

The index provides an additional 2500 verbs used in French. Each verb includes an English translation. The English translation is followed by a number, for example: *103*. The number 103 refers to the page where you will find the conjugation of the verb *appeler*. The verb *renouveler* is conjugated like the model verb *appeler*.

iPod Instructions

Use your iPod to communicate instantly in French! The free software that accompanies *601 French Verbs* gives you access to hundreds of words, phrases and useful expressions. See page 734 for more information.

iPhone and iPod touch Instructions

The free download that accompanies *601 French Verbs* enables you to use your iPhone and iPod touch to conjugate essential French verbs in the palm of your hand! See page 735 for more information.

Verb Guide Table of Contents

Verb Guide

Introduction

The purpose of this book is to help you understand and successfully navigate the French verb system. There are three broad concepts that you need to understand to help you do this, and they are the following:

- What is meant by "conjugating" a verb
- What is meant by "tense" and how the French verb tenses work
- What is meant by "mood" and how the indicative, subjunctive and imperative moods are used in French

In this introduction, you will learn about these three concepts, and you will see that what appears to be a dauntingly complicated system is really quite simple once you understand the key, which is the use of patterns. Armed with your knowledge of patterns in the French verb system, you will be able to use this book to help you communicate well in French.

List of tenses

English/English explanation	French/French example using "parler" (to speak)
present indicative (what you do/are doing)	présent de l'indicatif (*je parle*)
imperfect indicative (what you used to do/were doing)	imparfait de l'indicatif (*je parlais*)
present perfect (what you have done)	passé composé (*j'ai parlé*)
future (what you will do)	futur simple (*je parlerai*)
conditional (what you would do)	conditionnel présent (*je parlerais*)
preterite (what you did)	passé simple (*je parlai*)
past perfect (what you had done)	plus-que-parfait (*j'avais parlé*)
preterite perfect (what you had done)	passé antérieur (*j'eus parlé*)
future perfect (what you will have done)	futur antérieur (*j'aurai parlé*)
conditional perfect (what you would have done)	conditionnel passé (*j'aurais parlé*)
present subjunctive	*présent du subjonctif (*je parle*)
imperfect subjunctive	*imparfait du subjonctif (*je parlasse*)
present perfect subjunctive	*passé du subjonctif (*j'aie parlé*)
past perfect subjunctive	*plus-que-parfait du subjonctif (*j'eusse parlé*)

*Translation of these tenses will vary with the context. See examples in sections on the uses of the subjunctive mood.

What is conjugation?

Let's start by thinking about what you know about verbs in general. You know that they are sometimes called "action words" and that no sentence is complete without a verb. In English, verbs almost always have a subject or word that does the action of the verb; the same is the case in French (except in the imperative, or command form – see p. 24). Without the subject, the sentence is incomplete.

The infinitive

In French, the basic form of a verb that you will see when you look in the dictionary is called an infinitive. This form has no subject, because it is unconjugated; but it carries the basic meaning of the verb, the action. In French, all infinitives end in "-er," "-ir" or "-re," and each one of these endings indicates how you will conjugate or change the verb to make it agree with a subject. While there are times when you will leave the verb in the infinitive form, most of the time you will need to change the infinitive ending to agree with its subject and to show a tense. Once you learn the basic pattern that all French verbs follow for conjugation, you will see that changing a subject or a tense is very simple. Even irregular verbs will follow this simple pattern.

When can you leave a verb in the infinitive, or unconjugated, form?

- An infinitive may act like an English gerund. A gerund is a verb form that is used as a noun. In the English sentence "*Running* is good for your health," the subject of the sentence is the gerund "running." In French, however, you use an infinitive to express the same idea: "*Courir, c'est bon pour la santé.*"

The Past Infinitive

The past infinitive is formed by taking the infinitive form of "avoir" or "être" and adding the past participle of the verb. It is used after the preposition "après" (après avoir mangé = after having eaten) and to express a previous action, where English would often, but not always, use a gerund. Negative expressions always come before a past infinitive.

Elle a parlé sans avoir pensé.	She spoke without thinking.
Je vous remercie d'être venus.	I thank you for coming.
Nous sommes contents de ne pas avoir manqué le concert.	We are glad we didn't miss the concert.

- An infinitive is frequently used as a complement to a conjugated verb. A complement is a second verb form that completes the meaning of the first verb, as in these examples:

  Je veux *travailler* le français. I want *to practice* French.
  Je dois *aller* au magasin. I have *to go* to the store.
  Je vais *étudier* demain. I am going *to study* tomorrow.

- An infinitive is often used after a preposition in French, where a gerund might be used in English:

  avant de *manger* before *eating*
  sans *parler* without *talking*

  Note that *après* always takes the past infinitive.

- An infinitive may also be used as a command, for example in recipes or on signs.

  Ajouter 3 cuillères à soupe. Add three tablespoons.
  Ne pas toucher. Do not touch.

- An infinitive can be used with an interrogative to form a question.

  Quoi *faire?* What *to do?*
  Où *aller?* Where *to go?*

How do I conjugate a verb so that I can use it in a sentence?

In order to master the conjugation pattern that all French verbs follow, you just need to learn the basic format. Here is a simple chart to help you visualize the pattern:

Singular forms	**Plural forms**
1st person = the one speaking/acting	1st person = the ones speaking/acting
2nd person = the one spoken to	2nd person = the ones spoken to
3rd person = the one spoken about	3rd person = the ones spoken about

In any tense, French verbs always have six forms, and they always follow this pattern. Which form you need to use depends on who or what the subject of the verb is, no matter what tense you are using. You can always use this pattern to help you understand and use verbs in French. It will never change, no matter what the verb or the tense.

Subject pronouns

The first thing you need to learn is the pattern for personal (or subject) pronouns in French, which are the same for all verb conjugations.

1st person singular = je (I)	1st person plural = nous (we)
2nd person singular = tu (you, singular & informal)	2nd person plural = vous (you singular & formal, you plural)
3rd person singular = il, elle, on (he, she, one)	3rd person plural = ils, elles, (they, masculine/they, feminine)

Notice that while in English there is only one way to say "you," in French there are two variations. That is because in French there is a social distinction between the two ways to address others, depending on how well you know someone. The second person singular subject pronoun indicates familiarity with a single person being addressed as "you," while the second person plural form indicates either a more formal relationship with a single "you" or a relationship with more than one person being addressed as "you" at any one time, be it formal or informal.

In all French-speaking countries, you use the "tu" form of the verb when you are addressing someone with whom you are on a first-name basis, like a friend or family member, especially someone younger. An exception would be when you address an older family member to whom you wish to show respect, like a grandparent. The "vous" form is used with strangers, people you know but with whom you have a more formal relationship, or with older people who deserves your respect, like your teacher. It is also used for all plural expressions of "you." In this book, "you" will be used to indicate a singular form ("tu" or "vous") and "you (pl.)" will be used to indicate a plural form ("vous").

You will also notice that the third person singular and plural pronouns in French ("il/elle" and "ils/elles") can generally be masculine (m) or feminine (f), another concept that is different from English. In French, all nouns have gender and number, and so do these personal pronouns.

What is meant by "tense" in French?

In any language, the verb's tense indicates the time frame for the action of the verb. In fact, in French the word for "tense" (temps) is also the word for "time." So, if you want to talk about what is going on now, you will choose the present tense. If you want to talk about what happened yesterday or last year, you will choose one of the two simple past tenses. If you want to talk about your life in twenty years, you will choose the future tense, and so on. This is the same in French as it is in English.

The Present Indicative Tense (le présent de l'indicatif)

Let's start with the present tense, which can be used to talk about current action or routine action. Verbs whose infinitives end in "-er" are called first conjugation verbs and are the most common type of verb in French. All "-er" verbs are conjugated the same way, unless they are irregular. A regular verb is simply one that follows the rules for conjugation, and an irregular verb does not follow those rules. Once you learn the pattern for each conjugation, you can apply it to any regular verb in that category. If a verb is irregular, you will use the same basic pattern, but you will have to memorize the irregular forms.

In order to conjugate a regular verb, you start with the infinitive stem, which is the infinitive minus the "-er," "-ir" or "-re." So, for the verb "parler" (to speak or talk), you remove the "-er" and get the infinitive stem "parl-." Then you simply add the present tense endings for "-er" verbs, which are given below:

-e	-ons
-es	-ez
-e	-ent

Here is the chart for the present tense conjugation of "parler":

je parle = I speak	nous parlons = we speak
tu parles = you speak	vous parlez = you, you (pl.) speak
il, elle, on parle = he speaks, she speaks, one speaks	ils, elles parlent = they speak

The translation of the present tense in French is pretty flexible. For example, "je parle" may mean "I speak," "I do speak" or "I am speaking," depending on the context.

In all verbs that begin with a vowel sound, "je" becomes "j'" (*j'aime*, not *je aime*).

Stem changes in the present tense

There is a special group of verbs in French that are called stem-changing verbs. This means that the infinitive stem of the verb has a change in its last vowel before the present tense endings are added. All stem-changing verbs are from the "-er" conjugation. The changes occur only in the forms in which the stem is stressed when the verb is pronounced, which includes all forms except for first and second person plural ("nous" and "vous").

There are six types of change possible.

"-eler" verbs: An example of the first of these changes (l→ll) is "appeler" (to call). The infinitive stem is "appel-." Before conjugating the verb, you will change the "l" to "ll," making the new stem "appell-." The chart of the present tense conjugation of "appeler" is below:

j'appelle* = I call	nous appelons = we call
tu appelles* = you call	vous appelez = you, you (pl.) call
il, elle, on appelle* = he calls, she calls, one calls	ils, elles appellent* = they call

Other verbs in this category include "épeler" (to spell), "rappeler" (to call back, to recall) and "renouveler" (to renew).
Notice that the regular endings for "-er" verbs have not changed.

"-eter" verbs: The second of these changes (t→tt) can be seen in a verb such as "jeter" (to throw). The infinitive stem is "jet-," changing to "jett-." The chart of the present tense conjugation of "jeter" is below:

je jette* = I throw	nous jetons = we throw
tu jettes* = you throw	vous jetez = you, you (pl.) throw
il, elle, on jette* = he throws, she throws, one throws	ils jettent* = they throw

Other verbs in this category include "feuilleter" (to leaf through), "projeter" (to project, to plan, to throw) and "rejeter" (to reject).

"-ayer" verbs: An example of the third group of stem-changing verbs is the verb "essayer." After the stem change (y→i) is made, the infinitive stem changes from "essay-" to "essai-" and the regular endings for "-er" verbs are used. The chart of the present tense of "essayer" is below:

j'essaie* = I try	nous essayons = we try
tu essaies* = you try	vous essayez = you, you (pl.) try
il, elle, on essaie* = he tries, she tries, one tries	ils, elles essaient* = they try

Other verbs in this category include "balayer" (to sweep), "effrayer" (to frighten) and "payer" (to pay).

"-oyer" and "-uyer" verbs: Like "-ayer" verbs, those ending in "-oyer" and "-uyer" change the "y" in the infinitive stem to an "i." An example of an "-oyer" verb would be "envoyer" (to send) and a "-uyer" verb "appuyer" (to lean, to press). These are conjugated in the present tense below:

j'envoie = I send	j'appuie* = I press
tu envoies* = you send	tu appuies* = you press
il, elle, on envoie* = he sends, she sends, one sends	il, elle, on appuie* = he presses, she presses, one presses
nous envoyons = we send	nous appuyons = we press
vous envoyez = you, you (pl.) send	vous appuyez = you, you (pl.) press
ils, elles envoient = they send	ils, elles appuient = they press

Other verbs in the "-oyer" category include "employer" (to use), "envoyer" (to clean), "noyer" (to drown) and "renvoyer" (to send back, to dismiss). The "-uyer" category includes such verbs as "essuyer" (to wipe) and "ennuyer" (to bore).

It is acceptable for "-ayer" verbs to keep the "y" in the present tense; however, it is more common to see the stem change with these verbs. All "-oyer" and "-uyer" verbs must make the stem change.

"e_er verbs": These are verbs with a mute "e" before a consonant. In such verbs, the "e" changes to an "è" in all but the "nous" and "vous" forms of the present tense. An example of such a verb is "acheter" (to buy), the present tense of which is conjugated in the chart below:

j'achète* = I buy	nous achetons = we buy
tu achètes* = you buy	vous achetez = you, you (pl.) buy
il, elle, on achète* = he buys, she buys, one buys	ils, elles achètent* = they buy

Other verbs in this category include "amener" (to bring [said of a person]), "emmener" (to take [said of a person]), "enlever" (to remove, to take off), "geler" (to freeze), "lever" (to lift), "mener" (to lead), "peser" (to weigh) and "promener" (to take for a walk).

"é_er" verbs: These are verbs with an "é" before the consonant in their stem. In such verbs, the "é" changes to "è" in all forms but the "nous" and "vous" forms of the present tense. In verbs that have two "é's" in their stem (such as "préférer"), only the second "é" changes to "è" (je préfère). One example of an "é_er" verb is "espérer" (to hope), conjugated below:

j'espère* = I hope	nous espérons = we hope
tu espères* = you hope	vous espérez = you, you (pl.) hope
il, elle, on espère* = he hopes, she hopes, one hopes	ils, elles espèrent* = they hope

Other verbs that work like "espérer" are "céder" (to yield), "célébrer" (to celebrate), "compléter" (to complete), "considérer" (to consider), "différer" (to differ), "exagérer" (to exaggerate), "pénétrer" (to penetrate, to enter), "posséder" (to possess), "préférer" (to prefer), "protéger" (to protect), "refléter" (to reflect), "répéter" (to repeat), "révéler" (to reveal) and "suggérer" (to suggest).

When you first learn a new verb in this book, the stem change will be indicated in parentheses after the infinitive as follows: "considérer" (è), to consider. The "è" lets you know what change to make in the verb's stem before adding present tense endings.

Spelling changes in the present tense (-cer, -ger)

French pronunciation requires that verbs whose stems end in "-cer" and "-ger" change their spelling before the letters "a," "o" and "u." In "-cer" verbs, the "-c" changes to a "-ç;" in "-ger" verbs, the "-g" changes to "-ge." The verbs "commencer" (to begin) and "manger" (to eat) are conjugated as examples below:

je commence = I begin	je mange = I eat
tu commences = you begin	tu manges = you eat
il, elle, on commence = he begins, she begins, one begins	il, elle, on mange = he eats, she eats, one eats
nous commençons = we begin	nous mangeons = we eat
vous commencez = you, you (pl.) begin	vous mangez = you, you (pl.) eat
ils, elles commencent = they begin	ils, elles mangent = they eat

Other spelling changing verbs include "annoncer" (to announce), "arranger" (to arrange), "avancer" (to advance), "changer" (to change), "déménager" (to move house), "déranger" (to bother), "effacer" (to erase), "encourager" (to encourage), "menacer" (to threaten), "nager" (to swim), "partager" (to share), "placer" (to place), "prononcer" (to pronounce), "ranger" (to put away), "remplacer" (to replace) and "voyager" (to travel).

Second conjugation verbs are those whose infinitives end in "-ir," and their present tense endings are slightly different than those of "-er" verbs. There are two types of "-ir" conjugations, one for verbs conjugated like "finir" (to finish)* and the other for verbs conjugated like "dormir" (to sleep). Here is the chart for these verbs:

Verbs like "finir" (to finish)	**Verbs like "dormir" (to sleep)**
-is	-s
-is	-s
-it	-t
-issons	-ons
-issez	-ez
-issent	-ent

*Most "-ir" verbs are conjugated like "finir." Verbs conjugated like "dormir," whose stem consonant is dropped in the singular but retained in the plural, include "courir" (to run), "mentir" (to lie), "partir" (to leave), "sentir" (to feel), "servir" (to serve) and "sortir" (to go out).

Here is the present tense conjugation for the verbs "finir" and "dormir":

je finis = I finish	je dors = I sleep
tu finis = you finish	tu dors = you sleep
il, elle, on finit = he finishes, she finishes one finishes	il, elle, on dort = he sleeps, she sleeps, one sleeps
nous finissons = we finish	nous dormons = we sleep
vous finissez = you, you (pl.) finish	vous dormez = you, you (pl.) sleep
ils, elles finissent = they finish	ils, elles dorment = they sleep

Second conjugation "-ir" verbs conjugated like "-er" verbs

A few "-ir" verbs are conjugated using the present tense "-er" verb endings; an example is the verb "ouvrir" (to open), conjugated in the present tense below:

j'ouvre = I open	nous ouvrons = we open
tu ouvres = you open	vous ouvrez = you, you (pl.) open
il, elle, on ouvre = he opens, she opens, one opens	ils, elles ouvrent = they open

Other verbs that are conjugated like "ouvrir" include "accueillir" (to welcome), "couvrir" (to cover), "cueillir" (to gather), "découvrir" (to discover), "offrir" (to offer) and "souffrir" (to suffer).

Third conjugation verbs are those whose infinitives end in "-re," and the chart for their present tense endings is below:

-s	-ons
-s	-ez
-	-ent

Here is the present tense conjugation of the verb "rendre" (to give back):

je rends = I give back	nous rendons = we give back
tu rends = you give back	vous rendez = you, you (pl.) give back
il, elle, on rend = he gives back, she gives back, one gives back	ils, elles rendent = they give back

Most irregular verbs in French are "-re" verbs.

The idea of action that began in the past but continues into the present may also be expressed using several special constructions in the present tense, such as the following which all mean, "We have been living here for five years.":
Ça fait cinq ans que nous habitons ici.
Nous habitons ici depuis cinq ans.
Il y a cinq ans que nous habitons ici.

Reflexive verbs in the present tense

Verbs whose subjects and objects are the same are called reflexive verbs, and in order to conjugate these verbs, you must add a reflexive pronoun that agrees with the subject pronoun. An example of this in English is seen in the constructions "I hurt myself" and "He saw himself in the mirror."

Below is a chart with all the reflexive pronouns:

me (myself)	nous (ourselves)
te (yourself)	vous (yourself, yourselves)
se (himself, herself, oneself)*	se (themselves)*

*Note that there is only one reflexive pronoun for third person verb forms, whether the verb is singular or plural.

You can see that the reflexive pronouns correspond to the subject pronouns and follow the same pattern. If the subject of a reflexive verb is "je," then the reflexive pronoun for that verb form must be "me." An example of a common reflexive verb is "se laver" (to wash oneself).

je me lave = I wash myself	nous nous lavons = we wash ourselves
tu te laves = you wash yourself	vous vous lavez = you wash yourself, you (pl.) wash yourselves
il, elle, on se lave = he washes himself, she washes herself, one washes oneself	ils, elles se lavent = they wash themselves

Notice that the appropriate reflexive pronoun is placed before the conjugated verb form. In the infinitive form of a reflexive verb, the pronoun precedes the infinitive, as in the sentence: "*Je vais me laver.*" (I am going to wash myself.)

In English, the reflexive construction is relatively uncommon, but in French it is extremely common. While in English we are more likely to use a possessive adjective (as in the expression, "I am washing my hands."), in French that same construction will be reflexive, without the possessive adjective ("*Je me lave les mains.*"). The use of the reflexive pronoun makes the possessive adjective redundant and unnecessary in French.

Almost any verb may be reflexive in French, under certain conditions. You can recognize a reflexive verb because the infinitive of the verb will be preceded by the reflexive pronoun "se" (or "s'" before a vowel), as in "s'appeler" (to call oneself). The verb "appeler" means to call, but when it is reflexive, it means to call oneself, as in the expression "*Comment tu t'appelles?*" or "What is your name?" (Literally, this expression means, "What do you call yourself?"). When you want to say, "My name is…," you can use this verb and say "*Je m'appelle….*"

There are several reasons why a verb may be reflexive:

- To create a truly reflexive construction in which the subject and the object are the same:

Elle se brosse les dents.	She is brushing her teeth.

- To distinguish between two verbs with different meanings:

Ma fille dort beaucoup.	My daughter sleeps a lot.
Ma fille s'endort à sept heures.	My daughter falls asleep at seven.

- To express reciprocal action when the subject is plural:

Les deux amis se parlent souvent.	The two friends talk to each other often.

- To express an impersonal situation in the third person:

Comment ça s'écrit?	How do you spell that?
Cela ne se fait pas.	That is not done.

Irregular forms in the present tense

There are some verbs that are completely irregular in the present tense, and you simply have to memorize their conjugations. Fortunately, most are very common verbs, which you will use so frequently that it doesn't take long to remember them. An example of this type of verb is the verb "aller" (to go):

je vais = I go	nous allons = we go
tu vas = you go	vous allez = you, you (pl.) go
il, elle, on va = he goes, she goes, one goes	ils, elles vont = they go

As you will see, sometimes a verb may be irregular and stem changing, irregular and reflexive, or reflexive and stem changing. What you can count on is that the patterns you have learned here will still apply. For example, consider the verb "s'ennuyer" (to get bored). It is a group one stem-changing verb (y→ie), and it is also reflexive. This means that when you conjugate this verb in the present tense, you must add the reflexive pronouns, and you must also change the stem before adding the regular present tense endings for an "-er" verb.

je m'ennuie = I get bored	nous nous ennuyons = we get bored
tu t'ennuies = you get bored	vous vous ennuyez = you, you (pl.) get bored
il, elle, on s'ennuie = he gets bored, she gets bored, one gets bored	ils, elles s'ennuient = they get bored

The present participle (le participe présent)

The present participle in French is the equivalent of the English "-ing," but is much less frequently used than its English counterpart. The present participle is formed from the "nous" stem of the present tense, whether regular or irregular, dropping the "-ons" and adding "-ant."

parler > parlant	finir > finissant
dormir > dormant	rendre > rendant

There are just three verbs with irregular present participles: "avoir" (ayant), "être" (étant) and "savoir" (sachant).

When the present participle is used as an adjective, it agrees in gender and number with the noun or pronoun it modifies: *l'eau courante* (running water), *un film amusant* (an entertaining film).

When the present participle is used as a verb, it is invariable. In this case, it is most often seen in French as a gerund preceded by the word "en," which translates as "by," "upon" or "while." Note that the subject must be the same in both the main and the subordinate clauses:

On ne devient pas intelligent en regardant la télé.	You don't get smart by watching TV.
En entrant le cinéma, elle a vu son ancien mari.	Upon entering the movie theatre, she saw her ex-husband.
Il pense à sa mère en marchant.	He thinks of his mother while walking.

Sometimes in more formal written situations, the present participle replaces a relative clause in which case it is invariable:

L'avion provenant de Madrid est en retard.	The plane coming from Madrid is late.
Des soldats rentrant d'Irak...	Soldiers coming back from Iraq...

Note that in many cases where English uses the present participle, French must use the infinitive:

J'aime lire.	I like reading.
Bien manger, c'est bien vivre.	Eating well is living well.

The Imperative Mood (l'impératif)

The imperative mood is the "command" form of the French language and exists only in the "tu," "nous" and "vous" iterations of each verb. Most verbs in French form the imperative by taking the corresponding form ("tu," "nous" or "vous") of the present tense and dropping the subject pronoun.

parle!	dors!
parlons!	dormons!
parlez!	dormez!
finis!	rends!
finissons!	rendons!
finissez!	rendez!

As you can see in the above examples, regular "-er" verbs such as "parler" drop the final "-s" of the present tense in the "tu" form of the imperative, unless immediately followed by the pronouns "y" or "en." This rule also applies to "-ir" verbs that are conjugated like "-er" verbs, such as "ouvrir," and to the irregular "-er" verb "aller" (va! allons! allez!).

Three common verbs have irregular imperative forms. These forms happen to be the corresponding subjunctive forms for the verbs, so once you have learned the subjunctive mood, they should be much easier to remember.

avoir: aie! ayons! ayez!	*Ayez confiance*	Have confidence!
être: sois! soyons! soyez!	*Sois sage!*	Be sensible!
savoir: sache! sachons! sachez!	*Sachons la vérité!*	Let's find out the truth!

To make a negative command, the "ne" goes before the verb and any pronouns, and the "pas," "guère," "personne," "jamais," "que" or "plus" after the verb and pronouns.

Ne pars pas!	Don't leave!
Ne parlez à personne!	Talk to no one!

Expressing Past Actions

In French, the most commonly used past tenses are the present perfect tense (which we'll call by its better-known French name, the *passé composé*) and the imperfect. Each has different uses, so you will need to learn them both. The *passé composé* describes completed actions in the past and can sometimes be translated by both the preterite (j'ai mangé = I ate) and the present perfect (j'ai mangé = I have eaten) in English, while the imperfect tense expresses repeated actions, ongoing actions or conditions in the past. (A chart and examples explaining the different uses of these two tenses follows the section on the formation of both tenses.)

The Present Perfect Tense (le passé composé)

To form the present perfect tense, you need to use the present tense of the irregular helping verbs "avoir" or "être" plus the past participle.

Here are the charts for "avoir" and "être":

j'ai	je suis
tu as	tu es
il, elle, on a	il, elle, on est
nous avons	nous sommes
vous avez	vous êtes
ils, elles ont	ils, elles sont

Forming the past participle

- For "-er" verbs, drop the infinitive ending and add "-é." The past participle for the verb "manger" is "mangé."
- For "-ir" verbs, drop the infinitive ending and add "-i." The past participle for the verb "finir" is "fini" and for the verb "dormir" is "dormi."
- For "-re" verbs, drop the infinitive ending and add "-u."

The past participle for the verb "rendre" is "rendu."

There are some irregular past participles, just like in English, and you must memorize them. Here are the most common irregular past participles in French:

Infinitive	**Irregular past participle**
avoir (to have)	*eu* (had)
boire (to drink)	*bu* (drunk)
conduire (to drive)	*conduit* (driven)
connaître (to know)	*connu* (known)
construire (to build)	*construit* (built)
courir (to run)	*couru* (run)
croire (to believe)	*cru* (believed)
dire (to say)	*dit* (said)
écrire (to write)	*écrit* (written)
être (to be)	*été* (been)
faire (to do)	*fait* (done)
lire (to read)	*lu* (read)
mettre (to put)	*mis* (put)
ouvrir (to open)	*ouvert* (opened)
pouvoir (to be able)	*pu* (been able)
prendre (to take)	*pris* (taken)
savoir (to know)	*su* (known)
suivre (to follow)	*suivi* (followed)
venir (to come)	*venu* (come)
vivre (to live)	*vécu* (lived)
voir (to see)	*vu* (seen)
vouloir (to want)	*voulu* (wanted)

Other verbs based on these verbs are generally conjugated the same as the root verb, including their irregular forms. So, if the past participle of "ouvrir" is "ouvert," the past participle of verbs based on "ouvrir" will have the same irregularity, as in "couvrir" (couvert), "découvrir" (découvert) and "recouvrir" (recouvert). Others in this group include "comprendre" (compris) and "apprendre" (appris), "commettre" (commis) and "promettre" (promis), "recevoir" (reçu) and "décevoir" (déçu), "poursuivre" (poursuivi) and "survivre" (survécu).

Here is the conjugation of "parler" (to talk), which takes the helping verb "avoir" in the passé composé:

j'ai parlé = I talked	nous avons parlé = we talked
tu as parlé = you talked	vous avez parlé = you, you (pl.) talked
il, elle, on a parlé = he talked, she talked, one talked	ils, elles ont parlé = they talked

The order for negation in the passé composé is "ne," then the conjugated part of "avoir" or "être," then "pas," "rien," or "jamais," and then the past participle, as in *Je n'ai rien mangé* (I ate nothing.). However, the negative terms "personne" and "nulle part" come AFTER the past participle, as in *Je n'ai vu personne* (I saw nobody.).

Most verbs take "avoir" to form the passé composé. However, there is a small group of verbs – mainly denoting motion or a change of state – that takes "être." A useful way to remember which verbs take "être" is the mnemonic DR & MRS VAN DER TRAMP:

D*escendre* (to go down)
R*ester* (to remain)
M*ourir* (to die)
R*etourner* (to return)
S*ortir* (to go out)
V*enir* (to come)
A*ller* (to go)
N*aître* (to be born)
D*evenir* (to become)
E*ntrer* (to enter)
R*entrer* (to re-enter)
T*omber* (to fall)
R*evenir* (to come back)
A*rriver* (to arrive)
M*onter* (to go up)
P*artir* (to leave)

Other derivative verbs based on these verbs will be conjugated in the same way. The verbs "redescendre" (to go back down), "remonter" (to go back up) and "repartir" (to leave again), for example, are all conjugated with "être" in the *passé composé*.

Preceding direct object

Note that the past participle of a verb conjugated with "avoir" agrees with the direct object (be it a noun, object pronoun or relative pronoun) in gender and number when the direct object precedes the verb, as in the examples below.

Il a cueilli les fleurs. *Vs.* Voilà <u>les fleurs</u> qu'il a cueilli<u>es</u>.
J'ai acheté cette robe. *Vs.* <u>Cette robe</u> était jolie, donc je l'ai acheté<u>e</u>.
Il a mangé des bonbons. *Vs.* Combien de <u>bonbons</u> as-tu mangé<u>s</u>?

Past participle agreement with "être"

The past participle of a verb conjugated with "être" must agree in gender and in number with the subject of the verb. Note the agreements in the conjugation of the verb "aller" (to go) below:

je suis allé(e) = I went	nous sommes allé(e)s = we went
tu es allé(e) = you went	vous êtes allé(e)(s) = you, you (pl.) went
il, on est allé = he went, one went	ils sont allés = they (m) went
elle est allée = she went	elles sont allées = they (f) went

Verbs that take "avoir" and "être" in the *passé composé*

Even verbs that take "être" in the *passé composé* only do so when they do not have a direct object: "elle est descendue" (she went down), for example, but "elle a descendu la valise" (she took down the suitcase). The meaning of these verbs changes depending on which helper verb they are conjugated with. Note that these verbs DO NOT agree in gender and number when they are conjugated with "avoir."

Il est monté (he went up) but *il a monté l'escalier* (he went *upstairs*).
Elle est descendue du train (she got off the train) but *elle a descendu la valise* (she brought down *the suitcase*).
Nous sommes entrés dans la pièce (we went into the room) but *nous avons entré les données* (we entered *the data*).
Vous êtes rentrées tard (you all came back late) but *vous avez rentré le chien* (you all brought in *the dog*).
Ils sont sortis (they went out) but *ils ont sorti leurs portables* (they took out *their cell phones*).

The verb "passer" is only conjugated with "être" when it means "to be over" (*le jour de l'an est passé* = New Year's Day is over); "to pass by" (*il est passé par l'école* = he passed by the school), or "to come by" (*il est passé hier* = he came by yesterday). In all other cases, it is conjugated with "avoir."

The *passé composé* with reflexive verbs

All reflexive verbs take "être" as their helping verb when conjugated in the *passé composé*. The subject and reflexive pronouns come before the conjugated part of "être," which comes before the past participle (i.e. *Je me suis lavé le visage* = I washed my face).

The past participle only agrees in gender and in number with the subject if the reflexive pronoun is also the direct object (i.e. *elle s'est lavée* = she washed *herself*). The chart for "se laver" (to wash oneself) is below:

je me suis lavé(e) = I washed myself	nous nous sommes lavé(e)s = we washed ourselves
tu t'es lavé(e) = you washed yourself	vous vous êtes lavé(e)(s) = you washed yourself, you (pl.) washed yourselves
il/on s'est lavé = he washed himself, one washed oneself	ils se sont lavés = they (m) washed themselves
elle s'est lavée = she washed herself	elles se sont lavées = they (f) washed themselves

In French, "on" is often used to mean "nous." If this is the case, the past participle is made to agree in gender and in number with the implied subject. For example, the sentence "Hier, on est allés voir notre tante." translates as "Yesterday, we went to see our aunt."

However, when a direct object follows the reflexive verb (i.e. *elle s'est brossé les dents* = she brushed her teeth), the past participle does not agree with the subject but is invariable. See the chart for "se brosser les dents" below:

je me suis brossé les dents = I brushed my teeth	nous nous sommes brossé les dents = we brushed our teeth
tu t'es brossé les dents = you brushed your teeth	vous vous êtes brossé les dents = you, you (pl.) brushed your teeth
il, elle, on s'est brossé les dents = he brushed his teeth, she brushed her teeth, one brushes one's teeth	ils, elles se sont brossé les dents = they brushed their teeth

In a negative reflexive sentence in the *passé composé*, the "ne" comes between the subject and reflexive pronouns and the "pas" (or other negative expression) comes between the conjugated form of "être" and the past participle, as in the following examples:

Delphine et Marguerite ***ne*** *se sont* ***pas*** *amusées chez les Bertrand*. Delphine and Marguerite did not enjoy themselves at the Bertrand's house.

Marie ***ne*** *s'est* ***pas*** *levée assez tôt ce matin*. Marie did not get up early enough this morning.

Uses of past participles

- The past participle follows the verbs "avoir" (in which case it is invariable and does NOT agree with the subject of the verb) and "être" (in which case it is variable and agrees in gender and in number with the subject of the verb) in the perfect tenses. An example of this is the sentence "*J'ai ouvert la porte.*"(I have opened the door.) or the sentence "*Elle s'est levée.*" (She got up.). These sentences describe an action.

- The past participle may be used as an adjective, either with or without "être," in which case the ending will change to agree in gender and number with the word being modified. Here are two examples of this use: "*La porte est ouverte.*" (The door is open.) "*L'homme fatigué s'est endormi.*" (The tired man went to sleep.) These sentences describe the result of an action.
- The past participle may follow the verb "être" to form the passive voice, and in this case it is also considered an adjective and must agree with the subject of the verb "être." An example of this is the sentence "*La porte a été ouverte par le professeur.*" (The door was opened by the teacher.) This form of the passive voice is mainly used when the speaker wishes to indicate by whom the action was done. When this is not important, you will most often use one of the two more common forms of the passive voice, formed by (a) adding the impersonal "se" to the verb in the third person, as in the following examples:
  Où se vendent les journaux? Where are newspapers sold?
  Cela ne se fait pas. That is not done.

  or (b) by the use of "on," as in the following example:
  Ici, on parle français. French is spoken here.

The Imperfect Indicative Tense (l'imparfait de l'indicatif)

In order to talk about routine past action in French (the way things used to be) or progressive actions (what someone was doing when something else happened), you need to use the imperfect tense. While the *passé composé* allows you to describe actions and reactions in the past, the imperfect tense lets you describe past conditions, feelings, and circumstances, as well as routine or progressive actions. This is the most regular of all French tenses, with just one set of endings and only one truly irregular verb ("être") to memorize. To form this tense, you take the stem from the "nous" part of the present tense, be it regular or irregular, and add the imperfect endings.
Below is the chart for the regular endings for this tense:

-ais	-ions
-ais	-iez
-ait	-aient

Here is the chart for the imperfect of the verb "parler":

je parlais = I used to speak/I was speaking	nous parlions = we used to speak/we were speaking
tu parlais = you used to speak/you were speaking	vous parliez = you, you (pl.) used to speak/you, you (pl.) were speaking
il, elle, on parlait = he used to speak/ he was speaking, she used to speak/ she was speaking, one used to speak/ one was speaking	ils, elles parlaient = they used to speak/they were speaking

The "-cer" and "-ger" verbs with a spelling change in their stem (such as "commencer" and "manger") retain that spelling change before all but the "nous" and "vous" forms of the imperfect. *Je commençais*, for example, but *nous commencions; il mangeait* but *vous mangiez*.

Here is the chart for the imperfect of the verb "finir":

je finissais = I used to finish/I was finishing	nous finissions = we used to finish/we were finishing
tu finissais = you used to finish/you were finishing	vous finissiez = you, you (pl.) used to finish/you, you (pl.) were finishing
il, elle, on finissait = he used to finish/ he was finishing, she used to finish/ she was finishing, one used to finish/ one was finishing	ils, elles finissaient = they used to finish/they were finishing

Here is the chart for the imperfect of the verb "dormir":

je dormais = I used to sleep/I was sleeping	nous dormions = we used to sleep/we were sleeping
tu dormais = you used to sleep/you were sleeping	vous dormiez = you, you (pl.) used to sleep/you, you (pl.) were sleeping
il, elle, on dormait = he used to sleep/ he was sleeping, she used to sleep/ she was sleeping, one used to sleep/ one was sleeping	ils, elles dormaient = they used to sleep/they were sleeping

Here is the chart for the imperfect of the verb "rendre":

je rendais = I used to give back/I was giving back	nous rendions = we used to give back/we were giving back
tu rendais = you used to give back/ you were giving back	vous rendiez = you, you (pl.) used to give back/you, you (pl.) were giving back
il, elle, on rendait = he used to give back/he was giving back, she used to give back/she was giving back, one used to give back/one was giving back	ils, elles rendaient = they used to give back/they were giving back

Even verbs that are irregular in the present tense follow the regular construction of the imperfect tense, just from their irregular "nous" stems. Here, for example, are the charts for "avoir" (to have) and "boire" (to drink):

avoir (to have)

j'avais = I used to have/I was having	nous avions = we used to have/we were having
tu avais = you used to have/you were having	vous aviez = you, you (pl.) used to have/you, you (pl.) were having
il, elle, on avait = he used to have/ he was having, she used to have/she was having, one used to have/one was having	ils, elles avaient = they used to have/ they were having

boire (to drink)

je buvais = I used to drink/I was drinking	nous buvions = we used to drink/we were drinking
tu buvais = you used to drink/you were drinking	vous buviez = you, you (pl.) used to drink/you, you (pl.) were drinking
il, elle, on buvait = he used to drink/ he was drinking, she used to drink/ she was drinking, one used to drink/ one was drinking	ils, elle buvaient = they used to drink, they were drinking

"Être" in the imperfect tense

The only verb that is fully irregular in the imperfect tense is "être." Since it does not follow the pattern for the imperfect tense, you must memorize it.
Here is its chart:

"être" (to be)

j'étais = I used to be/I was being	nous étions = we used to be/we were being
tu étais = you used to be/you were being	vous étiez = you, you (pl.) used to be/ you, you (pl.) were being
il, elle, on était = he used to be/he was being, she used to be/she was being, one used to be/one was being	ils, elles étaient = they used to be/they were being

Verbs whose stem ends in "-i" (such as "rire") still follow the regular pattern, and thus have a double "i" in their "nous" and "vous" forms in the imperfect tense.

Uses of the *passé composé* and the imperfect

Here is a chart to help you remember the different uses of these two tenses:

Passé composé	**Imperfect**
- describes completed past actions or events	- describes routine or repeated past actions
	- describes reactions to past actions or events
	- describes ongoing or progressive past actions
	- describes conditions or circumstances in the past
	- describes background action, as opposed to main action

Here are some examples to help you see the difference in the two tenses:

Hier, il y a eu un accident. — Yesterday there was an accident. (an event happened)

J'avais peur. — I was scared. (my reaction to the event)

Il y avait beaucoup de blessés.	There were many injured people. (the resulting condition)
La semaine dernière, je suis allé au cinéma.	Last week, I went to the movies. (a single event)
Quand j'étais petit, j'allais au parc.	When I was a child, I always used to go the park. (condition or circumstance/ repeated past action)
Je dînais quand le téléphone a sonné.	I was eating dinner when the phone rang. (action in progress when main action occurred)

Because they are conditions, time of day and age are always imperfect, but what happened at a certain time or age could be *passé composé*.

Il était cinq heures quand papa est arrivé.	It was five o'clock when Dad arrived.
J'avais cinq ans quand je me suis cassé le bras.	I was five when I broke my arm.

You can think of the imperfect tense as a long, unbroken line, with no beginning or end. The *passé composé* could be represented by specific points on that line or by a limited segment of that line, a moment framed in time. If you know when an action started, when it ended, or how long it lasted, use the *passé composé*.

There are some verbs whose definitions in English change in these two tenses, but this makes sense if you understand the overall concept of *passé composé* versus imperfect. Here are a couple of examples:

J'ai connu Pierre à l'université.	I met Pierre at the university. (a specific action)
Quand j'étais petit, je ne connaissais pas Marie.	When I was little, I *did* not *know* Marie. (an ongoing condition)
Je ne savais pas la réponse correcte.	I *did* not *know* the right answer. (a condition)
Je l'ai sue plus tard.	I *found* it *out* later. (a specific action)

The Preterite Tense (le passé simple)

The literary or formal equivalent of the *passé composé* in French is the *passé simple*, which is used, like the *passé composé*, to describe completed past actions and events. The *passé simple*, or preterite, is only used in literary, historical and formal texts, and never in conversation. There are only two sets of endings for regular verbs in this tense, one set for "-er" verbs and another for "-ir" and "-re" verbs.
Here are the "-er" endings, which you add to the infinitive stem:

Preterite endings for regular "-er" verbs:

-ai	-âmes
-as	-âtes
-a	-èrent

The chart for the preterite of the verb "parler" is given below:

je parlai = I spoke	nous parlâmes = we spoke
tu parlas = you spoke	vous parlâtes = you, you (pl.) spoke
il, elle, on parla = he spoke, she spoke, one spoke	ils, elles parlèrent = they spoke

Regular "-ir" and "-re" verbs share a single set of endings:

-is	-îmes
-is	-îtes
-it	-irent

The chart for the "-ir" verb "finir" in the preterite is given below:

je finis = I finished	nous finîmes = we finished
tu finis = you finished	vous finîtes = you, you (pl.) finished
il, elle, on finit = he finished, she finished, one finished	ils, elles finirent = they finished

Spelling changes in the preterite tense

To maintain their sound, verbs whose infinitives end in "-cer" and "-ger" (such as "commencer" and "manger") have a spelling change before endings beginning with "-a." In "-cer" verbs, the "-c" changes to a "-ç," and in "-ger" verbs, the "-g" changes to "-ge." The charts for "commencer" and "manger" in the preterite tense follow:

man*ger* (to eat)

je mangeai = I ate	nous mangeâmes = we ate
tu mangeas = you ate	vous mangeâtes = you, you (pl.) ate
il, elle, on mangea = he ate, she ate, one ate	ils, elles mangèrent = they ate

commen*cer* (to begin)

je commençai = I began	nous commençâmes = we began
tu commenças = you began	vous commençâtes = you, you (pl.) began
il, elle, on commença = he began, she began, one began	ils, elles commencèrent = they began

Irregular forms in the preterite tense

While the vast majority of verbs in French are regular in the preterite tense, some of the most commonly used verbs are irregular. Some of them retain the same endings as "-re" and "-ir" verbs, but instead of using the infinitive stem, as you do for regular verbs, you will start with special stems used only for this tense. Here are the most common irregular verbs and their preterite stems:

Infinitive	**Irregular preterite stem**
conduire (to drive)	*conduis-*
dire (to say)	*d-*
écrire (to write)	*écriv-*
faire (to make or do)	*f-*
mettre (to put)	*m-*
naître (to be born)	*naqu-*
prendre (to take)	*pr-*
rire (to laugh)	*r-*
voir (to see)	*v-*

Here is the chart for the irregular verb "faire" (to make/to do) in the preterite:

je fis = I made/I did	nous fîmes = we made/we did
tu fis = you made/you did	vous fîtes = you, you (pl.) made/you, you all did
il, elle, on fit = he made, she made, one made/he did, she did, one did	ils, elles firent = they made/they did

Other irregular verbs have an irregular stem and share a common, but irregular set of endings:

-s	-^mes
-s	-^tes
-t	-rent

Here are the most common of these irregular verbs and their preterite stems:

Infinitive	Irregular preterite stem
avoir (to have)	*eu-*
boire (to drink)	*bu-*
connaître (to know)	*connu-*
courir (to run)	*couru-*
croire (to believe)	*cru-*
devoir (to have to)	*du-*
lire (to read)	*lu-*
pouvoir (to be able to)	*pu-*
recevoir (to receive)	*reçu-*
savoir (to know)	*su-*
vivre (to live)	*vécu-*
vouloir (to want)	*voulu-*

Here is the chart for the irregular verb "avoir" (to have) in the preterite:

j'eus = I had	nous eûmes = we had
tu eus = you had	vous eûtes = you, you (pl.) had
il, elle, on eut = he had, she had, one had	ils, elles eurent = they had

There are only a handful of other verbs in French that are irregular in this tense, and you can easily memorize them. They are the verbs "être," "mourir" and "venir" (and its derivatives, such as "provenir" and "devenir").

être (to be)

je fus = I was	nous fûmes = we were
tu fus = you were	vous fûtes = you, you (pl.) were
il, elle, on fut = he was, she was, one was	ils, elles furent = they were

mourir (to die)

je mourus = I died	nous mourûmes = we died
tu mourus = you died	vous mourûtes = you, you (pl.) died
il, elle, on mourut = he died, she died, one died	ils, elles moururent = they died

venir (to come)

je vins = I came	nous vînmes = we came
tu vins = you came	vous vîntes = you, you (pl.) came
il, elle, on vint = he came, she came, one came	ils, elles vinrent = they came

The Future and Conditional Tenses (le futur et le conditionnel présent)

The future tense is used to say what will happen, and the conditional tense is used to say what would happen under certain conditions. These two tenses are the only simple tenses in French that are not formed by using the infinitive stem. Instead, for all regular verbs, these tenses are based on the entire infinitive form (minus the final "-e" for "-re" verbs). In addition, for each of these tenses there is only one set of endings, which are used with all verbs, both regular and irregular. And, finally, these two tenses share the same set of irregular stems. So, once you learn the future tense, the conditional tense is really easy.

Here is the chart for future tense endings, which are added directly to the infinitive of regular verbs:

-ai	-ons
-as	-ez
-a	-ont

These same endings are used for all verbs, both regular and irregular, regardless of the conjugation. All regular "-er," "-ir" and "-re" verbs work the same way in this tense.

For the verb "parler," the future tense looks like this:

je parlerai = I will speak	nous parlerons = we will speak
tu parleras = you will speak	vous parlerez = you, you (pl.) will speak
il, elle, on parlera = he will speak, she will speak, one will speak	ils, elles parleront = they will speak

For the verb "finir," the future tense looks like this:

je finirai = I will finish	nous finirons = we will finish
tu finiras = you will finish	vous finirez = you, you (pl.) will finish
il, elle, on finira = he will finish, she will finish, one will finish	ils, elles finiront = they will finish

For the verb "rendre," the future tense looks like this:

je rendrai = I will give back	nous rendrons = we will give back
tu rendras = you will give back	vous rendrez = you, you (pl.) will give back
il, elle, on rendra = he will give back, she will give back, one will give back	ils, elles rendront = they will give back

Additional uses of the future tense:

- To express predictions in the present, as in the sentence: *Elle dit qu'elle arrivera à 5 heures*. (She says that she will arrive at 5:00 p.m.)
- After expressions of time such as "quand," "lorsque," "après que," "aussitôt que" and "dès que" when it is implied that the event will occur in the future: *Je te dirai quand je saurai la vérité*. (I will tell you when I know the truth.) English uses the present tense in these cases.
- In present "if" clauses, if they are likely: *Si je peux, je vous aiderai*. (If I can, I will help you.)

An alternative to the future tense that is used frequently in French is known as the "immediate future," and is expressed with the verb "aller" (to go) + an infinitive complement, as in this sentence: *Je vais étudier ce soir.* (I am going to study tonight.)

Here is the chart for conditional tense endings, which are also added directly to the infinitive of regular verbs:

-ais	-ions
-ais	-iez
-ait	-aient

Notice that these endings look exactly like the endings for regular verbs in the imperfect tense, but since you add them to the infinitive, the conjugated verb forms do NOT look the same.

For the verb "parler," the conditional tense looks like this:

je parlerais = I would speak	nous parlerions = we would speak
tu parlerais = you would speak	vous parleriez = you, you (pl.) would speak
il, elle, on parlerait = he would speak, she would speak, one would speak	ils, elles parleraient = they would speak

For the verb "finir," the conditional tense looks like this:

je finirais = I would finish	nous finirions = we would finish
tu finirais = you would finish	vous finiriez = you, you (pl.) would finish
il, elle, on finirait = he would finish, she would finish, one would finish	ils, elles finiraient = they would finish

For the verb "rendre," the conditional tense looks like this:

je rendrais = I would give back	nous rendrions = we would give back
tu rendrais = you would give back	vous rendriez = you, you (pl.) would give back
il, elle, on rendrait = he would give back, she would give back, one would give back	ils, elles rendraient = they would give back

Uses of the conditional tense:

- To express predictions in the past, as in this sentence: *Elle a dit qu'elle arriverait à 5 heures*. (She said that she would arrive at 5:00 p.m.)
- After expressions of time such as "quand," "lorsque," "après que," aussitôt que" and "dès que" when the verb in the main clause is in the conditional: *Je te dirais quand je saurais la vérité.* (I would tell you when I knew the truth.) English uses the past tense in these cases.
- To express conjecture or probability in the present, as in the question and answer: *Où serait-il? Il serait chez lui*. (Where could he have been? He must have been at home.)
- To make a request, demand or desire seem less rude or direct: *Pourriez-vous me parler de ton ami?* (Could you tell me about your friend?)
- In unlikely "if" clauses, or ones that are contrary to fact: *Si je pouvais, je vous aiderais*. (If I could, I would help you.)

Spelling changes in the future and conditional tenses

For both these tenses, verbs that change "e" to "è" in the present tense retain the change. See the chart for "acheter" below:

j'achèterai/ais = I will/would buy	nous achèterons/ions = we will/would buy
tu achèteras/ais = you will/would buy	vous achèterez/iez = you, you (pl.) will/would buy
il, elle, on achètera/ait = he will/would buy, she will/would buy, one will/would buy	ils achèteront/aient = they will/would buy

"-eler" and "-eter" verbs also retain their change in the future and conditional tenses. See the chart for "jeter" below:

je jetterai/ais = I will/would throw	nous jetterons/ions = we will/would throw
tu jetteras/ais = you will/would throw	vous jetterez/iez = you, you (pl.) will/would throw
il, elle, on jettera/ait = he will/would throw, she will/would throw, one will/would throw	ils jetteront/aient = they will/would throw

Irregular stem changes in the future and conditional tenses

Both these tenses use the same irregular stems, the most common of which are listed below:

Infinitive:	**Irregular stem:**
avoir	*aur-*
aller	*ir-*
envoyer	*enverr-*
être	*ser-*
faire	*fer-*
mourir	*mourr-*
pouvoir	*pourr-*
recevoir	*recevr-*
savoir	*saur-*
tenir	*tiendr-*
venir	*viendr-*
voir	*verr-*
vouloir	*voudr-*

Since the irregular stems are the same for both tenses, you simply need to learn these once, and then the two sets of endings.

Here are the charts for the verb "avoir" in these two tenses. Note that the same irregular stem is used for both; only the endings change.

The future of "avoir":

j'aurai = I will have	nous aurons = we will have
tu auras = you will have	vous aurez = you, you (pl.) will have
il, elle, on aura = he will have, she will have, one will have	ils, elles auront = they will have

The conditional of "avoir":

j'aurais = I would have	nous aurions = we would have
tu aurais = you would have	vous auriez = you, you (pl.) would have
il, elle, on aurait = he would have, she would have, one would have	ils, elles auraient = they would have

Simple Versus Compound Tenses

Simple tenses are those that are formed by a single word, and compound tenses, as the name implies, have two parts, like a compound word. The simple tenses you have learned are the present, the preterite, the imperfect, the future and the conditional. You have also learned one of the compound tenses, the *passé composé*. There are five compound tenses, known as the "perfect tenses," but only four are commonly used.

The perfect tenses, of which the *passé composé* is the most common, use the helping verbs "avoir" (to have) or "être" (to be) and the past participle of the verb, or the "-ed" form. The rules for subject-past participle agreement with "être" or agreement with a preceding direct object with "avoir" are the same as they are in the *passé composé* in all these tenses. Once you know how to form the past participle, in order to form the four perfect tenses, you merely need to change the tense of the helping verb.

The pluperfect tense (le plus-que-parfait)

The pluperfect tense is used to describe an action that took place further back in the past than another past action either mentioned or implied in the same sentence. Some examples are: "*Jacques a demandé si j'avais déjà vu le film.*" (Jacques asked if I had already seen the film.) "*Il avait déjà mangé quand nous lui avons téléphoné.*" (He had already eaten when we called him.) To form the pluperfect tense, also known as the past perfect, the helping verbs "être" and "avoir" are conjugated in the imperfect tense and then followed by the past participle. Here is the chart for the verb "manger" in this tense:

j'avais mangé = I had eaten	nous avions mangé = we had eaten
tu avais mangé = you had eaten	vous aviez mangé = you, you (pl.) had eaten
il, elle, on avait mangé = he had eaten, she had eaten, one had eaten	ils avaient mangé = they had eaten

And here is the chart for the verb "sortir" in the pluperfect tense:

j'étais sorti(e) = I had gone out	nous sommes sorti(e)s = we had gone out
tu étais sorti(e) = you had gone out	vous êtes sorti(e)(s) = you, you (pl.) had gone out
il, on était sorti = he, one had gone out	ils sont sortis = they (m) had gone out
elle était sortie = she had gone out	elles sont sorties = they (f) had gone out

The future and conditional perfect tenses (le futur antérieur et le conditionnel passé)

The future perfect tense is used to describe an action that will have been completed either before a future point in time or before another future event occurs. An example of this is the sentence: "*Nous aurons fini nos devoirs à 5 heures.*" (We will have finished our homework by five o'clock.) To form the future perfect tense, "avoir" or "être" is conjugated in the future tense. Here is the chart for the verb "dormir" in this tense, and then the past participle is added:

j'aurai dormi = I will have slept	nous aurons dormi = we will have slept
tu auras dormi = you will have slept	vous aurez dormi = you, you (pl.) will have slept
il, elle, on aura dormi = he will have slept, she will have slept, one will have slept	ils, elles auront dormi = they will have slept

And here is the chart for the verb "partir" in the future perfect tense:

je serai parti(e) = I will have left	nous serons parti(e)s = we will have left
tu seras parti(e) = you will have left	vous serez parti(e)(s) = you, you (pl.) will have left
il, on sera parti = he, one will have left	ils seront partis = they (m) will have left
elle sera partie = she will have left	elles seront parties = they (f) will have left

When the future tense is used in the main clause of a sentence containing the conjunctions *après que*, *aussitôt que*, *dès que*, *lorsque* or *quand*, the future perfect is used after the conjunction: "*Elle nous dira quand le vol sera parti.*" (She will tell us when the plane has left.)

The conditional perfect tense is used to describe a past event that did not take place, but would have, had another action taken place or event occurred. An example of this is the sentence: "*Je ne le lui aurais pas dit.*" (I would not have said it to him.) To form the conditional perfect, "avoir" or "être" is conjugated in the conditional tense and used with the past participle. Here is the chart for the verb "rendre" in this tense:

j'aurais rendu = I would have given back	nous aurions rendu = we would have given back
tu aurais rendu = you would have given back	vous auriez rendu = you, you (pl.) would have given back
il, elle, on aurait rendu = he would have given back, she would have given back, one would have given back	ils, elles auraient rendu = they would have given back

Here is the chart for the verb "se lever" in this tense:

je me serais levé(e) = I would have gotten up	nous nous serions levé(e)s = we would have gotten up
tu te serais levé(e) = you would have gotten up	vous vous seriez levé(e)(s) = you, you (pl.) would have gotten up
il, on se serait levé = he would have gotten up, one would have gotten up	ils se seraient levés = they (m) would have gotten up
elle se serait levée = she would have gotten up	elles se seraient levées = they (f) would have gotten up

The preterite perfect tense (le passé antérieur)

There is one other compound tense, known as the preterite perfect or anterior preterite, but it is not commonly used in modern French. This tense is translated exactly like the past perfect, or pluperfect, so it is not necessary in everyday speech. However, if you read a lot in French, you will probably see it. It is formed by adding the preterite tense of the helper verbs "avoir" and "être" to the past participle. Here is the chart for the verb "faire" in this tense:

j'eus fait = I had made/done	nous eûmes fait = we had made/done
tu eus fait = you had made/done	vous eûtes fait = you, you (pl.) had made/done
il, elle, on eut fait = he had made/done, she had made/done, one had made/done	ils, elles eurent fait = they had made/done

Here is the chart for the verb "arriver" in this tense:

je fus arrivé(e) = I had arrived	nous fûmes arrivé(e)s = we had arrived
tu fus arrivé(e) = you had arrived	vous fûtes arrivé(e)(s) = you, you (pl.) had arrived
il/on fut arrivé = he, one had arrived	ils furent arrivés = they (m) had arrived
elle fut arrivée = she had arrived	elles furent arrivées = they (f) had arrived

What Is the Subjunctive Mood?

Most of the verb tenses you have seen so far are the "indicative mood," which must be distinguished from the "subjunctive mood." While "tense" refers to time, "mood" refers to the attitude of the speaker towards the action being described. Because the subjunctive mood is very rarely used in English, it is not a concept English speakers immediately recognize. However, it is extremely common in French, and you must use it in many situations. You will find that there are different tenses in the subjunctive mood, just as in the indicative mood.

Basically, in French you use the indicative mood when you are objectively describing your experience in the world around you, and you use the subjunctive mood when you are reacting subjectively to your experience. Here is a simple chart to help you understand the difference between the indicative and subjunctive moods:

Verbs in the indicative mood:	**Verbs in the subjunctive mood:**
-state objective truth or facts -imply certainty -inform, confirm, or verify	-give subjective reactions -imply doubt -suggest, question, or deny

Formation of the present subjunctive (le présent du subjonctif)

Once you are thoroughly familiar with the present indicative, it is easy to form the present subjunctive. Except for ten verbs with a totally irregular present subjunctive and certain stem-changing verbs, most verbs form their present subjunctive from the "ils/elles" form of the present indicative.

To form the present subjunctive of the verb "parler," you will start with the "ils/elles" form (*ils/elles parlent*), drop the final "-ent," and then add the following endings:

-e	-ions
-es	-iez
-e	-ent

Here is the present subjunctive of the verb "manger":

je mange	nous mangions
tu manges	vous mangiez
il, elle, on mange	ils mangent

Here is the present subjunctive of the common "ir" verb "dormir":

je dorme	nous dormions
tu dormes	vous dormiez
il, elle, on dorme	ils, elles dorment

Here is the present subjunctive of the "-re" verb "rendre":

je rende	nous rendions
tu rendes	vous rendiez
il, elle, on rende	ils, elles rendent

And here is the chart for the verb "lire," which like many other verbs that are irregular in the present indicative, follows the same pattern as regular verbs in the present subjunctive:

je lise	nous lisions
tu lises	vous lisiez
il, elle, on lise	ils, elles lisent

Translations have not been given for these forms because the present subjunctive has several possible translations in English. Here are some examples:

- The present subjunctive may refer to present or future actions, depending on the context:

Je ne crois pas qu'il vienne *maintenant*.	I don't think that *he is coming right now*.
Je ne crois pas qu'il vienne *demain*.	I don't think that *he will come tomorrow*.

- Although in French the present subjunctive is almost always in a dependent clause following the relative pronoun "que" (that), in English the same construction may be expressed with an infinitive clause:

Je veux que vous m'aidiez.	I want *you all to help me*.

Stem changes in the present subjunctive

Verbs with stem changes in the present tense of the indicative retain those changes in the present subjunctive, using two different stems to form the present subjunctive. The "je," "tu," "il/elle/on" and "ils/elles" forms use the regular stem (from the "ils/elles" form of the present indicative), while the "nous" and "vous" forms use the stem from the "nous" part of the present indicative. Here is the chart for "app**eler**":

j'appelle	nous appelions
tu appelles	vous appeliez
il, elle, on appelle	ils appellent

Here is the chart for "**jeter**":

je jette	nous jetions
tu jettes	vous jetiez
il, elle, on jette	ils, elles jettent

Here is the chart for "ess**ayer**":

j'essaie	nous essayions
tu essaies	vous essayiez
il, elle, on essaie	ils, elles essaient

Here is the chart for "env**oyer**":

j'envoie	nous envoyions
tu envoies	vous envoyiez
il, elle, on envoie	ils, elles envoient

Here is the chart for "ach**eter**":

j'achète	nous achetions
tu achètes	vous achetiez
il, elle, on achète	ils, elles achètent

Here is the chart for "esp**érer**":

j'espère	nous espérions
tu espères	vous espériez
il, elle, on espère	ils, elles espèrent

Some irregular verbs in the present indicative follow a similar pattern in the present subjunctive. Often, these verbs have a stem change in the "nous" and "vous" forms, and like other stem-changing verbs, they also use two different stems to form the present subjunctive. The "je," "tu," "il/elle/on" and "ils/elles" forms use the regular stem (from the "ils/elles" form of the present indicative), while the "nous" and "vous" forms use the stem from the "nous" part of the present indicative. Here are three examples of such verbs:

croire (to believe)

je croie	nous croyions
tu croies	vous croyiez
il, elle, on croie	ils, elles croient

voir (to see)

je voie	nous voyions
tu voies	vous voyiez
il, elle, on voie	ils, elles voient

prendre (to take)

je prenne	nous prenions
tu prennes	vous preniez
il, elle, on prenne	ils, elles prennent

Others include "boire," "tenir," "venir," "recevoir," "devoir," "apercevoir," "mourir" and "préférer."

Spelling Changes in the Present Subjunctive
Because the present subjunctive endings all begin with "-e" or "-i," the "-cer" and "-ger" verbs that need a spelling change in the present tense don't require that change in the present subjunctive, and are formed just like any other regular verb.

Verbs with irregular present subjunctive forms

There are only ten verbs whose present subjunctive forms are irregular, two of which ("falloir" and "pleuvoir") are only ever conjugated in the third person singular. They do not follow the pattern for the regular subjunctive and need to be memorized. These verbs are given below:

aller (to go)

j'aille	nous allions
tu ailles	vous alliez
il aille	ils, elles aillent

avoir (to have)

j'aie	nous ayons
tu aies	vous ayez
il, elle, on aie	ills, elles aient

être (to be)

je sois	nous soyons
tu sois	vous soyez
il, elle, on soit	ils, elles soient

faire (to make/do)

je fasse	nous fassions
tu fasses	vous fassiez
il, elle, on fasse	ils, elles fassent

falloir (must)

il faille

pleuvoir (to rain)

il pleuve

savoir (to know)

je sache	nous sachions
tu saches	vous sachiez
il, elle, on sache	ils, elles sachent

valoir (to be of worth)

je vaille	nous valions
tu vailles	vous valiez
il, elle, on vaille	ils, elles vaillent

vouloir (to want)

je veuille	nous voulions
tu veuilles	vous vouliez
il, elle, on veuille	ils, elles veuillent

Uses of the present subjunctive

In general, the subjunctive mood is used in sentences with a dependent clause, when there is an element in the main clause that requires the subjunctive in the dependent clause. Here is what many of these sentences will look like:

Main clause* + que + second subject + dependent clause

*must contain a subjunctive cue

There are four general categories of what we can call "subjunctive cues," or expressions that require the use of the subjunctive mood. These categories are doubt/negation, emotion, impersonal expressions of opinion and suggestion/command/request.

Here are some lists of common subjunctive cues in all four categories:

Doubt/negation

*il n'est pas certain que**	it is not certain that
*il n'est pas sûr que**	it is not sure that
*il n'est pas clair que**	it is not clear that
*il n'est pas évident que**	it is not obvious that
*il n'est pas exact que**	it is not accurate that
*Il n'est pas vrai que**	it is not true that
il est douteux que	it is doubtful that
il est possible que	it is possible that
il se peut que	it could be that
il est peu probable que	it is not likely that
il est exclu que	it is out of the question that
douter que	to doubt that
nier que	to deny that
*ne pas croire que**	not to believe that
*n'être pas sûr que**	to be unsure that
sembler que	to seem that
*je ne dis pas que**	I'm not saying that

*If these expressions drop the negation, they become expressions of certainty and do NOT require the use of the subjunctive mood.

Je ne suis pas sûr qu'il pleuve demain.	I'm not sure that it's going to rain tomorrow.
Je suis sûr qu'il pleut demain.	I am sure that it's going to rain tomorrow.

Emotion*

avoir honte que	to be ashamed that
avoir peur que	to be afraid that
craindre que	to fear that

être content que	to be happy that
être désolé que	to be sorry that
être embarrassé que	to be embarrassed that
être enchanté que	to be delighted that
être ennuyé que	to be annoyed that
être étonné que	to be astonished that
être fâché que	to be angry that
être fier que	to be proud that
être gêné que	to be bothered that
être heureux que	to be happy that
être malheureux que	to be unhappy that
être mécontent que	to be displeased that
être navré que	to be very sorry that
être ravi que	to be delighted that
être satisfait que	to be satisfied that
être surpris que	to be surprised that
être triste que	to be sad that
regretter que	to be sorry that
s'agacer que	to be irritated that
s'énerver que	to be annoyed that
s'étonner que	to be astonished that
se fâcher que	to be angry that
se réjouir que	to be happy that

*These expressions of emotion require the subjunctive mood whether they are affirmative or negative. Either way, they express your feelings, which are subjective.

Je suis content que tu viennes à ma fête.	I am glad that you will come to my party.
Elle n'est pas heureuse qu'il ne soit pas encore ici.	She is not happy that he is not here yet.

Opinion

There are too many expressions of opinion to list here, but here are a few to help you understand the concept. These are most often impersonal expressions that contain adjectives, and usually start with "il est" or "c'est."

Il est important que	It is important that
Il est essentiel que	It is essential that
Il est nécessaire que	It is necessary that
Il est injuste que	It is unfair that
Il est intéressant que	It is interesting that
Il est possible que	It is possible that

Il est bon que	It is good that
Il est temps que	It is time that
Il est ironique que	It is ironic that
Il est normal que	It is normal that
Il vaut mieux que	It is better that
Il suffit que	It is enough that
Il convient que	It is fitting that
Il faut que	It is necessary that
*Il semble que**	It seems that

*Note that *il semble que* takes the subjunctive, but *il me semble que* (which expresses much more certainty) takes the indicative.

Il est possible que nous arrivions demain.	It is possible that we will arrive tomorrow.
Il est important que tout le monde parte à l'heure.	It matters that everyone leave on time.

Command/request

attendre que	to expect that
conseiller que	to advise that
consentir à ce que	to agree that
demander que	to ask that
défendre que	to forbid that
désirer que	to wish that
empêcher que	to prevent that
exiger que	to require that
insister pour que	to insist that
interdire que	to forbid that
ordonner que	to order that
permettre que	to allow that
préférer que	to prefer that
souhaiter que	to wish that
suggérer que	to suggest that
vouloir que	to want that

Note that "espérer" (to hope that) is an exception and takes the indicative.

Ses parents exigent qu'il fasse ses devoirs.	His parents require him to do his homework.
Mes amis veulent que je sois gentil.	My friends want me to be kind.
J'espère que tu vas bien.	I hope you're fine.

Remember that the pattern of these sentences is a main clause with a subjunctive cue followed by a dependent clause that uses the subjunctive. Let's look at another sentence that follows this pattern, contrasted with a similarly constructed sentence that uses the indicative.

Je doute qu'il y ait un examen aujourd'hui.	I doubt that there is a test today.

The verb "douter" (to doubt) requires the use of the subjunctive of the verb "avoir" in the dependent clause. In contrast to this sentence, if there were no doubt, you would use the indicative of the verb "avoir" in the dependent clause:

Je sais qu'il y a un examen aujourd'hui.	I know that there is a test today.

Since we so often react to the world around us, the subjunctive mood is used extensively in French. If we merely reported information, we would not need to use the subjunctive mood, but since we frequently express our opinions, feelings, and wishes, the subjunctive mood is essential for more sophisticated communication in French.

The following is an example of a statement in which we merely report information:

Mon frère Pierre est malade.	My brother Peter is sick.

The following is an example of a subjective response to that information:

C'est triste que ton frère soit malade.	It is sad that your brother Peter is sick.

In this sentence, the verb in the dependent clause is in the subjunctive because the main clause expresses an emotion.

When you give your opinion about something, it is always subjective. For that reason, the subjunctive is used after impersonal expressions of opinion. Here are some examples:

Il est bon que tu sois ici.	It is good that you are here.
Il est important que tout le monde se prépare.	It is important that everyone get ready.

However, if the impersonal clause expresses truth or certainty, the indicative is used, as in these examples:

Il est vrai que nous avons un examen aujourd'hui.	It is true that we have a test today.
Je suis sûr qu'il ne va pas pleuvoir.	I am sure that it isn't going to rain.

Another common use of the present subjunctive is in the formation of indirect commands, when we are expressing our wish that someone else do something. Here is an example of that structure:

Je conseille que tout le monde apprenne le subjonctif.	I recommend that everyone learn the subjunctive.

The verb "conseiller" (to recommend) in the first clause requires the use of the subjunctive in the second clause.

Always subjunctive

Certain expressions ALWAYS require the use of the subjunctive mood, no matter what the tense of the sentence. We have grouped these conjunctions according to their theme.

Concession

bien que	although
quoique	although
encore que	although
malgré que	although

Bien que les femmes soient aussi appliquées que les hommes, elles sont moins payées.	Although women are as diligent as men, they are paid less.

Condition

*à moins que**	unless
à condition que	provided that
pourvu que	provided that

Pourvu qu'elle me le dise auparavant, je serai content de l'aider.	Provided that she tells me beforehand, I will be happy to help her.

Fear

*de crainte que**	for fear that
*de peur que**	for fear that

Marie ne permet pas à ses enfants de sortir seuls, de peur qu'ils se perdent.	Marie doesn't let her children go out alone for fear that they will get lost.

Intention

pour que	in order that
afin que	in order that
de façon que	so that
*de manière que**	so that
*de sorte que**	so that

Pierre range sa chambre pour que ses parents ne se fâchent pas.	Pierre cleans his room so that his parents won't get mad.

Negation

sans que	without

Il ne fait rien sans qu'elle le sache.	He does nothing without her knowing.

Time

jusqu'à ce que	until
*avant que**	before
en attendant que	until

Je veux partir avant qu'il (ne) soit trop tard.	I want to leave before it is too late.

**In more formal writing – but not in speech – these expressions sometimes have the word "ne" before the verb in the affirmative. This "ne explétif" does not make the sentence negative.*

The subjunctive in relative clauses

The subjunctive is used in relative adjectival clauses that refer to an indefinite or negative antecedent — in other words, when the thing referred to in the main clause does not or may not exist. Here are some examples:

Je cherche un mécanicien qui puisse dépanner ma voiture.	I am looking for a mechanic who can fix my car.
Il n'y a personne qui me comprenne.	There is no one who understands me.

If you are describing something that is definite, you don't need to use the subjunctive:

J'ai un mécanicien qui peut dépanner ma voiture	I have a mechanic who can fix my car.
Je vois la femme qui me comprend toujours.	I see the lady who always understands me.

The subjunctive after superlatives

In French, the subjunctive is used after the superlative, which often expresses subjectivity:

C'est la femme la plus belle que je connaisse.	She is the most beautiful woman I know.
C'est la meilleure chose qu'on puisse faire.	It is the best thing that can be done.

It is also used after the following expressions when they are used subjectively: "le dernier" (the last), "le premier" (the first), "le seul" (the only), "l'unique" (the only), and "ne… que" (only).

Il n'y a que lui qui sache écrire de la poésie.	Only he knows how to write poetry.

The subjunctive after indefinite expressions

The subjunctive is used after certain indefinite expressions:

aussi … que	however
de quelque manière que	howsoever
où que	wherever
pour … que	as … as (however)
quel(le)(s) que	whatever
quelque … que	however
qui que	whoever
quoi que	whatever
si … que	however
soit que … soit que	whether … or
tout(e) … que	however

Je serai content quel que soit le résultat.	I will be happy whatever the result.
Soit qu'il m'aime, soit qu'il ne m'aime pas, je dois respecter sa décision.	Whether he loves me or not, I have to respect his decision.

The subjunctive in third-person commands

French uses the subjunctive to express commands in the third person:

Qu'il vienne tout de suite!	Have him come immediately!
Que mes frères fassent leur devoir!	Have my brothers do their duty!

Other subjunctive tenses

There are only three other tenses of the subjunctive mood, and only one of those – the present perfect subjunctive – is commonly used. The others are the imperfect subjunctive and the past perfect subjunctive, which you only need to be able to recognize, as they are literary tenses never used in speech and rarely in modern writing.

The present perfect subjunctive (le subjonctif passé)

To form the perfect tenses of the subjunctive, you merely need to change the helping verbs "avoir" and "être" to the appropriate subjunctive tense. The present perfect subjunctive of "parler" looks like this:

j'aie parlé	nous ayons parlé
tu aies parlé	vous ayez parlé
il, elle, on ait parlé	ils, elles aient parlé

The present subjunctive of "aller" looks like this:

je sois allé(e)	nous soyons allé(e)s
tu sois allé(e)	vous soyez allé(e)(s)
il, on soit allé	ils soient allés
elle soit allée	elles soient allées

Imperfect subjunctive (l'imparfait du subjonctif)

To form the imperfect subjunctive, you begin with the first person singular ("je") form of the preterite, drop the final letter and add the appropriate ending. This means that whatever happens in that form (stem changes, spelling changes, irregularities, etc.) will also occur in all six forms of the imperfect subjunctive. So, once you know the preterite tense well, the imperfect subjunctive is easy to form.

Here is the chart for the endings:

-sse	-ssions
-sses	-ssiez
-^t	-ssent

Here is the verb "parler" in the imperfect subjunctive:

je parlasse	nous parlassions
tu parlasses	vous parlassiez
il, elle, on parlât	ils, elles parlassent

Since the preterite endings for first and second conjugation verbs are different, the imperfect subjunctive looks slightly different, as well.

Here is what the regular verb "finir" (to finish) looks like in the imperfect subjunctive:

je finisse	nous finissions
tu finisses	vous finissiez
il, elle, on finît	ils, elles finissent

Finally, here is what a verb that is truly irregular in the preterite – "être" – looks like in the imperfect subjunctive:

je fusse	nous fussions
tu fusses	vous fussiez
il, elle, on fût	ils, elles fussent

The pluperfect subjunctive (le plus-que-parfait du subjonctif)

The pluperfect subjunctive is formed from the imperfect subjunctive of the helping verbs "avoir" and "être" and the past participle. The pluperfect subjunctive of "parler" looks like this:

j'eusse parlé	nous eussions parlé
tu eusses parlé	vous eussiez parlé
il, elle, on eût parlé	ils, elles eussent parlé

The pluperfect subjunctive of "sortir" looks like this:

je fusse sorti(e)	nous fussions sorti(e)s
tu fusses sorti(e)	vous fussiez sorti(e)(s)
il, on fût sorti	ils fussent sortis
elle fût sortie	elles fussent sorties

Sequence of tenses

Which tense of the subjunctive – present or past – you choose will depend on the tense of the verb in the main clause. The past subjunctive indicates that the action of the subordinate clause happened **before** that of the main clause. If the action in the subordinate clause occurs at the same time as or after the action in the main clause, you must use the present subjunctive.

Il était ravi qu'elle chante.	He was delighted that she sang/was singing. (concurrent past action)
Il était ravi qu'elle ait chanté.	He was delighted that she had sung. (the singing occurred **before**)

Special cases

Although each of the 601 verbs in the reference section of conjugated verbs is shown in all tenses and forms, there are some verbs that are not generally used in all tenses and/or forms. These impersonal verbs include "falloir" (to be necessary) and "coûter" (to cost), which are normally used in the third person singular or plural, "pleuvoir" (to rain), "neiger" (to snow), "se passer" (to happen), "se pouvoir" (to be possible), "s'agir de" (to be a question of) and "valoir mieux" (to be better), which are generally used only in the third person singular.

Conclusion

Now that you understand how to conjugate a verb in French, how to form and use the different tenses, and when to use the subjunctive mood, you are ready to start using this knowledge to help you communicate in French. The rest of this book will give you a handy reference to hundreds of common verbs, as well as practice exercises to help you learn and remember how these verbs work in French. Don't be discouraged if it is challenging at first. Learning how to navigate through the French verb system will take time and effort, but it will be worth it when you can read, write, speak and understand what others say in French.

Remember that *"C'est en forgeant qu'on devient forgeron"* (practice makes perfect) in any language!

Nicky Agate, M.A.
New York University
New York, New York

to reduce, to humble **abaisser**

participe présent **abaissant** participe passé **abaissé**

SINGULAR	PLURAL	SINGULAR	PLURAL
présent de l'indicatif		passé composé	
abaiss**e**	abaiss**ons**	**ai** abaissé	**avons** abaissé
abaiss**es**	abaiss**ez**	**as** abaissé	**avez** abaissé
abaiss**e**	abaiss**ent**	**a** abaissé	**ont** abaissé
imparfait de l'indicatif		plus-que-parfait de l'indicatif	
abaiss**ais**	abaiss**ions**	**avais** abaissé	**avions** abaissé
abaiss**ais**	abaiss**iez**	**avais** abaissé	**aviez** abaissé
abaiss**ait**	abaiss**aient**	**avait** abaissé	**avaient** abaissé
passé simple		passé antérieur	
abaiss**ai**	abaiss**âmes**	**eus** abaissé	**eûmes** abaissé
abaiss**as**	abaiss**âtes**	**eus** abaissé	**eûtes** abaissé
abaiss**a**	abaiss**èrent**	**eut** abaissé	**eurent** abaissé
futur		futur antérieur	
abaisser**ai**	abaisser**ons**	**aurai** abaissé	**aurons** abaissé
abaisser**as**	abaisser**ez**	**auras** abaissé	**aurez** abaissé
abaisser**a**	abaisser**ont**	**aura** abaissé	**auront** abaissé
conditionnel		conditionnel passé	
abaisser**ais**	abaisser**ions**	**aurais** abaissé	**aurions** abaissé
abaisser**ais**	abaisser**iez**	**aurais** abaissé	**auriez** abaissé
abaisser**ait**	abaisser**aient**	**aurait** abaissé	**auraient** abaissé
présent du subjonctif		passé du subjonctif	
abaiss**e**	abaiss**ions**	**aie** abaissé	**ayons** abaissé
abaiss**es**	abaiss**iez**	**aies** abaissé	**ayez** abaissé
abaiss**e**	abaiss**ent**	**ait** abaissé	**aient** abaissé
imparfait du subjonctif		plus-que-parfait du subjonctif	
abaiss**asse**	abaiss**assions**	**eusse** abaissé	**eussions** abaissé
abaiss**asses**	abaiss**assiez**	**eusses** abaissé	**eussiez** abaissé
abaiss**ât**	abaiss**assent**	**eût** abaissé	**eussent** abaissé

impératif
abaisse
abaissons
abaissez

s'abaisser — to humble oneself

participe présent **s'abaissant** participe passé **abaissé(e)(s)**

A

SINGULAR	PLURAL	SINGULAR	PLURAL
présent de l'indicatif		passé composé	
m'abaiss**e**	**nous** abaiss**ons**	**me suis** abaissé(e)	**nous sommes** abaissé(e)s
t'abaiss**es**	**vous** abaiss**ez**	**t'es** abaissé(e)	**vous êtes** abaissé(e)(s)
s'abaiss**e**	**s'**abaiss**ent**	**s'est** abaissé(e)	**se sont** abaissé(e)s
imparfait de l'indicatif		plus-que-parfait de l'indicatif	
m'abaiss**ais**	**nous** abaiss**ions**	**m'étais** abaissé(e)	**nous étions** abaissé(e)s
t'abaiss**ais**	**vous** abaiss**iez**	**t'étais** abaissé(e)	**vous étiez** abaissé(e)(s)
s'abaiss**ait**	**s'**abaiss**aient**	**s'était** abaissé(e)	**s'étaient** abaissé(e)s
passé simple		passé antérieur	
m'abaiss**ai**	**nous** abaiss**âmes**	**me fus** abaissé(e)	**nous fûmes** abaissé(e)s
t'abaiss**as**	**vous** abaiss**âtes**	**te fus** abaissé(e)	**vous fûtes** abaissé(e)(s)
s'abaiss**a**	**s'**abaiss**èrent**	**se fut** abaissé(e)	**se furent** abaissé(e)s
futur		futur antérieur	
m'abaisser**ai**	**nous** abaisser**ons**	**me serai** abaissé(e)	**nous serons** abaissé(e)s
t'abaisser**as**	**vous** abaisser**ez**	**te seras** abaissé(e)	**vous serez** abaissé(e)(s)
s'abaisser**a**	**s'**abaisser**ont**	**se sera** abaissé(e)	**se seront** abaissé(e)s
conditionnel		conditionnel passé	
m'abaisser**ais**	**nous** abaisser**ions**	**me serais** abaissé(e)	**nous serions** abaissé(e)s
t'abaisser**ais**	**vous** abaisser**iez**	**te serais** abaissé(e)	**vous seriez** abaissé(e)(s)
s'abaisser**ait**	**s'**abaisser**aient**	**se serait** abaissé(e)	**se seraient** abaissé(e)s
présent du subjonctif		passé du subjonctif	
m'abaiss**e**	**nous** abaiss**ions**	**me sois** abaissé(e)	**nous soyons** abaissé(e)s
t'abaiss**es**	**vous** abaiss**iez**	**te sois** abaissé(e)	**vous soyez** abaissé(e)(s)
s'abaiss**e**	**s'**abaiss**ent**	**se soit** abaissé(e)	**se soient** abaissé(e)s
imparfait du subjonctif		plus-que-parfait du subjonctif	
m'abaissa**sse**	**nous** abaissa**ssions**	**me fusse** abaissé(e)	**nous fussions** abaissé(e)s
t'abaissa**sses**	**vous** abaissa**ssiez**	**te fusses** abaissé(e)	**vous fussiez** abaissé(e)(s)
s'abaiss**ât**	**s'**abaissa**ssent**	**se fût** abaissé(e)	**se fussent** abaissé(e)s

impératif

abaisse-toi
abaissons-nous
abaissez-vous

participe présent **abasourdissant** participe passé **abasourdi**

SINGULAR	PLURAL	SINGULAR	PLURAL
présent de l'indicatif		passé composé	
abasourd**is**	abasourd**issons**	**ai** abasourdi	**avons** abasourdi
abasourd**is**	abasourd**issez**	**as** abasourdi	**avez** abasourdi
abasourd**it**	abasourd**issent**	**a** abasourdi	**ont** abasourdi
imparfait de l'indicatif		plus-que-parfait de l'indicatif	
abasourd**issais**	abasourd**issions**	**avais** abasourdi	**avions** abasourdi
abasourd**issais**	abasourd**issiez**	**avais** abasourdi	**aviez** abasourdi
abasourd**issait**	abasourd**issaient**	**avait** abasourdi	**avaient** abasourdi
passé simple		passé antérieur	
abasourd**is**	abasourd**îmes**	**eus** abasourdi	**eûmes** abasourdi
abasourd**is**	abasourd**îtes**	**eus** abasourdi	**eûtes** abasourdi
abasourd**it**	abasourd**irent**	**eut** abasourdi	**eurent** abasourdi
futur		futur antérieur	
abasourdir**ai**	abasourdir**ons**	**aurai** abasourdi	**aurons** abasourdi
abasourdir**as**	abasourdir**ez**	**auras** abasourdi	**aurez** abasourdi
abasourdir**a**	abasourdir**ont**	**aura** abasourdi	**auront** abasourdi
conditionnel		conditionnel passé	
abasourdir**ais**	abasourdir**ions**	**aurais** abasourdi	**aurions** abasourdi
abasourdir**ais**	abasourdir**iez**	**aurais** abasourdi	**auriez** abasourdi
abasourdir**ait**	abasourdir**aient**	**aurait** abasourdi	**auraient** abasourdi
présent du subjonctif		passé du subjonctif	
abasourd**isse**	abasourd**issions**	**aie** abasourdi	**ayons** abasourdi
abasourd**isses**	abasourd**issiez**	**aies** abasourdi	**ayez** abasourdi
abasourd**isse**	abasourd**issent**	**ait** abasourdi	**aient** abasourdi
imparfait du subjonctif		plus-que-parfait du subjonctif	
abasourdi**sse**	abasourdi**ssions**	**eusse** abasourdi	**eussions** abasourdi
abasourdi**sses**	abasourdi**ssiez**	**eusses** abasourdi	**eussiez** abasourdi
abasourd**ît**	abasourdi**ssent**	**eût** abasourdi	**eussent** abasourdi

impératif
abasourdis
abasourdissons
abasourdissez

abatttre to knock down, to cut down

participe présent **abattant** participe passé **abattu**

A

SINGULAR	PLURAL	SINGULAR	PLURAL
présent de l'indicatif		passé composé	
abat**s**	abatt**ons**	**ai** abattu	**avons** abattu
abat**s**	abatt**ez**	**as** abattu	**avez** abattu
abat	abatt**ent**	**a** abattu	**ont** abattu
imparfait de l'indicatif		plus-que-parfait de l'indicatif	
abatt**ais**	abatt**ions**	**avais** abattu	**avions** abattu
abatt**ais**	abatt**iez**	**avais** abattu	**aviez** abattu
abatt**ait**	abatt**aient**	**avait** abattu	**avaient** abattu
passé simple		passé antérieur	
abatt**is**	abatt**îmes**	**eus** abattu	**eûmes** abattu
abatt**is**	abatt**îtes**	**eus** abattu	**eûtes** abattu
abatt**it**	abatt**irent**	**eut** abattu	**eurent** abattu
futur		futur antérieur	
abattr**ai**	abattr**ons**	**aurai** abattu	**aurons** abattu
abattr**as**	abattr**ez**	**auras** abattu	**aurez** abattu
abattr**a**	abattr**ont**	**aura** abattu	**auront** abattu
conditionnel		conditionnel passé	
abattr**ais**	abattr**ions**	**aurais** abattu	**aurions** abattu
abattr**ais**	abattr**iez**	**aurais** abattu	**auriez** abattu
abattr**ait**	abattr**aient**	**aurait** abattu	**auraient** abattu
présent du subjonctif		passé du subjonctif	
abatt**e**	abatt**ions**	**aie** abattu	**ayons** abattu
abatt**es**	abatt**iez**	**aies** abattu	**ayez** abattu
abatt**e**	abatt**ent**	**ait** abattu	**aient** abattu
imparfait du subjonctif		plus-que-parfait du subjonctif	
abatti**sse**	abatti**ssions**	**eusse** abattu	**eussions** abattu
abatti**sses**	abatti**ssiez**	**eusses** abattu	**eussiez** abattu
abatt**ît**	abatti**ssent**	**eût** abattu	**eussent** abattu

impératif

abats

abattons

abattez

participe présent **abolissant** participe passé **aboli**

SINGULAR	PLURAL
présent de l'indicatif	
abol**is**	aboliss**ons**
abol**is**	aboliss**ez**
abol**it**	aboliss**ent**
imparfait de l'indicatif	
abol**issais**	aboliss**ions**
abol**issais**	aboliss**iez**
abol**issait**	aboliss**aient**
passé simple	
abol**is**	abol**îmes**
abol**is**	abol**îtes**
abol**it**	abol**irent**
futur	
abolir**ai**	abolir**ons**
abolir**as**	abolir**ez**
abolir**a**	abolir**ont**
conditionnel	
abolir**ais**	abolir**ions**
abolir**ais**	abolir**iez**
abolir**ait**	abolir**aient**
présent du subjonctif	
aboliss**e**	aboliss**ions**
aboliss**es**	aboliss**iez**
aboliss**e**	aboliss**ent**
imparfait du subjonctif	
aboli**sse**	aboli**ssions**
aboli**sses**	aboli**ssiez**
abol**ît**	aboli**ssent**
impératif	
abolis	
abolissons	
abolissez	

SINGULAR	PLURAL
passé composé	
ai aboli	**avons** aboli
as aboli	**avez** aboli
a aboli	**ont** aboli
plus-que-parfait de l'indicatif	
avais aboli	**avions** aboli
avais aboli	**aviez** aboli
avait aboli	**avaient** aboli
passé antérieur	
eus aboli	**eûmes** aboli
eus aboli	**eûtes** aboli
eut aboli	**eurent** aboli
futur antérieur	
aurai aboli	**aurons** aboli
auras aboli	**aurez** aboli
aura aboli	**auront** aboli
conditionnel passé	
aurais aboli	**aurions** aboli
aurais aboli	**auriez** aboli
aurait aboli	**auraient** aboli
passé du subjonctif	
aie aboli	**ayons** aboli
aies aboli	**ayez** aboli
ait aboli	**aient** aboli
plus-que-parfait du subjonctif	
eusse aboli	**eussions** aboli
eusses aboli	**eussiez** aboli
eût aboli	**eussent** aboli

aborder — to reach, to approach

participe présent **abordant** participe passé **abordé**

A

SINGULAR	PLURAL	SINGULAR	PLURAL
présent de l'indicatif		passé composé	
aborde	abord**ons**	**ai** abordé	**avons** abordé
abord**es**	abord**ez**	**as** abordé	**avez** abordé
aborde	abord**ent**	**a** abordé	**ont** abordé
imparfait de l'indicatif		plus-que-parfait de l'indicatif	
abord**ais**	abord**ions**	**avais** abordé	**avions** abordé
abord**ais**	abord**iez**	**avais** abordé	**aviez** abordé
abord**ait**	abord**aient**	**avait** abordé	**avaient** abordé
passé simple		passé antérieur	
abord**ai**	nous abord**âmes**	**eus** abordé	**eûmes** abordé
abord**as**	abord**âtes**	**eus** abordé	**eûtes** abordé
abord**a**	abord**èrent**	**eut** abordé	**eurent** abordé
futur		futur antérieur	
aborder**ai**	aborder**ons**	**aurai** abordé	**aurons** abordé
aborder**as**	aborder**ez**	**auras** abordé	**aurez** abordé
aborder**a**	aborder**ont**	**aura** abordé	**auront** abordé
conditionnel		conditionnel passé	
aborder**ais**	aborder**ions**	**aurais** abordé	**aurions** abordé
aborder**ais**	aborder**iez**	**aurais** abordé	**auriez** abordé
aborder**ait**	aborder**aient**	**aurait** abordé	**auraient** abordé
présent du subjonctif		passé du subjonctif	
aborde	abord**ions**	**aie** abordé	**ayons** abordé
abord**es**	abord**iez**	**aies** abordé	**ayez** abordé
aborde	abord**ent**	**ait** abordé	**aient** abordé
imparfait du subjonctif		plus-que-parfait du subjonctif	
aborda**sse**	aborda**ssions**	**eusse** abordé	**eussions** abordé
aborda**sses**	aborda**ssiez**	**eusses** abordé	**eussiez** abordé
abordâ**t**	aborda**ssent**	**eût** abordé	**eussent** abordé

impératif
aborde
abordons
abordez

participe présent **aboutissant** participe passé **abouti**

SINGULAR	PLURAL
présent de l'indicatif	
abouti**s**	aboutiss**ons**
abouti**s**	aboutiss**ez**
abouti**t**	aboutiss**ent**
imparfait de l'indicatif	
abouti**ssais**	abouti**ssions**
abouti**ssais**	abouti**ssiez**
abouti**ssait**	abouti**ssaient**
passé simple	
abouti**s**	abouti**̂mes**
abouti**s**	abouti**̂tes**
abouti**t**	abouti**rent**
futur	
aboutir**ai**	aboutir**ons**
aboutir**as**	aboutir**ez**
aboutir**a**	aboutir**ont**
conditionnel	
aboutir**ais**	aboutir**ions**
aboutir**ais**	aboutir**iez**
aboutir**ait**	aboutir**aient**
présent du subjonctif	
aboutiss**e**	aboutiss**ions**
aboutiss**es**	aboutiss**iez**
aboutiss**e**	aboutiss**ent**
imparfait du subjonctif	
abouti**sse**	abouti**ssions**
abouti**sses**	abouti**ssiez**
about**ît**	abouti**ssent**
impératif	
aboutis	
aboutissons	
aboutissez	

SINGULAR	PLURAL
passé composé	
ai abouti	**avons** abouti
as abouti	**avez** abouti
a abouti	**ont** abouti
plus-que-parfait de l'indicatif	
avais abouti	**avions** abouti
avais abouti	**aviez** abouti
avait abouti	**avaient** abouti
passé antérieur	
eus abouti	**eûmes** abouti
eus abouti	**eûtes** abouti
eut abouti	**eurent** abouti
futur antérieur	
aurai abouti	**aurons** abouti
auras abouti	**aurez** abouti
aura abouti	**auront** abouti
conditionnel passé	
aurais abouti	**aurions** abouti
aurais abouti	**auriez** abouti
aurait abouti	**auraient** abouti
passé du subjonctif	
aie abouti	**ayons** abouti
aies abouti	**ayez** abouti
ait abouti	**aient** abouti
plus-que-parfait du subjonctif	
eusse abouti	**eussions** abouti
eusses abouti	**eussiez** abouti
eût abouti	**eussent** abouti

abréger — to shorten, to abbreviate

participe présent **abrégeant** participe passé **abrégé**

présent de l'indicatif

SINGULAR	PLURAL
abrèg**e**	abrége**ons**
abrèg**es**	abrég**ez**
abrèg**e**	abrèg**ent**

imparfait de l'indicatif

SINGULAR	PLURAL
abrége**ais**	abrég**ions**
abrége**ais**	abrég**iez**
abrége**ait**	abrége**aient**

passé simple

SINGULAR	PLURAL
abrége**ai**	abrége**âmes**
abrége**as**	abrége**âtes**
abrége**a**	abrég**èrent**

futur

SINGULAR	PLURAL
abréger**ai**	abréger**ons**
abréger**as**	abréger**ez**
abréger**a**	abréger**ont**

conditionnel

SINGULAR	PLURAL
abréger**ais**	abréger**ions**
abréger**ais**	abréger**iez**
abréger**ait**	abréger**aient**

présent du subjonctif

SINGULAR	PLURAL
abrèg**e**	abrég**ions**
abrèg**es**	abrég**iez**
abrèg**e**	abrèg**ent**

imparfait du subjonctif

SINGULAR	PLURAL
abrégea**sse**	abrégea**ssions**
abrégea**sses**	abrégea**ssiez**
abrégeâ**t**	abrégea**ssent**

impératif

abrège
abrégeons
abrégez

passé composé

SINGULAR	PLURAL
ai abrégé	**avons** abrégé
as abrégé	**avez** abrégé
a abrégé	**ont** abrégé

plus-que-parfait de l'indicatif

SINGULAR	PLURAL
avais abrégé	**avions** abrégé
avais abrégé	**aviez** abrégé
avait abrégé	**avaient** abrégé

passé antérieur

SINGULAR	PLURAL
eus abrégé	**eûmes** abrégé
eus abrégé	**eûtes** abrégé
eut abrégé	**eurent** abrégé

futur antérieur

SINGULAR	PLURAL
aurai abrégé	**aurons** abrégé
auras abrégé	**aurez** abrégé
aura abrégé	**auront** abrégé

conditionnel passé

SINGULAR	PLURAL
aurais abrégé	**aurions** abrégé
aurais abrégé	**auriez** abrégé
aurait abrégé	**auraient** abrégé

passé du subjonctif

SINGULAR	PLURAL
aie abrégé	**ayons** abrégé
aies abrégé	**ayez** abrégé
ait abrégé	**aient** abrégé

plus-que-parfait du subjonctif

SINGULAR	PLURAL
eusse abrégé	**eussions** abrégé
eusses abrégé	**eussiez** abrégé
eût abrégé	**eussent** abrégé

to absolve — absoudre

participe présent **absolvant** participe passé **absous**

SINGULAR	PLURAL	SINGULAR	PLURAL
présent de l'indicatif		passé composé	
absou**s**	absolv**ons**	**ai** absous	**avons** absous
absou**s**	absolv**ez**	**as** absous	**avez** absous
absou**t**	absolv**ent**	**a** absous	**ont** absous
imparfait de l'indicatif		plus-que-parfait de l'indicatif	
absolv**ais**	absolv**ions**	**avais** absous	**avions** absous
absolv**ais**	absolv**iez**	**avais** absous	**aviez** absous
absolv**ait**	absolv**aient**	**avait** absous	**avaient** absous
passé simple		passé antérieur	
absol**us**	absol**ûmes**	**eus** absous	**eûmes** absous
absol**us**	absol**ûtes**	**eus** absous	**eûtes** absous
absol**ut**	absol**urent**	**eut** absous	**eurent** absous
futur		futur antérieur	
absoud**rai**	absoud**rons**	**aurai** absous	**aurons** absous
absoud**ras**	absoud**rez**	**auras** absous	**aurez** absous
absoud**ra**	absoud**ront**	**aura** absous	**auront** absous
conditionnel		conditionnel passé	
absoud**rais**	absoud**rions**	**aurais** absous	**aurions** absous
absoud**rais**	absoud**riez**	**aurais** absous	**auriez** absous
absoud**rait**	absoud**raient**	**aurait** absous	**auraient** absous
présent du subjonctif		passé du subjonctif	
absolv**e**	absolv**ions**	**aie** absous	**ayons** absous
absolv**es**	absolv**iez**	**aies** absous	**ayez** absous
absolv**e**	absolv**ent**	**ait** absous	**aient** absous
imparfait du subjonctif		plus-que-parfait du subjonctif	
absolu**sse**	absolu**ssions**	**eusse** absous	**eussions** absous
absolu**sses**	absolu**ssiez**	**eusses** absous	**eussiez** absous
absol**ût**	absolu**ssent**	**eût** absous	**eussent** absous
impératif			
absous			
absolvons			
absolvez			

A

s'abstenir — to abstain

participe présent **s'abstenant** participe passé **abstenu**

SINGULAR	PLURAL
présent de l'indicatif	
m'abst**iens**	**nous** abst**enons**
t'abst**iens**	**vous** abst**enez**
s'abst**ient**	**s'**abst**iennent**
imparfait de l'indicatif	
m'absten**ais**	**nous** absten**ions**
t'absten**ais**	**vous** absten**iez**
s'absten**ait**	**s'**absten**aient**
passé simple	
m'abst**ins**	**nous** abst**înmes**
t'abst**ins**	**vous** abst**întes**
s'abst**int**	**s'**abst**inrent**
futur	
m'abstiendr**ai**	**nous** abstiendr**ons**
t'abstiendr**as**	**vous** abstiendr**ez**
s'abstiendr**a**	**s'**abstiendr**ont**
conditionnel	
m'abstiendr**ais**	**nous** abstiendr**ions**
t'abstiendr**ais**	**vous** abstiendr**iez**
s'abstiendr**ait**	**s'**abstiendr**aient**
présent du subjonctif	
m'abstienn**e**	**nous** absten**ions**
t'abstienn**es**	**vous** absten**iez**
s'abstienn**e**	**s'**abst**iennent**
imparfait du subjonctif	
m'abst**insse**	**nous** abst**inssions**
t'abst**insses**	**vous** abst**inssiez**
s'abst**înt**	**s'**abst**inssent**
impératif	
abstiens-toi	
abstenons-nous	
abstenez-vous	

SINGULAR	PLURAL
passé composé	
me suis abstenu(e)	**nous sommes** abstenu(e)s
t'es abstenu(e)	**vous êtes** abstenu(e)(s)
s'est abstenu(e)	**se sont** abstenu(e)s
plus-que-parfait de l'indicatif	
m'étais abstenu(e)	**nous étions** abstenu(e)s
t'étais abstenu(e)	**vous étiez** abstenu(e)(s)
s'était abstenu(e)	**s'étaient** abstenu(e)s
passé antérieur	
me fus abstenu(e)	**nous fûmes** abstenu(e)s
te fus abstenu(e)	**vous fûtes** abstenu(e)(s)
se fut abstenu(e)	**se furent** abstenu(e)s
futur antérieur	
me serai abstenu(e)	**nous serons** abstenu(e)s
te seras abstenu(e)	**vous serez** abstenu(e)(s)
se sera abstenu(e)	**se seront** abstenu(e)s
conditionnel passé	
me serais abstenu(e)	**nous serions** abstenu(e)s
te serais abstenu(e)	**vous seriez** abstenu(e)(s)
se serait abstenu(e)	**se seraient** abstenu(e)s
passé du subjonctif	
me sois abstenu(e)	**nous soyons** abstenu(e)s
te sois abstenu(e)	**vous soyez** abstenu(e)(s)
se soit abstenu(e)	**se soient** abstenu(e)s
plus-que-parfait du subjonctif	
me fusse abstenu(e)	**nous fussions** abstenu(e)s
te fusses abstenu(e)	**vous fussiez** abstenu(e)(s)
se fût abstenu(e)	**se fussent** abstenu(e)s

to stress, to emphasize — accentuer

participe présent **accentuant** participe passé **accentué**

SINGULAR	PLURAL
présent de l'indicatif	
accentu**e**	accentu**ons**
accentu**es**	accentu**ez**
accentu**e**	accentu**ent**
imparfait de l'indicatif	
accentu**ais**	accentu**ions**
accentu**ais**	accentu**iez**
accentu**ait**	accentu**aient**
passé simple	
accentu**ai**	accentu**âmes**
accentu**as**	accentu**âtes**
accentu**a**	accentu**èrent**
futur	
accentuer**ai**	accentuer**ons**
accentuer**as**	accentuer**ez**
accentuer**a**	accentuer**ont**
conditionnel	
accentuer**ais**	accentuer**ions**
accentuer**ais**	accentuer**iez**
accentuer**ait**	accentuer**aient**
présent du subjonctif	
accentu**e**	accentu**ions**
accentu**es**	accentu**iez**
accentu**e**	accentu**ent**
imparfait du subjonctif	
accentua**sse**	accentua**ssions**
accentua**sses**	accentua**ssiez**
accentu**ât**	accentua**ssent**
impératif	
accentue	
accentuons	
accentuez	

SINGULAR	PLURAL
passé composé	
ai accentué	**avons** accentué
as accentué	**avez** accentué
a accentué	**ont** accentué
plus-que-parfait de l'indicatif	
avais accentué	**avions** accentué
avais accentué	**aviez** accentué
avait accentué	**avaient** accentué
passé antérieur	
eus accentué	**eûmes** accentué
eus accentué	**eûtes** accentué
eut accentué	**eurent** accentué
futur antérieur	
aurai accentué	**aurons** accentué
auras accentué	**aurez** accentué
aura accentué	**auront** accentué
conditionnel passé	
aurais accentué	**aurions** accentué
aurais accentué	**auriez** accentué
aurait accentué	**auraient** accentué
passé du subjonctif	
aie accentué	**ayons** accentué
aies accentué	**ayez** accentué
ait accentué	**aient** accentué
plus-que-parfait du subjonctif	
eusse accentué	**eussions** accentué
eusses accentué	**eussiez** accentué
eût accentué	**eussent** accentué

accepter — to accept

participe présent **acceptant** participe passé **accepté**

SINGULAR	PLURAL
présent de l'indicatif	
accept**e**	accept**ons**
accept**es**	accept**ez**
accept**e**	accept**ent**
imparfait de l'indicatif	
accept**ais**	accept**ions**
accept**ais**	accept**iez**
accept**ait**	accept**aient**
passé simple	
accept**ai**	accept**âmes**
accept**as**	accept**âtes**
accept**a**	accept**èrent**
futur	
accepter**ai**	accepter**ons**
accepter**as**	accepter**ez**
accepter**a**	accepter**ont**
conditionnel	
accepter**ais**	accepter**ions**
accepter**ais**	accepter**iez**
accepter**ait**	accepter**aient**
présent du subjonctif	
accept**e**	accept**ions**
accept**es**	accept**iez**
accept**e**	accept**ent**
imparfait du subjonctif	
accepta**sse**	accepta**ssions**
accepta**sses**	accepta**ssiez**
acceptâ**t**	accepta**ssent**
impératif	
accepte	
acceptons	
acceptez	

SINGULAR	PLURAL
passé composé	
ai accepté	**avons** accepté
as accepté	**avez** accepté
a accepté	**ont** accepté
plus-que-parfait de l'indicatif	
avais accepté	**avions** accepté
avais accepté	**aviez** accepté
avait accepté	**avaient** accepté
passé antérieur	
eus accepté	**eûmes** accepté
eus accepté	**eûtes** accepté
eut accepté	**eurent** accepté
futur antérieur	
aurai accepté	**aurons** accepté
auras accepté	**aurez** accepté
aura accepté	**auront** accepté
conditionnel passé	
aurais accepté	**aurions** accepté
aurais accepté	**auriez** accepté
aurait accepté	**auraient** accepté
passé du subjonctif	
aie accepté	**ayons** accepté
aies accepté	**ayez** accepté
ait accepté	**aient** accepté
plus-que-parfait du subjonctif	
eusse accepté	**eussions** accepté
eusses accepté	**eussiez** accepté
eût accepté	**eussent** accepté

to accompany **accompagner**

participe présent **accompagnant** participe passé **accompagné**

SINGULAR	PLURAL	SINGULAR	PLURAL
présent de l'indicatif		passé composé	
accompagn**e**	accompagn**ons**	**ai** accompagné	**avons** accompagné
accompagn**es**	accompagn**ez**	**as** accompagné	**avez** accompagné
accompagn**e**	accompagn**ent**	**a** accompagné	**ont** accompagné
imparfait de l'indicatif		plus-que-parfait de l'indicatif	
accompagn**ais**	accompagn**ions**	**avais** accompagné	**avions** accompagné
accompagn**ais**	accompagn**iez**	**avais** accompagné	**aviez** accompagné
accompagn**ait**	accompagn**aient**	**avait** accompagné	**avaient** accompagné
passé simple		passé antérieur	
accompagn**ai**	accompagn**âmes**	**eus** accompagné	**eûmes** accompagné
accompagn**as**	accompagn**âtes**	**eus** accompagné	**eûtes** accompagné
accompagn**a**	accompagn**èrent**	**eut** accompagné	**eurent** accompagné
futur		futur antérieur	
accompagner**ai**	accompagner**ons**	**aurai** accompagné	**aurons** accompagné
accompagner**as**	accompagner**ez**	**auras** accompagné	**aurez** accompagné
accompagner**a**	accompagner**ont**	**aura** accompagné	**auront** accompagné
conditionnel		conditionnel passé	
accompagner**ais**	accompagner**ions**	**aurais** accompagné	**aurions** accompagné
accompagner**ais**	accompagner**iez**	**aurais** accompagné	**auriez** accompagné
accompagner**ait**	accompagner**aient**	**aurait** accompagné	**auraient** accompagné
présent du subjonctif		passé du subjonctif	
accompagn**e**	accompagn**ions**	**aie** accompagné	**ayons** accompagné
accompagn**es**	accompagn**iez**	**aies** accompagné	**ayez** accompagné
accompagn**e**	accompagn**ent**	**ait** accompagné	**aient** accompagné
imparfait du subjonctif		plus-que-parfait du subjonctif	
accompagna**sse**	accompagna**ssions**	**eusse** accompagné	**eussions** accompagné
accompagna**sses**	accompagna**ssiez**	**eusses** accompagné	**eussiez** accompagné
accompagnâ**t**	accompagna**ssent**	**eût** accompagné	**eussent** accompagné

impératif

accompagne

accompagnons

accompagnez

accorder — to accord, to grant

participe présent **accordant** participe passé **accordé**

SINGULAR	PLURAL	SINGULAR	PLURAL
présent de l'indicatif		passé composé	
accord**e**	accord**ons**	**ai** accordé	**avons** accordé
accord**es**	accord**ez**	**as** accordé	**avez** accordé
accord**e**	accord**ent**	**a** accordé	**ont** accordé
imparfait de l'indicatif		plus-que-parfait de l'indicatif	
accord**ais**	accord**ions**	**avais** accordé	**avions** accordé
accord**ais**	accord**iez**	**avais** accordé	**aviez** accordé
accord**ait**	accord**aient**	**avait** accordé	**avaient** accordé
passé simple		passé antérieur	
accord**ai**	accord**âmes**	**eus** accordé	**eûmes** accordé
accord**as**	accord**âtes**	**eus** accordé	**eûtes** accordé
accord**a**	accord**èrent**	**eut** accordé	**eurent** accordé
futur		futur antérieur	
accorder**ai**	accorder**ons**	**aurai** accordé	**aurons** accordé
accorder**as**	accorder**ez**	**auras** accordé	**aurez** accordé
accorder**a**	accorder**ont**	**aura** accordé	**auront** accordé
conditionnel		conditionnel passé	
accorder**ais**	accorder**ions**	**aurais** accordé	**aurions** accordé
accorder**ais**	accorder**iez**	**aurais** accordé	**auriez** accordé
accorder**ait**	accorder**aient**	**aurait** accordé	**auraient** accordé
présent du subjonctif		passé du subjonctif	
accord**e**	accord**ions**	**aie** accordé	**ayons** accordé
accord**es**	accord**iez**	**aies** accordé	**ayez** accordé
accord**e**	accord**ent**	**ait** accordé	**aient** accordé
imparfait du subjonctif		plus-que-parfait du subjonctif	
accorda**sse**	accorda**ssions**	**eusse** accordé	**eussions** accordé
accorda**sses**	accorda**ssiez**	**eusses** accordé	**eussiez** accordé
accordâ**t**	accorda**ssent**	**eût** accordé	**eussent** accordé
impératif			
accorde			
accordons			
accordez			

to increase, to heighten **accroître**

participe présent **accroissant** participe passé **accru**

A

SINGULAR	PLURAL	SINGULAR	PLURAL
présent de l'indicatif		passé composé	
accrois**s**	accroiss**ons**	**ai** accru	**avons** accru
accroi**s**	accroiss**ez**	**as** accru	**avez** accru
accroî**t**	accroiss**ent**	**a** accru	**ont** accru
imparfait de l'indicatif		plus-que-parfait de l'indicatif	
accroiss**ais**	accroiss**ions**	**avais** accru	**avions** accru
accroiss**ais**	accroiss**iez**	**avais** accru	**aviez** accru
accroiss**ait**	accroiss**aient**	**avait** accru	**avaient** accru
passé simple		passé antérieur	
accr**us**	accr**ûmes**	**eus** accru	**eûmes** accru
accr**us**	accr**ûtes**	**eus** accru	**eûtes** accru
accr**ut**	accr**urent**	**eut** accru	**eurent** accru
futur		futur antérieur	
accroîtr**ai**	accroîtr**ons**	**aurai** accru	**aurons** accru
accroîtr**as**	accroîtr**ez**	**auras** accru	**aurez** accru
accroîtr**a**	accroîtr**ont**	**aura** accru	**auront** accru
conditionnel		conditionnel passé	
accroîtr**ais**	accroîtr**ions**	**aurais** accru	**aurions** accru
accroîtr**ais**	accroîtr**iez**	**aurais** accru	**auriez** accru
accroîtr**ait**	accroîtr**aient**	**aurait** accru	**auraient** accru
présent du subjonctif		passé du subjonctif	
accroiss**e**	accroiss**ions**	**aie** accru	**ayons** accru
accroiss**es**	accroiss**iez**	**aies** accru	**ayez** accru
accroiss**e**	accroiss**ent**	**ait** accru	**aient** accru
imparfait du subjonctif		plus-que-parfait du subjonctif	
accru**sse**	accru**ssions**	**eusse** accru	**eussions** accru
accru**sses**	accru**ssiez**	**eusses** accru	**eussiez** accru
accr**ût**	accru**ssent**	**eût** accru	**eussent** accru

impératif
accrois
accroissons
accroissez

accueillir — to greet, to welcome

participe présent **accueillant** participe passé **accueilli**

A

SINGULAR	PLURAL	SINGULAR	PLURAL
présent de l'indicatif		passé composé	
accueill**e**	accueill**ons**	**ai** accueilli	**avons** accueilli
accueill**es**	accueill**ez**	**as** accueilli	**avez** accueilli
accueill**e**	accueill**ent**	**a** accueilli	**ont** accueilli
imparfait de l'indicatif		plus-que-parfait de l'indicatif	
accueill**ais**	accueill**ions**	**avais** accueilli	**avions** accueilli
accueill**ais**	accueill**iez**	**avais** accueilli	**aviez** accueilli
accueill**ait**	accueill**aient**	**avait** accueilli	**avaient** accueilli
passé simple		passé antérieur	
accueill**is**	accueill**îmes**	**eus** accueilli	**eûmes** accueilli
accueill**is**	accueill**îtes**	**eus** accueilli	**eûtes** accueilli
accueill**it**	accueill**irent**	**eut** accueilli	**eurent** accueilli
futur		futur antérieur	
accueill**erai**	accueill**erons**	**aurai** accueilli	**aurons** accueilli
accueill**eras**	accueill**erez**	**auras** accueilli	**aurez** accueilli
accueill**era**	accueill**eront**	**aura** accueilli	**auront** accueilli
conditionnel		conditionnel passé	
accueill**erais**	accueill**erions**	**aurais** accueilli	**aurions** accueilli
accueill**erais**	accueill**eriez**	**aurais** accueilli	**auriez** accueilli
accueill**erait**	accueill**eraient**	**aurait** accueilli	**auraient** accueilli
présent du subjonctif		passé du subjonctif	
accueill**e**	accueill**ions**	**aie** accueilli	**ayons** accueilli
accueill**es**	accueill**iez**	**aies** accueilli	**ayez** accueilli
accueill**e**	accueill**ent**	**ait** accueilli	**aient** accueilli
imparfait du subjonctif		plus-que-parfait du subjonctif	
accueill**isse**	accueill**issions**	**eusse** accueilli	**eussions** accueilli
accueill**isses**	accueill**issiez**	**eusses** accueilli	**eussiez** accueilli
accueill**ît**	accueill**issent**	**eût** accueilli	**eussent** accueilli

impératif
accueille
accueillons
accueillez

participe présent **accusant** participe passé **accusé**

SINGULAR	PLURAL	SINGULAR	PLURAL
présent de l'indicatif		passé composé	
accus**e**	accus**ons**	**ai** accusé	**avons** accusé
accus**es**	accus**ez**	**as** accusé	**avez** accusé
accus**e**	accus**ent**	**a** accusé	**ont** accusé
imparfait de l'indicatif		plus-que-parfait de l'indicatif	
accus**ais**	accus**ions**	**avais** accusé	**avions** accusé
accus**ais**	accus**iez**	**avais** accusé	**aviez** accusé
accus**ait**	accus**aient**	**avait** accusé	**avaient** accusé
passé simple		passé antérieur	
accus**ai**	accus**âmes**	**eus** accusé	**eûmes** accusé
accus**as**	accus**âtes**	**eus** accusé	**eûtes** accusé
accus**a**	accus**èrent**	**eut** accusé	**eurent** accusé
futur		futur antérieur	
accuser**ai**	accuser**ons**	**aurai** accusé	**aurons** accusé
accuser**as**	accuser**ez**	**auras** accusé	**aurez** accusé
accuser**a**	accuser**ont**	**aura** accusé	**auront** accusé
conditionnel		conditionnel passé	
accuser**ais**	accuser**ions**	**aurais** accusé	**aurions** accusé
accuser**ais**	accuser**iez**	**aurais** accusé	**auriez** accusé
accuser**ait**	accuser**aient**	**aurait** accusé	**auraient** accusé
présent du subjonctif		passé du subjonctif	
accus**e**	accus**ions**	**aie** accusé	**ayons** accusé
accus**es**	accus**iez**	**aies** accusé	**ayez** accusé
accus**e**	accus**ent**	**ait** accusé	**aient** accusé
imparfait du subjonctif		plus-que-parfait du subjonctif	
accusa**sse**	accusa**ssions**	**eusse** accusé	**eussions** accusé
accusa**sses**	accusa**ssiez**	**eusses** accusé	**eussiez** accusé
accus**ât**	accusa**ssent**	**eût** accusé	**eussent** accusé

impératif
accuse
accusons
accusez

acheter — to buy, to purchase

participe présent **achetant** participe passé **acheté**

A

SINGULAR	PLURAL	SINGULAR	PLURAL
présent de l'indicatif		passé composé	
achèt**e**	achet**ons**	**ai** acheté	**avons** acheté
achèt**es**	achet**ez**	**as** acheté	**avez** acheté
achèt**e**	achèt**ent**	**a** acheté	**ont** acheté
imparfait de l'indicatif		plus-que-parfait de l'indicatif	
achet**ais**	achet**ions**	**avais** acheté	**avions** acheté
achet**ais**	achet**iez**	**avais** acheté	**aviez** acheté
achet**ait**	achet**aient**	**avait** acheté	**avaient** acheté
passé simple		passé antérieur	
achet**ai**	achet**âmes**	**eus** acheté	**eûmes** acheté
achet**as**	achet**âtes**	**eus** acheté	**eûtes** acheté
achet**a**	achet**èrent**	**eut** acheté	**eurent** acheté
futur		futur antérieur	
achèter**ai**	achèter**ons**	**aurai** acheté	**aurons** acheté
achèter**as**	achèter**ez**	**auras** acheté	**aurez** acheté
achèter**a**	achèter**ont**	**aura** acheté	**auront** acheté
conditionnel		conditionnel passé	
achèter**ais**	achèter**ions**	**aurais** acheté	**aurions** acheté
achèter**ais**	achèter**iez**	**aurais** acheté	**auriez** acheté
achèter**ait**	achèter**aient**	**aurait** acheté	**auraient** acheté
présent du subjonctif		passé du subjonctif	
achèt**e**	achet**ions**	**aie** acheté	**ayons** acheté
achèt**es**	achet**iez**	**aies** acheté	**ayez** acheté
achèt**e**	achèt**ent**	**ait** acheté	**aient** acheté
imparfait du subjonctif		plus-que-parfait du subjonctif	
acheta**sse**	acheta**ssions**	**eusse** acheté	**eussions** acheté
acheta**sses**	acheta**ssiez**	**eusses** acheté	**eussiez** acheté
achet**ât**	acheta**ssent**	**eût** acheté	**eussent** acheté

impératif
achète
achetons
achetez

participe présent **achevant** participe passé **achevé**

SINGULAR	PLURAL	SINGULAR	PLURAL
présent de l'indicatif		passé composé	
achève	achevons	**ai** achevé	**avons** achevé
achèves	achevez	**as** achevé	**avez** achevé
achève	achèvent	**a** achevé	**ont** achevé
imparfait de l'indicatif		plus-que-parfait de l'indicatif	
achevais	achevions	**avais** achevé	**avions** achevé
achevais	acheviez	**avais** achevé	**aviez** achevé
achevait	achevaient	**avait** achevé	**avaient** achevé
passé simple		passé antérieur	
achevai	achevâmes	**eus** achevé	**eûmes** achevé
achevas	achevâtes	**eus** achevé	**eûtes** achevé
acheva	achevèrent	**eut** achevé	**eurent** achevé
futur		futur antérieur	
achèverai	achèverons	**aurai** achevé	**aurons** achevé
achèveras	achèverez	**auras** achevé	**aurez** achevé
achèvera	achèveront	**aura** achevé	**auront** achevé
conditionnel		conditionnel passé	
achèverais	achèverions	**aurais** achevé	**aurions** achevé
achèverais	achèveriez	**aurais** achevé	**auriez** achevé
achèverait	achèveraient	**aurait** achevé	**auraient** achevé
présent du subjonctif		passé du subjonctif	
achève	achevions	**aie** achevé	**ayons** achevé
achèves	acheviez	**aies** achevé	**ayez** achevé
achève	achèvent	**ait** achevé	**aient** achevé
imparfait du subjonctif		plus-que-parfait du subjonctif	
achevasse	achevassions	**eusse** achevé	**eussions** achevé
achevasses	achevassiez	**eusses** achevé	**eussiez** achevé
achevât	achevassent	**eût** achevé	**eussent** achevé

impératif
achève
achevons
achevez

acquérir — to get, to gain

participe présent **acquérant** participe passé **acquis**

A

SINGULAR	PLURAL
présent de l'indicatif	
acqu**iers**	acqu**érons**
acqu**iers**	acqu**érez**
acqu**iert**	acqu**ièrent**
imparfait de l'indicatif	
acquér**ais**	acquér**ions**
acquér**ais**	acquér**iez**
acquér**ait**	acquér**aient**
passé simple	
acqu**is**	acqu**îmes**
acqu**is**	acqu**îtes**
acqu**it**	acqu**irent**
futur	
acquerr**ai**	acquerr**ons**
acquerr**as**	acquerr**ez**
acquerr**a**	acquerr**ont**
conditionnel	
acquerr**ais**	acquerr**ions**
acquerr**ais**	acquerr**iez**
acquerr**ait**	acquerr**aient**
présent du subjonctif	
acqu**ière**	acquér**ions**
acqu**ières**	acquér**iez**
acqu**ière**	acqu**ièrent**
imparfait du subjonctif	
acqui**sse**	acqui**ssions**
acqui**sses**	acqui**ssiez**
acqu**ît**	acqui**ssent**
impératif	
acquiers	
acquérons	
acquérez	

SINGULAR	PLURAL
passé composé	
ai acquis	**avons** acquis
as acquis	**avez** acquis
a acquis	**ont** acquis
plus-que-parfait de l'indicatif	
avais acquis	**avions** acquis
avais acquis	**aviez** acquis
avait acquis	**avaient** acquis
passé antérieur	
eus acquis	**eûmes** acquis
eus acquis	**eûtes** acquis
eut acquis	**eurent** acquis
futur antérieur	
aurai acquis	**aurons** acquis
auras acquis	**aurez** acquis
aura acquis	**auront** acquis
conditionnel passé	
aurais acquis	**aurions** acquis
aurais acquis	**auriez** acquis
aurait acquis	**auraient** acquis
passé du subjonctif	
aie acquis	**ayons** acquis
aies acquis	**ayez** acquis
ait acquis	**aient** acquis
plus-que-parfait du subjonctif	
eusse acquis	**eussions** acquis
eusses acquis	**eussiez** acquis
eût acquis	**eussent** acquis

to adapt **adapter**

participe présent **adaptant** participe passé **adapté**

SINGULAR	PLURAL
présent de l'indicatif	
adapt**e**	adapt**ons**
adapt**es**	adapt**ez**
adapt**e**	adapt**ent**
imparfait de l'indicatif	
adapt**ais**	adapt**ions**
adapt**ais**	adapt**iez**
adapt**ait**	adapt**aient**
passé simple	
adapt**ai**	adapt**âmes**
adapt**as**	adapt**âtes**
adapt**a**	adapt**èrent**
futur	
adapter**ai**	adapter**ons**
adapter**as**	adapter**ez**
adapter**a**	adapter**ont**
conditionnel	
adapter**ais**	adapter**ions**
adapter**ais**	adapter**iez**
adapter**ait**	adapter**aient**
présent du subjonctif	
adapt**e**	adapt**ions**
adapt**es**	adapt**iez**
adapt**e**	adapt**ent**
imparfait du subjonctif	
adapta**sse**	adapta**ssions**
adapta**sses**	adapta**ssiez**
adapt**ât**	adapta**ssent**
impératif	
adapte	
adaptons	
adaptez	

SINGULAR	PLURAL
passé composé	
ai adapté	**avons** adapté
as adapté	**avez** adapté
a adapté	**ont** adapté
plus-que-parfait de l'indicatif	
avais adapté	**avions** adapté
avais adapté	**aviez** adapté
avait adapté	**avaient** adapté
passé antérieur	
eus adapté	**eûmes** adapté
eus adapté	**eûtes** adapté
eut adapté	**eurent** adapté
futur antérieur	
aurai adapté	**aurons** adapté
auras adapté	**aurez** adapté
aura adapté	**auront** adapté
conditionnel passé	
aurais adapté	**aurions** adapté
aurais adapté	**auriez** adapté
aurait adapté	**auraient** adapté
passé du subjonctif	
aie adapté	**ayons** adapté
aies adapté	**ayez** adapté
ait adapté	**aient** adapté
plus-que-parfait du subjonctif	
eusse adapté	**eussions** adapté
eusses adapté	**eussiez** adapté
eût adapté	**eussent** adapté

admettre — to admit, to suppose

participe présent **admettant** participe passé **admis**

SINGULAR	PLURAL	SINGULAR	PLURAL
présent de l'indicatif		passé composé	
admet**s**	admett**ons**	**ai** admis	**avons** admis
admet**s**	admett**ez**	**as** admis	**avez** admis
admet	admett**ent**	**a** admis	**ont** admis
imparfait de l'indicatif		plus-que-parfait de l'indicatif	
admett**ais**	admett**ions**	**avais** admis	**avions** admis
admett**ais**	admett**iez**	**avais** admis	**aviez** admis
admett**ait**	admett**aient**	**avait** admis	**avaient** admis
passé simple		passé antérieur	
adm**is**	adm**îmes**	**eus** admis	**eûmes** admis
adm**is**	adm**îtes**	**eus** admis	**eûtes** admis
adm**it**	adm**irent**	**eut** admis	**eurent** admis
futur		futur antérieur	
admettr**ai**	admettr**ons**	**aurai** admis	**aurons** admis
admettr**as**	admettr**ez**	**auras** admis	**aurez** admis
admettr**a**	admettr**ont**	**aura** admis	**auront** admis
conditionnel		conditionnel passé	
admettr**ais**	admettr**ions**	**aurais** admis	**aurions** admis
admettr**ais**	admettr**iez**	**aurais** admis	**auriez** admis
admettr**ait**	admettr**aient**	**aurait** admis	**auraient** admis
présent du subjonctif		passé du subjonctif	
admett**e**	admett**ions**	**aie** admis	**ayons** admis
admett**es**	admett**iez**	**aies** admis	**ayez** admis
admett**e**	admett**ent**	**ait** admis	**aient** admis
imparfait du subjonctif		plus-que-parfait du subjonctif	
adm**isse**	adm**issions**	**eusse** admis	**eussions** admis
adm**isses**	adm**issiez**	**eusses** admis	**eussiez** admis
adm**ît**	adm**issent**	**eût** admis	**eussent** admis

impératif
admets
admettons
admettez

to adore, to worship — adorer

participe présent **adorant** participe passé **adoré**

A

SINGULAR	PLURAL	SINGULAR	PLURAL
présent de l'indicatif		passé composé	
ador**e**	ador**ons**	**ai** adoré	**avons** adoré
ador**es**	ador**ez**	**as** adoré	**avez** adoré
ador**e**	ador**ent**	**a** adoré	**ont** adoré
imparfait de l'indicatif		plus-que-parfait de l'indicatif	
ador**ais**	ador**ions**	**avais** adoré	**avions** adoré
ador**ais**	ador**iez**	**avais** adoré	**aviez** adoré
ador**ait**	ador**aient**	**avait** adoré	**avaient** adoré
passé simple		passé antérieur	
ador**ai**	ador**âmes**	**eus** adoré	**eûmes** adoré
ador**as**	ador**âtes**	**eus** adoré	**eûtes** adoré
ador**a**	ador**èrent**	**eut** adoré	**eurent** adoré
futur		futur antérieur	
adorer**ai**	adorer**ons**	**aurai** adoré	**aurons** adoré
adorer**as**	adorer**ez**	**auras** adoré	**aurez** adoré
adorer**a**	adorer**ont**	**aura** adoré	**auront** adoré
conditionnel		conditionnel passé	
adorer**ais**	adorer**ions**	**aurais** adoré	**aurions** adoré
adorer**ais**	adorer**iez**	**aurais** adoré	**auriez** adoré
adorer**ait**	adorer**aient**	**aurait** adoré	**auraient** adoré
présent du subjonctif		passé du subjonctif	
ador**e**	ador**ions**	**aie** adoré	**ayons** adoré
ador**es**	ador**iez**	**aies** adoré	**ayez** adoré
ador**e**	ador**ent**	**ait** adoré	**aient** adoré
imparfait du subjonctif		plus-que-parfait du subjonctif	
ador**asse**	ador**assions**	**eusse** adoré	**eussions** adoré
ador**asses**	ador**assiez**	**eusses** adoré	**eussiez** adoré
adorâ**t**	ador**assent**	**eût** adoré	**eussent** adoré

impératif
adore
adorons
adorez

adresser — to address

participe présent **adressant** participe passé **adressé**

SINGULAR	PLURAL	SINGULAR	PLURAL
présent de l'indicatif		passé composé	
adress**e**	adress**ons**	**ai** adressé	**avons** adressé
adress**es**	adress**ez**	**as** adressé	**avez** adressé
adress**e**	adress**ent**	**a** adressé	**ont** adressé
imparfait de l'indicatif		plus-que-parfait de l'indicatif	
adress**ais**	adress**ions**	**avais** adressé	**avions** adressé
adress**ais**	adress**iez**	**avais** adressé	**aviez** adressé
adress**ait**	adress**aient**	**avait** adressé	**avaient** adressé
passé simple		passé antérieur	
adress**ai**	adress**âmes**	**eus** adressé	**eûmes** adressé
adress**as**	adress**âtes**	**eus** adressé	**eûtes** adressé
adress**a**	adress**èrent**	**eut** adressé	**eurent** adressé
futur		futur antérieur	
adresser**ai**	adresser**ons**	**aurai** adressé	**aurons** adressé
adresser**as**	adresser**ez**	**auras** adressé	**aurez** adressé
adresser**a**	adresser**ont**	**aura** adressé	**auront** adressé
conditionnel		conditionnel passé	
adresser**ais**	adresser**ions**	**aurais** adressé	**aurions** adressé
adresser**ais**	adresser**iez**	**aurais** adressé	**auriez** adressé
adresser**ait**	adresser**aient**	**aurait** adressé	**auraient** adressé
présent du subjonctif		passé du subjonctif	
adress**e**	adress**ions**	**aie** adressé	**ayons** adressé
adress**es**	adress**iez**	**aies** adressé	**ayez** adressé
adress**e**	adress**ent**	**ait** adressé	**aient** adressé
imparfait du subjonctif		plus-que-parfait du subjonctif	
adressa**sse**	adressa**ssions**	**eusse** adressé	**eussions** adressé
adressa**sses**	adressa**ssiez**	**eusses** adressé	**eussiez** adressé
adressâ**t**	adressa**ssent**	**eût** adressé	**eussent** adressé

impératif
adresse
adressons
adressez

participe présent **affirmant** participe passé **affirmé**

SINGULAR	PLURAL	SINGULAR	PLURAL
présent de l'indicatif		passé composé	
affirm**e**	affirm**ons**	**ai** affirmé	**avons** affirmé
affirm**es**	affirm**ez**	**as** affirmé	**avez** affirmé
affirm**e**	affirm**ent**	**a** affirmé	**ont** affirmé
imparfait de l'indicatif		plus-que-parfait de l'indicatif	
affirm**ais**	affirm**ions**	**avais** affirmé	**avions** affirmé
affirm**ais**	affirm**iez**	**avais** affirmé	**aviez** affirmé
affirm**ait**	affirm**aient**	**avait** affirmé	**avaient** affirmé
passé simple		passé antérieur	
affirm**ai**	affirm**âmes**	**eus** affirmé	**eûmes** affirmé
affirm**as**	affirm**âtes**	**eus** affirmé	**eûtes** affirmé
affirm**a**	affirm**èrent**	**eut** affirmé	**eurent** affirmé
futur		futur antérieur	
affirmer**ai**	affirmer**ons**	**aurai** affirmé	**aurons** affirmé
affirmer**as**	affirmer**ez**	**auras** affirmé	**aurez** affirmé
affirmer**a**	affirmer**ont**	**aura** affirmé	**auront** affirmé
conditionnel		conditionnel passé	
affirmer**ais**	affirmer**ions**	**aurais** affirmé	**aurions** affirmé
affirmer**ais**	affirmer**iez**	**aurais** affirmé	**auriez** affirmé
affirmer**ait**	affirmer**aient**	**aurait** affirmé	**auraient** affirmé
présent du subjonctif		passé du subjonctif	
affirm**e**	affirm**ions**	**aie** affirmé	**ayons** affirmé
affirm**es**	affirm**iez**	**aies** affirmé	**ayez** affirmé
affirm**e**	affirm**ent**	**ait** affirmé	**aient** affirmé
imparfait du subjonctif		plus-que-parfait du subjonctif	
affirma**sse**	affirma**ssions**	**eusse** affirmé	**eussions** affirmé
affirma**sses**	affirma**ssiez**	**eusses** affirmé	**eussiez** affirmé
affirmâ**t**	affirma**ssent**	**eût** affirmé	**eussent** affirmé

impératif
affirme
affirmons
affirmez

agacer — to irritate, to annoy

participe présent **agaçant** participe passé **agacé**

SINGULAR	PLURAL	SINGULAR	PLURAL
présent de l'indicatif		passé composé	
agac**e**	agaç**ons**	**ai** agacé	**avons** agacé
agac**es**	agac**ez**	**as** agacé	**avez** agacé
agac**e**	agac**ent**	**a** agacé	**ont** agacé
imparfait de l'indicatif		plus-que-parfait de l'indicatif	
agaç**ais**	agac**ions**	**avais** agacé	**avions** agacé
agaç**ais**	agac**iez**	**avais** agacé	**aviez** agacé
agaç**ait**	agaç**aient**	**avait** agacé	**avaient** agacé
passé simple		passé antérieur	
agaç**ai**	agaç**âmes**	**eus** agacé	**eûmes** agacé
agaç**as**	agaç**âtes**	**eus** agacé	**eûtes** agacé
agaç**a**	agac**èrent**	**eut** agacé	**eurent** agacé
futur		futur antérieur	
agacer**ai**	agacer**ons**	**aurai** agacé	**aurons** agacé
agacer**as**	agacer**ez**	**auras** agacé	**aurez** agacé
agacer**a**	agacer**ont**	**aura** agacé	**auront** agacé
conditionnel		conditionnel passé	
agacer**ais**	agacer**ions**	**aurais** agacé	**aurions** agacé
agacer**ais**	agacer**iez**	**aurais** agacé	**auriez** agacé
agacer**ait**	agacer**aient**	**aurait** agacé	**auraient** agacé
présent du subjonctif		passé du subjonctif	
agac**e**	agac**ions**	**aie** agacé	**ayons** agacé
agac**es**	agac**iez**	**aies** agacé	**ayez** agacé
agac**e**	agac**ent**	**ait** agacé	**aient** agacé
imparfait du subjonctif		plus-que-parfait du subjonctif	
agaça**sse**	agaça**ssions**	**eusse** agacé	**eussions** agacé
agaça**sses**	agaça**ssiez**	**eusses** agacé	**eussiez** agacé
agaçâ**t**	agaça**ssent**	**eût** agacé	**eussent** agacé
impératif			
agace			
agaçons			
agacez			

participe présent **agissant** participe passé **agi**

SINGULAR	PLURAL
présent de l'indicatif	
ag**is**	agiss**ons**
ag**is**	agiss**ez**
ag**it**	agiss**ent**
imparfait de l'indicatif	
agiss**ais**	agiss**ions**
agiss**ais**	agiss**iez**
agiss**ait**	agiss**aient**
passé simple	
ag**is**	ag**îmes**
ag**is**	ag**îtes**
ag**it**	ag**irent**
futur	
agir**ai**	agir**ons**
agir**as**	agir**ez**
agir**a**	agir**ont**
conditionnel	
agir**ais**	agir**ions**
agir**ais**	agir**iez**
agir**ait**	agir**aient**
présent du subjonctif	
agiss**e**	agiss**ions**
agiss**es**	agiss**iez**
agiss**e**	agiss**ent**
imparfait du subjonctif	
agi**sse**	agi**ssions**
agi**sses**	agi**ssiez**
ag**ît**	agi**ssent**
impératif	
agis	
agissons	
agissez	

SINGULAR	PLURAL
passé composé	
ai agi	**avons** agi
as agi	**avez** agi
a agi	**ont** agi
plus-que-parfait de l'indicatif	
avais agi	**avions** agi
avais agi	**aviez** agi
avait agi	**avaient** agi
passé antérieur	
eus agi	**eûmes** agi
eus agi	**eûtes** agi
eut agi	**eurent** agi
futur antérieur	
aurai agi	**aurons** agi
auras agi	**aurez** agi
aura agi	**auront** agi
conditionnel passé	
aurais agi	**aurions** agi
aurais agi	**auriez** agi
aurait agi	**auraient** agi
passé du subjonctif	
aie agi	**ayons** agi
aies agi	**ayez** agi
ait agi	**aient** agi
plus-que-parfait du subjonctif	
eusse agi	**eussions** agi
eusses agi	**eussiez** agi
eût agi	**eussent** agi

s'agir de — to be about

participe présent **s'agissant** participe passé **agi**

présent de l'indicatif
il s'ag**it**

imparfait de l'indicatif
il s'agi**ssait**

passé simple
il s'ag**it**

futur
il s'agir**a**

conditionnel
il s'agir**ait**

présent du subjonctif
il s'agi**sse**

imparfait du subjonctif
il s'agî**t**

impératif
No conjugation for this tense.

passé composé
il s'est ag**i**

plus-que-parfait de l'indicatif
il s'était ag**i**

passé antérieur
il se fut ag**i**

futur antérieur
il se sera ag**i**

conditionnel passé
il se serait ag**i**

passé du subjonctif
il se soit ag**i**

plus-que-parfait du subjonctif
il se fût ag**i**

to use s'aider de

participe présent **s'aidant** participe passé **aidé(e)(s)**

SINGULAR	PLURAL
présent de l'indicatif	
m'aide	**nous** aid**ons**
t'aid**es**	**vous** aid**ez**
s'aide	**s'**aid**ent**
imparfait de l'indicatif	
m'aid**ais**	**nous** aid**ions**
t'aid**ais**	**vous** aid**iez**
s'aid**ait**	**s'**aid**aient**
passé simple	
m'aid**ai**	**nous** aid**âmes**
t'aid**as**	**vous** aid**âtes**
s'aid**a**	**s'**aid**èrent**
futur	
m'aider**ai**	**nous** aider**ons**
t'aider**as**	**vous** aider**ez**
s'aider**a**	**s'**aider**ont**
conditionnel	
m'aider**ais**	**nous** aider**ions**
t'aider**ais**	**vous** aider**iez**
s'aider**ait**	**s'**aider**aient**
présent du subjonctif	
m'aide	**nous** aid**ions**
t'aid**es**	**vous** aid**iez**
s'aide	**s'**aid**ent**
imparfait du subjonctif	
m'aid**asse**	**nous** aid**assions**
t'aid**asses**	**vous** aid**assiez**
s'aid**ât**	**s'**aid**assent**
impératif	
aide-toi	
aidons-nous	
aidez-vous	

SINGULAR	PLURAL
passé composé	
me suis aidé(e)	**nous sommes** aidés(e)s
t'es aidé(e)	**vous êtes** aidé(e)(s)
s'est aidé(e)	**se sont** aidé(e)s
plus-que-parfait de l'indicatif	
m'étais aidé(e)	**nous étions** aidé(e)s
t'étais aidé(e)	**vous étiez** aidé(e)(s)
s'était aidé(e)	**s'étaient** aidé(e)s
passé antérieur	
me fus aidé(e)	**nous fûmes** aidé(e)s
te fus aidé(e)	**vous fûtes** aidé(e)(s)
se fut aidé(e)	**se furent** aidé(e)s
futur antérieur	
me serai aidé(e)	**nous serons** aidé(e)s
te seras aidé(e)	**vous serez** aidé(e)(s)
se sera aidé(e)	**se seront** aidé(e)s
conditionnel passé	
me serais aidé(e)	**nous serions** aidé(e)s
te serais aidé(e)	**vous seriez** aidé(e)(s)
se serait aidé(e)	**se seraient** aidé(e)s
passé du subjonctif	
me sois aidé(e)	**nous soyons** aidé(e)s
te sois aidé(e)	**vous soyez** aidé(e)(s)
se soit aidé(e)	**se soient** aidé(e)s
plus-que-parfait du subjonctif	
me fusse aidé(e)	**nous fussions** aidé(e)s
te fusses aidé(e)	**vous fussiez** aidé(e)(s)
se fût aidé(e)	**se fussent** aidé(e)s

aimer — to love, to like

participe présent **aimant** participe passé **aimé**

SINGULAR	PLURAL	SINGULAR	PLURAL
présent de l'indicatif		passé composé	
aim**e**	aim**ons**	**ai** aimé	**avons** aimé
aim**es**	aim**ez**	**as** aimé	**avez** aimé
aim**e**	aim**ent**	**a** aimé	**ont** aimé
imparfait de l'indicatif		plus-que-parfait de l'indicatif	
aim**ais**	aim**ions**	**avais** aimé	**avions** aimé
aim**ais**	aim**iez**	**avais** aimé	**aviez** aimé
aim**ait**	aim**aient**	**avait** aimé	**avaient** aimé
passé simple		passé antérieur	
aim**ai**	aim**âmes**	**eus** aimé	**eûmes** aimé
aim**as**	aim**âtes**	**eus** aimé	**eûtes** aimé
aim**a**	aim**èrent**	**eut** aimé	**eurent** aimé
futur		futur antérieur	
aim**erai**	aim**erons**	**aurai** aimé	**aurons** aimé
aim**eras**	aim**erez**	**auras** aimé	**aurez** aimé
aim**era**	aim**eront**	**aura** aimé	**auront** aimé
conditionnel		conditionnel passé	
aim**erais**	aim**erions**	**aurais** aimé	**aurions** aimé
aim**erais**	aim**eriez**	**aurais** aimé	**auriez** aimé
aim**erait**	aim**eraient**	**aurait** aimé	**auraient** aimé
présent du subjonctif		passé du subjonctif	
aim**e**	aim**ions**	**aie** aimé	**ayons** aimé
aim**es**	aim**iez**	**aies** aimé	**ayez** aimé
aim**e**	aim**ent**	**ait** aimé	**aient** aimé
imparfait du subjonctif		plus-que-parfait du subjonctif	
aima**sse**	aima**ssions**	**eusse** aimé	**eussions** aimé
aima**sses**	aima**ssiez**	**eusses** aimé	**eussiez** aimé
aim**ât**	aima**ssent**	**eût** aimé	**eussent** aimé

impératif
aime
aimons
aimez

participe présent **ajoutant** participe passé **ajouté**

SINGULAR	PLURAL	SINGULAR	PLURAL
présent de l'indicatif		passé composé	
ajout**e**	ajout**ons**	**ai** ajouté	**avons** ajouté
ajout**es**	ajout**ez**	**as** ajouté	**avez** ajouté
ajout**e**	ajout**ent**	**a** ajouté	**ont** ajouté
imparfait de l'indicatif		plus-que-parfait de l'indicatif	
ajout**ais**	ajout**ions**	**avais** ajouté	**avions** ajouté
ajout**ais**	ajout**iez**	**avais** ajouté	**aviez** ajouté
ajout**ait**	ajout**aient**	**avait** ajouté	**avaient** ajouté
passé simple		passé antérieur	
ajout**ai**	ajout**âmes**	**eus** ajouté	**eûmes** ajouté
ajout**as**	ajout**âtes**	**eus** ajouté	**eûtes** ajouté
ajout**a**	ajout**èrent**	**eut** ajouté	**eurent** ajouté
futur		futur antérieur	
ajouter**ai**	ajouter**ons**	**aurai** ajouté	**aurons** ajouté
ajouter**as**	ajouter**ez**	**auras** ajouté	**aurez** ajouté
ajouter**a**	ajouter**ont**	**aura** ajouté	**auront** ajouté
conditionnel		conditionnel passé	
ajouter**ais**	ajouter**ions**	**aurais** ajouté	**aurions** ajouté
ajouter**ais**	ajouter**iez**	**aurais** ajouté	**auriez** ajouté
ajouter**ait**	ajouter**aient**	**aurait** ajouté	**auraient** ajouté
présent du subjonctif		passé du subjonctif	
ajout**e**	ajout**ions**	**aie** ajouté	**ayons** ajouté
ajout**es**	ajout**iez**	**aies** ajouté	**ayez** ajouté
ajout**e**	ajout**ent**	**ait** ajouté	**aient** ajouté
imparfait du subjonctif		plus-que-parfait du subjonctif	
ajouta**sse**	ajouta**ssions**	**eusse** ajouté	**eussions** ajouté
ajouta**sses**	ajouta**ssiez**	**eusses** ajouté	**eussiez** ajouté
ajout**ât**	ajouta**ssent**	**eût** ajouté	**eussent** ajouté

impératif
ajoute
ajoutons
ajoutez

ler

to go

ticipe présent **allant**   participe passé **allé(e)(s)**

A

SINGULAR	PLURAL	SINGULAR	PLURAL
présent de l'indicatif		passé composé	
vais	allons	**suis** allé(e)	**sommes** allé(e)s
vas	allez	**es** allé(e)	**êtes** allé(e)(s)
va	vont	**est** allé(e)	**sont** allé(e)s
imparfait de l'indicatif		plus-que-parfait de l'indicatif	
allais	allions	**étais** allé(e)	**étions** allé(e)s
allais	alliez	**étais** allé(e)	**étiez** allé(e)(s)
allait	allaient	**était** allé(e)	**étaient** allé(e)s
passé simple		passé antérieur	
allai	allâmes	**fus** allé(e)	**fûmes** allé(e)s
allas	allâtes	**fus** allé(e)	**fûtes** allé(e)(s)
alla	allèrent	**fut** allé(e)	**furent** allé(e)s
futur		futur antérieur	
irai	irons	**serai** allé(e)	**serons** allé(e)s
iras	irez	**seras** allé(e)	**serez** allé(e)(s)
ira	iront	**sera** allé(e)	**seront** allé(e)s
conditionnel		conditionnel passé	
irais	irions	**serais** allé(e)	**serions** allé(e)s
irais	iriez	**serais** allé(e)	**seriez** allé(e)(s)
irait	iraient	**serait** allé(e)	**seraient** allé(e)s
présent du subjonctif		passé du subjonctif	
aille	allions	**sois** allé(e)	**soyons** allé(e)s
ailles	alliez	**sois** allé(e)	**soyez** allé(e)(s)
aille	aillent	**soit** allé(e)	**soient** allé(e)s
imparfait du subjonctif		plus-que-parfait du subjonctif	
alla**sse**	alla**ssions**	**fusse** allé(e)	**fussions** allé(e)s
alla**sses**	alla**ssiez**	**fusses** allé(e)	**fussiez** allé(e)(s)
allâ**t**	alla**ssent**	**fût** allé(e)	**fussent** allé(e)s

impératif

va
allons
allez

to go away — s'en aller

participe présent **s'en allant** participe passé **en allé(e)(s)**

SINGULAR	PLURAL
présent de l'indicatif	
m'en vais	**nous** en allons
t'en vas	**vous** en allez
s'en va	**s'**en vont
imparfait de l'indicatif	
m'en allais	**nous** en allions
t'en allais	**vous** en alliez
s'en allait	**s'**en allaient
passé simple	
m'en allai	**nous** en allâmes
t'en allas	**vous** en allâtes
s'en alla	**s'**en allèrent
futur	
m'en irai	**nous** en irons
t'en iras	**vous** en irez
s'en ira	**s'**en iront
conditionnel	
m'en irais	**nous** en irions
t'en irais	**vous** en iriez
s'en irait	**s'**en iraient
présent du subjonctif	
m'en aille	**nous** en allions
t'en ailles	**vous** en alliez
s'en aille	**s'**en aillent
imparfait du subjonctif	
m'en allasse	**nous** en allassions
t'en allasses	**vous** en allassiez
s'en allât	**s'**en allassent
impératif	
va-t'en	
allons-nous-en	
allez-vous-en	

SINGULAR	PLURAL
passé composé	
m'en suis allé(e)	**nous en sommes** allé(e)s
t'en es allé(e)	**vous en êtes** allé(e)(s)
s'en est allé(e)	**s'en sont** allé(e)s
plus-que-parfait de l'indicatif	
m'en étais allé(e)	**nous en étions** allé(e)s
t'en étais allé(e)	**vous en étiez** allé(e)(s)
s'en était allé(e)	**s'en étaient** allé(e)s
passé antérieur	
m'en fus allé(e)	**nous en fûmes** allé(e)s
t'en fus allé(e)	**vous en fûtes** allé(e)(s)
s'en fut allé(e)	**s'en furent** allé(e)s
futur antérieur	
m'en serai allé(e)	**nous en serons** allé(e)s
t'en seras allé(e)	**vous en serez** allé(e)(s)
s'en sera allé(e)	**s'en seront** allé(e)s
conditionnel passé	
m'en serais allé(e)	**nous en serions** allé(e)s
t'en serais allé(e)	**vous en seriez** allé(e)(s)
s'en serait allé(e)	**s'en seraient** allé(e)s
passé du subjonctif	
m'en sois allé(e)	**nous en soyons** allé(e)s
t'en sois allé(e)	**vous en soyez** allé(e)(s)
s'en soit allé(e)	**s'en soient** allé(e)s
plus-que-parfait du subjonctif	
m'en fusse allé(e)	**nous en fussions** allé(e)s
t'en fusses allé(e)	**vous en fussiez** allé(e)(s)
s'en fût allé(e)	**s'en fussent** allé(e)s

amener — to bring, to lead

participe présent **amenant** — participe passé **amené**

A

SINGULAR	PLURAL	SINGULAR	PLURAL
présent de l'indicatif		passé composé	
amène**e**	amen**ons**	**ai** amené	**avons** amené
amèn**es**	amen**ez**	**as** amené	**avez** amené
amèn**e**	amèn**ent**	**a** amené	**ont** amené
imparfait de l'indicatif		plus-que-parfait de l'indicatif	
amen**ais**	amen**ions**	**avais** amené	**avions** amené
amen**ais**	amen**iez**	**avais** amené	**aviez** amené
amen**ait**	amen**aient**	**avait** amené	**avaient** amené
passé simple		passé antérieur	
amen**ai**	amen**âmes**	**eus** amené	**eûmes** amené
amen**as**	amen**âtes**	**eus** amené	**eûtes** amené
amen**a**	amen**èrent**	**eut** amené	**eurent** amené
futur		futur antérieur	
amèner**ai**	amèner**ons**	**aurai** amené	**aurons** amené
amèner**as**	amèner**ez**	**auras** amené	**aurez** amené
amèner**a**	amèner**ont**	**aura** amené	**auront** amené
conditionnel		conditionnel passé	
amèner**ais**	amèner**ions**	**aurais** amené	**aurions** amené
amèner**ais**	amèner**iez**	**aurais** amené	**auriez** amené
amèner**ait**	amèner**aient**	**aurait** amené	**auraient** amené
présent du subjonctif		passé du subjonctif	
amèn**e**	amen**ions**	**aie** amené	**ayons** amené
amèn**es**	amen**iez**	**aies** amené	**ayez** amené
amèn**e**	amèn**ent**	**ait** amené	**aient** amené
imparfait du subjonctif		plus-que-parfait du subjonctif	
amena**sse**	amena**ssions**	**eusse** amené	**eussions** amené
amena**sses**	amena**ssiez**	**eusses** amené	**eussiez** amené
amenâ**t**	amena**ssent**	**eût** amené	**eussent** amené

impératif

amène

amenons

amenez

participe présent **s'amusant** participe passé **amusé(e)(s)**

SINGULAR	PLURAL
présent de l'indicatif	
m'amus**e**	**nous** amus**ons**
t'amus**es**	**vous** amus**ez**
s'amus**e**	**s'**amus**ent**
imparfait de l'indicatif	
m'amus**ais**	**nous** amus**ions**
t'amus**ais**	**vous** amus**iez**
s'amus**ait**	**s'**amus**aient**
passé simple	
m'amus**ai**	**nous** amus**âmes**
t'amus**as**	**vous** amus**âtes**
s'amus**a**	**s'**amus**èrent**
futur	
m'amuser**ai**	**nous** amuser**ons**
t'amuser**as**	**vous** amuser**ez**
s'amuser**a**	**s'**amuser**ont**
conditionnel	
m'amuser**ais**	**nous** amuser**ions**
t'amuser**ais**	**vous** amuser**iez**
s'amuser**ait**	**s'**amuser**aient**
présent du subjonctif	
m'amus**e**	**nous** amus**ions**
t'amus**es**	**vous** amus**iez**
s'amus**e**	**s'**amus**ent**
imparfait du subjonctif	
m'amusa**sse**	**nous** amusa**ssions**
t'amusa**sses**	**vous** amusa**ssiez**
s'amus**ât**	**s'**amusa**ssent**
impératif	
amuse-toi	
amusons-nous	
amusez-vous	

SINGULAR	PLURAL
passé composé	
me suis amusé(e)	**nous sommes** amusé(e)s
t'es amusé(e)	**vous êtes** amusé(e)(s)
s'est amusé(e)	**se sont** amusé(e)s
plus-que-parfait de l'indicatif	
m'étais amusé(e)	**nous étions** amusé(e)s
t'étais amusé(e)	**vous étiez** amusé(e)(s)
s'était amusé(e)	**s'étaient** amusé(e)s
passé antérieur	
me fus amusé(e)	**nous fûmes** amusé(e)s
te fus amusé(e)	**vous fûtes** amusé(e)(s)
se fut amusé(e)	**se furent** amusé(e)s
futur antérieur	
me serai amusé(e)	**nous serons** amusé(e)s
te seras amusé(e)	**vous serez** amusé(e)(s)
se sera amusé(e)	**se seront** amusé(e)s
conditionnel passé	
me serais amusé(e)	**nous serions** amusé(e)s
te serais amusé(e)	**vous seriez** amusé(e)(s)
se serait amusé(e)	**se seraient** amusé(e)s
passé du subjonctif	
me sois amusé(e)	**nous soyons** amusé(e)s
te sois amusé(e)	**vous soyez** amusé(e)(s)
se soit amusé(e)	**se soient** amusé(e)s
plus-que-parfait du subjonctif	
me fusse amusé(e)	**nous fussions** amusé(e)s
te fusses amusé(e)	**vous fussiez** amusé(e)(s)
se fût amusé(e)	**se fussent** amusé(e)s

analyser — to analyze

participe présent **analysant** — participe passé **analysé**

SINGULAR	PLURAL	SINGULAR	PLURAL
présent de l'indicatif		*passé composé*	
analys**e**	analys**ons**	**ai** analysé	**avons** analysé
analys**es**	analys**ez**	**as** analysé	**avez** analysé
analys**e**	analys**ent**	**a** analysé	**ont** analysé
imparfait de l'indicatif		*plus-que-parfait de l'indicatif*	
analys**ais**	analys**ions**	**avais** analysé	**avions** analysé
analys**ais**	analys**iez**	**avais** analysé	**aviez** analysé
analys**ait**	analys**aient**	**avait** analysé	**avaient** analysé
passé simple		*passé antérieur*	
analys**ai**	analys**âmes**	**eus** analysé	**eûmes** analysé
analys**as**	analys**âtes**	**eus** analysé	**eûtes** analysé
analys**a**	analys**èrent**	**eut** analysé	**eurent** analysé
futur		*futur antérieur*	
analyser**ai**	analyser**ons**	**aurai** analysé	**aurons** analysé
analyser**as**	analyser**ez**	**auras** analysé	**aurez** analysé
analyser**a**	analyser**ont**	**aura** analysé	**auront** analysé
conditionnel		*conditionnel passé*	
analyser**ais**	analyser**ions**	**aurais** analysé	**aurions** analysé
analyser**ais**	analyser**iez**	**aurais** analysé	**auriez** analysé
analyser**ait**	analyser**aient**	**aurait** analysé	**auraient** analysé
présent du subjonctif		*passé du subjonctif*	
analys**e**	analys**ions**	**aie** analysé	**ayons** analysé
analys**es**	analys**iez**	**aies** analysé	**ayez** analysé
analys**e**	analys**ent**	**ait** analysé	**aient** analysé
imparfait du subjonctif		*plus-que-parfait du subjonctif*	
analysa**sse**	analysa**ssions**	**eusse** analysé	**eussions** analysé
analysa**sses**	analysa**ssiez**	**eusses** analysé	**eussiez** analysé
analysâ**t**	analysa**ssent**	**eût** analysé	**eussent** analysé

impératif

analyse
analysons
analysez

to lead, to run, to present, to liven up **animer**

participe présent **animant** participe passé **animé**

SINGULAR	PLURAL
présent de l'indicatif	
anim**e**	anim**ons**
anim**es**	anim**ez**
anim**e**	anim**ent**
imparfait de l'indicatif	
anim**ais**	anim**ions**
anim**ais**	anim**iez**
anim**ait**	anim**aient**
passé simple	
anim**ai**	anim**âmes**
anim**as**	anim**âtes**
anim**a**	anim**èrent**
futur	
animer**ai**	animer**ons**
animer**as**	animer**ez**
animer**a**	animer**ont**
conditionnel	
animer**ais**	animer**ions**
animer**ais**	animer**iez**
animer**ait**	animer**aient**
présent du subjonctif	
anim**e**	anim**ions**
anim**es**	anim**iez**
anim**e**	anim**ent**
imparfait du subjonctif	
anima**sse**	anima**ssions**
anima**sses**	anima**ssiez**
animâ**t**	anima**ssent**
impératif	
anime	
animons	
animez	

SINGULAR	PLURAL
passé composé	
ai animé	**avons** animé
as animé	**avez** animé
a animé	**ont** animé
plus-que-parfait de l'indicatif	
avais animé	**avions** animé
avais animé	**aviez** animé
avait animé	**avaient** animé
passé antérieur	
eus animé	**eûmes** animé
eus animé	**eûtes** animé
eut animé	**eurent** animé
futur antérieur	
aurai animé	**aurons** animé
auras animé	**aurez** animé
aura animé	**auront** animé
conditionnel passé	
aurais animé	**aurions** animé
aurais animé	**auriez** animé
aurait animé	**auraient** animé
passé du subjonctif	
aie animé	**ayons** animé
aies animé	**ayez** animé
ait animé	**aient** animé
plus-que-parfait du subjonctif	
eusse animé	**eussions** animé
eusses animé	**eussiez** animé
eût animé	**eussent** animé

annoncer — to announce

participe présent **annonçant** participe passé **annoncé**

présent de l'indicatif

SINGULAR	PLURAL
annonc**e**	annonç**ons**
annonc**es**	annonc**ez**
annonc**e**	annonc**ent**

imparfait de l'indicatif

SINGULAR	PLURAL
annonç**ais**	annonc**ions**
annonç**ais**	annonc**iez**
annonç**ait**	annonç**aient**

passé simple

SINGULAR	PLURAL
annonç**ai**	annonç**âmes**
annonç**as**	annonç**âtes**
annonç**a**	annonc**èrent**

futur

SINGULAR	PLURAL
annoncer**ai**	annoncer**ons**
annoncer**as**	annoncer**ez**
annoncer**a**	annoncer**ont**

conditionnel

SINGULAR	PLURAL
annoncer**ais**	annoncer**ions**
annoncer**ais**	annoncer**iez**
annoncer**ait**	annoncer**aient**

présent du subjonctif

SINGULAR	PLURAL
annonc**e**	annonc**ions**
annonc**es**	annonc**iez**
annonc**e**	annonc**ent**

imparfait du subjonctif

SINGULAR	PLURAL
annonça**sse**	annonça**ssions**
annonça**sses**	annonça**ssiez**
annonçâ**t**	annonça**ssent**

impératif

annonce
annonçons
annoncez

passé composé

SINGULAR	PLURAL
ai annoncé	**avons** annoncé
as annoncé	**avez** annoncé
a annoncé	**ont** annoncé

plus-que-parfait de l'indicatif

SINGULAR	PLURAL
avais annoncé	**avions** annoncé
avais annoncé	**aviez** annoncé
avait annoncé	**avaient** annoncé

passé antérieur

SINGULAR	PLURAL
eus annoncé	**eûmes** annoncé
eus annoncé	**eûtes** annoncé
eut annoncé	**eurent** annoncé

futur antérieur

SINGULAR	PLURAL
aurai annoncé	**aurons** annoncé
auras annoncé	**aurez** annoncé
aura annoncé	**auront** annoncé

conditionnel passé

SINGULAR	PLURAL
aurais annoncé	**aurions** annoncé
aurais annoncé	**auriez** annoncé
aurait annoncé	**auraient** annoncé

passé du subjonctif

SINGULAR	PLURAL
aie annoncé	**ayons** annoncé
aies annoncé	**ayez** annoncé
ait annoncé	**aient** annoncé

plus-que-parfait du subjonctif

SINGULAR	PLURAL
eusse annoncé	**eussions** annoncé
eusses annoncé	**eussiez** annoncé
eût annoncé	**eussent** annoncé

participe présent **apercevant** participe passé **aperçu**

SINGULAR	PLURAL	SINGULAR	PLURAL
présent de l'indicatif		passé composé	
aperçoi**s**	aperce**vons**	**ai** aperçu	**avons** aperçu
aperçoi**s**	aperce**vez**	**as** aperçu	**avez** aperçu
aperçoi**t**	aperçoiv**ent**	**a** aperçu	**ont** aperçu
imparfait de l'indicatif		plus-que-parfait de l'indicatif	
aperçev**ais**	apercev**ions**	**avais** aperçu	**avions** aperçu
apercev**ais**	apercev**iez**	**avais** aperçu	**aviez** aperçu
apercev**ait**	apercev**aient**	**avait** aperçu	**avaient** aperçu
passé simple		passé antérieur	
aperç**us**	aperç**ûmes**	**eus** aperçu	**eûmes** aperçu
aperç**us**	aperç**ûtes**	**eus** aperçu	**eûtes** aperçu
aperç**ut**	aperç**urent**	**eut** aperçu	**eurent** aperçu
futur		futur antérieur	
apercevr**ai**	apercevr**ons**	**aurai** aperçu	**aurons** aperçu
apercevr**as**	apercevr**ez**	**auras** aperçu	**aurez** aperçu
apercevr**a**	apercevr**ont**	**aura** aperçu	**auront** aperçu
conditionnel		conditionnel passé	
apercevr**ais**	apercevr**ions**	**aurais** aperçu	**aurions** aperçu
apercevr**ais**	apercevr**iez**	**aurais** aperçu	**auriez** aperçu
apercevr**ait**	apercevr**aient**	**aurait** aperçu	**auraient** aperçu
présent du subjonctif		passé du subjonctif	
aperçoiv**e**	apercev**ions**	**aie** aperçu	**ayons** aperçu
aperçoiv**es**	apercev**iez**	**aies** aperçu	**ayez** aperçu
aperçoiv**e**	aperçoiv**ent**	**ait** aperçu	**aient** aperçu
imparfait du subjonctif		plus-que-parfait du subjonctif	
aperçu**sse**	aperçu**ssions**	**eusse** aperçu	**eussions** aperçu
aperçu**sses**	aperçu**ssiez**	**eusse** aperçu	**eussiez** aperçu
aperçû**t**	aperçu**ssent**	**eût** aperçu	**eussent** aperçu

impératif
aperçois
apercevons
apercevez

s'apercevoir — to realize, to notice

participe présent **s'apercevant** participe passé **aperçu(e)(s)**

SINGULAR	PLURAL	SINGULAR	PLURAL
présent de l'indicatif		**passé composé**	
m'aperçois	**nous** apercevons	**me suis** aperçu(e)	**nous sommes** aperçu(e)s
t'aperçois	**vous** apercevez	**t'es** aperçu(e)	**vous êtes** aperçu(e)(s)
s'aperçoit	**s'**aperçoivent	**s'est** aperçu(e)	**se sont** aperçu(e)s
imparfait de l'indicatif		**plus-que-parfait de l'indicatif**	
m'apercevais	**nous** apercevions	**m'étais** aperçu(e)	**nous étions** aperçu(e)s
t'apercevais	**vous** aperceviez	**t'étais** aperçu(e)	**vous étiez** aperçu(e)(s)
s'apercevait	**s'**apercevaient	**s'était** aperçu(e)	**s'étaient** aperçu(e)s
passé simple		**passé antérieur**	
m'aperçus	**nous** aperçûmes	**me fus** aperçu(e)	**nous fûmes** aperçu(e)s
t'aperçus	**vous** aperçûtes	**te fus** aperçu(e)	**vous fûtes** aperçu(e)(s)
s'aperçut	**s'**aperçurent	**se fut** aperçu(e)	**se furent** aperçu(e)s
futur		**futur antérieur**	
m'apercevrai	**nous** apercevrons	**me serai** aperçu(e)	**nous serons** aperçu(e)s
t'apercevras	**vous** apercevrez	**te seras** aperçu(e)	**vous serez** aperçu(e)(s)
s'apercevra	**s'**apercevront	**se sera** aperçu(e)	**se seront** aperçu(e)s
conditionnel		**conditionnel passé**	
m'apercevrais	**nous** apercevrions	**me serais** aperçu(e)	**nous serions** aperçu(e)s
t'apercevrais	**vous** apercevriez	**te serais** aperçu(e)	**vous seriez** aperçu(e)(s)
s'apercevrait	**s'**apercevraient	**se serait** aperçu(e)	**se seraient** aperçu(e)s
présent du subjonctif		**passé du subjonctif**	
m'aperçoive	**nous** apercevions	**me sois** aperçu(e)	**nous soyons** aperçu(e)s
t'aperçoives	**vous** aperceviez	**te sois** aperçu(e)	**vous soyez** aperçu(e)(s)
s'aperçoive	**s'**aperçoivent	**se soit** aperçu(e)	**se soient** aperçu(e)s
imparfait du subjonctif		**plus-que-parfait du subjonctif**	
m'aperçusse	**nous** aperçussions	**me fusse** aperçu(e)	**nous fussions** aperçu(e)s
t'aperçusses	**vous** aperçussiez	**te fusses** aperçu(e)	**vous fussiez** aperçu(e)(s)
s'aperçût	**s'**aperçussent	**se fût** aperçu(e)	**se fussent** aperçu(e)s

impératif

aperçois-toi
apercevons-nous
apercevez-vous

participe présent **apparaissant** participe passé **apparu(e)(s)**

SINGULAR	PLURAL
présent de l'indicatif	
appar**ais**	apparaiss**ons**
appar**ais**	apparaiss**ez**
appar**aît**	apparaiss**ent**
imparfait de l'indicatif	
apparaiss**ais**	apparaiss**ions**
apparaiss**ais**	apparaiss**iez**
apparaiss**ait**	apparaiss**aient**
passé simple	
appar**us**	appar**ûmes**
appar**us**	appar**ûtes**
appar**ut**	appar**urent**
futur	
apparaîtr**ai**	apparaîtr**ons**
apparaîtr**as**	apparaîtr**ez**
apparaîtr**a**	apparaîtr**ont**
conditionnel	
apparaîtr**ais**	apparaîtr**ions**
apparaîtr**ais**	apparaîtr**iez**
apparaîtr**ait**	apparaîtr**aient**
présent du subjonctif	
apparaiss**e**	apparaiss**ions**
apparaiss**es**	apparaiss**iez**
apparaiss**e**	apparaiss**ent**
imparfait du subjonctif	
appar**usse**	appar**ussions**
appar**usses**	appar**ussiez**
appar**ût**	appar**ussent**
impératif	
apparais	
apparaissons	
apparaissez	

SINGULAR	PLURAL
passé composé	
suis apparu(e)	**sommes** apparu(e)s
es apparu(e)	**êtes** apparus(e)(s)
est apparu(e)	**sont** apparus(e)s
plus-que-parfait de l'indicatif	
étais apparu(e)	**étions** apparus(e)s
étais apparu(e)	**étiez** apparus(e)(s)
était apparu(e)	**étaient** apparus(e)s
passé antérieur	
fus apparu(e)	**fûmes** apparus(e)s
fus apparu(e)	**fûtes** apparus(e)(s)
fut apparu(e)	**furent** apparus(e)s
futur antérieur	
serai apparu(e)	**serons** apparus(e)s
seras apparu(e)	**serez** apparus(e)(s)
sera apparu(e)	**seront** apparus(e)s
conditionnel passé	
serais apparu(e)	**serions** apparus(e)s
serais apparu(e)	**seriez** apparus(e)(s)
serait apparu(e)	**seraient** apparus(e)s
passé du subjonctif	
sois apparu(e)	**soyons** apparus(e)s
sois apparu(e)	**soyez** apparus(e)(s)
soit apparu(e)	**soient** apparus(e)s
plus-que-parfait du subjonctif	
fusse apparu(e)	**fussions** apparus(e)s
fusses apparu(e)	**fussiez** apparus(e)(s)
fût apparu(e)	**fussent** apparus(e)s

appartenir — to belong, to pertain

participe présent **appartenant** participe passé **appartenu**

présent de l'indicatif

SINGULAR	PLURAL
appart**iens**	appart**enons**
appart**iens**	appart**enez**
appart**ient**	appart**iennent**

imparfait de l'indicatif

SINGULAR	PLURAL
apparten**ais**	apparten**ions**
apparten**ais**	apparten**iez**
apparten**ait**	apparten**aient**

passé simple

SINGULAR	PLURAL
appart**ins**	appart**înmes**
appart**ins**	appart**întes**
appart**int**	appart**inrent**

futur

SINGULAR	PLURAL
appartiendr**ai**	appartiendr**ons**
appartiendr**as**	appartiendr**ez**
appartiendr**a**	appartiendr**ont**

conditionnel

SINGULAR	PLURAL
appartiendr**ais**	appartiendr**ions**
appartiendr**ais**	appartiendr**iez**
appartiendr**ait**	appartiendr**aient**

présent du subjonctif

SINGULAR	PLURAL
appartienn**e**	apparten**ions**
appartienn**es**	apparten**iez**
appartienn**e**	appartienn**ent**

imparfait du subjonctif

SINGULAR	PLURAL
appartin**sse**	appartin**ssions**
appartin**sses**	appartin**ssiez**
appartîn**t**	appartin**ssent**

impératif

appartiens
appartenons
appartenez

passé composé

SINGULAR	PLURAL
ai appartenu	**avons** appartenu
as appartenu	**avez** appartenu
a appartenu	**ont** appartenu

plus-que-parfait de l'indicatif

SINGULAR	PLURAL
avais appartenu	**avions** appartenu
avais appartenu	**aviez** appartenu
avait appartenu	**avaient** appartenu

passé antérieur

SINGULAR	PLURAL
eus appartenu	**eûmes** appartenu
eus appartenu	**eûtes** appartenu
eut appartenu	**eurent** appartenu

futur antérieur

SINGULAR	PLURAL
aurai appartenu	**aurons** appartenu
auras appartenu	**aurez** appartenu
aura appartenu	**auront** appartenu

conditionnel passé

SINGULAR	PLURAL
aurais appartenu	**aurions** appartenu
aurais appartenu	**auriez** appartenu
aurait appartenu	**auraient** appartenu

passé du subjonctif

SINGULAR	PLURAL
aie appartenu	**ayons** appartenu
aies appartenu	**ayez** appartenu
ait appartenu	**aient** appartenu

plus-que-parfait du subjonctif

SINGULAR	PLURAL
eusse appartenu	**eussions** appartenu
eusses appartenu	**eussiez** appartenu
eût appartenu	**eussent** appartenu

participe présent **appelant** participe passé **appelé**

SINGULAR	PLURAL	SINGULAR	PLURAL
présent de l'indicatif		passé composé	
appell**e**	appel**ons**	**ai** appelé	**avons** appelé
appell**es**	appel**ez**	**as** appelé	**avez** appelé
appell**e**	appell**ent**	**a** appelé	**ont** appelé
imparfait de l'indicatif		plus-que-parfait de l'indicatif	
appel**ais**	appel**ions**	**avais** appelé	**avions** appelé
appel**ais**	appel**iez**	**avais** appelé	**aviez** appelé
appel**ait**	appel**aient**	**avait** appelé	**avaient** appelé
passé simple		passé antérieur	
appel**ai**	appel**âmes**	**eus** appelé	**eûmes** appelé
appel**as**	appel**âtes**	**eus** appelé	**eûtes** appelé
appel**a**	appel**èrent**	**eut** appelé	**eurent** appelé
futur		futur antérieur	
appeller**ai**	appeller**ons**	**aurai** appelé	**aurons** appelé
appeller**as**	appeller**ez**	**auras** appelé	**aurez** appelé
appeller**a**	appeller**ont**	**aura** appelé	**auront** appelé
conditionnel		conditionnel passé	
appeller**ais**	appeller**ions**	**aurais** appelé	**aurions** appelé
appeller**ais**	appeller**iez**	**aurais** appelé	**auriez** appelé
appeller**ait**	appeller**aient**	**aurait** appelé	**auraient** appelé
présent du subjonctif		passé du subjonctif	
appell**e**	appel**ions**	**aie** appelé	**ayons** appelé
appell**es**	appel**iez**	**aies** appelé	**ayez** appelé
appell**e**	appell**ent**	**ait** appelé	**aient** appelé
imparfait du subjonctif		plus-que-parfait du subjonctif	
appela**sse**	appela**ssions**	**eusse** appelé	**eussions** appelé
appela**sses**	appela**ssiez**	**eusses** appelé	**eussiez** appelé
appelâ**t**	appela**ssent**	**eût** appelé	**eussent** appelé

impératif
appelle
appelons
appelez

s'appeler — to be named, to call oneself

participe présent **s'appelant** participe passé **appelé(e)(s)**

A

présent de l'indicatif

SINGULAR	PLURAL
m'appell**e**	**nous** appel**ons**
t'appell**es**	**vous** appel**ez**
s'appell**e**	**s'**appell**ent**

imparfait de l'indicatif

SINGULAR	PLURAL
m'appel**ais**	**nous** appel**ions**
t'appel**ais**	**vous** appel**iez**
s'appel**ait**	**s'**appel**aient**

passé simple

SINGULAR	PLURAL
m'appel**ai**	**nous** appel**âmes**
t'appel**as**	**vous** appel**âtes**
s'appel**a**	**s'**appel**èrent**

futur

SINGULAR	PLURAL
m'appeller**ai**	**nous** appeller**ons**
t'appeller**as**	**vous** appeller**ez**
s'appeller**a**	**s'**appeller**ont**

conditionnel

SINGULAR	PLURAL
m'appeller**ais**	**nous** appeller**ions**
t'appeller**ais**	**vous** appeller**iez**
s'appeller**ait**	**s'**appeller**aient**

présent du subjonctif

SINGULAR	PLURAL
m'appell**e**	**nous** appel**ions**
t'appell**es**	**vous** appel**iez**
s'appell**e**	**s'**appell**ent**

imparfait du subjonctif

SINGULAR	PLURAL
m'appela**sse**	**nous** appela**ssions**
t'appela**sses**	**vous** appela**ssiez**
s'appel**ât**	**s'**appela**ssent**

impératif

appelle-toi
appelons-nous
appelez-vous

passé composé

SINGULAR	PLURAL
me suis appelé(e)	**nous sommes** appelé(e)s
t'es appelé(e)	**vous êtes** appelé(e)(s)
s'est appelé(e)	**se sont** appelé(e)s

plus-que-parfait de l'indicatif

SINGULAR	PLURAL
m'étais appelé(e)	**nous étions** appelé(e)s
t'étais appelé(e)	**vous étiez** appelé(e)(s)
s'était appelé(e)	**s'étaient** appelé(e)s

passé antérieur

SINGULAR	PLURAL
me fus appelé(e)	**nous fûmes** appelé(e)s
te fus appelé(e)	**vous fûtes** appelé(e)(s)
se fut appelé(e)	**se furent** appelé(e)s

futur antérieur

SINGULAR	PLURAL
me serai appelé(e)	**nous serons** appelé(e)s
te seras appelé(e)	**vous serez** appelé(e)(s)
se sera appelé(e)	**se seront** appelé(e)s

conditionnel passé

SINGULAR	PLURAL
me serais appelé(e)	**nous serions** appelé(e)s
te serais appelé(e)	**vous seriez** appelé(e)(s)
se serait appelé(e)	**se seraient** appelé(e)s

passé du subjonctif

SINGULAR	PLURAL
me sois appelé(e)	**nous soyons** appelé(e)s
te sois appelé(e)	**vous soyez** appelé(e)(s)
se soit appelé(e)	**se soient** appclé(e)s

plus-que-parfait du subjonctif

SINGULAR	PLURAL
me fusse appelé(e)	**nous fussions** appelé(e)s
te fusses appelé(e)	**vous fussiez** appelé(e)(s)
se fût appelé(e)	**se fussent** appelé(e)s

participe présent **appliquant** participe passé **appliqué**

SINGULAR	PLURAL
présent de l'indicatif	
appliqu**e**	appliqu**ons**
appliqu**es**	appliqu**ez**
appliqu**e**	appliqu**ent**
imparfait de l'indicatif	
appliqu**ais**	appliqu**ions**
appliqu**ais**	appliqu**iez**
appliqu**ait**	appliqu**aient**
passé simple	
appliqu**ai**	appliqu**âmes**
appliqu**as**	appliqu**âtes**
appliqu**a**	appliqu**èrent**
futur	
appliquer**ai**	appliquer**ons**
appliquer**as**	appliquer**ez**
appliquer**a**	appliquer**ont**
conditionnel	
appliquer**ais**	appliquer**ions**
appliquer**ais**	appliquer**iez**
appliquer**ait**	appliquer**aient**
présent du subjonctif	
appliqu**e**	appliqu**ions**
appliqu**es**	appliqu**iez**
appliqu**e**	appliqu**ent**
imparfait du subjonctif	
appliqua**sse**	appliqua**ssions**
appliqua**sses**	appliqua**ssiez**
appliquâ**t**	appliqua**ssent**
impératif	
applique	
appliquons	
appliquez	

SINGULAR	PLURAL
passé composé	
ai appliqué	**avons** appliqué
as appliqué	**avez** appliqué
a appliqué	**ont** appliqué
plus-que-parfait de l'indicatif	
avais appliqué	**avions** appliqué
avais appliqué	**aviez** appliqué
avait appliqué	**avaient** appliqué
passé antérieur	
eus appliqué	**eûmes** appliqué
eus appliqué	**eûtes** appliqué
eut appliqué	**eurent** appliqué
futur antérieur	
aurai appliqué	**aurons** appliqué
auras appliqué	**aurez** appliqué
aura appliqué	**auront** appliqué
conditionnel passé	
aurais appliqué	**aurions** appliqué
aurais appliqué	**auriez** appliqué
aurait appliqué	**auraient** appliqué
passé du subjonctif	
aie appliqué	**ayons** appliqué
aies appliqué	**ayez** appliqué
ait appliqué	**aient** appliqué
plus-que-parfait du subjonctif	
eusse appliqué	**eussions** appliqué
eusses appliqué	**eussiez** appliqué
eût appliqué	**eussent** appliqué

s'appliquer — to take great care

participe présent **s'appliquant** participe passé **appliqué(e)(s)**

présent de l'indicatif

SINGULAR	PLURAL
m'appliqu**e**	**nous** appliqu**ons**
t'appliqu**es**	**vous** appliqu**ez**
s'appliqu**e**	**s'**appliqu**ent**

imparfait de l'indicatif

SINGULAR	PLURAL
m'appliqu**ais**	**nous** appliqu**ions**
t'appliqu**ais**	**vous** appliqu**iez**
s'appliqu**ait**	**s'**appliqu**aient**

passé simple

SINGULAR	PLURAL
m'appliqu**ai**	**nous** appliqu**âmes**
t'appliqu**as**	**vous** appliqu**âtes**
s'appliqu**a**	**s'**appliqu**èrent**

futur

SINGULAR	PLURAL
m'appliquer**ai**	**nous** appliquer**ons**
t'appliquer**as**	**vous** appliquer**ez**
s'appliquer**a**	**s'**appliquer**ont**

conditionnel

SINGULAR	PLURAL
m'appliquer**ais**	**nous** appliquer**ions**
t'appliquer**ais**	**vous** appliquer**iez**
s'appliquer**ait**	**s'**appliquer**aient**

présent du subjonctif

SINGULAR	PLURAL
m'appliqu**e**	**nous** appliqu**ions**
t'appliqu**es**	**vous** appliqu**iez**
s'appliqu**e**	**s'**appliqu**ent**

imparfait du subjonctif

SINGULAR	PLURAL
m'appliqua**sse**	**nous** appliqua**ssions**
t'appliqua**sses**	**vous** appliqua**ssiez**
s'appliqu**ât**	**s'**appliqua**ssent**

impératif

applique-toi
appliquons-nous
appliquez-vous

passé composé

SINGULAR	PLURAL
me suis appliqué(e)	**nous sommes** appliqué(e)s
t'es appliqué(e)	**vous êtes** appliqué(e)(s)
s'est appliqué(e)	**se sont** appliqué(e)s

plus-que-parfait de l'indicatif

SINGULAR	PLURAL
m'étais appliqué(e)	**nous étions** appliqué(e)s
t'étais appliqué(e)	**vous étiez** appliqué(e)(s)
s'était appliqué(e)	**s'étaient** appliqué(e)s

passé antérieur

SINGULAR	PLURAL
me fus appliqué(e)	**nous fûmes** appliqué(e)s
te fus appliqué(e)	**vous fûtes** appliqué(e)(s)
se fut appliqué(e)	**se furent** appliqué(e)s

futur antérieur

SINGULAR	PLURAL
me serai appliqué(e)	**nous serons** appliqué(e)s
te seras appliqué(e)	**vous serez** appliqué(e)(s)
se sera appliqué(e)	**se seront** appliqué(e)s

conditionnel passé

SINGULAR	PLURAL
me serais appliqué(e)	**nous serions** appliqué(e)s
te serais appliqué(e)	**vous seriez** appliqué(e)(s)
se serait appliqué(e)	**se seraient** appliqué(e)s

passé du subjonctif

SINGULAR	PLURAL
me sois appliqué(e)	**nous soyons** appliqué(e)s
te sois appliqué(e)	**vous soyez** appliqué(e)(s)
se soit appliqué(e)	**se soient** appliqué(e)s

plus-que-parfait du subjonctif

SINGULAR	PLURAL
me fusse appliqué(e)	**nous fussions** appliqué(e)s
te fusses appliqué(e)	**vous fussiez** appliqué(e)(s)
se fût appliqué(e)	**se fussent** appliqué(e)s

to bring, to give **apporter**

participe présent **apportant** participe passé **apporté**

SINGULAR	PLURAL	SINGULAR	PLURAL
présent de l'indicatif		*passé composé*	
apport**e**	apport**ons**	**ai** apporté	**avons** apporté
apport**es**	apport**ez**	**as** apporté	**avez** apporté
apport**e**	apport**ent**	**a** apporté	**ont** apporté
imparfait de l'indicatif		*plus-que-parfait de l'indicatif*	
apport**ais**	apport**ions**	**avais** apporté	**avions** apporté
apport**ais**	apport**iez**	**avais** apporté	**aviez** apporté
apport**ait**	apport**aient**	**avait** apporté	**avaient** apporté
passé simple		*passé antérieur*	
apport**ai**	apport**âmes**	**eus** apporté	**eûmes** apporté
apport**as**	apport**âtes**	**eus** apporté	**eûtes** apporté
apport**a**	apport**èrent**	**eut** apporté	**eurent** apporté
futur		*futur antérieur*	
apporter**ai**	apporter**ons**	**aurai** apporté	**aurons** apporté
apporter**as**	apporter**ez**	**auras** apporté	**aurez** apporté
apporter**a**	apporter**ont**	**aura** apporté	**auront** apporté
conditionnel		*conditionnel passé*	
apporter**ais**	apporter**ions**	**aurais** apporté	**aurions** apporté
apporter**ais**	apporter**iez**	**aurais** apporté	**auriez** apporté
apporter**ait**	apporter**aient**	**aurait** apporté	**auraient** apporté
présent du subjonctif		*passé du subjonctif*	
apport**e**	apport**ions**	**aie** apporté	**ayons** apporté
apport**es**	apport**iez**	**aies** apporté	**ayez** apporté
apport**e**	apport**ent**	**ait** apporté	**aient** apporté
imparfait du subjonctif		*plus-que-parfait du subjonctif*	
apporta**sse**	apporta**ssions**	**eusse** apporté	**eussions** apporté
apporta**sses**	apporta**ssiez**	**eusses** apporté	**eussiez** apporté
apportâ**t**	apporta**ssent**	**eût** apporté	**eussent** apporté

impératif

apporte
apportons
apportez

apprécier — to appreciate

participe présent **appréciant** participe passé **apprécié**

SINGULAR	PLURAL	SINGULAR	PLURAL
présent de l'indicatif		passé composé	
appréci**e**	appréci**ons**	**ai** apprécié	**avons** apprécié
appréci**es**	appréci**ez**	**as** apprécié	**avez** apprécié
appréci**e**	appréci**ent**	**a** apprécié	**ont** apprécié
imparfait de l'indicatif		plus-que-parfait de l'indicatif	
appréci**ais**	appréci**ions**	**avais** apprécié	**avions** apprécié
appréci**ais**	appréci**iez**	**avais** apprécié	**aviez** apprécié
appréci**ait**	appréci**aient**	**avait** apprécié	**avaient** apprécié
passé simple		passé antérieur	
appréci**ai**	appréci**âmes**	**eus** apprécié	**eûmes** apprécié
appréci**as**	appréci**âtes**	**eus** apprécié	**eûtes** apprécié
appréci**a**	appréci**èrent**	**eut** apprécié	**eurent** apprécié
futur		futur antérieur	
apprécier**ai**	apprécier**ons**	**aurai** apprécié	**aurons** apprécié
apprécier**as**	apprécier**ez**	**auras** apprécié	**aurez** apprécié
apprécier**a**	apprécier**ont**	**aura** apprécié	**auront** apprécié
conditionnel		conditionnel passé	
apprécier**ais**	apprécier**ions**	**aurais** apprécié	**aurions** apprécié
apprécier**ais**	apprécier**iez**	**aurais** apprécié	**auriez** apprécié
apprécier**ait**	apprécier**aient**	**aurait** apprécié	**auraient** apprécié
présent du subjonctif		passé du subjonctif	
appréci**e**	appréci**ions**	**aie** apprécié	**ayons** apprécié
appréci**es**	appréci**iez**	**aies** apprécié	**ayez** apprécié
appréci**e**	appréci**ent**	**ait** apprécié	**aient** apprécié
imparfait du subjonctif		plus-que-parfait du subjonctif	
appréci**asse**	appréci**assions**	**eusse** apprécié	**eussions** apprécié
appréci**asses**	appréci**assiez**	**eusses** apprécié	**eussiez** apprécié
appréci**ât**	appréci**assent**	**eût** apprécié	**eussent** apprécié

impératif

apprécie

apprécions

appréciez

to learn **apprendre**

participe présent **apprenant** participe passé **appris**

SINGULAR	PLURAL	SINGULAR	PLURAL
présent de l'indicatif		passé composé	
apprend**s**	appren**ons**	**ai** appris	**avons** appris
apprend**s**	appren**ez**	**as** appris	**avez** appris
apprend**d**	apprenn**ent**	**a** appris	**ont** appris
imparfait de l'indicatif		plus-que-parfait de l'indicatif	
appren**ais**	appren**ions**	**avais** appris	**avions** appris
appren**ais**	appren**iez**	**avais** appris	**aviez** appris
appren**ait**	appren**aient**	**avait** appris	**avaient** appris
passé simple		passé antérieur	
appr**is**	appr**îmes**	**eus** appris	**eûmes** appris
appr**is**	appr**îtes**	**eus** appris	**eûtes** appris
appr**it**	appr**irent**	**eut** appris	**eurent** appris
futur		futur antérieur	
apprendr**ai**	apprendr**ons**	**aurai** appris	**aurons** appris
apprendr**as**	apprendr**ez**	**auras** appris	**aurez** appris
apprendr**a**	apprendr**ont**	**aura** appris	**auront** appris
conditionnel		conditionnel passé	
apprendr**ais**	apprendr**ions**	**aurais** appris	**aurions** appris
apprendr**ais**	apprendr**iez**	**aurais** appris	**auriez** appris
apprendr**ait**	apprendr**aient**	**aurait** appris	**auraient** appris
présent du subjonctif		passé du subjonctif	
apprenn**e**	appren**ions**	**aie** appris	**ayons** appris
apprenn**es**	appren**iez**	**aies** appris	**ayez** appris
apprenn**e**	apprenn**ent**	**ait** appris	**aient** appris
imparfait du subjonctif		plus-que-parfait du subjonctif	
appri**sse**	appri**ssions**	**eusse** appris	**eussions** appris
appri**sses**	appri**ssiez**	**eusses** appris	**eussiez** appris
appr**ît**	appri**ssent**	**eût** appris	**eussent** appris

impératif
apprends
apprenons
apprenez

MUST KNOW VERB

approfondir to go into detail, to improve

participe présent **approfondissant** participe passé **approfondi**

A

SINGULAR	PLURAL	SINGULAR	PLURAL
présent de l'indicatif		passé composé	
approfond**is**	approfondiss**ons**	**ai** approfondi	**avons** approfondi
approfond**is**	approfondiss**ez**	**as** approfondi	**avez** approfondi
approfond**it**	approfondiss**ent**	**a** approfondi	**ont** approfondi
imparfait de l'indicatif		plus-que-parfait de l'indicatif	
approfondiss**ais**	approfondiss**ions**	**avais** approfondi	**avions** approfondi
approfondiss**ais**	approfondiss**iez**	**avais** approfondi	**aviez** approfondi
approfondiss**ait**	approfondiss**aient**	**avait** approfondi	**avaient** approfondi
passé simple		passé antérieur	
approfond**is**	approfond**îmes**	**eus** approfondi	**eûmes** approfondi
approfond**is**	approfond**îtes**	**eus** approfondi	**eûtes** approfondi
approfond**it**	approfond**irent**	**eut** approfondi	**eurent** approfondi
futur		futur antérieur	
approfondir**ai**	approfondir**ons**	**aurai** approfondi	**aurons** approfondi
approfondir**as**	approfondir**ez**	**auras** approfondi	**aurez** approfondi
approfondir**a**	approfondir**ont**	**aura** approfondi	**auront** approfondi
conditionnel		conditionnel passé	
approfondir**ais**	approfondir**ions**	**aurais** approfondi	**aurions** approfondi
approfondir**ais**	approfondir**iez**	**aurais** approfondi	**auriez** approfondi
approfondir**ait**	approfondir**aient**	**aurait** approfondi	**auraient** approfondi
présent du subjonctif		passé du subjonctif	
approfondiss**e**	approfondiss**ions**	**aie** approfondi	**ayons** approfondi
approfondiss**es**	approfondiss**iez**	**aies** approfondi	**ayez** approfondi
approfondiss**e**	approfondiss**ent**	**ait** approfondi	**aient** approfondi
imparfait du subjonctif		plus-que-parfait du subjonctif	
approfondi**sse**	approfondi**ssions**	**eusse** approfondi	**eussions** approfondi
approfondi**sses**	approfondi**ssiez**	**eusses** approfondi	**eussiez** approfondi
approfond**ît**	approfondi**ssent**	**eût** approfondi	**eussent** approfondi

impératif
approfondis
approfondissons
approfondissez

to approve of **approuver**

participe présent **approuvant** participe passé **approuvé**

SINGULAR	PLURAL
présent de l'indicatif	
approuv**e**	approuv**ons**
approuv**es**	approuv**ez**
approuv**e**	approuv**ent**
imparfait de l'indicatif	
approuv**ais**	approuv**ions**
approuv**ais**	approuv**iez**
approuv**ait**	approuv**aient**
passé simple	
approuv**ai**	approuv**âmes**
approuv**as**	approuv**âtes**
approuv**a**	approuv**èrent**
futur	
approuver**ai**	approuver**ons**
approuver**as**	approuver**ez**
approuver**a**	approuver**ont**
conditionnel	
approuver**ais**	approuver**ions**
approuver**ais**	approuver**iez**
approuver**ait**	approuver**aient**
présent du subjonctif	
approuv**e**	approuv**ions**
approuv**es**	approuv**iez**
approuv**e**	approuv**ent**
imparfait du subjonctif	
approuva**sse**	approuva**ssions**
approuva**sses**	approuva**ssiez**
approuv**ât**	approuva**ssent**
impératif	
approuve	
approuvons	
approuvez	

SINGULAR	PLURAL
passé composé	
ai approuvé	**avons** approuvé
as approuvé	**avez** approuvé
a approuvé	**ont** approuvé
plus-que-parfait de l'indicatif	
avais approuvé	**avions** approuvé
avais approuvé	**aviez** approuvé
avait approuvé	**avaient** approuvé
passé antérieur	
eus approuvé	**eûmes** approuvé
eus approuvé	**eûtes** approuvé
eut approuvé	**eurent** approuvé
futur antérieur	
aurai approuvé	**aurons** approuvé
auras approuvé	**aurez** approuvé
aura approuvé	**auront** approuvé
conditionnel passé	
aurais approuvé	**aurions** approuvé
aurais approuvé	**auriez** approuvé
aurait approuvé	**auraient** approuvé
passé du subjonctif	
aie approuvé	**ayons** approuvé
aies approuvé	**ayez** approuvé
ait approuvé	**aient** approuvé
plus-que-parfait du subjonctif	
eusse approuvé	**eussions** approuvé
eusses approuvé	**eussiez** approuvé
eût approuvé	**eussent** approuvé

appuyer — to press

participe présent **appuyant** participe passé **appuyé**

SINGULAR	PLURAL	SINGULAR	PLURAL
présent de l'indicatif		passé composé	
appui**e**	appuy**ons**	**ai** appuyé	**avons** appuyé
appui**es**	appuy**ez**	**as** appuyé	**avez** appuyé
appui**e**	appui**ent**	**a** appuyé	**ont** appuyé
imparfait de l'indicatif		plus-que-parfait de l'indicatif	
appuy**ais**	appuy**ions**	**avais** appuyé	**avions** appuyé
appuy**ais**	appuy**iez**	**avais** appuyé	**aviez** appuyé
appuy**ait**	appuy**aient**	**avait** appuyé	**avaient** appuyé
passé simple		passé antérieur	
appuy**ai**	appuy**âmes**	**eus** appuyé	**eûmes** appuyé
appuy**as**	appuy**âtes**	**eus** appuyé	**eûtes** appuyé
appuy**a**	appuy**èrent**	**eut** appuyé	**eurent** appuyé
futur		futur antérieur	
appuier**ai**	appuier**ons**	**aurai** appuyé	**aurons** appuyé
appuier**as**	appuier**ez**	**auras** appuyé	**aurez** appuyé
appuier**a**	appuier**ont**	**aura** appuyé	**auront** appuyé
conditionnel		conditionnel passé	
appuier**ais**	appuier**ions**	**aurais** appuyé	**aurions** appuyé
appuier**ais**	appuier**iez**	**aurais** appuyé	**auriez** appuyé
appuier**ait**	appuier**aient**	**aurait** appuyé	**auraient** appuyé
présent du subjonctif		passé du subjonctif	
appui**e**	appuy**ions**	**aie** appuyé	**ayons** appuyé
appui**es**	appuy**iez**	**aies** appuyé	**ayez** appuyé
appui**e**	appui**ent**	**ait** appuyé	**aient** appuyé
imparfait du subjonctif		plus-que-parfait du subjonctif	
appuya**sse**	appuya**ssions**	**eusse** appuyé	**eussions** appuyé
appuya**sses**	appuya**ssiez**	**eusses** appuyé	**eussiez** appuyé
appuyâ**t**	appuya**ssent**	**eût** appuyé	**eussent** appuyé

impératif
appuie
appuyons
appuyez

to rely on — s'appuyer (sur)

participe présent **s'appuyant** participe passé **appuyé(e)(s)**

A

SINGULAR	PLURAL	SINGULAR	PLURAL
présent de l'indicatif		**passé composé**	
m'appui**e**	**nous** appuy**ons**	**me suis** appuyé(e)	**nous sommes** appuyé(e)s
t'appui**es**	**vous** appuy**ez**	**t'es** appuyé(e)	**vous êtes** appuyé(e)(s)
s'appui**e**	**s'**appui**ent**	**s'est** appuyé(e)	**se sont** appuyé(e)s
imparfait de l'indicatif		**plus-que-parfait de l'indicatif**	
m'appuy**ais**	**nous** appuy**ions**	**m'étais** appuyé(e)	**nous étions** appuyé(e)s
t'appuy**ais**	**vous** appuy**iez**	**t'étais** appuyé(e)	**vous étiez** appuyé(e)(s)
s'appuy**ait**	**s'**appuy**aient**	**s'était** appuyé(e)	**s'étaient** appuyé(e)s
passé simple		**passé antérieur**	
m'appuy**ai**	**nous** appuy**âmes**	**me fus** appuyé(e)	**nous fûmes** appuyé(e)s
t'appuy**as**	**vous** appuy**âtes**	**te fus** appuyé(e)	**vous fûtes** appuyé(e)(s)
s'appuy**a**	**s'**appuy**èrent**	**se fut** appuyé(e)	**se furent** appuyé(e)s
futur		**futur antérieur**	
m'appuier**ai**	**nous** appuier**ons**	**me serai** appuyé(e)	**nous serons** appuyé(e)s
t'appuier**as**	**vous** appuier**ez**	**te seras** appuyé(e)	**vous serez** appuyé(e)(s)
s'appuier**a**	**s'**appuier**ont**	**se sera** appuyé(e)	**se seront** appuyé(e)s
conditionnel		**conditionnel passé**	
m'appuier**ais**	**nous** appuier**ions**	**me serais** appuyé(e)	**nous serions** appuyé(e)s
t'appuier**ais**	**vous** appuier**iez**	**te serais** appuyé(e)	**vous seriez** appuyé(e)(s)
s'appuier**ait**	**s'**appuier**aient**	**se serait** appuyé(e)	**se seraient** appuyé(e)s
présent du subjonctif		**passé du subjonctif**	
m'appui**e**	**nous** appuy**ions**	**me sois** appuyé(e)	**nous soyons** appuyé(e)s
t'appui**es**	**vous** appuy**iez**	**te sois** appuyé(e)	**vous soyez** appuyé(e)(s)
s'appui**e**	**s'**appui**ent**	**se soit** appuyé(e)	**se soient** appuyé(e)s
imparfait du subjonctif		**plus-que-parfait du subjonctif**	
m'appuya**sse**	**nous** appuya**ssions**	**me fusse** appuyé(e)	**nous fussions** appuyé(e)s
t'appuya**sses**	**vous** appuya**ssiez**	**te fusses** appuyé(e)	**vous fussiez** appuyé(e)(s)
s'appuy**ât**	**s'**appuya**ssent**	**se fût** appuyé(e)	**se fussent** appuyé(e)s

impératif

appuie-toi
appuyons-nous
appuyez-vous

argumenter — to argue

participe présent **argumentant** participe passé **argumenté**

présent de l'indicatif

SINGULAR	PLURAL
argument**e**	argument**ons**
argument**es**	argument**ez**
argument**e**	argument**ent**

imparfait de l'indicatif

SINGULAR	PLURAL
argument**ais**	argument**ions**
argument**ais**	argument**iez**
argument**ait**	argument**aient**

passé simple

SINGULAR	PLURAL
argument**ai**	argument**âmes**
argument**as**	argument**âtes**
argument**a**	argument**èrent**

futur

SINGULAR	PLURAL
argumenter**ai**	argumenter**ons**
argumenter**as**	argumenter**ez**
argumenter**a**	argumenter**ont**

conditionnel

SINGULAR	PLURAL
argumenter**ais**	argumenter**ions**
argumenter**ais**	argumenter**iez**
argumenter**ait**	argumenter**aient**

présent du subjonctif

SINGULAR	PLURAL
argument**e**	argument**ions**
argument**es**	argument**iez**
argument**e**	argument**ent**

imparfait du subjonctif

SINGULAR	PLURAL
argumenta**sse**	argumenta**ssions**
argumenta**sses**	argumenta**ssiez**
argumentâ**t**	argumenta**ssent**

impératif

argumente
argumentons
argumentez

passé composé

SINGULAR	PLURAL
ai argumenté	**avons** argumenté
as argumenté	**avez** argumenté
a argumenté	**ont** argumenté

plus-que-parfait de l'indicatif

SINGULAR	PLURAL
avais argumenté	**avions** argumenté
avais argumenté	**aviez** argumenté
avait argumenté	**avaient** argumenté

passé antérieur

SINGULAR	PLURAL
eus argumenté	**eûmes** argumenté
eus argumenté	**eûtes** argumenté
eut argumenté	**eurent** argumenté

futur antérieur

SINGULAR	PLURAL
aurai argumenté	**aurons** argumenté
auras argumenté	**aurez** argumenté
aura argumenté	**auront** argumenté

conditionnel passé

SINGULAR	PLURAL
aurais argumenté	**aurions** argumenté
aurais argumenté	**auriez** argumenté
aurait argumenté	**auraient** argumenté

passé du subjonctif

SINGULAR	PLURAL
aie argumenté	**ayons** argumenté
aies argumenté	**ayez** argumenté
ait argumenté	**aient** argumenté

plus-que-parfait du subjonctif

SINGULAR	PLURAL
eusse argumenté	**eussions** argumenté
eusses argumenté	**eussiez** argumenté
eût argumenté	**eussent** argumenté

to arrive, to happen **arriver**

participe présent **arrivant** participe passé **arrivé(e)(s)**

A

SINGULAR	PLURAL	SINGULAR	PLURAL
présent de l'indicatif		passé composé	
arrive	arrivons	suis arrivé(e)	sommes arrivé(e)s
arrives	arrivez	es arrivé(e)	êtes arrivé(e)(s)
arrive	arrivent	est arrivé(e)	sont arrivé(e)s
imparfait de l'indicatif		plus-que-parfait de l'indicatif	
arrivais	arrivions	étais arrivé(e)	étions arrivé(e)s
arrivais	arriviez	étais arrivé(e)	étiez arrivé(e)(s)
arrivait	arrivaient	était arrivé(e)	étaient arrivé(e)s
passé simple		passé antérieur	
arrivai	arrivâmes	fus arrivé(e)	fûmes arrivé(e)s
arrivas	arrivâtes	fus arrivé(e)	fûtes arrivé(e)(s)
arriva	arrivèrent	fut arrivé(e)	furent arrivé(e)s
futur		futur antérieur	
arriverai	arriverons	serai arrivé(e)	serons arrivé(e)s
arriveras	arriverez	seras arrivé(e)	serez arrivé(e)(s)
arrivera	arriveront	sera arrivé(e)	seront arrivé(e)s
conditionnel		conditionnel passé	
arriverais	arriverions	serais arrivé(e)	serions arrivé(e)s
arriverais	arriveriez	serais arrivé(e)	seriez arrivé(e)(s)
arriverait	arriveraient	serait arrivé(e)	seraient arrivé(e)s
présent du subjonctif		passé du subjonctif	
arrive	arrivions	sois arrivé(e)	soyons arrivé(e)s
arrives	arriviez	sois arrivé(e)	soyez arrivé(e)(s)
arrive	arrivent	soit arrivé(e)	soient arrivé(e)s
imparfait du subjonctif		plus-que-parfait du subjonctif	
arrivasse	arrivassions	fusse arrivé(e)	fussions arrivé(e)s
arrivasses	arrivassiez	fusses arrivé(e)	fussiez arrivé(e)(s)
arrivât	arrivassent	fût arrivé(e)	fussent arrivé(e)s

impératif

arrive

arrivons

arrivez

assaillir — to attack, to assail

participe présent **assaillant** participe passé **assailli**

SINGULAR	PLURAL	SINGULAR	PLURAL
présent de l'indicatif		passé composé	
assaill**e**	assaill**ons**	**ai** assailli	**avons** assailli
assaill**es**	assaill**ez**	**as** assailli	**avez** assailli
assaill**e**	assaill**ent**	**a** assailli	**ont** assailli
imparfait de l'indicatif		plus-que-parfait de l'indicatif	
assaill**ais**	assaill**ions**	**avais** assailli	**avions** assailli
assaill**ais**	assaill**iez**	**avais** assailli	**aviez** assailli
assaill**ait**	assaill**aient**	**avait** assailli	**avaient** assailli
passé simple		passé antérieur	
assaill**is**	assaill**îmes**	**eus** assailli	**eûmes** assailli
assaill**is**	assaill**îtes**	**eus** assailli	**eûtes** assailli
assaill**it**	assaill**irent**	**eut** assailli	**eurent** assailli
futur		futur antérieur	
assailli**rai**	assailli**rons**	**aurai** assailli	**aurons** assailli
assailli**ras**	assailli**rez**	**auras** assailli	**aurez** assailli
assailli**ra**	assailli**ront**	**aura** assailli	**auront** assailli
conditionnel		conditionnel passé	
assailli**rais**	assailli**rions**	**aurais** assailli	**aurions** assailli
assailli**rais**	assailli**riez**	**aurais** assailli	**auriez** assailli
assailli**rait**	assailli**raient**	**aurait** assailli	**auraient** assailli
présent du subjonctif		passé du subjonctif	
assaill**e**	assaill**ions**	**aie** assailli	**ayons** assailli
assaill**es**	assaill**iez**	**aies** assailli	**ayez** assailli
assaill**e**	assaill**ent**	**ait** assailli	**aient** assailli
imparfait du subjonctif		plus-que-parfait du subjonctif	
assailli**sse**	assailli**ssions**	**eusse** assailli	**eussions** assailli
assailli**sses**	assailli**ssiez**	**eusses** assailli	**eussiez** assailli
assaill**ît**	assailli**ssent**	**eût** assailli	**eussent** assailli

impératif
assaille
assaillons
assaillez

participe présent **assistant** participe passé **assisté**

A

SINGULAR	PLURAL	SINGULAR	PLURAL
présent de l'indicatif		passé composé	
assist**e**	assist**ons**	**ai** assisté	**avons** assisté
assist**es**	assist**ez**	**as** assisté	**avez** assisté
assist**e**	assist**ent**	**a** assisté	**ont** assisté
imparfait de l'indicatif		plus-que-parfait de l'indicatif	
assist**ais**	assist**ions**	**avais** assisté	**avions** assisté
assist**ais**	assist**iez**	**avais** assisté	**aviez** assisté
assist**ait**	assist**aient**	**avait** assisté	**avaient** assisté
passé simple		passé antérieur	
assist**ai**	assist**âmes**	**eus** assisté	**eûmes** assisté
assist**as**	assist**âtes**	**eus** assisté	**eûtes** assisté
assist**a**	assist**èrent**	**eut** assisté	**eurent** assisté
futur		futur antérieur	
assister**ai**	assister**ons**	**aurai** assisté	**aurons** assisté
assister**as**	assister**ez**	**auras** assisté	**aurez** assisté
assister**a**	assister**ont**	**aura** assisté	**auront** assisté
conditionnel		conditionnel passé	
assister**ais**	assister**ions**	**aurais** assisté	**aurions** assisté
assister**ais**	assister**iez**	**aurais** assisté	**auriez** assisté
assister**ait**	assister**aient**	**aurait** assisté	**auraient** assisté
présent du subjonctif		passé du subjonctif	
assist**e**	assist**ions**	**aie** assisté	**ayons** assisté
assist**es**	assist**iez**	**aies** assisté	**ayez** assisté
assist**e**	assist**ent**	**ait** assisté	**aient** assisté
imparfait du subjonctif		plus-que-parfait du subjonctif	
assista**sse**	assista**ssions**	**eusse** assisté	**eussions** assisté
assista**sses**	assista**ssiez**	**eusses** assisté	**eussiez** assisté
assist**ât**	assista**ssent**	**eût** assisté	**eussent** assisté

impératif
assiste
assistons
assistez

associer — to combine

participe présent **associant** participe passé **associé**

SINGULAR	PLURAL	SINGULAR	PLURAL
présent de l'indicatif		passé composé	
associ**e**	associ**ons**	**ai** associé	**avons** associé
associ**es**	associ**ez**	**as** associé	**avez** associé
associ**e**	associ**ent**	**a** associé	**ont** associé
imparfait de l'indicatif		plus-que-parfait de l'indicatif	
associ**ais**	associ**ions**	**avais** associé	**avions** associé
associ**ais**	associ**iez**	**avais** associé	**aviez** associé
associ**ait**	associ**aient**	**avait** associé	**avaient** associé
passé simple		passé antérieur	
associ**ai**	associ**âmes**	**eus** associé	**eûmes** associé
associ**as**	associ**âtes**	**eus** associé	**eûtes** associé
associ**a**	associ**èrent**	**eut** associé	**eurent** associé
futur		futur antérieur	
associer**ai**	associer**ons**	**aurai** associé	**aurons** associé
associer**as**	associer**ez**	**auras** associé	**aurez** associé
associer**a**	associer**ont**	**aura** associé	**auront** associé
conditionnel		conditionnel passé	
associer**ais**	associer**ions**	**aurais** associé	**aurions** associé
associer**ais**	associer**iez**	**aurais** associé	**auriez** associé
associer**ait**	associer**aient**	**aurait** associé	**auraient** associé
présent du subjonctif		passé du subjonctif	
associ**e**	associ**ions**	**aie** associé	**ayons** associé
associ**es**	associ**iez**	**aies** associé	**ayez** associé
associ**e**	associ**ent**	**ait** associé	**aient** associé
imparfait du subjonctif		plus-que-parfait du subjonctif	
associa**sse**	associa**ssions**	**eusse** associé	**eussions** associé
associa**sses**	associa**ssiez**	**eusses** associé	**eussiez** associé
associâ**t**	associa**ssent**	**eût** associé	**eussent** associé

impératif
associe
associons
associez

participe présent **assortissant** participe passé **assorti**

SINGULAR	PLURAL	SINGULAR	PLURAL
présent de l'indicatif		passé composé	
assort**is**	assortiss**ons**	**ai** assorti	**avons** assorti
assort**is**	assortiss**ez**	**as** assorti	**avez** assorti
assort**it**	assortiss**ent**	**a** assorti	**ont** assorti
imparfait de l'indicatif		plus-que-parfait de l'indicatif	
assortiss**ais**	assortiss**ions**	**avais** assorti	**avions** assorti
assortiss**ais**	assortiss**iez**	**avais** assorti	**aviez** assorti
assortiss**ait**	assortiss**aient**	**avait** assorti	**avaient** assorti
passé simple		passé antérieur	
assort**is**	assort**îmes**	**eus** assorti	**eûmes** assorti
assort**is**	assort**îtes**	**eus** assorti	**eûtes** assorti
assort**it**	assort**irent**	**eut** assorti	**eurent** assorti
futur		futur antérieur	
assortir**ai**	assortir**ons**	**aurai** assorti	**aurons** assorti
assortir**as**	assortir**ez**	**auras** assorti	**aurez** assorti
assortir**a**	assortir**ont**	**aura** assorti	**auront** assorti
conditionnel		conditionnel passé	
assortir**ais**	assortir**ions**	**aurais** assorti	**aurions** assorti
assortir**ais**	assortir**iez**	**aurais** assorti	**auriez** assorti
assortir**ait**	assortir**aient**	**aurait** assorti	**auraient** assorti
présent du subjonctif		passé du subjonctif	
assortiss**e**	assortiss**ions**	**aie** assorti	**ayons** assorti
assortiss**es**	assortiss**iez**	**aies** assorti	**ayez** assorti
assortiss**e**	assortiss**ent**	**ait** assorti	**aient** assorti
imparfait du subjonctif		plus-que-parfait du subjonctif	
assorti**sse**	assorti**ssions**	**eusse** assorti	**eussions** assorti
assorti**sses**	assorti**ssiez**	**eusses** assorti	**eussiez** assorti
assort**ît**	assorti**ssent**	**eût** assorti	**eussent** assorti

impératif
assortis
assortissons
assortissez

attacher — to attach

participe présent **attachant** participe passé **attaché**

présent de l'indicatif

SINGULAR	PLURAL
attach**e**	attach**ons**
attach**es**	attach**ez**
attach**e**	attach**ent**

imparfait de l'indicatif

SINGULAR	PLURAL
attach**ais**	attach**ions**
attach**ais**	attach**iez**
attach**ait**	attach**aient**

passé simple

SINGULAR	PLURAL
attach**ai**	attach**âmes**
attach**as**	attach**âtes**
attach**a**	attach**èrent**

futur

SINGULAR	PLURAL
attacher**ai**	attacher**ons**
attacher**as**	attacher**ez**
attacher**a**	attacher**ont**

conditionnel

SINGULAR	PLURAL
attacher**ais**	attacher**ions**
attacher**ais**	attacher**iez**
attacher**ait**	attacher**aient**

présent du subjonctif

SINGULAR	PLURAL
attach**e**	attach**ions**
attach**es**	attach**iez**
attach**e**	attach**ent**

imparfait du subjonctif

SINGULAR	PLURAL
attacha**sse**	attacha**ssions**
attacha**sses**	attacha**ssiez**
attachâ**t**	attacha**ssent**

impératif

attache
attachons
attachez

passé composé

SINGULAR	PLURAL
ai attaché	**avons** attaché
as attaché	**avez** attaché
a attaché	**ont** attaché

plus-que-parfait de l'indicatif

SINGULAR	PLURAL
avais attaché	**avions** attaché
avais attaché	**aviez** attaché
avait attaché	**avaient** attaché

passé antérieur

SINGULAR	PLURAL
eus attaché	**eûmes** attaché
eus attaché	**eûtes** attaché
eut attaché	**eurent** attaché

futur antérieur

SINGULAR	PLURAL
aurai attaché	**aurons** attaché
auras attaché	**aurez** attaché
aura attaché	**auront** attaché

conditionnel passé

SINGULAR	PLURAL
aurais attaché	**aurions** attaché
aurais attaché	**auriez** attaché
aurait attaché	**auraient** attaché

passé du subjonctif

SINGULAR	PLURAL
aie attaché	**ayons** attaché
aies attaché	**ayez** attaché
ait attaché	**aient** attaché

plus-que-parfait du subjonctif

SINGULAR	PLURAL
eusse attaché	**eussions** attaché
eusses attaché	**eussiez** attaché
eût attaché	**eussent** attaché

participe présent **attendant** participe passé **attendu**

SINGULAR	PLURAL	SINGULAR	PLURAL
présent de l'indicatif		passé composé	
attend**s**	attend**ons**	**ai** attendu	**avons** attendu
attend**s**	attend**ez**	**as** attendu	**avez** attendu
attend	attend**ent**	**a** attendu	**ont** attendu
imparfait de l'indicatif		plus-que-parfait de l'indicatif	
attend**ais**	attend**ions**	**avais** attendu	**avions** attendu
attend**ais**	attend**iez**	**avais** attendu	**aviez** attendu
attend**ait**	attend**aient**	**avait** attendu	**avaient** attendu
passé simple		passé antérieur	
attend**is**	attend**îmes**	**eus** attendu	**eûmes** attendu
attend**is**	attend**îtes**	**eus** attendu	**eûtes** attendu
attend**it**	attend**irent**	**eut** attendu	**eurent** attendu
futur		futur antérieur	
attendr**ai**	attendr**ons**	**aurai** attendu	**aurons** attendu
attendr**as**	attendr**ez**	**auras** attendu	**aurez** attendu
attendr**a**	attendr**ont**	**aura** attendu	**auront** attendu
conditionnel		conditionnel passé	
attendr**ais**	attendr**ions**	**aurais** attendu	**aurions** attendu
attendr**ais**	attendr**iez**	**aurais** attendu	**auriez** attendu
attendr**ait**	attendr**aient**	**aurait** attendu	**auraient** attendu
présent du subjonctif		passé du subjonctif	
attend**e**	attend**ions**	**aie** attendu	**ayons** attendu
attend**es**	attend**iez**	**aies** attendu	**ayez** attendu
attend**e**	attend**ent**	**ait** attendu	**aient** attendu
imparfait du subjonctif		plus-que-parfait du subjonctif	
attendi**sse**	attendi**ssions**	**eusse** attendu	**eussions** attendu
attendi**sses**	attendi**ssiez**	**eusses** attendu	**eussiez** attendu
attendî**t**	attendi**ssent**	**eût** attendu	**eussent** attendu

impératif
attends
attendons
attendez

MUST KNOW VERB

atterrir — to land

participe présent **atterrissant** participe passé **atterri**

SINGULAR	PLURAL	SINGULAR	PLURAL
présent de l'indicatif		passé composé	
atterri**s**	atterriss**ons**	**ai** atterri	**avons** atterri
atterri**s**	atterriss**ez**	**as** atterri	**avez** atterri
atterri**t**	atterriss**ent**	**a** atterri	**ont** atterri
imparfait de l'indicatif		plus-que-parfait de l'indicatif	
atterriss**ais**	atterriss**ions**	**avais** atterri	**avions** atterri
atterriss**ais**	atterriss**iez**	**avais** atterri	**aviez** atterri
atterriss**ait**	atterriss**aient**	**avait** atterri	**avaient** atterri
passé simple		passé antérieur	
atterr**is**	atterr**îmes**	**eus** atterri	**eûmes** atterri
atterr**is**	atterr**îtes**	**eus** atterri	**eûtes** atterri
atterr**it**	atterr**irent**	**eut** atterri	**eurent** atterri
futur		futur antérieur	
atterrir**ai**	atterrir**ons**	**aurai** atterri	**aurons** atterri
atterrir**as**	atterrir**ez**	**auras** atterri	**aurez** atterri
atterrir**a**	atterrir**ont**	**aura** atterri	**auront** atterri
conditionnel		conditionnel passé	
atterrir**ais**	atterrir**ions**	**aurais** atterri	**aurions** atterri
atterrir**ais**	atterrir**iez**	**aurais** atterri	**auriez** atterri
atterrir**ait**	atterrir**aient**	**aurait** atterri	**auraient** atterri
présent du subjonctif		passé du subjonctif	
atterriss**e**	atterriss**ions**	**aie** atterri	**ayons** atterri
atterriss**es**	atterriss**iez**	**aies** atterri	**ayez** atterri
atterriss**e**	atterriss**ent**	**ait** atterri	**aient** atterri
imparfait du subjonctif		plus-que-parfait du subjonctif	
atterri**sse**	atterri**ssions**	**eusse** atterri	**eussions** atterri
atterri**sses**	atterri**ssiez**	**eusses** atterri	**eussiez** atterri
atterrî**t**	atterri**ssent**	**eût** atterri	**eussent** atterri

impératif
atterris
atterrissons
atterrissez

participe présent **attrapant** participe passé **attrapé**

SINGULAR	PLURAL	SINGULAR	PLURAL
présent de l'indicatif		passé composé	
attrap**e**	attrap**ons**	**ai** attrapé	**avons** attrapé
attrap**es**	attrap**ez**	**as** attrapé	**avez** attrapé
attrap**e**	attrap**ent**	**a** attrapé	**ont** attrapé
imparfait de l'indicatif		plus-que-parfait de l'indicatif	
attrap**ais**	attrap**ions**	**avais** attrapé	**avions** attrapé
attrap**ais**	attrap**iez**	**avais** attrapé	**aviez** attrapé
attrap**ait**	attrap**aient**	**avait** attrapé	**avaient** attrapé
passé simple		passé antérieur	
attrap**ai**	attrap**âmes**	**eus** attrapé	**eûmes** attrapé
attrap**as**	attrap**âtes**	**eus** attrapé	**eûtes** attrapé
attrap**a**	attrap**èrent**	**eut** attrapé	**eurent** attrapé
futur		futur antérieur	
attraper**ai**	attraper**ons**	**aurai** attrapé	**aurons** attrapé
attraper**as**	attraper**ez**	**auras** attrapé	**aurez** attrapé
attraper**a**	attraper**ont**	**aura** attrapé	**auront** attrapé
conditionnel		conditionnel passé	
attraper**ais**	attraper**ions**	**aurais** attrapé	**aurions** attrapé
attraper**ais**	attraper**iez**	**aurais** attrapé	**auriez** attrapé
attraper**ait**	attraper**aient**	**aurait** attrapé	**auraient** attrapé
présent du subjonctif		passé du subjonctif	
attrap**e**	attrap**ions**	**aie** attrapé	**ayons** attrapé
attrap**es**	attrap**iez**	**aies** attrapé	**ayez** attrapé
attrap**e**	attrap**ent**	**ait** attrapé	**aient** attrapé
imparfait du subjonctif		plus-que-parfait du subjonctif	
attrapa**sse**	attrapa**ssions**	**eusse** attrapé	**eussions** attrapé
attrapa**sses**	attrapa**ssiez**	**eusses** attrapé	**eussiez** attrapé
attrap**ât**	attrapa**ssent**	**eût** attrapé	**eussent** attrapé

impératif
attrape
attrapons
attrapez

autoriser — to allow, to authorize

participe présent **autorisant** participe passé **autorisé**

A

SINGULAR	PLURAL	SINGULAR	PLURAL
présent de l'indicatif		passé composé	
autoris**e**	autoris**ons**	**ai** autorisé	**avons** autorisé
autoris**es**	autoris**ez**	**as** autorisé	**avez** autorisé
autoris**e**	autoris**ent**	**a** autorisé	**ont** autorisé
imparfait de l'indicatif		plus-que-parfait de l'indicatif	
autoris**ais**	autoris**ions**	**avais** autorisé	**avions** autorisé
autoris**ais**	autoris**iez**	**avais** autorisé	**aviez** autorisé
autoris**ait**	autoris**aient**	**avait** autorisé	**avaient** autorisé
passé simple		passé antérieur	
autoris**ai**	autoris**âmes**	**eus** autorisé	**eûmes** autorisé
autoris**as**	autoris**âtes**	**eus** autorisé	**eûtes** autorisé
autoris**a**	autoris**èrent**	**eut** autorisé	**eurent** autorisé
futur		futur antérieur	
autoriser**ai**	autoriser**ons**	**aurai** autorisé	**aurons** autorisé
autoriser**as**	autoriser**ez**	**auras** autorisé	**aurez** autorisé
autoriser**a**	autoriser**ont**	**aura** autorisé	**auront** autorisé
conditionnel		conditionnel passé	
autoriser**ais**	autoriser**ions**	**aurais** autorisé	**aurions** autorisé
autoriser**ais**	autoriser**iez**	**aurais** autorisé	**auriez** autorisé
autoriser**ait**	autoriser**aient**	**aurait** autorisé	**auraient** autorisé
présent du subjonctif		passé du subjonctif	
autoris**e**	autoris**ions**	**aie** autorisé	**ayons** autorisé
autoris**es**	autoris**iez**	**aies** autorisé	**ayez** autorisé
autoris**e**	autoris**ent**	**ait** autorisé	**aient** autorisé
imparfait du subjonctif		plus-que-parfait du subjonctif	
autorisa**sse**	autorisa**ssions**	**eusse** autorisé	**eussions** autorisé
autorisa**sses**	autorisa**ssiez**	**eusses** autorisé	**eussiez** autorisé
autorisâ**t**	autorisa**ssent**	**eût** autorisé	**eussent** autorisé

impératif
autorise
autorisons
autorisez

to have **avoir**

participe présent **ayant** participe passé **eu**

SINGULAR	PLURAL	SINGULAR	PLURAL
présent de l'indicatif		passé composé	
ai	av**ons**	**ai** eu	**avons** eu
as	av**ez**	**as** eu	**avez** eu
a	ont	**a** eu	**ont** eu
imparfait de l'indicatif		plus-que-parfait de l'indicatif	
av**ais**	av**ions**	**avais** eu	**avions** eu
av**ais**	av**iez**	**avais** eu	**aviez** eu
av**ait**	av**aient**	**avait** eu	**avaient** eu
passé simple		passé antérieur	
eu**s**	eû**mes**	**eus** eu	**eûmes** eu
eu**s**	eû**tes**	**eus** eu	**eûtes** eu
eu**t**	eu**rent**	**eut** eu	**eurent** eu
futur		futur antérieur	
aur**ai**	aur**ons**	**aurai** eu	**aurons** eu
aur**as**	aur**ez**	**auras** eu	**aurez** eu
aur**a**	aur**ont**	**aura** eu	**auront** eu
conditionnel		conditionnel passé	
aur**ais**	aur**ions**	**aurais** eu	**aurions** eu
aur**ais**	aur**iez**	**aurais** eu	**auriez** eu
aur**ait**	aur**aient**	**aurait** eu	**auraient** eu
présent du subjonctif		passé du subjonctif	
ai**e**	ay**ons**	**aie** eu	**ayons** eu
ai**es**	ay**ez**	**aies** eu	**ayez** eu
ai**t**	a**ient**	**ait** eu	**aient** eu
imparfait du subjonctif		plus-que-parfait du subjonctif	
eu**sse**	eu**ssions**	**eusse** eu	**eussions** eu
eu**sses**	eu**ssiez**	**eusses** eu	**eussiez** eu
eû**t**	eu**ssent**	**eût** eu	**eussent** eu

impératif
aie
ayons
ayez

participe présent **baissant** participe passé **baissé**

B

SINGULAR	PLURAL	SINGULAR	PLURAL
présent de l'indicatif		passé composé	
baiss**e**	baiss**ons**	**ai** baissé	**avons** baissé
baiss**es**	baiss**ez**	**as** baissé	**avez** baissé
baiss**e**	baiss**ent**	**a** baissé	**ont** baissé
imparfait de l'indicatif		plus-que-parfait de l'indicatif	
baiss**ais**	baiss**ions**	**avais** baissé	**avions** baissé
baiss**ais**	baiss**iez**	**avais** baissé	**aviez** baissé
baiss**ait**	baiss**aient**	**avait** baissé	**avaient** baissé
passé simple		passé antérieur	
baiss**ai**	baiss**âmes**	**eus** baissé	**eûmes** baissé
baiss**as**	baiss**âtes**	**eus** baissé	**eûtes** baissé
baiss**a**	baiss**èrent**	**eut** baissé	**eurent** baissé
futur		futur antérieur	
baisser**ai**	baisser**ons**	**aurai** baissé	**aurons** baissé
baisser**as**	baisser**ez**	**auras** baissé	**aurez** baissé
baisser**a**	baisser**ont**	**aura** baissé	**auront** baissé
conditionnel		conditionnel passé	
baisser**ais**	baisser**ions**	**aurais** baissé	**aurions** baissé
baisser**ais**	baisser**iez**	**aurais** baissé	**auriez** baissé
baisser**ait**	baisser**aient**	**aurait** baissé	**auraient** baissé
présent du subjonctif		passé du subjonctif	
baiss**e**	baiss**ions**	**aie** baissé	**ayons** baissé
baiss**es**	baiss**iez**	**aies** baissé	**ayez** baissé
baiss**e**	baiss**ent**	**ait** baissé	**aient** baissé
imparfait du subjonctif		plus-que-parfait du subjonctif	
baissa**sse**	baissa**ssions**	**eusse** baissé	**eussions** baissé
baissa**sses**	baissa**ssiez**	**eusses** baissé	**eussiez** baissé
baissâ**t**	baissa**ssent**	**eût** baissé	**eussent** baissé
impératif			
baisse			
baissons			
baissez			

to sweep **balayer**

participe présent **balayant** participe passé **balayé**

présent de l'indicatif

SINGULAR	PLURAL
balay**e**/balai**e**	balay**ons**
balay**es**/balai**es**	balay**ez**
balay**e**/balai**e**	balay**ent**/balai**ent**

imparfait de l'indicatif

SINGULAR	PLURAL
balay**ais**	balay**ions**
balay**ais**	balay**iez**
balay**ait**	balay**aient**

passé simple

SINGULAR	PLURAL
balay**ai**	balay**âmes**
balay**as**	balay**âtes**
balay**a**	balay**èrent**

futur

SINGULAR	PLURAL
balayer**ai**/balaier**ai**	balayer**ons**/balaier**ons**
balayer**as**/balaier**as**	balayer**ez**/balaier**ez**
balayer**a**/balaier**a**	balayer**ont**/balaier**ont**

conditionnel

SINGULAR	PLURAL
balayer**ais**/balaier**ais**	balayer**ions**/balaier**ions**
balayer**ais**/balaier**ais**	balayer**iez**/balaier**iez**
balayer**ait**/balaier**ait**	balayer**aient**/balaier**aient**

présent du subjonctif

SINGULAR	PLURAL
balay**e**/balai**e**	balay**ions**
balay**es**/balai**es**	balay**iez**
balay**e**/balai**e**	balay**ent**/balai**ent**

imparfait du subjonctif

SINGULAR	PLURAL
balay**asse**	balay**assions**
balay**asses**	balay**assiez**
balay**ât**	balay**assent**

impératif

balaye/balaie
balayons
balayez

passé composé

SINGULAR	PLURAL
ai balayé	**avons** balayé
as balayé	**avez** balayé
a balayé	**ont** balayé

plus-que-parfait de l'indicatif

SINGULAR	PLURAL
avais balayé	**avions** balayé
avais balayé	**aviez** balayé
avait balayé	**avaient** balayé

passé antérieur

SINGULAR	PLURAL
eus balayé	**eûmes** balayé
eus balayé	**eûtes** balayé
eut balayé	**eurent** balayé

futur antérieur

SINGULAR	PLURAL
aurai balayé	**aurons** balayé
auras balayé	**aurez** balayé
aura balayé	**auront** balayé

conditionnel passé

SINGULAR	PLURAL
aurais balayé	**aurions** balayé
aurais balayé	**auriez** balayé
aurait balayé	**auraient** balayé

passé du subjonctif

SINGULAR	PLURAL
aie balayé	**ayons** balayé
aies balayé	**ayez** balayé
ait balayé	**aient** balayé

plus-que-parfait du subjonctif

SINGULAR	PLURAL
eusse balayé	**eussions** balayé
eusses balayé	**eussiez** balayé
eût balayé	**eussent** balayé

bâtir — to build

participe présent **bâtissant** participe passé **bâti**

B

SINGULAR	PLURAL	SINGULAR	PLURAL
présent de l'indicatif		passé composé	
bât**is**	bâtiss**ons**	**ai** bâti	**avons** bâti
bât**is**	bâtiss**ez**	**as** bâti	**avez** bâti
bât**it**	bâtiss**ent**	**a** bâti	**ont** bâti
imparfait de l'indicatif		plus-que-parfait de l'indicatif	
bâtiss**ais**	bâtiss**ions**	**avais** bâti	**avions** bâti
bâtiss**ais**	bâtiss**iez**	**avais** bâti	**aviez** bâti
bâtiss**ait**	bâtiss**aient**	**avait** bâti	**avaient** bâti
passé simple		passé antérieur	
bât**is**	bât**îmes**	**eus** bâti	**eûmes** bâti
bât**is**	bât**îtes**	**eus** bâti	**eûtes** bâti
bât**it**	bât**irent**	**eut** bâti	**eurent** bâti
futur		futur antérieur	
bâtir**ai**	bâtir**ons**	**aurai** bâti	**aurons** bâti
bâtir**as**	bâtir**ez**	**auras** bâti	**aurez** bâti
bâtir**a**	bâtir**ont**	**aura** bâti	**auront** bâti
conditionnel		conditionnel passé	
bâtir**ais**	bâtir**ions**	**aurais** bâti	**aurions** bâti
bâtir**ais**	bâtir**iez**	**aurais** bâti	**auriez** bâti
bâtir**ait**	bâtir**aient**	**aurait** bâti	**auraient** bâti
présent du subjonctif		passé du subjonctif	
bâtiss**e**	bâtiss**ions**	**aie** bâti	**ayons** bâti
bâtiss**es**	bâtiss**iez**	**aies** bâti	**ayez** bâti
bâtiss**e**	bâtiss**ent**	**ait** bâti	**aient** bâti
imparfait du subjonctif		plus-que-parfait du subjonctif	
bâti**sse**	bâti**ssions**	**eusse** bâti	**eussions** bâti
bâti**sses**	bâti**ssiez**	**eusses** bâti	**eussiez** bâti
bâtî**t**	bâti**ssent**	**eût** bâti	**eussent** bâti

impératif
bâtis
bâtissons
bâtissez

to beat, to hit **battre**

participe présent **battant** participe passé **battu**

SINGULAR	PLURAL	SINGULAR	PLURAL
présent de l'indicatif		passé composé	
bat**s**	bat**ons**	**ai** battu	**avons** battu
bat**s**	batt**ez**	**as** battu	**avez** battu
ba**t**	batt**ent**	**a** battu	**ont** battu
imparfait de l'indicatif		plus-que-parfait de l'indicatif	
batt**ais**	batt**ions**	**avais** battu	**avions** battu
batt**ais**	batt**iez**	**avais** battu	**aviez** battu
batt**ait**	batt**aient**	**avait** battu	**avaient** battu
passé simple		passé antérieur	
batt**is**	batt**îmes**	**eus** battu	**eûmes** battu
batt**is**	batt**îtes**	**eus** battu	**eûtes** battu
batt**it**	batt**irent**	**eut** battu	**eurent** battu
futur		futur antérieur	
battr**ai**	battr**ons**	**aurai** battu	**aurons** battu
battr**as**	battr**ez**	**auras** battu	**aurez** battu
battr**a**	battr**ont**	**aura** battu	**auront** battu
conditionnel		conditionnel passé	
battr**ais**	battr**ions**	**aurais** battu	**aurions** battu
battr**ais**	battr**iez**	**aurais** battu	**auriez** battu
battr**ait**	battr**aient**	**aurait** battu	**auraient** battu
présent du subjonctif		passé du subjonctif	
batt**e**	batt**ions**	**aie** battu	**ayons** battu
batt**es**	batt**iez**	**aies** battu	**ayez** battu
batt**e**	batt**ent**	**ait** battu	**aient** battu
imparfait du subjonctif		plus-que-parfait du subjonctif	
batti**sse**	batti**ssions**	**eusse** battu	**eussions** battu
batti**sses**	batti**ssiez**	**eusses** battu	**eussiez** battu
batt**ît**	batti**ssent**	**eût** battu	**eussent** battu

impératif
bats
battons
battez

se battre — to fight

participe présent **se battant** participe passé **battu(e)(s)**

présent de l'indicatif

SINGULAR	PLURAL
me bat**s**	**nous** batt**ons**
te bat**s**	**vous** batt**ez**
se ba**t**	**se** batt**ent**

imparfait de l'indicatif

SINGULAR	PLURAL
me batt**ais**	**nous** batt**ions**
te batt**ais**	**vous** batt**iez**
se batt**ait**	**se** batt**aient**

passé simple

SINGULAR	PLURAL
me batt**is**	**nous** batt**îmes**
te batt**is**	**vous** batt**îtes**
se batt**it**	**se** batt**irent**

futur

SINGULAR	PLURAL
me battr**ai**	**nous** battr**ons**
te battr**as**	**vous** battr**ez**
se battr**a**	**se** battr**ont**

conditionnel

SINGULAR	PLURAL
me battr**ais**	**nous** battr**ions**
te battr**ais**	**vous** battr**iez**
se battr**ait**	**se** battr**aient**

présent du subjonctif

SINGULAR	PLURAL
me batt**e**	**nous** batt**ions**
te batt**es**	**vous** batt**iez**
se batt**e**	**se** batt**ent**

imparfait du subjonctif

SINGULAR	PLURAL
me batti**sse**	**nous** batti**ssions**
te batti**sses**	**vous** batti**ssiez**
se batt**ît**	**se** batti**ssent**

impératif

bats-toi
battons-nous
battez-vous

passé composé

SINGULAR	PLURAL
me suis battu(e)	**nous sommes** battu(e)s
t'es battu(e)	**vous êtes** battu(e)(s)
s'est battu(e)	**se sont** battu(e)s

plus-que-parfait de l'indicatif

SINGULAR	PLURAL
m'étais battu(e)	**nous étions** battu(e)s
t'étais battu(e)	**vous étiez** battu(e)(s)
s'était battu(e)	**s'étaient** battu(e)s

passé antérieur

SINGULAR	PLURAL
me fus battu(e)	**nous fûmes** battu(e)s
te fus battu(e)	**vous fûtes** battu(e)(s)
se fut battu(e)	**se furent** battu(e)s

futur antérieur

SINGULAR	PLURAL
me serai battu(e)	**nous serons** battu(e)s
te seras battu(e)	**vous serez** battu(e)(s)
se sera battu(e)	**se seront** battu(e)s

conditionnel passé

SINGULAR	PLURAL
me serais battu(e)	**nous serions** battu(e)s
te serais battu(e)	**vous seriez** battu(e)(s)
se serait battu(e)	**se seraient** battu(e)s

passé du subjonctif

SINGULAR	PLURAL
me sois battu(e)	**nous soyons** battu(e)s
te sois battu(e)	**vous soyez** battu(e)(s)
se soit battu(e)	**se soient** battu(e)s

plus-que-parfait du subjonctif

SINGULAR	PLURAL
me fusse battu(e)	**nous fussions** battu(e)s
te fusses battu(e)	**vous fussiez** battu(e)(s)
se fût battu(e)	**se fussent** battu(e)s

to blame **blâmer**

participe présent **blâmant** participe passé **blâmé**

SINGULAR	PLURAL	SINGULAR	PLURAL
présent de l'indicatif		passé composé	
blâm**e**	blâm**ons**	**ai** blâmé	**avons** blâmé
blâm**es**	blâm**ez**	**as** blâmé	**avez** blâmé
blâm**e**	blâm**ent**	**a** blâmé	**ont** blâmé
imparfait de l'indicatif		plus-que-parfait de l'indicatif	
blâm**ais**	blâm**ions**	**avais** blâmé	**avions** blâmé
blâm**ais**	blâm**iez**	**avais** blâmé	**aviez** blâmé
blâm**ait**	blâm**aient**	**avait** blâmé	**avaient** blâmé
passé simple		passé antérieur	
blâm**ai**	blâm**âmes**	**eus** blâmé	**eûmes** blâmé
blâm**as**	blâm**âtes**	**eus** blâmé	**eûtes** blâmé
blâm**a**	blâm**èrent**	**eut** blâmé	**eurent** blâmé
futur		futur antérieur	
blâmer**ai**	blâmer**ons**	**aurai** blâmé	**aurons** blâmé
blâmer**as**	blâmer**ez**	**auras** blâmé	**aurez** blâmé
blâmer**a**	blâmer**ont**	**aura** blâmé	**auront** blâmé
conditionnel		conditionnel passé	
blâmer**ais**	blâmer**ions**	**aurais** blâmé	**aurions** blâmé
blâmer**ais**	blâmer**iez**	**aurais** blâmé	**auriez** blâmé
blâmer**ait**	blâmer**aient**	**aurait** blâmé	**auraient** blâmé
présent du subjonctif		passé du subjonctif	
blâm**e**	blâm**ions**	**aie** blâmé	**ayons** blâmé
blâm**es**	blâm**iez**	**aies** blâmé	**ayez** blâmé
blâm**e**	blâm**ent**	**ait** blâmé	**aient** blâmé
imparfait du subjonctif		plus-que-parfait du subjonctif	
blâma**sse**	blâma**ssions**	**eusse** blâmé	**eussions** blâmé
blâma**sses**	blâma**ssiez**	**eusses** blâmé	**eussiez** blâmé
blâmâ**t**	blâma**ssent**	**eût** blâmé	**eussent** blâmé

impératif
blâme
blâmons
blâmez

blanchir — to whiten, to launder

participe présent **blanchissant** participe passé **blanchi**

B

SINGULAR	PLURAL	SINGULAR	PLURAL
présent de l'indicatif		passé composé	
blanchi**s**	blanchiss**ons**	**ai** blanchi	**avons** blanchi
blanchi**s**	blanchiss**ez**	**as** blanchi	**avez** blanchi
blanchi**t**	blanchiss**ent**	**a** blanchi	**ont** blanchi
imparfait de l'indicatif		plus-que-parfait de l'indicatif	
blanchiss**ais**	blanchiss**ions**	**avais** blanchi	**avions** blanchi
blanchiss**ais**	blanchiss**iez**	**avais** blanchi	**aviez** blanchi
blanchiss**ait**	blanchiss**aient**	**avait** blanchi	**avaient** blanchi
passé simple		passé antérieur	
blanch**is**	blanch**îmes**	**eus** blanchi	**eûmes** blanchi
blanch**is**	blanch**îtes**	**eus** blanchi	**eûtes** blanchi
blanch**it**	blanch**irent**	**eut** blanchi	**eurent** blanchi
futur		futur antérieur	
blanchir**ai**	blanchir**ons**	**aurai** blanchi	**aurons** blanchi
blanchir**as**	blanchir**ez**	**auras** blanchi	**aurez** blanchi
blanchir**a**	blanchir**ont**	**aura** blanchi	**auront** blanchi
conditionnel		conditionnel passé	
blanchir**ais**	blanchir**ions**	**aurais** blanchi	**aurions** blanchi
blanchir**ais**	blanchir**iez**	**aurais** blanchi	**auriez** blanchi
blanchir**ait**	blanchir**aient**	**aurait** blanchi	**auraient** blanchi
présent du subjonctif		passé du subjonctif	
blanchiss**e**	blanchiss**ions**	**aie** blanchi	**ayons** blanchi
blanchiss**es**	blanchiss**iez**	**aies** blanchi	**ayez** blanchi
blanchiss**e**	blanchiss**ent**	**ait** blanchi	**aient** blanchi
imparfait du subjonctif		plus-que-parfait du subjonctif	
blanchi**sse**	blanchi**ssions**	**eusse** blanchi	**eussions** blanchi
blanchi**sses**	blanchi**ssiez**	**eusses** blanchi	**eussiez** blanchi
blanch**ît**	blanchi**ssent**	**eût** blanchi	**eussent** blanchi

impératif
blanchis
blanchissons
blanchissez

to wound, to hurt **blesser**

participe présent **blessant** participe passé **blessé**

SINGULAR	PLURAL	SINGULAR	PLURAL
présent de l'indicatif		passé composé	
bless**e**	bless**ons**	**ai** blessé	**avons** blessé
bless**es**	bless**ez**	**as** blessé	**avez** blessé
bless**e**	bless**ent**	**a** blessé	**ont** blessé
imparfait de l'indicatif		plus-que-parfait de l'indicatif	
bless**ais**	bless**ions**	**avais** blessé	**avions** blessé
bless**ais**	bless**iez**	**avais** blessé	**aviez** blessé
bless**ait**	bless**aient**	**avait** blessé	**avaient** blessé
passé simple		passé antérieur	
bless**ai**	bless**âmes**	**eus** blessé	**eûmes** blessé
bless**as**	bless**âtes**	**eus** blessé	**eûtes** blessé
bless**a**	bless**èrent**	**eut** blessé	**eurent** blessé
futur		futur antérieur	
blesser**ai**	blesser**ons**	**aurai** blessé	**aurons** blessé
blesser**as**	blesser**ez**	**auras** blessé	**aurez** blessé
blesser**a**	blesser**ont**	**aura** blessé	**auront** blessé
conditionnel		conditionnel passé	
blesser**ais**	blesser**ions**	**aurais** blessé	**aurions** blessé
blesser**ais**	blesser**iez**	**aurais** blessé	**auriez** blessé
blesser**ait**	blesser**aient**	**aurait** blessé	**auraient** blessé
présent du subjonctif		passé du subjonctif	
bless**e**	bless**ions**	**aie** blessé	**ayons** blessé
bless**es**	bless**iez**	**aies** blessé	**ayez** blessé
bless**e**	bless**ent**	**ait** blessé	**aient** blessé
imparfait du subjonctif		plus-que-parfait du subjonctif	
blessa**sse**	blessa**ssions**	**eusse** blessé	**eussions** blessé
blessa**sses**	blessa**ssiez**	**eusses** blessé	**eussiez** blessé
blessâ**t**	blessa**ssent**	**eût** blessé	**eussent** blessé

impératif
blesse
blessons
blessez

boire — to drink

participe présent **buvant** participe passé **bu**

SINGULAR	PLURAL	SINGULAR	PLURAL
présent de l'indicatif		passé composé	
boi**s**	buv**ons**	**ai** bu	**avons** bu
boi**s**	buv**ez**	**as** bu	**avez** bu
boi**t**	boiv**ent**	**a** bu	**ont** bu
imparfait de l'indicatif		plus-que-parfait de l'indicatif	
buv**ais**	buv**ions**	**avais** bu	**avions** bu
buv**ais**	buv**iez**	**avais** bu	**aviez** bu
buv**ait**	buv**aient**	**avait** bu	**avaient** bu
passé simple		passé antérieur	
bu**s**	bû**mes**	**eus** bu	**eûmes** bu
bu**s**	bû**tes**	**eus** bu	**eûtes** bu
bu**t**	bu**rent**	**eut** bu	**eurent** bu
futur		futur antérieur	
boir**ai**	boir**ons**	**aurai** bu	**aurons** bu
boir**as**	boir**ez**	**auras** bu	**aurez** bu
boir**a**	boir**ont**	**aura** bu	**auront** bu
conditionnel		conditionnel passé	
boir**ais**	boir**ions**	**aurais** bu	**aurions** bu
boir**ais**	boir**iez**	**aurais** bu	**auriez** bu
boir**ait**	boir**aient**	**aurait** bu	**auraient** bu
présent du subjonctif		passé du subjonctif	
boiv**e**	buv**ions**	**aie** bu	**ayons** bu
boiv**es**	buv**iez**	**aies** bu	**ayez** bu
boiv**e**	boiv**ent**	**ait** bu	**aient** bu
imparfait du subjonctif		plus-que-parfait du subjonctif	
bu**sse**	bu**ssions**	**eusse** bu	**eussions** bu
bu**sses**	bu**ssiez**	**eusses** bu	**eussiez** bu
bû**t**	bu**ssent**	**eût** bu	**eussent** bu

impératif

bois
buvons
buvez

to budge, to move — bouger

participe présent **bougeant** participe passé **bougé**

SINGULAR	PLURAL	SINGULAR	PLURAL
présent de l'indicatif		passé composé	
boug**e**	boug**eons**	**ai** bougé	**avons** bougé
boug**es**	boug**ez**	**as** bougé	**avez** bougé
boug**e**	boug**ent**	**a** bougé	**ont** bougé
imparfait de l'indicatif		plus-que-parfait de l'indicatif	
bouge**ais**	boug**ions**	**avais** bougé	**avions** bougé
bouge**ais**	boug**iez**	**avais** bougé	**aviez** bougé
bouge**ait**	bouge**aient**	**avait** bougé	**avaient** bougé
passé simple		passé antérieur	
bouge**ai**	boug**eâmes**	**eus** bougé	**eûmes** bougé
bouge**as**	boug**eâtes**	**eus** bougé	**eûtes** bougé
bouge**a**	boug**èrent**	**eut** bougé	**eurent** bougé
futur		futur antérieur	
bouger**ai**	bouger**ons**	**aurai** bougé	**aurons** bougé
bouger**as**	bouger**ez**	**auras** bougé	**aurez** bougé
bouger**a**	bouger**ont**	**aura** bougé	**auront** bougé
conditionnel		conditionnel passé	
bouger**ais**	bouger**ions**	**aurais** bougé	**aurions** bougé
bouger**ais**	bouger**iez**	**aurais** bougé	**auriez** bougé
bouger**ait**	bouger**aient**	**aurait** bougé	**auraient** bougé
présent du subjonctif		passé du subjonctif	
boug**e**	boug**ions**	**aie** bougé	**ayons** bougé
boug**es**	boug**iez**	**aies** bougé	**ayez** bougé
boug**e**	boug**ent**	**ait** bougé	**aient** bougé
imparfait du subjonctif		plus-que-parfait du subjonctif	
bouge**asse**	bouge**assions**	**eusse** bougé	**eussions** bougé
bouge**asses**	bouge**assiez**	**eusses** bougé	**eussiez** bougé
boug**eât**	bouge**assent**	**eût** bougé	**eussent** bougé

impératif
bouge
bougeons
bougez

bouillir — to boil

participe présent **bouillant** participe passé **bouilli**

SINGULAR	PLURAL	SINGULAR	PLURAL
présent de l'indicatif		passé composé	
bou**s**	bouill**ons**	**ai** bouilli	**avons** bouilli
bou**s**	bouill**ez**	**as** bouilli	**avez** bouilli
bou**t**	bouill**ent**	**a** bouilli	**ont** bouilli
imparfait de l'indicatif		plus-que-parfait de l'indicatif	
bouill**ais**	bouill**ions**	**avais** bouilli	**avions** bouilli
bouill**ais**	bouill**iez**	**avais** bouilli	**aviez** bouilli
bouill**ait**	bouill**aient**	**avait** bouilli	**avaient** bouilli
passé simple		passé antérieur	
bouill**is**	bouill**îmes**	**eus** bouilli	**eûmes** bouilli
bouill**is**	bouill**îtes**	**eus** bouilli	**eûtes** bouilli
bouill**it**	bouill**irent**	**eut** bouilli	**eurent** bouilli
futur		futur antérieur	
bouillir**ai**	bouillir**ons**	**aurai** bouilli	**aurons** bouilli
bouillir**as**	bouillir**ez**	**auras** bouilli	**aurez** bouilli
bouillir**a**	bouillir**ont**	**aura** bouilli	**auront** bouilli
conditionnel		conditionnel passé	
bouillir**ais**	bouillir**ions**	**aurais** bouilli	**aurions** bouilli
bouillir**ais**	bouillir**iez**	**aurais** bouilli	**auriez** bouilli
bouillir**ait**	bouillir**aient**	**aurait** bouilli	**auraient** bouilli
présent du subjonctif		passé du subjonctif	
bouill**e**	bouill**ions**	**aie** bouilli	**ayons** bouilli
bouill**es**	bouill**iez**	**aies** bouilli	**ayez** bouilli
bouill**e**	bouill**ent**	**ait** bouilli	**aient** bouilli
imparfait du subjonctif		plus-que-parfait du subjonctif	
bouilli**sse**	bouilli**ssions**	**eusse** bouilli	**eussions** bouilli
bouilli**sses**	bouilli**ssiez**	**eusses** bouilli	**eussiez** bouilli
bouillî**t**	bouilli**ssent**	**eût** bouilli	**eussent** bouilli

impératif
bous
bouillons
bouillez

participe présent **branchant** participe passé **branché**

SINGULAR	PLURAL	SINGULAR	PLURAL
présent de l'indicatif		passé composé	
branch**e**	branch**ons**	**ai** branché	**avons** branché
branch**es**	branch**ez**	**as** branché	**avez** branché
branch**e**	branch**ent**	**a** branché	**ont** branché
imparfait de l'indicatif		plus-que-parfait de l'indicatif	
branch**ais**	branch**ions**	**avais** branché	**avions** branché
branch**ais**	branch**iez**	**avais** branché	**aviez** branché
branch**ait**	branch**aient**	**avait** branché	**avaient** branché
passé simple		passé antérieur	
branch**ai**	branch**âmes**	**eus** branché	**eûmes** branché
branch**as**	branch**âtes**	**eus** branché	**eûtes** branché
branch**a**	branch**èrent**	**eut** branché	**eurent** branché
futur		futur antérieur	
brancher**ai**	brancher**ons**	**aurai** branché	**aurons** branché
brancher**as**	brancher**ez**	**auras** branché	**aurez** branché
brancher**a**	brancher**ont**	**aura** branché	**auront** branché
conditionnel		conditionnel passé	
brancher**ais**	brancher**ions**	**aurais** branché	**aurions** branché
brancher**ais**	brancher**iez**	**aurais** branché	**auriez** branché
brancher**ait**	brancher**aient**	**aurait** branché	**auraient** branché
présent du subjonctif		passé du subjonctif	
branch**e**	branch**ions**	**aie** branché	**ayons** branché
branch**es**	branch**iez**	**aies** branché	**ayez** branché
branch**e**	branch**ent**	**ait** branché	**aient** branché
imparfait du subjonctif		plus-que-parfait du subjonctif	
brancha**sse**	brancha**ssions**	**eusse** branché	**eussions** branché
brancha**sses**	brancha**ssiez**	**eusses** branché	**eussiez** branché
branch**ât**	brancha**ssent**	**eût** branché	**eussent** branché

impératif
branche
branchons
branchez

B

briller — to shine

participe présent **brillant** — participe passé **brillé**

SINGULAR	PLURAL	SINGULAR	PLURAL
présent de l'indicatif		passé composé	
bril**le**	bril**lons**	**ai** brillé	**avons** brillé
bril**les**	bril**lez**	**as** brillé	**avez** brillé
bril**le**	bril**lent**	**a** brillé	**ont** brillé
imparfait de l'indicatif		plus-que-parfait de l'indicatif	
brill**ais**	bril**lions**	**avais** brillé	**avions** brillé
brill**ais**	bril**liez**	**avais** brillé	**aviez** brillé
brill**ait**	brill**aient**	**avait** brillé	**avaient** brillé
passé simple		passé antérieur	
brill**ai**	brill**âmes**	**eus** brillé	**eûmes** brillé
brill**as**	brill**âtes**	**eus** brillé	**eûtes** brillé
brill**a**	brill**èrent**	**eut** brillé	**eurent** brillé
futur		futur antérieur	
briller**ai**	briller**ons**	**aurai** brillé	**aurons** brillé
briller**as**	briller**ez**	**auras** brillé	**aurez** brillé
briller**a**	briller**ont**	**aura** brillé	**auront** brillé
conditionnel		conditionnel passé	
briller**ais**	briller**ions**	**aurais** brillé	**aurions** brillé
briller**ais**	briller**iez**	**aurais** brillé	**auriez** brillé
briller**ait**	briller**aient**	**aurait** brillé	**auraient** brillé
présent du subjonctif		passé du subjonctif	
brill**e**	bril**lions**	**aie** brillé	**ayons** brillé
brill**es**	bril**liez**	**aies** brillé	**ayez** brillé
brill**e**	brill**ent**	**ait** brillé	**aient** brillé
imparfait du subjonctif		plus-que-parfait du subjonctif	
brilla**sse**	brilla**ssions**	**eusse** brillé	**eussions** brillé
brilla**sses**	brilla**ssiez**	**eusses** brillé	**eussiez** brillé
brill**ât**	brilla**ssent**	**eût** brillé	**eussent** brillé

impératif
brille
brillons
brillez

participe présent **cédant** participe passé **cédé**

SINGULAR	PLURAL	SINGULAR	PLURAL
présent de l'indicatif		passé composé	
cède	cédons	ai cédé	avons cédé
cèdes	cédez	as cédé	avez cédé
cède	cèdent	a cédé	ont cédé
imparfait de l'indicatif		plus-que-parfait de l'indicatif	
cédais	cédions	avais cédé	avions cédé
cédais	cédiez	avais cédé	aviez cédé
cédait	cédaient	avait cédé	avaient cédé
passé simple		passé antérieur	
cédai	cédâmes	eus cédé	eûmes cédé
cédas	cédâtes	eus cédé	eûtes cédé
céda	cédèrent	eut cédé	eurent cédé
futur		futur antérieur	
céderai	céderons	aurai cédé	aurons cédé
céderas	céderez	auras cédé	aurez cédé
cédera	céderont	aura cédé	auront cédé
conditionnel		conditionnel passé	
céderais	céderions	aurais cédé	aurions cédé
céderais	céderiez	aurais cédé	auriez cédé
céderait	céderaient	aurait cédé	auraient cédé
présent du subjonctif		passé du subjonctif	
cède	cédions	aie cédé	ayons cédé
cèdes	cédiez	aies cédé	ayez cédé
cède	cèdent	ait cédé	aient cédé
imparfait du subjonctif		plus-que-parfait du subjonctif	
cédasse	cédassions	eusse cédé	eussions cédé
cédasses	cédassiez	eusses cédé	eussiez cédé
cédât	cédassent	eût cédé	eussent cédé

impératif
cède
cédons
cédez

cesser — to stop

participe présent **cessant** participe passé **cessé**

C

SINGULAR	PLURAL	SINGULAR	PLURAL
présent de l'indicatif		passé composé	
cess**e**	cess**ons**	**ai** cessé	**avons** cessé
cess**es**	cess**ez**	**as** cessé	**avez** cessé
cess**e**	cess**ent**	**a** cessé	**ont** cessé
imparfait de l'indicatif		plus-que-parfait de l'indicatif	
cess**ais**	cess**ions**	**avais** cessé	**avions** cessé
cess**ais**	cess**iez**	**avais** cessé	**aviez** cessé
cess**ait**	cess**aient**	**avait** cessé	**avaient** cessé
passé simple		passé antérieur	
cess**ai**	cess**âmes**	**eus** cessé	**eûmes** cessé
cess**as**	cess**âtes**	**eus** cessé	**eûtes** cessé
cess**a**	cess**èrent**	**eut** cessé	**eurent** cessé
futur		futur antérieur	
cesser**ai**	cesser**ons**	**aurai** cessé	**aurons** cessé
cesser**as**	cesser**ez**	**auras** cessé	**aurez** cessé
cesser**a**	cesser**ont**	**aura** cessé	**auront** cessé
conditionnel		conditionnel passé	
cesser**ais**	cesser**ions**	**aurais** cessé	**aurions** cessé
cesser**ais**	cesser**iez**	**aurais** cessé	**auriez** cessé
cesser**ait**	cesser**aient**	**aurait** cessé	**auraient** cessé
présent du subjonctif		passé du subjonctif	
cess**e**	cess**ions**	**aie** cessé	**ayons** cessé
cess**es**	cess**iez**	**aies** cessé	**ayez** cessé
cess**e**	cess**ent**	**ait** cessé	**aient** cessé
imparfait du subjonctif		plus-que-parfait du subjonctif	
cessa**sse**	cessa**ssions**	**eusse** cessé	**eussions** cessé
cessa**sses**	cessa**ssiez**	**eusses** cessé	**eussiez** cessé
cessâ**t**	cessa**ssent**	**eût** cessé	**eussent** cessé

impératif
cesse
cessons
cessez

to change **changer**

participe présent **changeant** participe passé **changé**

SINGULAR	PLURAL
présent de l'indicatif	
chang**e**	change**ons**
chang**es**	chang**ez**
chang**e**	chang**ent**
imparfait de l'indicatif	
change**ais**	chang**ions**
change**ais**	chang**iez**
change**ait**	change**aient**
passé simple	
change**ai**	change**âmes**
change**as**	change**âtes**
change**a**	chang**èrent**
futur	
changer**ai**	changer**ons**
changer**as**	changer**ez**
changer**a**	changer**ont**
conditionnel	
changer**ais**	changer**ions**
changer**ais**	changer**iez**
changer**ait**	changer**aient**
présent du subjonctif	
chang**e**	chang**ions**
chang**es**	chang**iez**
chang**e**	chang**ent**
imparfait du subjonctif	
change**asse**	change**assions**
change**asses**	change**assiez**
change**ât**	change**assent**
impératif	
change	
changeons	
changez	

SINGULAR	PLURAL
passé composé	
ai changé	**avons** changé
as changé	**avez** changé
a changé	**ont** changé
plus-que-parfait de l'indicatif	
avais changé	**avions** changé
avais changé	**aviez** changé
avait changé	**avaient** changé
passé antérieur	
eus changé	**eûmes** changé
eus changé	**eûtes** changé
eut changé	**eurent** changé
futur antérieur	
aurai changé	**aurons** changé
auras changé	**aurez** changé
aura changé	**auront** changé
conditionnel passé	
aurais changé	**aurions** changé
aurais changé	**auriez** changé
aurait changé	**auraient** changé
passé du subjonctif	
aie changé	**ayons** changé
aies changé	**ayez** changé
ait changé	**aient** changé
plus-que-parfait du subjonctif	
eusse changé	**eussions** changé
eusses changé	**eussiez** changé
eût changé	**eussent** changé

chanter — to sing

participe présent **chantant** participe passé **chanté**

C

SINGULAR	PLURAL	SINGULAR	PLURAL
présent de l'indicatif		passé composé	
chant**e**	chant**ons**	**ai** chanté	**avons** chanté
chant**es**	chant**ez**	**as** chanté	**avez** chanté
chant**e**	chant**ent**	**a** chanté	**ont** chanté
imparfait de l'indicatif		plus-que-parfait de l'indicatif	
chant**ais**	chant**ions**	**avais** chanté	**avions** chanté
chant**ais**	chant**iez**	**avais** chanté	**aviez** chanté
chant**ait**	chant**aient**	**avait** chanté	**avaient** chanté
passé simple		passé antérieur	
chant**ai**	chant**âmes**	**eus** chanté	**eûmes** chanté
chant**as**	chant**âtes**	**eus** chanté	**eûtes** chanté
chant**a**	chant**èrent**	**eut** chanté	**eurent** chanté
futur		futur antérieur	
chanter**ai**	chanter**ons**	**aurai** chanté	**aurons** chanté
chanter**as**	chanter**ez**	**auras** chanté	**aurez** chanté
chanter**a**	chanter**ont**	**aura** chanté	**auront** chanté
conditionnel		conditionnel passé	
chanter**ais**	chanter**ions**	**aurais** chanté	**aurions** chanté
chanter**ais**	chanter**iez**	**aurais** chanté	**auriez** chanté
chanter**ait**	chanter**aient**	**aurait** chanté	**auraient** chanté
présent du subjonctif		passé du subjonctif	
chant**e**	chant**ions**	**aie** chanté	**ayons** chanté
chant**es**	chant**iez**	**aies** chanté	**ayez** chanté
chant**e**	chant**ent**	**ait** chanté	**aient** chanté
imparfait du subjonctif		plus-que-parfait du subjonctif	
chanta**sse**	chanta**ssions**	**eusse** chanté	**eussions** chanté
chanta**sses**	chanta**ssiez**	**eusses** chanté	**eussiez** chanté
chantâ**t**	chanta**ssent**	**eût** chanté	**eussent** chanté

impératif
chante
chantons
chantez

participe présent **chassant** participe passé **chassé**

SINGULAR	PLURAL
présent de l'indicatif	
chass**e**	chass**ons**
chass**es**	chass**ez**
chass**e**	chass**ent**
imparfait de l'indicatif	
chass**ais**	chass**ions**
chass**ais**	chass**iez**
chass**ait**	chass**aient**
passé simple	
chass**ai**	chass**âmes**
chass**as**	chass**âtes**
chass**a**	chass**èrent**
futur	
chasser**ai**	chasser**ons**
chasser**as**	chasser**ez**
chasser**a**	chasser**ont**
conditionnel	
chasser**ais**	chasser**ions**
chasser**ais**	chasser**iez**
chasser**ait**	chasser**aient**
présent du subjonctif	
chass**e**	chass**ions**
chass**es**	chass**iez**
chass**e**	chass**ent**
imparfait du subjonctif	
chassa**sse**	chassa**ssions**
chassa**sses**	chassa**ssiez**
chassâ**t**	chassa**ssent**
impératif	
chasse	
chassons	
chassez	

SINGULAR	PLURAL
passé composé	
ai chassé	**avons** chassé
as chassé	**avez** chassé
a chassé	**ont** chassé
plus-que-parfait de l'indicatif	
avais chassé	**avions** chassé
avais chassé	**aviez** chassé
avait chassé	**avaient** chassé
passé antérieur	
eus chassé	**eûmes** chassé
eus chassé	**eûtes** chassé
eut chassé	**eurent** chassé
futur antérieur	
aurai chassé	**aurons** chassé
auras chassé	**aurez** chassé
aura chassé	**auront** chassé
conditionnel passé	
aurais chassé	**aurions** chassé
aurais chassé	**auriez** chassé
aurait chassé	**auraient** chassé
passé du subjonctif	
aie chassé	**ayons** chassé
aies chassé	**ayez** chassé
ait chassé	**aient** chassé
plus-que-parfait du subjonctif	
eusse chassé	**eussions** chassé
eusses chassé	**eussiez** chassé
eût chassé	**eussent** chassé

chercher — to look for

participe présent **cherchant** participe passé **cherché**

C

SINGULAR	PLURAL	SINGULAR	PLURAL
présent de l'indicatif		passé composé	
cherch**e**	cherch**ons**	**ai** cherché	**avons** cherché
cherch**es**	cherch**ez**	**as** cherché	**avez** cherché
cherch**e**	cherch**ent**	**a** cherché	**ont** cherché
imparfait de l'indicatif		plus-que-parfait de l'indicatif	
cherch**ais**	cherch**ions**	**avais** cherché	**avions** cherché
cherch**ais**	cherch**iez**	**avais** cherché	**aviez** cherché
cherch**ait**	cherch**aient**	**avait** cherché	**avaient** cherché
passé simple		passé antérieur	
cherch**ai**	cherch**âmes**	**eus** cherché	**eûmes** cherché
cherch**as**	cherch**âtes**	**eus** cherché	**eûtes** cherché
cherch**a**	cherch**èrent**	**eut** cherché	**eurent** cherché
futur		futur antérieur	
chercher**ai**	chercher**ons**	**aurai** cherché	**aurons** cherché
chercher**as**	chercher**ez**	**auras** cherché	**aurez** cherché
chercher**a**	chercher**ont**	**aura** cherché	**auront** cherché
conditionnel		conditionnel passé	
chercher**ais**	chercher**ions**	**aurais** cherché	**aurions** cherché
chercher**ais**	chercher**iez**	**aurais** cherché	**auriez** cherché
chercher**ait**	chercher**aient**	**aurait** cherché	**auraient** cherché
présent du subjonctif		passé du subjonctif	
cherch**e**	cherch**ions**	**aie** cherché	**ayons** cherché
cherch**es**	cherch**iez**	**aies** cherché	**ayez** cherché
cherch**e**	cherch**ent**	**ait** cherché	**aient** cherché
imparfait du subjonctif		plus-que-parfait du subjonctif	
cherch**asse**	cherch**assions**	**eusse** cherché	**eussions** cherché
cherch**asses**	cherch**assiez**	**eusses** cherché	**eussiez** cherché
cherch**ât**	cherch**assent**	**eût** cherché	**eussent** cherché

impératif
cherche
cherchons
cherchez

MUST KNOW VERB

participe présent **choisissant** participe passé **choisi**

SINGULAR	PLURAL	SINGULAR	PLURAL
présent de l'indicatif		passé composé	
choisi**s**	choisi**ssons**	**ai** choisi	**avons** choisi
choisi**s**	choisi**ssez**	**as** choisi	**avez** choisi
choisi**t**	choisi**ssent**	**a** choisi	**ont** choisi
imparfait de l'indicatif		plus-que-parfait de l'indicatif	
choisi**ssais**	choisi**ssions**	**avais** choisi	**avions** choisi
choisi**ssais**	choisi**ssiez**	**avais** choisi	**aviez** choisi
choisi**ssait**	choisi**ssaient**	**avait** choisi	**avaient** choisi
passé simple		passé antérieur	
chois**is**	chois**îmes**	**eus** choisi	**eûmes** choisi
chois**is**	chois**îtes**	**eus** choisi	**eûtes** choisi
chois**it**	chois**irent**	**eut** choisi	**eurent** choisi
futur		futur antérieur	
choisir**ai**	choisir**ons**	**aurai** choisi	**aurons** choisi
choisir**as**	choisir**ez**	**auras** choisi	**aurez** choisi
choisir**a**	choisir**ont**	**aura** choisi	**auront** choisi
conditionnel		conditionnel passé	
choisir**ais**	choisir**ions**	**aurais** choisi	**aurions** choisi
choisir**ais**	choisir**iez**	**aurais** choisi	**auriez** choisi
choisir**ait**	choisir**aient**	**aurait** choisi	**auraient** choisi
présent du subjonctif		passé du subjonctif	
choisi**sse**	choisi**ssions**	**aie** choisi	**ayons** choisi
choisi**sses**	choisi**ssiez**	**aies** choisi	**ayez** choisi
choisi**sse**	choisi**ssent**	**ait** choisi	**aient** choisi
imparfait du subjonctif		plus-que-parfait du subjonctif	
choisi**sse**	choisi**ssions**	**eusse** choisi	**eussions** choisi
choisi**sses**	choisi**ssiez**	**eusses** choisi	**eussiez** choisi
chois**ît**	choisi**ssent**	**eût** choisi	**eussent** choisi

impératif
choisis
choisissons
choisissez

MUST KNOW VERB

citer — to quote, to name, to cite

participe présent **citant** participe passé **cité**

SINGULAR	PLURAL	SINGULAR	PLURAL
présent de l'indicatif		passé composé	
cit**e**	cit**ons**	**ai** cité	**avons** cité
cit**es**	cit**ez**	**as** cité	**avez** cité
cit**e**	cit**ent**	**a** cité	**ont** cité
imparfait de l'indicatif		plus-que-parfait de l'indicatif	
cit**ais**	cit**ions**	**avais** cité	**avions** cité
cit**ais**	cit**iez**	**avais** cité	**aviez** cité
cit**ait**	cit**aient**	**avait** cité	**avaient** cité
passé simple		passé antérieur	
cit**ai**	cit**âmes**	**eus** cité	**eûmes** cité
cit**as**	cit**âtes**	**eus** cité	**eûtes** cité
cit**a**	cit**èrent**	**eut** cité	**eurent** cité
futur		futur antérieur	
citer**ai**	citer**ons**	**aurai** cité	**aurons** cité
citer**as**	citer**ez**	**auras** cité	**aurez** cité
citer**a**	citer**ont**	**aura** cité	**auront** cité
conditionnel		conditionnel passé	
citer**ais**	citer**ions**	**aurais** cité	**aurions** cité
citer**ais**	citer**iez**	**aurais** cité	**auriez** cité
citer**ait**	citer**aient**	**aurait** cité	**auraient** cité
présent du subjonctif		passé du subjonctif	
cit**e**	cit**ions**	**aie** cité	**ayons** cité
cit**es**	cit**iez**	**aies** cité	**ayez** cité
cit**e**	cit**ent**	**ait** cité	**aient** cité
imparfait du subjonctif		plus-que-parfait du subjonctif	
cita**sse**	cita**ssions**	**eusse** cité	**eussions** cité
cita**sses**	cita**ssiez**	**eusses** cité	**eussiez** cité
citâ**t**	cita**ssent**	**eût** cité	**eussent** cité

impératif
cite
citons
citez

participe présent **clarifiant** participe passé **clarifié**

SINGULAR	PLURAL	SINGULAR	PLURAL
présent de l'indicatif		passé composé	
clarifi**e**	clarifi**ons**	**ai** clarifié	**avons** clarifié
clarifi**es**	clarifi**ez**	**as** clarifié	**avez** clarifié
clarifi**e**	clarifi**ent**	**a** clarifié	**ont** clarifié
imparfait de l'indicatif		plus-que-parfait de l'indicatif	
clarifi**ais**	clarifi**ions**	**avais** clarifié	**avions** clarifié
clarifi**ais**	clarifi**iez**	**avais** clarifié	**aviez** clarifié
clarifi**ait**	clarifi**aient**	**avait** clarifié	**avaient** clarifié
passé simple		passé antérieur	
clarifi**ai**	clarifi**âmes**	**eus** clarifié	**eûmes** clarifié
clarifi**as**	clarifi**âtes**	**eus** clarifié	**eûtes** clarifié
clarifi**a**	clarifi**èrent**	**eut** clarifié	**eurent** clarifié
futur		futur antérieur	
clarifier**ai**	clarifier**ons**	**aurai** clarifié	**aurons** clarifié
clarifier**as**	clarifier**ez**	**auras** clarifié	**aurez** clarifié
clarifier**a**	clarifier**ont**	**aura** clarifié	**auront** clarifié
conditionnel		conditionnel passé	
clarifier**ais**	clarifier**ions**	**aurais** clarifié	**aurions** clarifié
clarifier**ais**	clarifier**iez**	**aurais** clarifié	**auriez** clarifié
clarifier**ait**	clarifier**aient**	**aurait** clarifié	**auraient** clarifié
présent du subjonctif		passé du subjonctif	
clarifi**e**	clarifi**ions**	**aie** clarifié	**ayons** clarifié
clarifi**es**	clarifi**iez**	**aies** clarifié	**ayez** clarifié
clarifi**e**	clarifi**ent**	**ait** clarifié	**aient** clarifié
imparfait du subjonctif		plus-que-parfait du subjonctif	
clarifia**sse**	clarifia**ssions**	**eusse** clarifié	**eussions** clarifié
clarifia**sses**	clarifia**ssiez**	**eusses** clarifié	**eussiez** clarifié
clarifiâ**t**	clarifia**ssent**	**eût** clarifié	**eussent** clarifié

impératif
clarifie
clarifions
clarifiez

clore — to close, to end

participe présent **closant** — participe passé **clos**

C

SINGULAR	PLURAL
présent de l'indicatif	
clo**s**	
clo**s**	
clô**t**	clos**ent**
imparfait de l'indicatif	
No conjugation for this tense.	
passé simple	
No conjugation for this tense.	
futur	
clor**ai**	clor**ons**
clor**as**	clor**ez**
clor**a**	clor**ont**
conditionnel	
clor**ais**	clor**ions**
clor**ais**	clor**iez**
clor**ait**	clor**aient**
présent du subjonctif	
clos**e**	clos**ions**
clos**es**	clos**iez**
clos**e**	clos**ent**
imparfait du subjonctif	
No conjugation for this tense.	
impératif	
clos	

SINGULAR	PLURAL
passé composé	
ai clos	**avons** clos
as clos	**avez** clos
a clos	**ont** clos
plus-que-parfait de l'indicatif	
avais clos	**avions** clos
avais clos	**aviez** clos
avait clos	**avaient** clos
passé antérieur	
eus clos	**eûmes** clos
eus clos	**eûtes** clos
eut clos	**eurent** clos
futur antérieur	
aurai clos	**aurons** clos
auras clos	**aurez** clos
aura clos	**auront** clos
conditionnel passé	
aurais clos	**aurions** clos
aurais clos	**auriez** clos
aurait clos	**auraient** clos
passé du subjonctif	
aie clos	**ayons** clos
aies clos	**ayez** clos
ait clos	**aient** clos
plus-que-parfait du subjonctif	
eusse clos	**eussions** clos
eusses clos	**eussiez** clos
eût clos	**eussent** clos

participe présent **combattant** participe passé **combattu**

SINGULAR	PLURAL	SINGULAR	PLURAL
présent de l'indicatif		passé composé	
combat**s**	combatt**ons**	**ai** combattu	**avons** combattu
combat**s**	combatt**ez**	**as** combattu	**avez** combattu
comba**t**	combatt**ent**	**a** combattu	**ont** combattu
imparfait de l'indicatif		plus-que-parfait de l'indicatif	
combatt**ais**	combatt**ions**	**avais** combattu	**avions** combattu
combatt**ais**	combatt**iez**	**avais** combattu	**aviez** combattu
combatt**ait**	combatt**aient**	**avait** combattu	**avaient** combattu
passé simple		passé antérieur	
combatt**is**	combatt**îmes**	**eus** combattu	**eûmes** combattu
combatt**is**	combatt**îtes**	**eus** combattu	**eûtes** combattu
combatt**it**	combatt**irent**	**eut** combattu	**eurent** combattu
futur		futur antérieur	
combattr**ai**	combattr**ons**	**aurai** combattu	**aurons** combattu
combattr**as**	combattr**ez**	**auras** combattu	**aurez** combattu
combattr**a**	combattr**ont**	**aura** combattu	**auront** combattu
conditionnel		conditionnel passé	
combattr**ais**	combattr**ions**	**aurais** combattu	**aurions** combattu
combattr**ais**	combattr**iez**	**aurais** combattu	**auriez** combattu
combattr**ait**	combattr**aient**	**aurait** combattu	**auraient** combattu
présent du subjonctif		passé du subjonctif	
combatt**e**	combatt**ions**	**aie** combattu	**ayons** combattu
combatt**es**	combatt**iez**	**aies** combattu	**ayez** combattu
combatt**e**	combatt**ent**	**ait** combattu	**aient** combattu
imparfait du subjonctif		plus-que-parfait du subjonctif	
combatti**sse**	combatti**ssions**	**eusse** combattu	**eussions** combattu
combatti**sses**	combatti**ssiez**	**eusses** combattu	**eussiez** combattu
combatt**ît**	combatti**ssent**	**eût** combattu	**eussent** combattu

impératif
combats
combattons
combattez

commander — to command, to order

participe présent **commandant** participe passé **commandé**

SINGULAR	PLURAL	SINGULAR	PLURAL
présent de l'indicatif		passé composé	
comman**de**	comman**dons**	**ai** commandé	**avons** commandé
comman**des**	comman**dez**	**as** commandé	**avez** commandé
comman**de**	comman**dent**	**a** commandé	**ont** commandé
imparfait de l'indicatif		plus-que-parfait de l'indicatif	
comman**dais**	comman**dions**	**avais** commandé	**avions** commandé
comman**dais**	comman**diez**	**avais** commandé	**aviez** commandé
comman**dait**	comman**daient**	**avait** commandé	**avaient** commandé
passé simple		passé antérieur	
comman**dai**	comman**dâmes**	**eus** commandé	**eûmes** commandé
comman**das**	comman**dâtes**	**eus** commandé	**eûtes** commandé
comman**da**	comman**dèrent**	**eut** commandé	**eurent** commandé
futur		futur antérieur	
commande**rai**	commande**rons**	**aurai** commandé	**aurons** commandé
commande**ras**	commande**rez**	**auras** commandé	**aurez** commandé
commande**ra**	commande**ront**	**aura** commandé	**auront** commandé
conditionnel		conditionnel passé	
commande**rais**	commande**rions**	**aurais** commandé	**aurions** commandé
commande**rais**	commande**riez**	**aurais** commandé	**auriez** commandé
commande**rait**	commande**raient**	**aurait** commandé	**auraient** commandé
présent du subjonctif		passé du subjonctif	
comman**de**	comman**dions**	**aie** commandé	**ayons** commandé
comman**des**	comman**diez**	**aies** commandé	**ayez** commandé
comman**de**	comman**dent**	**ait** commandé	**aient** commandé
imparfait du subjonctif		plus-que-parfait du subjonctif	
comman**dasse**	comman**dassions**	**eusse** commandé	**eussions** commandé
comman**dasses**	comman**dassiez**	**eusses** commandé	**eussiez** commandé
comman**dât**	comman**dassent**	**eût** commandé	**eussent** commandé

impératif
commande
commandons
commandez

participe présent **commençant** participe passé **commencé**

SINGULAR	PLURAL	SINGULAR	PLURAL
présent de l'indicatif		passé composé	
commenc**e**	commenç**ons**	**ai** commencé	**avons** commencé
commenc**es**	commenc**ez**	**as** commencé	**avez** commencé
commenc**e**	commenc**ent**	**a** commencé	**ont** commencé
imparfait de l'indicatif		plus-que-parfait de l'indicatif	
commenç**ais**	commenc**ions**	**avais** commencé	**avions** commencé
commenç**ais**	commenc**iez**	**avais** commencé	**aviez** commencé
commenç**ait**	commenç**aient**	**avait** commencé	**avaient** commencé
passé simple		passé antérieur	
commenç**ai**	commenç**âmes**	**eus** commencé	**eûmes** commencé
commenç**as**	commenç**âtes**	**eus** commencé	**eûtes** commencé
commenç**a**	commenc**èrent**	**eut** commencé	**eurent** commencé
futur		futur antérieur	
commencer**ai**	commencer**ons**	**aurai** commencé	**aurons** commencé
commencer**as**	commencer**ez**	**auras** commencé	**aurez** commencé
commencer**a**	commencer**ont**	**aura** commencé	**auront** commencé
conditionnel		conditionnel passé	
commencer**ais**	commencer**ions**	**aurais** commencé	**aurions** commencé
commencer**ais**	commencer**iez**	**aurais** commencé	**auriez** commencé
commencer**ait**	commencer**aient**	**aurait** commencé	**auraient** commencé
présent du subjonctif		passé du subjonctif	
commenc**e**	commenc**ions**	**aie** commencé	**ayons** commencé
commenc**es**	commenc**iez**	**aies** commencé	**ayez** commencé
commenc**e**	commenc**ent**	**ait** commencé	**aient** commencé
imparfait du subjonctif		plus-que-parfait du subjonctif	
commenç**asse**	commenç**assions**	**eusse** commencé	**eussions** commencé
commenç**asses**	commenç**assiez**	**eusses** commencé	**eussiez** commencé
commenç**ât**	commenç**assent**	**eût** commencé	**eussent** commencé

impératif
commence
commençons
commencez

commettre — to commit

participe présent **commettant** participe passé **commis**

C

SINGULAR	PLURAL	SINGULAR	PLURAL
présent de l'indicatif		passé composé	
commet**s**	commett**ons**	**ai** commis	**avons** commis
commet**s**	commett**ez**	**as** commis	**avez** commis
commet**t**	commett**ent**	**a** commis	**ont** commis
imparfait de l'indicatif		plus-que-parfait de l'indicatif	
commett**ais**	commett**ions**	**avais** commis	**avions** commis
commett**ais**	commett**iez**	**avais** commis	**aviez** commis
commett**ait**	commett**aient**	**avait** commis	**avaient** commis
passé simple		passé antérieur	
comm**is**	comm**îmes**	**eus** commis	**eûmes** commis
comm**is**	comm**îtes**	**eus** commis	**eûtes** commis
comm**it**	comm**irent**	**eut** commis	**eurent** commis
futur		futur antérieur	
commettr**ai**	commettr**ons**	**aurai** commis	**aurons** commis
commettr**as**	commettr**ez**	**auras** commis	**aurez** commis
commettr**a**	commettr**ont**	**aura** commis	**auront** commis
conditionnel		conditionnel passé	
commettr**ais**	commettr**ions**	**aurais** commis	**aurions** commis
commettr**ais**	commettr**iez**	**aurais** commis	**auriez** commis
commettr**ait**	commettr**aient**	**aurait** commis	**auraient** commis
présent du subjonctif		passé du subjonctif	
commett**e**	commett**ions**	**aie** commis	**ayons** commis
commett**es**	commett**iez**	**aies** commis	**ayez** commis
commett**e**	commett**ent**	**ait** commis	**aient** commis
imparfait du subjonctif		plus-que-parfait du subjonctif	
commi**sse**	commi**ssions**	**eusse** commis	**eussions** commis
commi**sses**	commi**ssiez**	**eusses** commis	**eussiez** commis
comm**ît**	commi**ssent**	**eût** commis	**eussent** commis

impératif
commets
commettons
commettez

to communicate, to inform **communiquer**

participe présent **communiquant** participe passé **communiqué**

SINGULAR	PLURAL	SINGULAR	PLURAL
présent de l'indicatif		passé composé	
communiqu**e**	communiqu**ons**	**ai** communiqué	**avons** communiqué
communiqu**es**	communiqu**ez**	**as** communiqué	**avez** communiqué
communiqu**e**	communiqu**ent**	**a** communiqué	**ont** communiqué
imparfait de l'indicatif		plus-que-parfait de l'indicatif	
communiqu**ais**	communiqu**ions**	**avais** communiqué	**avions** communiqué
communiqu**ais**	communiqu**iez**	**avais** communiqué	**aviez** communiqué
communiqu**ait**	communiqu**aient**	**avait** communiqué	**avaient** communiqué
passé simple		passé antérieur	
communiqu**ai**	communiqu**âmes**	**eus** communiqué	**eûmes** communiqué
communiqu**as**	communiqu**âtes**	**eus** communiqué	**eûtes** communiqué
communiqu**a**	communiqu**èrent**	**eut** communiqué	**eurent** communiqué
futur		futur antérieur	
communiquer**ai**	communiquer**ons**	**aurai** communiqué	**aurons** communiqué
communiquer**as**	communiquer**ez**	**auras** communiqué	**aurez** communiqué
communiquer**a**	communiquer**ont**	**aura** communiqué	**auront** communiqué
conditionnel		conditionnel passé	
communiquer**ais**	communiquer**ions**	**aurais** communiqué	**aurions** communiqué
communiquer**ais**	communiquer**iez**	**aurais** communiqué	**auriez** communiqué
communiquer**ait**	communiquer**aient**	**aurait** communiqué	**auraient** communiqué
présent du subjonctif		passé du subjonctif	
communiqu**e**	communiqu**ions**	**aie** communiqué	**ayons** communiqué
communiqu**es**	communiqu**iez**	**aies** communiqué	**ayez** communiqué
communiqu**e**	communiqu**ent**	**ait** communiqué	**aient** communiqué
imparfait du subjonctif		plus-que-parfait du subjonctif	
communiqua**sse**	communiqua**ssions**	**eusse** communiqué	**eussions** communiqué
communiqua**sses**	communiqua**ssiez**	**eusses** communiqué	**eussiez** communiqué
communiqu**ât**	communiqua**ssent**	**eût** communiqué	**eussent** communiqué

impératif

communique

communiquons

communiquez

comporter — to include, to consist of

participe présent **comportant** participe passé **comporté**

C

SINGULAR	PLURAL	SINGULAR	PLURAL
présent de l'indicatif		passé composé	
comport**e**	comport**ons**	**ai** comporté	**avons** comporté
comport**es**	comport**ez**	**as** comporté	**avez** comporté
comport**e**	comport**ent**	**a** comporté	**ont** comporté
imparfait de l'indicatif		plus-que-parfait de l'indicatif	
comport**ais**	comport**ions**	**avais** comporté	**avions** comporté
comport**ais**	comport**iez**	**avais** comporté	**aviez** comporté
comport**ait**	comport**aient**	**avait** comporté	**avaient** comporté
passé simple		passé antérieur	
comport**ai**	comport**âmes**	**eus** comporté	**eûmes** comporté
comport**as**	comport**âtes**	**eus** comporté	**eûtes** comporté
comport**a**	comport**èrent**	**eut** comporté	**eurent** comporté
futur		futur antérieur	
comporter**ai**	comporter**ons**	**aurai** comporté	**aurons** comporté
comporter**as**	comporter**ez**	**auras** comporté	**aurez** comporté
comporter**a**	comporter**ont**	**aura** comporté	**auront** comporté
conditionnel		conditionnel passé	
comporter**ais**	comporter**ions**	**aurais** comporté	**aurions** comporté
comporter**ais**	comporter**iez**	**aurais** comporté	**auriez** comporté
comporter**ait**	comporter**aient**	**aurait** comporté	**auraient** comporté
présent du subjonctif		passé du subjonctif	
comport**e**	comport**ions**	**aie** comporté	**ayons** comporté
comport**es**	comport**iez**	**aies** comporté	**ayez** comporté
comport**e**	comport**ent**	**ait** comporté	**aient** comporté
imparfait du subjonctif		plus-que-parfait du subjonctif	
comporta**sse**	comporta**ssions**	**eusse** comporté	**eussions** comporté
comporta**sses**	comporta**ssiez**	**eusses** comporté	**eussiez** comporté
comport**ât**	comporta**ssent**	**eût** comporté	**eussent** comporté

impératif
comporte
comportons
comportez

participe présent **composant** participe passé **composé**

SINGULAR	PLURAL	SINGULAR	PLURAL
présent de l'indicatif		passé composé	
compos**e**	compos**ons**	**ai** composé	**avons** composé
compos**es**	compos**ez**	**as** composé	**avez** composé
compos**e**	compos**ent**	**a** composé	**ont** composé
imparfait de l'indicatif		plus-que-parfait de l'indicatif	
compos**ais**	compos**ions**	**avais** composé	**avions** composé
compos**ais**	compos**iez**	**avais** composé	**aviez** composé
compos**ait**	compos**aient**	**avait** composé	**avaient** composé
passé simple		passé antérieur	
compos**ai**	compos**âmes**	**eus** composé	**eûmes** composé
compos**as**	compos**âtes**	**eus** composé	**eûtes** composé
compos**a**	compos**èrent**	**eut** composé	**eurent** composé
futur		futur antérieur	
composer**ai**	composer**ons**	**aurai** composé	**aurons** composé
composer**as**	composer**ez**	**auras** composé	**aurez** composé
composer**a**	composer**ont**	**aura** composé	**auront** composé
conditionnel		conditionnel passé	
composer**ais**	composer**ions**	**aurais** composé	**aurions** composé
composer**ais**	composer**iez**	**aurais** composé	**auriez** composé
composer**ait**	composer**aient**	**aurait** composé	**auraient** composé
présent du subjonctif		passé du subjonctif	
compos**e**	compos**ions**	**aie** composé	**ayons** composé
compos**es**	compos**iez**	**aies** composé	**ayez** composé
compos**e**	compos**ent**	**ait** composé	**aient** composé
imparfait du subjonctif		plus-que-parfait du subjonctif	
composa**sse**	composa**ssions**	**eusse** composé	**eussions** composé
composa**sses**	composa**ssiez**	**eusses** composé	**eussiez** composé
composâ**t**	composa**ssent**	**eût** composé	**eussent** composé

impératif
compose
composons
composez

comprendre — to understand, to include

participe présent **comprenant** participe passé **compris**

C

SINGULAR	PLURAL	SINGULAR	PLURAL
présent de l'indicatif		passé composé	
compren**ds**	compren**ons**	**ai** compris	**avons** compris
compren**ds**	compren**ez**	**as** compris	**avez** compris
compren**d**	comprenn**ent**	**a** compris	**ont** compris
imparfait de l'indicatif		plus-que-parfait de l'indicatif	
compren**ais**	compren**ions**	**avais** compris	**avions** compris
compren**ais**	compren**iez**	**avais** compris	**aviez** compris
compren**ait**	compren**aient**	**avait** compris	**avaient** compris
passé simple		passé antérieur	
compr**is**	compr**îmes**	**eus** compris	**eûmes** compris
compr**is**	compr**îtes**	**eus** compris	**eûtes** compris
compr**it**	compr**irent**	**eut** compris	**eurent** compris
futur		futur antérieur	
comprendr**ai**	comprendr**ons**	**aurai** compris	**aurons** compris
comprendr**as**	comprendr**ez**	**auras** compris	**aurez** compris
comprendr**a**	comprendr**ont**	**aura** compris	**auront** compris
conditionnel		conditionnel passé	
comprendr**ais**	comprendr**ions**	**aurais** compris	**aurions** compris
comprendr**ais**	comprendr**iez**	**aurais** compris	**auriez** compris
comprendr**ait**	comprendr**aient**	**aurait** compris	**auraient** compris
présent du subjonctif		passé du subjonctif	
comprenn**e**	compren**ions**	**aie** compris	**ayons** compris
comprenn**es**	compren**iez**	**aies** compris	**ayez** compris
comprenn**e**	comprenn**ent**	**ait** compris	**aient** compris
imparfait du subjonctif		plus-que-parfait du subjonctif	
compri**sse**	compri**ssions**	**eusse** compris	**eussions** compris
compri**sses**	compri**ssiez**	**eusses** compris	**eussiez** compris
compr**ît**	compri**ssent**	**eût** compris	**eussent** compris

impératif
comprends
comprenons
comprenez

to count **compter**

participe présent **comptant** participe passé **compté**

SINGULAR	PLURAL	SINGULAR	PLURAL
présent de l'indicatif		passé composé	
compt**e**	compt**ons**	**ai** compté	**avons** compté
compt**es**	compt**ez**	**as** compté	**avez** compté
compt**e**	compt**ent**	**a** compté	**ont** compté
imparfait de l'indicatif		plus-que-parfait de l'indicatif	
compt**ais**	compt**ions**	**avais** compté	**avions** compté
compt**ais**	compt**iez**	**avais** compté	**aviez** compté
compt**ait**	compt**aient**	**avait** compté	**avaient** compté
passé simple		passé antérieur	
compt**ai**	compt**âmes**	**eus** compté	**eûmes** compté
compt**as**	compt**âtes**	**eus** compté	**eûtes** compté
compt**a**	compt**èrent**	**eut** compté	**eurent** compté
futur		futur antérieur	
compter**ai**	compter**ons**	**aurai** compté	**aurons** compté
compter**as**	compter**ez**	**auras** compté	**aurez** compté
compter**a**	compter**ont**	**aura** compté	**auront** compté
conditionnel		conditionnel passé	
compter**ais**	compter**ions**	**aurais** compté	**aurions** compté
compter**ais**	compter**iez**	**aurais** compté	**auriez** compté
compter**ait**	compter**aient**	**aurait** compté	**auraient** compté
présent du subjonctif		passé du subjonctif	
compt**e**	compt**ions**	**aie** compté	**ayons** compté
compt**es**	compt**iez**	**aies** compté	**ayez** compté
compt**e**	compt**ent**	**ait** compté	**aient** compté
imparfait du subjonctif		plus-que-parfait du subjonctif	
compta**sse**	compta**ssions**	**eusse** compté	**eussions** compté
compta**sses**	compta**ssiez**	**eusses** compté	**eussiez** compté
comptâ**t**	compta**ssent**	**eût** compté	**eussent** compté

impératif
compte
comptons
comptez

concerner — to concern, to refer

participe présent **concernant** participe passé **concerné**

C

SINGULAR	PLURAL	SINGULAR	PLURAL
présent de l'indicatif		passé composé	
concern**e**	concern**ons**	**ai** concerné	**avons** concerné
concern**es**	concern**ez**	**as** concerné	**avez** concerné
concern**e**	concern**ent**	**a** concerné	**ont** concerné
imparfait de l'indicatif		plus-que-parfait de l'indicatif	
concern**ais**	concern**ions**	**avais** concerné	**avions** concerné
concern**ais**	concern**iez**	**avais** concerné	**aviez** concerné
concern**ait**	concern**aient**	**avait** concerné	**avaient** concerné
passé simple		passé antérieur	
concern**ai**	concern**âmes**	**eus** concerné	**eûmes** concerné
concern**as**	concern**âtes**	**eus** concerné	**eûtes** concerné
concern**a**	concern**èrent**	**eut** concerné	**eurent** concerné
futur		futur antérieur	
concerner**ai**	concerner**ons**	**aurai** concerné	**aurons** concerné
concerner**as**	concerner**ez**	**auras** concerné	**aurez** concerné
concerner**a**	concerner**ont**	**aura** concerné	**auront** concerné
conditionnel		conditionnel passé	
concerner**ais**	concerner**ions**	**aurais** concerné	**aurions** concerné
concerner**ais**	concerner**iez**	**aurais** concerné	**auriez** concerné
concerner**ait**	concerner**aient**	**aurait** concerné	**auraient** concerné
présent du subjonctif		passé du subjonctif	
concern**e**	concern**ions**	**aie** concerné	**ayons** concerné
concern**es**	concern**iez**	**aies** concerné	**ayez** concerné
concern**e**	concern**ent**	**ait** concerné	**aient** concerné
imparfait du subjonctif		plus-que-parfait du subjonctif	
concerna**sse**	concerna**ssions**	**eusse** concerné	**eussions** concerné
concerna**sses**	concerna**ssiez**	**eusses** concerné	**eussiez** concerné
concern**ât**	concerna**ssent**	**eût** concerné	**eussent** concerné

impératif
concerne
concernons
concernez

to design, to conceive — concevoir

participe présent **concevant** participe passé **conçu**

SINGULAR	PLURAL	SINGULAR	PLURAL
présent de l'indicatif		passé composé	
conç**ois**	concev**ons**	**ai** conçu	**avons** conçu
conç**ois**	concev**ez**	**as** conçu	**avez** conçu
conç**oit**	conç**oivent**	**a** conçu	**ont** conçu
imparfait de l'indicatif		plus-que-parfait de l'indicatif	
concev**ais**	concev**ions**	**avais** conçu	**avions** conçu
concev**ais**	concev**iez**	**avais** conçu	**aviez** conçu
concev**ait**	concev**aient**	**avait** conçu	**avaient** conçu
passé simple		passé antérieur	
conç**us**	conç**ûmes**	**eus** conçu	**eûmes** conçu
conç**us**	conç**ûtes**	**eus** conçu	**eûtes** conçu
conç**ut**	conç**urent**	**eut** conçu	**eurent** conçu
futur		futur antérieur	
concevr**ai**	concevr**ons**	**aurai** conçu	**aurons** conçu
concevr**as**	concevr**ez**	**auras** conçu	**aurez** conçu
concevr**a**	concevr**ont**	**aura** conçu	**auront** conçu
conditionnel		conditionnel passé	
concevr**ais**	concevr**ions**	**aurais** conçu	**aurions** conçu
concevr**ais**	concevr**iez**	**aurais** conçu	**auriez** conçu
concevr**ait**	concevr**aient**	**aurait** conçu	**auraient** conçu
présent du subjonctif		passé du subjonctif	
conç**oive**	concev**ions**	**aie** conçu	**ayons** conçu
conç**oives**	concev**iez**	**aies** conçu	**ayez** conçu
conç**oive**	conç**oivent**	**ait** conçu	**aient** conçu
imparfait du subjonctif		plus-que-parfait du subjonctif	
conçu**sse**	conçu**ssions**	**eusse** conçu	**eussions** conçu
conçu**sses**	conçu**ssiez**	**eusses** conçu	**eussiez** conçu
conç**ût**	conçu**ssent**	**eût** conçu	**eussent** conçu

impératif
conçois
concevons
concevez

se concevoir — to be understandable

participe présent **se concevant** participe passé **conçu(e)(s)**

C

présent de l'indicatif

SINGULAR	PLURAL
me conçoi**s**	**nous** concev**ons**
te conçoi**s**	**vous** concev**ez**
se conçoi**t**	**se** conç**oivent**

imparfait de l'indicatif

SINGULAR	PLURAL
me concev**ais**	**nous** concev**ions**
te concev**ais**	**vous** concev**iez**
se concev**ait**	**se** concev**aient**

passé simple

SINGULAR	PLURAL
me conç**us**	**nous** conç**ûmes**
te conç**us**	**vous** conç**ûtes**
se conç**ut**	**se** conç**urent**

futur

SINGULAR	PLURAL
me concevr**ai**	**nous** concevr**ons**
te concevr**as**	**vous** concevr**ez**
se concevr**a**	**se** concevr**ont**

conditionnel

SINGULAR	PLURAL
me concevr**ais**	**nous** concevr**ions**
te concevr**ais**	**vous** concevr**iez**
se concevr**ait**	**se** concevr**aient**

présent du subjonctif

SINGULAR	PLURAL
me conçoiv**e**	**nous** concev**ions**
te conçoiv**es**	**vous** concev**iez**
se conçoiv**e**	**se** conç**oivent**

imparfait du subjonctif

SINGULAR	PLURAL
me conç**usse**	**nous** conç**ussions**
te conç**usses**	**vous** conç**ussiez**
se conç**ût**	**se** conç**ussent**

impératif

conçois-toi
concevons-nous
concevez-vous

passé composé

SINGULAR	PLURAL
me suis conçu(e)	**nous sommes** conçu(e)s
t'es conçu(e)	**vous êtes** conçu(e)(s)
s'est conçu(e)	**se sont** conçu(e)s

plus-que-parfait de l'indicatif

SINGULAR	PLURAL
m'étais conçu(e)	**nous étions** conçu(e)s
t'étais conçu(e)	**vous étiez** conçu(e)(s)
s'était conçu(e)	**s'étaient** conçu(e)s

passé antérieur

SINGULAR	PLURAL
me fus conçu(e)	**nous fûmes** conçu(e)s
te fus conçu(e)	**vous fûtes** conçu(e)(s)
se fut conçu(e)	**se furent** conçu(e)s

futur antérieur

SINGULAR	PLURAL
me serai conçu(e)	**nous serons** conçu(e)s
te seras conçu(e)	**vous serez** conçu(e)(s)
se sera conçu(e)	**se seront** conçu(e)s

conditionnel passé

SINGULAR	PLURAL
me serais conçu(e)	**nous serions** conçu(e)s
te serais conçu(e)	**vous seriez** conçu(e)(s)
se serait conçu(e)	**se seraient** conçu(e)s

passé du subjonctif

SINGULAR	PLURAL
me sois conçu(e)	**nous soyons** conçu(e)s
te sois conçu(e)	**vous soyez** conçu(e)(s)
se soit conçu(e)	**se soient** conçu(e)s

plus-que-parfait du subjonctif

SINGULAR	PLURAL
me fusse conçu(e)	**nous fussions** conçu(e)s
te fusses conçu(e)	**vous fussiez** conçu(e)(s)
se fût conçu(e)	**se fussent** conçu(e)s

participe présent **concluant** participe passé **conclu**

SINGULAR	PLURAL	SINGULAR	PLURAL
présent de l'indicatif		passé composé	
conclu**s**	conclu**ons**	**ai** conclu	**avons** conclu
conclu**s**	conclu**ez**	**as** conclu	**avez** conclu
conclu**t**	conclu**ent**	**a** conclu	**ont** conclu
imparfait de l'indicatif		plus-que-parfait de l'indicatif	
conclu**ais**	conclu**ions**	**avais** conclu	**avions** conclu
conclu**ais**	conclu**iez**	**avais** conclu	**aviez** conclu
conclu**ait**	conclu**aient**	**avait** conclu	**avaient** conclu
passé simple		passé antérieur	
concl**us**	concl**ûmes**	**eus** conclu	**eûmes** conclu
concl**us**	concl**ûtes**	**eus** conclu	**eûtes** conclu
concl**ut**	concl**urent**	**eut** conclu	**eurent** conclu
futur		futur antérieur	
conclur**ai**	conclur**ons**	**aurai** conclu	**aurons** conclu
conclur**as**	conclur**ez**	**auras** conclu	**aurez** conclu
conclur**a**	conclur**ont**	**aura** conclu	**auront** conclu
conditionnel		conditionnel passé	
conclur**ais**	conclur**ions**	**aurais** conclu	**aurions** conclu
conclur**ais**	conclur**iez**	**aurais** conclu	**auriez** conclu
conclur**ait**	conclur**aient**	**aurait** conclu	**auraient** conclu
présent du subjonctif		passé du subjonctif	
conclu**e**	conclu**ions**	**aie** conclu	**ayons** conclu
conclu**es**	conclu**iez**	**aies** conclu	**ayez** conclu
conclu**e**	conclu**ent**	**ait** conclu	**aient** conclu
imparfait du subjonctif		plus-que-parfait du subjonctif	
conclu**sse**	conclu**ssions**	**eusse** conclu	**eussions** conclu
conclu**sses**	conclu**ssiez**	**eusses** conclu	**eussiez** conclu
concl**ût**	conclu**ssent**	**eût** conclu	**eussent** conclu

impératif

conclues
concluons
concluez

conduire — to lead

participe présent **conduisant** participe passé **conduit**

SINGULAR	PLURAL	SINGULAR	PLURAL
présent de l'indicatif		passé composé	
conduis**s**	conduis**ons**	**ai** conduit	**avons** conduit
condui**s**	conduis**ez**	**as** conduit	**avez** conduit
condui**t**	conduis**ent**	**a** conduit	**ont** conduit
imparfait de l'indicatif		plus-que-parfait de l'indicatif	
conduis**ais**	conduis**ions**	**avais** conduit	**avions** conduit
conduis**ais**	conduis**iez**	**avais** conduit	**aviez** conduit
conduis**ait**	conduis**aient**	**avait** conduit	**avaient** conduit
passé simple		passé antérieur	
conduis**is**	conduis**îmes**	**eus** conduit	**eûmes** conduit
conduis**is**	conduis**îtes**	**eus** conduit	**eûtes** conduit
conduis**it**	conduis**irent**	**eut** conduit	**eurent** conduit
futur		futur antérieur	
conduir**ai**	conduir**ons**	**aurai** conduit	**aurons** conduit
conduir**as**	conduir**ez**	**auras** conduit	**aurez** conduit
conduir**a**	conduir**ont**	**aura** conduit	**auront** conduit
conditionnel		conditionnel passé	
conduir**ais**	conduir**ions**	**aurais** conduit	**aurions** conduit
conduir**ais**	conduir**iez**	**aurais** conduit	**auriez** conduit
conduir**ait**	conduir**aient**	**aurait** conduit	**auraient** conduit
présent du subjonctif		passé du subjonctif	
conduis**e**	conduis**ions**	**aie** conduit	**ayons** conduit
conduis**es**	conduis**iez**	**aies** conduit	**ayez** conduit
conduis**e**	conduis**ent**	**ait** conduit	**aient** conduit
imparfait du subjonctif		plus-que-parfait du subjonctif	
conduisi**sse**	conduisi**ssions**	**eusse** conduit	**eussions** conduit
conduisi**sses**	conduisi**ssiez**	**eusses** conduit	**eussiez** conduit
conduisî**t**	conduisi**ssent**	**eût** conduit	**eussent** conduit
impératif			
conduis			
conduisons			
conduisez			

SINGULAR	PLURAL	SINGULAR	PLURAL
présent de l'indicatif		passé composé	
confirm**e**	confirm**ons**	**ai** confirmé	**avons** confirmé
confirm**es**	confirm**ez**	**as** confirmé	**avez** confirmé
confirm**e**	confirm**ent**	**a** confirmé	**ont** confirmé
imparfait de l'indicatif		plus-que-parfait de l'indicatif	
confirm**ais**	confirm**ions**	**avais** confirmé	**avions** confirmé
confirm**ais**	confirm**iez**	**avais** confirmé	**aviez** confirmé
confirm**ait**	confirm**aient**	**avait** confirmé	**avaient** confirmé
passé simple		passé antérieur	
confirm**ai**	confirm**âmes**	**eus** confirmé	**eûmes** confirmé
confirm**as**	confirm**âtes**	**eus** confirmé	**eûtes** confirmé
confirm**a**	confirm**èrent**	**eut** confirmé	**eurent** confirmé
futur		futur antérieur	
confirmer**ai**	confirmer**ons**	**aurai** confirmé	**aurons** confirmé
confirmer**as**	confirmer**ez**	**auras** confirmé	**aurez** confirmé
confirmer**a**	confirmer**ont**	**aura** confirmé	**auront** confirmé
conditionnel		conditionnel passé	
confirmer**ais**	confirmer**ions**	**aurais** confirmé	**aurions** confirmé
confirmer**ais**	confirmer**iez**	**aurais** confirmé	**auriez** confirmé
confirmer**ait**	confirmer**aient**	**aurait** confirmé	**auraient** confirmé
présent du subjonctif		passé du subjonctif	
confirm**e**	confirm**ions**	**aie** confirmé	**ayons** confirmé
confirm**es**	confirm**iez**	**aies** confirmé	**ayez** confirmé
confirm**e**	confirm**ent**	**ait** confirmé	**aient** confirmé
imparfait du subjonctif		plus-que-parfait du subjonctif	
confirma**sse**	confirma**ssions**	**eusse** confirmé	**eussions** confirmé
confirma**sses**	confirma**ssiez**	**eusses** confirmé	**eussiez** confirmé
confirmâ**t**	confirma**ssent**	**eût** confirmé	**eussent** confirmé

impératif
confirme
confirmons
confirmez

confondre — to mix up, to confuse

participe présent **confondant** — participe passé **confondu**

SINGULAR	PLURAL	SINGULAR	PLURAL
présent de l'indicatif		passé composé	
confond**s**	confond**ons**	**ai** confondu	**avons** confondu
confond**s**	confond**ez**	**as** confondu	**avez** confondu
confond	confond**ent**	**a** confondu	**ont** confondu
imparfait de l'indicatif		plus-que-parfait de l'indicatif	
confond**ais**	confond**ions**	**avais** confondu	**avions** confondu
confond**ais**	confond**iez**	**avais** confondu	**aviez** confondu
confond**ait**	confond**aient**	**avait** confondu	**avaient** confondu
passé simple		passé antérieur	
confond**is**	confond**îmes**	**eus** confondu	**eûmes** confondu
confond**is**	confond**îtes**	**eus** confondu	**eûtes** confondu
confond**it**	confond**irent**	**eut** confondu	**eurent** confondu
futur		futur antérieur	
confondr**ai**	confondr**ons**	**aurai** confondu	**aurons** confondu
confondr**as**	confondr**ez**	**auras** confondu	**aurez** confondu
confondr**a**	confondr**ont**	**aura** confondu	**auront** confondu
conditionnel		conditionnel passé	
confondr**ais**	confondr**ions**	**aurais** confondu	**aurions** confondu
confondr**ais**	confondr**iez**	**aurais** confondu	**auriez** confondu
confondr**ait**	confondr**aient**	**aurait** confondu	**auraient** confondu
présent du subjonctif		passé du subjonctif	
confond**e**	confond**ions**	**aie** confondu	**ayons** confondu
confond**es**	confond**iez**	**aies** confondu	**ayez** confondu
confond**e**	confond**ent**	**ait** confondu	**aient** confondu
imparfait du subjonctif		plus-que-parfait du subjonctif	
confondi**sse**	confondi**ssions**	**eusse** confondu	**eussions** confondu
confondi**sses**	confondi**ssiez**	**eusses** confondu	**eussiez** confondu
confondî**t**	confondi**ssent**	**eût** confondu	**eussent** confondu

impératif
confonds
confondons
confondez

to comply with — se conformer

participe présent **se conformant** participe passé **conformé(e)(s)**

SINGULAR	PLURAL	SINGULAR	PLURAL
présent de l'indicatif		**passé composé**	
me conforme	nous conformons	me suis conformé(e)	nous sommes conformé(e)s
te conformes	vous conformez	t'es conformé(e)	vous êtes conformé(e)(s)
se conforme	se conforment	s'est conformé(e)	se sont conformé(e)s
imparfait de l'indicatif		**plus-que-parfait de l'indicatif**	
me conformais	nous conformions	m'étais conformé(e)	nous étions conformé(e)s
te conformais	vous conformiez	t'étais conformé(e)	vous étiez conformé(e)(s)
se conformait	se conformaient	s'était conformé(e)	s'étaient conformé(e)s
passé simple		**passé antérieur**	
me conformai	nous conformâmes	me fus conformé(e)	nous fûmes conformé(e)s
te conformas	vous conformâtes	te fus conformé(e)	vous fûtes conformé(e)(s)
se conforma	se conformèrent	se fut conformé(e)	se furent conformé(e)s
futur		**futur antérieur**	
me conformerai	nous conformerons	me serai conformé(e)	nous serons conformé(e)s
te conformeras	vous conformerez	te seras conformé(e)	vous serez conformé(e)(s)
se conformera	se conformeront	se sera conformé(e)	se seront conformé(e)s
conditionnel		**conditionnel passé**	
me conformerais	nous conformerions	me serais conformé(e)	nous serions conformé(e)s
te conformerais	vous conformeriez	te serais conformé(e)	vous seriez conformé(e)(s)
se conformerait	se conformeraient	se serait conformé(e)	se seraient conformé(e)s
présent du subjonctif		**passé du subjonctif**	
me conforme	nous conformions	me sois conformé(e)	nous soyons conformé(e)s
te conformes	vous conformiez	te sois conformé(e)	vous soyez conformé(e)(s)
se conforme	se conforment	se soit conformé(e)	se soient conformé(e)s
imparfait du subjonctif		**plus-que-parfait du subjonctif**	
me conformasse	nous conformassions	me fusse conformé(e)	nous fussions conformé(e)s
te conformasses	vous conformassiez	te fusses conformé(e)	vous fussiez conformé(e)(s)
se conformât	se conformassent	se fût conformé(e)	se fussent conformé(e)s

impératif

conforme-toi
conformons-nous
conformez-vous

connaître — to know, to be acquainted with

participe présent **connaissant** participe passé **connu**

C

SINGULAR	PLURAL	SINGULAR	PLURAL
présent de l'indicatif		passé composé	
conn**ais**	connaiss**ons**	**ai** connu	**avons** connu
conn**ais**	connaiss**ez**	**as** connu	**avez** connu
conn**aît**	connaiss**ent**	**a** connu	**ont** connu
imparfait de l'indicatif		plus-que-parfait de l'indicatif	
connaiss**ais**	connaiss**ions**	**avais** connu	**avions** connu
connaiss**ais**	connaiss**iez**	**avais** connu	**aviez** connu
connaiss**ait**	connaiss**aient**	**avait** connu	**avaient** connu
passé simple		passé antérieur	
connu**s**	conn**ûmes**	**eus** connu	**eûmes** connu
connu**s**	conn**ûtes**	**eus** connu	**eûtes** connu
connu**t**	connu**rent**	**eut** connu	**eurent** connu
futur		futur antérieur	
connaîtr**ai**	connaîtr**ons**	**aurai** connu	**aurons** connu
connaîtr**as**	connaîtr**ez**	**auras** connu	**aurez** connu
connaîtr**a**	connaîtr**ont**	**aura** connu	**auront** connu
conditionnel		conditionnel passé	
connaîtr**ais**	connaîtr**ions**	**aurais** connu	**aurions** connu
connaîtr**ais**	connaîtr**iez**	**aurais** connu	**auriez** connu
connaîtr**ait**	connaîtr**aient**	**aurait** connu	**auraient** connu
présent du subjonctif		passé du subjonctif	
connaiss**e**	connaiss**ions**	**aie** connu	**ayons** connu
connaiss**es**	connaiss**iez**	**aies** connu	**ayez** connu
connaiss**e**	connaiss**ent**	**ait** connu	**aient** connu
imparfait du subjonctif		plus-que-parfait du subjonctif	
connu**sse**	connu**ssions**	**eusse** connu	**eussions** connu
connu**sses**	connu**ssiez**	**eusses** connu	**eussiez** connu
conn**ût**	connu**ssent**	**eût** connu	**eussent** connu

impératif
connais
connaissons
connaissez

to connect, to log on — se connecter

participe présent **se connectant** participe passé **connecté(e)(s)**

SINGULAR	PLURAL
présent de l'indicatif	
me connect**e**	**nous** connect**ons**
te connect**es**	**vous** connect**ez**
se connect**e**	**se** connect**ent**
imparfait de l'indicatif	
me connect**ais**	**nous** connect**ions**
te connect**ais**	**vous** connect**iez**
se connect**ait**	**se** connect**aient**
passé simple	
me connect**ai**	**nous** connect**âmes**
te connect**as**	**vous** connect**âtes**
se connect**a**	**se** connect**èrent**
futur	
me connecter**ai**	**nous** connecter**ons**
te connecter**as**	**vous** connecter**ez**
se connecter**a**	**se** connecter**ont**
conditionnel	
me connecter**ais**	**nous** connecter**ions**
te connecter**ais**	**vous** connecter**iez**
se connecter**ait**	**se** connecter**aient**
présent du subjonctif	
me connect**e**	**nous** connect**ions**
te connect**es**	**vous** connect**iez**
se connect**e**	**se** connect**ent**
imparfait du subjonctif	
me connecta**sse**	**nous** connecta**ssions**
te connecta**sses**	**vous** connecta**ssiez**
se connect**ât**	**se** connecta**ssent**
impératif	
connecte-toi	
connectons-nous	
connectez-vous	

SINGULAR	PLURAL
passé composé	
me suis connecté(e)	**nous sommes** connecté(e)s
t'es connecté(e)	**vous êtes** connecté(e)(s)
s'est connecté(e)	**se sont** connecté(e)s
plus-que-parfait de l'indicatif	
m'étais connecté(e)	**nous étions** connecté(e)s
t'étais connecté(e)	**vous étiez** connecté(e)(s)
s'était connecté(e)	**s'étaient** connecté(e)s
passé antérieur	
me fus connecté(e)	**nous fûmes** connecté(e)s
te fus connecté(e)	**vous fûtes** connecté(e)(s)
se fut connecté(e)	**se furent** connecté(e)s
futur antérieur	
me serai connecté(e)	**nous serons** connecté(e)s
te seras connecté(e)	**vous serez** connecté(e)(s)
se sera connecté(e)	**se seront** connecté(e)s
conditionnel passé	
me serais connecté(e)	**nous serions** connecté(e)s
te serais connecté(e)	**vous seriez** connecté(e)(s)
se serait connecté(e)	**se seraient** connecté(e)s
passé du subjonctif	
me sois connecté(e)	**nous soyons** connecté(e)s
te sois connecté(e)	**vous soyez** connecté(e)(s)
se soit connecté(e)	**se soient** connecté(e)s
plus-que-parfait du subjonctif	
me fusse connecté(e)	**nous fussions** connecté(e)s
te fusses connecté(e)	**vous fussiez** connecté(e)(s)
se fût connecté(e)	**se fussent** connecté(e)s

conquérir — to conquer

participe présent **conquérant** participe passé **conquis**

C

SINGULAR	PLURAL
présent de l'indicatif	
conquier**s**	conquér**ons**
conquier**s**	conquér**ez**
conquier**t**	conquièr**ent**
imparfait de l'indicatif	
conquér**ais**	conquér**ions**
conquér**ais**	conquér**iez**
conquér**ait**	conquér**aient**
passé simple	
conqu**is**	conqu**îmes**
conqu**is**	conqu**îtes**
conqu**it**	conqu**irent**
futur	
conquerr**ai**	conquerr**ons**
conquerr**as**	conquerr**ez**
conquerr**a**	conquerr**ont**
conditionnel	
conquerr**ais**	conquerr**ions**
conquerr**ais**	conquerr**iez**
conquerr**ait**	conquerr**aient**
présent du subjonctif	
conquièr**e**	conquér**ions**
conquièr**es**	conquér**iez**
conquièr**e**	conquièr**ent**
imparfait du subjonctif	
conqui**sse**	conqui**ssions**
conqui**sses**	conqui**ssiez**
conqu**ît**	conqui**ssent**
impératif	
conquiers	
conquérons	
conquérez	

SINGULAR	PLURAL
passé composé	
ai conquis	**avons** conquis
as conquis	**avez** conquis
a conquis	**ont** conquis
plus-que-parfait de l'indicatif	
avais conquis	**avions** conquis
avais conquis	**aviez** conquis
avait conquis	**avaient** conquis
passé antérieur	
eus conquis	**eûmes** conquis
eus conquis	**eûtes** conquis
eut conquis	**eurent** conquis
futur antérieur	
aurai conquis	**aurons** conquis
auras conquis	**aurez** conquis
aura conquis	**auront** conquis
conditionnel passé	
aurais conquis	**aurions** conquis
aurais conquis	**auriez** conquis
aurait conquis	**auraient** conquis
passé du subjonctif	
aie conquis	**ayons** conquis
aies conquis	**ayez** conquis
ait conquis	**aient** conquis
plus-que-parfait du subjonctif	
eusse conquis	**eussions** conquis
eusses conquis	**eussiez** conquis
eût conquis	**eussent** conquis

participe présent **consacrant** participe passé **consacré**

SINGULAR	PLURAL	SINGULAR	PLURAL
présent de l'indicatif		passé composé	
consacr**e**	consacr**ons**	**ai** consacré	**avons** consacré
consacr**es**	consacr**ez**	**as** consacré	**avez** consacré
consacr**e**	consacr**ent**	**a** consacré	**ont** consacré
imparfait de l'indicatif		plus-que-parfait de l'indicatif	
consacr**ais**	consacr**ions**	**avais** consacré	**avions** consacré
consacr**ais**	consacr**iez**	**avais** consacré	**aviez** consacré
consacr**ait**	consacr**aient**	**avait** consacré	**avaient** consacré
passé simple		passé antérieur	
consacr**ai**	consacr**âmes**	**eus** consacré	**eûmes** consacré
consacr**as**	consacr**âtes**	**eus** consacré	**eûtes** consacré
consacr**a**	consacr**èrent**	**eut** consacré	**eurent** consacré
futur		futur antérieur	
consacrer**ai**	consacrer**ons**	**aurai** consacré	**aurons** consacré
consacrer**as**	consacrer**ez**	**auras** consacré	**aurez** consacré
consacrer**a**	consacrer**ont**	**aura** consacré	**auront** consacré
conditionnel		conditionnel passé	
consacrer**ais**	consacrer**ions**	**aurais** consacré	**aurions** consacré
consacrer**ais**	consacrer**iez**	**aurais** consacré	**auriez** consacré
consacrer**ait**	consacrer**aient**	**aurait** consacré	**auraient** consacré
présent du subjonctif		passé du subjonctif	
consacr**e**	consacr**ions**	**aie** consacré	**ayons** consacré
consacr**es**	consacr**iez**	**aies** consacré	**ayez** consacré
consacr**e**	consacr**ent**	**ait** consacré	**aient** consacré
imparfait du subjonctif		plus-que-parfait du subjonctif	
consacra**sse**	consacra**ssions**	**eusse** consacré	**eussions** consacré
consacra**sses**	consacra**ssiez**	**eusses** consacré	**eussiez** consacré
consacrâ**t**	consacra**ssent**	**eût** consacré	**eussent** consacré

impératif
consacre
consacrons
consacrez

conseiller — to advise, to recommend

participe présent **conseillant** participe passé **conseillé**

C

SINGULAR	PLURAL	SINGULAR	PLURAL
présent de l'indicatif		passé composé	
conseill**e**	conseill**ons**	**ai** conseillé	**avons** conseillé
conseill**es**	conseill**ez**	**as** conseillé	**avez** conseillé
conseill**e**	conseill**ent**	**a** conseillé	**ont** conseillé
imparfait de l'indicatif		plus-que-parfait de l'indicatif	
conseill**ais**	conseill**ions**	**avais** conseillé	**avions** conseillé
conseill**ais**	conseill**iez**	**avais** conseillé	**aviez** conseillé
conseill**ait**	conseill**aient**	**avait** conseillé	**avaient** conseillé
passé simple		passé antérieur	
conseill**ai**	conseill**âmes**	**eus** conseillé	**eûmes** conseillé
conseill**as**	conseill**âtes**	**eus** conseillé	**eûtes** conseillé
conseill**a**	conseill**èrent**	**eut** conseillé	**eurent** conseillé
futur		futur antérieur	
conseiller**ai**	conseiller**ons**	**aurai** conseillé	**aurons** conseillé
conseiller**as**	conseiller**ez**	**auras** conseillé	**aurez** conseillé
conseiller**a**	conseiller**ont**	**aura** conseillé	**auront** conseillé
conditionnel		conditionnel passé	
conseiller**ais**	conseiller**ions**	**aurais** conseillé	**aurions** conseillé
conseiller**ais**	conseiller**iez**	**aurais** conseillé	**auriez** conseillé
conseiller**ait**	conseiller**aient**	**aurait** conseillé	**auraient** conseillé
présent du subjonctif		passé du subjonctif	
conseill**e**	conseill**ions**	**aie** conseillé	**ayons** conseillé
conseill**es**	conseill**iez**	**aies** conseillé	**ayez** conseillé
conseill**e**	conseill**ent**	**ait** conseillé	**aient** conseillé
imparfait du subjonctif		plus-que-parfait du subjonctif	
conseilla**sse**	conseilla**ssions**	**eusse** conseillé	**eussions** conseillé
conseilla**sses**	conseilla**ssiez**	**eusses** conseillé	**eussiez** conseillé
conseillâ**t**	conseilla**ssent**	**eût** conseillé	**eussent** conseillé

impératif
conseille
conseillons
conseillez

participe présent **consentant** participe passé **consenti**

SINGULAR	PLURAL	SINGULAR	PLURAL
présent de l'indicatif		passé composé	
consen**s**	consent**ons**	**ai** consenti	**avons** consenti
consen**s**	consent**ez**	**as** consenti	**avez** consenti
consen**t**	consent**ent**	**a** consenti	**ont** consenti
imparfait de l'indicatif		plus-que-parfait de l'indicatif	
consent**ais**	consent**ions**	**avais** consenti	**avions** consenti
consent**ais**	consent**iez**	**avais** consenti	**aviez** consenti
consent**ait**	consent**aient**	**avait** consenti	**avaient** consenti
passé simple		passé antérieur	
consent**is**	consent**îmes**	**eus** consenti	**eûmes** consenti
consent**is**	consent**îtes**	**eus** consenti	**eûtes** consenti
consent**it**	consent**irent**	**eut** consenti	**eurent** consenti
futur		futur antérieur	
consentir**ai**	consentir**ons**	**aurai** consenti	**aurons** consenti
consentir**as**	consentir**ez**	**auras** consenti	**aurez** consenti
consentir**a**	consentir**ont**	**aura** consenti	**auront** consenti
conditionnel		conditionnel passé	
consentir**ais**	consentir**ions**	**aurais** consenti	**aurions** consenti
consentir**ais**	consentir**iez**	**aurais** consenti	**auriez** consenti
consentir**ait**	consentir**aient**	**aurait** consenti	**auraient** consenti
présent du subjonctif		passé du subjonctif	
consent**e**	consent**ions**	**aie** consenti	**ayons** consenti
consent**es**	consent**iez**	**aies** consenti	**ayez** consenti
consent**e**	consent**ent**	**ait** consenti	**aient** consenti
imparfait du subjonctif		plus-que-parfait du subjonctif	
consent**isse**	consent**issions**	**eusse** consenti	**eussions** consenti
consent**isses**	consent**issiez**	**eusses** consenti	**eussiez** consenti
consent**ît**	consent**issent**	**eût** consenti	**eussent** consenti
impératif			
consens			
consentons			
consentez			

considérer — to consider, to regard

participe présent **considérant** participe passé **considéré**

C

SINGULAR	PLURAL	SINGULAR	PLURAL
présent de l'indicatif		*passé composé*	
considèr**e**	considér**ons**	**ai** considéré	**avons** considéré
considèr**es**	considér**ez**	**as** considéré	**avez** considéré
considèr**e**	considèr**ent**	**a** considéré	**ont** considéré
imparfait de l'indicatif		*plus-que-parfait de l'indicatif*	
considér**ais**	considér**ions**	**avais** considéré	**avions** considéré
considér**ais**	considér**iez**	**avais** considéré	**aviez** considéré
considér**ait**	considér**aient**	**avait** considéré	**avaient** considéré
passé simple		*passé antérieur*	
considér**ai**	considér**âmes**	**eus** considéré	**eûmes** considéré
considér**as**	considér**âtes**	**eus** considéré	**eûtes** considéré
considér**a**	considér**èrent**	**eut** considéré	**eurent** considéré
futur		*futur antérieur*	
considérer**ai**	considérer**ons**	**aurai** considéré	**aurons** considéré
considérer**as**	considérer**ez**	**auras** considéré	**aurez** considéré
considérer**a**	considérer**ont**	**aura** considéré	**auront** considéré
conditionnel		*conditionnel passé*	
considérer**ais**	considérer**ions**	**aurais** considéré	**aurions** considéré
considérer**ais**	considérer**iez**	**aurais** considéré	**auriez** considéré
considérer**ait**	considérer**aient**	**aurait** considéré	**auraient** considéré
présent du subjonctif		*passé du subjonctif*	
considèr**e**	considér**ions**	**aie** considéré	**ayons** considéré
considèr**es**	considér**iez**	**aies** considéré	**ayez** considéré
considèr**e**	considèr**ent**	**ait** considéré	**aient** considéré
imparfait du subjonctif		*plus-que-parfait du subjonctif*	
considéra**sse**	considéra**ssions**	**eusse** considéré	**eussions** considéré
considéra**sses**	considéra**ssiez**	**eusses** considéré	**eussiez** considéré
considérâ**t**	considéra**ssent**	**eût** considéré	**eussent** considéré

impératif
considère
considérons
considérez

participe présent **constituant** participe passé **constitué**

SINGULAR	PLURAL	SINGULAR	PLURAL
présent de l'indicatif		passé composé	
constitu**e**	constitu**ons**	**ai** constitué	**avons** constitué
constitu**es**	constitu**ez**	**as** constitué	**avez** constitué
constitu**e**	constitu**ent**	**a** constitué	**ont** constitué
imparfait de l'indicatif		plus-que-parfait de l'indicatif	
constitu**ais**	constitu**ions**	**avais** constitué	**avions** constitué
constitu**ais**	constitu**iez**	**avais** constitué	**aviez** constitué
constitu**ait**	constitu**aient**	**avait** constitué	**avaient** constitué
passé simple		passé antérieur	
constitu**ai**	constitu**âmes**	**eus** constitué	**eûmes** constitué
constitu**as**	constitu**âtes**	**eus** constitué	**eûtes** constitué
constitu**a**	constitu**èrent**	**eut** constitué	**eurent** constitué
futur		futur antérieur	
constituer**ai**	constituer**ons**	**aurai** constitué	**aurons** constitué
constituer**as**	constituer**ez**	**auras** constitué	**aurez** constitué
constituer**a**	constituer**ont**	**aura** constitué	**auront** constitué
conditionnel		conditionnel passé	
constituer**ais**	constituer**ions**	**aurais** constitué	**aurions** constitué
constituer**ais**	constituer**iez**	**aurais** constitué	**auriez** constitué
constituer**ait**	constituer**aient**	**aurait** constitué	**auraient** constitué
présent du subjonctif		passé du subjonctif	
constitu**e**	constitu**ions**	**aie** constitué	**ayons** constitué
constitu**es**	constitu**iez**	**aies** constitué	**ayez** constitué
constitu**e**	constitu**ent**	**ait** constitué	**aient** constitué
imparfait du subjonctif		plus-que-parfait du subjonctif	
constitua**sse**	constitua**ssions**	**eusse** constitué	**eussions** constitué
constitua**sses**	constitua**ssiez**	**eusses** constitué	**eussiez** constitué
constitu**ât**	constitua**ssent**	**eût** constitué	**eussent** constitué

impératif
constitue
constituons
constituez

consulter — to consult

participe présent **consultant** participe passé **consulté**

SINGULAR	PLURAL	SINGULAR	PLURAL
présent de l'indicatif		passé composé	
consult**e**	consult**ons**	**ai** consulté	**avons** consulté
consult**es**	consult**ez**	**as** consulté	**avez** consulté
consult**e**	consult**ent**	**a** consulté	**ont** consulté
imparfait de l'indicatif		plus-que-parfait de l'indicatif	
consult**ais**	consult**ions**	**avais** consulté	**avions** consulté
consult**ais**	consult**iez**	**avais** consulté	**aviez** consulté
consult**ait**	consult**aient**	**avait** consulté	**avaient** consulté
passé simple		passé antérieur	
consult**ai**	consult**âmes**	**eus** consulté	**eûmes** consulté
consult**as**	consult**âtes**	**eus** consulté	**eûtes** consulté
consult**a**	consult**èrent**	**eut** consulté	**eurent** consulté
futur		futur antérieur	
consulter**ai**	consulter**ons**	**aurai** consulté	**aurons** consulté
consulter**as**	consulter**ez**	**auras** consulté	**aurez** consulté
consulter**a**	consulter**ont**	**aura** consulté	**auront** consulté
conditionnel		conditionnel passé	
consulter**ais**	consulter**ions**	**aurais** consulté	**aurions** consulté
consulter**ais**	consulter**iez**	**aurais** consulté	**auriez** consulté
consulter**ait**	consulter**aient**	**aurait** consulté	**auraient** consulté
présent du subjonctif		passé du subjonctif	
consult**e**	consult**ions**	**aie** consulté	**ayons** consulté
consult**es**	consult**iez**	**aies** consulté	**ayez** consulté
consult**e**	consult**ent**	**ait** consulté	**aient** consulté
imparfait du subjonctif		plus-que-parfait du subjonctif	
consulta**sse**	consulta**ssions**	**eusse** consulté	**eussions** consulté
consulta**sses**	consulta**ssiez**	**eusses** consulté	**eussiez** consulté
consultâ**t**	consulta**ssent**	**eût** consulté	**eussent** consulté

impératif
consulte
consultons
consultez

participe présent **contenant** participe passé **contenu**

SINGULAR	PLURAL	SINGULAR	PLURAL
présent de l'indicatif		passé composé	
contien**s**	conten**ons**	**ai** contenu	**avons** contenu
contien**s**	conten**ez**	**as** contenu	**avez** contenu
contien**t**	contienn**ent**	**a** contenu	**ont** contenu
imparfait de l'indicatif		plus-que-parfait de l'indicatif	
conten**ais**	conten**ions**	**avais** contenu	**avions** contenu
conten**ais**	conten**iez**	**avais** contenu	**aviez** contenu
conten**ait**	conten**aient**	**avait** contenu	**avaient** contenu
passé simple		passé antérieur	
cont**ins**	cont**înmes**	**eus** contenu	**eûmes** contenu
cont**ins**	cont**întes**	**eus** contenu	**eûtes** contenu
cont**int**	cont**inrent**	**eut** contenu	**eurent** contenu
futur		futur antérieur	
contiendr**ai**	contiendr**ons**	**aurai** contenu	**aurons** contenu
contiendr**as**	contiendr**ez**	**auras** contenu	**aurez** contenu
contiendr**a**	contiendr**ont**	**aura** contenu	**auront** contenu
conditionnel		conditionnel passé	
contiendr**ais**	contiendr**ions**	**aurais** contenu	**aurions** contenu
contiendr**ais**	contiendr**iez**	**aurais** contenu	**auriez** contenu
contiendr**ait**	contiendr**aient**	**aurait** contenu	**auraient** contenu
présent du subjonctif		passé du subjonctif	
contienn**e**	conten**ions**	**aie** contenu	**ayons** contenu
contienn**es**	conten**iez**	**aies** contenu	**ayez** contenu
contienn**e**	contienn**ent**	**ait** contenu	**aient** contenu
imparfait du subjonctif		plus-que-parfait du subjonctif	
contin**sse**	contin**ssions**	**eusse** contenu	**eussions** contenu
contin**sses**	contin**ssiez**	**eusses** contenu	**eussiez** contenu
contîn**t**	contin**ssent**	**eût** contenu	**eussent** contenu

impératif
contiens
contenons
contenez

C

continuer — to continue

participe présent **continuant** participe passé **continué**

C

SINGULAR	PLURAL	SINGULAR	PLURAL
présent de l'indicatif		passé composé	
continu**e**	continu**ons**	**ai** continué	**avons** continué
continu**es**	continu**ez**	**as** continué	**avez** continué
continu**e**	continu**ent**	**a** continué	**ont** continué
imparfait de l'indicatif		plus-que-parfait de l'indicatif	
continu**ais**	continu**ions**	**avais** continué	**avions** continué
continu**ais**	continu**iez**	**avais** continué	**aviez** continué
continu**ait**	continu**aient**	**avait** continué	**avaient** continué
passé simple		passé antérieur	
continu**ai**	continu**âmes**	**eus** continué	**eûmes** continué
continu**as**	continu**âtes**	**eus** continué	**eûtes** continué
continu**a**	continu**èrent**	**eut** continué	**eurent** continué
futur		futur antérieur	
continuer**ai**	continuer**ons**	**aurai** continué	**aurons** continué
continuer**as**	continuer**ez**	**auras** continué	**aurez** continué
continuer**a**	continuer**ont**	**aura** continué	**auront** continué
conditionnel		conditionnel passé	
continuer**ais**	continuer**ions**	**aurais** continué	**aurions** continué
continuer**ais**	continuer**iez**	**aurais** continué	**auriez** continué
continuer**ait**	continuer**aient**	**aurait** continué	**auraient** continué
présent du subjonctif		passé du subjonctif	
continu**e**	continu**ions**	**aie** continué	**ayons** continué
continu**es**	continu**iez**	**aies** continué	**ayez** continué
continu**e**	continu**ent**	**ait** continué	**aient** continué
imparfait du subjonctif		plus-que-parfait du subjonctif	
continu**asse**	continu**assions**	**eusse** continué	**eussions** continué
continu**asses**	continu**assiez**	**eusses** continué	**eussiez** continué
continu**ât**	continu**assent**	**eût** continué	**eussent** continué

impératif
continue
continuons
continuez

to restrain, to constrain **contraindre**

participe présent **contraignant** participe passé **contraint**

SINGULAR	PLURAL	SINGULAR	PLURAL
présent de l'indicatif		passé composé	
contrain**s**	contraign**ons**	**ai** contraint	**avons** contraint
contrain**s**	contraign**ez**	**as** contraint	**avez** contraint
contrain**t**	contraign**ent**	**a** contraint	**ont** contraint
imparfait de l'indicatif		plus-que-parfait de l'indicatif	
contraign**ais**	contraign**ions**	**avais** contraint	**avions** contraint
contraign**ais**	contraign**iez**	**avais** contraint	**aviez** contraint
contraign**ait**	contraign**aient**	**avait** contraint	**avaient** contraint
passé simple		passé antérieur	
contraign**is**	contraign**îmes**	**eus** contraint	**eûmes** contraint
contraign**is**	contraign**îtes**	**eus** contraint	**eûtes** contraint
contraign**it**	contraign**irent**	**eut** contraint	**eurent** contraint
futur		futur antérieur	
contraindr**ai**	contraindr**ons**	**aurai** contraint	**aurons** contraint
contraindr**as**	contraindr**ez**	**auras** contraint	**aurez** contraint
contraindr**a**	contraindr**ont**	**aura** contraint	**auront** contraint
conditionnel		conditionnel passé	
contraindr**ais**	contraindr**ions**	**aurais** contraint	**aurions** contraint
contraindr**ais**	contraindr**iez**	**aurais** contraint	**auriez** contraint
contraindr**ait**	contraindr**aient**	**aurait** contraint	**auraient** contraint
présent du subjonctif		passé du subjonctif	
contraign**e**	contraign**ions**	**aie** contraint	**ayons** contraint
contraign**es**	contraign**iez**	**aies** contraint	**ayez** contraint
contraign**e**	contraign**ent**	**ait** contraint	**aient** contraint
imparfait du subjonctif		plus-que-parfait du subjonctif	
contraigni**sse**	contraigni**ssions**	**eusse** contraint	**eussions** contraint
contraigni**sses**	contraigni**ssiez**	**eusses** contraint	**eussiez** contraint
contraignî**t**	contraigni**ssent**	**eût** contraint	**eussent** contraint

impératif

contrains

contraignons

contraignez

C

contredire — to contradict

participe présent **contredisant** participe passé **contredit**

C

SINGULAR	PLURAL	SINGULAR	PLURAL
présent de l'indicatif		passé composé	
contredi**s**	contredis**ons**	**ai** contredit	**avons** contredit
contredi**s**	contredis**ez**	**as** contredit	**avez** contredit
contredi**t**	contredis**ent**	**a** contredit	**ont** contredit
imparfait de l'indicatif		plus-que-parfait de l'indicatif	
contredis**ais**	contredis**ions**	**avais** contredit	**avions** contredit
contredis**ais**	contredis**iez**	**avais** contredit	**aviez** contredit
contredis**ait**	contredis**aient**	**avait** contredit	**avaient** contredit
passé simple		passé antérieur	
contred**is**	contred**îmes**	**eus** contredit	**eûmes** contredit
contred**is**	contred**îtes**	**eus** contredit	**eûtes** contredit
contred**it**	contred**irent**	**eut** contredit	**eurent** contredit
futur		futur antérieur	
contredir**ai**	contredir**ons**	**aurai** contredit	**aurons** contredit
contredir**as**	contredir**ez**	**auras** contredit	**aurez** contredit
contredir**a**	contredir**ont**	**aura** contredit	**auront** contredit
conditionnel		conditionnel passé	
contredir**ais**	contredir**ions**	**aurais** contredit	**aurions** contredit
contredir**ais**	contredir**iez**	**aurais** contredit	**auriez** contredit
contredir**ait**	contredir**aient**	**aurait** contredit	**auraient** contredit
présent du subjonctif		passé du subjonctif	
contredis**e**	contredis**ions**	**aie** contredit	**ayons** contredit
contredis**es**	contredis**iez**	**aies** contredit	**ayez** contredit
contredis**e**	contredis**ent**	**ait** contredit	**aient** contredit
imparfait du subjonctif		plus-que-parfait du subjonctif	
contredi**sse**	contredi**ssions**	**eusse** contredit	**eussions** contredit
contredi**sses**	contredi**ssiez**	**eusses** contredit	**eussiez** contredit
contredî**t**	contredi**ssent**	**eût** contredit	**eussent** contredit

impératif
contredis
contredisons
contredisez

participe présent **contribuant** participe passé **contribué**

SINGULAR	PLURAL	SINGULAR	PLURAL
présent de l'indicatif		passé composé	
contribu**e**	contribu**ons**	**ai** contribué	**avons** contribué
contribu**es**	contribu**ez**	**as** contribué	**avez** contribué
contribu**e**	contribu**ent**	**a** contribué	**ont** contribué
imparfait de l'indicatif		plus-que-parfait de l'indicatif	
contribu**ais**	contribu**ions**	**avais** contribué	**avions** contribué
contribu**ais**	contribu**iez**	**avais** contribué	**aviez** contribué
contribu**ait**	contribu**aient**	**avait** contribué	**avaient** contribué
passé simple		passé antérieur	
contribu**ai**	contribu**âmes**	**eus** contribué	**eûmes** contribué
contribu**as**	contribu**âtes**	**eus** contribué	**eûtes** contribué
contribu**a**	contribu**èrent**	**eut** contribué	**eurent** contribué
futur		futur antérieur	
contribuer**ai**	contribuer**ons**	**aurai** contribué	**aurons** contribué
contribuer**as**	contribuer**ez**	**auras** contribué	**aurez** contribué
contribuer**a**	contribuer**ont**	**aura** contribué	**auront** contribué
conditionnel		conditionnel passé	
contribuer**ais**	contribuer**ions**	**aurais** contribué	**aurions** contribué
contribuer**ais**	contribuer**iez**	**aurais** contribué	**auriez** contribué
contribuer**ait**	contribuer**aient**	**aurait** contribué	**auraient** contribué
présent du subjonctif		passé du subjonctif	
contribu**e**	contribu**ions**	**aie** contribué	**ayons** contribué
contribu**es**	contribu**iez**	**aies** contribué	**ayez** contribué
contribu**e**	contribu**ent**	**ait** contribué	**aient** contribué
imparfait du subjonctif		plus-que-parfait du subjonctif	
contribua**sse**	contribua**ssions**	**eusse** contribué	**eussions** contribué
contribua**sses**	contribua**ssiez**	**eusses** contribué	**eussiez** contribué
contribu**ât**	contribua**ssent**	**eût** contribué	**eussent** contribué

impératif
contribue
contribuons
contribuez

C

convaincre — to convince

participe présent **convainquant** participe passé **convaincu**

SINGULAR	PLURAL	SINGULAR	PLURAL
présent de l'indicatif		passé composé	
convainc**s**	convainqu**ons**	**ai** convaincu	**avons** convaincu
convainc**s**	convainqu**ez**	**as** convaincu	**avez** convaincu
convainc	convainqu**ent**	**a** convaincu	**ont** convaincu
imparfait de l'indicatif		plus-que-parfait de l'indicatif	
convainqu**ais**	convainqu**ions**	**avais** convaincu	**avions** convaincu
convainqu**ais**	convainqu**iez**	**avais** convaincu	**aviez** convaincu
convainqu**ait**	convainqu**aient**	**avait** convaincu	**avaient** convaincu
passé simple		passé antérieur	
convainqu**is**	convainqu**îmes**	**eus** convaincu	**eûmes** convaincu
convainqu**is**	convainqu**îtes**	**eus** convaincu	**eûtes** convaincu
convainqu**it**	convainqu**irent**	**eut** convaincu	**eurent** convaincu
futur		futur antérieur	
convaincr**ai**	convaincr**ons**	**aurai** convaincu	**aurons** convaincu
convaincr**as**	convaincr**ez**	**auras** convaincu	**aurez** convaincu
convaincr**a**	convaincr**ont**	**aura** convaincu	**auront** convaincu
conditionnel		conditionnel passé	
convaincr**ais**	convaincr**ions**	**aurais** convaincu	**aurions** convaincu
convaincr**ais**	convaincr**iez**	**aurais** convaincu	**auriez** convaincu
convaincr**ait**	convaincr**aient**	**aurait** convaincu	**auraient** convaincu
présent du subjonctif		passé du subjonctif	
convainqu**e**	convainqu**ions**	**aie** convaincu	**ayons** convaincu
convainqu**es**	convainqu**iez**	**aies** convaincu	**ayez** convaincu
convainqu**e**	convainqu**ent**	**ait** convaincu	**aient** convaincu
imparfait du subjonctif		plus-que-parfait du subjonctif	
convainqui**sse**	convainqui**ssions**	**eusse** convaincu	**eussions** convaincu
convainqui**sses**	convainqui**ssiez**	**eusses** convaincu	**eussiez** convaincu
convainqu**ît**	convainqui**ssent**	**eût** convaincu	**eussent** convaincu

impératif
convaincs
convainquons
convainquez

participe présent **convenant** participe passé **convenu**

SINGULAR	PLURAL	SINGULAR	PLURAL
présent de l'indicatif		passé composé	
convien**s**	conven**ons**	**ai** convenu	**avons** convenu
convien**s**	conven**ez**	**as** convenu	**avez** convenu
convien**t**	convienn**ent**	**a** convenu	**ont** convenu
imparfait de l'indicatif		plus-que-parfait de l'indicatif	
conven**ais**	conven**ions**	**avais** convenu	**avions** convenu
conven**ais**	conven**iez**	**avais** convenu	**aviez** convenu
conven**ait**	conven**aient**	**avait** convenu	**avaient** convenu
passé simple		passé antérieur	
convin**s**	convîn**mes**	**eus** convenu	**eûmes** convenu
convin**s**	convîn**tes**	**eus** convenu	**eûtes** convenu
convin**t**	convin**rent**	**eut** convenu	**eurent** convenu
futur		futur antérieur	
conviendr**ai**	conviendr**ons**	**aurai** convenu	**aurons** convenu
conviendr**as**	conviendr**ez**	**auras** convenu	**aurez** convenu
conviendr**a**	conviendr**ont**	**aura** convenu	**auront** convenu
conditionnel		conditionnel passé	
conviendr**ais**	conviendr**ions**	**aurais** convenu	**aurions** convenu
conviendr**ais**	conviendr**iez**	**aurais** convenu	**auriez** convenu
conviendr**ait**	conviendr**aient**	**aurait** convenu	**auraient** convenu
présent du subjonctif		passé du subjonctif	
convienn**e**	conven**ions**	**aie** convenu	**ayons** convenu
convienn**es**	conven**iez**	**aies** convenu	**ayez** convenu
convienn**e**	convienn**ent**	**ait** convenu	**aient** convenu
imparfait du subjonctif		plus-que-parfait du subjonctif	
convin**sse**	convin**ssions**	**eusse** convenu	**eussions** convenu
convin**sses**	convin**ssiez**	**eusses** convenu	**eussiez** convenu
convîn**t**	convin**ssent**	**eût** convenu	**eussent** convenu

impératif
conviens
convenons
convenez

coordonner — to coordinate

participe présent **coordonnant** participe passé **coordonné**

SINGULAR	PLURAL	SINGULAR	PLURAL
présent de l'indicatif		passé composé	
coordonn**e**	coordonn**ons**	**ai** coordonné	**avons** coordonné
coordonn**es**	coordonn**ez**	**as** coordonné	**avez** coordonné
coordonn**e**	coordonn**ent**	**a** coordonné	**ont** coordonné
imparfait de l'indicatif		plus-que-parfait de l'indicatif	
coordonn**ais**	coordonn**ions**	**avais** coordonné	**avions** coordonné
coordonn**ais**	coordonn**iez**	**avais** coordonné	**aviez** coordonné
coordonn**ait**	coordonn**aient**	**avait** coordonné	**avaient** coordonné
passé simple		passé antérieur	
coordonn**ai**	coordonn**âmes**	**eus** coordonné	**eûmes** coordonné
coordonn**as**	coordonn**âtes**	**eus** coordonné	**eûtes** coordonné
coordonn**a**	coordonn**èrent**	**eut** coordonné	**eurent** coordonné
futur		futur antérieur	
coordonner**ai**	coordonner**ons**	**aurai** coordonné	**aurons** coordonné
coordonner**as**	coordonner**ez**	**auras** coordonné	**aurez** coordonné
coordonner**a**	coordonner**ont**	**aura** coordonné	**auront** coordonné
conditionnel		conditionnel passé	
coordonner**ais**	coordonner**ions**	**aurais** coordonné	**aurions** coordonné
coordonner**ais**	coordonner**iez**	**aurais** coordonné	**auriez** coordonné
coordonner**ait**	coordonner**aient**	**aurait** coordonné	**auraient** coordonné
présent du subjonctif		passé du subjonctif	
coordonn**e**	coordonn**ions**	**aie** coordonné	**ayons** coordonné
coordonn**es**	coordonn**iez**	**aies** coordonné	**ayez** coordonné
coordonn**e**	coordonn**ent**	**ait** coordonné	**aient** coordonné
imparfait du subjonctif		plus-que-parfait du subjonctif	
coordonna**sse**	coordonna**ssions**	**eusse** coordonné	**eussions** coordonné
coordonna**sses**	coordonna**ssiez**	**eusses** coordonné	**eussiez** coordonné
coordonnâ**t**	coordonna**ssent**	**eût** coordonné	**eussent** coordonné

impératif
coordonne
coordonnons
coordonnez

to correct — corriger

participe présent **corrigeant** participe passé **corrigé**

SINGULAR	PLURAL	SINGULAR	PLURAL
présent de l'indicatif		passé composé	
corrig**e**	corrige**ons**	**ai** corrigé	**avons** corrigé
corrig**es**	corrig**ez**	**as** corrigé	**avez** corrigé
corrig**e**	corrig**ent**	**a** corrigé	**ont** corrigé
imparfait de l'indicatif		plus-que-parfait de l'indicatif	
corrige**ais**	corrig**ions**	**avais** corrigé	**avions** corrigé
corrige**ais**	corrig**iez**	**avais** corrigé	**aviez** corrigé
corrige**ait**	corrige**aient**	**avait** corrigé	**avaient** corrigé
passé simple		passé antérieur	
corrige**ai**	corrige**âmes**	**eus** corrigé	**eûmes** corrigé
corrige**as**	corrige**âtes**	**eus** corrigé	**eûtes** corrigé
corrige**a**	corrig**èrent**	**eut** corrigé	**eurent** corrigé
futur		futur antérieur	
corriger**ai**	corriger**ons**	**aurai** corrigé	**aurons** corrigé
corriger**as**	corriger**ez**	**auras** corrigé	**aurez** corrigé
corriger**a**	corriger**ont**	**aura** corrigé	**auront** corrigé
conditionnel		conditionnel passé	
corriger**ais**	corriger**ions**	**aurais** corrigé	**aurions** corrigé
corriger**ais**	corriger**iez**	**aurais** corrigé	**auriez** corrigé
corriger**ait**	corriger**aient**	**aurait** corrigé	**auraient** corrigé
présent du subjonctif		passé du subjonctif	
corrig**e**	corrig**ions**	**aie** corrigé	**ayons** corrigé
corrig**es**	corrig**iez**	**aies** corrigé	**ayez** corrigé
corrig**e**	corrig**ent**	**ait** corrigé	**aient** corrigé
imparfait du subjonctif		plus-que-parfait du subjonctif	
corrigea**sse**	corrigea**ssions**	**eusse** corrigé	**eussions** corrigé
corrigea**sses**	corrigea**ssiez**	**eusses** corrigé	**eussiez** corrigé
corrigeâ**t**	corrigea**ssent**	**eût** corrigé	**eussent** corrigé

impératif
corrige
corrigeons
corrigez

C

coudre — to sew

participe présent **cousant** participe passé **cousu**

SINGULAR	PLURAL	SINGULAR	PLURAL
présent de l'indicatif		passé composé	
coud**s**	cous**ons**	**ai** cousu	**avons** cousu
coud**s**	cous**ez**	**as** cousu	**avez** cousu
coud	cous**ent**	**a** cousu	**ont** cousu
imparfait de l'indicatif		plus-que-parfait de l'indicatif	
cous**ais**	cous**ions**	**avais** cousu	**avions** cousu
cous**ais**	cous**iez**	**avais** cousu	**aviez** cousu
cous**ait**	cous**aient**	**avait** cousu	**avaient** cousu
passé simple		passé antérieur	
cous**is**	cous**îmes**	**eus** cousu	**eûmes** cousu
cous**is**	cous**îtes**	**eus** cousu	**eûtes** cousu
cous**it**	cous**irent**	**eut** cousu	**eurent** cousu
futur		futur antérieur	
coudr**ai**	coudr**ons**	**aurai** cousu	**aurons** cousu
coudr**as**	coudr**ez**	**auras** cousu	**aurez** cousu
coudr**a**	coudr**ont**	**aura** cousu	**auront** cousu
conditionnel		conditionnel passé	
coudr**ais**	coudr**ions**	**aurais** cousu	**aurions** cousu
coudr**ais**	coudr**iez**	**aurais** cousu	**auriez** cousu
coudr**ait**	coudr**aient**	**aurait** cousu	**auraient** cousu
présent du subjonctif		passé du subjonctif	
cous**e**	cous**ions**	**aie** cousu	**ayons** cousu
cous**es**	cous**iez**	**aies** cousu	**ayez** cousu
cous**e**	cous**ent**	**ait** cousu	**aient** cousu
imparfait du subjonctif		plus-que-parfait du subjonctif	
cousi**sse**	cousi**ssions**	**eusse** cousu	**eussions** cousu
cousi**sses**	cousi**ssiez**	**eusses** cousu	**eussiez** cousu
cousî**t**	cousi**ssent**	**eût** cousu	**eussent** cousu

impératif
couds
cousons
cousez

participe présent **courant** participe passé **couru**

SINGULAR	PLURAL	SINGULAR	PLURAL
présent de l'indicatif		passé composé	
cour**s**	cour**ons**	**ai** couru	**avons** couru
cour**s**	cour**ez**	**as** couru	**avez** couru
cour**t**	cour**ent**	**a** couru	**ont** couru
imparfait de l'indicatif		plus-que-parfait de l'indicatif	
cour**ais**	cour**ions**	**avais** couru	**avions** couru
cour**ais**	cour**iez**	**avais** couru	**aviez** couru
cour**ait**	cour**aient**	**avait** couru	**avaient** couru
passé simple		passé antérieur	
couru**s**	cour**ûmes**	**eus** couru	**eûmes** couru
couru**s**	cour**ûtes**	**eus** couru	**eûtes** couru
couru**t**	couru**rent**	**eut** couru	**eurent** couru
futur		futur antérieur	
courr**ai**	courr**ons**	**aurai** couru	**aurons** couru
courr**as**	courr**ez**	**auras** couru	**aurez** couru
courr**a**	courr**ont**	**aura** couru	**auront** couru
conditionnel		conditionnel passé	
courr**ais**	courr**ions**	**aurais** couru	**aurions** couru
courr**ais**	courr**iez**	**aurais** couru	**auriez** couru
courr**ait**	courr**aient**	**aurait** couru	**auraient** couru
présent du subjonctif		passé du subjonctif	
cour**e**	cour**ions**	**aie** couru	**ayons** couru
cour**es**	cour**iez**	**aies** couru	**ayez** couru
cour**e**	cour**ent**	**ait** couru	**aient** couru
imparfait du subjonctif		plus-que-parfait du subjonctif	
couru**sse**	couru**ssions**	**eusse** couru	**eussions** couru
couru**sses**	couru**ssiez**	**eusses** couru	**eussiez** couru
cour**ût**	couru**ssent**	**eût** couru	**eussent** couru

impératif
cours
courons
courez

participe présent **couvant** participe passé **couvé**

SINGULAR	PLURAL	SINGULAR	PLURAL
présent de l'indicatif		passé composé	
couv**e**	couv**ons**	**ai** couvé	**avons** couvé
couv**es**	couv**ez**	**as** couvé	**avez** couvé
couv**e**	couv**ent**	**a** couvé	**ont** couvé
imparfait de l'indicatif		plus-que-parfait de l'indicatif	
couv**ais**	couv**ions**	**avais** couvé	**avions** couvé
couv**ais**	couv**iez**	**avais** couvé	**aviez** couvé
couv**ait**	couv**aient**	**avait** couvé	**avaient** couvé
passé simple		passé antérieur	
couv**ai**	couv**âmes**	**eus** couvé	**eûmes** couvé
couv**as**	couv**âtes**	**eus** couvé	**eûtes** couvé
couv**a**	couv**èrent**	**eut** couvé	**eurent** couvé
futur		futur antérieur	
couver**ai**	couver**ons**	**aurai** couvé	**aurons** couvé
couver**as**	couver**ez**	**auras** couvé	**aurez** couvé
couver**a**	couver**ont**	**aura** couvé	**auront** couvé
conditionnel		conditionnel passé	
couver**ais**	couver**ions**	**aurais** couvé	**aurions** couvé
couver**ais**	couver**iez**	**aurais** couvé	**auriez** couvé
couver**ait**	couver**aient**	**aurait** couvé	**auraient** couvé
présent du subjonctif		passé du subjonctif	
couv**e**	couv**ions**	**aie** couvé	**ayons** couvé
couv**es**	couv**iez**	**aies** couvé	**ayez** couvé
couv**e**	couv**ent**	**ait** couvé	**aient** couvé
imparfait du subjonctif		plus-que-parfait du subjonctif	
couva**sse**	couva**ssions**	**eusse** couvé	**eussions** couvé
couva**sses**	couva**ssiez**	**eusses** couvé	**eussiez** couvé
couvâ**t**	couva**ssent**	**eût** couvé	**eussent** couvé

impératif
couve
couvons
couvez

participe présent **couvrant** participe passé **couvert**

SINGULAR	PLURAL	SINGULAR	PLURAL
présent de l'indicatif		passé composé	
couvr**e**	couvr**ons**	**ai** couvert	**avons** couvert
couvr**es**	couvr**ez**	**as** couvert	**avez** couvert
couvr**e**	couvr**ent**	**a** couvert	**ont** couvert
imparfait de l'indicatif		plus-que-parfait de l'indicatif	
couvr**ais**	couvr**ions**	**avais** couvert	**avions** couvert
couvr**ais**	couvr**iez**	**avais** couvert	**aviez** couvert
couvr**ait**	couvr**aient**	**avait** couvert	**avaient** couvert
passé simple		passé antérieur	
couvr**is**	couvr**îmes**	**eus** couvert	**eûmes** couvert
couvr**is**	couvr**îtes**	**eus** couvert	**eûtes** couvert
couvr**it**	couvr**irent**	**eut** couvert	**eurent** couvert
futur		futur antérieur	
couvrir**ai**	couvrir**ons**	**aurai** couvert	**aurons** couvert
couvrir**as**	couvrir**ez**	**auras** couvert	**aurez** couvert
couvrir**a**	couvrir**ont**	**aura** couvert	**auront** couvert
conditionnel		conditionnel passé	
couvrir**ais**	couvrir**ions**	**aurais** couvert	**aurions** couvert
couvrir**ais**	couvrir**iez**	**aurais** couvert	**auriez** couvert
couvrir**ait**	couvrir**aient**	**aurait** couvert	**auraient** couvert
présent du subjonctif		passé du subjonctif	
couvr**e**	couvr**ions**	**aie** couvert	**ayons** couvert
couvr**es**	couvr**iez**	**aies** couvert	**ayez** couvert
couvr**e**	couvr**ent**	**ait** couvert	**aient** couvert
imparfait du subjonctif		plus-que-parfait du subjonctif	
couvri**sse**	couvri**ssions**	**eusse** couvert	**eussions** couvert
couvri**sses**	couvri**ssiez**	**eusses** couvert	**eussiez** couvert
couvr**ît**	couvri**ssent**	**eût** couvert	**eussent** couvert

impératif
couvre
couvrons
couvrez

craindre — to fear

participe présent **craignant** participe passé **craint**

SINGULAR	PLURAL
présent de l'indicatif	
crain**s**	craign**ons**
crain**s**	craign**ez**
crain**t**	craign**ent**
imparfait de l'indicatif	
craign**ais**	craign**ions**
craign**ais**	craign**iez**
craign**ait**	craign**aient**
passé simple	
craign**is**	craign**îmes**
craign**is**	craign**îtes**
craign**it**	craign**irent**
futur	
craindr**ai**	craindr**ons**
craindr**as**	craindr**ez**
craindr**a**	craindr**ont**
conditionnel	
craindr**ais**	craindr**ions**
craindr**ais**	craindr**iez**
craindr**ait**	craindr**aient**
présent du subjonctif	
craign**e**	craign**ions**
craign**es**	craign**iez**
craign**e**	craign**ent**
imparfait du subjonctif	
craigni**sse**	craigni**ssions**
craigni**sses**	craigni**ssiez**
craignî**t**	craigni**ssent**
impératif	
crains	
craignons	
craignez	

C

SINGULAR	PLURAL
passé composé	
ai craint	**avons** craint
as craint	**avez** craint
a craint	**ont** craint
plus-que-parfait de l'indicatif	
avais craint	**avions** craint
avais craint	**aviez** craint
avait craint	**avaient** craint
passé antérieur	
eus craint	**eûmes** craint
eus craint	**eûtes** craint
eut craint	**eurent** craint
futur antérieur	
aurai craint	**aurons** craint
auras craint	**aurez** craint
aura craint	**auront** craint
conditionnel passé	
aurais craint	**aurions** craint
aurais craint	**auriez** craint
aurait craint	**auraient** craint
passé du subjonctif	
aie craint	**ayons** craint
aies craint	**ayez** craint
ait craint	**aient** craint
plus-que-parfait du subjonctif	
eusse craint	**eussions** craint
eusses craint	**eussiez** craint
eût craint	**eussent** craint

to create — créer

participe présent **créant** | participe passé **créé**

SINGULAR	PLURAL	SINGULAR	PLURAL
présent de l'indicatif		passé composé	
cré**e**	cré**ons**	**ai** créé	**avons** créé
cré**es**	cré**ez**	**as** créé	**avez** créé
cré**e**	cré**ent**	**a** créé	**ont** créé
imparfait de l'indicatif		plus-que-parfait de l'indicatif	
cré**ais**	cré**ions**	**avais** créé	**avions** créé
cré**ais**	cré**iez**	**avais** créé	**aviez** créé
cré**ait**	cré**aient**	**avait** créé	**avaient** créé
passé simple		passé antérieur	
cré**ai**	cré**âmes**	**eus** créé	**eûmes** créé
cré**as**	cré**âtes**	**eus** créé	**eûtes** créé
cré**a**	cré**èrent**	**eut** créé	**eurent** créé
futur		futur antérieur	
créer**ai**	créer**ons**	**aurai** créé	**aurons** créé
créer**as**	créer**ez**	**auras** créé	**aurez** créé
créer**a**	créer**ont**	**aura** créé	**auront** créé
conditionnel		conditionnel passé	
créer**ais**	créer**ions**	**aurais** créé	**aurions** créé
créer**ais**	créer**iez**	**aurais** créé	**auriez** créé
créer**ait**	créer**aient**	**aurait** créé	**auraient** créé
présent du subjonctif		passé du subjonctif	
cré**e**	cré**ions**	**aie** créé	**ayons** créé
cré**es**	cré**iez**	**aies** créé	**ayez** créé
cré**e**	cré**ent**	**ait** créé	**aient** créé
imparfait du subjonctif		plus-que-parfait du subjonctif	
cré**asse**	cré**assions**	**eusse** créé	**eussions** créé
cré**asses**	cré**assiez**	**eusses** créé	**eussiez** créé
cré**ât**	cré**assent**	**eût** créé	**eussent** créé

impératif

crée
créons
créez

crever — to burst

participe présent **crevant** participe passé **crevé**

SINGULAR	PLURAL
présent de l'indicatif	
crèv**e**	crev**ons**
crèv**es**	crev**ez**
crèv**e**	crèv**ent**
imparfait de l'indicatif	
crev**ais**	crev**ions**
crev**ais**	crev**iez**
crev**ait**	crev**aient**
passé simple	
crev**ai**	crev**âmes**
crev**as**	crev**âtes**
crev**a**	crev**èrent**
futur	
crèver**ai**	crèver**ons**
crèver**as**	crèver**ez**
crèver**a**	crèver**ont**
conditionnel	
crèver**ais**	crèver**ions**
crèver**ais**	crèver**iez**
crèver**ait**	crèver**aient**
présent du subjonctif	
crèv**e**	crev**ions**
crèv**es**	crev**iez**
crèv**e**	crèv**ent**
imparfait du subjonctif	
creva**sse**	creva**ssions**
creva**sses**	creva**ssiez**
crevâ**t**	creva**ssent**
impératif	
crève	
crevons	
crevez	

C

SINGULAR	PLURAL
passé composé	
ai crevé	**avons** crevé
as crevé	**avez** crevé
a crevé	**ont** crevé
plus-que-parfait de l'indicatif	
avais crevé	**avions** crevé
avais crevé	**aviez** crevé
avait crevé	**avaient** crevé
passé antérieur	
eus crevé	**eûmes** crevé
eus crevé	**eûtes** crevé
eut crevé	**eurent** crevé
futur antérieur	
aurai crevé	**aurons** crevé
auras crevé	**aurez** crevé
aura crevé	**auront** crevé
conditionnel passé	
aurais crevé	**aurions** crevé
aurais crevé	**auriez** crevé
aurait crevé	**auraient** crevé
passé du subjonctif	
aie crevé	**ayons** crevé
aies crevé	**ayez** crevé
ait crevé	**aient** crevé
plus-que-parfait du subjonctif	
eusse crevé	**eussions** crevé
eusses crevé	**eussiez** crevé
eût crevé	**eussent** crevé

to cry out, to shout **crier**

participe présent **criant** participe passé **crié**

SINGULAR	PLURAL
présent de l'indicatif	
cri**e**	cri**ons**
cri**es**	cri**ez**
cri**e**	cri**ent**
imparfait de l'indicatif	
cri**ais**	cri**ions**
cri**ais**	cri**iez**
cri**ait**	cri**aient**
passé simple	
cri**ai**	cri**âmes**
cri**as**	cri**âtes**
cri**a**	cri**èrent**
futur	
crier**ai**	crier**ons**
crier**as**	crier**ez**
crier**a**	crier**ont**
conditionnel	
crier**ais**	crier**ions**
crier**ais**	crier**iez**
crier**ait**	crier**aient**
présent du subjonctif	
cri**e**	cri**ions**
cri**es**	cri**iez**
cri**e**	cri**ent**
imparfait du subjonctif	
cria**sse**	cria**ssions**
cria**sses**	cria**ssiez**
cri**ât**	cria**ssent**
impératif	
crie	
crions	
criez	

SINGULAR	PLURAL
passé composé	
ai crié	**avons** crié
as crié	**avez** crié
a crié	**ont** crié
plus-que-parfait de l'indicatif	
avais crié	**avions** crié
avais crié	**aviez** crié
avait crié	**avaient** crié
passé antérieur	
eus crié	**eûmes** crié
eus crié	**eûtes** crié
eut crié	**eurent** crié
futur antérieur	
aurai crié	**aurons** crié
auras crié	**aurez** crié
aura crié	**auront** crié
conditionnel passé	
aurais crié	**aurions** crié
aurais crié	**auriez** crié
aurait crié	**auraient** crié
passé du subjonctif	
aie crié	**ayons** crié
aies crié	**ayez** crié
ait crié	**aient** crié
plus-que-parfait du subjonctif	
eusse crié	**eussions** crié
eusses crié	**eussiez** crié
eût crié	**eussent** crié

critiquer — to criticize

participe présent **critiquant** participe passé **critiqué**

SINGULAR	PLURAL	SINGULAR	PLURAL
présent de l'indicatif		passé composé	
critiqu**e**	critiqu**ons**	**ai** critiqué	**avons** critiqué
critiqu**es**	critiqu**ez**	**as** critiqué	**avez** critiqué
critiqu**e**	critiqu**ent**	**a** critiqué	**ont** critiqué
imparfait de l'indicatif		plus-que-parfait de l'indicatif	
critiqu**ais**	critiqu**ions**	**avais** critiqué	**avions** critiqué
critiqu**ais**	critiqu**iez**	**avais** critiqué	**aviez** critiqué
critiqu**ait**	critiqu**aient**	**avait** critiqué	**avaient** critiqué
passé simple		passé antérieur	
critiqu**ai**	critiqu**âmes**	**eus** critiqué	**eûmes** critiqué
critiqu**as**	critiqu**âtes**	**eus** critiqué	**eûtes** critiqué
critiqu**a**	critiqu**èrent**	**eut** critiqué	**eurent** critiqué
futur		futur antérieur	
critiquer**ai**	critiquer**ons**	**aurai** critiqué	**aurons** critiqué
critiquer**as**	critiquer**ez**	**auras** critiqué	**aurez** critiqué
critiquer**a**	critiquer**ont**	**aura** critiqué	**auront** critiqué
conditionnel		conditionnel passé	
critiquer**ais**	critiquer**ions**	**aurais** critiqué	**aurions** critiqué
critiquer**ais**	critiquer**iez**	**aurais** critiqué	**auriez** critiqué
critiquer**ait**	critiquer**aient**	**aurait** critiqué	**auraient** critiqué
présent du subjonctif		passé du subjonctif	
critiqu**e**	critiqu**ions**	**aie** critiqué	**ayons** critiqué
critiqu**es**	critiqu**iez**	**aies** critiqué	**ayez** critiqué
critiqu**e**	critiqu**ent**	**ait** critiqué	**aient** critiqué
imparfait du subjonctif		plus-que-parfait du subjonctif	
critiqua**sse**	critiqua**ssions**	**eusse** critiqué	**eussions** critiqué
critiqua**sses**	critiqua**ssiez**	**eusses** critiqué	**eussiez** critiqué
critiqu**ât**	critiqua**ssent**	**eût** critiqué	**eussent** critiqué

impératif
critique
critiquons
critiquez

participe présent **croyant** participe passé **cru**

SINGULAR	PLURAL	SINGULAR	PLURAL
présent de l'indicatif		passé composé	
crois	croyons	ai cru	avons cru
crois	croyez	as cru	avez cru
croit	croient	a cru	ont cru
imparfait de l'indicatif		plus-que-parfait de l'indicatif	
croyais	croyions	avais cru	avions cru
croyais	croyiez	avais cru	aviez cru
croyait	croyaient	avait cru	avaient cru
passé simple		passé antérieur	
crus	crûmes	eus cru	eûmes cru
crus	crûtes	eus cru	eûtes cru
crut	crurent	eut cru	eurent cru
futur		futur antérieur	
croirai	croirons	aurai cru	aurons cru
croiras	croirez	auras cru	aurez cru
croira	croiront	aura cru	auront cru
conditionnel		conditionnel passé	
croirais	croirions	aurais cru	aurions cru
croirais	croiriez	aurais cru	auriez cru
croirait	croiraient	aurait cru	auraient cru
présent du subjonctif		passé du subjonctif	
croie	croyions	aie cru	ayons cru
croies	croyiez	aies cru	ayez cru
croie	croient	ait cru	aient cru
imparfait du subjonctif		plus-que-parfait du subjonctif	
crusse	crussions	eusse cru	eussions cru
crusses	crussiez	eusses cru	eussiez cru
crût	crussent	eût cru	eussent cru

impératif
crois
croyons
croyez

MUST KNOW VERB

croître — to grow, to increase

participe présent **croissant** — participe passé **crû**

SINGULAR	PLURAL	SINGULAR	PLURAL
présent de l'indicatif		*passé composé*	
croî**s**	croiss**ons**	**ai** crû	**avons** crû
croî**s**	croiss**ez**	**as** crû	**avez** crû
croî**t**	croiss**ent**	**a** crû	**ont** crû
imparfait de l'indicatif		*plus-que-parfait de l'indicatif*	
croiss**ais**	croiss**ions**	**avais** crû	**avions** crû
croiss**ais**	croiss**iez**	**avais** crû	**aviez** crû
croiss**ait**	croiss**aient**	**avait** crû	**avaient** crû
passé simple		*passé antérieur*	
crû**s**	crû**mes**	**eus** crû	**eûmes** crû
crû**s**	crû**tes**	**eus** crû	**eûtes** crû
crû**t**	crû**rent**	**eut** crû	**eurent** crû
futur		*futur antérieur*	
croîtr**ai**	croîtr**ons**	**aurai** crû	**aurons** crû
croîtr**as**	croîtr**ez**	**auras** crû	**aurez** crû
croîtr**a**	croîtr**ont**	**aura** crû	**auront** crû
conditionnel		*conditionnel passé*	
croîtr**ais**	croîtr**ions**	**aurais** crû	**aurions** crû
croîtr**ais**	croîtr**iez**	**aurais** crû	**auriez** crû
croîtr**ait**	croîtr**aient**	**aurait** crû	**auraient** crû
présent du subjonctif		*passé du subjonctif*	
croiss**e**	croiss**ions**	**aie** crû	**ayons** crû
croiss**es**	croiss**iez**	**aies** crû	**ayez** crû
croiss**e**	croiss**ent**	**ait** crû	**aient** crû
imparfait du subjonctif		*plus-que-parfait du subjonctif*	
crû**sse**	crû**ssions**	**eusse** crû	**eussions** crû
crû**sses**	crû**ssiez**	**eusses** crû	**eussiez** crû
crû**t**	crû**ssent**	**eût** crû	**eussent** crû

impératif
croîs
croissons
croissez

to cook **cuire**

participe présent **cuisant** participe passé **cuit**

C

SINGULAR	PLURAL	SINGULAR	PLURAL
présent de l'indicatif		passé composé	
cui**s**	cuis**ons**	**ai** cuit	**avons** cuit
cui**s**	cuis**ez**	**as** cuit	**avez** cuit
cui**t**	cuis**ent**	**a** cuit	**ont** cuit
imparfait de l'indicatif		plus-que-parfait de l'indicatif	
cuis**ais**	cuis**ions**	**avais** cuit	**avions** cuit
cuis**ais**	cuis**iez**	**avais** cuit	**aviez** cuit
cuis**ait**	cuis**aient**	**avait** cuit	**avaient** cuit
passé simple		passé antérieur	
cuis**is**	cuis**îmes**	**eus** cuit	**eûmes** cuit
cuis**is**	cuis**îtes**	**eus** cuit	**eûtes** cuit
cuis**it**	cuis**irent**	**eut** cuit	**eurent** cuit
futur		futur antérieur	
cuir**ai**	cuir**ons**	**aurai** cuit	**aurons** cuit
cuir**as**	cuir**ez**	**auras** cuit	**aurez** cuit
cuir**a**	cuir**ont**	**aura** cuit	**auront** cuit
conditionnel		conditionnel passé	
cuir**ais**	cuir**ions**	**aurais** cuit	**aurions** cuit
cuir**ais**	cuir**iez**	**aurais** cuit	**auriez** cuit
cuir**ait**	cuir**aient**	**aurait** cuit	**auraient** cuit
présent du subjonctif		passé du subjonctif	
cuis**e**	cuis**ions**	**aie** cuit	**ayons** cuit
cuis**es**	cuis**iez**	**aies** cuit	**ayez** cuit
cuis**e**	cuis**ent**	**ait** cuit	**aient** cuit
imparfait du subjonctif		plus-que-parfait du subjonctif	
cuisi**sse**	cuisi**ssions**	**eusse** cuit	**eussions** cuit
cuisi**sses**	cuisi**ssiez**	**eusses** cuit	**eussiez** cuit
cuisî**t**	cuisi**ssent**	**eût** cuit	**eussent** cuit

impératif
cuis
cuisons
cuisez

danser — to dance

participe présent **dansant** — participe passé **dansé**

SINGULAR	PLURAL
présent de l'indicatif	
dans**e**	dans**ons**
dans**es**	dans**ez**
dans**e**	dans**ent**
imparfait de l'indicatif	
dans**ais**	dans**ions**
dans**ais**	dans**iez**
dans**ait**	dans**aient**
passé simple	
dans**ai**	dans**âmes**
dans**as**	dans**âtes**
dans**a**	dans**èrent**
futur	
danser**ai**	danser**ons**
danser**as**	danser**ez**
danser**a**	danser**ont**
conditionnel	
danser**ais**	danser**ions**
danser**ais**	danser**iez**
danser**ait**	danser**aient**
présent du subjonctif	
dans**e**	dans**ions**
dans**es**	dans**iez**
dans**e**	dans**ent**
imparfait du subjonctif	
dansa**sse**	dansa**ssions**
dansa**sses**	dansa**ssiez**
dansâ**t**	dansa**ssent**
impératif	
danse	
dansons	
dansez	

SINGULAR	PLURAL
passé composé	
ai dansé	**avons** dansé
as dansé	**avez** dansé
a dansé	**ont** dansé
plus-que-parfait de l'indicatif	
avais dansé	**avions** dansé
avais dansé	**aviez** dansé
avait dansé	**avaient** dansé
passé antérieur	
eus dansé	**eûmes** dansé
eus dansé	**eûtes** dansé
eut dansé	**eurent** dansé
futur antérieur	
aurai dansé	**aurons** dansé
auras dansé	**aurez** dansé
aura dansé	**auront** dansé
conditionnel passé	
aurais dansé	**aurions** dansé
aurais dansé	**auriez** dansé
aurait dansé	**auraient** dansé
passé du subjonctif	
aie dansé	**ayons** dansé
aies dansé	**ayez** dansé
ait dansé	**aient** dansé
plus-que-parfait du subjonctif	
eusse dansé	**eussions** dansé
eusses dansé	**eussiez** dansé
eût dansé	**eussent** dansé

to clear, to rid **débarrasser**

participe présent **débarrassant** participe passé **débarrassé**

SINGULAR	PLURAL
présent de l'indicatif	
débarrass**e**	débarrass**ons**
débarrass**es**	débarrass**ez**
débarrass**e**	débarrass**ent**
imparfait de l'indicatif	
débarrass**ais**	débarrass**ions**
débarrass**ais**	débarrass**iez**
débarrass**ait**	débarrass**aient**
passé simple	
débarrass**ai**	débarrass**âmes**
débarrass**as**	débarrass**âtes**
débarrass**a**	débarrass**èrent**
futur	
débarrasser**ai**	débarrasser**ons**
débarrasser**as**	débarrasser**ez**
débarrasser**a**	débarrasser**ont**
conditionnel	
débarrasser**ais**	débarrasser**ions**
débarrasser**ais**	débarrasser**iez**
débarrasser**ait**	débarrasser**aient**
présent du subjonctif	
débarrass**e**	débarrass**ions**
débarrass**es**	débarrass**iez**
débarrass**e**	débarrass**ent**
imparfait du subjonctif	
débarrassa**sse**	débarrassa**ssions**
débarrassa**sses**	débarrassa**ssiez**
débarrass**ât**	débarrassa**ssent**
impératif	
débarrasse	
débarrassons	
débarrassez	

SINGULAR	PLURAL
passé composé	
ai débarrassé	**avons** débarrassé
as débarrassé	**avez** débarrassé
a débarrassé	**ont** débarrassé
plus-que-parfait de l'indicatif	
avais débarrassé	**avions** débarrassé
avais débarrassé	**aviez** débarrassé
avait débarrassé	**avaient** débarrassé
passé antérieur	
eus débarrassé	**eûmes** débarrassé
eus débarrassé	**eûtes** débarrassé
eut débarrassé	**eurent** débarrassé
futur antérieur	
aurai débarrassé	**aurons** débarrassé
auras débarrassé	**aurez** débarrassé
aura débarrassé	**auront** débarrassé
conditionnel passé	
aurais débarrassé	**aurions** débarrassé
aurais débarrassé	**auriez** débarrassé
aurait débarrassé	**auraient** débarrassé
passé du subjonctif	
aie débarrassé	**ayons** débarrassé
aies débarrassé	**ayez** débarrassé
ait débarrassé	**aient** débarrassé
plus-que-parfait débarrassé du subjonctif	
eusse débarrassé	**eussions** débarrassé
eusses débarrassé	**eussiez** débarrassé
eût débarrassé	**eussent** débarrassé

se débrouiller — to manage, to improvise

participe présent **se débrouillant** participe passé **débrouillé(e)(s)**

présent de l'indicatif

SINGULAR	PLURAL
me débrouill**e**	**nous** débrouill**ons**
te débrouill**es**	**vous** débrouill**ez**
se débrouill**e**	**se** débrouill**ent**

imparfait de l'indicatif

SINGULAR	PLURAL
me débrouill**ais**	**nous** débrouill**ions**
te débrouill**ais**	**vous** débrouill**iez**
se débrouill**ait**	**se** débrouill**aient**

passé simple

SINGULAR	PLURAL
me débrouill**ai**	**nous** débrouill**âmes**
te débrouill**as**	**vous** débrouill**âtes**
se débrouill**a**	**se** débrouill**èrent**

futur

SINGULAR	PLURAL
me débrouiller**ai**	**nous** débrouiller**ons**
te débrouiller**as**	**vous** débrouiller**ez**
se débrouiller**a**	**se** débrouiller**ont**

conditionnel

SINGULAR	PLURAL
me débrouiller**ais**	**nous** débrouiller**ions**
te débrouiller**ais**	**vous** débrouiller**iez**
se débrouiller**ait**	**se** débrouiller**aient**

présent du subjonctif

SINGULAR	PLURAL
me débrouill**e**	**nous** débrouill**ions**
te débrouill**es**	**vous** débrouill**iez**
se débrouill**e**	**se** débrouill**ent**

imparfait du subjonctif

SINGULAR	PLURAL
me débrouilla**sse**	**nous** débrouilla**ssions**
te débrouilla**sses**	**vous** débrouilla**ssiez**
se débrouill**ât**	**se** débrouilla**ssent**

impératif

débrouille-toi
débrouillons-nous
débrouillez-vous

passé composé

SINGULAR	PLURAL
me suis débrouillé(e)	**nous sommes** debrouillé(e)s
t'es débrouillé(e)	**vous êtes** débrouillé(e)(s)
s'est débrouillé(e)	**se sont** débrouillé(e)s

plus-que-parfait de l'indicatif

SINGULAR	PLURAL
m'étais débrouillé(e)	**nous étions** débrouillé(e)s
t'étais débrouillé(e)	**vous étiez** débrouillé(e)(s)
s'était débrouillé(e)	**s'étaient** débrouillé(e)s

passé antérieur

SINGULAR	PLURAL
me fus débrouillé(e)	**nous fûmes** débrouillé(e)s
te fus débrouillé(e)	**vous fûtes** débrouillé(e)(s)
se fut débrouillé(e)	**se furent** débrouillé(e)s

futur antérieur

SINGULAR	PLURAL
me serai débrouillé(e)	**nous serons** débrouillé(e)s
te seras débrouillé(e)	**vous serez** débrouillé(e)(s)
se sera débrouillé(e)	**se seront** débrouillé(e)s

conditionnel passé

SINGULAR	PLURAL
me serais débrouillé(e)	**nous serions** débrouillé(e)s
te serais débrouillé(e)	**vous seriez** débrouillé(e)(s)
se serait débrouillé(e)	**se seraient** débrouillé(e)s

passé du subjonctif

SINGULAR	PLURAL
me sois débrouillé(e)	**nous soyons** débrouillé(e)s
te sois débrouillé(e)	**vous soyez** débrouillé(e)(s)
se soit débrouillé(e)	**se soient** débrouillé(e)s

plus-que-parfait du subjonctif

SINGULAR	PLURAL
me fusse débrouillé(e)	**nous fussions** débrouillé(e)s
te fusses débrouillé(e)	**vous fussiez** débrouillé(e)(s)
se fût débrouillé(e)	**se fussent** débrouillé(e)s

to deceive, to disappoint décevoir

participe présent **décevant** participe passé **déçu**

SINGULAR	PLURAL
présent de l'indicatif	
déço**is**	déce**vons**
déço**is**	déce**vez**
déço**it**	déçoiv**ent**
imparfait de l'indicatif	
décev**ais**	décev**ions**
décev**ais**	décev**iez**
décev**ait**	décev**aient**
passé simple	
déç**us**	déç**ûmes**
déç**us**	déç**ûtes**
déç**ut**	déç**urent**
futur	
décevr**ai**	décevr**ons**
décevr**as**	décevr**ez**
décevr**a**	décevr**ont**
conditionnel	
décevr**ais**	décevr**ions**
décevr**ais**	décevr**iez**
décevr**ait**	décevr**aient**
présent du subjonctif	
déçoiv**e**	décev**ions**
déçoiv**es**	décev**iez**
déçoiv**e**	déçoiv**ent**
imparfait du subjonctif	
déçu**sse**	déçu**ssions**
déçu**sses**	déçu**ssiez**
déç**ût**	déçu**ssent**
impératif	
déçois	
décevons	
décevez	

SINGULAR	PLURAL
passé composé	
ai déçu	**avons** déçu
as déçu	**avez** déçu
a déçu	**ont** déçu
plus-que-parfait de l'indicatif	
avais déçu	**avions** déçu
avais déçu	**aviez** déçu
avait déçu	**avaient** déçu
passé antérieur	
eus déçu	**eûmes** déçu
eus déçu	**eûtes** déçu
eut déçu	**eurent** déçu
futur antérieur	
aurai déçu	**aurons** déçu
auras déçu	**aurez** déçu
aura déçu	**auront** déçu
conditionnel passé	
aurais déçu	**aurions** déçu
aurais déçu	**auriez** déçu
aurait déçu	**auraient** déçu
passé du subjonctif	
aie déçu	**ayons** déçu
aies déçu	**ayez** déçu
ait déçu	**aient** déçu
plus-que-parfait du subjonctif	
eusse déçu	**eussions** déçu
eusses déçu	**eussiez** déçu
eût déçu	**eussent** déçu

déchiffrer — to decipher

participe présent **déchiffrant** — participe passé **déchiffré**

D

SINGULAR	PLURAL	SINGULAR	PLURAL
présent de l'indicatif		passé composé	
déchiffr**e**	déchiffr**ons**	**ai** déchiffré	**avons** déchiffré
déchiffr**es**	déchiffr**ez**	**as** déchiffré	**avez** déchiffré
déchiffr**e**	déchiffr**ent**	**a** déchiffré	**ont** déchiffré
imparfait de l'indicatif		plus-que-parfait de l'indicatif	
déchiffr**ais**	déchiffr**ions**	**avais** déchiffré	**avions** déchiffré
déchiffr**ais**	déchiffr**iez**	**avais** déchiffré	**aviez** déchiffré
déchiffr**ait**	déchiffr**aient**	**avait** déchiffré	**avaient** déchiffré
passé simple		passé antérieur	
déchiffr**ai**	déchiffr**âmes**	**eus** déchiffré	**eûmes** déchiffré
déchiffr**as**	déchiffr**âtes**	**eus** déchiffré	**eûtes** déchiffré
déchiffr**a**	déchiffr**èrent**	**eut** déchiffré	**eurent** déchiffré
futur		futur antérieur	
déchiffrer**ai**	déchiffrer**ons**	**aurai** déchiffré	**aurons** déchiffré
déchiffrer**as**	déchiffrer**ez**	**auras** déchiffré	**aurez** déchiffré
déchiffrer**a**	déchiffrer**ont**	**aura** déchiffré	**auront** déchiffré
conditionnel		conditionnel passé	
déchiffrer**ais**	déchiffrer**ions**	**aurais** déchiffré	**aurions** déchiffré
déchiffrer**ais**	déchiffrer**iez**	**aurais** déchiffré	**auriez** déchiffré
déchiffrer**ait**	déchiffrer**aient**	**aurait** déchiffré	**auraient** déchiffré
présent du subjonctif		passé du subjonctif	
déchiffr**e**	déchiffr**ions**	**aie** déchiffré	**ayons** déchiffré
déchiffr**es**	déchiffr**iez**	**aies** déchiffré	**ayez** déchiffré
déchiffr**e**	déchiffr**ent**	**ait** déchiffré	**aient** déchiffré
imparfait du subjonctif		plus-que-parfait du subjonctif	
déchiffra**sse**	déchiffra**ssions**	**eusse** déchiffré	**eussions** déchiffré
déchiffra**sses**	déchiffra**ssiez**	**eusses** déchiffré	**eussiez** déchiffré
déchiffr**ât**	déchiffra**ssent**	**eût** déchiffré	**eussent** déchiffré

impératif
déchiffre
déchiffrons
déchiffrez

to decide **décider**

participe présent **décidant** participe passé **décidé**

SINGULAR	PLURAL	SINGULAR	PLURAL
présent de l'indicatif		passé composé	
décid**e**	décid**ons**	**ai** décidé	**avons** décidé
décid**es**	décid**ez**	**as** décidé	**avez** décidé
décid**e**	décid**ent**	**a** décidé	**ont** décidé
imparfait de l'indicatif		plus-que-parfait de l'indicatif	
décid**ais**	décid**ions**	**avais** décidé	**avions** décidé
décid**ais**	décid**iez**	**avais** décidé	**aviez** décidé
décid**ait**	décid**aient**	**avait** décidé	**avaient** décidé
passé simple		passé antérieur	
décid**ai**	décid**âmes**	**eus** décidé	**eûmes** décidé
décid**as**	décid**âtes**	**eus** décidé	**eûtes** décidé
décid**a**	décid**èrent**	**eut** décidé	**eurent** décidé
futur		futur antérieur	
décider**ai**	décider**ons**	**aurai** décidé	**aurons** décidé
décider**as**	décider**ez**	**auras** décidé	**aurez** décidé
décider**a**	décider**ont**	**aura** décidé	**auront** décidé
conditionnel		conditionnel passé	
décider**ais**	décider**ions**	**aurais** décidé	**aurions** décidé
décider**ais**	décider**iez**	**aurais** décidé	**auriez** décidé
décider**ait**	décider**aient**	**aurait** décidé	**auraient** décidé
présent du subjonctif		passé du subjonctif	
décid**e**	décid**ions**	**aie** décidé	**ayons** décidé
décid**es**	décid**iez**	**aies** décidé	**ayez** décidé
décid**e**	décid**ent**	**ait** décidé	**aient** décidé
imparfait du subjonctif		plus-que-parfait du subjonctif	
décida**sse**	décida**ssions**	**eusse** décidé	**eussions** décidé
décida**sses**	décida**ssiez**	**eusses** décidé	**eussiez** décidé
décidâ**t**	décida**ssent**	**eût** décidé	**eussent** décidé

impératif
décide
décidons
décidez

D

déclarer — to declare

participe présent **déclarant** participe passé **déclaré**

présent de l'indicatif

SINGULAR	PLURAL
déclar**e**	déclar**ons**
déclar**es**	déclar**ez**
déclar**e**	déclar**ent**

imparfait de l'indicatif

SINGULAR	PLURAL
déclar**ais**	déclar**ions**
déclar**ais**	déclar**iez**
déclar**ait**	déclar**aient**

passé simple

SINGULAR	PLURAL
déclar**ai**	déclar**âmes**
déclar**as**	déclar**âtes**
déclar**a**	déclar**èrent**

futur

SINGULAR	PLURAL
déclarer**ai**	déclarer**ons**
déclarer**as**	déclarer**ez**
déclarer**a**	déclarer**ont**

conditionnel

SINGULAR	PLURAL
déclarer**ais**	déclarer**ions**
déclarer**ais**	déclarer**iez**
déclarer**ait**	déclarer**aient**

présent du subjonctif

SINGULAR	PLURAL
déclar**e**	déclar**ions**
déclar**es**	déclar**iez**
déclar**e**	déclar**ent**

imparfait du subjonctif

SINGULAR	PLURAL
déclara**sse**	déclara**ssions**
déclara**sses**	déclara**ssiez**
déclarâ**t**	déclara**ssent**

impératif

déclare
déclarons
déclarez

passé composé

SINGULAR	PLURAL
ai déclaré	**avons** déclaré
as déclaré	**avez** déclaré
a déclaré	**ont** déclaré

plus-que-parfait de l'indicatif

SINGULAR	PLURAL
avais déclaré	**avions** déclaré
avais déclaré	**aviez** déclaré
avait déclaré	**avaient** déclaré

passé antérieur

SINGULAR	PLURAL
eus déclaré	**eûmes** déclaré
eus déclaré	**eûtes** déclaré
eut déclaré	**eurent** déclaré

futur antérieur

SINGULAR	PLURAL
aurai déclaré	**aurons** déclaré
auras déclaré	**aurez** déclaré
aura déclaré	**auront** déclaré

conditionnel passé

SINGULAR	PLURAL
aurais déclaré	**aurions** déclaré
aurais déclaré	**auriez** déclaré
aurait déclaré	**auraient** déclaré

passé du subjonctif

SINGULAR	PLURAL
aie déclaré	**ayons** déclaré
aies déclaré	**ayez** déclaré
ait déclaré	**aient** déclaré

plus-que-parfait du subjonctif

SINGULAR	PLURAL
eusse déclaré	**eussions** déclaré
eusses déclaré	**eussiez** déclaré
eût déclaré	**eussent** déclaré

to discover **découvrir**

participe présent **découvrant** participe passé **découvert**

SINGULAR	PLURAL	SINGULAR	PLURAL
présent de l'indicatif		passé composé	
découvr**e**	découvr**ons**	**ai** découvert	**avons** découvert
découvr**es**	découvr**ez**	**as** découvert	**avez** découvert
découvr**e**	découvr**ent**	**a** découvert	**ont** découvert
imparfait de l'indicatif		plus-que-parfait de l'indicatif	
découvr**ais**	découvr**ions**	**avais** découvert	**avions** découvert
découvr**ais**	découvr**iez**	**avais** découvert	**aviez** découvert
découvr**ait**	découvr**aient**	**avait** découvert	**avaient** découvert
passé simple		passé antérieur	
découvr**is**	découvr**îmes**	**eus** découvert	**eûmes** découvert
découvr**is**	découvr**îtes**	**eus** découvert	**eûtes** découvert
découvr**it**	découvr**irent**	**eut** découvert	**eurent** découvert
futur		futur antérieur	
découvrir**ai**	découvrir**ons**	**aurai** découvert	**aurons** découvert
découvrir**as**	découvrir**ez**	**auras** découvert	**aurez** découvert
découvrir**a**	découvrir**ont**	**aura** découvert	**auront** découvert
conditionnel		conditionnel passé	
découvrir**ais**	découvrir**ions**	**aurais** découvert	**aurions** découvert
découvrir**ais**	découvrir**iez**	**aurais** découvert	**auriez** découvert
découvrir**ait**	découvrir**aient**	**aurait** découvert	**auraient** découvert
présent du subjonctif		passé du subjonctif	
découvr**e**	découvr**ions**	**aie** découvert	**ayons** découvert
découvr**es**	découvr**iez**	**aies** découvert	**ayez** découvert
découvr**e**	découvr**ent**	**ait** découvert	**aient** découvert
imparfait du subjonctif		plus-que-parfait du subjonctif	
découvri**sse**	découvri**ssions**	**eusse** découvert	**eussions** découvert
découvri**sses**	découvri**ssiez**	**eusses** découvert	**eussiez** découvert
découvrî**t**	découvri**ssent**	**eût** découvert	**eussent** découvert

impératif
découvre
découvrons
découvrez

décrire — to describe

participe présent **décrivant** participe passé **décrit**

SINGULAR	PLURAL	SINGULAR	PLURAL
présent de l'indicatif		passé composé	
décri**s**	décriv**ons**	**ai** décrit	**avons** décrit
décri**s**	décriv**ez**	**as** décrit	**avez** décrit
décri**t**	décriv**ent**	**a** décrit	**ont** décrit
imparfait de l'indicatif		plus-que-parfait de l'indicatif	
décriv**ais**	décriv**ions**	**avais** décrit	**avions** décrit
décriv**ais**	décriv**iez**	**avais** décrit	**aviez** décrit
décriv**ait**	décriv**aient**	**avait** décrit	**avaient** décrit
passé simple		passé antérieur	
décriv**is**	décriv**îmes**	**eus** décrit	**eûmes** décrit
décriv**is**	décriv**îtes**	**eus** décrit	**eûtes** décrit
décriv**it**	décriv**irent**	**eut** décrit	**eurent** décrit
futur		futur antérieur	
décrir**ai**	décrir**ons**	**aurai** décrit	**aurons** décrit
décrir**as**	décrir**ez**	**auras** décrit	**aurez** décrit
décrir**a**	décrir**ont**	**aura** décrit	**auront** décrit
conditionnel		conditionnel passé	
décrir**ais**	décrir**ions**	**aurais** décrit	**aurions** décrit
décrir**ais**	décrir**iez**	**aurais** décrit	**auriez** décrit
décrir**ait**	décrir**aient**	**aurait** décrit	**auraient** décrit
présent du subjonctif		passé du subjonctif	
décriv**e**	décriv**ions**	**aie** décrit	**ayons** décrit
décriv**es**	décriv**iez**	**aies** décrit	**ayez** décrit
décriv**e**	décriv**ent**	**ait** décrit	**aient** décrit
imparfait du subjonctif		plus-que-parfait du subjonctif	
décrivi**sse**	décrivi**ssions**	**eusse** décrit	**eussions** décrit
décrivi**sses**	décrivi**ssiez**	**eusses** décrit	**eussiez** décrit
décrivî**t**	décrivi**ssent**	**eût** décrit	**eussent** décrit

impératif
décris
décrivons
décrivez

to take down, to pick up **décrocher**

participe présent **décrochant** participe passé **décroché**

SINGULAR	PLURAL	SINGULAR	PLURAL
présent de l'indicatif		passé composé	
décroch**e**	décroch**ons**	**ai** décroché	**avons** décroché
décroch**es**	décroch**ez**	**as** décroché	**avez** décroché
décroch**e**	décroch**ent**	**a** décroché	**ont** décroché
imparfait de l'indicatif		plus-que-parfait de l'indicatif	
décroch**ais**	décroch**ions**	**avais** décroché	**avions** décroché
décroch**ais**	décroch**iez**	**avais** décroché	**aviez** décroché
décroch**ait**	décroch**aient**	**avait** décroché	**avaient** décroché
passé simple		passé antérieur	
décroch**ai**	décroch**âmes**	**eus** décroché	**eûmes** décroché
décroch**as**	décroch**âtes**	**eus** décroché	**eûtes** décroché
décroch**a**	décroch**èrent**	**eut** décroché	**eurent** décroché
futur		futur antérieur	
décrocher**ai**	décrocher**ons**	**aurai** décroché	**aurons** décroché
décrocher**as**	décrocher**ez**	**auras** décroché	**aurez** décroché
décrocher**a**	décrocher**ont**	**aura** décroché	**auront** décroché
conditionnel		conditionnel passé	
décrocher**ais**	décrocher**ions**	**aurais** décroché	**aurions** décroché
décrocher**ais**	décrocher**iez**	**aurais** décroché	**auriez** décroché
décrocher**ait**	décrocher**aient**	**aurait** décroché	**auraient** décroché
présent du subjonctif		passé du subjonctif	
décroch**e**	décroch**ions**	**aie** décroché	**ayons** décroché
décroch**es**	décroch**iez**	**aies** décroché	**ayez** décroché
décroch**e**	décroch**ent**	**ait** décroché	**aient** décroché
imparfait du subjonctif		plus-que-parfait du subjonctif	
décrocha**sse**	décrocha**ssions**	**eusse** décroché	**eussions** décroché
décrocha**sses**	décrocha**ssiez**	**eusses** décroché	**eussiez** décroché
décrochâ**t**	décrocha**ssent**	**eût** décroché	**eussent** décroché

impératif
décroche
décrochons
décrochez

décroître — to decrease, to diminish

participe présent **décroissant** participe passé **décru**

SINGULAR	PLURAL	SINGULAR	PLURAL
présent de l'indicatif		passé composé	
décroî**s**	décroiss**ons**	**ai** décru	**avons** décru
décroî**s**	décroiss**ez**	**as** décru	**avez** décru
décroî**t**	décroiss**ent**	**a** décru	**ont** décru
imparfait de l'indicatif		plus-que-parfait de l'indicatif	
décroiss**ais**	décroiss**ions**	**avais** décru	**avions** décru
décroiss**ais**	décroiss**iez**	**avais** décru	**aviez** décru
décroiss**ait**	décroiss**aient**	**avait** décru	**avaient** décru
passé simple		passé antérieur	
décr**ûs**	décr**ûmes**	**eus** décru	**eûmes** décru
décr**ûs**	décr**ûtes**	**eus** décru	**eûtes** décru
décr**ût**	décr**ûrent**	**eut** décru	**eurent** décru
futur		futur antérieur	
décroîtr**ai**	décroîtr**ons**	**aurai** décru	**aurons** décru
décroîtr**as**	décroîtr**ez**	**auras** décru	**aurez** décru
décroîtr**a**	décroîtr**ont**	**aura** décru	**auront** décru
conditionnel		conditionnel passé	
décroîtr**ais**	décroîtr**ions**	**aurais** décru	**aurions** décru
décroîtr**ais**	décroîtr**iez**	**aurais** décru	**auriez** décru
décroîtr**ait**	décroîtr**aient**	**aurait** décru	**auraient** décru
présent du subjonctif		passé du subjonctif	
décroiss**e**	décroiss**ions**	**aie** décru	**ayons** décru
décroiss**es**	décroiss**iez**	**aies** décru	**ayez** décru
décroiss**e**	décroiss**ent**	**ait** décru	**aient** décru
imparfait du subjonctif		plus-que-parfait du subjonctif	
décrû**sse**	décrû**ssions**	**eusse** décru	**eussions** décru
décrû**sses**	décrû**ssiez**	**eusses** décru	**eussiez** décru
décrû**t**	décrû**ssent**	**eût** décru	**eussent** décru

impératif
décrois
décroissons
décroissez

to decipher **décrypter**

participe présent **décryptant** participe passé **décrypté**

SINGULAR	PLURAL	SINGULAR	PLURAL
présent de l'indicatif		passé composé	
décrypt**e**	décrypt**ons**	**ai** décrypté	**avons** décrypté
décrypt**es**	décrypt**ez**	**as** décrypté	**avez** décrypté
décrypt**e**	décrypt**ent**	**a** décrypté	**ont** décrypté
imparfait de l'indicatif		plus-que-parfait de l'indicatif	
décrypt**ais**	décrypt**ions**	**avais** décrypté	**avions** décrypté
décrypt**ais**	décrypt**iez**	**avais** décrypté	**aviez** décrypté
décrypt**ait**	décrypt**aient**	**avait** décrypté	**avaient** décrypté
passé simple		passé antérieur	
décrypt**ai**	décrypt**âmes**	**eus** décrypté	**eûmes** décrypté
décrypt**as**	décrypt**âtes**	**eus** décrypté	**eûtes** décrypté
décrypt**a**	décrypt**èrent**	**eut** décrypté	**eurent** décrypté
futur		futur antérieur	
décrypter**ai**	décrypter**ons**	**aurai** décrypté	**aurons** décrypté
décrypter**as**	décrypter**ez**	**auras** décrypté	**aurez** décrypté
décrypter**a**	décrypter**ont**	**aura** décrypté	**auront** décrypté
conditionnel		conditionnel passé	
décrypter**ais**	décrypter**ions**	**aurais** décrypté	**aurions** décrypté
décrypter**ais**	décrypter**iez**	**aurais** décrypté	**auriez** décrypté
décrypter**ait**	décrypter**aient**	**aurait** décrypté	**auraient** décrypté
présent du subjonctif		passé du subjonctif	
décrypt**e**	décrypt**ions**	**aie** décrypté	**ayons** décrypté
décrypt**es**	décrypt**iez**	**aies** décrypté	**ayez** décrypté
décrypt**e**	décrypt**ent**	**ait** décrypté	**aient** décrypté
imparfait du subjonctif		plus-que-parfait du subjonctif	
décrypta**sse**	décrypta**ssions**	**eusse** décrypté	**eussions** décrypté
décrypta**sses**	décrypta**ssiez**	**eusses** décrypté	**eussiez** décrypté
décryptâ**t**	décrypta**ssent**	**eût** décrypté	**eussent** décrypté

impératif
décrypte
décryptons
décryptez

D

déduire — to deduce, to infer

participe présent **déduisant** participe passé **déduit**

D

SINGULAR	PLURAL	SINGULAR	PLURAL
présent de l'indicatif		passé composé	
dédui**s**	déduis**ons**	**ai** déduit	**avons** déduit
dédui**s**	déduis**ez**	**as** déduit	**avez** déduit
dédui**t**	déduis**ent**	**a** déduit	**ont** déduit
imparfait de l'indicatif		plus-que-parfait de l'indicatif	
déduis**ais**	déduis**ions**	**avais** déduit	**avions** déduit
déduis**ais**	déduis**iez**	**avais** déduit	**aviez** déduit
déduis**ait**	déduis**aient**	**avait** déduit	**avaient** déduit
passé simple		passé antérieur	
déduis**is**	déduis**îmes**	**eus** déduit	**eûmes** déduit
déduis**is**	déduis**îtes**	**eus** déduit	**eûtes** déduit
déduis**it**	déduis**irent**	**eut** déduit	**eurent** déduit
futur		futur antérieur	
déduir**ai**	déduir**ons**	**aurai** déduit	**aurons** déduit
déduir**as**	déduir**ez**	**auras** déduit	**aurez** déduit
déduir**a**	déduir**ont**	**aura** déduit	**auront** déduit
conditionnel		conditionnel passé	
déduir**ais**	déduir**ions**	**aurais** déduit	**aurions** déduit
déduir**ais**	déduir**iez**	**aurais** déduit	**auriez** déduit
déduir**ait**	déduir**aient**	**aurait** déduit	**auraient** déduit
présent du subjonctif		passé du subjonctif	
déduis**e**	déduis**ions**	**aie** déduit	**ayons** déduit
déduis**es**	déduis**iez**	**aies** déduit	**ayez** déduit
déduis**e**	déduis**ent**	**ait** déduit	**aient** déduit
imparfait du subjonctif		plus-que-parfait du subjonctif	
déduisi**sse**	déduisi**ssions**	**eusse** déduit	**eussions** déduit
déduisi**sses**	déduisi**ssiez**	**eusses** déduit	**eussiez** déduit
déduisî**t**	déduisi**ssent**	**eût** déduit	**eussent** déduit

impératif
déduis
déduisons
déduisez

to untie, to undo — défaire

participe présent **défaisant** participe passé **défait**

présent de l'indicatif

SINGULAR	PLURAL
défai**s**	défais**ons**
défai**s**	défait**es**
défai**t**	déf**ont**

imparfait de l'indicatif

SINGULAR	PLURAL
défais**ais**	défais**ions**
défais**ais**	défais**iez**
défais**ait**	défais**aient**

passé simple

SINGULAR	PLURAL
déf**is**	déf**îmes**
déf**is**	déf**îtes**
déf**it**	déf**irent**

futur

SINGULAR	PLURAL
défer**ai**	défer**ons**
défer**as**	défer**ez**
défer**a**	défer**ont**

conditionnel

SINGULAR	PLURAL
défer**ais**	défer**ions**
défer**ais**	défer**iez**
défer**ait**	défer**aient**

présent du subjonctif

SINGULAR	PLURAL
défass**e**	défass**ions**
défass**es**	défass**iez**
défass**e**	défass**ent**

imparfait du subjonctif

SINGULAR	PLURAL
déf**isse**	déf**issions**
déf**isses**	déf**issiez**
déf**ît**	déf**issent**

impératif

défais
défaisons
défaites

passé composé

SINGULAR	PLURAL
ai défait	**avons** défait
as défait	**avez** défait
a défait	**ont** défait

plus-que-parfait de l'indicatif

SINGULAR	PLURAL
avais défait	**avions** défait
avais défait	**aviez** défait
avait défait	**avaient** défait

passé antérieur

SINGULAR	PLURAL
eus défait	**eûmes** défait
eus défait	**eûtes** défait
eut défait	**eurent** défait

futur antérieur

SINGULAR	PLURAL
aurai défait	**aurons** défait
auras défait	**aurez** défait
aura défait	**auront** défait

conditionnel passé

SINGULAR	PLURAL
aurais défait	**aurions** défait
aurais défait	**auriez** défait
aurait défait	**auraient** défait

passé du subjonctif

SINGULAR	PLURAL
aie défait	**ayons** défait
aies défait	**ayez** défait
ait défait	**aient** défait

plus-que-parfait du subjonctif

SINGULAR	PLURAL
eusse défait	**eussions** défait
eusses défait	**eussiez** défait
eût défait	**eussent** défait

se défendre — to defend oneself, to get by

participe présent **se défendant** participe passé **défendu(e)(s)**

SINGULAR	PLURAL	SINGULAR	PLURAL
présent de l'indicatif		**passé composé**	
me défend**s**	**nous** défend**ons**	**me suis** défendu(e)	**nous sommes** défendu(e)s
te défend**s**	**vous** défend**ez**	**t'es** défendu(e)	**vous êtes** défendu(e)(s)
se défen**d**	**se** défend**ent**	**s'est** défendu(e)	**se sont** défendu(e)s
imparfait de l'indicatif		**plus-que-parfait de l'indicatif**	
me défend**ais**	**nous** défend**ions**	**m'étais** défendu(e)	**nous étions** défendu(e)s
te défend**ais**	**vous** défend**iez**	**t'étais** défendu(e)	**vous étiez** défendu(e)(s)
se défend**ait**	**se** défend**aient**	**s'était** défendu(e)	**s'étaient** défendu(e)s
passé simple		**passé antérieur**	
me défend**is**	**nous** défend**îmes**	**me fus** défendu(e)	**nous fûmes** défendu(e)
te défend**is**	**vous** défend**îtes**	**te fus** défendu(e)	**vous fûtes** défendu(e)(s)
se défend**it**	**se** défend**irent**	**se fut** défendu(e)	**se furent** défendu(e)s
futur		**futur antérieur**	
me défendr**ai**	**nous** défendr**ons**	**me serai** défendu(e)	**nous serons** défendu(e)s
te défendr**as**	**vous** défendr**ez**	**te seras** défendu(e)	**vous serez** défendu(e)(s)
se défendr**a**	**se** défendr**ont**	**se sera** défendu(e)	**se seront** défendu(e)s
conditionnel		**conditionnel passé**	
me défendr**ais**	**nous** défendr**ions**	**me serais** défendu(e)	**nous serions** défendu(e)s
te défendr**ais**	**vous** défendr**iez**	**te serais** défendu(e)	**vous seriez** défendu(e)(s)
se défendr**ait**	**se** défendr**aient**	**se serait** défendu(e)	**se seraient** défendu(e)s
présent du subjonctif		**passé du subjonctif**	
me défend**e**	**nous** défend**ions**	**me sois** défendu(e)	**nous soyons** défendu(e)s
te défend**es**	**vous** défend**iez**	**te sois** défendu(e)	**vous soyez** défendu(e)(s)
se défend**e**	**se** défend**ent**	**se soit** défendu(e)	**se soient** défendu(e)s
imparfait du subjonctif		**plus-que-parfait du subjonctif**	
me défendi**sse**	**nous** défendi**ssions**	**me fusse** défendu(e)	**nous fussions** défendu(e)s
te défendi**sses**	**vous** défendi**ssiez**	**te fusses** défendu(e)	**vous fussiez** défendu(e)(s)
se défend**ît**	**se** défendi**ssent**	**se fût** défendu(e)	**se fussent** défendu(e)s

impératif

défends-toi
défendons-nous
défendez-vous

to clear **dégager**

participe présent **dégageant** participe passé **dégagé**

SINGULAR	PLURAL	SINGULAR	PLURAL
présent de l'indicatif		passé composé	
dégag**e**	dégage**ons**	**ai** dégagé	**avons** dégagé
dégag**es**	dégag**ez**	**as** dégagé	**avez** dégagé
dégag**e**	dégag**ent**	**a** dégagé	**ont** dégagé
imparfait de l'indicatif		plus-que-parfait de l'indicatif	
dégage**ais**	dégag**ions**	**avais** dégagé	**avions** dégagé
dégage**ais**	dégag**iez**	**avais** dégagé	**aviez** dégagé
dégage**ait**	dégage**aient**	**avait** dégagé	**avaient** dégagé
passé simple		passé antérieur	
dégage**ai**	dégage**âmes**	**eus** dégagé	**eûmes** dégagé
dégage**as**	dégage**âtes**	**eus** dégagé	**eûtes** dégagé
dégage**a**	dégag**èrent**	**eut** dégagé	**eurent** dégagé
futur		futur antérieur	
dégager**ai**	dégager**ons**	**aurai** dégagé	**aurons** dégagé
dégager**as**	dégager**ez**	**auras** dégagé	**aurez** dégagé
dégager**a**	dégager**ont**	**aura** dégagé	**auront** dégagé
conditionnel		conditionnel passé	
dégager**ais**	dégager**ions**	**aurais** dégagé	**aurions** dégagé
dégager**ais**	dégager**iez**	**aurais** dégagé	**auriez** dégagé
dégager**ait**	dégager**aient**	**aurait** dégagé	**auraient** dégagé
présent du subjonctif		passé du subjonctif	
dégag**e**	dégag**ions**	**aie** dégagé	**ayons** dégagé
dégag**es**	dégag**iez**	**aies** dégagé	**ayez** dégagé
dégag**e**	dégag**ent**	**ait** dégagé	**aient** dégagé
imparfait du subjonctif		plus-que-parfait du subjonctif	
dégagea**sse**	dégagea**ssions**	**eusse** dégagé	**eussions** dégagé
dégagea**sses**	dégagea**ssiez**	**eusses** dégagé	**eussiez** dégagé
dégageâ**t**	dégagea**ssent**	**eût** dégagé	**eussent** dégagé

impératif
dégage
dégageons
dégagez

D

déjeuner — to have lunch/breakfast

participe présent **déjeunant** participe passé **déjeuné**

SINGULAR	PLURAL	SINGULAR	PLURAL
présent de l'indicatif		passé composé	
déjeun**e**	déjeun**ons**	**ai** déjeuné	**avons** déjeuné
déjeun**es**	déjeun**ez**	**as** déjeuné	**avez** déjeuné
déjeun**e**	déjeun**ent**	**a** déjeuné	**ont** déjeuné
imparfait de l'indicatif		plus-que-parfait de l'indicatif	
déjeun**ais**	déjeun**ions**	**avais** déjeuné	**avions** déjeuné
déjeun**ais**	déjeun**iez**	**avais** déjeuné	**aviez** déjeuné
déjeun**ait**	déjeun**aient**	**avait** déjeuné	**avaient** déjeuné
passé simple		passé antérieur	
déjeun**ai**	déjeun**âmes**	**eus** déjeuné	**eûmes** déjeuné
déjeun**as**	déjeun**âtes**	**eus** déjeuné	**eûtes** déjeuné
déjeun**a**	déjeun**èrent**	**eut** déjeuné	**eurent** déjeuné
futur		futur antérieur	
déjeuner**ai**	déjeuner**ons**	**aurai** déjeuné	**aurons** déjeuné
déjeuner**as**	déjeuner**ez**	**auras** déjeuné	**aurez** déjeuné
déjeuner**a**	déjeuner**ont**	**aura** déjeuné	**auront** déjeuné
conditionnel		conditionnel passé	
déjeuner**ais**	déjeuner**ions**	**aurais** déjeuné	**aurions** déjeuné
déjeuner**ais**	déjeuner**iez**	**aurais** déjeuné	**auriez** déjeuné
déjeuner**ait**	déjeuner**aient**	**aurait** déjeuné	**auraient** déjeuné
présent du subjonctif		passé du subjonctif	
déjeun**e**	déjeun**ions**	**aie** déjeuné	**ayons** déjeuné
déjeun**es**	déjeun**iez**	**aies** déjeuné	**ayez** déjeuné
déjeun**e**	déjeun**ent**	**ait** déjeuné	**aient** déjeuné
imparfait du subjonctif		plus-que-parfait du subjonctif	
déjeuna**sse**	déjeuna**ssions**	**eusse** déjeuné	**eussions** déjeuné
déjeuna**sses**	déjeuna**ssiez**	**eusses** déjeuné	**eussiez** déjeuné
déjeunâ**t**	déjeuna**ssent**	**eût** déjeuné	**eussent** déjeuné

impératif
déjeune
déjeunons
déjeunez

to request, to ask for **demander**

participe présent **demandant** participe passé **demandé**

SINGULAR	PLURAL	SINGULAR	PLURAL
présent de l'indicatif		passé composé	
demand**e**	demand**ons**	**ai** demandé	**avons** demandé
demand**es**	demand**ez**	**as** demandé	**avez** demandé
demand**e**	demand**ent**	**a** demandé	**ont** demandé
imparfait de l'indicatif		plus-que-parfait de l'indicatif	
demand**ais**	demand**ions**	**avais** demandé	**avions** demandé
demand**ais**	demand**iez**	**avais** demandé	**aviez** demandé
demand**ait**	demand**aient**	**avait** demandé	**avaient** demandé
passé simple		passé antérieur	
demand**ai**	demand**âmes**	**eus** demandé	**eûmes** demandé
demand**as**	demand**âtes**	**eus** demandé	**eûtes** demandé
demand**a**	demand**èrent**	**eut** demandé	**eurent** demandé
futur		futur antérieur	
demander**ai**	demander**ons**	**aurai** demandé	**aurons** demandé
demander**as**	demander**ez**	**auras** demandé	**aurez** demandé
demander**a**	demander**ont**	**aura** demandé	**auront** demandé
conditionnel		conditionnel passé	
demander**ais**	demander**ions**	**aurais** demandé	**aurions** demandé
demander**ais**	demander**iez**	**aurais** demandé	**auriez** demandé
demander**ait**	demander**aient**	**aurait** demandé	**auraient** demandé
présent du subjonctif		passé du subjonctif	
demand**e**	demand**ions**	**aie** demandé	**ayons** demandé
demand**es**	demand**iez**	**aies** demandé	**ayez** demandé
demand**e**	demand**ent**	**ait** demandé	**aient** demandé
imparfait du subjonctif		plus-que-parfait du subjonctif	
demanda**sse**	demanda**ssions**	**eusse** demandé	**eussions** demandé
demanda**sses**	demanda**ssiez**	**eusses** demandé	**eussiez** demandé
demandâ**t**	demanda**ssent**	**eût** demandé	**eussent** demandé

impératif
demande
demandons
demandez

D

se demander — to wonder

participe présent **se demandant** participe passé **demandé(e)(s)**

SINGULAR	PLURAL	SINGULAR	PLURAL

présent de l'indicatif

SINGULAR	PLURAL
me demand**e**	**nous** demand**ons**
te demand**es**	**vous** demand**ez**
se demand**e**	**se** demand**ent**

passé composé

SINGULAR	PLURAL
me suis demandé(e)	**nous sommes** demandé(e)s
t'es demandé(e)	**vous êtes** demandé(e)(s)
s'est demandé(e)	**se sont** demandé(e)s

imparfait de l'indicatif

SINGULAR	PLURAL
me demand**ais**	**nous** demand**ions**
te demand**ais**	**vous** demand**iez**
se demand**ait**	**se** demand**aient**

plus-que-parfait de l'indicatif

SINGULAR	PLURAL
m'étais demandé(e)	**nous étions** demandé(e)s
t'étais demandé(e)	**vous étiez** demandé(e)(s)
s'était demandé(e)	**s'étaient** demandé(e)s

passé simple

SINGULAR	PLURAL
me demand**ai**	**nous** demand**âmes**
te demand**as**	**vous** demand**âtes**
se demand**a**	**se** demand**èrent**

passé antérieur

SINGULAR	PLURAL
me fus demandé(e)	**nous fûmes** demandé(e)s
te fus demandé(e)	**vous fûtes** demandé(e)(s)
se fut demandé(e)	**se furent** demandé(e)s

futur

SINGULAR	PLURAL
me demand**erai**	**nous** demand**erons**
te demand**eras**	**vous** demand**erez**
se demand**era**	**se** demand**eront**

futur antérieur

SINGULAR	PLURAL
me serai demandé(e)	**nous serons** demandé(e)s
te seras demandé(e)	**vous serez** demandé(e)(s)
se sera demandé(e)	**se seront** demandé(e)s

conditionnel

SINGULAR	PLURAL
me demander**ais**	**nous** demander**ions**
te demander**ais**	**vous** demander**iez**
se demander**ait**	**se** demander**aient**

conditionnel passé

SINGULAR	PLURAL
me serais demandé(e)	**nous serions** demandé(e)s
te serais demandé(e)	**vous seriez** demandé(e)(s)
se serait demandé(e)	**se seraient** demandé(e)s

présent du subjonctif

SINGULAR	PLURAL
me demand**e**	**nous** demand**ions**
te demand**es**	**vous** demand**iez**
se demand**e**	**se** demand**ent**

passé du subjonctif

SINGULAR	PLURAL
me sois demandé(e)	**nous soyons** demandé(e)s
te sois demandé(e)	**vous soyez** demandé(e)(s)
se soit demandé(e)	**se soient** demandé(e)s

imparfait du subjonctif

SINGULAR	PLURAL
me demanda**sse**	**nous** demanda**ssions**
te demanda**sses**	**vous** demanda**ssiez**
se demand**ât**	**se** demanda**ssent**

plus-que-parfait du subjonctif

SINGULAR	PLURAL
me fusse demandé(e)	**nous fussions** demandé(e)s
te fusses demandé(e)	**vous fussiez** demandé(e)(s)
se fût demandé(e)	**se fussent** demandé(e)s

impératif

demande-toi
demandons-nous
demandez-vous

to live, to stay **demeurer**

participe présent **demeurant** participe passé **demeuré**

SINGULAR	PLURAL	SINGULAR	PLURAL
présent de l'indicatif		passé composé	
demeur**e**	demeur**ons**	**ai** demeuré	**avons** demeuré
demeur**es**	demeur**ez**	**as** demeuré	**avez** demeuré
demeur**e**	demeur**ent**	**a** demeuré	**ont** demeuré
imparfait de l'indicatif		plus-que-parfait de l'indicatif	
demeur**ais**	demeur**ions**	**avais** demeuré	**avions** demeuré
demeur**ais**	demeur**iez**	**avais** demeuré	**aviez** demeuré
demeur**ait**	demeur**aient**	**avait** demeuré	**avaient** demeuré
passé simple		passé antérieur	
demeur**ai**	demeur**âmes**	**eus** demeuré	**eûmes** demeuré
demeur**as**	demeur**âtes**	**eus** demeuré	**eûtes** demeuré
demeur**a**	demeur**èrent**	**eut** demeuré	**eurent** demeuré
futur		futur antérieur	
demeurer**ai**	demeurer**ons**	**aurai** demeuré	**aurons** demeuré
demeurer**as**	demeurer**ez**	**auras** demeuré	**aurez** demeuré
demeurer**a**	demeurer**ont**	**aura** demeuré	**auront** demeuré
conditionnel		conditionnel passé	
demeurer**ais**	demeurer**ions**	**aurais** demeuré	**aurions** demeuré
demeurer**ais**	demeurer**iez**	**aurais** demeuré	**auriez** demeuré
demeurer**ait**	demeurer**aient**	**aurait** demeuré	**auraient** demeuré
présent du subjonctif		passé du subjonctif	
demeur**e**	demeur**ions**	**aie** demeuré	**ayons** demeuré
demeur**es**	demeur**iez**	**aies** demeuré	**ayez** demeuré
demeur**e**	demeur**ent**	**ait** demeuré	**aient** demeuré
imparfait du subjonctif		plus-que-parfait du subjonctif	
demeura**sse**	demeura**ssions**	**eusse** demeuré	**eussions** demeuré
demeura**sses**	demeura**ssiez**	**eusses** demeuré	**eussiez** demeuré
demeurâ**t**	demeura**ssent**	**eût** demeuré	**eussent** demeuré

impératif
demeure
demeurons
demeurez

démolir — to demolish

participe présent **démolissant** participe passé **démoli**

SINGULAR	PLURAL	SINGULAR	PLURAL
présent de l'indicatif		passé composé	
démoli**s**	démoliss**ons**	**ai** démoli	**avons** démoli
démoli**s**	démoliss**ez**	**as** démoli	**avez** démoli
démoli**t**	démoliss**ent**	**a** démoli	**ont** démoli
imparfait de l'indicatif		plus-que-parfait de l'indicatif	
démoliss**ais**	démoliss**ions**	**avais** démoli	**avions** démoli
démoliss**ais**	démoliss**iez**	**avais** démoli	**aviez** démoli
démoliss**ait**	démoliss**aient**	**avait** démoli	**avaient** démoli
passé simple		passé antérieur	
démol**is**	démol**îmes**	**eus** démoli	**eûmes** démoli
démol**is**	démol**îtes**	**eus** démoli	**eûtes** démoli
démol**it**	démol**irent**	**eut** démoli	**eurent** démoli
futur		futur antérieur	
démolir**ai**	démolir**ons**	**aurai** démoli	**aurons** démoli
démolir**as**	démolir**ez**	**auras** démoli	**aurez** démoli
démolir**a**	démolir**ont**	**aura** démoli	**auront** démoli
conditionnel		conditionnel passé	
démolir**ais**	démolir**ions**	**aurais** démoli	**aurions** démoli
démolir**ais**	démolir**iez**	**aurais** démoli	**auriez** démoli
démolir**ait**	démolir**aient**	**aurait** démoli	**auraient** démoli
présent du subjonctif		passé du subjonctif	
démoliss**e**	démoliss**ions**	**aie** démoli	**ayons** démoli
démoliss**es**	démoliss**iez**	**aies** démoli	**ayez** démoli
démoliss**e**	démoliss**ent**	**ait** démoli	**aient** démoli
imparfait du subjonctif		plus-que-parfait du subjonctif	
démoli**sse**	démoli**ssions**	**eusse** démoli	**eussions** démoli
démoli**sses**	démoli**ssiez**	**eusses** démoli	**eussiez** démoli
démol**ît**	démoli**ssent**	**eût** démoli	**eussent** démoli

impératif
démolis
démolissons
démolissez

to pass, to go past **dépasser**

participe présent **dépassant** participe passé **dépassé**

SINGULAR	PLURAL
présent de l'indicatif	
dépass**e**	dépass**ons**
dépass**es**	dépass**ez**
dépass**e**	dépass**ent**
imparfait de l'indicatif	
dépass**ais**	dépass**ions**
dépass**ais**	dépass**iez**
dépass**ait**	dépass**aient**
passé simple	
dépass**ai**	dépass**âmes**
dépass**as**	dépass**âtes**
dépass**a**	dépass**èrent**
futur	
dépasser**ai**	dépasser**ons**
dépasser**as**	dépasser**ez**
dépasser**a**	dépasser**ont**
conditionnel	
dépasser**ais**	dépasser**ions**
dépasser**ais**	dépasser**iez**
dépasser**ait**	dépasser**aient**
présent du subjonctif	
dépass**e**	dépass**ions**
dépass**es**	dépass**iez**
dépass**e**	dépass**ent**
imparfait du subjonctif	
dépassa**sse**	dépassa**ssions**
dépassa**sses**	dépassa**ssiez**
dépass**ât**	dépassa**ssent**
impératif	
dépasse	
dépassons	
dépassez	

SINGULAR	PLURAL
passé composé	
ai dépassé	**avons** dépassé
as dépassé	**avez** dépassé
a dépassé	**ont** dépassé
plus-que-parfait de l'indicatif	
avais dépassé	**avions** dépassé
avais dépassé	**aviez** dépassé
avait dépassé	**avaient** dépassé
passé antérieur	
eus dépassé	**eûmes** dépassé
eus dépassé	**eûtes** dépassé
eut dépassé	**eurent** dépassé
futur antérieur	
aurai dépassé	**aurons** dépassé
auras dépassé	**aurez** dépassé
aura dépassé	**auront** dépassé
conditionnel passé	
aurais dépassé	**aurions** dépassé
aurais dépassé	**auriez** dépassé
aurait dépassé	**auraient** dépassé
passé du subjonctif	
aie dépassé	**ayons** dépassé
aies dépassé	**ayez** dépassé
ait dépassé	**aient** dépassé
plus-que-parfait du subjonctif	
eusse dépassé	**eussions** dépassé
eusses dépassé	**eussiez** dépassé
eût dépassé	**eussent** dépassé

se dépêcher — to hurry

participe présent **se dépêchant** participe passé **dépêché(e)(s)**

présent de l'indicatif

SINGULAR	PLURAL
me dépêch**e**	**nous** dépêch**ons**
te dépêch**es**	**vous** dépêch**ez**
se dépêch**e**	**se** dépêch**ent**

imparfait de l'indicatif

SINGULAR	PLURAL
me dépêch**ais**	**nous** dépêch**ions**
te dépêch**ais**	**vous** dépêch**iez**
se dépêch**ait**	**se** dépêch**aient**

passé simple

SINGULAR	PLURAL
me dépêch**ai**	**nous** dépêch**âmes**
te dépêch**as**	**vous** dépêch**âtes**
se dépêch**a**	**se** dépêch**èrent**

futur

SINGULAR	PLURAL
me dépêcher**ai**	**nous** dépêcher**ons**
te dépêcher**as**	**vous** dépêcher**ez**
se dépêcher**a**	**se** dépêcher**ont**

conditionnel

SINGULAR	PLURAL
me dépêcher**ais**	**nous** dépêcher**ions**
te dépêcher**ais**	**vous** dépêcher**iez**
se dépêcher**ait**	**se** dépêcher**aient**

présent du subjonctif

SINGULAR	PLURAL
me dépêch**e**	**nous** dépêch**ions**
te dépêch**es**	**vous** dépêch**iez**
se dépêch**e**	**se** dépêch**ent**

imparfait du subjonctif

SINGULAR	PLURAL
me dépêcha**sse**	**nous** dépêcha**ssions**
te dépêcha**sses**	**vous** dépêcha**ssiez**
se dépêch**ât**	**se** dépêcha**ssent**

impératif

dépêche-toi
dépêchons-nous
dépêchez-vous

passé composé

SINGULAR	PLURAL
me suis dépêché(e)	**nous sommes** dépêché(e)s
t'es dépêché(e)	**vous êtes** dépêché(e)(s)
s'est dépêché(e)	**se sont** dépêché(e)s

plus-que-parfait de l'indicatif

SINGULAR	PLURAL
m'étais dépêché(e)	**nous étions** dépêché(e)s
t'étais dépêché(e)	**vous étiez** dépêché(e)(s)
s'était dépêché(e)	**s'étaient** dépêché(e)s

passé antérieur

SINGULAR	PLURAL
me fus dépêché(e)	**nous fûmes** dépêché(e)s
te fus dépêché(e)	**vous fûtes** dépêché(e)(s)
se fut dépêché(e)	**se furent** dépêché(e)s

futur antérieur

SINGULAR	PLURAL
me serai dépêché(e)	**nous serons** dépêché(e)s
te seras dépêché(e)	**vous serez** dépêché(e)(s)
se sera dépêché(e)	**se seront** dépêché(e)s

conditionnel passé

SINGULAR	PLURAL
me serais dépêché(e)	**nous serions** dépêché(e)s
te serais dépêché(e)	**vous seriez** dépêché(e)(s)
se serait dépêché(e)	**se seraient** dépêché(e)s

passé du subjonctif

SINGULAR	PLURAL
me sois dépêché(e)	**nous soyons** dépêché(e)s
te sois dépêché(e)	**vous soyez** dépêché(e)(s)
se soit dépêché(e)	**se soient** dépêché(e)s

plus-que-parfait du subjonctif

SINGULAR	PLURAL
me fusse dépêché(e)	**nous fussions** dépêché(e)s
te fusses dépêché(e)	**vous fussiez** dépêché(e)(s)
se fût dépêché(e)	**se fussent** dépêché(e)s

to depict, to portray, to describe **dépeindre**

participe présent **dépeignant** participe passé **dépeint**

SINGULAR	PLURAL
présent de l'indicatif	
dépein**s**	dépeign**ons**
dépein**s**	dépeign**ez**
dépein**t**	dépeign**ent**
imparfait de l'indicatif	
dépeign**ais**	dépeign**ions**
dépeign**ais**	dépeign**iez**
dépeign**ait**	dépeign**aient**
passé simple	
dépeign**is**	dépeign**îmes**
dépeign**is**	dépeign**îtes**
dépeign**it**	dépeign**irent**
futur	
dépeindr**ai**	dépeindr**ons**
dépeindr**as**	dépeindr**ez**
dépeindr**a**	dépeindr**ont**
conditionnel	
dépeindr**ais**	dépeindr**ions**
dépeindr**ais**	dépeindr**iez**
dépeindr**ait**	dépeindr**aient**
présent du subjonctif	
dépeign**e**	dépeign**ions**
dépeign**es**	dépeign**iez**
dépeign**e**	dépeign**ent**
imparfait du subjonctif	
dépeigni**sse**	dépeigni**ssions**
dépeigni**sses**	dépeigni**ssiez**
dépeignî**t**	dépeigni**ssent**
impératif	
dépeins	
dépeignons	
dépeignez	

SINGULAR	PLURAL
passé composé	
ai dépeint	**avons** dépeint
as dépeint	**avez** dépeint
a dépeint	**ont** dépeint
plus-que-parfait de l'indicatif	
avais dépeint	**avions** dépeint
avais dépeint	**aviez** dépeint
avait dépeint	**avaient** dépeint
passé antérieur	
eus dépeint	**eûmes** dépeint
eus dépeint	**eûtes** dépeint
eut dépeint	**eurent** dépeint
futur antérieur	
aurai dépeint	**aurons** dépeint
auras dépeint	**aurez** dépeint
aura dépeint	**auront** dépeint
conditionnel passé	
aurais dépeint	**aurions** dépeint
aurais dépeint	**auriez** dépeint
aurait dépeint	**auraient** dépeint
passé du subjonctif	
aie dépeint	**ayons** dépeint
aies dépeint	**ayez** dépeint
ait dépeint	**aient** dépeint
plus-que-parfait du subjonctif	
eusse dépeint	**eussions** dépeint
eusses dépeint	**eussiez** dépeint
eût dépeint	**eussent** dépeint

dépenser — to spend money, to use

participe présent **dépensant** participe passé **dépensé**

présent de l'indicatif

SINGULAR	PLURAL
dépens**e**	dépens**ons**
dépens**es**	dépens**ez**
dépens**e**	dépens**ent**

imparfait de l'indicatif

SINGULAR	PLURAL
dépens**ais**	dépens**ions**
dépens**ais**	dépens**iez**
dépens**ait**	dépens**aient**

passé simple

SINGULAR	PLURAL
dépens**ai**	dépens**âmes**
dépens**as**	dépens**âtes**
dépens**a**	dépens**èrent**

futur

SINGULAR	PLURAL
dépenser**ai**	dépenser**ons**
dépenser**as**	dépenser**ez**
dépenser**a**	dépenser**ont**

conditionnel

SINGULAR	PLURAL
dépenser**ais**	dépenser**ions**
dépenser**ais**	dépenser**iez**
dépenser**ait**	dépenser**aient**

présent du subjonctif

SINGULAR	PLURAL
dépens**e**	dépens**ions**
dépens**es**	dépens**iez**
dépens**e**	dépens**ent**

imparfait du subjonctif

SINGULAR	PLURAL
dépensa**sse**	dépensa**ssions**
dépensa**sses**	dépensa**ssiez**
dépensâ**t**	dépensa**ssent**

impératif

dépense
dépensons
dépensez

passé composé

SINGULAR	PLURAL
ai dépensé	**avons** dépensé
as dépensé	**avez** dépensé
a dépensé	**ont** dépensé

plus-que-parfait de l'indicatif

SINGULAR	PLURAL
avais dépensé	**avions** dépensé
avais dépensé	**aviez** dépensé
avait dépensé	**avaient** dépensé

passé antérieur

SINGULAR	PLURAL
eus dépensé	**eûmes** dépensé
eus dépensé	**eûtes** dépensé
eut dépensé	**eurent** dépensé

futur antérieur

SINGULAR	PLURAL
aurai dépensé	**aurons** dépensé
auras dépensé	**aurez** dépensé
aura dépensé	**auront** dépensé

conditionnel passé

SINGULAR	PLURAL
aurais dépensé	**aurions** dépensé
aurais dépensé	**auriez** dépensé
aurait dépensé	**auraient** dépensé

passé du subjonctif

SINGULAR	PLURAL
aie dépensé	**ayons** dépensé
aies dépensé	**ayez** dépensé
ait dépensé	**aient** dépensé

plus-que-parfait du subjonctif

SINGULAR	PLURAL
eusse dépensé	**eussions** dépensé
eusses dépensé	**eussiez** dépensé
eût dépensé	**eussent** dépensé

to displease — déplaire

participe présent **déplaisant** participe passé **déplu**

SINGULAR	PLURAL
présent de l'indicatif	
déplai**s**	déplais**ons**
déplai**s**	déplais**ez**
déplaî**t**	déplais**ent**
imparfait de l'indicatif	
déplais**ais**	déplais**ions**
déplais**ais**	déplais**iez**
déplais**ait**	déplais**aient**
passé simple	
dépl**us**	dépl**ûmes**
dépl**us**	dépl**ûtes**
dépl**ut**	dépl**urent**
futur	
déplair**ai**	déplair**ons**
déplair**as**	déplair**ez**
déplair**a**	déplair**ont**
conditionnel	
déplair**ais**	déplair**ions**
déplair**ais**	déplair**iez**
déplair**ait**	déplair**aient**
présent du subjonctif	
déplais**e**	déplais**ions**
déplais**es**	déplais**iez**
déplais**e**	déplais**ent**
imparfait du subjonctif	
déplu**sse**	déplu**ssions**
déplu**sses**	déplu**ssiez**
déplû**t**	déplu**ssent**
impératif	
déplais	
déplaisons	
déplaisez	

SINGULAR	PLURAL
passé composé	
ai déplu	**avons** déplu
as déplu	**avez** déplu
a déplu	**ont** déplu
plus-que-parfait de l'indicatif	
avais déplu	**avions** déplu
avais déplu	**aviez** déplu
avait déplu	**avaient** déplu
passé antérieur	
eus déplu	**eûmes** déplu
eus déplu	**eûtes** déplu
eut déplu	**eurent** déplu
futur antérieur	
aurai déplu	**aurons** déplu
auras déplu	**aurez** déplu
aura déplu	**auront** déplu
conditionnel passé	
aurais déplu	**aurions** déplu
aurais déplu	**auriez** déplu
aurait déplu	**auraient** déplu
passé du subjonctif	
aie déplu	**ayons** déplu
aies déplu	**ayez** déplu
ait déplu	**aient** déplu
plus-que-parfait du subjonctif	
eusse déplu	**eussions** déplu
eusses déplu	**eussiez** déplu
eût déplu	**eussent** déplu

descendre — to descend, to go down

participe présent **descendant** participe passé **descendu(e)(s)**

D

SINGULAR	PLURAL	SINGULAR	PLURAL
présent de l'indicatif		passé composé	
descend**s**	descend**ons**	**suis** descendu(e)	**sommes** descendu(e)s
descend**s**	descend**ez**	**es** descendu(e)	**êtes** descendu(e)(s)
descen**d**	descend**ent**	**est** descendu(e)	**sont** descendu(e)s
imparfait de l'indicatif		plus-que-parfait de l'indicatif	
descend**ais**	descend**ions**	**étais** descendu(e)	**étions** descendu(e)s
descend**ais**	descend**iez**	**étais** descendu(e)	**étiez** descendu(e)(s)
descend**ait**	descend**aient**	**était** descendu(e)	**étaient** descendu(e)s
passé simple		passé antérieur	
descend**is**	descend**îmes**	**fus** descendu(e)	**fûmes** descendu(e)s
descend**is**	descend**îtes**	**fus** descendu(e)	**fûtes** descendu(e)(s)
descend**it**	descend**irent**	**fut** descendu(e)	**furent** descendu(e)s
futur		futur antérieur	
descendr**ai**	descendr**ons**	**serai** descendu(e)	**serons** descendu(e)s
descendr**as**	descendr**ez**	**seras** descendu(e)	**serez** descendu(e)(s)
descendr**a**	descendr**ont**	**sera** descendu(e)	**seront** descendu(e)s
conditionnel		conditionnel passé	
descendr**ais**	descendr**ions**	**serais** descendu(e)	**serions** descendu(e)s
descendr**ais**	descendr**iez**	**serais** descendu(e)	**seriez** descendu(e)(s)
descendr**ait**	descendr**aient**	**serait** descendu(e)	**seraient** descendu(e)s
présent du subjonctif		passé du subjonctif	
descend**e**	descend**ions**	**sois** descendu(e)	**soyons** descendu(e)s
descend**es**	descend**iez**	**sois** descendu(e)	**soyez** descendu(e)(s)
descend**e**	descend**ent**	**soit** descendu(e)	**soient** descendu(e)s
imparfait du subjonctif		plus-que-parfait du subjonctif	
descendi**sse**	descendi**ssions**	**fusse** descendu(e)	**fussions** descendu(e)s
descendi**sses**	descendi**ssiez**	**fusses** descendu(e)	**fussiez** descendu(e)(s)
descendî**t**	descendi**ssent**	**fût** descendu(e)	**fussent** descendu(e)s

impératif
descends
descendons
descendez

to desire, to want, to wish — désirer

participe présent **désirant** participe passé **désiré**

SINGULAR	PLURAL	SINGULAR	PLURAL
présent de l'indicatif		passé composé	
désir**e**	désir**ons**	**ai** désiré	**avons** désiré
désir**es**	désir**ez**	**as** désiré	**avez** désiré
désir**e**	désir**ent**	**a** désiré	**ont** désiré
imparfait de l'indicatif		plus-que-parfait de l'indicatif	
désir**ais**	désir**ions**	**avais** désiré	**avions** désiré
désir**ais**	désir**iez**	**avais** désiré	**aviez** désiré
désir**ait**	désir**aient**	**avait** désiré	**avaient** désiré
passé simple		passé antérieur	
désir**ai**	désir**âmes**	**eus** désiré	**eûmes** désiré
désir**as**	désir**âtes**	**eus** désiré	**eûtes** désiré
désir**a**	désir**èrent**	**eut** désiré	**eurent** désiré
futur		futur antérieur	
désirer**ai**	désirer**ons**	**aurai** désiré	**aurons** désiré
désirer**as**	désirer**ez**	**auras** désiré	**aurez** désiré
désirer**a**	désirer**ont**	**aura** désiré	**auront** désiré
conditionnel		conditionnel passé	
désirer**ais**	désirer**ions**	**aurais** désiré	**aurions** désiré
désirer**ais**	désirer**iez**	**aurais** désiré	**auriez** désiré
désirer**ait**	désirer**aient**	**aurait** désiré	**auraient** désiré
présent du subjonctif		passé du subjonctif	
désir**e**	désir**ions**	**aie** désiré	**ayons** désiré
désir**es**	désir**iez**	**aies** désiré	**ayez** désiré
désir**e**	désir**ent**	**ait** désiré	**aient** désiré
imparfait du subjonctif		plus-que-parfait du subjonctif	
désira**sse**	désira**ssions**	**eusse** désiré	**eussions** désiré
désira**sses**	désira**ssiez**	**eusses** désiré	**eussiez** désiré
désirâ**t**	désira**ssent**	**eût** désiré	**eussent** désiré

impératif
désire
désirons
désirez

dessiner — to draw

participe présent **dessinant** participe passé **dessiné**

présent de l'indicatif

SINGULAR	PLURAL
dessin**e**	dessin**ons**
dessin**es**	dessin**ez**
dessin**e**	dessin**ent**

imparfait de l'indicatif

SINGULAR	PLURAL
dessin**ais**	dessin**ions**
dessin**ais**	dessin**iez**
dessin**ait**	dessin**aient**

passé simple

SINGULAR	PLURAL
dessin**ai**	dessin**âmes**
dessin**as**	dessin**âtes**
dessin**a**	dessin**èrent**

futur

SINGULAR	PLURAL
dessiner**ai**	dessiner**ons**
dessiner**as**	dessiner**ez**
dessiner**a**	dessiner**ont**

conditionnel

SINGULAR	PLURAL
dessiner**ais**	dessiner**ions**
dessiner**ais**	dessiner**iez**
dessiner**ait**	dessiner**aient**

présent du subjonctif

SINGULAR	PLURAL
dessin**e**	dessin**ions**
dessin**es**	dessin**iez**
dessin**e**	dessin**ent**

imparfait du subjonctif

SINGULAR	PLURAL
dessina**sse**	dessina**ssions**
dessina**sses**	dessina**ssiez**
dessinâ**t**	dessina**ssent**

impératif

dessine
dessinons
dessinez

passé composé

SINGULAR	PLURAL
ai dessiné	**avons** dessiné
as dessiné	**avez** dessiné
a dessiné	**ont** dessiné

plus-que-parfait de l'indicatif

SINGULAR	PLURAL
avais dessiné	**avions** dessiné
avais dessiné	**aviez** dessiné
avait dessiné	**avaient** dessiné

passé antérieur

SINGULAR	PLURAL
eus dessiné	**eûmes** dessiné
eus dessiné	**eûtes** dessiné
eut dessiné	**eurent** dessiné

futur antérieur

SINGULAR	PLURAL
aurai dessiné	**aurons** dessiné
auras dessiné	**aurez** dessiné
aura dessiné	**auront** dessiné

conditionnel passé

SINGULAR	PLURAL
aurais dessiné	**aurions** dessiné
aurais dessiné	**auriez** dessiné
aurait dessiné	**auraient** dessiné

passé du subjonctif

SINGULAR	PLURAL
aie dessiné	**ayons** dessiné
aies dessiné	**ayez** dessiné
ait dessiné	**aient** dessiné

plus-que-parfait du subjonctif

SINGULAR	PLURAL
eusse dessiné	**eussions** dessiné
eusses dessiné	**eussiez** dessiné
eût dessiné	**eussent** dessiné

to give details **détailler**

participe présent **détaillant** participe passé **détaillé**

SINGULAR	PLURAL	SINGULAR	PLURAL
présent de l'indicatif		passé composé	
détaill**e**	détaill**ons**	**ai** détaillé	**avons** détaillé
détaill**es**	détaill**ez**	**as** détaillé	**avez** détaillé
détaill**e**	détaill**ent**	**a** détaillé	**ont** détaillé
imparfait de l'indicatif		plus-que-parfait de l'indicatif	
détaill**ais**	détaill**ions**	**avais** détaillé	**avions** détaillé
détaill**ais**	détaill**iez**	**avais** détaillé	**aviez** détaillé
détaill**ait**	détaill**aient**	**avait** détaillé	**avaient** détaillé
passé simple		passé antérieur	
détaill**ai**	détaill**âmes**	**eus** détaillé	**eûmes** détaillé
détaill**as**	détaill**âtes**	**eus** détaillé	**eûtes** détaillé
détaill**a**	détaill**èrent**	**eut** détaillé	**eurent** détaillé
futur		futur antérieur	
détailler**ai**	détailler**ons**	**aurai** détaillé	**aurons** détaillé
détailler**as**	détailler**ez**	**auras** détaillé	**aurez** détaillé
détailler**a**	détailler**ont**	**aura** détaillé	**auront** détaillé
conditionnel		conditionnel passé	
détailler**ais**	détailler**ions**	**aurais** détaillé	**aurions** détaillé
détailler**ais**	détailler**iez**	**aurais** détaillé	**auriez** détaillé
détailler**ait**	détailler**aient**	**aurait** détaillé	**auraient** détaillé
présent du subjonctif		passé du subjonctif	
détaill**e**	détaill**ions**	**aie** détaillé	**ayons** détaillé
détaill**es**	détaill**iez**	**aies** détaillé	**ayez** détaillé
détaill**e**	détaill**ent**	**ait** détaillé	**aient** détaillé
imparfait du subjonctif		plus-que-parfait du subjonctif	
détaill**asse**	détaill**assions**	**eusse** détaillé	**eussions** détaillé
détaill**asses**	détaill**assiez**	**eusses** détaillé	**eussiez** détaillé
détaill**ât**	détaill**assent**	**eût** détaillé	**eussent** détaillé

impératif
détaille
détaillons
détaillez

déterminer — to determine

participe présent **déterminant** participe passé **déterminé**

D

SINGULAR	PLURAL	SINGULAR	PLURAL
présent de l'indicatif		passé composé	
détermin**e**	détermin**ons**	**ai** déterminé	**avons** déterminé
détermin**es**	détermin**ez**	**as** déterminé	**avez** déterminé
détermin**e**	détermin**ent**	**a** déterminé	**ont** déterminé
imparfait de l'indicatif		plus-que-parfait de l'indicatif	
détermin**ais**	détermin**ions**	**avais** déterminé	**avions** déterminé
détermin**ais**	détermin**iez**	**avais** déterminé	**aviez** déterminé
détermin**ait**	détermin**aient**	**avait** déterminé	**avaient** déterminé
passé simple		passé antérieur	
détermin**ai**	détermin**âmes**	**eus** déterminé	**eûmes** déterminé
détermin**as**	détermin**âtes**	**eus** déterminé	**eûtes** déterminé
détermin**a**	détermin**èrent**	**eut** déterminé	**eurent** déterminé
futur		futur antérieur	
détermine**rai**	détermine**rons**	**aurai** déterminé	**aurons** déterminé
détermine**ras**	détermine**rez**	**auras** déterminé	**aurez** déterminé
détermine**ra**	détermine**ront**	**aura** déterminé	**auront** déterminé
conditionnel		conditionnel passé	
détermine**rais**	détermine**rions**	**aurais** déterminé	**aurions** déterminé
détermine**rais**	détermine**riez**	**aurais** déterminé	**auriez** déterminé
détermine**rait**	détermine**raient**	**aurait** déterminé	**auraient** déterminé
présent du subjonctif		passé du subjonctif	
détermin**e**	détermin**ions**	**aie** déterminé	**ayons** déterminé
détermin**es**	détermin**iez**	**aies** déterminé	**ayez** déterminé
détermin**e**	détermin**ent**	**ait** déterminé	**aient** déterminé
imparfait du subjonctif		plus-que-parfait du subjonctif	
détermina**sse**	détermina**ssions**	**eusse** déterminé	**eussions** déterminé
détermina**sses**	détermina**ssiez**	**eusses** déterminé	**eussiez** déterminé
déterminâ**t**	détermina**ssent**	**eût** déterminé	**eussent** déterminé

impératif

détermine
déterminons
déterminez

to hate **détester**

participe présent **détestant** participe passé **détesté**

SINGULAR	PLURAL	SINGULAR	PLURAL
présent de l'indicatif		passé composé	
détest**e**	détest**ons**	**ai** détesté	**avons** détesté
détest**es**	détest**ez**	**as** détesté	**avez** détesté
détest**e**	détest**ent**	**a** détesté	**ont** détesté
imparfait de l'indicatif		plus-que-parfait de l'indicatif	
détest**ais**	détest**ions**	**avais** détesté	**avions** détesté
détest**ais**	détest**iez**	**avais** détesté	**aviez** détesté
détest**ait**	détest**aient**	**avait** détesté	**avaient** détesté
passé simple		passé antérieur	
détest**ai**	détest**âmes**	**eus** détesté	**eûmes** détesté
détest**as**	détest**âtes**	**eus** détesté	**eûtes** détesté
détest**a**	détest**èrent**	**eut** détesté	**eurent** détesté
futur		futur antérieur	
détester**ai**	détester**ons**	**aurai** détesté	**aurons** détesté
détester**as**	détester**ez**	**auras** détesté	**aurez** détesté
détester**a**	détester**ont**	**aura** détesté	**auront** détesté
conditionnel		conditionnel passé	
détester**ais**	détester**ions**	**aurais** détesté	**aurions** détesté
détester**ais**	détester**iez**	**aurais** détesté	**auriez** détesté
détester**ait**	détester**aient**	**aurait** détesté	**auraient** détesté
présent du subjonctif		passé du subjonctif	
détest**e**	détest**ions**	**aie** détesté	**ayons** détesté
détest**es**	détest**iez**	**aies** détesté	**ayez** détesté
détest**e**	détest**ent**	**ait** détesté	**aient** détesté
imparfait du subjonctif		plus-que-parfait du subjonctif	
détesta**sse**	détesta**ssions**	**eusse** détesté	**eussions** détesté
détesta**sses**	détesta**ssiez**	**eusses** détesté	**eussiez** détesté
détest**ât**	détesta**ssent**	**eût** détesté	**eussent** détesté

impératif

déteste

détestons

détestez

D

détourner — to turn aside, to turn away

participe présent **détournant** participe passé **détourné**

SINGULAR	PLURAL	SINGULAR	PLURAL
présent de l'indicatif		passé composé	
détourn**e**	détourn**ons**	**ai** détourné	**avons** détourné
détourn**es**	détourn**ez**	**as** détourné	**avez** détourné
détourn**e**	détourn**ent**	**a** détourné	**ont** détourné
imparfait de l'indicatif		plus-que-parfait de l'indicatif	
détourn**ais**	détourn**ions**	**avais** détourné	**avions** détourné
détourn**ais**	détourn**iez**	**avais** détourné	**aviez** détourné
détourn**ait**	détourn**aient**	**avait** détourné	**avaient** détourné
passé simple		passé antérieur	
détourn**ai**	détourn**âmes**	**eus** détourné	**eûmes** détourné
détourn**as**	détourn**âtes**	**eus** détourné	**eûtes** détourné
détourn**a**	détourn**èrent**	**eut** détourné	**eurent** détourné
futur		futur antérieur	
détourner**ai**	détourner**ons**	**aurai** détourné	**aurons** détourné
détourner**as**	détourner**ez**	**auras** détourné	**aurez** détourné
détourner**a**	détourner**ont**	**aura** détourné	**auront** détourné
conditionnel		conditionnel passé	
détourner**ais**	détourner**ions**	**aurais** détourné	**aurions** détourné
détourner**ais**	détourner**iez**	**aurais** détourné	**auriez** détourné
détourner**ait**	détourner**aient**	**aurait** détourné	**auraient** détourné
présent du subjonctif		passé du subjonctif	
détourn**e**	détourn**ions**	**aie** détourné	**ayons** détourné
détourn**es**	détourn**iez**	**aies** détourné	**ayez** détourné
détourn**e**	détourn**ent**	**ait** détourné	**aient** détourné
imparfait du subjonctif		plus-que-parfait du subjonctif	
détourna**sse**	détourna**ssions**	**eusse** détourné	**eussions** détourné
détourna**sses**	détourna**ssiez**	**eusses** détourné	**eussiez** détourné
détourn**ât**	détourna**ssent**	**eût** détourné	**eussent** détourné

impératif
détourne
détournons
détournez

to destroy **détruire**

participe présent **détruisant** participe passé **détruit**

SINGULAR	PLURAL	SINGULAR	PLURAL
présent de l'indicatif		passé composé	
détrui**s**	détruis**ons**	**ai** détruit	**avons** détruit
détrui**s**	détruis**ez**	**as** détruit	**avez** détruit
détrui**t**	détruis**ent**	**a** détruit	**ont** détruit
imparfait de l'indicatif		plus-que-parfait de l'indicatif	
détruis**ais**	détruis**ions**	**avais** détruit	**avions** détruit
détruis**ais**	détruis**iez**	**avais** détruit	**aviez** détruit
détruis**ait**	détruis**aient**	**avait** détruit	**avaient** détruit
passé simple		passé antérieur	
détruis**is**	détruis**îmes**	**eus** détruit	**eûmes** détruit
détruis**is**	détruis**îtes**	**eus** détruit	**eûtes** détruit
détruis**it**	détruis**irent**	**eut** détruit	**eurent** détruit
futur		futur antérieur	
détruir**ai**	détruir**ons**	**aurai** détruit	**aurons** détruit
détruir**as**	détruir**ez**	**auras** détruit	**aurez** détruit
détruir**a**	détruir**ont**	**aura** détruit	**auront** détruit
conditionnel		conditionnel passé	
détruir**ais**	détruir**ions**	**aurais** détruit	**aurions** détruit
détruir**ais**	détruir**iez**	**aurais** détruit	**auriez** détruit
détruir**ait**	détruir**aient**	**aurait** détruit	**auraient** détruit
présent du subjonctif		passé du subjonctif	
détruis**e**	détruis**ions**	**aie** détruit	**ayons** détruit
détruis**es**	détruis**iez**	**aies** détruit	**ayez** détruit
détruis**e**	détruis**ent**	**ait** détruit	**aient** détruit
imparfait du subjonctif		plus-que-parfait du subjonctif	
détruisi**sse**	détruisi**ssions**	**eusse** détruit	**eussions** détruit
détruisi**sses**	détruisi**ssiez**	**eusses** détruit	**eussiez** détruit
détruisî**t**	détruisi**ssent**	**eût** détruit	**eussent** détruit

impératif
détruis
détruisons
détruisez

développer — to develop

participe présent **développant** participe passé **développé**

SINGULAR	PLURAL	SINGULAR	PLURAL
présent de l'indicatif		passé composé	
développ**e**	développ**ons**	**ai** développé	**avons** développé
développ**es**	développ**ez**	**as** développé	**avez** développé
développ**e**	développ**ent**	**a** développé	**ont** développé
imparfait de l'indicatif		plus-que-parfait de l'indicatif	
développ**ais**	développ**ions**	**avais** développé	**avions** développé
développ**ais**	développ**iez**	**avais** développé	**aviez** développé
développ**ait**	développ**aient**	**avait** développé	**avaient** développé
passé simple		passé antérieur	
développ**ai**	développ**âmes**	**eus** développé	**eûmes** développé
développ**as**	développ**âtes**	**eus** développé	**eûtes** développé
développ**a**	développ**èrent**	**eut** développé	**eurent** développé
futur		futur antérieur	
développer**ai**	développer**ons**	**aurai** développé	**aurons** développé
développer**as**	développer**ez**	**auras** développé	**aurez** développé
développer**a**	développer**ont**	**aura** développé	**auront** développé
conditionnel		conditionnel passé	
développer**ais**	développer**ions**	**aurais** développé	**aurions** développé
développer**ais**	développer**iez**	**aurais** développé	**auriez** développé
développer**ait**	développer**aient**	**aurait** développé	**auraient** développé
présent du subjonctif		passé du subjonctif	
développ**e**	développ**ions**	**aie** développé	**ayons** développé
développ**es**	développ**iez**	**aies** développé	**ayez** développé
développ**e**	développ**ent**	**ait** développé	**aient** développé
imparfait du subjonctif		plus-que-parfait du subjonctif	
développa**sse**	développa**ssions**	**eusse** développé	**eussions** développé
développa**sses**	développa**ssiez**	**eusses** développé	**eussiez** développé
développâ**t**	développa**ssent**	**eût** développé	**eussent** développé

impératif
développe
développons
développez

to become **devenir**

participe présent **devenant** participe passé **devenu(e)(s)**

SINGULAR	PLURAL	SINGULAR	PLURAL
présent de l'indicatif		passé composé	
devien**s**	deven**ons**	**suis** devenu(e)	**sommes** devenu(e)s
devien**s**	deven**ez**	**es** devenu(e)	**êtes** devenu(e)(s)
devien**t**	devienn**ent**	**est** devenu(e)	**sont** devenu(e)s
imparfait de l'indicatif		plus-que-parfait de l'indicatif	
deven**ais**	deven**ions**	**étais** devenu(e)	**étions** devenu(e)s
deven**ais**	deven**iez**	**étais** devenu(e)	**étiez** devenu(e)(s)
deven**ait**	deven**aient**	**était** devenu(e)	**étaient** devenu(e)s
passé simple		passé antérieur	
devin**s**	devîn**mes**	**fus** devenu(e)	**fûmes** devenu(e)s
devin**s**	devînte**s**	**fus** devenu(e)	**fûtes** devenu(e)(s)
devin**t**	devin**rent**	**fut** devenu(e)	**furent** devenu(e)s
futur		futur antérieur	
deviendr**ai**	deviendr**ons**	**serai** devenu(e)	**serons** devenu(e)s
deviendr**as**	deviendr**ez**	**seras** devenu(e)	**serez** devenu(e)(s)
deviendr**a**	deviendr**ont**	**sera** devenu(e)	**seront** devenu(e)s
conditionnel		conditionnel passé	
deviendr**ais**	deviendr**ions**	**serais** devenu(e)	**serions** devenu(e)s
deviendr**ais**	deviendr**iez**	**serais** devenu(e)	**seriez** devenu(e)(s)
deviendr**ait**	deviendr**aient**	**serait** devenu(e)	**seraient** devenu(e)s
présent du subjonctif		passé du subjonctif	
devienn**e**	deven**ions**	**sois** devenu(e)	**soyons** devenu(e)s
devienn**es**	deven**iez**	**sois** devenu(e)	**soyez** devenu(e)(s)
devienn**e**	devienn**ent**	**soit** devenu(e)	**soient** devenu(e)s
imparfait du subjonctif		plus-que-parfait du subjonctif	
devin**sse**	devin**ssions**	**fusse** devenu(e)	**fussions** devenu(e)s
devin**sses**	devin**ssiez**	**fusses** devenu(e)	**fussiez** devenu(e)(s)
devîn**t**	devin**ssent**	**fût** devenu(e)	**fussent** devenu(e)s

impératif
deviens
devenons
devenez

D

deviner — to guess

participe présent **devinant** participe passé **deviné**

D

SINGULAR	PLURAL	SINGULAR	PLURAL
présent de l'indicatif		passé composé	
devin**e**	devin**ons**	**ai** deviné	**avons** deviné
devin**es**	devin**ez**	**as** deviné	**avez** deviné
devin**e**	devin**ent**	**a** deviné	**ont** deviné
imparfait de l'indicatif		plus-que-parfait de l'indicatif	
devin**ais**	devin**ions**	**avais** deviné	**avions** deviné
devin**ais**	devin**iez**	**avais** deviné	**aviez** deviné
devin**ait**	devin**aient**	**avait** deviné	**avaient** deviné
passé simple		passé antérieur	
devin**ai**	devin**âmes**	**eus** deviné	**eûmes** deviné
devin**as**	devin**âtes**	**eus** deviné	**eûtes** deviné
devin**a**	devin**èrent**	**eut** deviné	**eurent** deviné
futur		futur antérieur	
deviner**ai**	deviner**ons**	**aurai** deviné	**aurons** deviné
deviner**as**	deviner**ez**	**auras** deviné	**aurez** deviné
deviner**a**	deviner**ont**	**aura** deviné	**auront** deviné
conditionnel		conditionnel passé	
deviner**ais**	deviner**ions**	**aurais** deviné	**aurions** deviné
deviner**ais**	deviner**iez**	**aurais** deviné	**auriez** deviné
deviner**ait**	deviner**aient**	**aurait** deviné	**auraient** deviné
présent du subjonctif		passé du subjonctif	
devin**e**	devin**ions**	**aie** deviné	**ayons** deviné
devin**es**	devin**iez**	**aies** deviné	**ayez** deviné
devin**e**	devin**ent**	**ait** deviné	**aient** deviné
imparfait du subjonctif		plus-que-parfait du subjonctif	
devina**sse**	devina**ssions**	**eusse** deviné	**eussions** deviné
devina**sses**	devina**ssiez**	**eusses** deviné	**eussiez** deviné
devinâ**t**	devina**ssent**	**eût** deviné	**eussent** deviné

impératif
devine
devinons
devinez

to have to, must, ought, to owe, should **devoir**

participe présent **devant** participe passé **dû (due)**

SINGULAR	PLURAL	SINGULAR	PLURAL
présent de l'indicatif		passé composé	
doi**s**	dev**ons**	**ai** dû	**avons** dû
doi**s**	dev**ez**	**as** dû	**avez** dû
doi**t**	doiv**ent**	**a** dû	**ont** dû
imparfait de l'indicatif		plus-que-parfait de l'indicatif	
dev**ais**	dev**ions**	**avais** dû	**avions** dû
dev**ais**	dev**iez**	**avais** dû	**aviez** dû
dev**ait**	dev**aient**	**avait** dû	**avaient** dû
passé simple		passé antérieur	
du**s**	dûm**es**	**eus** dû	**eûmes** dû
du**s**	dût**es**	**eus** dû	**eûtes** dû
du**t**	dur**ent**	**eut** dû	**eurent** dû
futur		futur antérieur	
devr**ai**	devr**ons**	**aurai** dû	**aurons** dû
devr**as**	devr**ez**	**auras** dû	**aurez** dû
devr**a**	devr**ont**	**aura** dû	**auront** dû
conditionnel		conditionnel passé	
devr**ais**	devr**ions**	**aurais** dû	**aurions** dû
devr**ais**	devr**iez**	**aurais** dû	**auriez** dû
devr**ait**	devr**aient**	**aurait** dû	**auraient** dû
présent du subjonctif		passé du subjonctif	
doiv**e**	dev**ions**	**aie** dû	**ayons** dû
doiv**es**	dev**iez**	**aies** dû	**ayez** dû
doiv**e**	doiv**ent**	**ait** dû	**aient** dû
imparfait du subjonctif		plus-que-parfait du subjonctif	
du**sse**	du**ssions**	**eusse** dû	**eussions** dû
du**sses**	du**ssiez**	**eusses** dû	**eussiez** dû
dû**t**	du**ssent**	**eût** dû	**eussent** dû

impératif
dois
devons
devez

dialoguer — to converse

participe présent **dialoguant** participe passé **dialogué**

SINGULAR	PLURAL	SINGULAR	PLURAL
présent de l'indicatif		passé composé	
dialogu**e**	dialogu**ons**	**ai** dialogué	**avons** dialogué
dialogu**es**	dialogu**ez**	**as** dialogué	**avez** dialogué
dialogu**e**	dialogu**ent**	**a** dialogué	**ont** dialogué
imparfait de l'indicatif		plus-que-parfait de l'indicatif	
dialogu**ais**	dialogu**ions**	**avais** dialogué	**avions** dialogué
dialogu**ais**	dialogu**iez**	**avais** dialogué	**aviez** dialogué
dialogu**ait**	dialogu**aient**	**avait** dialogué	**avaient** dialogué
passé simple		passé antérieur	
dialogu**ai**	dialogu**âmes**	**eus** dialogué	**eûmes** dialogué
dialogu**as**	dialogu**âtes**	**eus** dialogué	**eûtes** dialogué
dialogu**a**	dialogu**èrent**	**eut** dialogué	**eurent** dialogué
futur		futur antérieur	
dialoguer**ai**	dialoguer**ons**	**aurai** dialogué	**aurons** dialogué
dialoguer**as**	dialoguer**ez**	**auras** dialogué	**aurez** dialogué
dialoguer**a**	dialoguer**ont**	**aura** dialogué	**auront** dialogué
conditionnel		conditionnel passé	
dialoguer**ais**	dialoguer**ions**	**aurais** dialogué	**aurions** dialogué
dialoguer**ais**	dialoguer**iez**	**aurais** dialogué	**auriez** dialogué
dialoguer**ait**	dialoguer**aient**	**aurait** dialogué	**auraient** dialogué
présent du subjonctif		passé du subjonctif	
dialogu**e**	dialogu**ions**	**aie** dialogué	**ayons** dialogué
dialogu**es**	dialogu**iez**	**aies** dialogué	**ayez** dialogué
dialogu**e**	dialogu**ent**	**ait** dialogué	**aient** dialogué
imparfait du subjonctif		plus-que-parfait du subjonctif	
dialogua**sse**	dialogua**ssions**	**eusse** dialogué	**eussions** dialogué
dialogua**sses**	dialogua**ssiez**	**eusses** dialogué	**eussiez** dialogué
dialoguâ**t**	dialogua**ssent**	**eût** dialogué	**eussent** dialogué

impératif
dialogue
dialoguons
dialoguez

participe présent **dictant** participe passé **dicté**

SINGULAR	PLURAL	SINGULAR	PLURAL
présent de l'indicatif		passé composé	
dict**e**	dict**ons**	**ai** dicté	**avons** dicté
dict**es**	dict**ez**	**as** dicté	**avez** dicté
dict**e**	dict**ent**	**a** dicté	**ont** dicté
imparfait de l'indicatif		plus-que-parfait de l'indicatif	
dict**ais**	dict**ions**	**avais** dicté	**avions** dicté
dict**ais**	dict**iez**	**avais** dicté	**aviez** dicté
dict**ait**	dict**aient**	**avait** dicté	**avaient** dicté
passé simple		passé antérieur	
dict**ai**	dict**âmes**	**eus** dicté	**eûmes** dicté
dict**as**	dict**âtes**	**eus** dicté	**eûtes** dicté
dict**a**	dict**èrent**	**eut** dicté	**eurent** dicté
futur		futur antérieur	
dicter**ai**	dicter**ons**	**aurai** dicté	**aurons** dicté
dicter**as**	dicter**ez**	**auras** dicté	**aurez** dicté
dicter**a**	dicter**ont**	**aura** dicté	**auront** dicté
conditionnel		conditionnel passé	
dicter**ais**	dicter**ions**	**aurais** dicté	**aurions** dicté
dicter**ais**	dicter**iez**	**aurais** dicté	**auriez** dicté
dicter**ait**	dicter**aient**	**aurait** dicté	**auraient** dicté
présent du subjonctif		passé du subjonctif	
dict**e**	dict**ions**	**aie** dicté	**ayons** dicté
dict**es**	dict**iez**	**aies** dicté	**ayez** dicté
dict**e**	dict**ent**	**ait** dicté	**aient** dicté
imparfait du subjonctif		plus-que-parfait du subjonctif	
dicta**sse**	dicta**ssions**	**eusse** dicté	**eussions** dicté
dicta**sses**	dicta**ssiez**	**eusses** dicté	**eussiez** dicté
dict**ât**	dicta**ssent**	**eût** dicté	**eussent** dicté

impératif
dicte
dictons
dictez

diminuer — to diminish, to decrease

participe présent **diminuant** — participe passé **diminué**

D

SINGULAR	PLURAL	SINGULAR	PLURAL
présent de l'indicatif		passé composé	
diminu**e**	diminu**ons**	**ai** diminué	**avons** diminué
diminu**es**	diminu**ez**	**as** diminué	**avez** diminué
diminu**e**	diminu**ent**	**a** diminué	**ont** diminué
imparfait de l'indicatif		plus-que-parfait de l'indicatif	
diminu**ais**	diminu**ions**	**avais** diminué	**avions** diminué
diminu**ais**	diminu**iez**	**avais** diminué	**aviez** diminué
diminu**ait**	diminu**aient**	**avait** diminué	**avaient** diminué
passé simple		passé antérieur	
diminu**ai**	diminu**âmes**	**eus** diminué	**eûmes** diminué
diminu**as**	diminu**âtes**	**eus** diminué	**eûtes** diminué
diminu**a**	diminu**èrent**	**eut** diminué	**eurent** diminué
futur		futur antérieur	
diminuer**ai**	diminuer**ons**	**aurai** diminué	**aurons** diminué
diminuer**as**	diminuer**ez**	**auras** diminué	**aurez** diminué
diminuer**a**	diminuer**ont**	**aura** diminué	**auront** diminué
conditionnel		conditionnel passé	
diminuer**ais**	diminuer**ions**	**aurais** diminué	**aurions** diminué
diminuer**ais**	diminuer**iez**	**aurais** diminué	**auriez** diminué
diminuer**ait**	diminuer**aient**	**aurait** diminué	**auraient** diminué
présent du subjonctif		passé du subjonctif	
diminu**e**	diminu**ions**	**aie** diminué	**ayons** diminué
diminu**es**	diminu**iez**	**aies** diminué	**ayez** diminué
diminu**e**	diminu**ent**	**ait** diminué	**aient** diminué
imparfait du subjonctif		plus-que-parfait du subjonctif	
diminua**sse**	diminua**ssions**	**eusse** diminué	**eussions** diminué
diminua**sses**	diminua**ssiez**	**eusses** diminué	**eussiez** diminué
diminuâ**t**	diminua**ssent**	**eût** diminué	**eussent** diminué
impératif			
diminue			
diminuons			
diminuez			

to say, to tell **dire**

participe présent **disant** participe passé **dit**

SINGULAR	PLURAL	SINGULAR	PLURAL
présent de l'indicatif		*passé composé*	
dis**s**	dis**ons**	**ai** dit	**avons** dit
di**s**	dit**es**	**as** dit	**avez** dit
di**t**	dis**ent**	**a** dit	**ont** dit
imparfait de l'indicatif		*plus-que-parfait de l'indicatif*	
dis**ais**	dis**ions**	**avais** dit	**avions** dit
dis**ais**	dis**iez**	**avais** dit	**aviez** dit
dis**ait**	dis**aient**	**avait** dit	**avaient** dit
passé simple		*passé antérieur*	
di**s**	d**îmes**	**eus** dit	**eûmes** dit
di**s**	d**îtes**	**eus** dit	**eûtes** dit
di**t**	di**rent**	**eut** dit	**eurent** dit
futur		*futur antérieur*	
dir**ai**	dir**ons**	**aurai** dit	**aurons** dit
dir**as**	dir**ez**	**auras** dit	**aurez** dit
dir**a**	dir**ont**	**aura** dit	**auront** dit
conditionnel		*conditionnel passé*	
dir**ais**	dir**ions**	**aurais** dit	**aurions** dit
dir**ais**	dir**iez**	**aurais** dit	**auriez** dit
dir**ait**	dir**aient**	**aurait** dit	**auraient** dit
présent du subjonctif		*passé du subjonctif*	
dis**e**	dis**ions**	**aie** dit	**ayons** dit
dis**es**	dis**iez**	**aies** dit	**ayez** dit
dis**e**	dis**ent**	**ait** dit	**aient** dit
imparfait du subjonctif		*plus-que-parfait du subjonctif*	
di**sse**	di**ssions**	**eusse** dit	**eussions** dit
di**sses**	di**ssiez**	**eusses** dit	**eussiez** dit
d**ît**	di**ssent**	**eût** dit	**eussent** dit

impératif

dis
disons
dites

diriger — to lead, to conduct, to direct

participe présent **dirigeant** participe passé **dirigé**

D

SINGULAR	PLURAL	SINGULAR	PLURAL
présent de l'indicatif		passé composé	
dirig**e**	dirige**ons**	**ai** dirigé	**avons** dirigé
dirig**es**	dirig**ez**	**as** dirigé	**avez** dirigé
dirig**e**	dirig**ent**	**a** dirigé	**ont** dirigé
imparfait de l'indicatif		plus-que-parfait de l'indicatif	
dirige**ais**	dirig**ions**	**avais** dirigé	**avions** dirigé
dirige**ais**	dirig**iez**	**avais** dirigé	**aviez** dirigé
dirige**ait**	dirige**aient**	**avait** dirigé	**avaient** dirigé
passé simple		passé antérieur	
dirige**ai**	dirige**âmes**	**eus** dirigé	**eûmes** dirigé
dirige**as**	dirige**âtes**	**eus** dirigé	**eûtes** dirigé
dirige**a**	dirig**èrent**	**eut** dirigé	**eurent** dirigé
futur		futur antérieur	
diriger**ai**	diriger**ons**	**aurai** dirigé	**aurons** dirigé
diriger**as**	diriger**ez**	**auras** dirigé	**aurez** dirigé
diriger**a**	diriger**ont**	**aura** dirigé	**auront** dirigé
conditionnel		conditionnel passé	
diriger**ais**	diriger**ions**	**aurais** dirigé	**aurions** dirigé
diriger**ais**	diriger**iez**	**aurais** dirigé	**auriez** dirigé
diriger**ait**	diriger**aient**	**aurait** dirigé	**auraient** dirigé
présent du subjonctif		passé du subjonctif	
dirig**e**	dirig**ions**	**aie** dirigé	**ayons** dirigé
dirig**es**	dirig**iez**	**aies** dirigé	**ayez** dirigé
dirig**e**	dirig**ent**	**ait** dirigé	**aient** dirigé
imparfait du subjonctif		plus-que-parfait du subjonctif	
dirigea**sse**	dirigea**ssions**	**eusse** dirigé	**eussions** dirigé
dirigea**sses**	dirigea**ssiez**	**eusses** dirigé	**eussiez** dirigé
dirigeâ**t**	dirigea**ssent**	**eût** dirigé	**eussent** dirigé

impératif
dirige
dirigeons
dirigez

participe présent **discutant** participe passé **discuté**

SINGULAR	PLURAL	SINGULAR	PLURAL
présent de l'indicatif		passé composé	
discut**e**	discut**ons**	**ai** discuté	**avons** discuté
discut**es**	discut**ez**	**as** discuté	**avez** discuté
discut**e**	discut**ent**	**a** discuté	**ont** discuté
imparfait de l'indicatif		plus-que-parfait de l'indicatif	
discut**ais**	discut**ions**	**avais** discuté	**avions** discuté
discut**ais**	discut**iez**	**avais** discuté	**aviez** discuté
discut**ait**	discut**aient**	**avait** discuté	**avaient** discuté
passé simple		passé antérieur	
discut**ai**	discut**âmes**	**eus** discuté	**eûmes** discuté
discut**as**	discut**âtes**	**eus** discuté	**eûtes** discuté
discut**a**	discut**èrent**	**eut** discuté	**eurent** discuté
futur		futur antérieur	
discuter**ai**	discuter**ons**	**aurai** discuté	**aurons** discuté
discuter**as**	discuter**ez**	**auras** discuté	**aurez** discuté
discuter**a**	discuter**ont**	**aura** discuté	**auront** discuté
conditionnel		conditionnel passé	
discuter**ais**	discuter**ions**	**aurais** discuté	**aurions** discuté
discuter**ais**	discuter**iez**	**aurais** discuté	**auriez** discuté
discuter**ait**	discuter**aient**	**aurait** discuté	**auraient** discuté
présent du subjonctif		passé du subjonctif	
discut**e**	discut**ions**	**aie** discuté	**ayons** discuté
discut**es**	discut**iez**	**aies** discuté	**ayez** discuté
discut**e**	discut**ent**	**ait** discuté	**aient** discuté
imparfait du subjonctif		plus-que-parfait du subjonctif	
discuta**sse**	discuta**ssions**	**eusse** discuté	**eussions** discuté
discuta**sses**	discuta**ssiez**	**eusses** discuté	**eussiez** discuté
discutâ**t**	discuta**ssent**	**eût** discuté	**eussent** discuté

impératif
discute
discutons
discutez

disparaître — to disappear

participe présent **disparaissant** participe passé **disparu**

SINGULAR	PLURAL	SINGULAR	PLURAL
présent de l'indicatif		passé composé	
dispar**ais**	disparaiss**ons**	**ai** disparu	**avons** disparu
dispar**ais**	disparaiss**ez**	**as** disparu	**avez** disparu
dispar**aît**	disparaiss**ent**	**a** disparu	**ont** disparu
imparfait de l'indicatif		plus-que-parfait de l'indicatif	
disparaiss**ais**	disparaiss**ions**	**avais** disparu	**avions** disparu
disparaiss**ais**	disparaiss**iez**	**avais** disparu	**aviez** disparu
disparaiss**ait**	disparaiss**aient**	**avait** disparu	**avaient** disparu
passé simple		passé antérieur	
dispar**us**	dispar**ûmes**	**eus** disparu	**eûmes** disparu
dispar**us**	dispar**ûtes**	**eus** disparu	**eûtes** disparu
dispar**ut**	dispar**urent**	**eut** disparu	**eurent** disparu
futur		futur antérieur	
disparaîtr**ai**	disparaîtr**ons**	**aurai** disparu	**aurons** disparu
disparaîtr**as**	disparaîtr**ez**	**auras** disparu	**aurez** disparu
disparaîtr**a**	disparaîtr**ont**	**aura** disparu	**auront** disparu
conditionnel		conditionnel passé	
disparaîtr**ais**	disparaîtr**ions**	**aurais** disparu	**aurions** disparu
disparaîtr**ais**	disparaîtr**iez**	**aurais** disparu	**auriez** disparu
disparaîtr**ait**	disparaîtr**aient**	**aurait** disparu	**auraient** disparu
présent du subjonctif		passé du subjonctif	
disparaiss**e**	disparaiss**ions**	**aie** disparu	**ayons** disparu
disparaiss**es**	disparaiss**iez**	**aies** disparu	**ayez** disparu
disparaiss**e**	disparaiss**ent**	**ait** disparu	**aient** disparu
imparfait du subjonctif		plus-que-parfait du subjonctif	
dispar**usse**	dispar**ussions**	**eusse** disparu	**eussions** disparu
dispar**usses**	dispar**ussiez**	**eusses** disparu	**eussiez** disparu
dispar**ût**	dispar**ussent**	**eût** disparu	**eussent** disparu

impératif
disparais
disparaissons
disparaissez

participe présent **disposant** participe passé **disposé**

SINGULAR	PLURAL	SINGULAR	PLURAL
présent de l'indicatif		passé composé	
dispos**e**	dispos**ons**	**ai** disposé	**avons** disposé
dispos**es**	dispos**ez**	**as** disposé	**avez** disposé
dispos**e**	dispos**ent**	**a** disposé	**ont** disposé
imparfait de l'indicatif		plus-que-parfait de l'indicatif	
dispos**ais**	dispos**ions**	**avais** disposé	**avions** disposé
dispos**ais**	dispos**iez**	**avais** disposé	**aviez** disposé
dispos**ait**	dispos**aient**	**avait** disposé	**avaient** disposé
passé simple		passé antérieur	
dispos**ai**	dispos**âmes**	**eus** disposé	**eûmes** disposé
dispos**as**	dispos**âtes**	**eus** disposé	**eûtes** disposé
dispos**a**	dispos**èrent**	**eut** disposé	**eurent** disposé
futur		futur antérieur	
disposer**ai**	disposer**ons**	**aurai** disposé	**aurons** disposé
disposer**as**	disposer**ez**	**auras** disposé	**aurez** disposé
disposer**a**	disposer**ont**	**aura** disposé	**auront** disposé
conditionnel		conditionnel passé	
disposer**ais**	disposer**ions**	**aurais** disposé	**aurions** disposé
disposer**ais**	disposer**iez**	**aurais** disposé	**auriez** disposé
disposer**ait**	disposer**aient**	**aurait** disposé	**auraient** disposé
présent du subjonctif		passé du subjonctif	
dispos**e**	dispos**ions**	**aie** disposé	**ayons** disposé
dispos**es**	dispos**iez**	**aies** disposé	**ayez** disposé
dispos**e**	dispos**ent**	**ait** disposé	**aient** disposé
imparfait du subjonctif		plus-que-parfait du subjonctif	
disposa**sse**	disposa**ssions**	**eusse** disposé	**eussions** disposé
disposa**sses**	disposa**ssiez**	**eusses** disposé	**eussiez** disposé
disposâ**t**	disposa**ssent**	**eût** disposé	**eussent** disposé

impératif
dispose
disposons
disposez

se disputer — to fight over, to argue

participe présent **se disputant** participe passé **disputé(e)(s)**

présent de l'indicatif

SINGULAR	PLURAL
me disput**e**	**nous** disput**ons**
te disput**es**	**vous** disput**ez**
se disput**e**	**se** disput**ent**

imparfait de l'indicatif

SINGULAR	PLURAL
me disput**ais**	**nous** disput**ions**
te disput**ais**	**vous** disput**iez**
se disput**ait**	**se** disput**aient**

passé simple

SINGULAR	PLURAL
me disput**ai**	**nous** disput**âmes**
te disput**as**	**vous** disput**âtes**
se disput**a**	**se** disput**èrent**

futur

SINGULAR	PLURAL
me disputer**ai**	**nous** disputer**ons**
te disputer**as**	**vous** disputer**ez**
se disputer**a**	**se** disputer**ont**

conditionnel

SINGULAR	PLURAL
me disputer**ais**	**nous** disputer**ions**
te disputer**ais**	**vous** disputer**iez**
se disputer**ait**	**se** disputer**aient**

présent du subjonctif

SINGULAR	PLURAL
me disput**e**	**nous** disput**ions**
te disput**es**	**vous** disput**iez**
se disput**e**	**se** disput**ent**

imparfait du subjonctif

SINGULAR	PLURAL
me disputa**sse**	**nous** disputa**ssions**
te disputa**sses**	**vous** disputa**ssiez**
se disput**ât**	**se** disputa**ssent**

impératif

dispute-toi
disputons-nous
disputez-vous

passé composé

SINGULAR	PLURAL
me suis disputé(e)	**nous sommes** disputé(e)s
t'es disputé(e)	**vous êtes** disputé(e)(s)
s'est disputé(e)	**se sont** disputé(e)s

plus-que-parfait de l'indicatif

SINGULAR	PLURAL
m'étais disputé(e)	**nous étions** disputé(e)s
t'étais disputé(e)	**vous étiez** disputé(e)(s)
s'était disputé(e)	**s'étaient** disputé(e)s

passé antérieur

SINGULAR	PLURAL
me fus disputé(e)	**nous fûmes** disputé(e)s
te fus disputé(e)	**vous fûtes** disputé(e)(s)
se fut disputé(e)	**se furent** disputé(e)s

futur antérieur

SINGULAR	PLURAL
me serai disputé(e)	**nous serons** disputé(e)s
te seras disputé(e)	**vous serez** disputé(e)(s)
se sera disputé(e)	**se seront** disputé(e)s

conditionnel passé

SINGULAR	PLURAL
me serais disputé(e)	**nous serions** disputé(e)s
te serais disputé(e)	**vous seriez** disputé(e)(s)
se serait disputé(e)	**se seraient** disputé(e)s

passé du subjonctif

SINGULAR	PLURAL
me sois disputé(e)	**nous soyons** disputé(e)s
te sois disputé(e)	**vous soyez** disputé(e)(s)
se soit disputé(e)	**se soient** disputé(e)s

plus-que-parfait du subjonctif

SINGULAR	PLURAL
me fusse disputé(e)	**nous fussions** disputé(e)s
te fusses disputé(e)	**vous fussiez** disputé(e)(s)
se fût disputé(e)	**se fussent** disputé(e)s

participe présent **dissertant** participe passé **disserté**

SINGULAR	PLURAL	SINGULAR	PLURAL
présent de l'indicatif		passé composé	
disserte	dissertons	**ai** disserté	**avons** disserté
dissertes	dissertez	**as** disserté	**avez** disserté
disserte	dissertent	**a** disserté	**ont** disserté
imparfait de l'indicatif		plus-que-parfait de l'indicatif	
dissertais	dissertions	**avais** disserté	**avions** disserté
dissertais	dissertiez	**avais** disserté	**aviez** disserté
dissertait	dissertaient	**avait** disserté	**avaient** disserté
passé simple		passé antérieur	
dissertai	dissertâmes	**eus** disserté	**eûmes** disserté
dissertas	dissertâtes	**eus** disserté	**eûtes** disserté
disserta	dissertèrent	**eut** disserté	**eurent** disserté
futur		futur antérieur	
disserterai	disserterons	**aurai** disserté	**aurons** disserté
disserteras	disserterez	**auras** disserté	**aurez** disserté
disserterа	disserteront	**aura** disserté	**auront** disserté
conditionnel		conditionnel passé	
disserterais	disserterions	**aurais** disserté	**aurions** disserté
disserterais	disserteriez	**aurais** disserté	**auriez** disserté
disserterait	disserteraient	**aurait** disserté	**auraient** disserté
présent du subjonctif		passé du subjonctif	
disserte	dissertions	**aie** disserté	**ayons** disserté
dissertes	dissertiez	**aies** disserté	**ayez** disserté
disserte	dissertent	**ait** disserté	**aient** disserté
imparfait du subjonctif		plus-que-parfait du subjonctif	
dissertasse	dissertassions	**eusse** disserté	**eussions** disserté
dissertasses	dissertassiez	**eusses** disserté	**eussiez** disserté
dissertât	dissertassent	**eût** disserté	**eussent** disserté

impératif
disserte
dissertons
dissertez

distinguer — to distinguish

participe présent **distinguant** participe passé **distingué**

SINGULAR	PLURAL	SINGULAR	PLURAL
présent de l'indicatif		passé composé	
distingu**e**	distingu**ons**	**ai** distingué	**avons** distingué
distingu**es**	distingu**ez**	**as** distingué	**avez** distingué
distingu**e**	distingu**ent**	**a** distingué	**ont** distingué
imparfait de l'indicatif		plus-que-parfait de l'indicatif	
distingu**ais**	distingu**ions**	**avais** distingué	**avions** distingué
distingu**ais**	distingu**iez**	**avais** distingué	**aviez** distingué
distingu**ait**	distingu**aient**	**avait** distingué	**avaient** distingué
passé simple		passé antérieur	
distingu**ai**	distingu**âmes**	**eus** distingué	**eûmes** distingué
distingu**as**	distingu**âtes**	**eus** distingué	**eûtes** distingué
distingu**a**	distingu**èrent**	**eut** distingué	**eurent** distingué
futur		futur antérieur	
distinguer**ai**	distinguer**ons**	**aurai** distingué	**aurons** distingué
distinguer**as**	distinguer**ez**	**auras** distingué	**aurez** distingué
distinguer**a**	distinguer**ont**	**aura** distingué	**auront** distingué
conditionnel		conditionnel passé	
distinguer**ais**	distinguer**ions**	**aurais** distingué	**aurions** distingué
distinguer**ais**	distinguer**iez**	**aurais** distingué	**auriez** distingué
distinguer**ait**	distinguer**aient**	**aurait** distingué	**auraient** distingué
présent du subjonctif		passé du subjonctif	
distingu**e**	distingu**ions**	**aie** distingué	**ayons** distingué
distingu**es**	distingu**iez**	**aies** distingué	**ayez** distingué
distingu**e**	distingu**ent**	**ait** distingué	**aient** distingué
imparfait du subjonctif		plus-que-parfait du subjonctif	
distingua**sse**	distingua**ssions**	**eusse** distingué	**eussions** distingué
distingua**sses**	distingua**ssiez**	**eusses** distingué	**eussiez** distingué
distingu**ât**	distingua**ssent**	**eût** distingué	**eussent** distingué

impératif
distingue
distinguons
distinguez

to distract, to entertain — distraire

participe présent **distrayant** participe passé **distrait**

SINGULAR	PLURAL
présent de l'indicatif	
distrai**s**	distray**ons**
distrai**s**	distray**ez**
distrai**t**	distrai**ent**
imparfait de l'indicatif	
distray**ais**	distray**ions**
distray**ais**	distray**iez**
distray**ait**	distray**aient**
passé simple	
No conjugation for this tense.	
futur	
distrair**ai**	distrair**ons**
distrair**as**	distrair**ez**
distrair**a**	distrair**ont**
conditionnel	
distrair**ais**	distrair**ions**
distrair**ais**	distrair**iez**
distrair**ait**	distrair**aient**
présent du subjonctif	
distra**ie**	distray**ions**
distra**ies**	distray**iez**
distra**ie**	distrai**ent**
imparfait du subjonctif	
No conjugation for this tense.	
impératif	
distrais	
distrayons	
distrayez	

SINGULAR	PLURAL
passé composé	
ai distrait	**avons** distrait
as distrait	**avez** distrait
a distrait	**ont** distrait
plus-que-parfait de l'indicatif	
avais distrait	**avions** distrait
avais distrait	**aviez** distrait
avait distrait	**avaient** distrait
passé antérieur	
eus distrait	**eûmes** distrait
eus distrait	**eûtes** distrait
eut distrait	**eurent** distrait
futur antérieur	
aurai distrait	**aurons** distrait
auras distrait	**aurez** distrait
aura distrait	**auront** distrait
conditionnel passé	
aurais distrait	**aurions** distrait
aurais distrait	**auriez** distrait
aurait distrait	**auraient** distrait
passé du subjonctif	
aie distrait	**ayons** distrait
aies distrait	**ayez** distrait
ait distrait	**aient** distrait
plus-que-parfait du subjonctif	
eusse distrait	**eussions** distrait
eusses distrait	**eussiez** distrait
eût distrait	**eussent** distrait

diviser — to divide

participe présent **divisant** participe passé **divisé**

SINGULAR	PLURAL	SINGULAR	PLURAL
présent de l'indicatif		passé composé	
divis**e**	divis**ons**	**ai** divisé	**avons** divisé
divis**es**	divis**ez**	**as** divisé	**avez** divisé
divis**e**	divis**ent**	**a** divisé	**ont** divisé
imparfait de l'indicatif		plus-que-parfait de l'indicatif	
divis**ais**	divis**ions**	**avais** divisé	**avions** divisé
divis**ais**	divis**iez**	**avais** divisé	**aviez** divisé
divis**ait**	divis**aient**	**avait** divisé	**avaient** divisé
passé simple		passé antérieur	
divis**ai**	divis**âmes**	**eus** divisé	**eûmes** divisé
divis**as**	divis**âtes**	**eus** divisé	**eûtes** divisé
divis**a**	divis**èrent**	**eut** divisé	**eurent** divisé
futur		futur antérieur	
diviser**ai**	diviser**ons**	**aurai** divisé	**aurons** divisé
diviser**as**	diviser**ez**	**auras** divisé	**aurez** divisé
diviser**a**	diviser**ont**	**aura** divisé	**auront** divisé
conditionnel		conditionnel passé	
diviser**ais**	diviser**ions**	**aurai** divisé	**aurons** divisé
diviser**ais**	diviser**iez**	**auras** divisé	**aurez** divisé
diviser**ait**	diviser**aient**	**aura** divisé	**auront** divisé
présent du subjonctif		passé du subjonctif	
divis**e**	divis**ions**	**aie** divisé	**ayons** divisé
divis**es**	divis**iez**	**aies** divisé	**ayez** divisé
divis**e**	divis**ent**	**ait** divisé	**aient** divisé
imparfait du subjonctif		plus-que-parfait du subjonctif	
divisa**sse**	divisa**ssions**	**eusse** divisé	**eussions** divisé
divisa**sses**	divisa**ssiez**	**eusses** divisé	**eussiez** divisé
divisâ**t**	divisa**ssent**	**eût** divisé	**eussent** divisé

impératif
divise
divisons
divisez

to dominate **dominer**

participe présent **dominant** participe passé **dominé**

SINGULAR	PLURAL
présent de l'indicatif	
domin**e**	domin**ons**
domin**es**	domin**ez**
domin**e**	domin**ent**
imparfait de l'indicatif	
domin**ais**	domin**ions**
domin**ais**	domin**iez**
domin**ait**	domin**aient**
passé simple	
domin**ai**	domin**âmes**
domin**as**	domin**âtes**
domin**a**	domin**èrent**
futur	
dominer**ai**	dominer**ons**
dominer**as**	dominer**ez**
dominer**a**	dominer**ont**
conditionnel	
dominer**ais**	dominer**ions**
dominer**ais**	dominer**iez**
dominer**ait**	dominer**aient**
présent du subjonctif	
domin**e**	domin**ions**
domin**es**	domin**iez**
domin**e**	domin**ent**
imparfait du subjonctif	
domina**sse**	domina**ssions**
domina**sses**	domina**ssiez**
dominâ**t**	domina**ssent**
impératif	
domine	
dominons	
dominez	

SINGULAR	PLURAL
passé composé	
ai dominé	**avons** dominé
as dominé	**avez** dominé
a dominé	**ont** dominé
plus-que-parfait de l'indicatif	
avais dominé	**avions** dominé
avais dominé	**aviez** dominé
avait dominé	**avaient** dominé
passé antérieur	
eus dominé	**eûmes** dominé
eus dominé	**eûtes** dominé
eut dominé	**eurent** dominé
futur antérieur	
aurai dominé	**aurons** dominé
auras dominé	**aurez** dominé
aura dominé	**auront** dominé
conditionnel passé	
aurais dominé	**aurions** dominé
aurais dominé	**auriez** dominé
aurait dominé	**auraient** dominé
passé du subjonctif	
aie dominé	**ayons** dominé
aies dominé	**ayez** dominé
ait dominé	**aient** dominé
plus-que-parfait du subjonctif	
eusse dominé	**eussions** dominé
eusses dominé	**eussiez** dominé
eût dominé	**eussent** dominé

participe présent **donnant** participe passé **donné**

SINGULAR	PLURAL	SINGULAR	PLURAL
présent de l'indicatif		passé composé	
donn**e**	donn**ons**	**ai** donné	**avons** donné
donn**es**	donn**ez**	**as** donné	**avez** donné
donn**e**	donn**ent**	**a** donné	**ont** donné
imparfait de l'indicatif		plus-que-parfait de l'indicatif	
donn**ais**	donn**ions**	**avais** donné	**avions** donné
donn**ais**	donn**iez**	**avais** donné	**aviez** donné
donn**ait**	donn**aient**	**avait** donné	**avaient** donné
passé simple		passé antérieur	
donn**ai**	donn**âmes**	**eus** donné	**eûmes** donné
donn**as**	donn**âtes**	**eus** donné	**eûtes** donné
donn**a**	donn**èrent**	**eut** donné	**eurent** donné
futur		futur antérieur	
donner**ai**	donner**ons**	**aurai** donné	**aurons** donné
donner**as**	donner**ez**	**auras** donné	**aurez** donné
donner**a**	donner**ont**	**aura** donné	**auront** donné
conditionnel		conditionnel passé	
donner**ais**	donner**ions**	**aurais** donné	**aurions** donné
donner**ais**	donner**iez**	**aurais** donné	**auriez** donné
donner**ait**	donner**aient**	**aurait** donné	**auraient** donné
présent du subjonctif		passé du subjonctif	
donn**e**	donn**ions**	**aie** donné	**ayons** donné
donn**es**	donn**iez**	**aies** donné	**ayez** donné
donn**e**	donn**ent**	**ait** donné	**aient** donné
imparfait du subjonctif		plus-que-parfait du subjonctif	
donna**sse**	donna**ssions**	**eusse** donné	**eussions** donné
donna**sses**	donna**ssiez**	**eusses** donné	**eussiez** donné
donnâ**t**	donna**ssent**	**eût** donné	**eussent** donné
impératif			
donne			
donnons			
donnez			

MUST KNOW VERB

participe présent **dormant** participe passé **dormi**

SINGULAR	PLURAL	SINGULAR	PLURAL
présent de l'indicatif		passé composé	
dor**s**	dorm**ons**	**ai** dormi	**avons** dormi
dor**s**	dorm**ez**	**as** dormi	**avez** dormi
dor**t**	dorm**ent**	**a** dormi	**ont** dormi
imparfait de l'indicatif		plus-que-parfait de l'indicatif	
dorm**ais**	dorm**ions**	**avais** dormi	**avions** dormi
dorm**ais**	dorm**iez**	**avais** dormi	**aviez** dormi
dorm**ait**	dorm**aient**	**avait** dormi	**avaient** dormi
passé simple		passé antérieur	
dorm**is**	dorm**îmes**	**eus** dormi	**eûmes** dormi
dorm**is**	dorm**îtes**	**eus** dormi	**eûtes** dormi
dorm**it**	dorm**irent**	**eut** dormi	**eurent** dormi
futur		futur antérieur	
dormir**ai**	dormir**ons**	**aurai** dormi	**aurons** dormi
dormir**as**	dormir**ez**	**auras** dormi	**aurez** dormi
dormir**a**	dormir**ont**	**aura** dormi	**auront** dormi
conditionnel		conditionnel passé	
dormir**ais**	dormir**ions**	**aurais** dormi	**aurions** dormi
dormir**ais**	dormir**iez**	**aurais** dormi	**auriez** dormi
dormir**ait**	dormir**aient**	**aurait** dormi	**auraient** dormi
présent du subjonctif		passé du subjonctif	
dorm**e**	dorm**ions**	**aie** dormi	**ayons** dormi
dorm**es**	dorm**iez**	**aies** dormi	**ayez** dormi
dorm**e**	dorm**ent**	**ait** dormi	**aient** dormi
imparfait du subjonctif		plus-que-parfait du subjonctif	
dormi**sse**	dormi**ssions**	**eusse** dormi	**eussions** dormi
dormi**sses**	dormi**ssiez**	**eusses** dormi	**eussiez** dormi
dormî**t**	dormi**ssent**	**eût** dormi	**eussent** dormi

impératif
dors
dormons
dormez

douter — to doubt

participe présent **doutant** participe passé **douté**

SINGULAR	PLURAL
présent de l'indicatif	
dout**e**	dout**ons**
dout**es**	dout**ez**
dout**e**	dout**ent**
imparfait de l'indicatif	
dout**ais**	dout**ions**
dout**ais**	dout**iez**
dout**ait**	dout**aient**
passé simple	
dout**ai**	dout**âmes**
dout**as**	dout**âtes**
dout**a**	dout**èrent**
futur	
douter**ai**	douter**ons**
douter**as**	douter**ez**
douter**a**	douter**ont**
conditionnel	
douter**ais**	douter**ions**
douter**ais**	douter**iez**
douter**ait**	douter**aient**
présent du subjonctif	
dout**e**	dout**ions**
dout**es**	dout**iez**
dout**e**	dout**ent**
imparfait du subjonctif	
douta**sse**	douta**ssions**
douta**sses**	douta**ssiez**
doutâ**t**	douta**ssent**
impératif	
doute	
doutons	
doutez	

SINGULAR	PLURAL
passé composé	
ai douté	**avons** douté
as douté	**avez** douté
a douté	**ont** douté
plus-que-parfait de l'indicatif	
avais douté	**avions** douté
avais douté	**aviez** douté
avait douté	**avaient** douté
passé antérieur	
eus douté	**eûmes** douté
eus douté	**eûtes** douté
eut douté	**eurent** douté
futur antérieur	
aurai douté	**aurons** douté
auras douté	**aurez** douté
aura douté	**auront** douté
conditionnel passé	
aurais douté	**aurions** douté
aurais douté	**auriez** douté
aurait douté	**auraient** douté
passé du subjonctif	
aie douté	**ayons** douté
aies douté	**ayez** douté
ait douté	**aient** douté
plus-que-parfait du subjonctif	
eusse douté	**eussions** douté
eusses douté	**eussiez** douté
eût douté	**eussent** douté

participe présent **dressant** participe passé **dressé**

SINGULAR	PLURAL
présent de l'indicatif	
dress**e**	dress**ons**
dress**es**	dress**ez**
dress**e**	dress**ent**
imparfait de l'indicatif	
dress**ais**	dress**ions**
dress**ais**	dress**iez**
dress**ait**	dress**aient**
passé simple	
dress**ai**	dress**âmes**
dress**as**	dress**âtes**
dress**a**	dress**èrent**
futur	
dresser**ai**	dresser**ons**
dresser**as**	dresser**ez**
dresser**a**	dresser**ont**
conditionnel	
dresser**ais**	dresser**ions**
dresser**ais**	dresser**iez**
dresser**ait**	dresser**aient**
présent du subjonctif	
dress**e**	dress**ions**
dress**es**	dress**iez**
dress**e**	dress**ent**
imparfait du subjonctif	
dressa**sse**	dressa**ssions**
dressa**sses**	dressa**ssiez**
dress**ât**	dressa**ssent**
impératif	
dresse	
dressons	
dressez	

SINGULAR	PLURAL
passé composé	
ai dressé	**avons** dressé
as dressé	**avez** dressé
a dressé	**ont** dressé
plus-que-parfait de l'indicatif	
avais dressé	**avions** dressé
avais dressé	**aviez** dressé
avait dressé	**avaient** dressé
passé antérieur	
eus dressé	**eûmes** dressé
eus dressé	**eûtes** dressé
eut dressé	**eurent** dressé
futur antérieur	
aurai dressé	**aurons** dressé
auras dressé	**aurez** dressé
aura dressé	**auront** dressé
conditionnel passé	
aurais dressé	**aurions** dressé
aurais dressé	**auriez** dressé
aurait dressé	**auraient** dressé
passé du subjonctif	
aie dressé	**ayons** dressé
aies dressé	**ayez** dressé
ait dressé	**aient** dressé
plus-que-parfait du subjonctif	
eusse dressé	**eussions** dressé
eusses dressé	**eussiez** dressé
eût dressé	**eussent** dressé

durer — to last

participe présent **durant** — participe passé **duré**

SINGULAR	PLURAL
présent de l'indicatif	
dur**e**	dur**ons**
dur**es**	dur**ez**
dur**e**	dur**ent**
imparfait de l'indicatif	
dur**ais**	dur**ions**
dur**ais**	dur**iez**
dur**ait**	dur**aient**
passé simple	
dur**ai**	dur**âmes**
dur**as**	dur**âtes**
dur**a**	dur**èrent**
futur	
durer**ai**	durer**ons**
durer**as**	durer**ez**
durer**a**	durer**ont**
conditionnel	
durer**ais**	durer**ions**
durer**ais**	durer**iez**
durer**ait**	durer**aient**
présent du subjonctif	
dur**e**	dur**ions**
dur**es**	dur**iez**
dur**e**	dur**ent**
imparfait du subjonctif	
dura**sse**	dura**ssions**
dura**sses**	dura**ssiez**
durâ**t**	dura**ssent**
impératif	
dure	
durons	
durez	

SINGULAR	PLURAL
passé composé	
ai duré	**avons** duré
as duré	**avez** duré
a duré	**ont** duré
plus-que-parfait de l'indicatif	
avais duré	**avions** duré
avais duré	**aviez** duré
avait duré	**avaient** duré
passé antérieur	
eus duré	**eûmes** duré
eus duré	**eûtes** duré
eut duré	**eurent** duré
futur antérieur	
aurai duré	**aurons** duré
auras duré	**aurez** duré
aura duré	**auront** duré
conditionnel passé	
aurais duré	**aurions** duré
aurais duré	**auriez** duré
aurait duré	**auraient** duré
passé du subjonctif	
aie duré	**ayons** duré
aies duré	**ayez** duré
ait duré	**aient** duré
plus-que-parfait du subjonctif	
eusse duré	**eussions** duré
eusses duré	**eussiez** duré
eût duré	**eussent** duré

to exchange — échanger

participe présent **échangeant** — participe passé **échangé**

SINGULAR	PLURAL	SINGULAR	PLURAL
présent de l'indicatif		passé composé	
échange**e**	échange**ons**	**ai** échangé	**avons** échangé
échang**es**	échang**ez**	**as** échangé	**avez** échangé
échang**e**	échang**ent**	**a** échangé	**ont** échangé
imparfait de l'indicatif		plus-que-parfait de l'indicatif	
échange**ais**	échang**ions**	**avais** échangé	**avions** échangé
échange**ais**	échang**iez**	**avais** échangé	**aviez** échangé
échange**ait**	échange**aient**	**avait** échangé	**avaient** échangé
passé simple		passé antérieur	
échange**ai**	échange**âmes**	**eus** échangé	**eûmes** échangé
échange**as**	échange**âtes**	**eus** échangé	**eûtes** échangé
échange**a**	échang**èrent**	**eut** échangé	**eurent** échangé
futur		futur antérieur	
échanger**ai**	échanger**ons**	**aurai** échangé	**aurons** échangé
échanger**as**	échanger**ez**	**auras** échangé	**aurez** échangé
échanger**a**	échanger**ont**	**aura** échangé	**auront** échangé
conditionnel		conditionnel passé	
échanger**ais**	échanger**ions**	**aurais** échangé	**aurions** échangé
échanger**ais**	échanger**iez**	**aurais** échangé	**auriez** échangé
échanger**ait**	échanger**aient**	**aurait** échangé	**auraient** échangé
présent du subjonctif		passé du subjonctif	
échang**e**	échang**ions**	**aie** échangé	**ayons** échangé
échang**es**	échang**iez**	**aies** échangé	**ayez** échangé
échang**e**	échang**ent**	**ait** échangé	**aient** échangé
imparfait du subjonctif		plus-que-parfait du subjonctif	
échangea**sse**	échangea**ssions**	**eusse** échangé	**eussions** échangé
échangea**sses**	échangea**ssiez**	**eusses** échangé	**eussiez** échangé
échange**ât**	échangea**ssent**	**eût** échangé	**eussent** échangé

impératif
échange
échangeons
échangez

E

échapper — to escape, to avoid

participe présent **échappant** participe passé **échappé**

SINGULAR	PLURAL	SINGULAR	PLURAL
présent de l'indicatif		passé composé	
échapp**e**	échapp**ons**	**ai** échappé	**avons** échappé
échapp**es**	échapp**ez**	**as** échappé	**avez** échappé
échapp**e**	échapp**ent**	**a** échappé	**ont** échappé
imparfait de l'indicatif		plus-que-parfait de l'indicatif	
échapp**ais**	échapp**ions**	**avais** échappé	**avions** échappé
échapp**ais**	échapp**iez**	**avais** échappé	**aviez** échappé
échapp**ait**	échapp**aient**	**avait** échappé	**avaient** échappé
passé simple		passé antérieur	
échapp**ai**	échapp**âmes**	**eus** échappé	**eûmes** échappé
échapp**as**	échapp**âtes**	**eus** échappé	**eûtes** échappé
échapp**a**	échapp**èrent**	**eut** échappé	**eurent** échappé
futur		futur antérieur	
échapper**ai**	échapper**ons**	**aurai** échappé	**aurons** échappé
échapper**as**	échapper**ez**	**auras** échappé	**aurez** échappé
échapper**a**	échapper**ont**	**aura** échappé	**auront** échappé
conditionnel		conditionnel passé	
échapper**ais**	échapper**ions**	**aurais** échappé	**aurions** échappé
échapper**ais**	échapper**iez**	**aurais** échappé	**auriez** échappé
échapper**ait**	échapper**aient**	**aurait** échappé	**auraient** échappé
présent du subjonctif		passé du subjonctif	
échapp**e**	échapp**ions**	**aie** échappé	**ayons** échappé
échapp**es**	échapp**iez**	**aies** échappé	**ayez** échappé
échapp**e**	échapp**ent**	**ait** échappé	**aient** échappé
imparfait du subjonctif		plus-que-parfait du subjonctif	
échappa**sse**	échappa**ssions**	**eusse** échappé	**eussions** échappé
échappa**sses**	échappa**ssiez**	**eusses** échappé	**eussiez** échappé
échappâ**t**	échappa**ssent**	**eût** échappé	**eussent** échappé

impératif
échappe
échappons
échappez

to listen, to obey **écouter**

participe présent **écoutant** participe passé **écouté**

SINGULAR	PLURAL
présent de l'indicatif	
écout**e**	écout**ons**
écout**es**	écout**ez**
écout**e**	écout**ent**
imparfait de l'indicatif	
écout**ais**	écout**ions**
écout**ais**	écout**iez**
écout**ait**	écout**aient**
passé simple	
écout**ai**	écout**âmes**
écout**as**	écout**âtes**
écout**a**	écout**èrent**
futur	
écouter**ai**	écouter**ons**
écouter**as**	écouter**ez**
écouter**a**	écouter**ons**
conditionnel	
écouter**ais**	écouter**ions**
écouter**ais**	écouter**iez**
écouter**ait**	écouter**aient**
présent du subjonctif	
écout**e**	écout**ions**
écout**es**	écout**iez**
écout**e**	écout**ent**
imparfait du subjonctif	
écouta**sse**	écouta**ssions**
écouta**sses**	écouta**ssiez**
écoutâ**t**	écouta**ssent**

impératif
écoute
écoutons
écoutez

SINGULAR	PLURAL
passé composé	
ai écouté	**avons** écouté
as écouté	**avez** écouté
a écouté	**ont** écouté
plus-que-parfait de l'indicatif	
avais écouté	**avions** écouté
avais écouté	**aviez** écouté
avait écouté	**avaient** écouté
passé antérieur	
eus écouté	**eûmes** écouté
eus écouté	**eûtes** écouté
eut écouté	**eurent** écouté
futur antérieur	
aurai écouté	**aurons** écouté
auras écouté	**aurez** écouté
aura écouté	**auront** écouté
conditionnel passé	
aurais écouté	**aurions** écouté
aurais écouté	**auriez** écouté
aurait écouté	**auraient** écouté
passé du subjonctif	
aie écouté	**ayons** écouté
aies écouté	**ayez** écouté
ait écouté	**aient** écouté
plus-que-parfait du subjonctif	
eusse écouté	**eussions** écouté
eusses écouté	**eussiez** écouté
eût écouté	**eussent** écouté

écrire — to write

participe présent **écrivant** | participe passé **écrit**

E

SINGULAR	PLURAL	SINGULAR	PLURAL
présent de l'indicatif		passé composé	
écri**s**	écriv**ons**	**ai** écrit	**avons** écrit
écri**s**	écriv**ez**	**as** écrit	**avez** écrit
écri**t**	écriv**ent**	**a** écrit	**ont** écrit
imparfait de l'indicatif		plus-que-parfait de l'indicatif	
écriv**ais**	écriv**ions**	**avais** écrit	**avions** écrit
écriv**ais**	écriv**iez**	**avais** écrit	**aviez** écrit
écriv**ait**	écriv**aient**	**avait** écrit	**avaient** écrit
passé simple		passé antérieur	
écriv**is**	écriv**îmes**	**eus** écrit	**eûmes** écrit
écriv**is**	écriv**îtes**	**eus** écrit	**eûtes** écrit
écriv**it**	écriv**irent**	**eut** écrit	**eurent** écrit
futur		futur antérieur	
écrir**ai**	écrir**ons**	**aurai** écrit	**aurons** écrit
écrir**as**	écrir**ez**	**auras** écrit	**aurez** écrit
écrir**a**	écrir**ont**	**aura** écrit	**auront** écrit
conditionnel		conditionnel passé	
écrir**ais**	écrir**ions**	**aurais** écrit	**aurions** écrit
écrir**ais**	écrir**iez**	**aurais** écrit	**auriez** écrit
écrir**ait**	écrir**aient**	**aurait** écrit	**auraient** écrit
présent du subjonctif		passé du subjonctif	
écriv**e**	écriv**ions**	**aie** écrit	**ayons** écrit
écriv**es**	écriv**iez**	**aies** écrit	**ayez** écrit
écriv**e**	écriv**ent**	**ait** écrit	**aient** écrit
imparfait du subjonctif		plus-que-parfait du subjonctif	
écrivi**sse**	écrivi**ssions**	**eusse** écrit	**eussions** écrit
écrivi**sses**	écrivi**ssiez**	**eusses** écrit	**eussiez** écrit
écriv**ît**	écrivi**ssent**	**eût** écrit	**eussent** écrit

impératif

écris
écrivons
écrivez

to erase **effacer**

participe présent **effaçant** participe passé **effacé**

SINGULAR	PLURAL	SINGULAR	PLURAL
présent de l'indicatif		passé composé	
effac**e**	effaç**ons**	**ai** effacé	**avons** effacé
effac**es**	effac**ez**	**as** effacé	**avez** effacé
effac**e**	effac**ent**	**a** effacé	**ont** effacé
imparfait de l'indicatif		plus-que-parfait de l'indicatif	
effaç**ais**	effac**ions**	**avais** effacé	**avions** effacé
effaç**ais**	effac**iez**	**avais** effacé	**aviez** effacé
effaç**ait**	effaç**aient**	**avait** effacé	**avaient** effacé
passé simple		passé antérieur	
effaç**ai**	effaç**âmes**	**eus** effacé	**eûmes** effacé
effaç**as**	effaç**âtes**	**eus** effacé	**eûtes** effacé
effaç**a**	effac**èrent**	**eut** effacé	**eurent** effacé
futur		futur antérieur	
effacer**ai**	effacer**ons**	**aurai** effacé	**aurons** effacé
effacer**as**	effacer**ez**	**auras** effacé	**aurez** effacé
effacer**a**	effacer**ont**	**aura** effacé	**auront** effacé
conditionnel		conditionnel passé	
effacer**ais**	effacer**ions**	**aurais** effacé	**aurions** effacé
effacer**ais**	effacer**iez**	**aurais** effacé	**auriez** effacé
effacer**ait**	effacer**aient**	**aurait** effacé	**auraient** effacé
présent du subjonctif		passé du subjonctif	
effac**e**	effac**ions**	**aie** effacé	**ayons** effacé
effac**es**	effac**iez**	**aies** effacé	**ayez** effacé
effac**e**	effac**ent**	**ait** effacé	**aient** effacé
imparfait du subjonctif		plus-que-parfait du subjonctif	
effaç**asse**	effaç**assions**	**eusse** effacé	**eussions** effacé
effaç**asses**	effaç**assiez**	**eusses** effacé	**eussiez** effacé
effaç**ât**	effaç**assent**	**eût** effacé	**eussent** effacé

impératif
effaç
effaçons
effacez

E

effecter — to make

participe présent **effectuant** participe passé **effectué**

SINGULAR	PLURAL	SINGULAR	PLURAL
présent de l'indicatif		passé composé	
effectu**e**	effectu**ons**	**ai** effectué	**avons** effectué
effectu**es**	effectu**ez**	**as** effectué	**avez** effectué
effectu**e**	effectu**ent**	**a** effectué	**ont** effectué
imparfait de l'indicatif		plus-que-parfait de l'indicatif	
effectu**ais**	effectu**ions**	**avais** effectué	**avions** effectué
effectu**ais**	effectu**iez**	**avais** effectué	**aviez** effectué
effectu**ait**	effectu**aient**	**avait** effectué	**avaient** effectué
passé simple		passé antérieur	
effectu**ai**	effectu**âmes**	**eus** effectué	**eûmes** effectué
effectu**as**	effectu**âtes**	**eus** effectué	**eûtes** effectué
effectu**a**	effectu**èrent**	**eut** effectué	**eurent** effectué
futur		futur antérieur	
effectuer**ai**	effectuer**ons**	**aurai** effectué	**aurons** effectué
effectuer**as**	effectuer**ez**	**auras** effectué	**aurez** effectué
effectuer**a**	effectuer**ont**	**aura** effectué	**auront** effectué
conditionnel		conditionnel passé	
effectuer**ais**	effectuer**ions**	**aurais** effectué	**aurions** effectué
effectuer**ais**	effectuer**iez**	**aurais** effectué	**auriez** effectué
effectuer**ait**	effectuer**aient**	**aurait** effectué	**auraient** effectué
présent du subjonctif		passé du subjonctif	
effectu**e**	effectu**ions**	**aie** effectué	**ayons** effectué
effectu**es**	effectu**iez**	**aies** effectué	**ayez** effectué
effectu**e**	effectu**ent**	**ait** effectué	**aient** effectué
imparfait du subjonctif		plus-que-parfait du subjonctif	
effectua**sse**	effectua**ssions**	**eusse** effectué	**eussions** effectué
effectua**sses**	effectua**ssiez**	**eusses** effectué	**eussiez** effectué
effectuâ**t**	effectua**ssent**	**eût** effectué	**eussent** effectué

impératif
effectue
effectuons
effectuez

to frighten — effrayer

participe présent **effrayant** participe passé **effrayé**

SINGULAR	PLURAL	SINGULAR	PLURAL
présent de l'indicatif		passé composé	
effray**e**/effrai**e**	effray**ons**	**ai** effrayé	**avons** effrayé
effray**es**/effrai**es**	effray**ez**	**as** effrayé	**avez** effrayé
effray**e**/effrai**e**	effray**ent**/effrai**ent**	**a** effrayé	**ont** effrayé
imparfait de l'indicatif		plus-que-parfait de l'indicatif	
effray**ais**	effray**ions**	**avais** effrayé	**avions** effrayé
effray**ais**	effray**iez**	**avais** effrayé	**aviez** effrayé
effray**ait**	effray**aient**	**avait** effrayé	**avaient** effrayé
passé simple		passé antérieur	
effray**ai**	effray**âmes**	**eus** effrayé	**eûmes** effrayé
effray**as**	effray**âtes**	**eus** effrayé	**eûtes** effrayé
effray**a**	effray**èrent**	**eut** effrayé	**eurent** effrayé
futur		futur antérieur	
effrayer**ai**/effraier**ai**	effrayer**ons**/effraier**ons**	**aurai** effrayé	**aurons** effrayé
effrayer**as**/effraier**as**	effrayer**ez**/effraier**ez**	**auras** effrayé	**aurez** effrayé
effrayer**a**/effraier**a**	effrayer**ont**/effraier**ont**	**aura** effrayé	**auront** effrayé
conditionnel		conditionnel passé	
effrayer**ais**/effraier**ais**	effrayer**ions**/effraier**ions**	**aurais** effrayé	**aurions** effrayé
effrayer**ais**/effraier**ais**	effrayer**iez**/effraier**iez**	**aurais** effrayé	**auriez** effrayé
effrayer**ait**/effraier**ait**	effrayer**aient**/effraier**aient**	**aurait** effrayé	**auraient** effrayé
présent du subjonctif		passé du subjonctif	
effray**e**/effrai**e**	effray**ions**	**aie** effrayé	**ayons** effrayé
effray**es**/effrai**es**	effray**iez**	**aies** effrayé	**ayez** effrayé
effray**e**/effrai**e**	effray**ent**/effrai**ent**	**ait** effrayé	**aient** effrayé
imparfait du subjonctif		plus-que-parfait du subjonctif	
effraya**sse**	effraya**ssions**	**eusse** effrayé	**eussions** effrayé
effraya**sses**	effraya**ssiez**	**eusses** effrayé	**eussiez** effrayé
effray**ât**	effraya**ssent**	**eût** effrayé	**eussent** effrayé
impératif			
effraye/effraie			
effrayons			
effrayez			

élever — to raise, to bring up

participe présent **élevant** participe passé **élevé**

présent de l'indicatif

SINGULAR	PLURAL
élèv**e**	élev**ons**
élèv**es**	élev**ez**
élèv**e**	élèv**ent**

imparfait de l'indicatif

SINGULAR	PLURAL
élev**ais**	élev**ions**
élev**ais**	élev**iez**
élev**ait**	élev**aient**

passé simple

SINGULAR	PLURAL
élev**ai**	élev**âmes**
élev**as**	élev**âtes**
élev**a**	élev**èrent**

futur

SINGULAR	PLURAL
élèver**ai**	élèver**ons**
élèver**as**	élèver**ez**
élèver**a**	élèver**ont**

conditionnel

SINGULAR	PLURAL
élèver**ais**	élèver**ions**
élèver**ais**	élèver**iez**
élèver**ait**	élèver**aient**

présent du subjonctif

SINGULAR	PLURAL
élèv**e**	élev**ions**
élèv**es**	élev**iez**
élèv**e**	élèv**ent**

imparfait du subjonctif

SINGULAR	PLURAL
éleva**sse**	éleva**ssions**
éleva**sses**	éleva**ssiez**
élevâ**t**	éleva**ssent**

impératif

élève
élevons
élevez

passé composé

SINGULAR	PLURAL
ai élevé	**avons** élevé
as élevé	**avez** élevé
a élevé	**ont** élevé

plus-que-parfait de l'indicatif

SINGULAR	PLURAL
avais élevé	**avions** élevé
avais élevé	**aviez** élevé
avait élevé	**avaient** élevé

passé antérieur

SINGULAR	PLURAL
eus élevé	**eûmes** élevé
eus élevé	**eûtes** élevé
eut élevé	**eurent** élevé

futur antérieur

SINGULAR	PLURAL
aurai élevé	**aurons** élevé
auras élevé	**aurez** élevé
aura élevé	**auront** élevé

conditionnel passé

SINGULAR	PLURAL
aurais élevé	**aurions** élevé
aurais élevé	**auriez** élevé
aurait élevé	**auraient** élevé

passé du subjonctif

SINGULAR	PLURAL
aie élevé	**ayons** élevé
aies élevé	**ayez** élevé
ait élevé	**aient** élevé

plus-que-parfait du subjonctif

SINGULAR	PLURAL
eusse élevé	**eussions** élevé
eusses élevé	**eussiez** élevé
eût élevé	**eussent** élevé

participe présent **élisant** participe passé **élu**

SINGULAR	PLURAL	SINGULAR	PLURAL
présent de l'indicatif		passé composé	
éli**s**	éli**sons**	**ai** élu	**avons** élu
éli**s**	éli**sez**	**as** élu	**avez** élu
éli**t**	éli**sent**	**a** élu	**ont** élu
imparfait de l'indicatif		plus-que-parfait de l'indicatif	
élis**ais**	élis**ions**	**avais** élu	**avions** élu
élis**ais**	élis**iez**	**avais** élu	**aviez** élu
élis**ait**	élis**aient**	**avait** élu	**avaient** élu
passé simple		passé antérieur	
élu**s**	élû**mes**	**eus** élu	**eûmes** élu
élu**s**	élû**tes**	**eus** élu	**eûtes** élu
élu**t**	élu**rent**	**eut** élu	**eurent** élu
futur		futur antérieur	
élir**ai**	élir**ons**	**aurai** élu	**aurons** élu
élir**as**	élir**ez**	**auras** élu	**aurez** élu
élir**a**	élir**ont**	**aura** élu	**auront** élu
conditionnel		conditionnel passé	
élir**ais**	élir**ions**	**aurais** élu	**aurions** élu
élir**ais**	élir**iez**	**aurais** élu	**auriez** élu
élir**ait**	élir**aient**	**aurait** élu	**auraient** élu
présent du subjonctif		passé du subjonctif	
élis**e**	élis**ions**	**aie** élu	**ayons** élu
élis**es**	élis**iez**	**aies** élu	**ayez** élu
élis**e**	élis**ent**	**ait** élu	**aient** élu
imparfait du subjonctif		plus-que-parfait du subjonctif	
élu**sse**	élu**ssions**	**eusse** élu	**eussions** élu
élu**sses**	élu**ssiez**	**eusses** élu	**eussiez** élu
élû**t**	élu**ssent**	**eût** élu	**eussent** élu

impératif
élis
élisons
élisez

embrasser — to kiss, to embrace

participe présent **embrassant** — participe passé **embrassé**

SINGULAR	PLURAL	SINGULAR	PLURAL
présent de l'indicatif		passé composé	
embrass**e**	embrass**ons**	**ai** embrassé	**avons** embrassé
embrass**es**	embrass**ez**	**as** embrassé	**avez** embrassé
embrass**e**	embrass**ent**	**a** embrassé	**ont** embrassé
imparfait de l'indicatif		plus-que-parfait de l'indicatif	
embrass**ais**	embrass**ions**	**avais** embrassé	**avions** embrassé
embrass**ais**	embrass**iez**	**avais** embrassé	**aviez** embrassé
embrass**ait**	embrass**aient**	**avait** embrassé	**avaient** embrassé
passé simple		passé antérieur	
embrass**ai**	embrass**âmes**	**eus** embrassé	**eûmes** embrassé
embrass**as**	embrass**âtes**	**eus** embrassé	**eûtes** embrassé
embrass**a**	embrass**èrent**	**eut** embrassé	**eurent** embrassé
futur		futur antérieur	
embrasser**ai**	embrasser**ons**	**aurai** embrassé	**aurons** embrassé
embrasser**as**	embrasser**ez**	**auras** embrassé	**aurez** embrassé
embrasser**a**	embrasser**ont**	**aura** embrassé	**auront** embrassé
conditionnel		conditionnel passé	
embrasser**ais**	embrasser**ions**	**aurais** embrassé	**aurions** embrassé
embrasser**ais**	embrasser**iez**	**aurais** embrassé	**auriez** embrassé
embrasser**ait**	embrasser**aient**	**aurait** embrassé	**auraient** embrassé
présent du subjonctif		passé du subjonctif	
embrass**e**	embrass**ions**	**aie** embrassé	**ayons** embrassé
embrass**es**	embrass**iez**	**aies** embrassé	**ayez** embrassé
embrass**e**	embrass**ent**	**ait** embrassé	**aient** embrassé
imparfait du subjonctif		plus-que-parfait du subjonctif	
embrassa**sse**	embrassa**ssions**	**eusse** embrassé	**eussions** embrassé
embrassa**sses**	embrassa**ssiez**	**eusses** embrassé	**eussiez** embrassé
embrass**ât**	embrassa**ssent**	**eût** embrassé	**eussent** embrassé

impératif
embrasse
embrassons
embrassez

E

to express, to put forward **émettre**

participe présent **émettant** participe passé **émis**

SINGULAR	PLURAL	SINGULAR	PLURAL
présent de l'indicatif		passé composé	
émet**s**	émett**ons**	**ai** émis	**avons** émis
émet**s**	émett**ez**	**as** émis	**avez** émis
éme**t**	émett**ent**	**a** émis	**ont** émis
imparfait de l'indicatif		plus-que-parfait de l'indicatif	
émett**ais**	émett**ions**	**avais** émis	**avions** émis
émett**ais**	émett**iez**	**avais** émis	**aviez** émis
émett**ait**	émett**aient**	**avait** émis	**avaient** émis
passé simple		passé antérieur	
ém**is**	ém**îmes**	**eus** émis	**eûmes** émis
ém**is**	ém**îtes**	**eus** émis	**eûtes** émis
ém**it**	ém**irent**	**eut** émis	**eurent** émis
futur		futur antérieur	
émettr**ai**	émettr**ons**	**aurai** émis	**aurons** émis
émettr**as**	émettr**ez**	**auras** émis	**aurez** émis
émettr**a**	émettr**ont**	**aura** émis	**auront** émis
conditionnel		conditionnel passé	
émettr**ais**	émettr**ions**	**aurais** émis	**aurions** émis
émettr**ais**	émettr**iez**	**aurais** émis	**auriez** émis
émettr**ait**	émettr**aient**	**aurait** émis	**auraient** émis
présent du subjonctif		passé du subjonctif	
émett**e**	émett**ions**	**aie** émis	**ayons** émis
émett**es**	émett**iez**	**aies** émis	**ayez** émis
émett**e**	émett**ent**	**ait** émis	**aient** émis
imparfait du subjonctif		plus-que-parfait du subjonctif	
émi**sse**	émi**ssions**	**eusse** émis	**eussions** émis
émi**sses**	émi**ssiez**	**eusses** émis	**eussiez** émis
émî**t**	émi**ssent**	**eût** émis	**eussent** émis

impératif
émets
émettons
émettez

emmener — to take, to take away

participe présent **emmenant** participe passé **emmené**

SINGULAR	PLURAL	SINGULAR	PLURAL
présent de l'indicatif		passé composé	
emmèn**e**	emmen**ons**	**ai** emmené	**avons** emmené
emmèn**es**	emmen**ez**	**as** emmené	**avez** emmené
emmèn**e**	emmèn**ent**	**a** emmené	**ont** emmené
imparfait de l'indicatif		plus-que-parfait de l'indicatif	
emmen**ais**	emmen**ions**	**avais** emmené	**avions** emmené
emmen**ais**	emmen**iez**	**avais** emmené	**aviez** emmené
emmen**ait**	emmen**aient**	**avait** emmené	**avaient** emmené
passé simple		passé antérieur	
emmen**ai**	emmen**âmes**	**eus** emmené	**eûmes** emmené
emmen**as**	emmen**âtes**	**eus** emmené	**eûtes** emmené
emmen**a**	emmen**èrent**	**eut** emmené	**eurent** emmené
futur		futur antérieur	
emmèner**ai**	emmèner**ons**	**aurai** emmené	**aurons** emmené
emmèner**as**	emmèner**ez**	**auras** emmené	**aurez** emmené
emmèner**a**	emmèner**ont**	**aura** emmené	**auront** emmené
conditionnel		conditionnel passé	
emmèner**ais**	emmèner**ions**	**aurais** emmené	**aurions** emmené
emmèner**ais**	emmèner**iez**	**aurais** emmené	**auriez** emmené
emmèner**ait**	emmèner**aient**	**aurait** emmené	**auraient** emmené
présent du subjonctif		passé du subjonctif	
emmèn**e**	emmen**ions**	**aie** emmené	**ayons** emmené
emmèn**es**	emmen**iez**	**aies** emmené	**ayez** emmené
emmèn**e**	emmèn**ent**	**ait** emmené	**aient** emmené
imparfait du subjonctif		plus-que-parfait du subjonctif	
emmena**sse**	emmena**ssions**	**eusse** emmené	**eussions** emmené
emmena**sses**	emmena**ssiez**	**eusses** emmené	**eussiez** emmené
emmenâ**t**	emmena**ssent**	**eût** emmené	**eussent** emmené

impératif
emmène
emmenons
emmenez

to move, to touch **émouvoir**

participe présent **émouvant** participe passé **ému**

SINGULAR	PLURAL	SINGULAR	PLURAL
présent de l'indicatif		passé composé	
émeu**s**	émouv**ons**	**ai** ému	**avons** ému
émeu**s**	émouv**ez**	**as** ému	**avez** ému
émeu**t**	émeuv**ent**	**a** ému	**ont** ému
imparfait de l'indicatif		plus-que-parfait de l'indicatif	
émouv**ais**	émouv**ions**	**avais** ému	**avions** ému
émouv**ais**	émouv**iez**	**avais** ému	**aviez** ému
émouv**ait**	émouv**aient**	**avait** ému	**avaient** ému
passé simple		passé antérieur	
ém**us**	ém**ûmes**	**eus** ému	**eûmes** ému
ém**us**	ém**ûtes**	**eus** ému	**eûtes** ému
ém**ut**	ém**urent**	**eut** ému	**eurent** ému
futur		futur antérieur	
émouvr**ai**	émouvr**ons**	**aurai** ému	**aurons** ému
émouvr**as**	émouvr**ez**	**auras** ému	**aurez** ému
émouvr**a**	émouvr**ont**	**aura** ému	**auront** ému
conditionnel		conditionnel passé	
émouvr**ais**	émouvr**ions**	**aurais** ému	**aurions** ému
émouvr**ais**	émouvr**iez**	**aurais** ému	**auriez** ému
émouvr**ait**	émouvr**aient**	**aurait** ému	**auraient** ému
présent du subjonctif		passé du subjonctif	
émeuv**e**	émouv**ions**	**aie** ému	**ayons** ému
émeuv**es**	émouv**iez**	**aies** ému	**ayez** ému
émeuv**e**	émeuv**ent**	**ait** ému	**aient** ému
imparfait du subjonctif		plus-que-parfait du subjonctif	
ému**sse**	ému**ssions**	**eusse** ému	**eussions** ému
ému**sses**	ému**ssiez**	**eusses** ému	**eussiez** ému
émû**t**	ému**ssent**	**eût** ému	**eussent** ému

impératif
émeus
émouvons
émouvez

E

employer — to use, to employ

participe présent **employant** participe passé **employé**

SINGULAR	PLURAL	SINGULAR	PLURAL
présent de l'indicatif		passé composé	
emploi**e**	employ**ons**	**ai** employé	**avons** employé
emploi**es**	employ**ez**	**as** employé	**avez** employé
emploi**e**	emploi**ent**	**a** employé	**ont** employé
imparfait de l'indicatif		plus-que-parfait de l'indicatif	
employ**ais**	employ**ions**	**avais** employé	**avions** employé
employ**ais**	employ**iez**	**avais** employé	**aviez** employé
employ**ait**	employ**aient**	**avait** employé	**avaient** employé
passé simple		passé antérieur	
employ**ai**	employ**âmes**	**eus** employé	**eûmes** employé
employ**as**	employ**âtes**	**eus** employé	**eûtes** employé
employ**a**	employ**èrent**	**eut** employé	**eurent** employé
futur		futur antérieur	
emploier**ai**	emploier**ons**	**aurai** employé	**aurons** employé
emploier**as**	emploier**ez**	**auras** employé	**aurez** employé
emploier**a**	emploier**ont**	**aura** employé	**auront** employé
conditionnel		conditionnel passé	
emploier**ais**	emploier**ions**	**aurais** employé	**aurions** employé
emploier**ais**	emploier**iez**	**aurais** employé	**auriez** employé
emploier**ait**	emploier**aient**	**aurait** employé	**auraient** employé
présent du subjonctif		passé du subjonctif	
emploi**e**	employ**ions**	**aie** employé	**ayons** employé
emploi**es**	employ**iez**	**aies** employé	**ayez** employé
emploi**e**	emploi**ent**	**ait** employé	**aient** employé
imparfait du subjonctif		plus-que-parfait du subjonctif	
employa**sse**	employa**ssions**	**eusse** employé	**eussions** employé
employa**sses**	employa**ssiez**	**eusses** employé	**eussiez** employé
employâ**t**	employa**ssent**	**eût** employé	**eussent** employé

impératif
emploie
employons
employez

E

to encourage — encourager

participe présent **encourageant** participe passé **encouragé**

SINGULAR	PLURAL	SINGULAR	PLURAL
présent de l'indicatif		passé composé	
encourag**e**	encourage**ons**	**ai** encouragé	**avons** encouragé
encourag**es**	encourag**ez**	**as** encouragé	**avez** encouragé
encourag**e**	encourag**ent**	**a** encouragé	**ont** encouragé
imparfait de l'indicatif		plus-que-parfait de l'indicatif	
encourage**ais**	encourag**ions**	**avais** encouragé	**avions** encouragé
encourage**ais**	encourag**iez**	**avais** encouragé	**aviez** encouragé
encourage**ait**	encourage**aient**	**avait** encouragé	**avaient** encouragé
passé simple		passé antérieur	
encourage**ai**	encourage**âmes**	**eus** encouragé	**eûmes** encouragé
encourage**as**	encourage**âtes**	**eus** encouragé	**eûtes** encouragé
encourage**a**	encourag**èrent**	**eut** encouragé	**eurent** encouragé
futur		futur antérieur	
encourager**ai**	encourager**ons**	**aurai** encouragé	**aurons** encouragé
encourager**as**	encourager**ez**	**auras** encouragé	**aurez** encouragé
encourager**a**	encourager**ont**	**aura** encouragé	**auront** encouragé
conditionnel		conditionnel passé	
encourager**ais**	encourager**ions**	**aurais** encouragé	**aurions** encouragé
encourager**ais**	encourager**iez**	**aurais** encouragé	**auriez** encouragé
encourager**ait**	encourager**aient**	**aurait** encouragé	**auraient** encouragé
présent du subjonctif		passé du subjonctif	
encourag**e**	encourag**ions**	**aie** encouragé	**ayons** encouragé
encourag**es**	encourag**iez**	**aies** encouragé	**ayez** encouragé
encourag**e**	encourag**ent**	**ait** encouragé	**aient** encouragé
imparfait du subjonctif		plus-que-parfait du subjonctif	
encourage**asse**	encourage**assions**	**eusse** encouragé	**eussions** encouragé
encourage**asses**	encourage**assiez**	**eusses** encouragé	**eussiez** encouragé
encourage**ât**	encourage**assent**	**eût** encouragé	**eussent** encouragé

impératif

encourage
encourageons
encouragez

E

s'enfuir — to run away, to flee

participe présent **s'enfuyant** — participe passé **enfui(e)(s)**

E

SINGULAR	PLURAL	SINGULAR	PLURAL
présent de l'indicatif		*passé composé*	
m'enfui**s**	**nous** enfuy**ons**	**me suis** enfui(e)	**nous sommes** enfui(e)s
t'enfui**s**	**vous** enfuy**ez**	**t'es** enfui(e)	**vous êtes** enfui(e)(s)
s'enfui**t**	**s'**enfui**ent**	**s'est** enfui(e)	**se sont** enfui(e)s
imparfait de l'indicatif		*plus-que-parfait de l'indicatif*	
m'enfuy**ais**	**nous** enfuy**ions**	**m'étais** enfui(e)	**nous étions** enfui(e)s
t'enfuy**ais**	**vous** enfuy**iez**	**t'étais** enfui(e)	**vous étiez** enfui(e)(s)
s'enfuy**ait**	**s'**enfuy**aient**	**s'était** enfui(e)	**s'étaient** enfui(e)s
passé simple		*passé antérieur*	
m'enfui**s**	**nous** enfu**îmes**	**me fus** enfui(e)	**nous fûmes** enfui(e)s
t'enfui**s**	**vous** enfu**îtes**	**te fus** enfui(e)	**vous fûtes** enfui(e)(s)
s'enfui**t**	**s'**enfui**rent**	**se fut** enfui(e)	**se furent** enfui(e)s
futur		*futur antérieur*	
m'enfuir**ai**	**nous** enfuir**ons**	**me serai** enfui(e)	**nous serons** enfui(e)s
t'enfuir**as**	**vous** enfuir**ez**	**te seras** enfui(e)	**vous serez** enfui(e)(s)
s'enfuir**a**	**s'**enfuir**ont**	**se sera** enfui(e)	**se seront** enfui(e)s
conditionnel		*conditionnel passé*	
m'enfuir**ais**	**nous** enfuir**ions**	**me serais** enfui(e)	**nous serions** enfui(e)s
t'enfuir**ais**	**vous** enfuir**iez**	**te serais** enfui(e)	**vous seriez** enfui(e)(s)
s'enfuir**ait**	**s'**enfuir**aient**	**se serait** enfui(e)	**se seraient** enfui(e)s
présent du subjonctif		*passé du subjonctif*	
m'enfui**e**	**nous** enfuy**ions**	**me sois** enfui(e)	**nous soyons** enfui(e)s
t'enfui**es**	**vous** enfuy**iez**	**te sois** enfui(e)	**vous soyez** enfui(e)(s)
s'enfui**e**	**s'**enfui**ent**	**se soit** enfui(e)	**se soient** enfui(e)s
imparfait du subjonctif		*plus-que-parfait du subjonctif*	
m'enfui**sse**	**nous** enfui**ssions**	**me fusse** enfui(e)	**nous fussions** enfui(e)s
t'enfui**sses**	**vous** enfui**ssiez**	**te fusses** enfui(e)	**vous fussiez** enfui(e)(s)
s'enfu**ît**	**s'**enfui**ssent**	**se fût** enfui(e)	**se fussent** enfui(e)s

impératif

enfuis-toi
enfuyons-nous
enfuyez-vous

to be bored **s'ennuyer**

participe présent **s'ennuyant** participe passé **ennuyé(e)(s)**

SINGULAR	PLURAL

présent de l'indicatif

m'ennui**e**	**nous** ennuy**ons**
t'ennui**es**	**vous** ennuy**ez**
s'ennui**e**	**s'**ennui**ent**

imparfait de l'indicatif

m'ennuy**ais**	**nous** ennuy**ions**
t'ennuy**ais**	**vous** ennuy**iez**
s'ennuy**ait**	**s'**ennuy**aient**

passé simple

m'ennuy**ai**	**nous** ennuy**âmes**
t'ennuy**as**	**vous** ennuy**âtes**
s'ennuy**a**	**s'**ennuy**èrent**

futur

m'ennuier**ai**	**nous** ennuier**ons**
t'ennuier**as**	**vous** ennuier**ez**
s'ennuier**a**	**s'**ennuier**ont**

conditionnel

m'ennuier**ais**	**nous** ennuier**ions**
t'ennuier**ais**	**vous** ennuier**iez**
s'ennuier**ait**	**s'**ennuier**aient**

présent du subjonctif

m'ennui**e**	**nous** ennuy**ions**
t'ennui**es**	**vous** ennuy**iez**
s'ennui**e**	**s'**ennui**ent**

imparfait du subjonctif

m'ennuya**sse**	**nous** ennuya**ssions**
t'ennuya**sses**	**vous** ennuya**ssiez**
s'ennuyâ**t**	**s'**ennuya**ssent**

impératif

ennuie-toi
ennuyons-nous
ennuyez-vous

SINGULAR	PLURAL

passé composé

me suis ennuyé(e)	**nous sommes** ennuyé(e)s
t'es ennuyé(e)	**vous êtes** ennuyé(e)(s)
s'est ennuyé(e)	**se sont** ennuyé(e)s

plus-que-parfait de l'indicatif

m'étais ennuyé(e)	**nous étions** ennuyé(e)s
t'étais ennuyé(e)	**vous étiez** ennuyé(e)(s)
s'était ennuyé(e)	**s'étaient** ennuyé(e)s

passé antérieur

me fus ennuyé(e)	**nous fûmes** ennuyê(e)s
te fus ennuyé(e)	**vous fûtes** ennuyé(e)(s)
se fut ennuyé(e)	**se furent** ennuyé(e)s

futur antérieur

me serai ennuyé(e)	**nous serons** ennuyé(e)s
te seras ennuyé(e)	**vous serez** ennuyé(e)(s)
se sera ennuyé(e)	**se seront** ennuyé(e)s

conditionnel passé

me serais ennuyé(e)	**nous serions** ennuyé(e)s
te serais ennuyé(e)	**vous seriez** ennuyé(e)(s)
se serait ennuyé(e)	**se seraient** ennuyé(e)s

passé du subjonctif

me sois ennuyé(e)	**nous soyons** ennuyé(e)s
te sois ennuyé(e)	**vous soyez** ennuyé(e)(s)
se soit ennuyé(e)	**se soient** ennuyé(e)s

plus-que-parfait du subjonctif

me fusse ennuyé(e)	**nous fussions** ennuyé(e)s
te fusses ennuyé(e)	**vous fussiez** ennuyé(e)(s)
se fût ennuyé(e)	**se fussent** ennuyé(e)s

enregistrer — to record, to check in

participe présent **enregistrant** participe passé **enregistré**

E

SINGULAR	PLURAL	SINGULAR	PLURAL
présent de l'indicatif		passé composé	
enregistr**e**	enregistr**ons**	**ai** enregistré	**avons** enregistré
enregistr**es**	enregistr**ez**	**as** enregistré	**avez** enregistré
enregistr**e**	enregistr**ent**	**a** enregistré	**ont** enregistré
imparfait de l'indicatif		plus-que-parfait de l'indicatif	
enregistr**ais**	enregistr**ions**	**avais** enregistré	**avions** enregistré
enregistr**ais**	enregistr**iez**	**avais** enregistré	**aviez** enregistré
enregistr**ait**	enregistr**aient**	**avait** enregistré	**avaient** enregistré
passé simple		passé antérieur	
enregistr**ai**	enregistr**âmes**	**eus** enregistré	**eûmes** enregistré
enregistr**as**	enregistr**âtes**	**eus** enregistré	**eûtes** enregistré
enregistr**a**	enregistr**èrent**	**eut** enregistré	**eurent** enregistré
futur		futur antérieur	
enregistrer**ai**	enregistrer**ons**	**aurai** enregistré	**aurons** enregistré
enregistrer**as**	enregistrer**ez**	**auras** enregistré	**aurez** enregistré
enregistrer**a**	enregistrer**ont**	**aura** enregistré	**auront** enregistré
conditionnel		conditionnel passé	
enregistrer**ais**	enregistrer**ions**	**aurais** enregistré	**aurions** enregistré
enregistrer**ais**	enregistrer**iez**	**aurais** enregistré	**auriez** enregistré
enregistrer**ait**	enregistrer**aient**	**aurait** enregistré	**auraient** enregistré
présent du subjonctif		passé du subjonctif	
enregistr**e**	enregistr**ions**	**aie** enregistré	**ayons** enregistré
enregistr**es**	enregistr**iez**	**aies** enregistré	**ayez** enregistré
enregistr**e**	enregistr**ent**	**ait** enregistré	**aient** enregistré
imparfait du subjonctif		plus-que-parfait du subjonctif	
enregistra**sse**	enregistra**ssions**	**eusse** enregistré	**eussions** enregistré
enregistra**sses**	enregistra**ssiez**	**eusses** enregistré	**eussiez** enregistré
enregistr**ât**	enregistra**ssent**	**eût** enregistré	**eussent** enregistré

impératif
enregistre
enregistrons
enregistrez

to teach **enseigner**

participe présent **enseignant** participe passé **enseigné**

SINGULAR	PLURAL
présent de l'indicatif	
enseign**e**	enseign**ons**
enseign**es**	enseign**ez**
enseign**e**	enseign**ent**
imparfait de l'indicatif	
enseign**ais**	enseign**ions**
enseign**ais**	enseign**iez**
enseign**ait**	enseign**aient**
passé simple	
enseign**ai**	enseign**âmes**
enseign**as**	enseign**âtes**
enseign**a**	enseign**èrent**
futur	
enseigner**ai**	enseigner**ons**
enseigner**as**	enseigner**ez**
enseigner**a**	enseigner**ont**
conditionnel	
enseigner**ais**	enseigner**ions**
enseigner**ais**	enseigner**iez**
enseigner**ait**	enseigner**aient**
présent du subjonctif	
enseign**e**	enseign**ions**
enseign**es**	enseign**iez**
enseign**e**	enseign**ent**
imparfait du subjonctif	
enseigna**sse**	enseigna**ssions**
enseigna**sses**	enseigna**ssiez**
enseignâ**t**	enseigna**ssent**

impératif
enseigne
enseignons
enseignez

SINGULAR	PLURAL
passé composé	
ai enseigné	**avons** enseigné
as enseigné	**avez** enseigné
a enseigné	**ont** enseigné
plus-que-parfait de l'indicatif	
avais enseigné	**avions** enseigné
avais enseigné	**aviez** enseigné
avait enseigné	**avaient** enseigné
passé antérieur	
eus enseigné	**eûmes** enseigné
eus enseigné	**eûtes** enseigné
eut enseigné	**eurent** enseigné
futur antérieur	
aurai enseigné	**aurons** enseigné
auras enseigné	**aurez** enseigné
aura enseigné	**auront** enseigné
conditionnel passé	
aurais enseigné	**aurions** enseigné
aurais enseigné	**auriez** enseigné
aurait enseigné	**auraient** enseigné
passé du subjonctif	
aie enseigné	**ayons** enseigné
aies enseigné	**ayez** enseigné
ait enseigné	**aient** enseigné
plus-que-parfait du subjonctif	
eusse enseigné	**eussions** enseigné
eusses enseigné	**eussiez** enseigné
eût enseigné	**eussent** enseigné

entendre — to hear, to understand

participe présent **entendant** participe passé **entendu**

SINGULAR	PLURAL	SINGULAR	PLURAL
présent de l'indicatif		passé composé	
entend**s**	entend**ons**	**ai** entendu	**avons** entendu
entend**s**	entend**ez**	**as** entendu	**avez** entendu
entend	entend**ent**	**a** entendu	**ont** entendu
imparfait de l'indicatif		plus-que-parfait de l'indicatif	
entend**ais**	entend**ions**	**avais** entendu	**avions** entendu
entend**ais**	entend**iez**	**avais** entendu	**aviez** entendu
entend**ait**	entend**aient**	**avait** entendu	**avaient** entendu
passé simple		passé antérieur	
entend**is**	entend**îmes**	**eus** entendu	**eûmes** entendu
entend**is**	entend**îtes**	**eus** entendu	**eûtes** entendu
entend**it**	entend**irent**	**eut** entendu	**eurent** entendu
futur		futur antérieur	
entendr**ai**	entendr**ons**	**aurai** entendu	**aurons** entendu
entendr**as**	entendr**ez**	**auras** entendu	**aurez** entendu
entendr**a**	entendr**ont**	**aura** entendu	**auront** entendu
conditionnel		conditionnel passé	
entendr**ais**	entendr**ions**	**aurais** entendu	**aurions** entendu
entendr**ais**	entendr**iez**	**aurais** entendu	**auriez** entendu
entendr**ait**	entendr**aient**	**aurait** entendu	**auraient** entendu
présent du subjonctif		passé du subjonctif	
entend**e**	entend**ions**	**aie** entendu	**ayons** entendu
entend**es**	entend**iez**	**aies** entendu	**ayez** entendu
entend**e**	entend**ent**	**ait** entendu	**aient** entendu
imparfait du subjonctif		plus-que-parfait du subjonctif	
entendi**sse**	entendi**ssions**	**eusse** entendu	**eussions** entendu
entendi**sses**	entendi**ssiez**	**eusses** entendu	**eussiez** entendu
entend**ît**	entendi**ssent**	**eût** entendu	**eussent** entendu

impératif

entends

entendons

entendez

to bury **enterrer**

participe présent **enterrant** participe passé **enterré**

SINGULAR	PLURAL	SINGULAR	PLURAL
présent de l'indicatif		passé composé	
enterr**e**	enterr**ons**	**ai** enterré	**avons** enterré
enterr**es**	enterr**ez**	**as** enterré	**avez** enterré
enterr**e**	enterr**ent**	**a** enterré	**ont** enterré
imparfait de l'indicatif		plus-que-parfait de l'indicatif	
enterr**ais**	enterr**ions**	**avais** enterré	**avions** enterré
enterr**ais**	enterr**iez**	**avais** enterré	**aviez** enterré
enterr**ait**	enterr**aient**	**avait** enterré	**avaient** enterré
passé simple		passé antérieur	
enterr**ai**	enterr**âmes**	**eus** enterré	**eûmes** enterré
enterr**as**	enterr**âtes**	**eus** enterré	**eûtes** enterré
enterr**a**	enterr**èrent**	**eut** enterré	**eurent** enterré
futur		futur antérieur	
enterrer**ai**	enterrer**ons**	**aurai** enterré	**aurons** enterré
enterrer**as**	enterrer**ez**	**auras** enterré	**aurez** enterré
enterrer**a**	enterrer**ont**	**aura** enterré	**auront** enterré
conditionnel		conditionnel passé	
enterrer**ais**	enterrer**ions**	**aurais** enterré	**aurions** enterré
enterrer**ais**	enterrer**iez**	**aurais** enterré	**auriez** enterré
enterrer**ait**	enterrer**aient**	**aurait** enterré	**auraient** enterré
présent du subjonctif		passé du subjonctif	
enterr**e**	enterr**ions**	**aie** enterré	**ayons** enterré
enterr**es**	enterr**iez**	**aies** enterré	**ayez** enterré
enterr**e**	enterr**ent**	**ait** enterré	**aient** enterré
imparfait du subjonctif		plus-que-parfait du subjonctif	
enterra**sse**	enterra**ssions**	**eusse** enterré	**eussions** enterré
enterra**sses**	enterra**ssiez**	**eusses** enterré	**eussiez** enterré
enterrâ**t**	enterra**ssent**	**eût** enterré	**eussent** enterré

impératif
enterre
enterrons
enterrez

E

s'entraîner — to prepare oneself

participe présent **s'entraînant** — participe passé **entraîné(e)(s)**

SINGULAR	PLURAL	SINGULAR	PLURAL
présent de l'indicatif		**passé composé**	
m'entraîn**e**	**nous** entraîn**ons**	**me suis** entraîné(e)	**nous sommes** entraîné(e)s
t'entraîn**es**	**vous** entraîn**ez**	**t'es** entraîné(e)	**vous êtes** entraîné(e)(s)
s'entraîn**e**	**s'**entraîn**ent**	**s'est** entraîné(e)	**se sont** entraîné(e)s
imparfait de l'indicatif		**plus-que-parfait de l'indicatif**	
m'entraîn**ais**	**nous** entraîn**ions**	**m'étais** entraîné(e)	**nous étions** entraîné(e)s
t'entraîn**ais**	**vous** entraîn**iez**	**t'étais** entraîné(e)	**vous étiez** entraîné(e)(s)
s'entraîn**ait**	**s'**entraîn**aient**	**s'était** entraîné(e)	**s'étaient** entraîné(e)s
passé simple		**passé antérieur**	
m'entraîn**ai**	**nous** entraîn**âmes**	**me fus** entraîné(e)	**nous fûmes** entraîné(e)s
t'entraîn**as**	**vous** entraîn**âtes**	**te fus** entraîné(e)	**vous fûtes** entraîné(e)(s)
s'entraîn**a**	**s'**entraîn**èrent**	**se fut** entraîné(e)	**se furent** entraîné(e)s
futur		**futur antérieur**	
m'entraîner**ai**	**nous** entraîner**ons**	**me serai** entraîné(e)	**nous serons** entraîné(e)s
t'entraîner**as**	**vous** entraîner**ez**	**te seras** entraîné(e)	**vous serez** entraîné(e)(s)
s'entraîner**a**	**s'**entraîner**ont**	**se sera** entraîné(e)	**se seront** entraîné(e)s
conditionnel		**conditionnel passé**	
m'entraîner**ais**	**nous** entraîner**ions**	**me serais** entraîné(e)	**nous serions** entraîné(e)s
t'entraîner**ais**	**vous** entraîner**iez**	**te serais** entraîné(e)	**vous seriez** entraîné(e)(s)
s'entraîner**ait**	**s'**entraîner**aient**	**se serait** entraîné(e)	**se seraient** entraîné(e)s
présent du subjonctif		**passé du subjonctif**	
m'entraîn**e**	**nous** entraîn**ions**	**me sois** entraîné(e)	**nous soyons** entraîné(e)s
t'entraîn**es**	**vous** entraîn**iez**	**te sois** entraîné(e)	**vous soyez** entraîné(e)(s)
s'entraîn**e**	**s'**entraîn**ent**	**se soit** entraîné(e)	**se soient** entraîné(e)s
imparfait du subjonctif		**plus-que-parfait du subjonctif**	
m'entraîna**sse**	**nous** entraîna**ssions**	**me fusse** entraîné(e)	**nous fussions** entraîné(e)s
t'entraîna**sses**	**vous** entraîna**ssiez**	**te fusses** entraîné(e)	**vous fussiez** entraîné(e)(s)
s'entraîn**ât**	**s'**entraîna**ssent**	**se fût** entraîné(e)	**se fussent** entraîné(e)s

impératif

entraîne-toi
entraînons-nous
entraînez-vous

E

to enter, to come in **entrer**

participe présent **entrant** participe passé **entré(e)(s)**

SINGULAR	PLURAL	SINGULAR	PLURAL
présent de l'indicatif		passé composé	
entr**e**	entr**ons**	**suis** entré(e)	**sommes** entré(e)s
entr**es**	entr**ez**	**es** entré(e)	**êtes** entré(e)(s)
entr**e**	entr**ent**	**est** entré(e)	**sont** entré(e)s
imparfait de l'indicatif		plus-que-parfait de l'indicatif	
entr**ais**	entr**ions**	**étais** entré(e)	**étions** entré(e)s
entr**ais**	entr**iez**	**étais** entré(e)	**étiez** entré(e)(s)
entr**ait**	entr**aient**	**était** entré(e)	**étaient** entré(e)s
passé simple		passé antérieur	
entr**ai**	entr**âmes**	**fus** entré(e)	**fûmes** entré(e)s
entr**as**	entr**âtes**	**fus** entré(e)	**fûtes** entré(e)(s)
entr**a**	entr**èrent**	**fut** entré(e)	**furent** entré(e)s
futur		futur antérieur	
entrer**ai**	entrer**ons**	**serai** entré(e)	**serons** entré(e)s
entrer**as**	entrer**ez**	**seras** entré(e)	**serez** entré(e)(s)
entrer**a**	entrer**ont**	**sera** entré(e)	**seront** entré(e)s
conditionnel		conditionnel passé	
entrer**ais**	entrer**ions**	**serais** entré(e)	**serions** entré(e)s
entrer**ais**	entrer**iez**	**serais** entré(e)	**seriez** entré(e)(s)
entrer**ait**	entrer**aient**	**serait** entré(e)	**seraient** entré(e)s
présent du subjonctif		passé du subjonctif	
entr**e**	entr**ions**	**sois** entré(e)	**soyons** entré(e)s
entr**es**	entr**iez**	**sois** entré(e)	**soyez** entré(e)(s)
entr**e**	entr**ent**	**soit** entré(e)	**soient** entré(e)s
imparfait du subjonctif		plus-que-parfait du subjonctif	
entra**sse**	entra**ssions**	**fusse** entré(e)	**fussions** entré(e)s
entra**sses**	entra**ssiez**	**fusses** entré(e)	**fussiez** entré(e)(s)
entr**ât**	entra**ssent**	**fût** entré(e)	**fussent** entré(e)s

impératif
entre
entrons
entrez

énumérer — to enumerate

participe présent **énumérant** participe passé **énuméré**

SINGULAR	PLURAL	SINGULAR	PLURAL
présent de l'indicatif		passé composé	
énumèr**e**	énumér**ons**	**ai** énuméré	**avons** énuméré
énumèr**es**	énumér**ez**	**as** énuméré	**avez** énuméré
énumèr**e**	énumèr**ent**	**a** énuméré	**ont** énuméré
imparfait de l'indicatif		plus-que-parfait de l'indicatif	
énumér**ais**	énumér**ions**	**avais** énuméré	**avions** énuméré
énumér**ais**	énumér**iez**	**avais** énuméré	**aviez** énuméré
énumér**ait**	énumér**aient**	**avait** énuméré	**avaient** énuméré
passé simple		passé antérieur	
énumér**ai**	énumér**âmes**	**eus** énuméré	**eûmes** énuméré
énumér**as**	énumér**âtes**	**eus** énuméré	**eûtes** énuméré
énumér**a**	énumér**èrent**	**eut** énuméré	**eurent** énuméré
futur		futur antérieur	
énumérer**ai**	énumérer**ons**	**aurai** énuméré	**aurons** énuméré
énumérer**as**	énumérer**ez**	**auras** énuméré	**aurez** énuméré
énumérer**a**	énumérer**ont**	**aura** énuméré	**auront** énuméré
conditionnel		conditionnel passé	
énumérer**ais**	énumérer**ions**	**aurais** énuméré	**aurions** énuméré
énumérer**ais**	énumérer**iez**	**aurais** énuméré	**auriez** énuméré
énumérer**ait**	énumérer**aient**	**aurait** énuméré	**auraient** énuméré
présent du subjonctif		passé du subjonctif	
énumèr**e**	énumér**ions**	**aie** énuméré	**ayons** énuméré
énumèr**es**	énumér**iez**	**aies** énuméré	**ayez** énuméré
énumèr**e**	énumèr**ent**	**ait** énuméré	**aient** énuméré
imparfait du subjonctif		plus-que-parfait du subjonctif	
énuméra**sse**	énuméra**ssions**	**eusse** énuméré	**eussions** énuméré
énuméra**sses**	énuméra**ssiez**	**eusses** énuméré	**eussiez** énuméré
énumér**ât**	énuméra**ssent**	**eût** énuméré	**eussent** énuméré

impératif
énumère
énumérons
énumérez

to plan, to envisage **envisager**

participe présent **envisageant** participe passé **envisagé**

SINGULAR	PLURAL
présent de l'indicatif	
envisag**e**	envisage**ons**
envisag**es**	envisag**ez**
envisag**e**	envisag**ent**
imparfait de l'indicatif	
envisage**ais**	envisag**ions**
envisage**ais**	envisag**iez**
envisage**ait**	envisage**aient**
passé simple	
envisage**ai**	envisage**âmes**
envisage**as**	envisage**âtes**
envisage**a**	envisag**èrent**
futur	
envisager**ai**	envisager**ons**
envisager**as**	envisager**ez**
envisager**a**	envisager**ont**
conditionnel	
envisager**ais**	envisager**ions**
envisager**ais**	envisager**iez**
envisager**ait**	envisager**aient**
présent du subjonctif	
envisag**e**	envisag**ions**
envisag**es**	envisag**iez**
envisag**e**	envisag**ent**
imparfait du subjonctif	
envisagea**sse**	envisagea**ssions**
envisagea**sses**	envisagea**ssiez**
envisage**ât**	envisagea**ssent**
impératif	
envisage	
envisageons	
envisagez	

SINGULAR	PLURAL
passé composé	
ai envisagé	**avons** envisagé
as envisagé	**avez** envisagé
a envisagé	**ont** envisagé
plus-que-parfait de l'indicatif	
avais envisagé	**avions** envisagé
avais envisagé	**aviez** envisagé
avait envisagé	**avaient** envisagé
passé antérieur	
eus envisagé	**eûmes** envisagé
eus envisagé	**eûtes** envisagé
eut envisagé	**eurent** envisagé
futur antérieur	
aurai envisagé	**aurons** envisagé
auras envisagé	**aurez** envisagé
aura envisagé	**auront** envisagé
conditionnel passé	
aurais envisagé	**aurions** envisagé
aurais envisagé	**auriez** envisagé
aurait envisagé	**auraient** envisagé
passé du subjonctif	
aie envisagé	**ayons** envisagé
aies envisagé	**ayez** envisagé
ait envisagé	**aient** envisagé
plus-que-parfait du subjonctif	
eusse envisagé	**eussions** envisagé
eusses envisagé	**eussiez** envisagé
eût envisagé	**eussent** envisagé

envoyer — to send

participe présent **envoyant** participe passé **envoyé**

E

SINGULAR	PLURAL	SINGULAR	PLURAL
présent de l'indicatif		passé composé	
envoi**e**	envoy**ons**	**ai** envoyé	**avons** envoyé
envoi**es**	envoy**ez**	**as** envoyé	**avez** envoyé
envoi**e**	envoi**ent**	**a** envoyé	**ont** envoyé
imparfait de l'indicatif		plus-que-parfait de l'indicatif	
envoy**ais**	envoy**ions**	**avais** envoyé	**avions** envoyé
envoy**ais**	envoy**iez**	**avais** envoyé	**aviez** envoyé
envoy**ait**	envoy**aient**	**avait** envoyé	**avaient** envoyé
passé simple		passé antérieur	
envoy**ai**	envoy**âmes**	**eus** envoyé	**eûmes** envoyé
envoy**as**	envoy**âtes**	**eus** envoyé	**eûtes** envoyé
envoy**a**	envoy**èrent**	**eut** envoyé	**eurent** envoyé
futur		futur antérieur	
enverr**ai**	enverr**ons**	**aurai** envoyé	**aurons** envoyé
enverr**as**	enverr**ez**	**auras** envoyé	**aurez** envoyé
enverr**a**	enverr**ont**	**aura** envoyé	**auront** envoyé
conditionnel		conditionnel passé	
enverr**ais**	enverr**ions**	**aurais** envoyé	**aurions** envoyé
enverr**ais**	enverr**iez**	**aurais** envoyé	**auriez** envoyé
enverr**ait**	enverr**aient**	**aurait** envoyé	**auraient** envoyé
présent du subjonctif		passé du subjonctif	
envoi**e**	envoy**ions**	**aie** envoyé	**ayons** envoyé
envoi**es**	envoy**iez**	**aies** envoyé	**ayez** envoyé
envoi**e**	envoi**ent**	**ait** envoyé	**aient** envoyé
imparfait du subjonctif		plus-que-parfait du subjonctif	
envoya**sse**	envoya**ssions**	**eusse** envoyé	**eussions** envoyé
envoya**sses**	envoya**ssiez**	**eusses** envoyé	**eussiez** envoyé
envoyâ**t**	envoya**ssent**	**eût** envoyé	**eussent** envoyé

impératif
envoie
envoyons
envoyez

to spell — épeler

participe présent **épelant** participe passé **épelé**

SINGULAR	PLURAL	SINGULAR	PLURAL
présent de l'indicatif		passé composé	
épell**e**	épel**ons**	**ai** épelé	**avons** épelé
épell**es**	épel**ez**	**as** épelé	**avez** épelé
épell**e**	épell**ent**	**a** épelé	**ont** épelé
imparfait de l'indicatif		plus-que-parfait de l'indicatif	
épel**ais**	épel**ions**	**avais** épelé	**avions** épelé
épel**ais**	épel**iez**	**avais** épelé	**aviez** épelé
épel**ait**	épel**aient**	**avait** épelé	**avaient** épelé
passé simple		passé antérieur	
épel**ai**	épel**âmes**	**eus** épelé	**eûmes** épelé
épel**as**	épel**âtes**	**eus** épelé	**eûtes** épelé
épel**a**	épel**èrent**	**eut** épelé	**eurent** épelé
futur		futur antérieur	
épeller**ai**	épeller**ons**	**aurai** épelé	**aurons** épelé
épeller**as**	épeller**ez**	**auras** épelé	**aurez** épelé
épeller**a**	épeller**ont**	**aura** épelé	**auront** épelé
conditionnel		conditionnel passé	
épeller**ais**	épeller**ions**	**aurais** épelé	**aurions** épelé
épeller**ais**	épeller**iez**	**aurais** épelé	**auriez** épelé
épeller**ait**	épeller**aient**	**aurait** épelé	**auraient** épelé
présent du subjonctif		passé du subjonctif	
épell**e**	épel**ions**	**aie** épelé	**ayons** épelé
épell**es**	épel**iez**	**aies** épelé	**ayez** épelé
épell**e**	épell**ent**	**ait** épelé	**aient** épelé
imparfait du subjonctif		plus-que-parfait du subjonctif	
épela**sse**	épela**ssions**	**eusse** épelé	**eussions** épelé
épela**sses**	épela**ssiez**	**eusses** épelé	**eussiez** épelé
épelâ**t**	épela**ssent**	**eût** épelé	**eussent** épelé

impératif
épelle
épelons
épelez

espérer — to hope

participe présent **espérant** participe passé **espéré**

SINGULAR	PLURAL	SINGULAR	PLURAL
présent de l'indicatif		passé composé	
espèr**e**	espér**ons**	**ai** espéré	**avons** espéré
espèr**es**	espér**ez**	**as** espéré	**avez** espéré
espèr**e**	espèr**ent**	**a** espéré	**ont** espéré
imparfait de l'indicatif		plus-que-parfait de l'indicatif	
espér**ais**	espér**ions**	**avais** espéré	**avions** espéré
espér**ais**	espér**iez**	**avais** espéré	**aviez** espéré
espér**ait**	espér**aient**	**avait** espéré	**avaient** espéré
passé simple		passé antérieur	
espér**ai**	espér**âmes**	**eus** espéré	**eûmes** espéré
espér**as**	espér**âtes**	**eus** espéré	**eûtes** espéré
espér**a**	espér**èrent**	**eut** espéré	**eurent** espéré
futur		futur antérieur	
espérer**ai**	espérer**ons**	**aurai** espéré	**aurons** espéré
espérer**as**	espérer**ez**	**auras** espéré	**aurez** espéré
espérer**a**	espérer**ont**	**aura** espéré	**auront** espéré
conditionnel		conditionnel passé	
espérer**ais**	espérer**ions**	**aurais** espéré	**aurions** espéré
espérer**ais**	espérer**iez**	**aurais** espéré	**auriez** espéré
espérer**ait**	espérer**aient**	**aurait** espéré	**auraient** espéré
présent du subjonctif		passé du subjonctif	
espèr**e**	espér**ions**	**aie** espéré	**ayons** espéré
espèr**es**	espér**iez**	**aies** espéré	**ayez** espéré
espèr**e**	espèr**ent**	**ait** espéré	**aient** espéré
imparfait du subjonctif		plus-que-parfait du subjonctif	
espéra**sse**	espéra**ssions**	**eusse** espéré	**eussions** espéré
espéra**sses**	espéra**ssiez**	**eusses** espéré	**eussiez** espéré
espér**ât**	espéra**ssent**	**eût** espéré	**eussent** espéré

impératif
espère
espérons
espérez

E

to try **essayer**

participe présent **essayant** participe passé **essayé**

SINGULAR	PLURAL	SINGULAR	PLURAL
présent de l'indicatif		passé composé	
essay**e**	essay**ons**	**ai** essayé	**avons** essayé
essay**es**	essay**ez**	**as** essayé	**avez** essayé
essay**e**	essay**ent**	**a** essayé	**ont** essayé
imparfait de l'indicatif		plus-que-parfait de l'indicatif	
essay**ais**	essay**ions**	**avais** essayé	**avions** essayé
essay**ais**	essay**iez**	**avais** essayé	**aviez** essayé
essay**ait**	essay**aient**	**avait** essayé	**avaient** essayé
passé simple		passé antérieur	
essay**ai**	essay**âmes**	**eus** essayé	**eûmes** essayé
essay**as**	essay**âtes**	**eus** essayé	**eûtes** essayé
essay**a**	essay**èrent**	**eut** essayé	**eurent** essayé
futur		futur antérieur	
essayer**ai**	essayer**ons**	**aurai** essayé	**aurons** essayé
essayer**as**	essayer**ez**	**auras** essayé	**aurez** essayé
essayer**a**	essayer**ont**	**aura** essayé	**auront** essayé
conditionnel		conditionnel passé	
essayer**ais**	essayer**ions**	**aurais** essayé	**aurions** essayé
essayer**ais**	essayer**iez**	**aurais** essayé	**auriez** essayé
essayer**ait**	essayer**aient**	**aurait** essayé	**auraient** essayé
présent du subjonctif		passé du subjonctif	
essay**e**	essay**ions**	**aie** essayé	**ayons** essayé
essay**es**	essay**iez**	**aies** essayé	**ayez** essayé
essay**e**	essay**ent**	**ait** essayé	**aient** essayé
imparfait du subjonctif		plus-que-parfait du subjonctif	
essaya**sse**	essaya**ssions**	**eusse** essayé	**eussions** essayé
essaya**sses**	essaya**ssiez**	**eusses** essayé	**eussiez** essayé
essayâ**t**	essaya**ssent**	**eût** essayé	**eussent** essayé

impératif
essaye
essayons
essayez

MUST KNOW VERB

essayer — to try

participe présent **essayant** participe passé **essayé**

SINGULAR	PLURAL	SINGULAR	PLURAL
présent de l'indicatif		passé composé	
essai**e**	essay**ons**	**ai** essayé	**avons** essayé
essaie**s**	essay**ez**	**as** essayé	**avez** essayé
essai**e**	essai**ent**	**a** essayé	**ont** essayé
imparfait de l'indicatif		plus-que-parfait de l'indicatif	
essay**ais**	essay**ions**	**avais** essayé	**avions** essayé
essay**ais**	essay**iez**	**avais** essayé	**aviez** essayé
essay**ait**	essay**aient**	**avait** essayé	**avaient** essayé
passé simple		passé antérieur	
essay**ai**	essay**âmes**	**eus** essayé	**eûmes** essayé
essay**as**	essay**âtes**	**eus** essayé	**eûtes** essayé
essay**a**	essay**èrent**	**eut** essayé	**eurent** essayé
futur		futur antérieur	
essaier**ai**	essaier**ons**	**aurai** essayé	**aurons** essayé
essaier**as**	essaier**ez**	**auras** essayé	**aurez** essayé
essaier**a**	essaier**ont**	**aura** essayé	**auront** essayé
conditionnel		conditionnel passé	
essaier**ais**	essaier**ions**	**aurais** essayé	**aurions** essayé
essaier**ais**	essaier**iez**	**aurais** essayé	**auriez** essayé
essaier**ait**	essaier**aient**	**aurait** essayé	**auraient** essayé
présent du subjonctif		passé du subjonctif	
essai**e**	essay**ions**	**aie** essayé	**ayons** essayé
essaie**s**	essay**iez**	**aies** essayé	**ayez** essayé
essai**e**	essai**ent**	**ait** essayé	**aient** essayé
imparfait du subjonctif		plus-que-parfait du subjonctif	
essaya**sse**	essaya**ssions**	**eusse** essayé	**eussions** essayé
essaya**sses**	essaya**ssiez**	**eusses** essayé	**eussiez** essayé
essayâ**t**	essaya**ssent**	**eût** essayé	**eussent** essayé

impératif
essaie
essayons
essayez

participe présent **estimant** participe passé **estimé**

SINGULAR	PLURAL	SINGULAR	PLURAL
présent de l'indicatif		passé composé	
estim**e**	estim**ons**	**ai** estimé	**avons** estimé
estim**es**	estim**ez**	**as** estimé	**avez** estimé
estim**e**	estim**ent**	**a** estimé	**ont** estimé
imparfait de l'indicatif		plus-que-parfait de l'indicatif	
estim**ais**	estim**ions**	**avais** estimé	**avions** estimé
estim**ais**	estim**iez**	**avais** estimé	**aviez** estimé
estim**ait**	estim**aient**	**avait** estimé	**avaient** estimé
passé simple		passé antérieur	
estim**ai**	estim**âmes**	**eus** estimé	**eûmes** estimé
estim**as**	estim**âtes**	**eus** estimé	**eûtes** estimé
estim**a**	estim**èrent**	**eut** estimé	**eurent** estimé
futur		futur antérieur	
estimer**ai**	estimer**ons**	**aurai** estimé	**aurons** estimé
estimer**as**	estimer**ez**	**auras** estimé	**aurez** estimé
estimer**a**	estimer**ont**	**aura** estimé	**auront** estimé
conditionnel		conditionnel passé	
estimer**ais**	estimer**ions**	**aurais** estimé	**aurions** estimé
estimer**ais**	estimer**iez**	**aurais** estimé	**auriez** estimé
estimer**ait**	estimer**aient**	**aurait** estimé	**auraient** estimé
présent du subjonctif		passé du subjonctif	
estim**e**	estim**ions**	**aie** estimé	**ayons** estimé
estim**es**	estim**iez**	**aies** estimé	**ayez** estimé
estim**e**	estim**ent**	**ait** estimé	**aient** estimé
imparfait du subjonctif		plus-que-parfait du subjonctif	
estima**sse**	estima**ssions**	**eusse** estimé	**eussions** estimé
estima**sses**	estima**ssiez**	**eusses** estimé	**eussiez** estimé
estimâ**t**	estima**ssent**	**eût** estimé	**eussent** estimé

impératif
estime
estimons
estimez

étayer — to support, to back up

participe présent **étayant** — participe passé **étayé**

SINGULAR	PLURAL
présent de l'indicatif	
étay**e**/étai**e**	étay**ons**
étay**es**/étai**es**	étay**ez**
étay**e**/étai**e**	étay**ent**/étai**ent**
imparfait de l'indicatif	
étay**ais**	étay**ions**
étay**ais**	étay**iez**
étay**ait**	étay**aient**
passé simple	
étay**ai**	étay**âmes**
étay**as**	étay**âtes**
étay**a**	étay**èrent**
futur	
étayer**ai**/étaier**ai**	étayer**ons**/étaier**ons**
étayer**as**/étaier**as**	étayer**ez**/étaier**ez**
étayer**a**/étaier**a**	étayer**ont**/étaier**ont**
conditionnel	
étayer**ais**/étaier**ais**	étayer**ions**/étaier**ions**
étayer**ais**/étaier**ais**	étayer**iez**/étaier**iez**
étayer**ait**/étaier**ait**	étayer**aient**/étaier**aient**
présent du subjonctif	
étay**e**/étai**e**	étay**ions**
étay**es**/étai**es**	étay**iez**
étay**e**/étai**e**	étay**ent**/étai**ent**
imparfait du subjonctif	
étaya**sse**	étaya**ssions**
étaya**sses**	étaya**ssiez**
étayâ**t**	étaya**ssent**
impératif	
étaye/étaie	
étayons	
étayez	

SINGULAR	PLURAL
passé composé	
ai étayé	**avons** étayé
as étayé	**avez** étayé
a étayé	**ont** étayé
plus-que-parfait de l'indicatif	
avais étayé	**avions** étayé
avais étayé	**aviez** étayé
avait étayé	**avaient** étayé
passé antérieur	
eus étayé	**eûmes** étayé
eus étayé	**eûtes** étayé
eut étayé	**eurent** étayé
futur antérieur	
aurai étayé	**aurons** étayé
auras étayé	**aurez** étayé
aura étayé	**auront** étayé
conditionnel passé	
aurais étayé	**aurions** étayé
aurais étayé	**auriez** étayé
aurait étayé	**auraient** étayé
passé du subjonctif	
aie étayé	**ayons** étayé
aies étayé	**ayez** étayé
ait étayé	**aient** étayé
plus-que-parfait du subjonctif	
eusse étayé	**eussions** étayé
eusses étayé	**eussiez** étayé
eût étayé	**eussent** étayé

to extinguish, to turn off **éteindre**

participe présent **éteignant** participe passé **éteint**

SINGULAR	PLURAL	SINGULAR	PLURAL
présent de l'indicatif		passé composé	
étein**s**	éteign**ons**	**ai** éteint	**avons** éteint
étein**s**	éteign**ez**	**as** éteint	**avez** éteint
étein**t**	éteign**ent**	**a** éteint	**ont** éteint
imparfait de l'indicatif		plus-que-parfait de l'indicatif	
éteign**ais**	éteign**ions**	**avais** éteint	**avions** éteint
éteign**ais**	éteign**iez**	**avais** éteint	**aviez** éteint
éteign**ait**	éteign**aient**	**avait** éteint	**avaient** éteint
passé simple		passé antérieur	
éteign**is**	éteign**îmes**	**eus** éteint	**eûmes** éteint
éteign**is**	éteign**îtes**	**eus** éteint	**eûtes** éteint
éteign**it**	éteign**irent**	**eut** éteint	**eurent** éteint
futur		futur antérieur	
éteindr**ai**	éteindr**ons**	**aurai** éteint	**aurons** éteint
éteindr**as**	éteindr**ez**	**auras** éteint	**aurez** éteint
éteindr**a**	éteindr**ont**	**aura** éteint	**auront** éteint
conditionnel		conditionnel passé	
éteindr**ais**	éteindr**ions**	**aurais** éteint	**aurions** éteint
éteindr**ais**	éteindr**iez**	**aurais** éteint	**auriez** éteint
éteindr**ait**	éteindr**aient**	**aurait** éteint	**auraient** éteint
présent du subjonctif		passé du subjonctif	
éteign**e**	éteign**ions**	**aie** éteint	**ayons** éteint
éteign**es**	éteign**iez**	**aies** éteint	**ayez** éteint
éteign**e**	éteign**ent**	**ait** éteint	**aient** éteint
imparfait du subjonctif		plus-que-parfait du subjonctif	
éteigni**sse**	éteigni**ssions**	**eusse** éteint	**eussions** éteint
éteigni**sses**	éteigni**ssiez**	**eusses** éteint	**eussiez** éteint
éteign**ît**	éteigni**ssent**	**eût** éteint	**eussent** éteint

impératif
éteins
éteignons
éteignez

E

étoffer — to expand

participe présent **étoffant** participe passé **étoffé**

présent de l'indicatif

SINGULAR	PLURAL
étoff**e**	étoff**ons**
étoff**es**	étoff**ez**
étoff**e**	étoff**ent**

imparfait de l'indicatif

SINGULAR	PLURAL
étoff**ais**	étoff**ions**
étoff**ais**	étoff**iez**
étoff**ait**	étoff**aient**

passé simple

SINGULAR	PLURAL
étoff**ai**	étoff**âmes**
étoff**as**	étoff**âtes**
étoff**a**	étoff**èrent**

futur

SINGULAR	PLURAL
étoffer**ai**	étoffer**ons**
étoffer**as**	étoffer**ez**
étoffer**a**	étoffer**ont**

conditionnel

SINGULAR	PLURAL
étoffer**ais**	étoffer**ions**
étoffer**ais**	étoffer**iez**
étoffer**ait**	étoffer**aient**

présent du subjonctif

SINGULAR	PLURAL
étoff**e**	étoff**ions**
étoff**es**	étoff**iez**
étoff**e**	étoff**ent**

imparfait du subjonctif

SINGULAR	PLURAL
étoffa**sse**	étoffa**ssions**
étoffa**sses**	étoffa**ssiez**
étoffâ**t**	étoffa**ssent**

impératif

étoffe
étoffons
étoffez

passé composé

SINGULAR	PLURAL
ai étoffé	**avons** étoffé
as étoffé	**avez** étoffé
a étoffé	**ont** étoffé

plus-que-parfait de l'indicatif

SINGULAR	PLURAL
avais étoffé	**avions** étoffé
avais étoffé	**aviez** étoffé
avait étoffé	**avaient** étoffé

passé antérieur

SINGULAR	PLURAL
eus étoffé	**eûmes** étoffé
eus étoffé	**eûtes** étoffé
eut étoffé	**eurent** étoffé

futur antérieur

SINGULAR	PLURAL
aurai étoffé	**aurons** étoffé
auras étoffé	**aurez** étoffé
aura étoffé	**auront** étoffé

conditionnel passé

SINGULAR	PLURAL
aurais étoffé	**aurions** étoffé
aurais étoffé	**auriez** étoffé
aurait étoffé	**auraient** étoffé

passé du subjonctif

SINGULAR	PLURAL
aie étoffé	**ayons** étoffé
aies étoffé	**ayez** étoffé
ait étoffé	**aient** étoffé

plus-que-parfait du subjonctif

SINGULAR	PLURAL
eusse étoffé	**eussions** étoffé
eusses étoffé	**eussiez** étoffé
eût étoffé	**eussent** étoffé

to be **être**

participe présent **étant** participe passé **été**

SINGULAR	PLURAL	SINGULAR	PLURAL
présent de l'indicatif		passé composé	
suis	sommes	**ai** été	**avons** été
es	êtes	**as** été	**avez** été
est	sont	**a** été	**ont** été
imparfait de l'indicatif		plus-que-parfait de l'indicatif	
ét**ais**	ét**ions**	**avais** été	**avions** été
ét**ais**	ét**iez**	**avais** été	**aviez** été
ét**ait**	ét**aient**	**avait** été	**avaient** été
passé simple		passé antérieur	
fu**s**	fûme**s**	**eus** été	**eûmes** été
fu**s**	fûte**s**	**eus** été	**eûtes** été
fu**t**	furen**t**	**eut** été	**eurent** été
futur		futur antérieur	
ser**ai**	ser**ons**	**aurai** été	**aurons** été
ser**as**	ser**ez**	**auras** été	**aurez** été
ser**a**	ser**ont**	**aura** été	**auront** été
conditionnel		conditionnel passé	
ser**ais**	ser**ions**	**aurais** été	**aurions** été
ser**ais**	ser**iez**	**aurais** été	**auriez** été
ser**ait**	ser**aient**	**aurait** été	**auraient** été
présent du subjonctif		passé du subjonctif	
soi**s**	soy**ons**	**aie** été	**ayons** été
soi**s**	soy**ez**	**aies** été	**ayez** été
soi**t**	soi**ent**	**ait** été	**aient** été
imparfait du subjonctif		plus-que-parfait du subjonctif	
fu**sse**	fu**ssions**	**eusse** été	**eussions** été
fu**sses**	fu**ssiez**	**eusses** été	**eussiez** été
fû**t**	fu**ssent**	**eût** été	**eussent** été

impératif
sois
soyons
soyez

MUST KNOW VERB

étudier — to study

participe présent **étudiant** participe passé **étudié**

E

SINGULAR	PLURAL	SINGULAR	PLURAL
présent de l'indicatif		passé composé	
étudi**e**	étudi**ons**	**ai** étudié	**avons** étudié
étudi**es**	étudi**ez**	**as** étudié	**avez** étudié
étudi**e**	étudi**ent**	**a** étudié	**ont** étudié
imparfait de l'indicatif		plus-que-parfait de l'indicatif	
étudi**ais**	étudi**ions**	**avais** étudié	**avions** étudié
étudi**ais**	étudi**iez**	**avais** étudié	**aviez** étudié
étudi**ait**	étudi**aient**	**avait** étudié	**avaient** étudié
passé simple		passé antérieur	
étudi**ai**	étudi**âmes**	**eus** étudié	**eûmes** étudié
étudi**as**	étudi**âtes**	**eus** étudié	**eûtes** étudié
étudi**a**	étudi**èrent**	**eut** étudié	**eurent** étudié
futur		futur antérieur	
étudier**ai**	étudier**ons**	**aurai** étudié	**aurons** étudié
étudier**as**	étudier**ez**	**auras** étudié	**aurez** étudié
étudier**a**	étudier**ont**	**aura** étudié	**auront** étudié
conditionnel		conditionnel passé	
étudier**ais**	étudier**ions**	**aurais** étudié	**aurions** étudié
étudier**ais**	étudier**iez**	**aurais** étudié	**auriez** étudié
étudier**ait**	étudier**aient**	**aurait** étudié	**auraient** étudié
présent du subjonctif		passé du subjonctif	
étudi**e**	étudi**ions**	**aie** étudié	**ayons** étudié
étudi**es**	étudi**iez**	**aies** étudié	**ayez** étudié
étudi**e**	étudi**ent**	**ait** étudié	**aient** étudié
imparfait du subjonctif		plus-que-parfait du subjonctif	
étudia**sse**	étudia**ssions**	**eusse** étudié	**eussions** étudié
étudia**sses**	étudia**ssiez**	**eusses** étudié	**eussiez** étudié
étudiâ**t**	étudia**ssent**	**eût** étudié	**eussent** étudié

impératif
étudie
étudions
étudiez

participe présent **évaluant** participe passé **évalué**

SINGULAR	PLURAL	SINGULAR	PLURAL
présent de l'indicatif		passé composé	
évalu**e**	évalu**ons**	**ai** évalué	**avons** évalué
évalu**es**	évalu**ez**	**as** évalué	**avez** évalué
évalu**e**	évalu**ent**	**a** évalué	**ont** évalué
imparfait de l'indicatif		plus-que-parfait de l'indicatif	
évalu**ais**	évalu**ions**	**avais** évalué	**avions** évalué
évalu**ais**	évalu**iez**	**avais** évalué	**aviez** évalué
évalu**ait**	évalu**aient**	**avait** évalué	**avaient** évalué
passé simple		passé antérieur	
évalu**ai**	évalu**âmes**	**eus** évalué	**eûmes** évalué
évalu**as**	évalu**âtes**	**eus** évalué	**eûtes** évalué
évalu**a**	évalu**èrent**	**eut** évalué	**eurent** évalué
futur		futur antérieur	
évaluer**ai**	évaluer**ons**	**aurai** évalué	**aurons** évalué
évaluer**as**	évaluer**ez**	**auras** évalué	**aurez** évalué
évaluer**a**	évaluer**ont**	**aura** évalué	**auront** évalué
conditionnel		conditionnel passé	
évaluer**ais**	évaluer**ions**	**aurais** évalué	**aurions** évalué
évaluer**ais**	évaluer**iez**	**aurais** évalué	**auriez** évalué
évaluer**ait**	évaluer**aient**	**aurait** évalué	**auraient** évalué
présent du subjonctif		passé du subjonctif	
évalu**e**	évalu**ions**	**aie** évalué	**ayons** évalué
évalu**es**	évalu**iez**	**aies** évalué	**ayez** évalué
évalu**e**	évalu**ent**	**ait** évalué	**aient** évalué
imparfait du subjonctif		plus-que-parfait du subjonctif	
évalua**sse**	évalua**ssions**	**eusse** évalué	**eussions** évalué
évalua**sses**	évalua**ssiez**	**eusses** évalué	**eussiez** évalué
évalu**ât**	évalua**ssent**	**eût** évalué	**eussent** évalué

impératif
évalue
évaluons
évaluez

E

éviter — to avoid

participe présent **évitant** participe passé **évité**

présent de l'indicatif

SINGULAR	PLURAL
évit**e**	évit**ons**
évit**es**	évit**ez**
évit**e**	évit**ent**

imparfait de l'indicatif

SINGULAR	PLURAL
évit**ais**	évit**ions**
évit**ais**	évit**iez**
évit**ait**	évit**aient**

passé simple

SINGULAR	PLURAL
évit**ai**	évit**âmes**
évit**as**	évit**âtes**
évit**a**	évit**èrent**

futur

SINGULAR	PLURAL
éviter**ai**	éviter**ons**
éviter**as**	éviter**ez**
éviter**a**	éviter**ont**

conditionnel

SINGULAR	PLURAL
éviter**ais**	éviter**ions**
éviter**ais**	éviter**iez**
éviter**ait**	éviter**aient**

présent du subjonctif

SINGULAR	PLURAL
évit**e**	évit**ions**
évit**es**	évit**iez**
évit**e**	évit**ent**

imparfait du subjonctif

SINGULAR	PLURAL
évita**sse**	évita**ssions**
évita**sses**	évita**ssiez**
évitâ**t**	évita**ssent**

impératif

évite
évitons
évitez

passé composé

SINGULAR	PLURAL
ai évité	**avons** évité
as évité	**avez** évité
a évité	**ont** évité

plus-que-parfait de l'indicatif

SINGULAR	PLURAL
avais évité	**avions** évité
avais évité	**aviez** évité
avait évité	**avaient** évité

passé antérieur

SINGULAR	PLURAL
eus évité	**eûmes** évité
eus évité	**eûtes** évité
eut évité	**eurent** évité

futur antérieur

SINGULAR	PLURAL
aurai évité	**aurons** évité
auras évité	**aurez** évité
aura évité	**auront** évité

conditionnel passé

SINGULAR	PLURAL
aurais évité	**aurions** évité
aurais évité	**auriez** évité
aurait évité	**auraient** évité

passé du subjonctif

SINGULAR	PLURAL
aie évité	**ayons** évité
aies évité	**ayez** évité
ait évité	**aient** évité

plus-que-parfait du subjonctif

SINGULAR	PLURAL
eusse évité	**eussions** évité
eusses évité	**eussiez** évité
eût évité	**eussent** évité

to evoke — évoquer

participe présent **évoquant** participe passé **évoqué**

SINGULAR	PLURAL
présent de l'indicatif	
évoqu**e**	évoqu**ons**
évoqu**es**	évoqu**ez**
évoqu**e**	évoqu**ent**
imparfait de l'indicatif	
évoqu**ais**	évoqu**ions**
évoqu**ais**	évoqu**iez**
évoqu**ait**	évoqu**aient**
passé simple	
évoqu**ai**	évoqu**âmes**
évoqu**as**	évoqu**âtes**
évoqu**a**	évoqu**èrent**
futur	
évoquer**ai**	évoquer**ons**
évoquer**as**	évoquer**ez**
évoquer**a**	évoquer**ont**
conditionnel	
évoquer**ais**	évoquer**ions**
évoquer**ais**	évoquer**iez**
évoquer**ait**	évoquer**aient**
présent du subjonctif	
évoqu**e**	évoqu**ions**
évoqu**es**	évoqu**iez**
évoqu**e**	évoqu**ent**
imparfait du subjonctif	
évoqua**sse**	évoqua**ssions**
évoqua**sses**	évoqua**ssiez**
évoqu**ât**	évoqua**ssent**
impératif	
évoque	
évoquons	
évoquez	

SINGULAR	PLURAL
passé composé	
ai évoqué	**avons** évoqué
as évoqué	**avez** évoqué
a évoqué	**ont** évoqué
plus-que-parfait de l'indicatif	
avais évoqué	**avions** évoqué
avais évoqué	**aviez** évoqué
avait évoqué	**avaient** évoqué
passé antérieur	
eus évoqué	**eûmes** évoqué
eus évoqué	**eûtes** évoqué
eut évoqué	**eurent** évoqué
futur antérieur	
aurai évoqué	**aurons** évoqué
auras évoqué	**aurez** évoqué
aura évoqué	**auront** évoqué
conditionnel passé	
aurais évoqué	**aurions** évoqué
aurais évoqué	**auriez** évoqué
aurait évoqué	**auraient** évoqué
passé du subjonctif	
aie évoqué	**ayons** évoqué
aies évoqué	**ayez** évoqué
ait évoqué	**aient** évoqué
plus-que-parfait du subjonctif	
eusse évoqué	**eussions** évoqué
eusses évoqué	**eussiez** évoqué
eût évoqué	**eussent** évoqué

examiner — to examine

participe présent **examinant** participe passé **examiné**

SINGULAR	PLURAL	SINGULAR	PLURAL
présent de l'indicatif		passé composé	
examin**e**	examin**ons**	**ai** examiné	**avons** examiné
examin**es**	examin**ez**	**as** examiné	**avez** examiné
examin**e**	examin**ent**	**a** examiné	**ont** examiné
imparfait de l'indicatif		plus-que-parfait de l'indicatif	
examin**ais**	examin**ions**	**avais** examiné	**avions** examiné
examin**ais**	examin**iez**	**avais** examiné	**aviez** examiné
examin**ait**	examin**aient**	**avait** examiné	**avaient** examiné
passé simple		passé antérieur	
examin**ai**	examin**âmes**	**eus** examiné	**eûmes** examiné
examin**as**	examin**âtes**	**eus** examiné	**eûtes** examiné
examin**a**	examin**èrent**	**eut** examiné	**eurent** examiné
futur		futur antérieur	
examiner**ai**	examiner**ons**	**aurai** examiné	**aurons** examiné
examiner**as**	examiner**ez**	**auras** examiné	**aurez** examiné
examiner**a**	examiner**ont**	**aura** examiné	**auront** examiné
conditionnel		conditionnel passé	
examiner**ais**	examiner**ions**	**aurais** examiné	**aurions** examiné
examiner**ais**	examiner**iez**	**aurais** examiné	**auriez** examiné
examiner**ait**	examiner**aient**	**aurait** examiné	**auraient** examiné
présent du subjonctif		passé du subjonctif	
examin**e**	examin**ions**	**aie** examiné	**ayons** examiné
examin**es**	examin**iez**	**aies** examiné	**ayez** examiné
examin**e**	examin**ent**	**ait** examiné	**aient** examiné
imparfait du subjonctif		plus-que-parfait du subjonctif	
examina**sse**	examina**ssions**	**eusse** examiné	**eussions** examiné
examina**sses**	examina**ssiez**	**eusses** examiné	**eussiez** examiné
examinâ**t**	examina**ssent**	**eût** examiné	**eussent** examiné

impératif
examine
examinons
examinez

participe présent **excluant** participe passé **exclu**

SINGULAR	PLURAL	SINGULAR	PLURAL
présent de l'indicatif		passé composé	
exclu**s**	exclu**ons**	**ai** exclu	**avons** exclu
exclu**s**	exclu**ez**	**as** exclu	**avez** exclu
exclu**t**	exclu**ent**	**a** exclu	**ont** exclu
imparfait de l'indicatif		plus-que-parfait de l'indicatif	
exclu**ais**	exclu**ions**	**avais** exclu	**avions** exclu
exclu**ais**	exclu**iez**	**avais** exclu	**aviez** exclu
exclu**ait**	exclu**aient**	**avait** exclu	**avaient** exclu
passé simple		passé antérieur	
excl**us**	excl**ûmes**	**eus** exclu	**eûmes** exclu
excl**us**	excl**ûtes**	**eus** exclu	**eûtes** exclu
excl**ut**	excl**urent**	**eut** exclu	**eurent** exclu
futur		futur antérieur	
exclur**ai**	exclur**ons**	**aurai** exclu	**aurons** exclu
exclur**as**	exclur**ez**	**auras** exclu	**aurez** exclu
exclur**a**	exclur**ont**	**aura** exclu	**auront** exclu
conditionnel		conditionnel passé	
exclur**ais**	exclur**ions**	**aurais** exclu	**aurions** exclu
exclur**ais**	exclur**iez**	**aurais** exclu	**auriez** exclu
exclur**ait**	exclur**aient**	**aurait** exclu	**auraient** exclu
présent du subjonctif		passé du subjonctif	
exclu**e**	exclu**ions**	**aie** exclu	**ayons** exclu
exclu**es**	exclu**iez**	**aies** exclu	**ayez** exclu
exclu**e**	exclu**ent**	**ait** exclu	**aient** exclu
imparfait du subjonctif		plus-que-parfait du subjonctif	
exclu**sse**	exclu**ssions**	**eusse** exclu	**eussions** exclu
exclu**sses**	exclu**ssiez**	**eusses** exclu	**eussiez** exclu
exclû**t**	exclu**ssent**	**eût** exclu	**eussent** exclu

impératif
exclus
excluons
excluez

s'excuser — to apologize

participe présent **s'excusant** participe passé **excusé(e)(s)**

E

SINGULAR	PLURAL	SINGULAR	PLURAL
présent de l'indicatif		*passé composé*	
m'excus**e**	**nous** excus**ons**	**me suis** excusé(e)	**nous sommes** excusé(e)s
t'excus**es**	**vous** excus**ez**	**t'es** excusé(e)	**vous êtes** excusé(e)(s)
s'excus**e**	**s'**excus**ent**	**s'est** excusé(e)	**se sont** excusé(e)s
imparfait de l'indicatif		*plus-que-parfait de l'indicatif*	
m'excus**ais**	**nous** excus**ions**	**m'étais** excusé(e)	**nous étions** excusé(e)s
t'excus**ais**	**vous** excus**iez**	**t'étais** excusé(e)	**vous étiez** excusé(e)(s)
s'excus**ait**	**s'**excus**aient**	**s'était** excusé(e)	**s'étaient** excusé(e)s
passé simple		*passé antérieur*	
m'excus**ai**	**nous** excus**âmes**	**me fus** excusé(e)	**nous fûmes** excusé(e)s
t'excus**as**	**vous** excus**âtes**	**te fus** excusé(e)	**vous fûtes** excusé(e)(s)
s'excus**a**	**s'**excus**èrent**	**se fut** excusé(e)	**se furent** excusé(e)s
futur		*futur antérieur*	
m'excuser**ai**	**nous** excuser**ons**	**me serai** excusé(e)	**nous serons** excusé(e)s
t'excuser**as**	**vous** excuser**ez**	**te seras** excusé(e)	**vous serez** excusé(e)(s)
s'excuser**a**	**s'**excuser**ont**	**se sera** excusé(e)	**se seront** excusé(e)s
conditionnel		*conditionnel passé*	
m'excuser**ais**	**nous** excuser**ions**	**me serais** excusé(e)	**nous serions** excusé(e)s
t'excuser**ais**	**vous** excuser**iez**	**te serais** excusé(e)	**vous seriez** excusé(e)(s)
s'excuser**ait**	**s'**excuser**aient**	**se serait** excusé(e)	**se seraient** excusé(e)s
présent du subjonctif		*passé du subjonctif*	
m'excus**e**	**nous** excus**ions**	**me sois** excusé(e)	**nous soyons** excusé(e)s
t'excus**es**	**vous** excus**iez**	**te sois** excusé(e)	**vous soyez** excusé(e)(s)
s'excus**e**	**s'**excus**ent**	**se soit** excusé(e)	**se soient** excusé(e)s
imparfait du subjonctif		*plus-que-parfait du subjonctif*	
m'excusa**sse**	**nous** excusa**ssions**	**me fusse** excusé(e)	**nous fussions** excusé(e)s
t'excusa**sses**	**vous** excusa**ssiez**	**te fusses** excusé(e)	**vous fussiez** excusé(e)(s)
s'excus**ât**	**s'**excusa**ssent**	**se fût** excusé(e)	**se fussent** excusé(e)s

impératif

excuse-toi
excusons-nous
excusez-vous

to demand — exiger

participe présent **exigeant** participe passé **exigé**

SINGULAR	PLURAL	SINGULAR	PLURAL
présent de l'indicatif		passé composé	
exig**e**	exige**ons**	**ai** exigé	**avons** exigé
exig**es**	exig**ez**	**as** exigé	**avez** exigé
exig**e**	exig**ent**	**a** exigé	**ont** exigé
imparfait de l'indicatif		plus-que-parfait de l'indicatif	
exige**ais**	exig**ions**	**avais** exigé	**avions** exigé
exige**ais**	exig**iez**	**avais** exigé	**aviez** exigé
exige**ait**	exige**aient**	**avait** exigé	**avaient** exigé
passé simple		passé antérieur	
exige**ai**	exige**âmes**	**eus** exigé	**eûmes** exigé
exige**as**	exige**âtes**	**eus** exigé	**eûtes** exigé
exige**a**	exig**èrent**	**eut** exigé	**eurent** exigé
futur		futur antérieur	
exiger**ai**	exiger**ons**	**aurai** exigé	**aurons** exigé
exiger**as**	exiger**ez**	**auras** exigé	**aurez** exigé
exiger**a**	exiger**ont**	**aura** exigé	**auront** exigé
conditionnel		conditionnel passé	
exiger**ais**	exiger**ions**	**aurais** exigé	**aurions** exigé
exiger**ais**	exiger**iez**	**aurais** exigé	**auriez** exigé
exiger**ait**	exiger**aient**	**aurait** exigé	**auraient** exigé
présent du subjonctif		passé du subjonctif	
exig**e**	exig**ions**	**aie** exigé	**ayons** exigé
exig**es**	exig**iez**	**aies** exigé	**ayez** exigé
exig**e**	exig**ent**	**ait** exigé	**aient** exigé
imparfait du subjonctif		plus-que-parfait du subjonctif	
exigea**sse**	exigea**ssions**	**eusse** exigé	**eussions** exigé
exigea**sses**	exigea**ssiez**	**eusses** exigé	**eussiez** exigé
exige**ât**	exigea**ssent**	**eût** exigé	**eussent** exigé

impératif
exige
exigeons
exigez

expliciter — to make explicit, to clarify

participe présent **explicitant** participe passé **explicité**

SINGULAR	PLURAL	SINGULAR	PLURAL
présent de l'indicatif		passé composé	
explicit**e**	explicit**ons**	**ai** explicité	**avons** explicité
explicit**es**	explicit**ez**	**as** explicité	**avez** explicité
explicit**e**	explicit**ent**	**a** explicité	**ont** explicité
imparfait de l'indicatif		plus-que-parfait de l'indicatif	
explicit**ais**	explicit**ions**	**avais** explicité	**avions** explicité
explicit**ais**	explicit**iez**	**avais** explicité	**aviez** explicité
explicit**ait**	explicit**aient**	**avait** explicité	**avaient** explicité
passé simple		passé antérieur	
explicit**ai**	explicit**âmes**	**eus** explicité	**eûmes** explicité
explicit**as**	explicit**âtes**	**eus** explicité	**eûtes** explicité
explicit**a**	explicit**èrent**	**eut** explicité	**eurent** explicité
futur		futur antérieur	
expliciter**ai**	expliciter**ons**	**aurai** explicité	**aurons** explicité
expliciter**as**	expliciter**ez**	**auras** explicité	**aurez** explicité
expliciter**a**	expliciter**ont**	**aura** explicité	**auront** explicité
conditionnel		conditionnel passé	
expliciter**ais**	expliciter**ions**	**aurais** explicité	**aurions** explicité
expliciter**ais**	expliciter**iez**	**aurais** explicité	**auriez** explicité
expliciter**ait**	expliciter**aient**	**aurait** explicité	**auraient** explicité
présent du subjonctif		passé du subjonctif	
explicit**e**	explicit**ions**	**aie** explicité	**ayons** explicité
explicit**es**	explicit**iez**	**aies** explicité	**ayez** explicité
explicit**e**	explicit**ent**	**ait** explicité	**aient** explicité
imparfait du subjonctif		plus-que-parfait du subjonctif	
explicita**sse**	explicita**ssions**	**eusse** explicité	**eussions** explicité
explicita**sses**	explicita**ssiez**	**eusses** explicité	**eussiez** explicité
explicitâ**t**	explicita**ssent**	**eût** explicité	**eussent** explicité

impératif
explicite
explicitons
explicitez

participe présent **expliquant** participe passé **expliqué**

SINGULAR	PLURAL	SINGULAR	PLURAL
présent de l'indicatif		passé composé	
expliqu**e**	expliqu**ons**	**ai** expliqué	**avons** expliqué
expliqu**es**	expliqu**ez**	**as** expliqué	**avez** expliqué
expliqu**e**	expliqu**ent**	**a** expliqué	**ont** expliqué
imparfait de l'indicatif		plus-que-parfait de l'indicatif	
expliqu**ais**	expliqu**ions**	**avais** expliqué	**avions** expliqué
expliqu**ais**	expliqu**iez**	**avais** expliqué	**aviez** expliqué
expliqu**ait**	expliqu**aient**	**avait** expliqué	**avaient** expliqué
passé simple		passé antérieur	
expliqu**ai**	expliqu**âmes**	**eus** expliqué	**eûmes** expliqué
expliqu**as**	expliqu**âtes**	**eus** expliqué	**eûtes** expliqué
expliqu**a**	expliqu**èrent**	**eut** expliqué	**eurent** expliqué
futur		futur antérieur	
expliquer**ai**	expliquer**ons**	**aurai** expliqué	**aurons** expliqué
expliquer**as**	expliquer**ez**	**auras** expliqué	**aurez** expliqué
expliquer**a**	expliquer**ont**	**aura** expliqué	**auront** expliqué
conditionnel		conditionnel passé	
expliquer**ais**	expliquer**ions**	**aurais** expliqué	**aurions** expliqué
expliquer**ais**	expliquer**iez**	**aurais** expliqué	**auriez** expliqué
expliquer**ait**	expliquer**aient**	**aurait** expliqué	**auraient** expliqué
présent du subjonctif		passé du subjonctif	
expliqu**e**	expliqu**ions**	**aie** expliqué	**ayons** expliqué
expliqu**es**	expliqu**iez**	**aies** expliqué	**ayez** expliqué
expliqu**e**	expliqu**ent**	**ait** expliqué	**aient** expliqué
imparfait du subjonctif		plus-que-parfait du subjonctif	
expliqua**sse**	expliqua**ssions**	**eusse** expliqué	**eussions** expliqué
expliqua**sses**	expliqua**ssiez**	**eusses** expliqué	**eussiez** expliqué
expliquâ**t**	expliqua**ssent**	**eût** expliqué	**eussent** expliqué

impératif
explique
expliquons
expliquez

MUST KNOW VERB

exploiter — to make the most of

participe présent **exploitant** — participe passé **exploité**

SINGULAR	PLURAL	SINGULAR	PLURAL
présent de l'indicatif		passé composé	
exploit**e**	exploit**ons**	**ai** exploité	**avons** exploité
exploit**es**	exploit**ez**	**as** exploité	**avez** exploité
exploit**e**	exploit**ent**	**a** exploité	**ont** exploité
imparfait de l'indicatif		plus-que-parfait de l'indicatif	
exploit**ais**	exploit**ions**	**avais** exploité	**avions** exploité
exploit**ais**	exploit**iez**	**avais** exploité	**aviez** exploité
exploit**ait**	exploit**aient**	**avait** exploité	**avaient** exploité
passé simple		passé antérieur	
exploit**ai**	exploit**âmes**	**eus** exploité	**eûmes** exploité
exploit**as**	exploit**âtes**	**eus** exploité	**eûtes** exploité
exploit**a**	exploit**èrent**	**eut** exploité	**eurent** exploité
futur		futur antérieur	
exploiter**ai**	exploiter**ons**	**aurai** exploité	**aurons** exploité
exploiter**as**	exploiter**ez**	**auras** exploité	**aurez** exploité
exploiter**a**	exploiter**ont**	**aura** exploité	**auront** exploité
conditionnel		conditionnel passé	
exploiter**ais**	exploiter**ions**	**aurais** exploité	**aurions** exploité
exploiter**ais**	exploiter**iez**	**aurais** exploité	**auriez** exploité
exploiter**ait**	exploiter**aient**	**aurait** exploité	**auraient** exploité
présent du subjonctif		passé du subjonctif	
exploit**e**	exploit**ions**	**aie** exploité	**ayons** exploité
exploit**es**	exploit**iez**	**aies** exploité	**ayez** exploité
exploit**e**	exploit**ent**	**ait** exploité	**aient** exploité
imparfait du subjonctif		plus-que-parfait du subjonctif	
exploita**sse**	exploita**ssions**	**eusse** exploité	**eussions** exploité
exploita**sses**	exploita**ssiez**	**eusses** exploité	**eussiez** exploité
exploitâ**t**	exploita**ssent**	**eût** exploité	**eussent** exploité

impératif
exploite
exploitons
exploitez

to explore — explorer

participe présent **explorant** participe passé **exploré**

SINGULAR	PLURAL
présent de l'indicatif	
explor**e**	explor**ons**
explor**es**	explor**ez**
explor**e**	explor**ent**
imparfait de l'indicatif	
explor**ais**	explor**ions**
explor**ais**	explor**iez**
explor**ait**	explor**aient**
passé simple	
explor**ai**	explor**âmes**
explor**as**	explor**âtes**
explor**a**	explor**èrent**
futur	
explorer**ai**	explorer**ons**
explorer**as**	explorer**ez**
explorer**a**	explorer**ont**
conditionnel	
explorer**ais**	explorer**ions**
explorer**ais**	explorer**iez**
explorer**ait**	explorer**aient**
présent du subjonctif	
explor**e**	explor**ions**
explor**es**	explor**iez**
explor**e**	explor**ent**
imparfait du subjonctif	
explora**sse**	explora**ssions**
explora**sses**	explora**ssiez**
explorâ**t**	explora**ssent**
impératif	
explore	
explorons	
explorez	

SINGULAR	PLURAL
passé composé	
ai exploré	**avons** exploré
as exploré	**avez** exploré
a exploré	**ont** exploré
plus-que-parfait de l'indicatif	
avais exploré	**avions** exploré
avais exploré	**aviez** exploré
avait exploré	**avaient** exploré
passé antérieur	
eus exploré	**eûmes** exploré
eus exploré	**eûtes** exploré
eut exploré	**eurent** exploré
futur antérieur	
aurai exploré	**aurons** exploré
auras exploré	**aurez** exploré
aura exploré	**auront** exploré
conditionnel passé	
aurais exploré	**aurions** exploré
aurais exploré	**auriez** exploré
aurait exploré	**auraient** exploré
passé du subjonctif	
aie exploré	**ayons** exploré
aies exploré	**ayez** exploré
ait exploré	**aient** exploré
plus-que-parfait du subjonctif	
eusse exploré	**eussions** exploré
eusses exploré	**eussiez** exploré
eût exploré	**eussent** exploré

extraire — to extract

participe présent **extrayant** participe passé **extrait**

SINGULAR	PLURAL	SINGULAR	PLURAL
présent de l'indicatif		passé composé	
extrai**s**	extray**ons**	**ai** extrait	**avons** extrait
extrai**s**	extray**ez**	**as** extrait	**avez** extrait
extrai**t**	extrai**ent**	**a** extrait	**ont** extrait
imparfait de l'indicatif		plus-que-parfait de l'indicatif	
extray**ais**	extray**ions**	**avais** extrait	**avions** extrait
extray**ais**	extray**iez**	**avais** extrait	**aviez** extrait
extray**ait**	extray**aient**	**avait** extrait	**avaient** extrait
passé simple		passé antérieur	
No conjugation for this tense.		**eus** extrait	**eûmes** extrait
		eus extrait	**eûtes** extrait
		eut extrait	**eurent** extrait
futur		futur antérieur	
extrair**ai**	extrair**ons**	**aurai** extrait	**aurons** extrait
extrair**as**	extrair**ez**	**auras** extrait	**aurez** extrait
extrair**a**	extrair**ont**	**aura** extrait	**auront** extrait
conditionnel		conditionnel passé	
extrair**ais**	extrair**ions**	**aurais** extrait	**aurions** extrait
extrair**ais**	extrair**iez**	**aurais** extrait	**auriez** extrait
extrair**ait**	extrair**aient**	**aurait** extrait	**auraient** extrait
présent du subjonctif		passé du subjonctif	
extrai**e**	extray**ions**	**aie** extrait	**ayons** extrait
extrai**es**	extray**iez**	**aies** extrait	**ayez** extrait
extrai**e**	extrai**ent**	**ait** extrait	**aient** extrait
imparfait du subjonctif		plus-que-parfait du subjonctif	
No conjugation for this tense.		**eusse** extrait	**eussions** extrait
		eusses extrait	**eussiez** extrait
		eût extrait	**eussent** extrait

impératif
extrais
extrayons
extrayez

to make, to manufacture **fabriquer**

participe présent **fabriquant** participe passé **fabriqué**

SINGULAR	PLURAL	SINGULAR	PLURAL
présent de l'indicatif		passé composé	
fabriqu**e**	fabriqu**ons**	**ai** fabriqué	**avons** fabriqué
fabriqu**es**	fabriqu**ez**	**as** fabriqué	**avez** fabriqué
fabriqu**e**	fabriqu**ent**	**a** fabriqué	**ont** fabriqué
imparfait de l'indicatif		plus-que-parfait de l'indicatif	
fabriqu**ais**	fabriqu**ions**	**avais** fabriqué	**avions** fabriqué
fabriqu**ais**	fabriqu**iez**	**avais** fabriqué	**aviez** fabriqué
fabriqu**ait**	fabriqu**aient**	**avait** fabriqué	**avaient** fabriqué
passé simple		passé antérieur	
fabriqu**ai**	fabriqu**âmes**	**eus** fabriqué	**eûmes** fabriqué
fabriqu**as**	fabriqu**âtes**	**eus** fabriqué	**eûtes** fabriqué
fabriqu**a**	fabriqu**èrent**	**eut** fabriqué	**eurent** fabriqué
futur		futur antérieur	
fabriquer**ai**	fabriquer**ons**	**aurai** fabriqué	**aurons** fabriqué
fabriquer**as**	fabriquer**ez**	**auras** fabriqué	**aurez** fabriqué
fabriquer**a**	fabriquer**ont**	**aura** fabriqué	**auront** fabriqué
conditionnel		conditionnel passé	
fabriquer**ais**	fabriquer**ions**	**aurais** fabriqué	**aurions** fabriqué
fabriquer**ais**	fabriquer**iez**	**aurais** fabriqué	**auriez** fabriqué
fabriquer**ait**	fabriquer**aient**	**aurait** fabriqué	**auraient** fabriqué
présent du subjonctif		passé du subjonctif	
fabriqu**e**	fabriqu**ions**	**aie** fabriqué	**ayons** fabriqué
fabriqu**es**	fabriqu**iez**	**aies** fabriqué	**ayez** fabriqué
fabriqu**e**	fabriqu**ent**	**ait** fabriqué	**aient** fabriqué
imparfait du subjonctif		plus-que-parfait du subjonctif	
fabriqua**sse**	fabriqua**ssions**	**eusse** fabriqué	**eussions** fabriqué
fabriqua**sses**	fabriqua**ssiez**	**eusses** fabriqué	**eussiez** fabriqué
fabriquâ**t**	fabriqua**ssent**	**eût** fabriqué	**eussent** fabriqué

impératif
fabrique
fabriquons
fabriquez

se fâcher — to get angry

participe présent **se fâchant** participe passé **fâché(e)(s)**

SINGULAR	PLURAL

présent de l'indicatif

me fâch**e**	**nous** fâch**ons**
te fâch**es**	**vous** fâch**ez**
se fâch**e**	**se** fâch**ent**

imparfait de l'indicatif

me fâch**ais**	**nous** fâch**ions**
te fâch**ais**	**vous** fâch**iez**
se fâch**ait**	**se** fâch**aient**

passé simple

me fâch**ai**	**nous** fâch**âmes**
te fâch**as**	**vous** fâch**âtes**
se fâch**a**	**se** fâch**èrent**

futur

me fâcher**ai**	**nous** fâcher**ons**
te fâcher**as**	**vous** fâcher**ez**
se fâcher**a**	**se** fâcher**ont**

conditionnel

me fâcher**ais**	**nous** fâcher**ions**
te fâcher**ais**	**vous** fâcher**iez**
se fâcher**ait**	**se** fâcher**aient**

présent du subjonctif

me fâch**e**	**nous** fâch**ions**
te fâch**es**	**vous** fâch**iez**
se fâch**e**	**se** fâch**ent**

imparfait du subjonctif

me fâcha**sse**	**nous** fâcha**ssions**
te fâcha**sses**	**vous** fâcha**ssiez**
se fâch**ât**	**se** fâcha**ssent**

impératif

fâche-toi
fâchons-nous
fâchez-vous

SINGULAR	PLURAL

passé composé

me suis fâché(e)	**nous sommes** fâché(e)s
t'es fâché(e)	**vous êtes** fâché(e)(s)
s'est fâché(e)	**se sont** fâché(e)s

plus-que-parfait de l'indicatif

m'étais fâché(e)	**nous étions** fâché(e)s
t'étais fâché(e)	**vous étiez** fâché(e)(s)
s'était fâché(e)	**s'étaient** fâché(e)s

passé antérieur

me fus fâché(e)	**nous fûmes** fâché(e)s
te fus fâché(e)	**vous fûtes** fâché(e)(s)
se fut fâché(e)	**se furent** fâché(e)s

futur antérieur

me serai fâché(e)	**nous serons** fâché(e)s
te seras fâché(e)	**vous serez** fâché(e)(s)
se sera fâché(e)	**se seront** fâché(e)s

conditionnel passé

me serais fâché(e)	**nous serions** fâché(e)s
te serais fâché(e)	**vous seriez** fâché(e)(s)
se serait fâché(e)	**se seraient** fâché(e)s

passé du subjonctif

me sois fâché(e)	**vous soyons** fâché(e)s
te sois fâché(e)	**nous soyez** fâché(e)(s)
se soit fâché(e)	**se soient** fâché(e)s

plus-que-parfait du subjonctif

me fusse fâché(e)	**nous fussions** fâché(e)s
te fusses fâché(e)	**vous fussiez** fâché(e)(s)
se fût fâché(e)	**se fussent** fâché(e)s

participe présent **facilitant** participe passé **facilité**

SINGULAR	PLURAL	SINGULAR	PLURAL
présent de l'indicatif		passé composé	
facilit**e**	facilit**ons**	**ai** facilité	**avons** facilité
facilit**es**	facilit**ez**	**as** facilité	**avez** facilité
facilit**e**	facilit**ent**	**a** facilité	**ont** facilité
imparfait de l'indicatif		plus-que-parfait de l'indicatif	
facilit**ais**	facilit**ions**	**avais** facilité	**avions** facilité
facilit**ais**	facilit**iez**	**avais** facilité	**aviez** facilité
facilit**ait**	facilit**aient**	**avait** facilité	**avaient** facilité
passé simple		passé antérieur	
facilit**ai**	facilit**âmes**	**eus** facilité	**eûmes** facilité
facilit**as**	facilit**âtes**	**eus** facilité	**eûtes** facilité
facilit**a**	facilit**èrent**	**eut** facilité	**eurent** facilité
futur		futur antérieur	
faciliter**ai**	faciliter**ons**	**aurai** facilité	**aurons** facilité
faciliter**as**	faciliter**ez**	**auras** facilité	**aurez** facilité
faciliter**a**	faciliter**ont**	**aura** facilité	**auront** facilité
conditionnel		conditionnel passé	
faciliter**ais**	faciliter**ions**	**aurais** facilité	**aurions** facilité
faciliter**ais**	faciliter**iez**	**aurais** facilité	**auriez** facilité
faciliter**ait**	faciliter**aient**	**aurait** facilité	**auraient** facilité
présent du subjonctif		passé du subjonctif	
facilit**e**	facilit**ions**	**aie** facilité	**ayons** facilité
facilit**es**	facilit**iez**	**aies** facilité	**ayez** facilité
facilit**e**	facilit**ent**	**ait** facilité	**aient** facilité
imparfait du subjonctif		plus-que-parfait du subjonctif	
facilita**sse**	facilita**ssions**	**eusse** facilité	**eussions** facilité
facilita**sses**	facilita**ssiez**	**eusses** facilité	**eussiez** facilité
facilit**ât**	facilita**ssent**	**eût** facilité	**eussent** facilité

impératif
facilite
facilitons
facilitez

F

faiblir — to get weaker, to weaken

participe présent **faiblissant** participe passé **faibli**

SINGULAR	PLURAL	SINGULAR	PLURAL
présent de l'indicatif		passé composé	
faiblis	faiblissons	ai faibli	avons faibli
faiblis	faiblissez	as faibli	avez faibli
faiblit	faiblissent	a faibli	ont faibli
imparfait de l'indicatif		plus-que-parfait de l'indicatif	
faiblissais	faiblissions	avais faibli	avions faibli
faiblissais	faiblissiez	avais faibli	aviez faibli
faiblissait	faiblissaient	avait faibli	avaient faibli
passé simple		passé antérieur	
faiblis	faiblîmes	eus faibli	eûmes faibli
faiblis	faiblîtes	eus faibli	eûtes faibli
faiblit	faiblirent	eut faibli	eurent faibli
futur		futur antérieur	
faiblirai	faiblirons	aurai faibli	aurons faibli
faibliras	faiblirez	auras faibli	aurez faibli
faiblira	faibliront	aura faibli	auront faibli
conditionnel		conditionnel passé	
faiblirais	faiblirions	aurais faibli	aurions faibli
faiblirais	faibliriez	aurais faibli	auriez faibli
faiblirait	faibliraient	aurait faibli	auraient faibli
présent du subjonctif		passé du subjonctif	
faiblisse	faiblissions	aie faibli	ayons faibli
faiblisses	faiblissiez	aies faibli	ayez faibli
faiblisse	faiblissent	ait faibli	aient faibli
imparfait du subjonctif		plus-que-parfait du subjonctif	
faiblisse	faiblissions	eusse faibli	eussions faibli
faiblisses	faiblissiez	eusses faibli	eussiez faibli
faiblît	faiblissent	eût faibli	eussent faibli

impératif
faiblis
faiblissons
faiblissez

participe présent **faillant** participe passé **failli**

SINGULAR	PLURAL	SINGULAR	PLURAL
présent de l'indicatif		passé composé	
fau**x**	faill**ons**	**ai** failli	**avons** failli
fau**x**	faill**ez**	**as** failli	**avez** failli
fau**t**	faill**ent**	**a** failli	**ont** failli
imparfait de l'indicatif		plus-que-parfait de l'indicatif	
faill**ais**	faill**ions**	**avais** failli	**avions** failli
faill**ais**	faill**iez**	**avais** failli	**aviez** failli
faill**ait**	faill**aient**	**avait** failli	**avaient** failli
passé simple		passé antérieur	
faill**is**	faill**îmes**	**eus** failli	**eûmes** failli
faill**is**	faill**îtes**	**eus** failli	**eûtes** failli
faill**it**	faill**irent**	**eut** failli	**eurent** failli
futur		futur antérieur	
failli**rai**	failli**rons**	**aurai** failli	**aurons** failli
failli**ras**	failli**rez**	**auras** failli	**aurez** failli
failli**ra**	failli**ront**	**aura** failli	**auront** failli
conditionnel		conditionnel passé	
failli**rais**	failli**rions**	**aurais** failli	**aurions** failli
failli**rais**	failli**riez**	**aurais** failli	**auriez** failli
failli**rait**	failli**raient**	**aurait** failli	**auraient** failli
présent du subjonctif		passé du subjonctif	
faill**isse**	faill**issions**	**aie** failli	**ayons** failli
faill**isses**	faill**issiez**	**aies** failli	**ayez** failli
faill**isse**	faill**issent**	**ait** failli	**aient** failli
imparfait du subjonctif		plus-que-parfait du subjonctif	
faill**isse**	faill**issions**	**eusse** failli	**eussions** failli
faill**isses**	faill**issiez**	**eusses** failli	**eussiez** failli
faill**ît**	faill**issent**	**eût** failli	**eussent** failli

impératif

No conjugation for this tense.

participe présent **faisant** participe passé **fait**

SINGULAR	PLURAL	SINGULAR	PLURAL
présent de l'indicatif		passé composé	
fai**s**	fais**ons**	**ai** fait	**avons** fait
fai**s**	fai**tes**	**as** fait	**avez** fait
fai**t**	f**ont**	**a** fait	**ont** fait
imparfait de l'indicatif		plus-que-parfait de l'indicatif	
fais**ais**	fais**ions**	**avais** fait	**avions** fait
fais**ais**	fais**iez**	**avais** fait	**aviez** fait
fais**ait**	fais**aient**	**avait** fait	**avaient** fait
passé simple		passé antérieur	
f**is**	f**îmes**	**eus** fait	**eûmes** fait
f**is**	f**îtes**	**eus** fait	**eûtes** fait
f**it**	f**irent**	**eut** fait	**eurent** fait
futur		futur antérieur	
fer**ai**	fer**ons**	**aurai** fait	**aurons** fait
fer**as**	fer**ez**	**auras** fait	**aurez** fait
fer**a**	fer**ont**	**aura** fait	**auront** fait
conditionnel		conditionnel passé	
fer**ais**	fer**ions**	**aurais** fait	**aurions** fait
fer**ais**	fer**iez**	**aurais** fait	**auriez** fait
fer**ait**	fer**aient**	**aurait** fait	**auraient** fait
présent du subjonctif		passé du subjonctif	
f**asse**	f**assions**	**aie** fait	**ayons** fait
f**asses**	f**assiez**	**aies** fait	**ayez** fait
f**asse**	f**assent**	**ait** fait	**aient** fait
imparfait du subjonctif		plus-que-parfait du subjonctif	
f**isse**	f**issions**	**eusse** fait	**eussions** fait
f**isses**	f**issiez**	**eusses** fait	**eussiez** fait
f**it**	f**issent**	**eût** fait	**eussent** fait

impératif
fais
faisons
faites

participe présent -

participe passé fallu

présent de l'indicatif
fau**t**

imparfait de l'indicatif
fall**ait**

passé simple
fall**ut**

futur
faudr**a**

conditionnel
faudr**ait**

présent du subjonctif
faill**e**

imparfait du subjonctif
fall**ût**

impératif
No conjugation for this tense.

passé composé
a fallu

plus-que-parfait de l'indicatif
avait fallu

passé antérieur
eut fallu

futur antérieur
aura fallu

conditionnel passé
aurait fallu

passé du subjonctif
ait fallu

plus-que-parfait du subjonctif
eût fallu

fatiguer — to tire, to fatigue

participe présent **fatiguant** participe passé **fatigué**

SINGULAR	PLURAL	SINGULAR	PLURAL
présent de l'indicatif		passé composé	
fatigu**e**	fatigu**ons**	**ai** fatigué	**avons** fatigué
fatigu**es**	fatigu**ez**	**as** fatigué	**avez** fatigué
fatigu**e**	fatigu**ent**	**a** fatigué	**ont** fatigué
imparfait de l'indicatif		plus-que-parfait de l'indicatif	
fatigu**ais**	fatigu**ions**	**avais** fatigué	**avions** fatigué
fatigu**ais**	fatigu**iez**	**avais** fatigué	**aviez** fatigué
fatigu**ait**	fatigu**aient**	**avait** fatigué	**avaient** fatigué
passé simple		passé antérieur	
fatigu**ai**	fatigu**âmes**	**eus** fatigué	**eûmes** fatigué
fatigu**as**	fatigu**âtes**	**eus** fatigué	**eûtes** fatigué
fatigu**a**	fatigu**èrent**	**eut** fatigué	**eurent** fatigué
futur		futur antérieur	
fatiguer**ai**	fatiguer**ons**	**aurai** fatigué	**aurons** fatigué
fatiguer**as**	fatiguer**ez**	**auras** fatigué	**aurez** fatigué
fatiguer**a**	fatiguer**ont**	**aura** fatigué	**auront** fatigué
conditionnel		conditionnel passé	
fatiguer**ais**	fatiguer**ions**	**aurais** fatigué	**aurions** fatigué
fatiguer**ais**	fatiguer**iez**	**aurais** fatigué	**auriez** fatigué
fatiguer**ait**	fatiguer**aient**	**aurait** fatigué	**auraient** fatigué
présent du subjonctif		passé du subjonctif	
fatigu**e**	fatigu**ions**	**aie** fatigué	**ayons** fatigué
fatigu**es**	fatigu**iez**	**aies** fatigué	**ayez** fatigué
fatigu**e**	fatigu**ent**	**ait** fatigué	**aient** fatigué
imparfait du subjonctif		plus-que-parfait du subjonctif	
fatigua**sse**	fatigua**ssions**	**eusse** fatigué	**eussions** fatigué
fatigua**sses**	fatigua**ssiez**	**eusses** fatigué	**eussiez** fatigué
fatiguâ**t**	fatigua**ssent**	**eût** fatigué	**eussent** fatigué

impératif
fatigue
fatiguons
fatiguez

participe présent **fauchant** participe passé **fauché**

SINGULAR	PLURAL	SINGULAR	PLURAL
présent de l'indicatif		passé composé	
fauch**e**	fauch**ons**	**ai** fauché	**avons** fauché
fauch**es**	fauch**ez**	**as** fauché	**avez** fauché
fauch**e**	fauch**ent**	**a** fauché	**ont** fauché
imparfait de l'indicatif		plus-que-parfait de l'indicatif	
fauch**ais**	fauch**ions**	**avais** fauché	**avions** fauché
fauch**ais**	fauch**iez**	**avais** fauché	**aviez** fauché
fauch**ait**	fauch**aient**	**avait** fauché	**avaient** fauché
passé simple		passé antérieur	
fauch**ai**	fauch**âmes**	**eus** fauché	**eûmes** fauché
fauch**as**	fauch**âtes**	**eus** fauché	**eûtes** fauché
fauch**a**	fauch**èrent**	**eut** fauché	**eurent** fauché
futur		futur antérieur	
faucher**ai**	faucher**ons**	**aurai** fauché	**aurons** fauché
faucher**as**	faucher**ez**	**auras** fauché	**aurez** fauché
faucher**a**	faucher**ont**	**aura** fauché	**auront** fauché
conditionnel		conditionnel passé	
faucher**ais**	faucher**ions**	**aurais** fauché	**aurions** fauché
faucher**ais**	faucher**iez**	**aurais** fauché	**auriez** fauché
faucher**ait**	faucher**aient**	**aurait** fauché	**auraient** fauché
présent du subjonctif		passé du subjonctif	
fauch**e**	fauch**ions**	**aie** fauché	**ayons** fauché
fauch**es**	fauch**iez**	**aies** fauché	**ayez** fauché
fauch**e**	fauch**ent**	**ait** fauché	**aient** fauché
imparfait du subjonctif		plus-que-parfait du subjonctif	
faucha**sse**	faucha**ssions**	**eusse** fauché	**eussions** fauché
faucha**sses**	faucha**ssiez**	**eusses** fauché	**eussiez** fauché
fauch**ât**	faucha**ssent**	**eût** fauché	**eussent** fauché
impératif			
fauche			
fauchons			
fauchez			

se faufiler — to slip out, to snake in and out

participe présent **se faufilant** participe passé **faufilé(e)(s)**

F

SINGULAR	PLURAL
présent de l'indicatif	
me faufil**e**	**nous** faufil**ons**
te faufil**es**	**vous** faufil**ez**
se faufil**e**	**se** faufil**ent**
imparfait de l'indicatif	
me faufil**ais**	**nous** faufil**ions**
te faufil**ais**	**vous** faufil**iez**
se faufil**ait**	**se** faufil**aient**
passé simple	
me faufil**ai**	**nous** faufil**âmes**
te faufil**as**	**vous** faufil**âtes**
se faufil**a**	**se** faufil**èrent**
futur	
me faufiler**ai**	**nous** faufiler**ons**
te faufiler**as**	**vous** faufiler**ez**
se faufiler**a**	**se** faufiler**ont**
conditionnel	
me faufiler**ais**	**nous** faufiler**ions**
te faufiler**ais**	**vous** faufiler**iez**
se faufiler**ait**	**se** faufiler**aient**
présent du subjonctif	
me faufil**e**	**nous** faufil**ions**
te faufil**es**	**vous** faufil**iez**
se faufil**e**	**se** faufil**ent**
imparfait du subjonctif	
me faufila**sse**	**nous** faufila**ssions**
te faufila**sses**	**vous** faufila**ssiez**
se faufil**ât**	**se** faufila**ssent**
impératif	
faufile-toi	
faufilons-nous	
faufilez-vous	

SINGULAR	PLURAL
passé composé	
me suis faufilé(e)	**nous sommes** faufilé(e)s
t'es faufilé(e)	**vous êtes** faufilé(e)(s)
s'est faufilé(e)	**se sont** faufilé(e)s
plus-que-parfait de l'indicatif	
m'étais faufilé(e)	**nous étions** faufilé(e)s
t'étais faufilé(e)	**vous étiez** faufilé(e)(s)
s'était faufilé(e)	**s'étaient** faufilé(e)s
passé antérieur	
me fus faufilé(e)	**nous fûmes** faufilé(e)s
te fus faufilé(e)	**vous fûtes** faufilé(e)(s)
se fut faufilé(e)	**se furent** faufilé(e)s
futur antérieur	
me serai faufilé(e)	**nous serons** faufilé(e)s
te seras faufilé(e)	**vous serez** faufilé(e)(s)
se sera faufilé(e)	**se seront** faufilé(e)s
conditionnel passé	
me serais faufilé(e)	**nous serions** faufilé(e)s
te serais faufilé(e)	**vous seriez** faufilé(e)(s)
se serait faufilé(e)	**se seraient** faufilé(e)s
passé du subjonctif	
me sois faufilé(e)	**nous soyons** faufilé(e)s
te sois faufilé(e)	**vous soyez** faufilé(e)(s)
se soit faufilé(e)	**se soient** faufilé(e)s
plus-que-parfait du subjonctif	
me fusse faufilé(e)	**nous fussions** faufilé(e)s
te fusses faufilé(e)	**vous fussiez** faufilé(e)(s)
se fût faufilé(e)	**se fussent** faufilé(e)s

participe présent **favorisant** participe passé **favorisé**

SINGULAR	PLURAL	SINGULAR	PLURAL
présent de l'indicatif		passé composé	
favoris**e**	favoris**ons**	**ai** favorisé	**avons** favorisé
favoris**es**	favoris**ez**	**as** favorisé	**avez** favorisé
favoris**e**	favoris**ent**	**a** favorisé	**ont** favorisé
imparfait de l'indicatif		plus-que-parfait de l'indicatif	
favoris**ais**	favoris**ions**	**avais** favorisé	**avions** favorisé
favoris**ais**	favoris**iez**	**avais** favorisé	**aviez** favorisé
favoris**ait**	favoris**aient**	**avait** favorisé	**avaient** favorisé
passé simple		passé antérieur	
favoris**ai**	favoris**âmes**	**eus** favorisé	**eûmes** favorisé
favoris**as**	favoris**âtes**	**eus** favorisé	**eûtes** favorisé
favoris**a**	favoris**èrent**	**eut** favorisé	**eurent** favorisé
futur		futur antérieur	
favoriser**ai**	favoriser**ons**	**aurai** favorisé	**aurons** favorisé
favoriser**as**	favoriser**ez**	**auras** favorisé	**aurez** favorisé
favoriser**a**	favoriser**ont**	**aura** favorisé	**auront** favorisé
conditionnel		conditionnel passé	
favoriser**ais**	favoriser**ions**	**aurais** favorisé	**aurions** favorisé
favoriser**ais**	favoriser**iez**	**aurais** favorisé	**auriez** favorisé
favoriser**ait**	favoriser**aient**	**aurait** favorisé	**auraient** favorisé
présent du subjonctif		passé du subjonctif	
favoris**e**	favoris**ions**	**aie** favorisé	**ayons** favorisé
favoris**es**	favoris**iez**	**aies** favorisé	**ayez** favorisé
favoris**e**	favoris**ent**	**ait** favorisé	**aient** favorisé
imparfait du subjonctif		plus-que-parfait du subjonctif	
favorisa**sse**	favorisa**ssions**	**eusse** favorisé	**eussions** favorisé
favorisa**sses**	favorisa**ssiez**	**eusses** favorisé	**eussiez** favorisé
favorisâ**t**	favorisa**ssent**	**eût** favorisé	**eussent** favorisé

impératif
favorise
favorisons
favorisez

feindre — to pretend, to feign

participe présent **feignant** participe passé **feint**

présent de l'indicatif

SINGULAR	PLURAL
fein**s**	feign**ons**
fein**s**	feign**ez**
fein**t**	feign**ent**

imparfait de l'indicatif

SINGULAR	PLURAL
feign**ais**	feign**ions**
feign**ais**	feign**iez**
feign**ait**	feign**aient**

passé simple

SINGULAR	PLURAL
feign**is**	feign**îmes**
feign**is**	feign**îtes**
feign**it**	feign**irent**

futur

SINGULAR	PLURAL
feindr**ai**	feindr**ons**
feindr**as**	feindr**ez**
feindr**a**	feindr**ont**

conditionnel

SINGULAR	PLURAL
feindr**ais**	feindr**ions**
feindr**ais**	feindr**iez**
feindr**ait**	feindr**aient**

présent du subjonctif

SINGULAR	PLURAL
feign**e**	feign**ions**
feign**es**	feign**iez**
feign**e**	feign**ent**

imparfait du subjonctif

SINGULAR	PLURAL
feigni**sse**	feigni**ssions**
feigni**sses**	feigni**ssiez**
feignî**t**	feigni**ssent**

impératif

feins
feignons
feignez

passé composé

SINGULAR	PLURAL
ai feint	**avons** feint
as feint	**avez** feint
a feint	**ont** feint

plus-que-parfait de l'indicatif

SINGULAR	PLURAL
avais feint	**avions** feint
avais feint	**aviez** feint
avait feint	**avaient** feint

passé antérieur

SINGULAR	PLURAL
eus feint	**eûmes** feint
eus feint	**eûtes** feint
eut feint	**eurent** feint

futur antérieur

SINGULAR	PLURAL
aurai feint	**aurons** feint
auras feint	**aurez** feint
aura feint	**auront** feint

conditionnel passé

SINGULAR	PLURAL
aurais feint	**aurions** feint
aurais feint	**auriez** feint
aurait feint	**auraient** feint

passé du subjonctif

SINGULAR	PLURAL
aie feint	**ayons** feint
aies feint	**ayez** feint
ait feint	**aient** feint

plus-que-parfait du subjonctif

SINGULAR	PLURAL
eusse feint	**eussions** feint
eusses feint	**eussiez** feint
eût feint	**eussent** feint

to congratulate — féliciter

participe présent **félicitant** participe passé **félicité**

SINGULAR	PLURAL	SINGULAR	PLURAL
présent de l'indicatif		passé composé	
félicit**e**	félicit**ons**	**ai** félicité	**avons** félicité
félicit**es**	félicit**ez**	**as** félicité	**avez** félicité
félicit**e**	félicit**ent**	**a** félicité	**ont** félicité
imparfait de l'indicatif		plus-que-parfait de l'indicatif	
félicit**ais**	félicit**ions**	**avais** félicité	**avions** félicité
félicit**ais**	félicit**iez**	**avais** félicité	**aviez** félicité
félicit**ait**	félicit**aient**	**avait** félicité	**avaient** félicité
passé simple		passé antérieur	
félicit**ai**	félicit**âmes**	**eus** félicité	**eûmes** félicité
félicit**as**	félicit**âtes**	**eus** félicité	**eûtes** félicité
félicit**a**	félicit**èrent**	**eut** félicité	**eurent** félicité
futur		futur antérieur	
féliciter**ai**	féliciter**ons**	**aurai** félicité	**aurons** félicité
féliciter**as**	féliciter**ez**	**auras** félicité	**aurez** félicité
féliciter**a**	féliciter**ont**	**aura** félicité	**auront** félicité
conditionnel		conditionnel passé	
féliciter**ais**	féliciter**ions**	**aurais** félicité	**aurions** félicité
féliciter**ais**	féliciter**iez**	**aurais** félicité	**auriez** félicité
féliciter**ait**	féliciter**aient**	**aurait** félicité	**auraient** félicité
présent du subjonctif		passé du subjonctif	
félicit**e**	félicit**ions**	**aie** félicité	**ayons** félicité
félicit**es**	félicit**iez**	**aies** félicité	**ayez** félicité
félicit**e**	félicit**ent**	**ait** félicité	**aient** félicité
imparfait du subjonctif		plus-que-parfait du subjonctif	
félicita**sse**	félicita**ssions**	**eusse** félicité	**eussions** félicité
félicita**sses**	félicita**ssiez**	**eusses** félicité	**eussiez** félicité
félicit**ât**	félicita**ssent**	**eût** félicité	**eussent** félicité

impératif
félicite
félicitons
félicitez

F

fendre — to split, to crack, to chop

participe présent **fendant** participe passé **fendu**

SINGULAR	PLURAL	SINGULAR	PLURAL
présent de l'indicatif		passé composé	
fend**s**	fend**ons**	**ai** fendu	**avons** fendu
fend**s**	fend**ez**	**as** fendu	**avez** fendu
fend	fend**ent**	**a** fendu	**ont** fendu
imparfait de l'indicatif		plus-que-parfait de l'indicatif	
fend**ais**	fend**ions**	**avais** fendu	**avions** fendu
fend**ais**	fend**iez**	**avais** fendu	**aviez** fendu
fend**ait**	fend**aient**	**avait** fendu	**avaient** fendu
passé simple		passé antérieur	
fend**is**	fend**îmes**	**eus** fendu	**eûmes** fendu
fend**is**	fend**îtes**	**eus** fendu	**eûtes** fendu
fend**it**	fend**irent**	**eut** fendu	**eurent** fendu
futur		futur antérieur	
fendr**ai**	fendr**ons**	**aurai** fendu	**aurons** fendu
fendr**as**	fendr**ez**	**auras** fendu	**aurez** fendu
fendr**a**	fendr**ont**	**aura** fendu	**auront** fendu
conditionnel		conditionnel passé	
fendr**ais**	fendr**ions**	**aurais** fendu	**aurions** fendu
fendr**ais**	fendr**iez**	**aurais** fendu	**auriez** fendu
fendr**ait**	fendr**aient**	**aurait** fendu	**auraient** fendu
présent du subjonctif		passé du subjonctif	
fend**e**	fend**ions**	**aie** fendu	**ayons** fendu
fend**es**	fend**iez**	**aies** fendu	**ayez** fendu
fend**e**	fend**ent**	**ait** fendu	**aient** fendu
imparfait du subjonctif		plus-que-parfait du subjonctif	
fendi**sse**	fendi**ssions**	**eusse** fendu	**eussions** fendu
fendi**sses**	fendi**ssiez**	**eusses** fendu	**eussiez** fendu
fendî**t**	fendi**ssent**	**eût** fendu	**eussent** fendu

impératif
fends
fendons
fendez

F

participe présent **fermant** participe passé **fermé**

SINGULAR	PLURAL	SINGULAR	PLURAL
présent de l'indicatif		passé composé	
ferm**e**	ferm**ons**	**ai** fermé	**avons** fermé
ferm**es**	ferm**ez**	**as** fermé	**avez** fermé
ferm**e**	ferm**ent**	**a** fermé	**ont** fermé
imparfait de l'indicatif		plus-que-parfait de l'indicatif	
ferm**ais**	ferm**ions**	**avais** fermé	**avions** fermé
ferm**ais**	ferm**iez**	**avais** fermé	**aviez** fermé
ferm**ait**	ferm**aient**	**avait** fermé	**avaient** fermé
passé simple		passé antérieur	
ferm**ai**	ferm**âmes**	**eus** fermé	**eûmes** fermé
ferm**as**	ferm**âtes**	**eus** fermé	**eûtes** fermé
ferm**a**	ferm**èrent**	**eut** fermé	**eurent** fermé
futur		futur antérieur	
fermer**ai**	fermer**ons**	**aurai** fermé	**aurons** fermé
fermer**as**	fermer**ez**	**auras** fermé	**aurez** fermé
fermer**a**	fermer**ont**	**aura** fermé	**auront** fermé
conditionnel		conditionnel passé	
fermer**ais**	fermer**ions**	**aurais** fermé	**aurions** fermé
fermer**ais**	fermer**iez**	**aurais** fermé	**auriez** fermé
fermer**ait**	fermer**aient**	**aurait** fermé	**auraient** fermé
présent du subjonctif		passé du subjonctif	
ferm**e**	ferm**ions**	**aie** fermé	**ayons** fermé
ferm**es**	ferm**iez**	**aies** fermé	**ayez** fermé
ferm**e**	ferm**ent**	**ait** fermé	**aient** fermé
imparfait du subjonctif		plus-que-parfait du subjonctif	
ferma**sse**	ferma**ssions**	**eusse** fermé	**eussions** fermé
ferma**sses**	ferma**ssiez**	**eusses** fermé	**eussiez** fermé
ferm**ât**	ferma**ssent**	**eût** fermé	**eussent** fermé

impératif

ferme

fermons

fermez

fêter — to celebrate

participe présent **fêtant** — participe passé **fêté**

SINGULAR	PLURAL
présent de l'indicatif	
fêt**e**	fêt**ons**
fêt**es**	fêt**ez**
fêt**e**	fêt**ent**
imparfait de l'indicatif	
fêt**ais**	fêt**ions**
fêt**ais**	fêt**iez**
fêt**ait**	fêt**aient**
passé simple	
fêt**ai**	fêt**âmes**
fêt**as**	fêt**âtes**
fêt**a**	fêt**èrent**
futur	
fêter**ai**	fêter**ons**
fêter**as**	fêter**ez**
fêter**a**	fêter**ont**
conditionnel	
fêter**ais**	fêter**ions**
fêter**ais**	fêter**iez**
fêter**ait**	fêter**aient**
présent du subjonctif	
fêt**e**	fêt**ions**
fêt**es**	fêt**iez**
fêt**e**	fêt**ent**
imparfait du subjonctif	
fêta**sse**	fêta**ssions**
fêta**sses**	fêta**ssiez**
fêtâ**t**	fêta**ssent**
impératif	
fête	
fêtons	
fêtez	

F

SINGULAR	PLURAL
passé composé	
ai fêté	**avons** fêté
as fêté	**avez** fêté
a fêté	**ont** fêté
plus-que-parfait de l'indicatif	
avais fêté	**avions** fêté
avais fêté	**aviez** fêté
avait fêté	**avaient** fêté
passé antérieur	
eus fêté	**eûmes** fêté
eus fêté	**eûtes** fêté
eut fêté	**eurent** fêté
futur antérieur	
aurai fêté	**aurons** fêté
auras fêté	**aurez** fêté
aura fêté	**auront** fêté
conditionnel passé	
aurais fêté	**aurions** fêté
aurais fêté	**auriez** fêté
aurait fêté	**auraient** fêté
passé du subjonctif	
aie fêté	**ayons** fêté
aies fêté	**ayez** fêté
ait fêté	**aient** fêté
plus-que-parfait du subjonctif	
eusse fêté	**eussions** fêté
eusses fêté	**eussiez** fêté
eût fêté	**eussent** fêté

participe présent **feuilletant** participe passé **feuilleté**

SINGULAR	PLURAL
présent de l'indicatif	
feuillett**e**	feuillet**ons**
feuillett**es**	feuillet**ez**
feuillett**e**	feuillett**ent**
imparfait de l'indicatif	
feuillet**ais**	feuillet**ions**
feuillet**ais**	feuillet**iez**
feuillet**ait**	feuillet**aient**
passé simple	
feuillet**ai**	feuillet**âmes**
feuillet**as**	feuillet**âtes**
feuillet**a**	feuillet**èrent**
futur	
feuilletter**ai**	feuilletter**ons**
feuilletter**as**	feuilletter**ez**
feuilletter**a**	feuilletter**ont**
conditionnel	
feuilletter**ais**	feuilletter**ions**
feuilletter**ais**	feuilletter**iez**
feuilletter**ait**	feuilletter**aient**
présent du subjonctif	
feuillett**e**	feuillet**ions**
feuillett**es**	feuillet**iez**
feuillett**e**	feuillett**ent**
imparfait du subjonctif	
feuilleta**sse**	feuilleta**ssions**
feuilleta**sses**	feuilleta**ssiez**
feuillet**ât**	feuilleta**ssent**
impératif	
feuillette	
feuilletons	
feuilletez	

SINGULAR	PLURAL
passé composé	
ai feuilleté	**avons** feuilleté
as feuilleté	**avez** feuilleté
a feuilleté	**ont** feuilleté
plus-que-parfait de l'indicatif	
avais feuilleté	**avions** feuilleté
avais feuilleté	**aviez** feuilleté
avait feuilleté	**avaient** feuilleté
passé antérieur	
eus feuilleté	**eûmes** feuilleté
eus feuilleté	**eûtes** feuilleté
eut feuilleté	**eurent** feuilleté
futur antérieur	
aurai feuilleté	**aurons** feuilleté
auras feuilleté	**aurez** feuilleté
aura feuilleté	**auront** feuilleté
conditionnel passé	
aurais feuilleté	**aurions** feuilleté
aurais feuilleté	**auriez** feuilleté
aurait feuilleté	**auraient** feuilleté
passé du subjonctif	
aie feuilleté	**ayons** feuilleté
aies feuilleté	**ayez** feuilleté
ait feuilleté	**aient** feuilleté
plus-que-parfait du subjonctif	
eusse feuilleté	**eussions** feuilleté
eusses feuilleté	**eussiez** feuilleté
eût feuilleté	**eussent** feuilleté

se fier — to trust

participe présent **se fiant** — participe passé **fié(e)(s)**

SINGULAR	PLURAL
présent de l'indicatif	
me fie	nous fions
te fies	vous fiez
se fie	se fient
imparfait de l'indicatif	
me fiais	nous fiions
te fiais	vous fiiez
se fiait	se fiaient
passé simple	
me fiai	nous fiâmes
te fias	vous fiâtes
se fia	se fièrent
futur	
me fierai	nous fierons
te fieras	vous fierez
se fiera	se fieront
conditionnel	
me fierais	nous fierions
te fierais	vous fieriez
se fierait	se fieraient
présent du subjonctif	
me fie	nous fiions
te fies	vous fiiez
se fie	se fient
imparfait du subjonctif	
me fiasse	nous fiassions
te fiasses	vous fiassiez
se fiât	se fiassent
impératif	
fie-toi	
fions-nous	
fiez-vous	

SINGULAR	PLURAL
passé composé	
me suis fié(e)	nous sommes fié(e)s
t'es fié(e)	vous êtes fié(e)(s)
s'est fié(e)	se sont fié(e)s
plus-que-parfait de l'indicatif	
m'étais fié(e)	nous étions fié(e)s
t'étais fié(e)	vous étiez fié(e)(s)
s'était fié(e)	s'étaient fié(e)s
passé antérieur	
me fus fié(e)	nous fûmes fié(e)s
te fus fié(e)	vous fûtes fié(e)(s)
se fut fié(e)	se furent fié(e)s
futur antérieur	
me serai fié(e)	nous serons fié(e)s
te seras fié(e)	vous serez fié(e)(s)
se sera fié(e)	se seront fié(e)s
conditionnel passé	
me serais fié(e)	nous serions fié(e)s
te serais fié(e)	vous seriez fié(e)(s)
se serait fié(e)	se seraient fié(e)s
passé du subjonctif	
me sois fié(e)	nous soyons fié(e)s
te sois fié(e)	vous soyez fié(e)(s)
se soit fié(e)	se soient fié(e)s
plus-que-parfait du subjonctif	
me fusse fié(e)	nous fussions fié(e)s
te fusses fié(e)	vous fussiez fié(e)(s)
se fût fié(e)	se fussent fié(e)s

participe présent **figurant** participe passé **figuré**

SINGULAR	PLURAL	SINGULAR	PLURAL
présent de l'indicatif		passé composé	
figur**e**	figur**ons**	**ai** figuré	**avons** figuré
figur**es**	figur**ez**	**as** figuré	**avez** figuré
figur**e**	figur**ent**	**a** figuré	**ont** figuré
imparfait de l'indicatif		plus-que-parfait de l'indicatif	
figur**ais**	figur**ions**	**avais** figuré	**avions** figuré
figur**ais**	figur**iez**	**avais** figuré	**aviez** figuré
figur**ait**	figur**aient**	**avait** figuré	**avaient** figuré
passé simple		passé antérieur	
figur**ai**	figur**âmes**	**eus** figuré	**eûmes** figuré
figur**as**	figur**âtes**	**eus** figuré	**eûtes** figuré
figur**a**	figur**èrent**	**eut** figuré	**eurent** figuré
futur		futur antérieur	
figurer**ai**	figurer**ons**	**aurai** figuré	**aurons** figuré
figurer**as**	figurer**ez**	**auras** figuré	**aurez** figuré
figurer**a**	figurer**ont**	**aura** figuré	**auront** figuré
conditionnel		conditionnel passé	
figurer**ais**	figurer**ions**	**aurais** figuré	**aurions** figuré
figurer**ais**	figurer**iez**	**aurais** figuré	**auriez** figuré
figurer**ait**	figurer**aient**	**aurait** figuré	**auraient** figuré
présent du subjonctif		passé du subjonctif	
figur**e**	figur**ions**	**aie** figuré	**ayons** figuré
figur**es**	figur**iez**	**aies** figuré	**ayez** figuré
figur**e**	figur**ent**	**ait** figuré	**aient** figuré
imparfait du subjonctif		plus-que-parfait du subjonctif	
figura**sse**	figura**ssions**	**eusse** figuré	**eussions** figuré
figura**sses**	figura**ssiez**	**eusses** figuré	**eussiez** figuré
figur**ât**	figura**ssent**	**eût** figuré	**eussent** figuré

impératif
figure
figurons
figurez

filer — to spin, to trail, to sneak off

participe présent **filant** participe passé **filé**

SINGULAR	PLURAL	SINGULAR	PLURAL
présent de l'indicatif		passé composé	
fil**e**	fil**ons**	**ai** filé	**avons** filé
fil**es**	fil**ez**	**as** filé	**avez** filé
fil**e**	fil**ent**	**a** filé	**ont** filé
imparfait de l'indicatif		plus-que-parfait de l'indicatif	
fil**ais**	fil**ions**	**avais** filé	**avions** filé
fil**ais**	fil**iez**	**avais** filé	**aviez** filé
fil**ait**	fil**aient**	**avait** filé	**avaient** filé
passé simple		passé antérieur	
fil**ai**	fil**âmes**	**eus** filé	**eûmes** filé
fil**as**	fil**âtes**	**eus** filé	**eûtes** filé
fil**a**	fil**èrent**	**eut** filé	**eurent** filé
futur		futur antérieur	
filer**ai**	filer**ons**	**aurai** filé	**aurons** filé
filer**as**	filer**ez**	**auras** filé	**aurez** filé
filer**a**	filer**ont**	**aura** filé	**auront** filé
conditionnel		conditionnel passé	
filer**ais**	filer**ions**	**aurais** filé	**aurions** filé
filer**ais**	filer**iez**	**aurais** filé	**auriez** filé
filer**ait**	filer**aient**	**aurait** filé	**auraient** filé
présent du subjonctif		passé du subjonctif	
fil**e**	fil**ions**	**aie** filé	**ayons** filé
fil**es**	fil**iez**	**aies** filé	**ayez** filé
fil**e**	fil**ent**	**ait** filé	**aient** filé
imparfait du subjonctif		plus-que-parfait du subjonctif	
fila**sse**	fila**ssions**	**eusse** filé	**eussions** filé
fila**sses**	fila**ssiez**	**eusses** filé	**eussiez** filé
filâ**t**	fila**ssent**	**eût** filé	**eussent** filé

impératif
file
filons
filez

to end, to finish **finir**

participe présent **finissant** participe passé **fini**

SINGULAR	PLURAL
présent de l'indicatif	
fin**is**	fin**issons**
fin**is**	fin**issez**
fin**it**	fin**issent**
imparfait de l'indicatif	
fin**issais**	fin**issions**
fin**issais**	fin**issiez**
fin**issait**	fin**issaient**
passé simple	
fin**is**	fin**îmes**
fin**is**	fin**îtes**
fin**it**	fin**irent**
futur	
finir**ai**	finir**ons**
finir**as**	finir**ez**
finir**a**	finir**ont**
conditionnel	
finir**ais**	finir**ions**
finir**ais**	finir**iez**
finir**ait**	finir**aient**
présent du subjonctif	
fin**isse**	fin**issions**
fin**isses**	fin**issiez**
fin**isse**	fin**issent**
imparfait du subjonctif	
fin**isse**	fin**issions**
fin**isses**	fin**issiez**
fin**ît**	fin**issent**
impératif	
finis	
finissons	
finissez	

SINGULAR	PLURAL
passé composé	
ai fini	**avons** fini
as fini	**avez** fini
a fini	**ont** fini
plus-que-parfait de l'indicatif	
avais fini	**avions** fini
avais fini	**aviez** fini
avait fini	**avaient** fini
passé antérieur	
eus fini	**eûmes** fini
eus fini	**eûtes** fini
eut fini	**eurent** fini
futur antérieur	
aurai fini	**aurons** fini
auras fini	**aurez** fini
aura fini	**auront** fini
conditionnel passé	
aurais fini	**aurions** fini
aurais fini	**auriez** fini
aurait fini	**auraient** fini
passé du subjonctif	
aie fini	**ayons** fini
aies fini	**ayez** fini
ait fini	**aient** fini
plus-que-parfait du subjonctif	
eusse fini	**eussions** fini
eusses fini	**eussiez** fini
eût fini	**eussent** fini

fixer — to attach, to stare, to determine

participe présent **fixant** participe passé **fixé**

SINGULAR	PLURAL	SINGULAR	PLURAL
présent de l'indicatif		passé composé	
fix**e**	fix**ons**	**ai** fixé	**avons** fixé
fix**es**	fix**ez**	**as** fixé	**avez** fixé
fix**e**	fix**ent**	**a** fixé	**ont** fixé
imparfait de l'indicatif		plus-que-parfait de l'indicatif	
fix**ais**	fix**ions**	**avais** fixé	**avions** fixé
fix**ais**	fix**iez**	**avais** fixé	**aviez** fixé
fix**ait**	fix**aient**	**avait** fixé	**avaient** fixé
passé simple		passé antérieur	
fix**ai**	fix**âmes**	**eus** fixé	**eûmes** fixé
fix**as**	fix**âtes**	**eus** fixé	**eûtes** fixé
fix**a**	fix**èrent**	**eut** fixé	**eurent** fixé
futur		futur antérieur	
fixer**ai**	fixer**ons**	**aurai** fixé	**aurons** fixé
fixer**as**	fixer**ez**	**auras** fixé	**aurez** fixé
fixer**a**	fixer**ont**	**aura** fixé	**auront** fixé
conditionnel		conditionnel passé	
fixer**ais**	fixer**ions**	**aurais** fixé	**aurions** fixé
fixer**ais**	fixer**iez**	**aurais** fixé	**auriez** fixé
fixer**ait**	fixer**aient**	**aurait** fixé	**auraient** fixé
présent du subjonctif		passé du subjonctif	
fix**e**	fix**ions**	**aie** fixé	**ayons** fixé
fix**es**	fix**iez**	**aies** fixé	**ayez** fixé
fix**e**	fix**ent**	**ait** fixé	**aient** fixé
imparfait du subjonctif		plus-que-parfait du subjonctif	
fixa**sse**	fixa**ssions**	**eusse** fixé	**eussions** fixé
fixa**sses**	fixa**ssiez**	**eusses** fixé	**eussiez** fixé
fix**ât**	fixa**ssent**	**eût** fixé	**eussent** fixé

impératif
fixe
fixons
fixez

F

participe présent **fleurissant** participe passé **fleuri**

SINGULAR	PLURAL	SINGULAR	PLURAL
présent de l'indicatif		passé composé	
fleur**is**	fleur**issons**	**ai** fleuri	**avons** fleuri
fleur**is**	fleur**issez**	**as** fleuri	**avez** fleuri
fleur**it**	fleur**issent**	**a** fleuri	**ont** fleuri
imparfait de l'indicatif		plus-que-parfait de l'indicatif	
fleur**issais**	fleur**issions**	**avais** fleuri	**avions** fleuri
fleur**issais**	fleur**issiez**	**avais** fleuri	**aviez** fleuri
fleur**issait**	fleur**issaient**	**avait** fleuri	**avaient** fleuri
passé simple		passé antérieur	
fleur**is**	fleur**îmes**	**eus** fleuri	**eûmes** fleuri
fleur**is**	fleur**îtes**	**eus** fleuri	**eûtes** fleuri
fleur**it**	fleur**irent**	**eut** fleuri	**eurent** fleuri
futur		futur antérieur	
fleurir**ai**	fleurir**ons**	**aurai** fleuri	**aurons** fleuri
fleurir**as**	fleurir**ez**	**auras** fleuri	**aurez** fleuri
fleurir**a**	fleurir**ont**	**aura** fleuri	**auront** fleuri
conditionnel		conditionnel passé	
fleurir**ais**	fleurir**ions**	**aurais** fleuri	**aurions** fleuri
fleurir**ais**	fleurir**iez**	**aurais** fleuri	**auriez** fleuri
fleurir**ait**	fleurir**aient**	**aurait** fleuri	**auraient** fleuri
présent du subjonctif		passé du subjonctif	
fleur**isse**	fleur**issions**	**aie** fleuri	**ayons** fleuri
fleur**isses**	fleur**issiez**	**aies** fleuri	**ayez** fleuri
fleur**isse**	fleur**issent**	**ait** fleuri	**aient** fleuri
imparfait du subjonctif		plus-que-parfait du subjonctif	
fleuri**sse**	fleuri**ssions**	**eusse** fleuri	**eussions** fleuri
fleuri**sses**	fleuri**ssiez**	**eusses** fleuri	**eussiez** fleuri
fleur**ît**	fleuri**ssent**	**eût** fleuri	**eussent** fleuri

impératif
fleuris
fleurissons
fleurissez

flotter — to float, to flutter, to hesitate

participe présent **flottant** participe passé **flotté**

SINGULAR	PLURAL	SINGULAR	PLURAL
présent de l'indicatif		passé composé	
flott**e**	flott**ons**	**ai** flotté	**avons** flotté
flott**es**	flott**ez**	**as** flotté	**avez** flotté
flott**e**	flott**ent**	**a** flotté	**ont** flotté
imparfait de l'indicatif		plus-que-parfait de l'indicatif	
flott**ais**	flott**ions**	**avais** flotté	**avions** flotté
flott**ais**	flott**iez**	**avais** flotté	**aviez** flotté
flott**ait**	flott**aient**	**avait** flotté	**avaient** flotté
passé simple		passé antérieur	
flott**ai**	flott**âmes**	**eus** flotté	**eûmes** flotté
flott**as**	flott**âtes**	**eus** flotté	**eûtes** flotté
flott**a**	flott**èrent**	**eut** flotté	**eurent** flotté
futur		futur antérieur	
flotter**ai**	flotter**ons**	**aurai** flotté	**aurons** flotté
flotter**as**	flotter**ez**	**auras** flotté	**aurez** flotté
flotter**a**	flotter**ont**	**aura** flotté	**auront** flotté
conditionnel		conditionnel passé	
flotter**ais**	flotter**ions**	**aurais** flotté	**aurions** flotté
flotter**ais**	flotter**iez**	**aurais** flotté	**auriez** flotté
flotter**ait**	flotter**aient**	**aurait** flotté	**auraient** flotté
présent du subjonctif		passé du subjonctif	
flott**e**	flott**ions**	**aie** flotté	**ayons** flotté
flott**es**	flott**iez**	**aies** flotté	**ayez** flotté
flott**e**	flott**ent**	**ait** flotté	**aient** flotté
imparfait du subjonctif		plus-que-parfait du subjonctif	
flotta**sse**	flotta**ssions**	**eusse** flotté	**eussions** flotté
flotta**sses**	flotta**ssiez**	**eusses** flotté	**eussiez** flotté
flott**ât**	flotta**ssent**	**eût** flotté	**eussent** flotté

impératif
flotte
flottons
flottez

to darken, to speed **foncer**

participe présent **fonçant** participe passé **foncé**

SINGULAR	PLURAL	SINGULAR	PLURAL
présent de l'indicatif		passé composé	
fonc**e**	fonç**ons**	**ai** foncé	**avons** foncé
fonc**es**	fonc**ez**	**as** foncé	**avez** foncé
fonc**e**	fonc**ent**	**a** foncé	**ont** foncé
imparfait de l'indicatif		plus-que-parfait de l'indicatif	
fonç**ais**	fonc**ions**	**avais** foncé	**avions** foncé
fonç**ais**	fonc**iez**	**avais** foncé	**aviez** foncé
fonç**ait**	fonç**aient**	**avait** foncé	**avaient** foncé
passé simple		passé antérieur	
fonç**ai**	fonç**âmes**	**eus** foncé	**eûmes** foncé
fonç**as**	fonç**âtes**	**eus** foncé	**eûtes** foncé
fonç**a**	fonc**èrent**	**eut** foncé	**eurent** foncé
futur		futur antérieur	
foncer**ai**	foncer**ons**	**aurai** foncé	**aurons** foncé
foncer**as**	foncer**ez**	**auras** foncé	**aurez** foncé
foncer**a**	foncer**ont**	**aura** foncé	**auront** foncé
conditionnel		conditionnel passé	
foncer**ais**	foncer**ions**	**aurais** foncé	**aurions** foncé
foncer**ais**	foncer**iez**	**aurais** foncé	**auriez** foncé
foncer**ait**	foncer**aient**	**aurait** foncé	**auraient** foncé
présent du subjonctif		passé du subjonctif	
fonc**e**	fonc**ions**	**aie** foncé	**ayons** foncé
fonc**es**	fonc**iez**	**aies** foncé	**ayez** foncé
fonc**e**	fonc**ent**	**ait** foncé	**aient** foncé
imparfait du subjonctif		plus-que-parfait du subjonctif	
fonça**sse**	fonça**ssions**	**eusse** foncé	**eussions** foncé
fonça**sses**	fonça**ssiez**	**eusses** foncé	**eussiez** foncé
fonçâ**t**	fonça**ssent**	**eût** foncé	**eussent** foncé

impératif
fonce
fonçons
foncez

fonctionner — to function, to work

participe présent **fonctionnant** — participe passé **fonctionné**

SINGULAR	PLURAL
présent de l'indicatif	
fonctionn**e**	fonctionn**ons**
fonctionn**es**	fonctionn**ez**
fonctionn**e**	fonctionn**ent**
imparfait de l'indicatif	
fonctionn**ais**	fonctionn**ions**
fonctionn**ais**	fonctionn**iez**
fonctionn**ait**	fonctionn**aient**
passé simple	
fonctionn**ai**	fonctionn**âmes**
fonctionn**as**	fonctionn**âtes**
fonctionn**a**	fonctionn**èrent**
futur	
fonctionner**ai**	fonctionner**ons**
fonctionner**as**	fonctionner**ez**
fonctionner**a**	fonctionner**ont**
conditionnel	
fonctionner**ais**	fonctionner**ions**
fonctionner**ais**	fonctionner**iez**
fonctionner**ait**	fonctionner**aient**
présent du subjonctif	
fonctionn**e**	fonctionn**ions**
fonctionn**es**	fonctionn**iez**
fonctionn**e**	fonctionn**ent**
imparfait du subjonctif	
fonctionna**sse**	fonctionna**ssions**
fonctionna**sses**	fonctionna**ssiez**
fonctionnâ**t**	fonctionna**ssent**
impératif	
fonctionne	
fonctionnons	
fonctionnez	

SINGULAR	PLURAL
passé composé	
ai fonctionné	**avons** fonctionné
as fonctionné	**avez** fonctionné
a fonctionné	**ont** fonctionné
plus-que-parfait de l'indicatif	
avais fonctionné	**avions** fonctionné
avais fonctionné	**aviez** fonctionné
avait fonctionné	**avaient** fonctionné
passé antérieur	
eus fonctionné	**eûmes** fonctionné
eus fonctionné	**eûtes** fonctionné
eut fonctionné	**eurent** fonctionné
futur antérieur	
aurai fonctionné	**aurons** fonctionné
auras fonctionné	**aurez** fonctionné
aura fonctionné	**auront** fonctionné
conditionnel passé	
aurais fonctionné	**aurions** fonctionné
aurais fonctionné	**auriez** fonctionné
aurait fonctionné	**auraient** fonctionné
passé du subjonctif	
aie fonctionné	**ayons** fonctionné
aies fonctionné	**ayez** fonctionné
ait fonctionné	**aient** fonctionné
plus-que-parfait du subjonctif	
eusse fonctionné	**eussions** fonctionné
eusses fonctionné	**eussiez** fonctionné
eût fonctionné	**eussent** fonctionné

participe présent **fondant** participe passé **fondé**

SINGULAR	PLURAL	SINGULAR	PLURAL
présent de l'indicatif		passé composé	
fond**e**	fond**ons**	**ai** fondé	**avons** fondé
fond**es**	fond**ez**	**as** fondé	**avez** fondé
fond**e**	fond**ent**	**a** fondé	**ont** fondé
imparfait de l'indicatif		plus-que-parfait de l'indicatif	
fond**ais**	fond**ions**	**avais** fondé	**avions** fondé
fond**ais**	fond**iez**	**avais** fondé	**aviez** fondé
fond**ait**	fond**aient**	**avait** fondé	**avaient** fondé
passé simple		passé antérieur	
fond**ai**	fond**âmes**	**eus** fondé	**eûmes** fondé
fond**as**	fond**âtes**	**eus** fondé	**eûtes** fondé
fond**a**	fond**èrent**	**eut** fondé	**eurent** fondé
futur		futur antérieur	
fonder**ai**	fonder**ons**	**aurai** fondé	**aurons** fondé
fonder**as**	fonder**ez**	**auras** fondé	**aurez** fondé
fonder**a**	fonder**ont**	**aura** fondé	**auront** fondé
conditionnel		conditionnel passé	
fonder**ais**	fonder**ions**	**aurais** fondé	**aurions** fondé
fonder**ais**	fonder**iez**	**aurais** fondé	**auriez** fondé
fonder**ait**	fonder**aient**	**aurait** fondé	**auraient** fondé
présent du subjonctif		passé du subjonctif	
fond**e**	fond**ions**	**aie** fondé	**ayons** fondé
fond**es**	fond**iez**	**aies** fondé	**ayez** fondé
fond**e**	fond**ent**	**ait** fondé	**aient** fondé
imparfait du subjonctif		plus-que-parfait du subjonctif	
fonda**sse**	fonda**ssions**	**eusse** fondé	**eussions** fondé
fonda**sses**	fonda**ssiez**	**eusses** fondé	**eussiez** fondé
fondâ**t**	fonda**ssent**	**eût** fondé	**eussent** fondé

impératif
fonde
fondons
fondez

fondre — to melt, to dissolve

participe présent **fondant** participe passé **fondu**

SINGULAR	PLURAL	SINGULAR	PLURAL
présent de l'indicatif		passé composé	
fond**s**	fond**ons**	**ai** fondu	**avons** fondu
fond**s**	fond**ez**	**as** fondu	**avez** fondu
fond	fond**ent**	**a** fondu	**ont** fondu
imparfait de l'indicatif		plus-que-parfait de l'indicatif	
fond**ais**	fond**ions**	**avais** fondu	**avions** fondu
fond**ais**	fond**iez**	**avais** fondu	**aviez** fondu
fond**ait**	fond**aient**	**avait** fondu	**avaient** fondu
passé simple		passé antérieur	
fond**is**	fond**îmes**	**eus** fondu	**eûmes** fondu
fond**is**	fond**îtes**	**eus** fondu	**eûtes** fondu
fond**it**	fond**irent**	**eut** fondu	**eurent** fondu
futur		futur antérieur	
fondr**ai**	fondr**ons**	**aurai** fondu	**aurons** fondu
fondr**as**	fondr**ez**	**auras** fondu	**aurez** fondu
fondr**a**	fondr**ont**	**aura** fondu	**auront** fondu
conditionnel		conditionnel passé	
fondr**ais**	fondr**ions**	**aurais** fondu	**aurions** fondu
fondr**ais**	fondr**iez**	**aurais** fondu	**auriez** fondu
fondr**ait**	fondr**aient**	**aurait** fondu	**auraient** fondu
présent du subjonctif		passé du subjonctif	
fond**e**	fond**ions**	**aie** fondu	**ayons** fondu
fond**es**	fond**iez**	**aies** fondu	**ayez** fondu
fond**e**	fond**ent**	**ait** fondu	**aient** fondu
imparfait du subjonctif		plus-que-parfait du subjonctif	
fondi**sse**	fondi**ssions**	**eusse** fondu	**eussions** fondu
fondi**sses**	fondi**ssiez**	**eusses** fondu	**eussiez** fondu
fondî**t**	fondi**ssent**	**eût** fondu	**eussent** fondu

impératif
fonds
fondons
fondez

MEMORY TIP

This restaurant is known for its chocolate **fondue** dessert.

participe présent **forçant** participe passé **forcé**

SINGULAR	PLURAL	SINGULAR	PLURAL
présent de l'indicatif		passé composé	
forc**e**	forç**ons**	**ai** forcé	**avons** forcé
forc**es**	forc**ez**	**as** forcé	**avez** forcé
forc**e**	forc**ent**	**a** forcé	**ont** forcé
imparfait de l'indicatif		plus-que-parfait de l'indicatif	
forç**ais**	forc**ions**	**avais** forcé	**avions** forcé
forç**ais**	forc**iez**	**avais** forcé	**aviez** forcé
forç**ait**	forç**aient**	**avait** forcé	**avaient** forcé
passé simple		passé antérieur	
forç**ai**	forç**âmes**	**eus** forcé	**eûmes** forcé
forç**as**	forç**âtes**	**eus** forcé	**eûtes** forcé
forç**a**	forc**èrent**	**eut** forcé	**eurent** forcé
futur		futur antérieur	
forcer**ai**	forcer**ons**	**aurai** forcé	**aurons** forcé
forcer**as**	forcer**ez**	**auras** forcé	**aurez** forcé
forcer**a**	forcer**ont**	**aura** forcé	**auront** forcé
conditionnel		conditionnel passé	
forcer**ais**	forcer**ions**	**aurais** forcé	**aurions** forcé
forcer**ais**	forcer**iez**	**aurais** forcé	**auriez** forcé
forcer**ait**	forcer**aient**	**aurait** forcé	**auraient** forcé
présent du subjonctif		passé du subjonctif	
forc**e**	forc**ions**	**aie** forcé	**ayons** forcé
forc**es**	forc**iez**	**aies** forcé	**ayez** forcé
forc**e**	forc**ent**	**ait** forcé	**aient** forcé
imparfait du subjonctif		plus-que-parfait du subjonctif	
forç**asse**	forç**assions**	**eusse** forcé	**eussions** forcé
forç**asses**	forç**assiez**	**eusses** forcé	**eussiez** forcé
forç**ât**	forç**assent**	**eût** forcé	**eussent** forcé

impératif
force
forçons
forcez

F

former — to form, to shape, to educate

participe présent **formant** — participe passé **formé**

SINGULAR	PLURAL	SINGULAR	PLURAL
présent de l'indicatif		passé composé	
form**e**	form**ons**	**ai** formé	**avons** formé
form**es**	form**ez**	**as** formé	**avez** formé
form**e**	form**ent**	**a** formé	**ont** formé
imparfait de l'indicatif		plus-que-parfait de l'indicatif	
form**ais**	form**ions**	**avais** formé	**avions** formé
form**ais**	form**iez**	**avais** formé	**aviez** formé
form**ait**	form**aient**	**avait** formé	**avaient** formé
passé simple		passé antérieur	
form**ai**	form**âmes**	**eus** formé	**eûmes** formé
form**as**	form**âtes**	**eus** formé	**eûtes** formé
form**a**	form**èrent**	**eut** formé	**eurent** formé
futur		futur antérieur	
former**ai**	former**ons**	**aurai** formé	**aurons** formé
former**as**	former**ez**	**auras** formé	**aurez** formé
former**a**	former**ont**	**aura** formé	**auront** formé
conditionnel		conditionnel passé	
former**ais**	former**ions**	**aurais** formé	**aurions** formé
former**ais**	former**iez**	**aurais** formé	**auriez** formé
former**ait**	former**aient**	**aurait** formé	**auraient** formé
présent du subjonctif		passé du subjonctif	
form**e**	form**ions**	**aie** formé	**ayons** formé
form**es**	form**iez**	**aies** formé	**ayez** formé
form**e**	form**ent**	**ait** formé	**aient** formé
imparfait du subjonctif		plus-que-parfait du subjonctif	
forma**sse**	forma**ssions**	**eusse** formé	**eussions** formé
forma**sses**	forma**ssiez**	**eusses** formé	**eussiez** formé
formâ**t**	forma**ssent**	**eût** formé	**eussent** formé

impératif
forme
formons
formez

participe présent **formulant** participe passé **formulé**

SINGULAR	PLURAL	SINGULAR	PLURAL
présent de l'indicatif		passé composé	
formul**e**	formul**ons**	**ai** formulé	**avons** formulé
formul**es**	formul**ez**	**as** formulé	**avez** formulé
formul**e**	formul**ent**	**a** formulé	**ont** formulé
imparfait de l'indicatif		plus-que-parfait de l'indicatif	
formul**ais**	formul**ions**	**avais** formulé	**avions** formulé
formul**ais**	formul**iez**	**avais** formulé	**aviez** formulé
formul**ait**	formul**aient**	**avait** formulé	**avaient** formulé
passé simple		passé antérieur	
formul**ai**	formul**âmes**	**eus** formulé	**eûmes** formulé
formul**as**	formul**âtes**	**eus** formulé	**eûtes** formulé
formul**a**	formul**èrent**	**eut** formulé	**eurent** formulé
futur		futur antérieur	
formuler**ai**	formuler**ons**	**aurai** formulé	**aurons** formulé
formuler**as**	formuler**ez**	**auras** formulé	**aurez** formulé
formuler**a**	formuler**ont**	**aura** formulé	**auront** formulé
conditionnel		conditionnel passé	
formuler**ais**	formuler**ions**	**aurais** formulé	**aurions** formulé
formuler**ais**	formuler**iez**	**aurais** formulé	**auriez** formulé
formuler**ait**	formuler**aient**	**aurait** formulé	**auraient** formulé
présent du subjonctif		passé du subjonctif	
formul**e**	formul**ions**	**aie** formulé	**ayons** formulé
formul**es**	formul**iez**	**aies** formulé	**ayez** formulé
formul**e**	formul**ent**	**ait** formulé	**aient** formulé
imparfait du subjonctif		plus-que-parfait du subjonctif	
formul**asse**	formul**assions**	**eusse** formulé	**eussions** formulé
formul**asses**	formul**assiez**	**eusses** formulé	**eussiez** formulé
formul**ât**	formul**assent**	**eût** formulé	**eussent** formulé

impératif
formule
formulons
formulez

fouiller — to search, to dig, to excavate

participe présent **fouillant** participe passé **fouillé**

SINGULAR	PLURAL	SINGULAR	PLURAL
présent de l'indicatif		passé composé	
fouill**e**	fouill**ons**	**ai** fouillé	**avons** fouillé
fouill**es**	fouill**ez**	**as** fouillé	**avez** fouillé
fouill**e**	fouill**ent**	**a** fouillé	**ont** fouillé
imparfait de l'indicatif		plus-que-parfait de l'indicatif	
fouill**ais**	fouill**ions**	**avais** fouillé	**avions** fouillé
fouill**ais**	fouill**iez**	**avais** fouillé	**aviez** fouillé
fouill**ait**	fouill**aient**	**avait** fouillé	**avaient** fouillé
passé simple		passé antérieur	
fouill**ai**	fouill**âmes**	**eus** fouillé	**eûmes** fouillé
fouill**as**	fouill**âtes**	**eus** fouillé	**eûtes** fouillé
fouill**a**	fouill**èrent**	**eut** fouillé	**eurent** fouillé
futur		futur antérieur	
fouiller**ai**	fouiller**ons**	**aurai** fouillé	**aurons** fouillé
fouiller**as**	fouiller**ez**	**auras** fouillé	**aurez** fouillé
fouiller**a**	fouiller**ont**	**aura** fouillé	**auront** fouillé
conditionnel		conditionnel passé	
fouiller**ais**	fouiller**ions**	**aurais** fouillé	**aurions** fouillé
fouiller**ais**	fouiller**iez**	**aurais** fouillé	**auriez** fouillé
fouiller**ait**	fouiller**aient**	**aurait** fouillé	**auraient** fouillé
présent du subjonctif		passé du subjonctif	
fouill**e**	fouill**ions**	**aie** fouillé	**ayons** fouillé
fouill**es**	fouill**iez**	**aies** fouillé	**ayez** fouillé
fouill**e**	fouill**ent**	**ait** fouillé	**aient** fouillé
imparfait du subjonctif		plus-que-parfait du subjonctif	
fouilla**sse**	fouilla**ssions**	**eusse** fouillé	**eussions** fouillé
fouilla**sses**	fouilla**ssiez**	**eusses** fouillé	**eussiez** fouillé
fouillâ**t**	fouilla**ssent**	**eût** fouillé	**eussent** fouillé

impératif
fouille
fouillons
fouillez

to supply, to furnish **fournir**

participe présent **fournissant** participe passé **fourni**

SINGULAR	PLURAL
présent de l'indicatif	
fourn**is**	fourn**issons**
fourn**is**	fourn**issez**
fourn**it**	fourn**issent**
imparfait de l'indicatif	
fourn**issais**	fourn**issions**
fourn**issais**	fourn**issiez**
fourn**issait**	fourn**issaient**
passé simple	
fourn**is**	fourn**îmes**
fourn**is**	fourn**îtes**
fourn**it**	fourn**irent**
futur	
fournir**ai**	fournir**ons**
fournir**as**	fournir**ez**
fournir**a**	fournir**ont**
conditionnel	
fournir**ais**	fournir**ions**
fournir**ais**	fournir**iez**
fournir**ait**	fournir**aient**
présent du subjonctif	
fourn**isse**	fourn**issions**
fourn**isses**	fourn**issiez**
fourn**isse**	fourn**issent**
imparfait du subjonctif	
fourn**isse**	fourn**issions**
fourn**isses**	fourn**issiez**
fourn**ît**	fourn**issent**
impératif	
fournis	
fournissons	
fournissez	

SINGULAR	PLURAL
passé composé	
ai fourni	**avons** fourni
as fourni	**avez** fourni
a fourni	**ont** fourni
plus-que-parfait de l'indicatif	
avais fourni	**avions** fourni
avais fourni	**aviez** fourni
avait fourni	**avaient** fourni
passé antérieur	
eus fourni	**eûmes** fourni
eus fourni	**eûtes** fourni
eut fourni	**eurent** fourni
futur antérieur	
aurai fourni	**aurons** fourni
auras fourni	**aurez** fourni
aura fourni	**auront** fourni
conditionnel passé	
aurais fourni	**aurions** fourni
aurais fourni	**auriez** fourni
aurait fourni	**auraient** fourni
passé du subjonctif	
aie fourni	**ayons** fourni
aies fourni	**ayez** fourni
ait fourni	**aient** fourni
plus-que-parfait du subjonctif	
eusse fourni	**eussions** fourni
eusses fourni	**eussiez** fourni
eût fourni	**eussent** fourni

frapper — to strike, to knock, to beat

participe présent **frappant** participe passé **frappé**

SINGULAR	PLURAL	SINGULAR	PLURAL
présent de l'indicatif		passé composé	
frapp**e**	frapp**ons**	**ai** frappé	**avons** frappé
frapp**es**	frapp**ez**	**as** frappé	**avez** frappé
frapp**e**	frapp**ent**	**a** frappé	**ont** frappé
imparfait de l'indicatif		plus-que-parfait de l'indicatif	
frapp**ais**	frapp**ions**	**avais** frappé	**avions** frappé
frapp**ais**	frapp**iez**	**avais** frappé	**aviez** frappé
frapp**ait**	frapp**aient**	**avait** frappé	**avaient** frappé
passé simple		passé antérieur	
frapp**ai**	frapp**âmes**	**eus** frappé	**eûmes** frappé
frapp**as**	frapp**âtes**	**eus** frappé	**eûtes** frappé
frapp**a**	frapp**èrent**	**eut** frappé	**eurent** frappé
futur		futur antérieur	
frapper**ai**	frapper**ons**	**aurai** frappé	**aurons** frappé
frapper**as**	frapper**ez**	**auras** frappé	**aurez** frappé
frapper**a**	frapper**ont**	**aura** frappé	**auront** frappé
conditionnel		conditionnel passé	
frapper**ais**	frapper**ions**	**aurais** frappé	**aurions** frappé
frapper**ais**	frapper**iez**	**aurais** frappé	**auriez** frappé
frapper**ait**	frapper**aient**	**aurait** frappé	**auraient** frappé
présent du subjonctif		passé du subjonctif	
frapp**e**	frapp**ions**	**aie** frappé	**ayons** frappé
frapp**es**	frapp**iez**	**aies** frappé	**ayez** frappé
frapp**e**	frapp**ent**	**ait** frappé	**aient** frappé
imparfait du subjonctif		plus-que-parfait du subjonctif	
frappa**sse**	frappa**ssions**	**eusse** frappé	**eussions** frappé
frappa**sses**	frappa**ssiez**	**eusses** frappé	**eussiez** frappé
frapp**ât**	frappa**ssent**	**eût** frappé	**eussent** frappé

impératif
frappe
frappons
frappez

to brake, to slow down **freiner**

participe présent **freinant** participe passé **freiné**

SINGULAR	PLURAL	SINGULAR	PLURAL
présent de l'indicatif		passé composé	
frein**e**	frein**ons**	**ai** freiné	**avons** freiné
frein**es**	frein**ez**	**as** freiné	**avez** freiné
frein**e**	frein**ent**	**a** freiné	**ont** freiné
imparfait de l'indicatif		plus-que-parfait de l'indicatif	
frein**ais**	frein**ions**	**avais** freiné	**avions** freiné
frein**ais**	frein**iez**	**avais** freiné	**aviez** freiné
frein**ait**	frein**aient**	**avait** freiné	**avaient** freiné
passé simple		passé antérieur	
frein**ai**	frein**âmes**	**eus** freiné	**eûmes** freiné
frein**as**	frein**âtes**	**eus** freiné	**eûtes** freiné
frein**a**	frein**èrent**	**eut** freiné	**eurent** freiné
futur		futur antérieur	
freiner**ai**	freiner**ons**	**aurai** freiné	**aurons** freiné
freiner**as**	freiner**ez**	**auras** freiné	**aurez** freiné
freiner**a**	freiner**ont**	**aura** freiné	**auront** freiné
conditionnel		conditionnel passé	
freiner**ais**	freiner**ions**	**aurais** freiné	**aurions** freiné
freiner**ais**	freiner**iez**	**aurais** freiné	**auriez** freiné
freiner**ait**	freiner**aient**	**aurait** freiné	**auraient** freiné
présent du subjonctif		passé du subjonctif	
frein**e**	frein**ions**	**aie** freiné	**ayons** freiné
frein**es**	frein**iez**	**aies** freiné	**ayez** freiné
frein**e**	frein**ent**	**ait** freiné	**aient** freiné
imparfait du subjonctif		plus-que-parfait du subjonctif	
freina**sse**	freina**ssions**	**eusse** freiné	**eussions** freiné
freina**sses**	freina**ssiez**	**eusses** freiné	**eussiez** freiné
freinâ**t**	freina**ssent**	**eût** freiné	**eussent** freiné

impératif
freine
freinons
freinez

frémir — to tremble, to shudder, to boil

participe présent **frémissant** participe passé **frémi**

SINGULAR	PLURAL	SINGULAR	PLURAL
présent de l'indicatif		passé composé	
frémi**s**	frém**issons**	**ai** frémi	**avons** frémi
frémi**s**	frém**issez**	**as** frémi	**avez** frémi
frémi**t**	frém**issent**	**a** frémi	**ont** frémi
imparfait de l'indicatif		plus-que-parfait de l'indicatif	
frém**issais**	frém**issions**	**avais** frémi	**avions** frémi
frém**issais**	frém**issiez**	**avais** frémi	**aviez** frémi
frém**issait**	frém**issaient**	**avait** frémi	**avaient** frémi
passé simple		passé antérieur	
frém**is**	frém**îmes**	**eus** frémi	**eûmes** frémi
frém**is**	frém**îtes**	**eus** frémi	**eûtes** frémi
frém**it**	frém**irent**	**eut** frémi	**eurent** frémi
futur		futur antérieur	
frémir**ai**	frémir**ons**	**aurai** frémi	**aurons** frémi
frémir**as**	frémir**ez**	**auras** frémi	**aurez** frémi
frémir**a**	frémir**ont**	**aura** frémi	**auront** frémi
conditionnel		conditionnel passé	
frémir**ais**	frémir**ions**	**aurais** frémi	**aurions** frémi
frémir**ais**	frémir**iez**	**aurais** frémi	**auriez** frémi
frémir**ait**	frémir**aient**	**aurait** frémi	**auraient** frémi
présent du subjonctif		passé du subjonctif	
frém**isse**	frém**issions**	**aie** frémi	**ayons** frémi
frém**isses**	frém**issiez**	**aies** frémi	**ayez** frémi
frém**isse**	frém**issent**	**ait** frémi	**aient** frémi
imparfait du subjonctif		plus-que-parfait du subjonctif	
frémi**sse**	frém**issions**	**eusse** frémi	**eussions** frémi
frémi**sses**	frémi**ssiez**	**eusses** frémi	**eussiez** frémi
frémî**t**	frémi**ssent**	**eût** frémi	**eussent** frémi

impératif
frémis
frémissons
frémissez

to frequent, to attend **fréquenter**

participe présent **fréquentant** participe passé **fréquenté**

SINGULAR	PLURAL	SINGULAR	PLURAL
présent de l'indicatif		passé composé	
fréquent**e**	fréquent**ons**	**ai** fréquenté	**avons** fréquenté
fréquent**es**	fréquent**ez**	**as** fréquenté	**avez** fréquenté
fréquent**e**	fréquent**ent**	**a** fréquenté	**ont** fréquenté
imparfait de l'indicatif		plus-que-parfait de l'indicatif	
fréquent**ais**	fréquent**ons**	**avais** fréquenté	**avions** fréquenté
fréquent**ais**	fréquent**ez**	**avais** fréquenté	**aviez** fréquenté
fréquent**ait**	fréquent**ent**	**avait** fréquenté	**avaient** fréquenté
passé simple		passé antérieur	
fréquent**ai**	fréquent**âmes**	**eus** fréquenté	**eûmes** fréquenté
fréquent**as**	fréquent**âtes**	**eus** fréquenté	**eûtes** fréquenté
fréquent**a**	fréquent**èrent**	**eut** fréquenté	**eurent** fréquenté
futur		futur antérieur	
fréquenter**ai**	fréquenter**ons**	**aurai** fréquenté	**aurons** fréquenté
fréquenter**as**	fréquenter**ez**	**auras** fréquenté	**aurez** fréquenté
fréquenter**a**	fréquenter**ont**	**aura** fréquenté	**auront** fréquenté
conditionnel		conditionnel passé	
fréquenter**ais**	fréquenter**ions**	**aurais** fréquenté	**aurions** fréquenté
fréquenter**ais**	fréquenter**iez**	**aurais** fréquenté	**auriez** fréquenté
fréquenter**ait**	fréquenter**aient**	**aurait** fréquenté	**auraient** fréquenté
présent du subjonctif		passé du subjonctif	
fréquent**e**	fréquent**ions**	**aie** fréquenté	**ayons** fréquenté
fréquent**es**	fréquent**iez**	**aies** fréquenté	**ayez** fréquenté
fréquent**e**	fréquent**ent**	**ait** fréquenté	**aient** fréquenté
imparfait du subjonctif		plus-que-parfait du subjonctif	
fréquenta**sse**	fréquenta**ssions**	**eusse** fréquenté	**eussions** fréquenté
fréquenta**sses**	fréquenta**ssiez**	**eusses** fréquenté	**eussiez** fréquenté
fréquent**ât**	fréquenta**ssent**	**eût** fréquenté	**eussent** fréquenté

impératif
fréquente
fréquentons
fréquentez

frissonner to tremble, to shiver, to shimmer

participe présent **frissonnant** participe passé **frissonné**

SINGULAR	PLURAL	SINGULAR	PLURAL
présent de l'indicatif		passé composé	
frissonn**e**	frissonn**ons**	**ai** frissonné	**avons** frissonné
frissonn**es**	frissonn**ez**	**as** frissonné	**avez** frissonné
frissonn**e**	frissonn**ent**	**a** frissonné	**ont** frissonné
imparfait de l'indicatif		plus-que-parfait de l'indicatif	
frissonn**ais**	frissonn**ions**	**avais** frissonné	**avions** frissonné
frissonn**ais**	frissonn**iez**	**avais** frissonné	**aviez** frissonné
frissonn**ait**	frissonn**aient**	**avait** frissonné	**avaient** frissonné
passé simple		passé antérieur	
frissonn**ai**	frissonn**âmes**	**eus** frissonné	**eûmes** frissonné
frissonn**as**	frissonn**âtes**	**eus** frissonné	**eûtes** frissonné
frissonn**a**	frissonn**èrent**	**eut** frissonné	**eurent** frissonné
futur		futur antérieur	
frissonner**ai**	frissonner**ons**	**aurai** frissonné	**aurons** frissonné
frissonner**as**	frissonner**ez**	**auras** frissonné	**aurez** frissonné
frissonner**a**	frissonner**ont**	**aura** frissonné	**auront** frissonné
conditionnel		conditionnel passé	
frissonner**ais**	frissonner**ions**	**aurais** frissonné	**aurions** frissonné
frissonner**ais**	frissonner**iez**	**aurais** frissonné	**auriez** frissonné
frissonner**ait**	frissonner**aient**	**aurait** frissonné	**auraient** frissonné
présent du subjonctif		passé du subjonctif	
frissonn**e**	frissonn**ions**	**aie** frissonné	**ayons** frissonné
frissonn**es**	frissonn**iez**	**aies** frissonné	**ayez** frissonné
frissonn**e**	frissonn**ent**	**ait** frissonné	**aient** frissonné
imparfait du subjonctif		plus-que-parfait du subjonctif	
frissonna**sse**	frissonna**ssions**	**eusse** frissonné	**eussions** frissonné
frissonna**sses**	frissonna**ssiez**	**eusses** frissonné	**eussiez** frissonné
frissonnâ**t**	frissonna**ssent**	**eût** frissonné	**eussent** frissonné

impératif
frissonne
frissonnons
frissonnez

F

to rub, to scrub, to chafe **frotter**

participe présent **frottant** participe passé **frotté**

SINGULAR	PLURAL	SINGULAR	PLURAL
présent de l'indicatif		passé composé	
frott**e**	frott**ons**	**ai** frotté	**avons** frotté
frott**es**	frott**ez**	**as** frotté	**avez** frotté
frott**e**	frott**ent**	**a** frotté	**ont** frotté
imparfait de l'indicatif		plus-que-parfait de l'indicatif	
frott**ais**	frott**ions**	**avais** frotté	**avions** frotté
frott**ais**	frott**iez**	**avais** frotté	**aviez** frotté
frott**ait**	frott**aient**	**avait** frotté	**avaient** frotté
passé simple		passé antérieur	
frott**ai**	frott**âmes**	**eus** frotté	**eûmes** frotté
frott**as**	frott**âtes**	**eus** frotté	**eûtes** frotté
frott**a**	frott**èrent**	**eut** frotté	**eurent** frotté
futur		futur antérieur	
frotter**ai**	frotter**ons**	**aurai** frotté	**aurons** frotté
frotter**as**	frotter**ez**	**auras** frotté	**aurez** frotté
frotter**a**	frotter**ont**	**aura** frotté	**auront** frotté
conditionnel		conditionnel passé	
frotter**ais**	frotter**ions**	**aurais** frotté	**aurions** frotté
frotter**ais**	frotter**iez**	**aurais** frotté	**auriez** frotté
frotter**ait**	frotter**aient**	**aurait** frotté	**auraient** frotté
présent du subjonctif		passé du subjonctif	
frott**e**	frott**ions**	**aie** frotté	**ayons** frotté
frott**es**	frott**iez**	**aies** frotté	**ayez** frotté
frott**e**	frott**ent**	**ait** frotté	**aient** frotté
imparfait du subjonctif		plus-que-parfait du subjonctif	
frotta**sse**	frotta**ssions**	**eusse** frotté	**eussions** frotté
frotta**sses**	frotta**ssiez**	**eusses** frotté	**eussiez** frotté
frott**ât**	frotta**ssent**	**eût** frotté	**eussent** frotté

impératif
frotte
frottons
frottez

fuir — to escape, to run away, to flee

participe présent **fuyant** participe passé **fui**

SINGULAR	PLURAL	SINGULAR	PLURAL
présent de l'indicatif		passé composé	
fui**s**	fuy**ons**	**ai** fui	**avons** fui
fui**s**	fuy**ez**	**as** fui	**avez** fui
fui**t**	fui**ent**	**a** fui	**ont** fui
imparfait de l'indicatif		plus-que-parfait de l'indicatif	
fuy**ais**	fuy**ions**	**avais** fui	**avions** fui
fuy**ais**	fuy**iez**	**avais** fui	**aviez** fui
fuy**ait**	fuy**aient**	**avait** fui	**avaient** fui
passé simple		passé antérieur	
fu**is**	fu**îmes**	**eus** fui	**eûmes** fui
fu**is**	fu**îtes**	**eus** fui	**eûtes** fui
fu**it**	fu**irent**	**eut** fui	**eurent** fui
futur		futur antérieur	
fuir**ai**	fuir**ons**	**aurai** fui	**aurons** fui
fuir**as**	fuir**ez**	**auras** fui	**aurez** fui
fuir**a**	fuir**ont**	**aura** fui	**auront** fui
conditionnel		conditionnel passé	
fuir**ais**	fuir**ions**	**aurais** fui	**aurions** fui
fuir**ais**	fuir**iez**	**aurais** fui	**auriez** fui
fuir**ait**	fuir**aient**	**aurait** fui	**auraient** fui
présent du subjonctif		passé du subjonctif	
fui**e**	fuy**ions**	**aie** fui	**ayons** fui
fui**es**	fuy**iez**	**aies** fui	**ayez** fui
fui**e**	fui**ent**	**ait** fui	**aient** fui
imparfait du subjonctif		plus-que-parfait du subjonctif	
fui**sse**	fui**ssions**	**eusse** fui	**eussions** fui
fui**sses**	fui**ssiez**	**eusses** fui	**eussiez** fui
fuî**t**	fui**ssent**	**eût** fui	**eussent** fui

impératif
fuis
fuyons
fuyez

F

to smoke, to steam — fumer

participe présent **fumant** participe passé **fumé**

SINGULAR	PLURAL	SINGULAR	PLURAL
présent de l'indicatif		passé composé	
fum**e**	fum**ons**	**ai** fumé	**avons** fumé
fum**es**	fum**ez**	**as** fumé	**avez** fumé
fum**e**	fum**ent**	**a** fumé	**ont** fumé
imparfait de l'indicatif		plus-que-parfait de l'indicatif	
fum**ais**	fum**ions**	**avais** fumé	**avions** fumé
fum**ais**	fum**iez**	**avais** fumé	**aviez** fumé
fum**ait**	fum**aient**	**avait** fumé	**avaient** fumé
passé simple		passé antérieur	
fum**ai**	fum**âmes**	**eus** fumé	**eûmes** fumé
fum**as**	fum**âtes**	**eus** fumé	**eûtes** fumé
fum**a**	fum**èrent**	**eut** fumé	**eurent** fumé
futur		futur antérieur	
fumer**ai**	fumer**ons**	**aurai** fumé	**aurons** fumé
fumer**as**	fumer**ez**	**auras** fumé	**aurez** fumé
fumer**a**	fumer**ont**	**aura** fumé	**auront** fumé
conditionnel		conditionnel passé	
fumer**ais**	fumer**ions**	**aurais** fumé	**aurions** fumé
fumer**ais**	fumer**iez**	**aurais** fumé	**auriez** fumé
fumer**ait**	fumer**aient**	**aurait** fumé	**auraient** fumé
présent du subjonctif		passé du subjonctif	
fum**e**	fum**ions**	**aie** fumé	**ayons** fumé
fum**es**	fum**iez**	**aies** fumé	**ayez** fumé
fum**e**	fum**ent**	**ait** fumé	**aient** fumé
imparfait du subjonctif		plus-que-parfait du subjonctif	
fuma**sse**	fuma**ssions**	**eusse** fumé	**eussions** fumé
fuma**sses**	fuma**ssiez**	**eusses** fumé	**eussiez** fumé
fumâ**t**	fuma**ssent**	**eût** fumé	**eussent** fumé

impératif
fume
fumons
fumez

gâcher — to spoil, to waste, to mess up

participe présent **gâchant** participe passé **gâché**

SINGULAR	PLURAL	SINGULAR	PLURAL
présent de l'indicatif		passé composé	
gâch**e**	gâch**ons**	**ai** gâché	**avons** gâché
gâch**es**	gâch**ez**	**as** gâché	**avez** gâché
gâch**e**	gâch**ent**	**a** gâché	**ont** gâché
imparfait de l'indicatif		plus-que-parfait de l'indicatif	
gâch**ais**	gâch**ions**	**avais** gâché	**avions** gâché
gâch**ais**	gâch**iez**	**avais** gâché	**aviez** gâché
gâch**ait**	gâch**aient**	**avait** gâché	**avaient** gâché
passé simple		passé antérieur	
gâch**ai**	gâch**âmes**	**eus** gâché	**eûmes** gâché
gâch**as**	gâch**âtes**	**eus** gâché	**eûtes** gâché
gâch**a**	gâch**èrent**	**eut** gâché	**eurent** gâché
futur		futur antérieur	
gâcher**ai**	gâcher**ons**	**aurai** gâché	**aurons** gâché
gâcher**as**	gâcher**ez**	**auras** gâché	**aurez** gâché
gâcher**a**	gâcher**ont**	**aura** gâché	**auront** gâché
conditionnel		conditionnel passé	
gâcher**ais**	gâcher**ions**	**aurais** gâché	**aurions** gâché
gâcher**ais**	gâcher**iez**	**aurais** gâché	**auriez** gâché
gâcher**ait**	gâcher**aient**	**aurait** gâché	**auraient** gâché
présent du subjonctif		passé du subjonctif	
gâch**e**	gâch**ions**	**aie** gâché	**ayons** gâché
gâch**es**	gâch**iez**	**aies** gâché	**ayez** gâché
gâch**e**	gâch**ent**	**ait** gâché	**aient** gâché
imparfait du subjonctif		plus-que-parfait du subjonctif	
gâcha**sse**	gâcha**ssions**	**eusse** gâché	**eussions** gâché
gâcha**sses**	gâcha**ssiez**	**eusses** gâché	**eussiez** gâché
gâchâ**t**	gâcha**ssent**	**eût** gâché	**eussent** gâché

impératif
gâche
gâchons
gâchez

to win, to earn, to reach **gagner**

participe présent **gagnant** participe passé **gagné**

SINGULAR	PLURAL	SINGULAR	PLURAL
présent de l'indicatif		passé composé	
gagn**e**	gagn**ons**	**ai** gagné	**avons** gagné
gagn**es**	gagn**ez**	**as** gagné	**avez** gagné
gagn**e**	gagn**ent**	**a** gagné	**ont** gagné
imparfait de l'indicatif		plus-que-parfait de l'indicatif	
gagn**ais**	gagn**ions**	**avais** gagné	**avions** gagné
gagn**ais**	gagn**iez**	**avais** gagné	**aviez** gagné
gagn**ait**	gagn**aient**	**avait** gagné	**avaient** gagné
passé simple		passé antérieur	
gagn**ai**	gagn**âmes**	**eus** gagné	**eûmes** gagné
gagn**as**	gagn**âtes**	**eus** gagné	**eûtes** gagné
gagn**a**	gagn**èrent**	**eut** gagné	**eurent** gagné
futur		futur antérieur	
gagner**ai**	gagner**ons**	**aurai** gagné	**aurons** gagné
gagner**as**	gagner**ez**	**auras** gagné	**aurez** gagné
gagner**a**	gagner**ont**	**aura** gagné	**auront** gagné
conditionnel		conditionnel passé	
gagner**ais**	gagner**ions**	**aurais** gagné	**aurions** gagné
gagner**ais**	gagner**iez**	**aurais** gagné	**auriez** gagné
gagner**ait**	gagner**aient**	**aurait** gagné	**auraient** gagné
présent du subjonctif		passé du subjonctif	
gagn**e**	gagn**ions**	**aie** gagné	**ayons** gagné
gagn**es**	gagn**iez**	**aies** gagné	**ayez** gagné
gagn**e**	gagn**ent**	**ait** gagné	**aient** gagné
imparfait du subjonctif		plus-que-parfait du subjonctif	
gagna**sse**	gagna**ssions**	**eusse** gagné	**eussions** gagné
gagna**sses**	gagna**ssiez**	**eusses** gagné	**eussiez** gagné
gagnâ**t**	gagna**ssent**	**eût** gagné	**eussent** gagné

impératif
gagne
gagnons
gagnez

garantir to guarantee, to safeguard

participe présent **garantissant** participe passé **garanti**

SINGULAR	PLURAL
présent de l'indicatif	
garant**is**	garant**issons**
garant**is**	garant**issez**
garant**it**	garant**issent**
imparfait de l'indicatif	
garant**issais**	garant**issions**
garant**issais**	garant**issiez**
garant**issait**	garant**issaient**
passé simple	
garant**is**	garant**îmes**
garant**is**	garant**îtes**
garant**it**	garant**irent**
futur	
garantir**ai**	garantir**ons**
garantir**as**	garantir**ez**
garantir**a**	garantir**ont**
conditionnel	
garantir**ais**	garantir**ions**
garantir**ais**	garantir**iez**
garantir**ait**	garantir**aient**
présent du subjonctif	
garant**isse**	garant**issions**
garant**isses**	garant**issiez**
garant**isse**	garant**issent**
imparfait du subjonctif	
garant**isse**	garant**issions**
garant**isses**	garant**issiez**
garant**ît**	garant**issent**
impératif	
garantis	
garantissons	
garantissez	

SINGULAR	PLURAL
passé composé	
ai garanti	**avons** garanti
as garanti	**avez** garanti
a garanti	**ont** garanti
plus-que-parfait de l'indicatif	
avais garanti	**avions** garanti
avais garanti	**aviez** garanti
avait garanti	**avaient** garanti
passé antérieur	
eus garanti	**eûmes** garanti
eus garanti	**eûtes** garanti
eut garanti	**eurent** garanti
futur antérieur	
aurai garanti	**aurons** garanti
auras garanti	**aurez** garanti
aura garanti	**auront** garanti
conditionnel passé	
aurais garanti	**aurions** garanti
aurais garanti	**auriez** garanti
aurait garanti	**auraient** garanti
passé du subjonctif	
aie garanti	**ayons** garanti
aies garanti	**ayez** garanti
ait garanti	**aient** garanti
plus-que-parfait du subjonctif	
eusse garanti	**eussions** garanti
eusses garanti	**eussiez** garanti
eût garanti	**eussent** garanti

to keep, to look after **garder**

participe présent **gardant** participe passé **gardé**

SINGULAR	PLURAL	SINGULAR	PLURAL
présent de l'indicatif		passé composé	
gard**e**	gard**ons**	**ai** gardé	**avons** gardé
gard**es**	gard**ez**	**as** gardé	**avez** gardé
gard**e**	gard**ent**	**a** gardé	**ont** gardé
imparfait de l'indicatif		plus-que-parfait de l'indicatif	
gard**ais**	gard**ions**	**avais** gardé	**avions** gardé
gard**ais**	gard**iez**	**avais** gardé	**aviez** gardé
gard**ait**	gard**aient**	**avait** gardé	**avaient** gardé
passé simple		passé antérieur	
gard**ai**	gard**âmes**	**eus** gardé	**eûmes** gardé
gard**as**	gard**âtes**	**eus** gardé	**eûtes** gardé
gard**a**	gard**èrent**	**eut** gardé	**eurent** gardé
futur		futur antérieur	
garder**ai**	garder**ons**	**aurai** gardé	**aurons** gardé
garder**as**	garder**ez**	**auras** gardé	**aurez** gardé
garder**a**	garder**ont**	**aura** gardé	**auront** gardé
conditionnel		conditionnel passé	
garder**ais**	garder**ions**	**aurais** gardé	**aurions** gardé
garder**ais**	garder**iez**	**aurais** gardé	**auriez** gardé
garder**ait**	garder**aient**	**aurait** gardé	**auraient** gardé
présent du subjonctif		passé du subjonctif	
gard**e**	gard**ions**	**aie** gardé	**ayons** gardé
gard**es**	gard**iez**	**aies** gardé	**ayez** gardé
gard**e**	gard**ent**	**ait** gardé	**aient** gardé
imparfait du subjonctif		plus-que-parfait du subjonctif	
garda**sse**	garda**ssions**	**eusse** gardé	**eussions** gardé
garda**sses**	garda**ssiez**	**eusses** gardé	**eussiez** gardé
gardâ**t**	garda**ssent**	**eût** gardé	**eussent** gardé

impératif
garde
gardons
gardez

G

se garer — to park, to pull over

participe présent **se garant** — participe passé **garé(e)(s)**

SINGULAR	PLURAL
présent de l'indicatif	
me gar**e**	**nous** gar**ons**
te gar**es**	**vous** gar**ez**
se gar**e**	**se** gar**ent**
imparfait de l'indicatif	
me gar**ais**	**nous** gar**ions**
te gar**ais**	**vous** gar**iez**
se gar**ait**	**se** gar**aient**
passé simple	
me gar**ai**	**nous** gar**âmes**
te gar**as**	**vous** gar**âtes**
se gar**a**	**se** gar**èrent**
futur	
me garer**ai**	**nous** garer**ons**
te garer**as**	**vous** garer**ez**
se garer**a**	**se** garer**ont**
conditionnel	
me garer**ais**	**nous** garer**ions**
te garer**ais**	**vous** garer**iez**
se garer**ait**	**se** garer**aient**
présent du subjonctif	
me gar**e**	**nous** gar**ions**
te gar**es**	**vous** gar**iez**
se gar**e**	**se** gar**ent**
imparfait du subjonctif	
me gar**asse**	**nous** gar**assions**
te gar**asses**	**vous** gar**assiez**
se gar**ât**	**se** gar**assent**

impératif
gare-toi
garons-nous
garez-vous

SINGULAR	PLURAL
passé composé	
me suis garé(e)	**nous sommes** garé(e)s
t'es garé(e)	**vous êtes** garé(e)(s)
s'est garé(e)	**se sont** garé(e)s
plus-que-parfait de l'indicatif	
m'étais garé(e)	**nous étions** garé(e)s
t'étais garé(e)	**vous étiez** garé(e)(s)
s'était garé(e)	**s'étaient** garé(e)s
passé antérieur	
me fus garé(e)	**nous fûmes** garé(e)s
te fus garé(e)	**vous fûtes** garé(e)(s)
se fut garé(e)	**se furent** garé(e)s
futur antérieur	
me serai garé(e)	**nous serons** garé(e)s
te seras garé(e)	**vous serez** garé(e)(s)
se sera garé(e)	**se seront** garé(e)s
conditionnel passé	
me serais garé(e)	**nous serions** garé(e)s
te serais garé(e)	**vous seriez** garé(e)(s)
se serait garé(e)	**se seraient** garé(e)s
passé du subjonctif	
me sois garé(e)	**nous soyons** garé(e)s
te sois garé(e)	**vous soyez** garé(e)(s)
se soit garé(e)	**se soient** garé(e)s
plus-que-parfait du subjonctif	
me fusse garé(e)	**nous fussions** garé(e)s
te fusses garé(e)	**vous fussiez** garé(e)(s)
se fût garé(e)	**se fussent** garé(e)s

MEMORY TIP

He usually parks his car in the **garage.**

to waste **gaspiller**

participe présent **gaspillant** participe passé **gaspillé**

SINGULAR	PLURAL
présent de l'indicatif	
gaspill**e**	gaspill**ons**
gaspill**es**	gaspill**ez**
gaspill**e**	gaspill**ent**
imparfait de l'indicatif	
gaspill**ais**	gaspill**ions**
gaspill**ais**	gaspill**iez**
gaspill**ait**	gaspill**aient**
passé simple	
gaspill**ai**	gaspill**âmes**
gaspill**as**	gaspill**âtes**
gaspill**a**	gaspill**èrent**
futur	
gaspiller**ai**	gaspiller**ons**
gaspiller**as**	gaspiller**ez**
gaspiller**a**	gaspiller**ont**
conditionnel	
gaspiller**ais**	gaspiller**ions**
gaspiller**ais**	gaspiller**iez**
gaspiller**ait**	gaspiller**aient**
présent du subjonctif	
gaspill**e**	gaspill**ions**
gaspill**es**	gaspill**iez**
gaspill**e**	gaspill**ent**
imparfait du subjonctif	
gaspilla**sse**	gaspilla**ssions**
gaspilla**sses**	gaspilla**ssiez**
gaspillâ**t**	gaspilla**ssent**
impératif	
gaspille	
gaspillons	
gaspillez	

SINGULAR	PLURAL
passé composé	
ai gaspillé	**avons** gaspillé
as gaspillé	**avez** gaspillé
a gaspillé	**ont** gaspillé
plus-que-parfait de l'indicatif	
avais gaspillé	**avions** gaspillé
avais gaspillé	**aviez** gaspillé
avait gaspillé	**avaient** gaspillé
passé antérieur	
eus gaspillé	**eûmes** gaspillé
eus gaspillé	**eûtes** gaspillé
eut gaspillé	**eurent** gaspillé
futur antérieur	
aurai gaspillé	**aurons** gaspillé
auras gaspillé	**aurez** gaspillé
aura gaspillé	**auront** gaspillé
conditionnel passé	
aurais gaspillé	**aurions** gaspillé
aurais gaspillé	**auriez** gaspillé
aurait gaspillé	**auraient** gaspillé
passé du subjonctif	
aie gaspillé	**ayons** gaspillé
aies gaspillé	**ayez** gaspillé
ait gaspillé	**aient** gaspillé
plus-que-parfait du subjonctif	
eusse gaspillé	**eussions** gaspillé
eusses gaspillé	**eussiez** gaspillé
eût gaspillé	**eussent** gaspillé

gâter — to spoil, to damage, to waste

participe présent **gâtant** — participe passé **gâté**

SINGULAR	PLURAL	SINGULAR	PLURAL
présent de l'indicatif		passé composé	
gât**e**	gât**ons**	**ai** gâté	**avons** gâté
gât**es**	gât**ez**	**as** gâté	**avez** gâté
gât**e**	gât**ent**	**a** gâté	**ont** gâté
imparfait de l'indicatif		plus-que-parfait de l'indicatif	
gât**ais**	gât**ions**	**avais** gâté	**avions** gâté
gât**ais**	gât**iez**	**avais** gâté	**aviez** gâté
gât**ait**	gât**aient**	**avait** gâté	**avaient** gâté
passé simple		passé antérieur	
gât**ai**	gât**âmes**	**eus** gâté	**eûmes** gâté
gât**as**	gât**âtes**	**eus** gâté	**eûtes** gâté
gât**a**	gât**èrent**	**eut** gâté	**eurent** gâté
futur		futur antérieur	
gâter**ai**	gâter**ons**	**aurai** gâté	**aurons** gâté
gâter**as**	gâter**ez**	**auras** gâté	**aurez** gâté
gâter**a**	gâter**ont**	**aura** gâté	**auront** gâté
conditionnel		conditionnel passé	
gâter**ais**	gâter**ions**	**aurais** gâté	**aurions** gâté
gâter**ais**	gâter**iez**	**aurais** gâté	**auriez** gâté
gâter**ait**	gâter**aient**	**aurait** gâté	**auraient** gâté
présent du subjonctif		passé du subjonctif	
gât**e**	gât**ions**	**aie** gâté	**ayons** gâté
gât**es**	gât**iez**	**aies** gâté	**ayez** gâté
gât**e**	gât**ent**	**ait** gâté	**aient** gâté
imparfait du subjonctif		plus-que-parfait du subjonctif	
gâta**sse**	gâta**ssions**	**eusse** gâté	**eussions** gâté
gâta**sses**	gâta**ssiez**	**eusses** gâté	**eussiez** gâté
gât**ât**	gâta**ssent**	**eût** gâté	**eussent** gâté

impératif

gâte

gâtons

gâtez

to freeze geler

participe présent **gelant** participe passé **gelé**

SINGULAR	PLURAL
présent de l'indicatif	
gè**le**	gel**ons**
gè**les**	gel**ez**
gè**le**	gè**lent**
imparfait de l'indicatif	
gel**ais**	gel**ions**
gel**ais**	gel**iez**
gel**ait**	gel**aient**
passé simple	
gel**ai**	gel**âmes**
gel**as**	gel**âtes**
gel**a**	gel**èrent**
futur	
gèler**ai**	gèler**ons**
gèler**as**	gèler**ez**
gèler**a**	gèler**ont**
conditionnel	
gèler**ais**	gèler**ions**
gèler**ais**	gèler**iez**
gèler**ait**	gèler**aient**
présent du subjonctif	
gè**le**	gel**ions**
gè**les**	gel**iez**
gè**le**	gè**lent**
imparfait du subjonctif	
gela**sse**	gela**ssions**
gela**sses**	gela**ssiez**
gelâ**t**	gela**ssent**
impératif	
gèle	
gelons	
gelez	

SINGULAR	PLURAL
passé composé	
ai gelé	**avons** gelé
as gelé	**avez** gelé
a gelé	**ont** gelé
plus-que-parfait de l'indicatif	
avais gelé	**avions** gelé
avais gelé	**aviez** gelé
avait gelé	**avaient** gelé
passé antérieur	
eus gelé	**eûmes** gelé
eus gelé	**eûtes** gelé
eut gelé	**eurent** gelé
futur antérieur	
aurai gelé	**aurons** gelé
auras gelé	**aurez** gelé
aura gelé	**auront** gelé
conditionnel passé	
aurais gelé	**aurions** gelé
aurais gelé	**auriez** gelé
aurait gelé	**auraient** gelé
passé du subjonctif	
aie gelé	**ayons** gelé
aies gelé	**ayez** gelé
ait gelé	**aient** gelé
plus-que-parfait du subjonctif	
eusse gelé	**eussions** gelé
eusses gelé	**eussiez** gelé
eût gelé	**eussent** gelé

gêner — to bother, to hinder

participe présent **gênant** participe passé **gêné**

SINGULAR	PLURAL	SINGULAR	PLURAL
présent de l'indicatif		passé composé	
gên**e**	gên**ons**	**ai** gêné	**avons** gêné
gên**es**	gên**ez**	**as** gêné	**avez** gêné
gên**e**	gên**ent**	**a** gêné	**ont** gêné
imparfait de l'indicatif		plus-que-parfait de l'indicatif	
gên**ais**	gên**ions**	**avais** gêné	**avions** gêné
gên**ais**	gên**iez**	**avais** gêné	**aviez** gêné
gên**ait**	gên**aient**	**avait** gêné	**avaient** gêné
passé simple		passé antérieur	
gên**ai**	gên**âmes**	**eus** gêné	**eûmes** gêné
gên**as**	gên**âtes**	**eus** gêné	**eûtes** gêné
gên**a**	gên**èrent**	**eut** gêné	**eurent** gêné
futur		futur antérieur	
gêner**ai**	gêner**ons**	**aurai** gêné	**aurons** gêné
gêner**as**	gêner**ez**	**auras** gêné	**aurez** gêné
gêner**a**	gêner**ont**	**aura** gêné	**auront** gêné
conditionnel		conditionnel passé	
gêner**ais**	gêner**ions**	**aurais** gêné	**aurions** gêné
gêner**ais**	gêner**iez**	**aurais** gêné	**auriez** gêné
gêner**ait**	gêner**aient**	**aurait** gêné	**auraient** gêné
présent du subjonctif		passé du subjonctif	
gên**e**	gên**ions**	**aie** gêné	**ayons** gêné
gên**es**	gên**iez**	**aies** gêné	**ayez** gêné
gên**e**	gên**ent**	**ait** gêné	**aient** gêné
imparfait du subjonctif		plus-que-parfait du subjonctif	
gêna**sse**	gêna**ssions**	**eusse** gêné	**eussions** gêné
gêna**sses**	gêna**ssiez**	**eusses** gêné	**eussiez** gêné
gênâ**t**	gêna**ssent**	**eût** gêné	**eussent** gêné

impératif
gêne
gênons
gênez

to slip, to slide, to glide **glisser**

participe présent **glissant** participe passé **glissé**

SINGULAR	PLURAL	SINGULAR	PLURAL
présent de l'indicatif		passé composé	
glisse	glissons	ai glissé	avons glissé
glisses	glissez	as glissé	avez glissé
glisse	glissent	a glissé	ont glissé
imparfait de l'indicatif		plus-que-parfait de l'indicatif	
glissais	glissions	avais glissé	avions glissé
glissais	glissiez	avais glissé	aviez glissé
glissait	glissaient	avait glissé	avaient glissé
passé simple		passé antérieur	
glissai	glissâmes	eus glissé	eûmes glissé
glissas	glissâtes	eus glissé	eûtes glissé
glissa	glissèrent	eut glissé	eurent glissé
futur		futur antérieur	
glisserai	glisserons	aurai glissé	aurons glissé
glisseras	glisserez	auras glissé	aurez glissé
glissera	glisseront	aura glissé	auront glissé
conditionnel		conditionnel passé	
glisserais	glisserions	aurais glissé	aurions glissé
glisserais	glisseriez	aurais glissé	auriez glissé
glisserait	glisseraient	aurait glissé	auraient glissé
présent du subjonctif		passé du subjonctif	
glisse	glissions	aie glissé	ayons glissé
glisses	glissiez	aies glissé	ayez glissé
glisse	glissent	ait glissé	aient glissé
imparfait du subjonctif		plus-que-parfait du subjonctif	
glissasse	glissassions	eusse glissé	eussions glissé
glissasses	glissassiez	eusses glissé	eussiez glissé
glissât	glissassent	eût glissé	eussent glissé

impératif
glisse
glissons
glissez

G

gonfler — to inflate, to swell, to rise

participe présent **gonflant** participe passé **gonflé**

SINGULAR	PLURAL
présent de l'indicatif	
gonfl**e**	gonfl**ons**
gonfl**es**	gonfl**ez**
gonfl**e**	gonfl**ent**
imparfait de l'indicatif	
gonfl**ais**	gonfl**ions**
gonfl**ais**	gonfl**iez**
gonfl**ait**	gonfl**aient**
passé simple	
gonfl**ai**	gonfl**âmes**
gonfl**as**	gonfl**âtes**
gonfl**a**	gonfl**èrent**
futur	
gonfler**ai**	gonfler**ons**
gonfler**as**	gonfler**ez**
gonfler**a**	gonfler**ont**
conditionnel	
gonfler**ais**	gonfler**ions**
gonfler**ais**	gonfler**iez**
gonfler**ait**	gonfler**aient**
présent du subjonctif	
gonfl**e**	gonfl**ions**
gonfl**es**	gonfl**iez**
gonfl**e**	gonfl**ent**
imparfait du subjonctif	
gonfla**sse**	gonfla**ssions**
gonfla**sses**	gonfla**ssiez**
gonflâ**t**	gonfla**ssent**
impératif	
gonfle	
gonflons	
gonflez	

G

SINGULAR	PLURAL
passé composé	
ai gonflé	**avons** gonflé
as gonflé	**avez** gonflé
a gonflé	**ont** gonflé
plus-que-parfait de l'indicatif	
avais gonflé	**avions** gonflé
avais gonflé	**aviez** gonflé
avait gonflé	**avaient** gonflé
passé antérieur	
eus gonflé	**eûmes** gonflé
eus gonflé	**eûtes** gonflé
eut gonflé	**eurent** gonflé
futur antérieur	
aurai gonflé	**aurons** gonflé
auras gonflé	**aurez** gonflé
aura gonflé	**auront** gonflé
conditionnel passé	
aurais gonflé	**aurions** gonflé
aurais gonflé	**auriez** gonflé
aurait gonflé	**auraient** gonflé
passé du subjonctif	
aie gonflé	**ayons** gonflé
aies gonflé	**ayez** gonflé
ait gonflé	**aient** gonflé
plus-que-parfait du subjonctif	
eusse gonflé	**eussions** gonflé
eusses gonflé	**eussiez** gonflé
eût gonflé	**eussent** gonflé

to taste, to have a snack **goûter**

participe présent **goûtant** participe passé **goûté**

SINGULAR	PLURAL	SINGULAR	PLURAL
présent de l'indicatif		passé composé	
goût**e**	goût**ons**	**ai** goûté	**avons** goûté
goût**es**	goût**ez**	**as** goûté	**avez** goûté
goût**e**	goût**ent**	**a** goûté	**ont** goûté
imparfait de l'indicatif		plus-que-parfait de l'indicatif	
goût**ais**	goût**ions**	**avais** goûté	**avions** goûté
goût**ais**	goût**iez**	**avais** goûté	**aviez** goûté
goût**ait**	goût**aient**	**avait** goûté	**avaient** goûté
passé simple		passé antérieur	
goût**ai**	goût**âmes**	**eus** goûté	**eûmes** goûté
goût**as**	goût**âtes**	**eus** goûté	**eûtes** goûté
goût**a**	goût**èrent**	**eut** goûté	**eurent** goûté
futur		futur antérieur	
goûter**ai**	goûter**ons**	**aurai** goûté	**aurons** goûté
goûter**as**	goûter**ez**	**auras** goûté	**aurez** goûté
goûter**a**	goûter**ont**	**aura** goûté	**auront** goûté
conditionnel		conditionnel passé	
goûter**ais**	goûter**ions**	**aurais** goûté	**aurions** goûté
goûter**ais**	goûter**iez**	**aurais** goûté	**auriez** goûté
goûter**ait**	goûter**aient**	**aurait** goûté	**auraient** goûté
présent du subjonctif		passé du subjonctif	
goût**e**	goût**ions**	**aie** goûté	**ayons** goûté
goût**es**	goût**iez**	**aies** goûté	**ayez** goûté
goût**e**	goût**ent**	**ait** goûté	**aient** goûté
imparfait du subjonctif		plus-que-parfait du subjonctif	
goût**asse**	goût**assions**	**eusse** goûté	**eussions** goûté
goût**asses**	goût**assiez**	**eusses** goûté	**eussiez** goûté
goût**ât**	goût**assent**	**eût** goûté	**eussent** goûté

impératif
goûte
goûtons
goûtez

G

grandir — to grow up, to increase

participe présent **grandissant** participe passé **grandi**

SINGULAR	PLURAL	SINGULAR	PLURAL
présent de l'indicatif		passé composé	
grand**is**	grand**issons**	**ai** grandi	**avons** grandi
grand**is**	grand**issez**	**as** grandi	**avez** grandi
grand**it**	grand**issent**	**a** grandi	**ont** grandi
imparfait de l'indicatif		plus-que-parfait de l'indicatif	
grand**issais**	grand**issions**	**avais** grandi	**avions** grandi
grand**issais**	grand**issiez**	**avais** grandi	**aviez** grandi
grand**issait**	grand**issaient**	**avait** grandi	**avaient** grandi
passé simple		passé antérieur	
grand**is**	grand**îmes**	**eus** grandi	**eûmes** grandi
grand**is**	grand**îtes**	**eus** grandi	**eûtes** grandi
grand**it**	grand**irent**	**eut** grandi	**eurent** grandi
futur		futur antérieur	
grandir**ai**	grandir**ons**	**aurai** grandi	**aurons** grandi
grandir**as**	grandir**ez**	**auras** grandi	**aurez** grandi
grandir**a**	grandir**ont**	**aura** grandi	**auront** grandi
conditionnel		conditionnel passé	
grandir**ais**	grandir**ions**	**aurais** grandi	**aurions** grandi
grandir**ais**	grandir**iez**	**aurais** grandi	**auriez** grandi
grandir**ait**	grandir**aient**	**aurait** grandi	**auraient** grandi
présent du subjonctif		passé du subjonctif	
grand**isse**	grand**issions**	**aie** grandi	**ayons** grandi
grand**isses**	grand**issiez**	**aies** grandi	**ayez** grandi
grand**isse**	grand**issent**	**ait** grandi	**aient** grandi
imparfait du subjonctif		plus-que-parfait du subjonctif	
grand**isse**	grand**issions**	**eusse** grandi	**eussions** grandi
grand**isses**	grand**issiez**	**eusses** grandi	**eussiez** grandi
grandî**t**	grand**issent**	**eût** grandi	**eussent** grandi

impératif
grandis
grandissons
grandissez

G

participe présent **grattant** participe passé **gratté**

SINGULAR	PLURAL	SINGULAR	PLURAL
présent de l'indicatif		passé composé	
gratt**e**	gratt**ons**	**ai** gratté	**avons** gratté
gratt**es**	gratt**ez**	**as** gratté	**avez** gratté
gratt**e**	gratt**ent**	**a** gratté	**ont** gratté
imparfait de l'indicatif		plus-que-parfait de l'indicatif	
gratt**ais**	gratt**ions**	**avais** gratté	**avions** gratté
gratt**ais**	gratt**iez**	**avais** gratté	**aviez** gratté
gratt**ait**	gratt**aient**	**avait** gratté	**avaient** gratté
passé simple		passé antérieur	
gratt**ai**	gratt**âmes**	**eus** gratté	**eûmes** gratté
gratt**as**	gratt**âtes**	**eus** gratté	**eûtes** gratté
gratt**a**	gratt**èrent**	**eut** gratté	**eurent** gratté
futur		futur antérieur	
gratter**ai**	gratter**ons**	**aurai** gratté	**aurons** gratté
gratter**as**	gratter**ez**	**auras** gratté	**aurez** gratté
gratter**a**	gratter**ont**	**aura** gratté	**auront** gratté
conditionnel		conditionnel passé	
gratter**ais**	gratter**ions**	**aurais** gratté	**aurions** gratté
gratter**ais**	gratter**iez**	**aurais** gratté	**auriez** gratté
gratter**ait**	gratter**aient**	**aurait** gratté	**auraient** gratté
présent du subjonctif		passé du subjonctif	
gratt**e**	gratt**ions**	**aie** gratté	**ayons** gratté
gratt**es**	gratt**iez**	**aies** gratté	**ayez** gratté
gratt**e**	gratt**ent**	**ait** gratté	**aient** gratté
imparfait du subjonctif		plus-que-parfait du subjonctif	
gratta**sse**	gratta**ssions**	**eusse** gratté	**eussions** gratté
gratta**sses**	gratta**ssiez**	**eusses** gratté	**eussiez** gratté
grattâ**t**	gratta**ssent**	**eût** gratté	**eussent** gratté

impératif
gratte
grattons
grattez

grimper — to climb

participe présent **grimpant** participe passé **grimpé**

SINGULAR	PLURAL	SINGULAR	PLURAL
présent de l'indicatif		passé composé	
grimp**e**	grimp**ons**	**ai** grimpé	**avons** grimpé
grimp**es**	grimp**ez**	**as** grimpé	**avez** grimpé
grimp**e**	grimp**ent**	**a** grimpé	**ont** grimpé
imparfait de l'indicatif		plus-que-parfait de l'indicatif	
grimp**ais**	grimp**ions**	**avais** grimpé	**avions** grimpé
grimp**ais**	grimp**iez**	**avais** grimpé	**aviez** grimpé
grimp**ait**	grimp**aient**	**avait** grimpé	**avaient** grimpé
passé simple		passé antérieur	
grimp**ai**	grimp**âmes**	**eus** grimpé	**eûmes** grimpé
grimp**as**	grimp**âtes**	**eus** grimpé	**eûtes** grimpé
grimp**a**	grimp**èrent**	**eut** grimpé	**eurent** grimpé
futur		futur antérieur	
grimper**ai**	grimper**ons**	**aurai** grimpé	**aurons** grimpé
grimper**as**	grimper**ez**	**auras** grimpé	**aurez** grimpé
grimper**a**	grimper**ont**	**aura** grimpé	**auront** grimpé
conditionnel		conditionnel passé	
grimper**ais**	grimper**ions**	**aurais** grimpé	**aurions** grimpé
grimper**ais**	grimper**iez**	**aurais** grimpé	**auriez** grimpé
grimper**ait**	grimper**aient**	**aurait** grimpé	**auraient** grimpé
présent du subjonctif		passé du subjonctif	
grimp**e**	grimp**ions**	**aie** grimpé	**ayons** grimpé
grimp**es**	grimp**iez**	**aies** grimpé	**ayez** grimpé
grimp**e**	grimp**ent**	**ait** grimpé	**aient** grimpé
imparfait du subjonctif		plus-que-parfait du subjonctif	
grimpa**sse**	grimpa**ssions**	**eusse** grimpé	**eussions** grimpé
grimpa**sses**	grimpa**ssiez**	**eusses** grimpé	**eussiez** grimpé
grimpâ**t**	grimpa**ssent**	**eût** grimpé	**eussent** grimpé

impératif

grimpe

grimpons

grimpez

G

to scold, to chide, to roar **gronder**

participe présent **grondant** participe passé **grondé**

SINGULAR	PLURAL	SINGULAR	PLURAL
présent de l'indicatif		passé composé	
gronde	grondons	ai grondé	avons grondé
grondes	grondez	as grondé	avez grondé
gronde	grondent	a grondé	ont grondé
imparfait de l'indicatif		plus-que-parfait de l'indicatif	
grondais	grondions	avais grondé	avions grondé
grondais	grondiez	avais grondé	aviez grondé
grondait	grondaient	avait grondé	avaient grondé
passé simple		passé antérieur	
grondai	grondâmes	eus grondé	eûmes grondé
grondas	grondâtes	eus grondé	eûtes grondé
gronda	grondèrent	eut grondé	eurent grondé
futur		futur antérieur	
gronderai	gronderons	aurai grondé	aurons grondé
gronderas	gronderez	auras grondé	aurez grondé
grondera	gronderont	aura grondé	auront grondé
conditionnel		conditionnel passé	
gronderais	gronderions	aurais grondé	aurions grondé
gronderais	gronderiez	aurais grondé	auriez grondé
gronderait	gronderaient	aurait grondé	auraient grondé
présent du subjonctif		passé du subjonctif	
gronde	grondions	aie grondé	ayons grondé
grondes	grondiez	aies grondé	ayez grondé
gronde	grondent	ait grondé	aient grondé
imparfait du subjonctif		plus-que-parfait du subjonctif	
grondasse	grondassions	eusse grondé	eussions grondé
grondasses	grondassiez	eusses grondé	eussiez grondé
grondât	grondassent	eût grondé	eussent grondé

impératif
gronde
grondons
grondez

grossir — to increase, to put on weight

participe présent **grossissant** participe passé **grossi**

G

SINGULAR	PLURAL	SINGULAR	PLURAL
présent de l'indicatif		passé composé	
gross**is**	gross**issons**	**ai** grossi	**avons** grossi
gross**is**	gross**issez**	**as** grossi	**avez** grossi
gross**it**	gross**issent**	**a** grossi	**ont** grossi
imparfait de l'indicatif		plus-que-parfait de l'indicatif	
gross**issais**	gross**issions**	**avais** grossi	**avions** grossi
gross**issais**	gross**issiez**	**avais** grossi	**aviez** grossi
gross**issait**	gross**issaient**	**avait** grossi	**avaient** grossi
passé simple		passé antérieur	
gross**is**	gross**îmes**	**eus** grossi	**eûmes** grossi
gross**is**	gross**îtes**	**eus** grossi	**eûtes** grossi
gross**it**	gross**irent**	**eut** grossi	**eurent** grossi
futur		futur antérieur	
grossir**ai**	grossir**ons**	**aurai** grossi	**aurons** grossi
grossir**as**	grossir**ez**	**auras** grossi	**aurez** grossi
grossir**a**	grossir**ont**	**aura** grossi	**auront** grossi
conditionnel		conditionnel passé	
grossir**ais**	grossir**ions**	**aurais** grossi	**aurions** grossi
grossir**ais**	grossir**iez**	**aurais** grossi	**auriez** grossi
grossir**ait**	grossir**aient**	**aurait** grossi	**auraient** grossi
présent du subjonctif		passé du subjonctif	
gross**isse**	gross**issions**	**aie** grossi	**ayons** grossi
gross**isses**	gross**issiez**	**aies** grossi	**ayez** grossi
gross**isse**	gross**issent**	**ait** grossi	**aient** grossi
imparfait du subjonctif		plus-que-parfait du subjonctif	
gross**isse**	gross**issions**	**eusse** grossi	**eussions** grossi
gross**isses**	gross**issiez**	**eusses** grossi	**eussiez** grossi
gross**ît**	gross**issent**	**eût** grossi	**eussent** grossi

impératif
grossis
grossissons
grossissez

to recover, to cure, to heal **guérir**

participe présent **guérissant** participe passé **guéri**

SINGULAR	PLURAL	SINGULAR	PLURAL
présent de l'indicatif		passé composé	
gué**ris**	gué**rissons**	**ai** guéri	**avons** guéri
gué**ris**	gué**rissez**	**as** guéri	**avez** guéri
gué**rit**	gué**rissent**	**a** guéri	**ont** guéri
imparfait de l'indicatif		plus-que-parfait de l'indicatif	
gué**rissais**	gué**rissions**	**avais** guéri	**avions** guéri
gué**rissais**	gué**rissiez**	**avais** guéri	**aviez** guéri
gué**rissait**	gué**rissaient**	**avait** guéri	**avaient** guéri
passé simple		passé antérieur	
gué**ris**	gué**rîmes**	**eus** guéri	**eûmes** guéri
gué**ris**	gué**rîtes**	**eus** guéri	**eûtes** guéri
gué**rit**	gué**rirent**	**eut** guéri	**eurent** guéri
futur		futur antérieur	
guérir**ai**	guérir**ons**	**aurai** guéri	**aurons** guéri
guérir**as**	guérir**ez**	**auras** guéri	**aurez** guéri
guérir**a**	guérir**ont**	**aura** guéri	**auront** guéri
conditionnel		conditionnel passé	
guérir**ais**	guérir**ions**	**aurais** guéri	**aurions** guéri
guérir**ais**	guérir**iez**	**aurais** guéri	**auriez** guéri
guérir**ait**	guérir**aient**	**aurait** guéri	**auraient** guéri
présent du subjonctif		passé du subjonctif	
gué**risse**	gué**rissions**	**aie** guéri	**ayons** guéri
gué**risses**	gué**rissiez**	**aies** guéri	**ayez** guéri
gué**risse**	gué**rissent**	**ait** guéri	**aient** guéri
imparfait du subjonctif		plus-que-parfait du subjonctif	
guéri**sse**	guéri**ssions**	**eusse** guéri	**eussions** guéri
guéri**sses**	guéri**ssiez**	**eusses** guéri	**eussiez** guéri
guér**ît**	guéri**ssent**	**eût** guéri	**eussent** guéri

impératif
guéris
guérissons
guérissez

G

guetter — to watch

participe présent **guettant** participe passé **guetté**

SINGULAR	PLURAL	SINGULAR	PLURAL
présent de l'indicatif		passé composé	
guett**e**	guett**ons**	**ai** guetté	**avons** guetté
guett**es**	guett**ez**	**as** guetté	**avez** guetté
guett**e**	guett**ent**	**a** guetté	**ont** guetté
imparfait de l'indicatif		plus-que-parfait de l'indicatif	
guett**ais**	guett**ions**	**avais** guetté	**avions** guetté
guett**ais**	guett**iez**	**avais** guetté	**aviez** guetté
guett**ait**	guett**aient**	**avait** guetté	**avaient** guetté
passé simple		passé antérieur	
guett**ai**	guett**âmes**	**eus** guetté	**eûmes** guetté
guett**as**	guett**âtes**	**eus** guetté	**eûtes** guetté
guett**a**	guett**èrent**	**eut** guetté	**eurent** guetté
futur		futur antérieur	
guetter**ai**	guetter**ons**	**aurai** guetté	**aurons** guetté
guetter**as**	guetter**ez**	**auras** guetté	**aurez** guetté
guetter**a**	guetter**ont**	**aura** guetté	**auront** guetté
conditionnel		conditionnel passé	
guetter**ais**	guetter**ions**	**aurais** guetté	**aurions** guetté
guetter**ais**	guetter**iez**	**aurais** guetté	**auriez** guetté
guetter**ait**	guetter**aient**	**aurait** guetté	**auraient** guetté
présent du subjonctif		passé du subjonctif	
guett**e**	guett**ions**	**aie** guetté	**ayons** guetté
guett**es**	guett**iez**	**aies** guetté	**ayez** guetté
guett**e**	guett**ent**	**ait** guetté	**aient** guetté
imparfait du subjonctif		plus-que-parfait du subjonctif	
guett**asse**	guett**assions**	**eusse** guetté	**eussions** guetté
guett**asses**	guett**assiez**	**eusses** guetté	**eussiez** guetté
guett**ât**	guett**assent**	**eût** guetté	**eussent** guetté

impératif
guette
guettons
guettez

to get dressed — s'habiller

participe présent **s'habillant** — participe passé **habillé(e)(s)**

	SINGULAR	PLURAL
présent de l'indicatif	**m'**habill**e**	**nous** habill**ons**
	t'habill**es**	**vous** habill**ez**
	s'habill**e**	**s'**habill**ent**
imparfait de l'indicatif	**m'**habill**ais**	**nous** habill**ions**
	t'habill**ais**	**vous** habill**iez**
	s'habill**ait**	**s'**habill**aient**
passé simple	**m'**habill**ai**	**nous** habill**âmes**
	t'habill**as**	**vous** habill**âtes**
	s'habill**a**	**s'**habill**èrent**
futur	**m'**habiller**ai**	**nous** habiller**ons**
	t'habiller**as**	**vous** habiller**ez**
	s'habiller**a**	**s'**habiller**ont**
conditionnel	**m'**habiller**ais**	**nous** habiller**ions**
	t'habiller**ais**	**vous** habiller**iez**
	s'habiller**ait**	**s'**habiller**aient**
présent du subjonctif	**m'**habill**e**	**nous** habill**ions**
	t'habill**es**	**vous** habill**iez**
	s'habill**e**	**s'**habill**ent**
imparfait du subjonctif	**m'**habill**asse**	**nous** habill**assions**
	t'habill**asses**	**vous** habill**assiez**
	s'habill**ât**	**s'**habill**assent**
impératif	habille-toi	
	habillons-nous	
	habillez-vous	

	SINGULAR	PLURAL
passé composé	**me suis** habillé(e)	**nous sommes** habillé(e)s
	t'es habillé(e)	**vous êtes** habillé(e)(s)
	s'est habillé(e)	**se sont** habillé(e)s
plus-que-parfait de l'indicatif	**m'étais** habillé(e)	**nous étions** habillé(e)s
	t'étais habillé(e)	**vous étiez** habillé(e)(s)
	s'était habillé(e)	**s'étaient** habillé(e)s
passé antérieur	**me fus** habillé(e)	**nous fûmes** habillé(e)s
	te fus habillé(e)	**vous fûtes** habillé(e)(s)
	se fut habillé(e)	**se furent** habillé(e)s
futur antérieur	**me serai** habillé(e)	**nous serons** habillé(e)s
	te seras habillé(e)	**vous serez** habillé(e)(s)
	se sera habillé(e)	**se seront** habillé(e)s
conditionnel passé	**me serais** habillé(e)	**nous serions** habillé(e)s
	te serais habillé(e)	**vous seriez** habillé(e)(s)
	se serait habillé(e)	**se seraient** habillé(e)s
passé du subjonctif	**me sois** habillé(e)	**nous soyons** habillé(e)s
	te sois habillé(e)	**vous soyez** habillé(e)(s)
	se soit habillé(e)	**se soient** habillé(e)s
plus-que-parfait du subjonctif	**me fusse** habillé(e)	**nous fussions** habillé(e)s
	te fusses habillé(e)	**vous fussiez** habillé(e)(s)
	se fût habillé(e)	**se fussent** habillé(e)s

habiter — to live in, to inhabit

participe présent **habitant** participe passé **habité**

SINGULAR	PLURAL	SINGULAR	PLURAL
présent de l'indicatif		passé composé	
habit**e**	habit**ons**	**ai** habité	**avons** habité
habit**es**	habit**ez**	**as** habité	**avez** habité
habit**e**	habit**ent**	**a** habité	**ont** habité
imparfait de l'indicatif		plus-que-parfait de l'indicatif	
habit**ais**	habit**ions**	**avais** habité	**avions** habité
habit**ais**	habit**iez**	**avais** habité	**aviez** habité
habit**ait**	habit**aient**	**avait** habité	**avaient** habité
passé simple		passé antérieur	
habit**ai**	habit**âmes**	**eus** habité	**eûmes** habité
habit**as**	habit**âtes**	**eus** habité	**eûtes** habité
habit**a**	habit**èrent**	**eut** habité	**eurent** habité
futur		futur antérieur	
habiter**ai**	habiter**ons**	**aurai** habité	**aurons** habité
habiter**as**	habiter**ez**	**auras** habité	**aurez** habité
habiter**a**	habiter**ont**	**aura** habité	**auront** habité
conditionnel		conditionnel passé	
habiter**ais**	habiter**ions**	**aurais** habité	**aurions** habité
habiter**ais**	habiter**iez**	**aurais** habité	**auriez** habité
habiter**ait**	habiter**aient**	**aurait** habité	**auraient** habité
présent du subjonctif		passé du subjonctif	
habit**e**	habit**ions**	**aie** habité	**ayons** habité
habit**es**	habit**iez**	**aies** habité	**ayez** habité
habit**e**	habit**ent**	**ait** habité	**aient** habité
imparfait du subjonctif		plus-que-parfait du subjonctif	
habita**sse**	habita**ssions**	**eusse** habité	**eussions** habité
habita**sses**	habita**ssiez**	**eusses** habité	**eussiez** habité
habitâ**t**	habita**ssent**	**eût** habité	**eussent** habité

impératif
habite
habitons
habitez

to get used to **s'habituer**

participe présent **s'habituant** participe passé **habitué(e)(s)**

SINGULAR	PLURAL	SINGULAR	PLURAL
présent de l'indicatif		passé composé	
m'habitu**e**	**nous** habitu**ons**	**me suis** habitué(e)	**nous sommes** habitué(e)s
t'habitu**es**	**vous** habitu**ez**	**t'es** habitué(e)	**vous êtes** habitué(e)(s)
s'habitu**e**	**s'**habitu**ent**	**s'est** habitué(e)	**se sont** habitué(e)s
imparfait de l'indicatif		plus-que-parfait de l'indicatif	
m'habitu**ais**	**nous** habitu**ions**	**m'étais** habitué(e)	**nous étions** habitué(e)s
t'habitu**ais**	**vous** habitu**iez**	**t'étais** habitué(e)	**vous étiez** habitué(e)(s)
s'habitu**ait**	**s'**habitu**aient**	**s'était** habitué(e)	**s'étaient** habitué(e)s
passé simple		passé antérieur	
m'habitu**ai**	**nous** habitu**âmes**	**me fus** habitué(e)	**nous fûmes** habitué(e)s
t'habitu**as**	**vous** habitu**âtes**	**te fus** habitué(e)	**vous fûtes** habitué(e)(s)
s'habitu**a**	**s'**habitu**èrent**	**se fut** habitué(e)	**se furent** habitué(e)s
futur		futur antérieur	
m'habituer**ai**	**nous** habituer**ons**	**me serai** habitué(e)	**nous serons** habitué(e)s
t'habituer**as**	**vous** habituer**ez**	**te seras** habitué(e)	**vous serez** habitué(e)(s)
s'habituer**a**	**s'**habituer**ont**	**se sera** habitué(e)	**se seront** habitué(e)s
conditionnel		conditionnel passé	
m'habituer**ais**	**nous** habituer**ions**	**me serais** habitué(e)	**nous serions** habitué(e)s
t'habituer**ais**	**vous** habituer**iez**	**te serais** habitué(e)	**vous seriez** habitué(e)(s)
s'habituer**ait**	**s'**habituer**aient**	**se serait** habitué(e)	**se seraient** habitué(e)s
présent du subjonctif		passé du subjonctif	
m'habitu**e**	**nous** habitu**ions**	**me sois** habitué(e)	**nous soyons** habitué(e)s
t'habitu**es**	**vous** habitu**iez**	**te sois** habitué(e)	**vous soyez** habitué(e)(s)
s'habitu**e**	**s'**habitu**ent**	**se soit** habitué(e)	**se soient** habitué(e)s
imparfait du subjonctif		plus-que-parfait du subjonctif	
m'habitua**sse**	**nous** habitua**ssions**	**me fusse** habitué(e)	**nous fussions** habitué(e)s
t'habitua**sses**	**vous** habitua**ssiez**	**te fusses** habitué(e)	**vous fussiez** habitué(e)(s)
s'habitu**ât**	**s'**habitua**ssent**	**se fût** habitué(e)	**se fussent** habitué(e)s

impératif

habitue-toi

habituons-nous

habituez-vous

haïr — to hate, to detest

participe présent **haïssant** participe passé **haï**

H

	SINGULAR	PLURAL
présent de l'indicatif	ha**is**	ha**ïssons**
	ha**is**	ha**ïssez**
	ha**it**	ha**ïssent**
imparfait de l'indicatif	haïss**ais**	haïss**ions**
	haïss**ais**	haïss**iez**
	haïss**ait**	haïss**aient**
passé simple	ha**ïs**	ha**ïmes**
	ha**ïs**	ha**ïtes**
	ha**ït**	ha**ïrent**
futur	haïr**ai**	haïr**ons**
	haïr**as**	haïr**ez**
	haïr**a**	haïr**ont**
conditionnel	haïr**ais**	haïr**ions**
	haïr**ais**	haïr**iez**
	haïr**ait**	haïr**aient**
présent du subjonctif	ha**ïsse**	ha**ïssions**
	ha**ïsses**	ha**ïssiez**
	ha**ïsse**	ha**ïssent**
imparfait du subjonctif	ha**ïsse**	ha**ïssions**
	ha**ïsses**	ha**ïssiez**
	ha**ït**	ha**ïssent**

impératif
haïs
haïssons
haïssez

	SINGULAR	PLURAL
passé composé	**ai** haï	**avons** haï
	as haï	**avez** haï
	a haï	**ont** haï
plus-que-parfait de l'indicatif	**avais** haï	**avions** haï
	avais haï	**aviez** haï
	avait haï	**avaient** haï
passé antérieur	**eus** haï	**eûmes** haï
	eus haï	**eûtes** haï
	eut haï	**eurent** haï
futur antérieur	**aurai** haï	**aurons** haï
	auras haï	**aurez** haï
	aura haï	**auront** haï
conditionnel passé	**aurais** haï	**aurions** haï
	aurais haï	**auriez** haï
	aurait haï	**auraient** haï
passé du subjonctif	**aie** haï	**ayons** haï
	aies haï	**ayez** haï
	ait haï	**aient** haï
plus-que-parfait du subjonctif	**eusse** haï	**eussions** haï
	eusses haï	**eussiez** haï
	eût haï	**eussent** haï

to hurry, to hasten **hâter**

participe présent **hâtant** participe passé **hâté**

SINGULAR	PLURAL
présent de l'indicatif	
hât**e**	hât**ons**
hât**es**	hât**ez**
hât**e**	hât**ent**
imparfait de l'indicatif	
hât**ais**	hât**ions**
hât**ais**	hât**iez**
hât**ait**	hât**aient**
passé simple	
hât**ai**	hât**âmes**
hât**as**	hât**âtes**
hât**a**	hât**èrent**
futur	
hâter**ai**	hâter**ons**
hâter**as**	hâter**ez**
hâter**a**	hâter**ont**
conditionnel	
hâter**ais**	hâter**ions**
hâter**ais**	hâter**iez**
hâter**ait**	hâter**aient**
présent du subjonctif	
hât**e**	hât**ions**
hât**es**	hât**iez**
hât**e**	hât**ent**
imparfait du subjonctif	
hâta**sse**	hâta**ssions**
hâta**sses**	hâta**ssiez**
hât**ât**	hâta**ssent**
impératif	
hâte	
hâtons	
hâtez	

SINGULAR	PLURAL
passé composé	
ai hâté	**avons** hâté
as hâté	**avez** hâté
a hâté	**ont** hâté
plus-que-parfait de l'indicatif	
avais hâté	**avions** hâté
avais hâté	**aviez** hâté
avait hâté	**avaient** hâté
passé antérieur	
eus hâté	**eûmes** hâté
eus hâté	**eûtes** hâté
eut hâté	**eurent** hâté
futur antérieur	
aurai hâté	**aurons** hâté
auras hâté	**aurez** hâté
aura hâté	**auront** hâté
conditionnel passé	
aurais hâté	**aurions** hâté
aurais hâté	**auriez** hâté
aurait hâté	**auraient** hâté
passé du subjonctif	
aie hâté	**ayons** hâté
aies hâté	**ayez** hâté
ait hâté	**aient** hâté
plus-que-parfait du subjonctif	
eusse hâté	**eussions** hâté
eusses hâté	**eussiez** hâté
eût hâté	**eussent** hâté

hausser — to raise, to shrug

participe présent **haussant** participe passé **haussé**

SINGULAR	PLURAL	SINGULAR	PLURAL
présent de l'indicatif		passé composé	
hauss**e**	hauss**ons**	**ai** haussé	**avons** haussé
hauss**es**	hauss**ez**	**as** haussé	**avez** haussé
hauss**e**	hauss**ent**	**a** haussé	**ont** haussé
imparfait de l'indicatif		plus-que-parfait de l'indicatif	
hauss**ais**	hauss**ions**	**avais** haussé	**avions** haussé
hauss**ais**	hauss**iez**	**avais** haussé	**aviez** haussé
hauss**ait**	hauss**aient**	**avait** haussé	**avaient** haussé
passé simple		passé antérieur	
hauss**ai**	hauss**âmes**	**eus** haussé	**eûmes** haussé
hauss**as**	hauss**âtes**	**eus** haussé	**eûtes** haussé
hauss**a**	hauss**èrent**	**eut** haussé	**eurent** haussé
futur		futur antérieur	
hausser**ai**	hausser**ons**	**aurai** haussé	**aurons** haussé
hausser**as**	hausser**ez**	**auras** haussé	**aurez** haussé
hausser**a**	hausser**ont**	**aura** haussé	**auront** haussé
conditionnel		conditionnel passé	
hausser**ais**	hausser**ions**	**aurais** haussé	**aurions** haussé
hausser**ais**	hausser**iez**	**aurais** haussé	**auriez** haussé
hausser**ait**	hausser**aient**	**aurait** haussé	**auraient** haussé
présent du subjonctif		passé du subjonctif	
hauss**e**	hauss**ions**	**aie** haussé	**ayons** haussé
hauss**es**	hauss**iez**	**aies** haussé	**ayez** haussé
hauss**e**	hauss**ent**	**ait** haussé	**aient** haussé
imparfait du subjonctif		plus-que-parfait du subjonctif	
haussa**sse**	haussa**ssions**	**eusse** haussé	**eussions** haussé
haussa**sses**	haussa**ssiez**	**eusses** haussé	**eussiez** haussé
haussâ**t**	haussa**ssent**	**eût** haussé	**eussent** haussé

impératif
hausse
haussons
haussez

to hesitate **hésiter**

participe présent **hésitant** participe passé **hésité**

SINGULAR	PLURAL
présent de l'indicatif	
hésit**e**	hésit**ons**
hésit**es**	hésit**ez**
hésit**e**	hésit**ent**
imparfait de l'indicatif	
hésit**ais**	hésit**ions**
hésit**ais**	hésit**iez**
hésit**ait**	hésit**aient**
passé simple	
hésit**ai**	hésit**âmes**
hésit**as**	hésit**âtes**
hésit**a**	hésit**èrent**
futur	
hésiter**ai**	hésiter**ons**
hésiter**as**	hésiter**ez**
hésiter**a**	hésiter**ont**
conditionnel	
hésiter**ais**	hésiter**ions**
hésiter**ais**	hésiter**iez**
hésiter**ait**	hésiter**aient**
présent du subjonctif	
hésit**e**	hésit**ions**
hésit**es**	hésit**iez**
hésit**e**	hésit**ent**
imparfait du subjonctif	
hésita**sse**	hésita**ssions**
hésita**sses**	hésita**ssiez**
hésitâ**t**	hésita**ssent**
impératif	
hésite	
hésitons	
hésitez	

SINGULAR	PLURAL
passé composé	
ai hésité	**avons** hésité
as hésité	**avez** hésité
a hésité	**ont** hésité
plus-que-parfait de l'indicatif	
avais hésité	**avions** hésité
avais hésité	**aviez** hésité
avait hésité	**avaient** hésité
passé antérieur	
eus hésité	**eûmes** hésité
eus hésité	**eûtes** hésité
eut hésité	**eurent** hésité
futur antérieur	
aurai hésité	**aurons** hésité
auras hésité	**aurez** hésité
aura hésité	**auront** hésité
conditionnel passé	
aurais hésité	**aurions** hésité
aurais hésité	**auriez** hésité
aurait hésité	**auraient** hésité
passé du subjonctif	
aie hésité	**ayons** hésité
aies hésité	**ayez** hésité
ait hésité	**aient** hésité
plus-que-parfait du subjonctif	
eusse hésité	**eussions** hésité
eusses hésité	**eussiez** hésité
eût hésité	**eussent** hésité

heurter — to hit, to strike, to shock

participe présent **heurtant** participe passé **heurté**

SINGULAR	PLURAL	SINGULAR	PLURAL
présent de l'indicatif		passé composé	
heurt**e**	heurt**ons**	**ai** heurté	**avons** heurté
heurt**es**	heurt**ez**	**as** heurté	**avez** heurté
heurt**e**	heurt**ent**	**a** heurté	**ont** heurté
imparfait de l'indicatif		plus-que-parfait de l'indicatif	
heurt**ais**	heurt**ions**	**avais** heurté	**avions** heurté
heurt**ais**	heurt**iez**	**avais** heurté	**aviez** heurté
heurt**ait**	heurt**aient**	**avait** heurté	**avaient** heurté
passé simple		passé antérieur	
heurt**ai**	heurt**âmes**	**eus** heurté	**eûmes** heurté
heurt**as**	heurt**âtes**	**eus** heurté	**eûtes** heurté
heurt**a**	heurt**èrent**	**eut** heurté	**eurent** heurté
futur		futur antérieur	
heurter**ai**	heurter**ons**	**aurai** heurté	**aurons** heurté
heurter**as**	heurter**ez**	**auras** heurté	**aurez** heurté
heurter**a**	heurter**ont**	**aura** heurté	**auront** heurté
conditionnel		conditionnel passé	
heurter**ais**	heurter**ions**	**aurais** heurté	**aurions** heurté
heurter**ais**	heurter**iez**	**aurais** heurté	**auriez** heurté
heurter**ait**	heurter**aient**	**aurait** heurté	**auraient** heurté
présent du subjonctif		passé du subjonctif	
heurt**e**	heurt**ions**	**aie** heurté	**ayons** heurté
heurt**es**	heurt**iez**	**aies** heurté	**ayez** heurté
heurt**e**	heurt**ent**	**ait** heurté	**aient** heurté
imparfait du subjonctif		plus-que-parfait du subjonctif	
heurta**sse**	heurta**ssions**	**eusse** heurté	**eussions** heurté
heurta**sses**	heurta**ssiez**	**eusses** heurté	**eussiez** heurté
heurtâ**t**	heurta**ssent**	**eût** heurté	**eussent** heurté

impératif

heurte

heurtons

heurtez

to scream, to howl, to yell, to wail **hurler**

participe présent **hurlant** participe passé **hurlé**

SINGULAR	PLURAL	SINGULAR	PLURAL
présent de l'indicatif		passé composé	
hurl**e**	hurl**ons**	**ai** hurlé	**avons** hurlé
hurl**es**	hurl**ez**	**as** hurlé	**avez** hurlé
hurl**e**	hurl**ent**	**a** hurlé	**ont** hurlé
imparfait de l'indicatif		plus-que-parfait de l'indicatif	
hurl**ais**	hurl**ions**	**avais** hurlé	**avions** hurlé
hurl**ais**	hurl**iez**	**avais** hurlé	**aviez** hurlé
hurl**ait**	hurl**aient**	**avait** hurlé	**avaient** hurlé
passé simple		passé antérieur	
hurl**ai**	hurl**âmes**	**eus** hurlé	**eûmes** hurlé
hurl**as**	hurl**âtes**	**eus** hurlé	**eûtes** hurlé
hurl**a**	hurl**èrent**	**eut** hurlé	**eurent** hurlé
futur		futur antérieur	
hurler**ai**	hurler**ons**	**aurai** hurlé	**aurons** hurlé
hurler**as**	hurler**ez**	**auras** hurlé	**aurez** hurlé
hurler**a**	hurler**ont**	**aura** hurlé	**auront** hurlé
conditionnel		conditionnel passé	
hurler**ais**	hurler**ions**	**aurais** hurlé	**aurions** hurlé
hurler**ais**	hurler**iez**	**aurais** hurlé	**auriez** hurlé
hurler**ait**	hurler**aient**	**aurait** hurlé	**auraient** hurlé
présent du subjonctif		passé du subjonctif	
hurl**e**	hurl**ions**	**aie** hurlé	**ayons** hurlé
hurl**es**	hurl**iez**	**aies** hurlé	**ayez** hurlé
hurl**e**	hurl**ent**	**ait** hurlé	**aient** hurlé
imparfait du subjonctif		plus-que-parfait du subjonctif	
hurla**sse**	hurla**ssions**	**eusse** hurlé	**eussions** hurlé
hurla**sses**	hurla**ssiez**	**eusses** hurlé	**eussiez** hurlé
hurlâ**t**	hurla**ssent**	**eût** hurlé	**eussent** hurlé

impératif
hurle
hurlons
hurlez

ignorer to not know, to be unaware, to ignore

participe présent **ignorant** participe passé **ignoré**

SINGULAR	PLURAL	SINGULAR	PLURAL
présent de l'indicatif		passé composé	
ignor**e**	ignor**ons**	**ai** ignoré	**avons** ignoré
ignor**es**	ignor**ez**	**as** ignoré	**avez** ignoré
ignor**e**	ignor**ent**	**a** ignoré	**ont** ignoré
imparfait de l'indicatif		plus-que-parfait de l'indicatif	
ignor**ais**	ignor**ions**	**avais** ignoré	**avions** ignoré
ignor**ais**	ignor**iez**	**avais** ignoré	**aviez** ignoré
ignor**ait**	ignor**aient**	**avait** ignoré	**avaient** ignoré
passé simple		passé antérieur	
ignor**ai**	ignor**âmes**	**eus** ignoré	**eûmes** ignoré
ignor**as**	ignor**âtes**	**eus** ignoré	**eûtes** ignoré
ignor**a**	ignor**èrent**	**eut** ignoré	**eurent** ignoré
futur		futur antérieur	
ignorer**ai**	ignorer**ons**	**aurai** ignoré	**aurons** ignoré
ignorer**as**	ignorer**ez**	**auras** ignoré	**aurez** ignoré
ignorer**a**	ignorer**ont**	**aura** ignoré	**auront** ignoré
conditionnel		conditionnel passé	
ignorer**ais**	ignorer**ions**	**aurais** ignoré	**aurions** ignoré
ignorer**ais**	ignorer**iez**	**aurais** ignoré	**auriez** ignoré
ignorer**ait**	ignorer**aient**	**aurait** ignoré	**auraient** ignoré
présent du subjonctif		passé du subjonctif	
ignor**e**	ignor**ions**	**aie** ignoré	**ayons** ignoré
ignor**es**	ignor**iez**	**aies** ignoré	**ayez** ignoré
ignor**e**	ignor**ent**	**ait** ignoré	**aient** ignoré
imparfait du subjonctif		plus-que-parfait du subjonctif	
ignora**sse**	ignora**ssions**	**eusse** ignoré	**eussions** ignoré
ignora**sses**	ignora**ssiez**	**eusses** ignoré	**eussiez** ignoré
ignorâ**t**	ignora**ssent**	**eût** ignoré	**eussent** ignoré

impératif
ignore
ignorons
ignorez

to imagine, to conceive of **imaginer**

participe présent **imaginant** participe passé **imaginé**

SINGULAR	PLURAL
présent de l'indicatif	
imagin**e**	imagin**ons**
imagin**es**	imagin**ez**
imagin**e**	imagin**ent**
imparfait de l'indicatif	
imagin**ais**	imagin**ions**
imagin**ais**	imagin**iez**
imagin**ait**	imagin**aient**
passé simple	
imagin**ai**	imagin**âmes**
imagin**as**	imagin**âtes**
imagin**a**	imagin**èrent**
futur	
imaginer**ai**	imaginer**ons**
imaginer**as**	imaginer**ez**
imaginer**a**	imaginer**ont**
conditionnel	
imaginer**ais**	imaginer**ions**
imaginer**ais**	imaginer**iez**
imaginer**ait**	imaginer**aient**
présent du subjonctif	
imagin**e**	imagin**ions**
imagin**es**	imagin**iez**
imagin**e**	imagin**ent**
imparfait du subjonctif	
imagina**sse**	imagina**ssions**
imagina**sses**	imagina**ssiez**
imaginâ**t**	imagina**ssent**
impératif	
imagine	
imaginons	
imaginez	

SINGULAR	PLURAL
passé composé	
ai imaginé	**avons** imaginé
as imaginé	**avez** imaginé
a imaginé	**ont** imaginé
plus-que-parfait de l'indicatif	
avais imaginé	**avions** imaginé
avais imaginé	**aviez** imaginé
avait imaginé	**avaient** imaginé
passé antérieur	
eus imaginé	**eûmes** imaginé
eus imaginé	**eûtes** imaginé
eut imaginé	**eurent** imaginé
futur antérieur	
aurai imaginé	**aurons** imaginé
auras imaginé	**aurez** imaginé
aura imaginé	**auront** imaginé
conditionnel passé	
aurais imaginé	**aurions** imaginé
aurais imaginé	**auriez** imaginé
aurait imaginé	**auraient** imaginé
passé du subjonctif	
aie imaginé	**ayons** imaginé
aies imaginé	**ayez** imaginé
ait imaginé	**aient** imaginé
plus-que-parfait du subjonctif	
eusse imaginé	**eussions** imaginé
eusses imaginé	**eussiez** imaginé
eût imaginé	**eussent** imaginé

imiter — to imitate

participe présent **imitant** participe passé **imité**

SINGULAR	PLURAL
présent de l'indicatif	
imit**e**	imit**ons**
imit**es**	imit**ez**
imit**e**	imit**ent**
imparfait de l'indicatif	
imit**ais**	imit**ions**
imit**ais**	imit**iez**
imit**ait**	imit**aient**
passé simple	
imit**ai**	imit**âmes**
imit**as**	imit**âtes**
imit**a**	imit**èrent**
futur	
imiter**ai**	imiter**ons**
imiter**as**	imiter**ez**
imiter**a**	imiter**ont**
conditionnel	
imiter**ais**	imiter**ions**
imiter**ais**	imiter**iez**
imiter**ait**	imiter**aient**
présent du subjonctif	
imit**e**	imit**ions**
imit**es**	imit**iez**
imit**e**	imit**ent**
imparfait du subjonctif	
imita**sse**	imita**ssions**
imita**sses**	imita**ssiez**
imitâ**t**	imita**ssent**
impératif	
imite	
imitons	
imitez	

SINGULAR	PLURAL
passé composé	
ai imité	**avons** imité
as imité	**avez** imité
a imité	**ont** imité
plus-que-parfait de l'indicatif	
avais imité	**avions** imité
avais imité	**aviez** imité
avait imité	**avaient** imité
passé antérieur	
eus imité	**eûmes** imité
eus imité	**eûtes** imité
eut imité	**eurent** imité
futur antérieur	
aurai imité	**aurons** imité
auras imité	**aurez** imité
aura imité	**auront** imité
conditionnel passé	
aurais imité	**aurions** imité
aurais imité	**auriez** imité
aurait imité	**auraient** imité
passé du subjonctif	
aie imité	**ayons** imité
aies imité	**ayez** imité
ait imité	**aient** imité
plus-que-parfait du subjonctif	
eusse imité	**eussions** imité
eusses imité	**eussiez** imité
eût imité	**eussent** imité

to lose patience **s'impatienter**

participe présent **s'impatientant** participe passé **impatienté(e)(s)**

SINGULAR	PLURAL

présent de l'indicatif

m'impatient**e**	**nous** impatient**ons**
t'impatient**es**	**vous** impatient**ez**
s'impatient**e**	**s'**impatient**ent**

imparfait de l'indicatif

m'impatient**ais**	**nous** impatient**ions**
t'impatient**ais**	**vous** impatient**iez**
s'impatient**ait**	**s'**impatient**aient**

passé simple

m'impatient**ai**	**nous** impatient**âmes**
t'impatient**as**	**vous** impatient**âtes**
s'impatient**a**	**s'**impatient**èrent**

futur

m'impatienter**ai**	**nous** impatienter**ons**
t'impatienter**as**	**vous** impatienter**ez**
s'impatienter**a**	**s'**impatienter**ont**

conditionnel

m'impatienter**ais**	**nous** impatienter**ions**
t'impatienter**ais**	**vous** impatienter**iez**
s'impatienter**ait**	**s'**impatienter**aient**

présent du subjonctif

m'impatient**e**	**nous** impatient**ions**
t'impatient**es**	**vous** impatient**iez**
s'impatient**e**	**s'**impatient**ent**

imparfait du subjonctif

m'impatienta**sse**	**nous** impatienta**ssions**
t'impatienta**sses**	**vous** impatienta**ssiez**
s'impatient**ât**	**s'**impatienta**ssent**

impératif

impatiente-toi
impatientons-nous
impatientez-vous

SINGULAR	PLURAL

passé composé

me suis impatienté(e)	**nous sommes** impatienté(e)s
t'es impatienté(e)	**vous êtes** impatienté(e)(s)
s'est impatienté(e)	**se sont** impatienté(e)s

plus-que-parfait de l'indicatif

m'étais impatienté(e)	**nous étions** impatienté(e)s
t'étais impatienté(e)	**vous étiez** impatienté(e)(s)
s'était impatienté(e)	**s'étaient** impatienté(e)s

passé antérieur

me fus impatienté(e)	**nous fûmes** impatienté(e)s
te fus impatienté(e)	**vous fûtes** impatienté(e)(s)
se fut impatienté(e)	**se furent** impatienté(e)s

futur antérieur

me serai impatienté(e)	**nous serons** impatienté(e)s
te seras impatienté(e)	**vous serez** impatienté(e)(s)
se sera impatienté(e)	**se seront** impatienté(e)s

conditionnel passé

me serais impatienté(e)	**nous serions** impatienté(e)s
te serais impatienté(e)	**vous seriez** impatienté(e)(s)
se serait impatienté(e)	**se seraient** impatienté(e)s

passé du subjonctif

me sois impatienté(e)	**nous soyons** impatienté(e)s
te sois impatienté(e)	**vous soyez** impatienté(e)(s)
se soit impatienté(e)	**se soient** impatienté(e)s

plus-que-parfait du subjonctif

me fusse impatienté(e)	**nous fussions** impatienté(e)s
te fusses impatienté(e)	**vous fussiez** impatienté(e)(s)
se fût impatienté(e)	**se fussent** impatienté(e)s

participe présent **imposant** participe passé **imposé**

SINGULAR	PLURAL	SINGULAR	PLURAL
présent de l'indicatif		passé composé	
impos**e**	impos**ons**	**ai** imposé	**avons** imposé
impos**es**	impos**ez**	**as** imposé	**avez** imposé
impos**e**	impos**ent**	**a** imposé	**ont** imposé
imparfait de l'indicatif		plus-que-parfait de l'indicatif	
impos**ais**	impos**ions**	**avais** imposé	**avions** imposé
impos**ais**	impos**iez**	**avais** imposé	**aviez** imposé
impos**ait**	impos**aient**	**avait** imposé	**avaient** imposé
passé simple		passé antérieur	
impos**ai**	impos**âmes**	**eus** imposé	**eûmes** imposé
impos**as**	impos**âtes**	**eus** imposé	**eûtes** imposé
impos**a**	impos**èrent**	**eut** imposé	**eurent** imposé
futur		futur antérieur	
impos**erai**	impos**erons**	**aurai** imposé	**aurons** imposé
impos**eras**	impos**erez**	**auras** imposé	**aurez** imposé
impos**era**	impos**eront**	**aura** imposé	**auront** imposé
conditionnel		conditionnel passé	
impos**erais**	impos**erions**	**aurais** imposé	**aurions** imposé
impos**erais**	impos**eriez**	**aurais** imposé	**auriez** imposé
impos**erait**	impos**eraient**	**aurait** imposé	**auraient** imposé
présent du subjonctif		passé du subjonctif	
impos**e**	impos**ions**	**aie** imposé	**ayons** imposé
impos**es**	impos**iez**	**aies** imposé	**ayez** imposé
impos**e**	impos**ent**	**ait** imposé	**aient** imposé
imparfait du subjonctif		plus-que-parfait du subjonctif	
imposa**sse**	imposa**ssions**	**eusse** imposé	**eussions** imposé
imposa**sses**	imposa**ssiez**	**eusses** imposé	**eussiez** imposé
imposâ**t**	imposa**ssent**	**eût** imposé	**eussent** imposé

impératif
impose
imposons
imposez

to be indispensable, to impose upon s'imposer

participe présent **s'imposant** participe passé **imposé(e)(s)**

SINGULAR	PLURAL	SINGULAR	PLURAL
présent de l'indicatif		**passé composé**	
m'impos**e**	**nous** impos**ons**	**me suis** imposé(e)	**nous sommes** imposé(e)s
t'impos**es**	**vous** impos**ez**	**t'es** imposé(e)	**vous êtes** imposé(e)(s)
s'impos**e**	**s'**impos**ent**	**s'est** imposé(e)	**se sont** imposé(e)s
imparfait de l'indicatif		**plus-que-parfait de l'indicatif**	
m'impos**ais**	**nous** impos**ions**	**m'étais** imposé(e)	**nous étions** imposé(e)s
t'impos**ais**	**vous** impos**iez**	**t'étais** imposé(e)	**vous étiez** imposé(e)(s)
s'impos**ait**	**s'**impos**aient**	**s'était** imposé(e)	**s'étaient** imposé(e)s
passé simple		**passé antérieur**	
m'impos**ai**	**nous** impos**âmes**	**me fus** imposé(e)	**nous fûmes** imposé(e)s
t'impos**as**	**vous** impos**âtes**	**te fus** imposé(e)	**vous fûtes** imposé(e)(s)
s'impos**a**	**s'**impos**èrent**	**se fut** imposé(e)	**se furent** imposé(e)s
futur		**futur antérieur**	
m'imposer**ai**	**nous** imposer**ons**	**me serai** imposé(e)	**nous serons** imposé(e)s
t'imposer**as**	**vous** imposer**ez**	**te seras** imposé(e)	**vous serez** imposé(e)(s)
s'imposer**a**	**s'**imposer**ont**	**se sera** imposé(e)	**se seront** imposé(e)s
conditionnel		**conditionnel passé**	
m'imposer**ais**	**nous** imposer**ions**	**me serais** imposé(e)	**nous serions** imposé(e)s
t'imposer**ais**	**vous** imposer**iez**	**te serais** imposé(e)	**vous seriez** imposé(e)(s)
s'imposer**ait**	**s'**imposer**aient**	**se serait** imposé(e)	**se seraient** imposé(e)s
présent du subjonctif		**passé du subjonctif**	
m'impos**e**	**nous** impos**ions**	**me sois** imposé(e)	**nous soyons** imposé(e)s
t'impos**es**	**vous** impos**iez**	**te sois** imposé(e)	**vous soyez** imposé(e)(s)
s'impos**e**	**s'**impos**ent**	**se soit** imposé(e)	**se soient** imposé(e)s
imparfait du subjonctif		**plus-que-parfait du subjonctif**	
m'impos**asse**	**nous** impos**assions**	**me fusse** imposé(e)	**nous fussions** imposé(e)s
t'impos**asses**	**vous** impos**assiez**	**te fusses** imposé(e)	**vous fussiez** imposé(e)(s)
s'impos**ât**	**s'**impos**assent**	**se fût** imposé(e)	**se fussent** imposé(e)s

impératif

impose-toi
imposons-nous
imposez-vous

I

imprimer — to print

participe présent **imprimant** participe passé **imprimé**

SINGULAR	PLURAL
présent de l'indicatif	
imprim**e**	imprim**ons**
imprim**es**	imprim**ez**
imprim**e**	imprim**ent**
imparfait de l'indicatif	
imprim**ais**	imprim**ions**
imprim**ais**	imprim**iez**
imprim**ait**	imprim**aient**
passé simple	
imprim**ai**	imprim**âmes**
imprim**as**	imprim**âtes**
imprim**a**	imprim**èrent**
futur	
imprimer**ai**	imprimer**ons**
imprimer**as**	imprimer**ez**
imprimer**a**	imprimer**ont**
conditionnel	
imprimer**ais**	imprimer**ions**
imprimer**ais**	imprimer**iez**
imprimer**ait**	imprimer**aient**
présent du subjonctif	
imprim**e**	imprim**ions**
imprim**es**	imprim**iez**
imprim**e**	imprim**ent**
imparfait du subjonctif	
imprima**sse**	imprima**ssions**
imprima**sses**	imprima**ssiez**
imprimâ**t**	imprima**ssent**
impératif	
imprime	
imprimons	
imprimez	

SINGULAR	PLURAL
passé composé	
ai imprimé	**avons** imprimé
as imprimé	**avez** imprimé
a imprimé	**ont** imprimé
plus-que-parfait de l'indicatif	
avais imprimé	**avions** imprimé
avais imprimé	**aviez** imprimé
avait imprimé	**avaient** imprimé
passé antérieur	
eus imprimé	**eûmes** imprimé
eus imprimé	**eûtes** imprimé
eut imprimé	**eurent** imprimé
futur antérieur	
aurai imprimé	**aurons** imprimé
auras imprimé	**aurez** imprimé
aura imprimé	**auront** imprimé
conditionnel passé	
aurais imprimé	**aurions** imprimé
aurais imprimé	**auriez** imprimé
aurait imprimé	**auraient** imprimé
passé du subjonctif	
aie imprimé	**ayons** imprimé
aies imprimé	**ayez** imprimé
ait imprimé	**aient** imprimé
plus-que-parfait du subjonctif	
eusse imprimé	**eussions** imprimé
eusses imprimé	**eussiez** imprimé
eût imprimé	**eussent** imprimé

to include — inclure

participe présent **incluant** | participe passé **inclus**

SINGULAR	PLURAL
présent de l'indicatif	
inclu**s**	inclu**ons**
inclu**s**	inclu**ez**
inclu**t**	inclu**ent**
imparfait de l'indicatif	
inclu**ais**	inclu**ions**
inclu**ais**	inclu**iez**
inclu**ait**	inclu**aient**
passé simple	
inclu**s**	inclû**mes**
inclu**s**	inclû**tes**
inclu**t**	inclu**rent**
futur	
inclur**ai**	inclur**ons**
inclur**as**	inclur**ez**
inclur**a**	inclur**ont**
conditionnel	
inclur**ais**	inclur**ions**
inclur**ais**	inclur**iez**
inclur**ait**	inclur**aient**
présent du subjonctif	
inclu**e**	inclu**ions**
inclu**es**	inclu**iez**
inclu**e**	inclu**ent**
imparfait du subjonctif	
inclu**sse**	inclu**ssions**
inclu**sses**	inclu**ssiez**
inclû**t**	inclu**ssent**
impératif	
inclus	
incluons	
incluez	

SINGULAR	PLURAL
passé composé	
ai inclus	**avons** inclus
as inclus	**avez** inclus
a inclus	**ont** inclus
plus-que-parfait de l'indicatif	
avais inclus	**avions** inclus
avais inclus	**aviez** inclus
avait inclus	**avaient** inclus
passé antérieur	
eus inclus	**eûmes** inclus
eus inclus	**eûtes** inclus
eut inclus	**eurent** inclus
futur antérieur	
aurai inclus	**aurons** inclus
auras inclus	**aurez** inclus
aura inclus	**auront** inclus
conditionnel passé	
aurais inclus	**aurions** inclus
aurais inclus	**auriez** inclus
aurait inclus	**auraient** inclus
passé du subjonctif	
aie inclus	**ayons** inclus
aies inclus	**ayez** inclus
ait inclus	**aient** inclus
plus-que-parfait du subjonctif	
eusse inclus	**eussions** inclus
eusses inclus	**eussiez** inclus
eût inclus	**eussent** inclus

indiquer to indicate, to point out, to denote

participe présent **indiquant** participe passé **indiqué**

SINGULAR	PLURAL
présent de l'indicatif	
indiqu**e**	indiqu**ons**
indiqu**es**	indiqu**ez**
indiqu**e**	indiqu**ent**
imparfait de l'indicatif	
indiqu**ais**	indiqu**ions**
indiqu**ais**	indiqu**iez**
indiqu**ait**	indiqu**aient**
passé simple	
indiqu**ai**	indiqu**âmes**
indiqu**as**	indiqu**âtes**
indiqu**a**	indiqu**èrent**
futur	
indiquer**ai**	indiquer**ons**
indiquer**as**	indiquer**ez**
indiquer**a**	indiquer**ont**
conditionnel	
indiquer**ais**	indiquer**ions**
indiquer**ais**	indiquer**iez**
indiquer**ait**	indiquer**aient**
présent du subjonctif	
indiqu**e**	indiqu**ions**
indiqu**es**	indiqu**iez**
indiqu**e**	indiqu**ent**
imparfait du subjonctif	
indiqua**sse**	indiqua**ssions**
indiqua**sses**	indiqua**ssiez**
indiquâ**t**	indiqua**ssent**
impératif	
indique	
indiquons	
indiquez	

SINGULAR	PLURAL
passé composé	
ai indiqué	**avons** indiqué
as indiqué	**avez** indiqué
a indiqué	**ont** indiqué
plus-que-parfait de l'indicatif	
avais indiqué	**avions** indiqué
avais indiqué	**aviez** indiqué
avait indiqué	**avaient** indiqué
passé antérieur	
eus indiqué	**eûmes** indiqué
eus indiqué	**eûtes** indiqué
eut indiqué	**eurent** indiqué
futur antérieur	
aurai indiqué	**aurons** indiqué
auras indiqué	**aurez** indiqué
aura indiqué	**auront** indiqué
conditionnel passé	
aurais indiqué	**aurions** indiqué
aurais indiqué	**auriez** indiqué
aurait indiqué	**auraient** indiqué
passé du subjonctif	
aie indiqué	**ayons** indiqué
aies indiqué	**ayez** indiqué
ait indiqué	**aient** indiqué
plus-que-parfait du subjonctif	
eusse indiqué	**eussions** indiqué
eusses indiqué	**eussiez** indiqué
eût indiqué	**eussent** indiqué

to inquire, to keep informed **s'informer**

participe présent **s'informant** participe passé **informé(e)(s)**

SINGULAR	PLURAL
présent de l'indicatif	
m'informe	**nous** informons
t'informes	**vous** informez
s'informe	**s'**informent
imparfait de l'indicatif	
m'informais	**nous** informions
t'informais	**vous** informiez
s'informait	**s'**informaient
passé simple	
m'informai	**nous** informâmes
t'informas	**vous** informâtes
s'informa	**s'**informèrent
futur	
m'informerai	**nous** informerons
t'informeras	**vous** informerez
s'informera	**s'**informeront
conditionnel	
m'informerais	**nous** informerions
t'informerais	**vous** informeriez
s'informerait	**s'**informeraient
présent du subjonctif	
m'informe	**nous** informions
t'informes	**vous** informiez
s'informe	**s'**informent
imparfait du subjonctif	
m'informasse	**nous** informassions
t'informasses	**vous** informassiez
s'informât	**s'**informassent
impératif	
informe-toi	
informons-nous	
informez-vous	

SINGULAR	PLURAL
passé composé	
me suis informé(e)	**nous sommes** informé(e)s
t'es informé(e)	**vous êtes** informé(e)(s)
s'est informé(e)	**se sont** informé(e)s
plus-que-parfait de l'indicatif	
m'étais informé(e)	**nous étions** informé(e)s
t'étais informé(e)	**vous étiez** informé(e)(s)
s'était informé(e)	**s'étaient** informé(e)s
passé antérieur	
me fus informé(e)	**nous fûmes** informé(e)s
te fus informé(e)	**vous fûtes** informé(e)(s)
se fut informé(e)	**se furent** informé(e)s
futur antérieur	
me serai informé(e)	**nous serons** informé(e)s
te seras informé(e)	**vous serez** informé(e)(s)
se sera informé(e)	**se seront** informé(e)s
conditionnel passé	
me serais informé(e)	**nous serions** informé(e)s
te serais informé(e)	**vous seriez** informé(e)(s)
se serait informé(e)	**se seraient** informé(e)s
passé du subjonctif	
me sois informé(e)	**nous soyons** informé(e)s
te sois informé(e)	**vous soyez** informé(e)(s)
se soit informé(e)	**se soient** informé(e)s
plus-que-parfait du subjonctif	
me fusse informé(e)	**nous fussions** informé(e)s
te fusses informé(e)	**vous fussiez** informé(e)(s)
se fût informé(e)	**se fussent** informé(e)s

inonder — to flood, to inundate, to overflow

participe présent **inondant** — participe passé **inondé**

SINGULAR	PLURAL	SINGULAR	PLURAL
présent de l'indicatif		passé composé	
inond**e**	inond**ons**	**ai** inondé	**avons** inondé
inond**es**	inond**ez**	**as** inondé	**avez** inondé
inond**e**	inond**ent**	**a** inondé	**ont** inondé
imparfait de l'indicatif		plus-que-parfait de l'indicatif	
inond**ais**	inond**ons**	**avais** inondé	**avions** inondé
inond**ais**	inond**ez**	**avais** inondé	**aviez** inondé
inond**ait**	inond**ent**	**avait** inondé	**avaient** inondé
passé simple		passé antérieur	
inond**ai**	inond**âmes**	**eus** inondé	**eûmes** inondé
inond**as**	inond**âtes**	**eus** inondé	**eûtes** inondé
inond**a**	inond**èrent**	**eut** inondé	**eurent** inondé
futur		futur antérieur	
inonder**ai**	inonder**ons**	**aurai** inondé	**aurons** inondé
inonder**as**	inonder**ez**	**auras** inondé	**aurez** inondé
inonder**a**	inonder**ont**	**aura** inondé	**auront** inondé
conditionnel		conditionnel passé	
inonder**ais**	inonder**ions**	**aurais** inondé	**aurions** inondé
inonder**ais**	inonder**iez**	**aurais** inondé	**auriez** inondé
inonder**ait**	inonder**aient**	**aurait** inondé	**auraient** inondé
présent du subjonctif		passé du subjonctif	
inond**e**	inond**ions**	**aie** inondé	**ayons** inondé
inond**es**	inond**iez**	**aies** inondé	**ayez** inondé
inond**e**	inond**ent**	**ait** inondé	**aient** inondé
imparfait du subjonctif		plus-que-parfait du subjonctif	
inonda**sse**	inonda**ssions**	**eusse** inondé	**eussions** inondé
inonda**sses**	inonda**ssiez**	**eusses** inondé	**eussiez** inondé
inondâ**t**	inonda**ssent**	**eût** inondé	**eussent** inondé

impératif
inonde
inondons
inondez

to worry — s'inquiéter

participe présent **s'inquiétant** participe passé **inquiété(e)(s)**

SINGULAR	PLURAL	SINGULAR	PLURAL
présent de l'indicatif		**passé composé**	
m'inquièt**e**	**nous** inquiét**ons**	**me suis** inquiété(e)	**nous sommes** inquiété(e)s
t'inquièt**es**	**vous** inquiét**ez**	**t'es** inquiété(e)	**vous êtes** inquiété(e)(s)
s'inquièt**e**	**s'**inquièt**ent**	**s'est** inquiété(e)	**se sont** inquiété(e)s
imparfait de l'indicatif		**plus-que-parfait de l'indicatif**	
m'inquiét**ais**	**nous** inquiét**ions**	**m'étais** inquiété(e)	**nous étions** inquiété(e)s
t'inquiét**ais**	**vous** inquiét**iez**	**t'étais** inquiété(e)	**vous étiez** inquiété(e)(s)
s'inquiét**ait**	**s'**inquiét**aient**	**s'était** inquiété(e)	**s'étaient** inquiété(e)s
passé simple		**passé antérieur**	
m'inquiét**ai**	**nous** inquiét**âmes**	**me fus** inquiété(e)	**nous fûmes** inquiété(e)s
t'inquiét**as**	**vous** inquiét**âtes**	**te fus** inquiété(e)	**vous fûtes** inquiété(e)(s)
s'inquiét**a**	**s'**inquiét**èrent**	**se fut** inquiété(e)	**se furent** inquiété(e)s
futur		**futur antérieur**	
m'inquiéter**ai**	**nous** inquiéter**ons**	**me serai** inquiété(e)	**nous serons** inquiété(e)s
t'inquiéter**as**	**vous** inquiéter**ez**	**te seras** inquiété(e)	**vous serez** inquiété(e)(s)
s'inquiéter**a**	**s'**inquiéter**ont**	**se sera** inquiété(e)	**se seront** inquiété(e)s
conditionnel		**conditionnel passé**	
m'inquiéter**ais**	**nous** inquiéter**ions**	**me serais** inquiété(e)	**nous serions** inquiété(e)s
t'inquiéter**ais**	**vous** inquiéter**iez**	**te serais** inquiété(e)	**vous seriez** inquiété(e)(s)
s'inquiéter**ait**	**s'**inquiéter**aient**	**se serait** inquiété(e)	**se seraient** inquiété(e)s
présent du subjonctif		**passé du subjonctif**	
m'inquièt**e**	**nous** inquiét**ions**	**me sois** inquiété(e)	**nous soyons** inquiété(e)s
t'inquièt**es**	**vous** inquiét**iez**	**te sois** inquiété(e)	**vous soyez** inquiété(e)(s)
s'inquièt**e**	**s'**inquièt**ent**	**se soit** inquiété(e)	**se soient** inquiété(e)s
imparfait du subjonctif		**plus-que-parfait du subjonctif**	
m'inquiéta**sse**	**nous** inquiéta**ssions**	**me fusse** inquiété(e)	**nous fussions** inquiété(e)s
t'inquiéta**sses**	**vous** inquiéta**ssiez**	**te fusses** inquiété(e)	**vous fussiez** inquiété(e)(s)
s'inquiét**ât**	**s'**inquiéta**ssent**	**se fût** inquiété(e)	**se fussent** inquiété(e)s

impératif

inquiète-toi
inquiétons-nous
inquiétez-vous

I

inscrire — to write down, to list, to enter

participe présent **inscrivant** — participe passé **inscrit**

SINGULAR	PLURAL	SINGULAR	PLURAL
présent de l'indicatif		passé composé	
inscri**s**	inscriv**ons**	**ai** inscrit	**avons** inscrit
inscri**s**	inscriv**ez**	**as** inscrit	**avez** inscrit
inscri**t**	inscriv**ent**	**a** inscrit	**ont** inscrit
imparfait de l'indicatif		plus-que-parfait de l'indicatif	
inscriv**ais**	inscriv**ions**	**avais** inscrit	**avions** inscrit
inscriv**ais**	inscriv**iez**	**avais** inscrit	**aviez** inscrit
inscriv**ait**	inscriv**aient**	**avait** inscrit	**avaient** inscrit
passé simple		passé antérieur	
inscriv**is**	inscriv**îmes**	**eus** inscrit	**eûmes** inscrit
inscriv**is**	inscriv**îtes**	**eus** inscrit	**eûtes** inscrit
inscriv**it**	inscriv**irent**	**eut** inscrit	**eurent** inscrit
futur		futur antérieur	
inscrir**ai**	inscrir**ons**	**aurai** inscrit	**aurons** inscrit
inscrir**as**	inscrir**ez**	**auras** inscrit	**aurez** inscrit
inscrir**a**	inscrir**ont**	**aura** inscrit	**auront** inscrit
conditionnel		conditionnel passé	
inscrir**ais**	inscrir**ions**	**aurais** inscrit	**aurions** inscrit
inscrir**ais**	inscrir**iez**	**aurais** inscrit	**auriez** inscrit
inscrir**ait**	inscrir**aient**	**aurait** inscrit	**auraient** inscrit
présent du subjonctif		passé du subjonctif	
inscriv**e**	inscriv**ions**	**aie** inscrit	**ayons** inscrit
inscriv**es**	inscriv**iez**	**aies** inscrit	**ayez** inscrit
inscriv**e**	inscriv**ent**	**ait** inscrit	**aient** inscrit
imparfait du subjonctif		plus-que-parfait du subjonctif	
inscriv**isse**	inscriv**issions**	**eusse** inscrit	**eussions** inscrit
inscriv**isses**	inscriv**issiez**	**eusses** inscrit	**eussiez** inscrit
inscriv**ît**	inscriv**issent**	**eût** inscrit	**eussent** inscrit

impératif
inscris
inscrivons
inscrivez

participe présent **insistant** participe passé **insisté**

SINGULAR	PLURAL	SINGULAR	PLURAL
présent de l'indicatif		passé composé	
insist**e**	insist**ons**	**ai** insisté	**avons** insisté
insist**es**	insist**ez**	**as** insisté	**avez** insisté
insist**e**	insist**ent**	**a** insisté	**ont** insisté
imparfait de l'indicatif		plus-que-parfait de l'indicatif	
insist**ais**	insist**ions**	**avais** insisté	**avions** insisté
insist**ais**	insist**iez**	**avais** insisté	**aviez** insisté
insist**ait**	insist**aient**	**avait** insisté	**avaient** insisté
passé simple		passé antérieur	
insist**ai**	insist**âmes**	**eus** insisté	**eûmes** insisté
insist**as**	insist**âtes**	**eus** insisté	**eûtes** insisté
insist**a**	insist**èrent**	**eut** insisté	**eurent** insisté
futur		futur antérieur	
insister**ai**	insister**ons**	**aurai** insisté	**aurons** insisté
insister**as**	insister**ez**	**auras** insisté	**aurez** insisté
insister**a**	insister**ont**	**aura** insisté	**auront** insisté
conditionnel		conditionnel passé	
insister**ais**	insister**ions**	**aurais** insisté	**aurions** insisté
insister**ais**	insister**iez**	**aurais** insisté	**auriez** insisté
insister**ait**	insister**aient**	**aurait** insisté	**auraient** insisté
présent du subjonctif		passé du subjonctif	
insist**e**	insist**ions**	**aie** insisté	**ayons** insisté
insist**es**	insist**iez**	**aies** insisté	**ayez** insisté
insist**e**	insist**ent**	**ait** insisté	**aient** insisté
imparfait du subjonctif		plus-que-parfait du subjonctif	
insista**sse**	insista**ssions**	**eusse** insisté	**eussions** insisté
insista**sses**	insista**ssiez**	**eusses** insisté	**eussiez** insisté
insist**ât**	insista**ssent**	**eût** insisté	**eussent** insisté

impératif
insiste
insistons
insistez

installer — to install, to set up, to insist

participe présent **installant** participe passé **installé**

SINGULAR	PLURAL	SINGULAR	PLURAL
présent de l'indicatif		passé composé	
install**e**	install**ons**	**ai** installé	**avons** installé
install**es**	install**ez**	**as** installé	**avez** installé
install**e**	install**ent**	**a** installé	**ont** installé
imparfait de l'indicatif		plus-que-parfait de l'indicatif	
install**ais**	install**ions**	**avais** installé	**avions** installé
install**ais**	install**iez**	**avais** installé	**aviez** installé
install**ait**	install**aient**	**avait** installé	**avaient** installé
passé simple		passé antérieur	
install**ai**	install**âmes**	**eus** installé	**eûmes** installé
install**as**	install**âtes**	**eus** installé	**eûtes** installé
install**a**	install**èrent**	**eut** installé	**eurent** installé
futur		futur antérieur	
installer**ai**	installer**ons**	**aurai** installé	**aurons** installé
installer**as**	installer**ez**	**auras** installé	**aurez** installé
installer**a**	installer**ont**	**aura** installé	**auront** installé
conditionnel		conditionnel passé	
installer**ais**	installer**ions**	**aurais** installé	**aurions** installé
installer**ais**	installer**iez**	**aurais** installé	**auriez** installé
installer**ait**	installer**aient**	**aurait** installé	**auraient** installé
présent du subjonctif		passé du subjonctif	
install**e**	install**ions**	**aie** installé	**ayons** installé
install**es**	install**iez**	**aies** installé	**ayez** installé
install**e**	install**ent**	**ait** installé	**aient** installé
imparfait du subjonctif		plus-que-parfait du subjonctif	
installa**sse**	installa**ssions**	**eusse** installé	**eussions** installé
installa**sses**	installa**ssiez**	**eusses** installé	**eussiez** installé
install**ât**	installa**ssent**	**eût** installé	**eussent** installé

impératif
installe
installons
installez

participe présent **instituant** participe passé **institué**

SINGULAR	PLURAL
présent de l'indicatif	
institu**e**	institu**ons**
institu**es**	institu**ez**
institu**e**	institu**ent**
imparfait de l'indicatif	
institu**ais**	institu**ions**
institu**ais**	institu**iez**
institu**ait**	institu**aient**
passé simple	
institu**ai**	institu**âmes**
institu**as**	institu**âtes**
institu**a**	institu**èrent**
futur	
instituer**ai**	instituer**ons**
instituer**as**	instituer**ez**
instituer**a**	instituer**ont**
conditionnel	
instituer**ais**	instituer**ions**
instituer**ais**	instituer**iez**
instituer**ait**	instituer**aient**
présent du subjonctif	
institu**e**	institu**ions**
institu**es**	institu**iez**
institu**e**	institu**ent**
imparfait du subjonctif	
institu**asse**	institu**assions**
institu**asses**	institu**assiez**
institu**ât**	institu**assent**
impératif	
institue	
instituons	
instituez	

SINGULAR	PLURAL
passé composé	
ai institué	**avons** institué
as institué	**avez** institué
a institué	**ont** institué
plus-que-parfait de l'indicatif	
avais institué	**avions** institué
avais institué	**aviez** institué
avait institué	**avaient** institué
passé antérieur	
eus institué	**eûmes** institué
eus institué	**eûtes** institué
eut institué	**eurent** institué
futur antérieur	
aurai institué	**aurons** institué
auras institué	**aurez** institué
aura institué	**auront** institué
conditionnel passé	
aurais institué	**aurions** institué
aurais institué	**auriez** institué
aurait institué	**auraient** institué
passé du subjonctif	
aie institué	**ayons** institué
aies institué	**ayez** institué
ait institué	**aient** institué
plus-que-parfait du subjonctif	
eusse institué	**eussions** institué
eusses institué	**eussiez** institué
eût institué	**eussent** institué

instruire to instruct, to educate, to investigate

participe présent **instruisant** participe passé **instruit**

SINGULAR	PLURAL	SINGULAR	PLURAL
présent de l'indicatif		passé composé	
instrui**s**	instruis**ons**	**ai** instruit	**avons** instruit
instrui**s**	instruis**ez**	**as** instruit	**avez** instruit
instrui**t**	instruis**ent**	**a** instruit	**ont** instruit
imparfait de l'indicatif		plus-que-parfait de l'indicatif	
instruis**ais**	instruis**ions**	**avais** instruit	**avions** instruit
instruis**ais**	instruis**iez**	**avais** instruit	**aviez** instruit
instruis**ait**	instruis**aient**	**avait** instruit	**avaient** instruit
passé simple		passé antérieur	
instruis**is**	instruis**îmes**	**eus** instruit	**eûmes** instruit
instruis**is**	instruis**îtes**	**eus** instruit	**eûtes** instruit
instruis**it**	instruis**irent**	**eut** instruit	**eurent** instruit
futur		futur antérieur	
instruir**ai**	instruir**ons**	**aurai** instruit	**aurons** instruit
instruir**as**	instruir**ez**	**auras** instruit	**aurez** instruit
instruir**a**	instruir**ont**	**aura** instruit	**auront** instruit
conditionnel		conditionnel passé	
instruir**ais**	instruir**ions**	**aurais** instruit	**aurions** instruit
instruir**ais**	instruir**iez**	**aurais** instruit	**auriez** instruit
instruir**ait**	instruir**aient**	**aurait** instruit	**auraient** instruit
présent du subjonctif		passé du subjonctif	
instruis**e**	instruis**ions**	**aie** instruit	**ayons** instruit
instruis**es**	instruis**iez**	**aies** instruit	**ayez** instruit
instruis**e**	instruis**ent**	**ait** instruit	**aient** instruit
imparfait du subjonctif		plus-que-parfait du subjonctif	
instruisi**sse**	instruisi**ssions**	**eusse** instruit	**eussions** instruit
instruisi**sses**	instruisi**ssiez**	**eusses** instruit	**eussiez** instruit
instruisî**t**	instruisi**ssent**	**eût** instruit	**eussent** instruit

impératif
instruis
instruisons
instruisez

to forbid, to prohibit, to ban **interdire**

participe présent **interdisant** participe passé **interdit**

SINGULAR	PLURAL	SINGULAR	PLURAL
présent de l'indicatif		passé composé	
interdi**s**	interdis**ons**	**ai** interdit	**avons** interdit
interdi**s**	interdis**ez**	**as** interdit	**avez** interdit
interdi**t**	interdis**ent**	**a** interdit	**ont** interdit
imparfait de l'indicatif		plus-que-parfait de l'indicatif	
interdis**ais**	interdis**ions**	**avais** interdit	**avions** interdit
interdis**ais**	interdis**iez**	**avais** interdit	**aviez** interdit
interdis**ait**	interdis**aient**	**avait** interdit	**avaient** interdit
passé simple		passé antérieur	
interd**is**	interd**îmes**	**eus** interdit	**eûmes** interdit
interd**is**	interd**îtes**	**eus** interdit	**eûtes** interdit
interd**it**	interd**irent**	**eut** interdit	**eurent** interdit
futur		futur antérieur	
interdir**ai**	interdir**ons**	**aurai** interdit	**aurons** interdit
interdir**as**	interdir**ez**	**auras** interdit	**aurez** interdit
interdir**a**	interdir**ont**	**aura** interdit	**auront** interdit
conditionnel		conditionnel passé	
interdir**ais**	interdir**ions**	**aurais** interdit	**aurions** interdit
interdir**ais**	interdir**iez**	**aurais** interdit	**auriez** interdit
interdir**ait**	interdir**aient**	**aurait** interdit	**auraient** interdit
présent du subjonctif		passé du subjonctif	
interdis**e**	interdis**ions**	**aie** interdit	**ayons** interdit
interdis**es**	interdis**iez**	**aies** interdit	**ayez** interdit
interdis**e**	interdis**ent**	**ait** interdit	**aient** interdit
imparfait du subjonctif		plus-que-parfait du subjonctif	
interdi**sse**	interdi**ssions**	**eusse** interdit	**eussions** interdit
interdi**sses**	interdi**ssiez**	**eusses** interdit	**eussiez** interdit
interd**ît**	interdi**ssent**	**eût** interdit	**eussent** interdit

impératif
interdis
interdisons
interdisez

I

s'intéresser to be interested in, to become interested

participe présent **s'intéressant** participe passé **intéressé(e)(s)**

SINGULAR	PLURAL	SINGULAR	PLURAL
présent de l'indicatif		**passé composé**	
m'intéresse**e**	**nous** intéress**ons**	**me suis** intéressé(e)	**nous sommes** intéressé(e)s
t'intéress**es**	**vous** intéress**ez**	**t'es** intéressé(e)	**vous êtes** intéressé(e)(s)
s'intéress**e**	**s'**intéress**ent**	**s'est** intéressé(e)	**se sont** intéressé(e)s
imparfait de l'indicatif		**plus-que-parfait de l'indicatif**	
m'intéress**ais**	**nous** intéress**ions**	**m'étais** intéressé(e)	**nous étions** intéressé(e)s
t'intéress**ais**	**vous** intéress**iez**	**t'étais** intéressé(e)	**vous étiez** intéressé(e)(s)
s'intéress**ait**	**s'**intéress**aient**	**s'était** intéressé(e)	**s'étaient** intéressé(e)s
passé simple		**passé antérieur**	
m'intéress**ai**	**nous** intéress**âmes**	**me fus** intéressé(e)	**nous fûmes** intéressé(e)s
t'intéress**as**	**vous** intéress**âtes**	**te fus** intéressé(e)	**vous fûtes** intéressé(e)(s)
s'intéress**a**	**s'**intéress**èrent**	**se fut** intéressé(e)	**se furent** intéressé(e)s
futur		**futur antérieur**	
m'intéresser**ai**	**nous** intéresser**ons**	**me serai** intéressé(e)	**nous serons** intéressé(e)s
t'intéresser**as**	**vous** intéresser**ez**	**te seras** intéressé(e)	**vous serez** intéressé(e)(s)
s'intéresser**a**	**s'**intéresser**ont**	**se sera** intéressé(e)	**se seront** intéressé(e)s
conditionnel		**conditionnel passé**	
m'intéresser**ais**	**nous** intéresser**ions**	**me serais** intéressé(e)	**nous serions** intéressé(e)s
t'intéresser**ais**	**vous** intéresser**iez**	**te serais** intéressé(e)	**vous seriez** intéressé(e)(s)
s'intéresser**ait**	**s'**intéresser**aient**	**se serait** intéressé(e)	**se seraient** intéressé(e)s
présent du subjonctif		**passé du subjonctif**	
m'intéress**e**	**nous** intéress**ions**	**me sois** intéressé(e)	**nous soyons** intéressé(e)s
t'intéress**es**	**vous** intéress**iez**	**te sois** intéressé(e)	**vous soyez** intéressé(e)(s)
s'intéress**e**	**s'**intéress**ent**	**se soit** intéressé(e)	**se soient** intéressé(e)s
imparfait du subjonctif		**plus-que-parfait du subjonctif**	
m'intéressa**sse**	**nous** intéressa**ssions**	**me fusse** intéressé(e)	**nous fussions** intéressé(e)s
t'intéressa**sses**	**vous** intéressa**ssiez**	**te fusses** intéressé(e)	**vous fussiez** intéressé(e)(s)
s'intéress**ât**	**s'**intéressa**ssent**	**se fût** intéressé(e)	**se fussent** intéressé(e)s

impératif

intéresse-toi

intéressons-nous

intéressez-vous

I

to interpret, to play (a role) **interpréter**

participe présent **interprétant** participe passé **interprété**

SINGULAR	PLURAL	SINGULAR	PLURAL
présent de l'indicatif		passé composé	
interprèt**e**	interprét**ons**	**ai** interprété	**avons** interprété
interprèt**es**	interprét**ez**	**as** interprété	**avez** interprété
interprèt**e**	interprèt**ent**	**a** interprété	**ont** interprété
imparfait de l'indicatif		plus-que-parfait de l'indicatif	
interprét**ais**	interprét**ions**	**avais** interprété	**avions** interprété
interprét**ais**	interprét**iez**	**avais** interprété	**aviez** interprété
interprét**ait**	interprét**aient**	**avait** interprété	**avaient** interprété
passé simple		passé antérieur	
interprét**ai**	interprét**âmes**	**eus** interprété	**eûmes** interprété
interprét**as**	interprét**âtes**	**eus** interprété	**eûtes** interprété
interprét**a**	interprét**èrent**	**eut** interprété	**eurent** interprété
futur		futur antérieur	
interpréter**ai**	interpréter**ons**	**aurai** interprété	**aurons** interprété
interpréter**as**	interpréter**ez**	**auras** interprété	**aurez** interprété
interpréter**a**	interpréter**ont**	**aura** interprété	**auront** interprété
conditionnel		conditionnel passé	
interpréter**ais**	interpréter**ions**	**aurais** interprété	**aurions** interprété
interpréter**ais**	interpréter**iez**	**aurais** interprété	**auriez** interprété
interpréter**ait**	interpréter**aient**	**aurait** interprété	**auraient** interprété
présent du subjonctif		passé du subjonctif	
interprèt**e**	interprét**ions**	**aie** interprété	**ayons** interprété
interprèt**es**	interprét**iez**	**aies** interprété	**ayez** interprété
interprèt**e**	interprèt**ent**	**ait** interprété	**aient** interprété
imparfait du subjonctif		plus-que-parfait du subjonctif	
interpréta**sse**	interpréta**ssions**	**eusse** interprété	**eussions** interprété
interpréta**sses**	interpréta**ssiez**	**eusses** interprété	**eussiez** interprété
interprétâ**t**	interpréta**ssent**	**eût** interprété	**eussent** interprété

impératif
interprète
interprétons
interprétez

interroger to question, to ask, to examine

participe présent **interrogeant** participe passé **interrogé**

SINGULAR	PLURAL	SINGULAR	PLURAL
présent de l'indicatif		passé composé	
interrog**e**	interrog**eons**	**ai** interrogé	**avons** interrogé
interrog**es**	interrog**ez**	**as** interrogé	**avez** interrogé
interrog**e**	interrog**ent**	**a** interrogé	**ont** interrogé
imparfait de l'indicatif		plus-que-parfait de l'indicatif	
interroge**ais**	interrog**ions**	**avais** interrogé	**avions** interrogé
interroge**ais**	interrog**iez**	**avais** interrogé	**aviez** interrogé
interroge**ait**	interroge**aient**	**avait** interrogé	**avaient** interrogé
passé simple		passé antérieur	
interroge**ai**	interroge**âmes**	**eus** interrogé	**eûmes** interrogé
interroge**as**	interroge**âtes**	**eus** interrogé	**eûtes** interrogé
interroge**a**	interrog**èrent**	**eut** interrogé	**eurent** interrogé
futur		futur antérieur	
interroger**ai**	interroger**ons**	**aurai** interrogé	**aurons** interrogé
interroger**as**	interroger**ez**	**auras** interrogé	**aurez** interrogé
interroger**a**	interroger**ont**	**aura** interrogé	**auront** interrogé
conditionnel		conditionnel passé	
interroger**ais**	interroger**ions**	**aurais** interrogé	**aurions** interrogé
interroger**ais**	interroger**iez**	**aurais** interrogé	**auriez** interrogé
interroger**ait**	interroger**aient**	**aurait** interrogé	**auraient** interrogé
présent du subjonctif		passé du subjonctif	
interrog**e**	interrog**ions**	**aie** interrogé	**ayons** interrogé
interrog**es**	interrog**iez**	**aies** interrogé	**ayez** interrogé
interrog**e**	interrog**ent**	**ait** interrogé	**aient** interrogé
imparfait du subjonctif		plus-que-parfait du subjonctif	
interrogea**sse**	interrogea**ssions**	**eusse** interrogé	**eussions** interrogé
interrogea**sses**	interrogea**ssiez**	**eusses** interrogé	**eussiez** interrogé
interroge**ât**	interrogea**ssent**	**eût** interrogé	**eussent** interrogé

impératif
interroge
interrogeons
interrogez

participe présent **interrompant** participe passé **interrompu**

SINGULAR	PLURAL
présent de l'indicatif	
interromp**s**	interromp**ons**
interromp**s**	interromp**ez**
interromp**t**	interromp**ent**
imparfait de l'indicatif	
interromp**ais**	interromp**ions**
interromp**ais**	interromp**iez**
interromp**ait**	interromp**aient**
passé simple	
interromp**is**	interromp**îmes**
interromp**is**	interromp**îtes**
interromp**it**	interromp**irent**
futur	
interrompr**ai**	interrompr**ons**
interrompr**as**	interrompr**ez**
interrompr**a**	interrompr**ont**
conditionnel	
interrompr**ais**	interrompr**ions**
interrompr**ais**	interrompr**iez**
interrompr**ait**	interrompr**aient**
présent du subjonctif	
interromp**e**	interromp**ions**
interromp**es**	interromp**iez**
interromp**e**	interromp**ent**
imparfait du subjonctif	
interrompi**sse**	interrompi**ssions**
interrompi**sses**	interrompi**ssiez**
interromp**ît**	interrompi**ssent**
impératif	
interromps	
interrompons	
interrompez	

SINGULAR	PLURAL
passé composé	
ai interrompu	**avons** interrompu
as interrompu	**avez** interrompu
a interrompu	**ont** interrompu
plus-que-parfait de l'indicatif	
avais interrompu	**avions** interrompu
avais interrompu	**aviez** interrompu
avait interrompu	**avaient** interrompu
passé antérieur	
eus interrompu	**eûmes** interrompu
eus interrompu	**eûtes** interrompu
eut interrompu	**eurent** interrompu
futur antérieur	
aurai interrompu	**aurons** interrompu
auras interrompu	**aurez** interrompu
aura interrompu	**auront** interrompu
conditionnel passé	
aurais interrompu	**aurions** interrompu
aurais interrompu	**auriez** interrompu
aurait interrompu	**auraient** interrompu
passé du subjonctif	
aie interrompu	**ayons** interrompu
aies interrompu	**ayez** interrompu
ait interrompu	**aient** interrompu
plus-que-parfait du subjonctif	
eusse interrompu	**eussions** interrompu
eusses interrompu	**eussiez** interrompu
eût interrompu	**eussent** interrompu

introduire — to introduce

participe présent **introduisant** participe passé **introduit**

SINGULAR	PLURAL
présent de l'indicatif	
introdui**s**	introduis**ons**
introdui**s**	introduis**ez**
introdui**t**	introduis**ent**
imparfait de l'indicatif	
introduis**ais**	introduis**ions**
introduis**ais**	introduis**iez**
introduis**ait**	introduis**aient**
passé simple	
introdu**is**	introdu**îmes**
introdu**is**	introdu**îtes**
introdu**it**	introdu**irent**
futur	
introduir**ai**	introduir**ons**
introduir**as**	introduir**ez**
introduir**a**	introduir**ont**
conditionnel	
introduir**ais**	introduir**ions**
introduir**ais**	introduir**iez**
introduir**ait**	introduir**aient**
présent du subjonctif	
introduis**e**	introduis**ions**
introduis**es**	introduis**iez**
introduis**e**	introduis**ent**
imparfait du subjonctif	
introduisi**sse**	introduisi**ssions**
introduisi**sses**	introduisi**ssiez**
introduisî**t**	introduisi**ssent**
impératif	
introduis	
introduisons	
introduisez	

SINGULAR	PLURAL
passé composé	
ai introduit	**avons** introduit
as introduit	**avez** introduit
a introduit	**ont** introduit
plus-que-parfait de l'indicatif	
avais introduit	**avions** introduit
avais introduit	**aviez** introduit
avait introduit	**avaient** introduit
passé antérieur	
eus introduit	**eûmes** introduit
eus introduit	**eûtes** introduit
eut introduit	**eurent** introduit
futur antérieur	
aurai introduit	**aurons** introduit
auras introduit	**aurez** introduit
aura introduit	**auront** introduit
conditionnel passé	
aurais introduit	**aurions** introduit
aurais introduit	**auriez** introduit
aurait introduit	**auraient** introduit
passé du subjonctif	
aie introduit	**ayons** introduit
aies introduit	**ayez** introduit
ait introduit	**aient** introduit
plus-que-parfait du subjonctif	
eusse introduit	**eussions** introduit
eusses introduit	**eussiez** introduit
eût introduit	**eussent** introduit

to invent, to devise **inverter**

participe présent **inventant** participe passé **inventé**

SINGULAR	PLURAL	SINGULAR	PLURAL
présent de l'indicatif		passé composé	
invent**e**	invent**ons**	**ai** inventé	**avons** inventé
invent**es**	invent**ez**	**as** inventé	**avez** inventé
invent**e**	invent**ent**	**a** inventé	**ont** inventé
imparfait de l'indicatif		plus-que-parfait de l'indicatif	
invent**ais**	invent**ions**	**avais** inventé	**avions** inventé
invent**ais**	invent**iez**	**avais** inventé	**aviez** inventé
invent**ait**	invent**aient**	**avait** inventé	**avaient** inventé
passé simple		passé antérieur	
invent**ai**	invent**âmes**	**eus** inventé	**eûmes** inventé
invent**as**	invent**âtes**	**eus** inventé	**eûtes** inventé
invent**a**	invent**èrent**	**eut** inventé	**eurent** inventé
futur		futur antérieur	
inventer**ai**	inventer**ons**	**aurai** inventé	**aurons** inventé
inventer**as**	inventer**ez**	**auras** inventé	**aurez** inventé
inventer**a**	inventer**ont**	**aura** inventé	**auront** inventé
conditionnel		conditionnel passé	
inventer**ais**	inventer**ions**	**aurais** inventé	**aurions** inventé
inventer**ais**	inventer**iez**	**aurais** inventé	**auriez** inventé
inventer**ait**	inventer**aient**	**aurait** inventé	**auraient** inventé
présent du subjonctif		passé du subjonctif	
invent**e**	invent**ions**	**aie** inventé	**ayons** inventé
invent**es**	invent**iez**	**aies** inventé	**ayez** inventé
invent**e**	invent**ent**	**ait** inventé	**aient** inventé
imparfait du subjonctif		plus-que-parfait du subjonctif	
inventa**sse**	inventa**ssions**	**eusse** inventé	**eussions** inventé
inventa**sses**	inventa**ssiez**	**eusses** inventé	**eussiez** inventé
inventâ**t**	inventa**ssent**	**eût** inventé	**eussent** inventé

impératif
invente
inventons
inventez

inviter — to invite

participe présent **invitant** participe passé **invité**

SINGULAR	PLURAL	SINGULAR	PLURAL
présent de l'indicatif		passé composé	
invit**e**	invit**ons**	**ai** invité	**avons** invité
invit**es**	invit**ez**	**as** invité	**avez** invité
invit**e**	invit**ent**	**a** invité	**ont** invité
imparfait de l'indicatif		plus-que-parfait de l'indicatif	
invit**ais**	invit**ions**	**avais** invité	**avions** invité
invit**ais**	invit**iez**	**avais** invité	**aviez** invité
invit**ait**	invit**aient**	**avait** invité	**avaient** invité
passé simple		passé antérieur	
invit**ai**	invit**âmes**	**eus** invité	**eûmes** invité
invit**as**	invit**âtes**	**eus** invité	**eûtes** invité
invit**a**	invit**èrent**	**eut** invité	**eurent** invité
futur		futur antérieur	
inviter**ai**	inviter**ons**	**aurai** invité	**aurons** invité
inviter**as**	inviter**ez**	**auras** invité	**aurez** invité
inviter**a**	inviter**ont**	**aura** invité	**auront** invité
conditionnel		conditionnel passé	
inviter**ais**	inviter**ions**	**aurais** invité	**aurions** invité
inviter**ais**	inviter**iez**	**aurais** invité	**auriez** invité
inviter**ait**	inviter**aient**	**aurait** invité	**auraient** invité
présent du subjonctif		passé du subjonctif	
invit**e**	invit**ions**	**aie** invité	**ayons** invité
invit**es**	invit**iez**	**aies** invité	**ayez** invité
invit**e**	invit**ent**	**ait** invité	**aient** invité
imparfait du subjonctif		plus-que-parfait du subjonctif	
invita**sse**	invita**ssions**	**eusse** invité	**eussions** invité
invita**sses**	invita**ssiez**	**eusses** invité	**eussiez** invité
invitâ**t**	invita**ssent**	**eût** invité	**eussent** invité

impératif
invite
invitons
invitez

to invoke, to call upon **invoquer**

participe présent **invoquant** participe passé **invoqué**

SINGULAR	PLURAL
présent de l'indicatif	
invoqu**e**	invoqu**ons**
invoqu**es**	invoqu**ez**
invoqu**e**	invoqu**ent**
imparfait de l'indicatif	
invoqu**ais**	invoqu**ions**
invoqu**ais**	invoqu**iez**
invoqu**ait**	invoqu**aient**
passé simple	
invoqu**ai**	invoqu**âmes**
invoqu**as**	invoqu**âtes**
invoqu**a**	invoqu**èrent**
futur	
invoquer**ai**	invoquer**ons**
invoquer**as**	invoquer**ez**
invoquer**a**	invoquer**ont**
conditionnel	
invoquer**ais**	invoquer**ions**
invoquer**ais**	invoquer**iez**
invoquer**ait**	invoquer**aient**
présent du subjonctif	
invoqu**e**	invoqu**ions**
invoqu**es**	invoqu**iez**
invoqu**e**	invoqu**ent**
imparfait du subjonctif	
invoqua**sse**	invoqua**ssions**
invoqua**sses**	invoqua**ssiez**
invoqu**ât**	invoqua**ssent**
impératif	
invoque	
invoquons	
invoquez	

SINGULAR	PLURAL
passé composé	
ai invoqué	**avons** invoqué
as invoqué	**avez** invoqué
a invoqué	**ont** invoqué
plus-que-parfait de l'indicatif	
avais invoqué	**avions** invoqué
avais invoqué	**aviez** invoqué
avait invoqué	**avaient** invoqué
passé antérieur	
eus invoqué	**eûmes** invoqué
eus invoqué	**eûtes** invoqué
eut invoqué	**eurent** invoqué
futur antérieur	
aurai invoqué	**aurons** invoqué
auras invoqué	**aurez** invoqué
aura invoqué	**auront** invoqué
conditionnel passé	
aurais invoqué	**aurions** invoqué
aurais invoqué	**auriez** invoqué
aurait invoqué	**auraient** invoqué
passé du subjonctif	
aie invoqué	**ayons** invoqué
aies invoqué	**ayez** invoqué
ait invoqué	**aient** invoqué
plus-que-parfait du subjonctif	
eusse invoqué	**eussions** invoqué
eusses invoqué	**eussiez** invoqué
eût invoqué	**eussent** invoqué

isoler — to insulate, to isolate

participe présent **isolant** participe passé **isolé**

SINGULAR	PLURAL	SINGULAR	PLURAL
présent de l'indicatif		passé composé	
isol**e**	isol**ons**	**ai** isolé	**avons** isolé
isol**es**	isol**ez**	**as** isolé	**avez** isolé
isol**e**	isol**ent**	**a** isolé	**ont** isolé
imparfait de l'indicatif		plus-que-parfait de l'indicatif	
isol**ais**	isol**ions**	**avais** isolé	**avions** isolé
isol**ais**	isol**iez**	**avais** isolé	**aviez** isolé
isol**ait**	isol**aient**	**avait** isolé	**avaient** isolé
passé simple		passé antérieur	
isol**ai**	isol**âmes**	**eus** isolé	**eûmes** isolé
isol**as**	isol**âtes**	**eus** isolé	**eûtes** isolé
isol**a**	isol**èrent**	**eut** isolé	**eurent** isolé
futur		futur antérieur	
isoler**ai**	isoler**ons**	**aurai** isolé	**aurons** isolé
isoler**as**	isoler**ez**	**auras** isolé	**aurez** isolé
isoler**a**	isoler**ont**	**aura** isolé	**auront** isolé
conditionnel		conditionnel passé	
isoler**ais**	isoler**ions**	**aurais** isolé	**aurions** isolé
isoler**ais**	isoler**iez**	**aurais** isolé	**auriez** isolé
isoler**ait**	isoler**aient**	**aurait** isolé	**auraient** isolé
présent du subjonctif		passé du subjonctif	
isol**e**	isol**ions**	**aie** isolé	**ayons** isolé
isol**es**	isol**iez**	**aies** isolé	**ayez** isolé
isol**e**	isol**ent**	**ait** isolé	**aient** isolé
imparfait du subjonctif		plus-que-parfait du subjonctif	
isol**asse**	isol**assions**	**eusse** isolé	**eussions** isolé
isol**asses**	isol**assiez**	**eusses** isolé	**eussiez** isolé
isol**ât**	isol**assent**	**eût** isolé	**eussent** isolé

impératif
isole
isolons
isolez

participe présent **jaillissant** participe passé **jailli**

SINGULAR	PLURAL	SINGULAR	PLURAL
présent de l'indicatif		passé composé	
jaill**is**	jaill**issons**	**ai** jailli	**avons** jailli
jaill**is**	jaill**issez**	**as** jailli	**avez** jailli
jaill**it**	jaill**issent**	**a** jailli	**ont** jailli
imparfait de l'indicatif		plus-que-parfait de l'indicatif	
jailliss**ais**	jailliss**ions**	**avais** jailli	**avions** jailli
jailliss**ais**	jailliss**iez**	**avais** jailli	**aviez** jailli
jailliss**ait**	jailliss**aient**	**avait** jailli	**avaient** jailli
passé simple		passé antérieur	
jaill**is**	jaill**îmes**	**eus** jailli	**eûmes** jailli
jaill**is**	jaill**îtes**	**eus** jailli	**eûtes** jailli
jaill**it**	jaill**irent**	**eut** jailli	**eurent** jailli
futur		futur antérieur	
jaillir**ai**	jaillir**ons**	**aurai** jailli	**aurons** jailli
jaillir**as**	jaillir**ez**	**auras** jailli	**aurez** jailli
jaillir**a**	jaillir**ont**	**aura** jailli	**auront** jailli
conditionnel		conditionnel passé	
jaillir**ais**	jaillir**ions**	**aurais** jailli	**aurions** jailli
jaillir**ais**	jaillir**iez**	**aurais** jailli	**auriez** jailli
jaillir**ait**	jaillir**aient**	**aurait** jailli	**auraient** jailli
présent du subjonctif		passé du subjonctif	
jailliss**e**	jailliss**ions**	**aie** jailli	**ayons** jailli
jailliss**es**	jailliss**iez**	**aies** jailli	**ayez** jailli
jailliss**e**	jailliss**ent**	**ait** jailli	**aient** jailli
imparfait du subjonctif		plus-que-parfait du subjonctif	
jaill**isse**	jaill**issions**	**eusse** jailli	**eussions** jailli
jaill**isses**	jaill**issiez**	**eusses** jailli	**eussiez** jailli
jaill**ît**	jaill**issent**	**eût** jailli	**eussent** jailli

impératif
jaillis
jaillissons
jaillissez

jaunir — to turn yellow

participe présent **jaunissant** participe passé **jauni**

SINGULAR	PLURAL	SINGULAR	PLURAL
présent de l'indicatif		passé composé	
jaun**is**	jaun**issons**	**ai** jauni	**avons** jauni
jaun**is**	jaun**issez**	**as** jauni	**avez** jauni
jaun**it**	jaun**issent**	**a** jauni	**ont** jauni
imparfait de l'indicatif		plus-que-parfait de l'indicatif	
jauniss**ais**	jauniss**ions**	**avais** jauni	**avions** jauni
jauniss**ais**	jauniss**iez**	**avais** jauni	**aviez** jauni
jauniss**ait**	jauniss**aient**	**avait** jauni	**avaient** jauni
passé simple		passé antérieur	
jaun**is**	jaun**îmes**	**eus** jauni	**eûmes** jauni
jaun**is**	jaun**îtes**	**eus** jauni	**eûtes** jauni
jaun**it**	jaun**irent**	**eut** jauni	**eurent** jauni
futur		futur antérieur	
jaunir**ai**	jaunir**ons**	**aurai** jauni	**aurons** jauni
jaunir**as**	jaunir**ez**	**auras** jauni	**aurez** jauni
jaunir**a**	jaunir**ont**	**aura** jauni	**auront** jauni
conditionnel		conditionnel passé	
jaunir**ais**	jaunir**ions**	**aurais** jauni	**aurions** jauni
jaunir**ais**	jaunir**iez**	**aurais** jauni	**auriez** jauni
jaunir**ait**	jaunir**aient**	**aurait** jauni	**auraient** jauni
présent du subjonctif		passé du subjonctif	
jauniss**e**	jauniss**ions**	**aie** jauni	**ayons** jauni
jauniss**es**	jauniss**iez**	**aies** jauni	**ayez** jauni
jauniss**e**	jauniss**ent**	**ait** jauni	**aient** jauni
imparfait du subjonctif		plus-que-parfait du subjonctif	
jauni**sse**	jauni**ssions**	**eusse** jauni	**eussions** jauni
jauni**sses**	jauni**ssiez**	**eusses** jauni	**eussiez** jauni
jaunî**t**	jauni**ssent**	**eût** jauni	**eussent** jauni

impératif
jaunis
jaunissons
jaunissez

to throw, to fling, to cast **jeter**

participe présent **jetant** participe passé **jeté**

SINGULAR	PLURAL	SINGULAR	PLURAL
présent de l'indicatif		passé composé	
jett**e**	jet**ons**	**ai** jeté	**avons** jeté
jett**es**	jet**ez**	**as** jeté	**avez** jeté
jett**e**	jett**ent**	**a** jeté	**ont** jeté
imparfait de l'indicatif		plus-que-parfait de l'indicatif	
jet**ais**	jet**ions**	**avais** jeté	**avions** jeté
jet**ais**	jet**iez**	**avais** jeté	**aviez** jeté
jet**ait**	jet**aient**	**avait** jeté	**avaient** jeté
passé simple		passé antérieur	
jet**ai**	jet**âmes**	**eus** jeté	**eûmes** jeté
jet**as**	jet**âtes**	**eus** jeté	**eûtes** jeté
jet**a**	jet**èrent**	**eut** jeté	**eurent** jeté
futur		futur antérieur	
jetter**ai**	jetter**ons**	**aurai** jeté	**aurons** jeté
jetter**as**	jetter**ez**	**auras** jeté	**aurez** jeté
jetter**a**	jetter**ont**	**aura** jeté	**auront** jeté
conditionnel		conditionnel passé	
jetter**ais**	jetter**ions**	**aurais** jeté	**aurions** jeté
jetter**ais**	jetter**iez**	**aurais** jeté	**auriez** jeté
jetter**ait**	jetter**aient**	**aurait** jeté	**auraient** jeté
présent du subjonctif		passé du subjonctif	
jett**e**	jet**ions**	**aie** jeté	**ayons** jeté
jett**es**	jet**iez**	**aies** jeté	**ayez** jeté
jett**e**	jett**ent**	**ait** jeté	**aient** jeté
imparfait du subjonctif		plus-que-parfait du subjonctif	
jeta**sse**	jeta**ssions**	**eusse** jeté	**eussions** jeté
jeta**sses**	jeta**ssiez**	**eusses** jeté	**eussiez** jeté
jetâ**t**	jeta**ssent**	**eût** jeté	**eussent** jeté

impératif
jette
jetons
jetez

MEMORY TIP

Busy executives **jet** from one city to the next for meetings.

J

joindre — to join, to get in touch with

participe présent **joignant** participe passé **joint**

SINGULAR	PLURAL	SINGULAR	PLURAL
présent de l'indicatif		passé composé	
join**s**	joign**ons**	**ai** joint	**avons** joint
join**s**	joign**ez**	**as** joint	**avez** joint
join**t**	joign**ent**	**a** joint	**ont** joint
imparfait de l'indicatif		plus-que-parfait de l'indicatif	
joign**ais**	joign**ions**	**avais** joint	**avions** joint
joign**ais**	joign**iez**	**avais** joint	**aviez** joint
joign**ait**	joign**aient**	**avait** joint	**avaient** joint
passé simple		passé antérieur	
joign**is**	joign**îmes**	**eus** joint	**eûmes** joint
joign**is**	joign**îtes**	**eus** joint	**eûtes** joint
joign**it**	joign**irent**	**eut** joint	**eurent** joint
futur		futur antérieur	
joindr**ai**	joindr**ons**	**aurai** joint	**aurons** joint
joindr**as**	joindr**ez**	**auras** joint	**aurez** joint
joindr**a**	joindr**ont**	**aura** joint	**auront** joint
conditionnel		conditionnel passé	
joindr**ais**	joindr**ions**	**aurais** joint	**aurions** joint
joindr**ais**	joindr**iez**	**aurais** joint	**auriez** joint
joindr**ait**	joindr**aient**	**aurait** joint	**auraient** joint
présent du subjonctif		passé du subjonctif	
joign**e**	joign**ions**	**aie** joint	**ayons** joint
joign**es**	joign**iez**	**aies** joint	**ayez** joint
joign**e**	joign**ent**	**ait** joint	**aient** joint
imparfait du subjonctif		plus-que-parfait du subjonctif	
joigni**sse**	joigni**ssions**	**eusse** joint	**eussions** joint
joigni**sses**	joigni**ssiez**	**eusses** joint	**eussiez** joint
joignî**t**	joigni**ssent**	**eût** joint	**eussent** joint

impératif
joins
joignons
joignez

J

to play, to act (in a play), to gamble **jouer**

participe présent **jouant** participe passé **joué**

SINGULAR	PLURAL	SINGULAR	PLURAL
présent de l'indicatif		passé composé	
jou**e**	jou**ons**	**ai** joué	**avons** joué
jou**es**	jou**ez**	**as** joué	**avez** joué
jou**e**	jou**ent**	**a** joué	**ont** joué
imparfait de l'indicatif		plus-que-parfait de l'indicatif	
jou**ais**	jou**ions**	**avais** joué	**avions** joué
jou**ais**	jou**iez**	**avais** joué	**aviez** joué
jou**ait**	jou**aient**	**avait** joué	**avaient** joué
passé simple		passé antérieur	
jou**ai**	jou**âmes**	**eus** joué	**eûmes** joué
jou**as**	jou**âtes**	**eus** joué	**eûtes** joué
jou**a**	jou**èrent**	**eut** joué	**eurent** joué
futur		futur antérieur	
jou**erai**	jou**erons**	**aurai** joué	**aurons** joué
jou**eras**	jou**erez**	**auras** joué	**aurez** joué
jou**era**	jou**eront**	**aura** joué	**auront** joué
conditionnel		conditionnel passé	
jou**erais**	jou**erions**	**aurais** joué	**aurions** joué
jou**erais**	jou**eriez**	**aurais** joué	**auriez** joué
jou**erait**	jou**eraient**	**aurait** joué	**auraient** joué
présent du subjonctif		passé du subjonctif	
jou**e**	jou**ions**	**aie** joué	**ayons** joué
jou**es**	jou**iez**	**aies** joué	**ayez** joué
jou**e**	jou**ent**	**ait** joué	**aient** joué
imparfait du subjonctif		plus-que-parfait du subjonctif	
jou**asse**	jou**assions**	**eusse** joué	**eussions** joué
jou**asses**	jou**assiez**	**eusses** joué	**eussiez** joué
jou**ât**	jou**assent**	**eût** joué	**eussent** joué

impératif
joue
jouons
jouez

J

jouir — to enjoy

participe présent **jouissant** — participe passé **joui**

SINGULAR	PLURAL	SINGULAR	PLURAL
présent de l'indicatif		passé composé	
jou**is**	jou**issons**	**ai** joui	**avons** joui
jou**is**	jou**issez**	**as** joui	**avez** joui
jou**it**	jou**issent**	**a** joui	**ont** joui
imparfait de l'indicatif		plus-que-parfait de l'indicatif	
jouiss**ais**	jouiss**ions**	**avais** joui	**avions** joui
jouiss**ais**	jouiss**iez**	**avais** joui	**aviez** joui
jouiss**ait**	jouiss**aient**	**avait** joui	**avaient** joui
passé simple		passé antérieur	
jou**is**	jou**îmes**	**eus** joui	**eûmes** joui
jou**is**	jou**îtes**	**eus** joui	**eûtes** joui
jou**it**	jou**irent**	**eut** joui	**eurent** joui
futur		futur antérieur	
jouir**ai**	jouir**ons**	**aurai** joui	**aurons** joui
jouir**as**	jouir**ez**	**auras** joui	**aurez** joui
jouir**a**	jouir**ont**	**aura** joui	**auront** joui
conditionnel		conditionnel passé	
jouir**ais**	jouir**ions**	**aurais** joui	**aurions** joui
jouir**ais**	jouir**iez**	**aurais** joui	**auriez** joui
jouir**ait**	jouir**aient**	**aurait** joui	**auraient** joui
présent du subjonctif		passé du subjonctif	
jouiss**e**	jouiss**ions**	**aie** joui	**ayons** joui
jouiss**es**	jouiss**iez**	**aies** joui	**ayez** joui
jouiss**e**	jouiss**ent**	**ait** joui	**aient** joui
imparfait du subjonctif		plus-que-parfait du subjonctif	
jou**isse**	jou**issions**	**eusse** joui	**eussions** joui
jou**isses**	jou**issiez**	**eusses** joui	**eussiez** joui
jou**ît**	jou**issent**	**eût** joui	**eussent** joui

impératif
jouis
jouissons
jouissez

to judge, to try, to adjudicate **juger**

participe présent **jugeant** participe passé **jugé**

SINGULAR	PLURAL
présent de l'indicatif	
jug**e**	jug**eons**
jug**es**	jug**ez**
jug**e**	jug**ent**
imparfait de l'indicatif	
juge**ais**	jug**ions**
juge**ais**	jug**iez**
juge**ait**	juge**aient**
passé simple	
juge**ai**	juge**âmes**
juge**as**	juge**âtes**
juge**a**	jug**èrent**
futur	
juger**ai**	juger**ons**
juger**as**	juger**ez**
juger**a**	juger**ont**
conditionnel	
juger**ais**	juger**ions**
juger**ais**	juger**iez**
juger**ait**	juger**aient**
présent du subjonctif	
jug**e**	jug**ions**
jug**es**	jug**iez**
jug**e**	jug**ent**
imparfait du subjonctif	
juge**asse**	juge**assions**
juge**asses**	juge**assiez**
juge**ât**	juge**assent**
impératif	
juge	
jugeons	
jugez	

SINGULAR	PLURAL
passé composé	
ai jugé	**avons** jugé
as jugé	**avez** jugé
a jugé	**ont** jugé
plus-que-parfait de l'indicatif	
avais jugé	**avions** jugé
avais jugé	**aviez** jugé
avait jugé	**avaient** jugé
passé antérieur	
eus jugé	**eûmes** jugé
eus jugé	**eûtes** jugé
eut jugé	**eurent** jugé
futur antérieur	
aurai jugé	**aurons** jugé
auras jugé	**aurez** jugé
aura jugé	**auront** jugé
conditionnel passé	
aurais jugé	**aurions** jugé
aurais jugé	**auriez** jugé
aurait jugé	**auraient** jugé
passé du subjonctif	
aie jugé	**ayons** jugé
aies jugé	**ayez** jugé
ait jugé	**aient** jugé
plus-que-parfait du subjonctif	
eusse jugé	**eussions** jugé
eusses jugé	**eussiez** jugé
eût jugé	**eussent** jugé

jurer

to swear, to clash

participe présent **jurant** participe passé **juré**

SINGULAR	PLURAL	SINGULAR	PLURAL
présent de l'indicatif		passé composé	
jur**e**	jur**ons**	**ai** juré	**avons** juré
jur**es**	jur**ez**	**as** juré	**avez** juré
jur**e**	jur**ent**	**a** juré	**ont** juré
imparfait de l'indicatif		plus-que-parfait de l'indicatif	
jur**ais**	jur**ions**	**avais** juré	**avions** juré
jur**ais**	jur**iez**	**avais** juré	**aviez** juré
jur**ait**	jur**aient**	**avait** juré	**avaient** juré
passé simple		passé antérieur	
jur**ai**	jur**âmes**	**eus** juré	**eûmes** juré
jur**as**	jur**âtes**	**eus** juré	**eûtes** juré
jur**a**	jur**èrent**	**eut** juré	**eurent** juré
futur		futur antérieur	
jurer**ai**	jurer**ons**	**aurai** juré	**aurons** juré
jurer**as**	jurer**ez**	**auras** juré	**aurez** juré
jurer**a**	jurer**ont**	**aura** juré	**auront** juré
conditionnel		conditionnel passé	
jurer**ais**	jurer**ions**	**aurais** juré	**aurions** juré
jurer**ais**	jurer**iez**	**aurais** juré	**auriez** juré
jurer**ait**	jurer**aient**	**aurait** juré	**auraient** juré
présent du subjonctif		passé du subjonctif	
jur**e**	jur**ions**	**aie** juré	**ayons** juré
jur**es**	jur**iez**	**aies** juré	**ayez** juré
jur**e**	jur**ent**	**ait** juré	**aient** juré
imparfait du subjonctif		plus-que-parfait du subjonctif	
jura**sse**	jura**ssions**	**eusse** juré	**eussions** juré
jura**sses**	jura**ssiez**	**eusses** juré	**eussiez** juré
jurâ**t**	jura**ssent**	**eût** juré	**eussent** juré

impératif

jure
jurons
jurez

to prove, to justify **justifier**

participe présent **justifiant** participe passé **justifié**

SINGULAR	PLURAL
présent de l'indicatif	
justifi**e**	justifi**ons**
justifi**es**	justifi**ez**
justifi**e**	justifi**ent**
imparfait de l'indicatif	
justifi**ais**	justifi**ions**
justifi**ais**	justifi**iez**
justifi**ait**	justifi**ent**
passé simple	
justifi**ai**	justifi**âmes**
justifi**as**	justifi**âtes**
justifi**a**	justifi**èrent**
futur	
justifier**ai**	justifier**ons**
justifier**as**	justifier**ez**
justifier**a**	justifier**ont**
conditionnel	
justifier**ais**	justifier**ions**
justifier**ais**	justifier**iez**
justifier**ait**	justifier**aient**
présent du subjonctif	
justifi**e**	justifi**ions**
justifi**es**	justifi**iez**
justifi**e**	justifi**ent**
imparfait du subjonctif	
justifia**sse**	justifia**ssions**
justifia**sses**	justifia**ssiez**
justifi**ât**	justifia**ssent**
impératif	
justifie	
justifions	
justifiez	

SINGULAR	PLURAL
passé composé	
ai justifié	**avons** justifié
as justifié	**avez** justifié
a justifié	**ont** justifié
plus-que-parfait de l'indicatif	
avais justifié	**avions** justifié
avais justifié	**aviez** justifié
avait justifié	**avaient** justifié
passé antérieur	
eus justifié	**eûmes** justifié
eus justifié	**eûtes** justifié
eut justifié	**eurent** justifié
futur antérieur	
aurai justifié	**aurons** justifié
auras justifié	**aurez** justifié
aura justifié	**auront** justifié
conditionnel passé	
aurais justifié	**aurions** justifié
aurais justifié	**auriez** justifié
aurait justifié	**auraient** justifié
passé du subjonctif	
aie justifié	**ayons** justifié
aies justifié	**ayez** justifié
ait justifié	**aient** justifié
plus-que-parfait du subjonctif	
eusse justifié	**eussions** justifié
eusses justifié	**eussiez** justifié
eût justifié	**eussent** justifié

lâcher to loosen, to let go, to release, to unleash

participe présent **lâchant** participe passé **lâché**

SINGULAR	PLURAL	SINGULAR	PLURAL
présent de l'indicatif		passé composé	
lâch**e**	lâch**ons**	**ai** lâché	**avons** lâché
lâch**es**	lâch**ez**	**as** lâché	**avez** lâché
lâch**e**	lâch**ent**	**a** lâché	**ont** lâché
imparfait de l'indicatif		plus-que-parfait de l'indicatif	
lâch**ais**	lâch**ions**	**avais** lâché	**avions** lâché
lâch**ais**	lâch**iez**	**avais** lâché	**aviez** lâché
lâch**ait**	lâch**aient**	**avait** lâché	**avaient** lâché
passé simple		passé antérieur	
lâch**ai**	lâch**âmes**	**eus** lâché	**eûmes** lâché
lâch**as**	lâch**âtes**	**eus** lâché	**eûtes** lâché
lâch**a**	lâch**èrent**	**eut** lâché	**eurent** lâché
futur		futur antérieur	
lâcher**ai**	lâcher**ons**	**aurai** lâché	**aurons** lâché
lâcher**as**	lâcher**ez**	**auras** lâché	**aurez** lâché
lâcher**a**	lâcher**ont**	**aura** lâché	**auront** lâché
conditionnel		conditionnel passé	
lâcher**ais**	lâcher**ions**	**aurais** lâché	**aurions** lâché
lâcher**ais**	lâcher**iez**	**aurais** lâché	**auriez** lâché
lâcher**ait**	lâcher**aient**	**aurait** lâché	**auraient** lâché
présent du subjonctif		passé du subjonctif	
lâch**e**	lâch**ions**	**aie** lâché	**ayons** lâché
lâch**es**	lâch**iez**	**aies** lâché	**ayez** lâché
lâch**e**	lâch**ent**	**ait** lâché	**aient** lâché
imparfait du subjonctif		plus-que-parfait du subjonctif	
lâcha**sse**	lâcha**ssions**	**eusse** lâché	**eussions** lâché
lâcha**sses**	lâcha**ssiez**	**eusses** lâché	**eussiez** lâché
lâch**ât**	lâcha**ssent**	**eût** lâché	**eussent** lâché

impératif
lâche
lâchons
lâchez

to let, to allow, to leave **laisser**

participe présent **laissant** participe passé **laissé**

présent de l'indicatif

SINGULAR	PLURAL
laiss**e**	laiss**ons**
laiss**es**	laiss**ez**
laiss**e**	laiss**ent**

imparfait de l'indicatif

SINGULAR	PLURAL
laiss**ais**	laiss**ions**
laiss**ais**	laiss**iez**
laiss**ait**	laiss**aient**

passé simple

SINGULAR	PLURAL
laiss**ai**	laiss**âmes**
laiss**as**	laiss**âtes**
laiss**a**	laiss**èrent**

futur

SINGULAR	PLURAL
laiss**erai**	laiss**erons**
laiss**eras**	laiss**erez**
laiss**era**	laiss**eront**

conditionnel

SINGULAR	PLURAL
laiss**erais**	laiss**erions**
laiss**erais**	laiss**eriez**
laiss**erait**	laiss**eraient**

présent du subjonctif

SINGULAR	PLURAL
laiss**e**	laiss**ions**
laiss**es**	laiss**iez**
laiss**e**	laiss**ent**

imparfait du subjonctif

SINGULAR	PLURAL
laissa**sse**	laissa**ssions**
laissa**sses**	laissa**ssiez**
laiss**ât**	laissa**ssent**

impératif

laisse
laissons
laissez

passé composé

SINGULAR	PLURAL
ai laissé	**avons** laissé
as laissé	**avez** laissé
a laissé	**ont** laissé

plus-que-parfait de l'indicatif

SINGULAR	PLURAL
avais laissé	**avions** laissé
avais laissé	**aviez** laissé
avait laissé	**avaient** laissé

passé antérieur

SINGULAR	PLURAL
eus laissé	**eûmes** laissé
eus laissé	**eûtes** laissé
eut laissé	**eurent** laissé

futur antérieur

SINGULAR	PLURAL
aurai laissé	**aurons** laissé
auras laissé	**aurez** laissé
aura laissé	**auront** laissé

conditionnel passé

SINGULAR	PLURAL
aurais laissé	**aurions** laissé
aurais laissé	**auriez** laissé
aurait laissé	**auraient** laissé

passé du subjonctif

SINGULAR	PLURAL
aie laissé	**ayons** laissé
aies laissé	**ayez** laissé
ait laissé	**aient** laissé

plus-que-parfait du subjonctif

SINGULAR	PLURAL
eusse laissé	**eussions** laissé
eusses laissé	**eussiez** laissé
eût laissé	**eussent** laissé

lancer — to throw

participe présent **lançant** participe passé **lancé**

SINGULAR	PLURAL	SINGULAR	PLURAL
présent de l'indicatif		passé composé	
lanc**e**	lanç**ons**	**ai** lancé	**avons** lancé
lanc**es**	lanc**ez**	**as** lancé	**avez** lancé
lanc**e**	lanc**ent**	**a** lancé	**ont** lancé
imparfait de l'indicatif		plus-que-parfait de l'indicatif	
lanç**ais**	lanc**ions**	**avais** lancé	**avions** lancé
lanç**ais**	lanc**iez**	**avais** lancé	**aviez** lancé
lanç**ait**	lanç**aient**	**avait** lancé	**avaient** lancé
passé simple		passé antérieur	
lanç**ai**	lanç**âmes**	**eus** lancé	**eûmes** lancé
lanç**as**	lanç**âtes**	**eus** lancé	**eûtes** lancé
lanç**a**	lanc**èrent**	**eut** lancé	**eurent** lancé
futur		futur antérieur	
lancer**ai**	lancer**ons**	**aurai** lancé	**aurons** lancé
lancer**as**	lancer**ez**	**auras** lancé	**aurez** lancé
lancer**a**	lancer**ont**	**aura** lancé	**auront** lancé
conditionnel		conditionnel passé	
lancer**ais**	lancer**ions**	**aurais** lancé	**aurions** lancé
lancer**ais**	lancer**iez**	**aurais** lancé	**auriez** lancé
lancer**ait**	lancer**aient**	**aurait** lancé	**auraient** lancé
présent du subjonctif		passé du subjonctif	
lanc**e**	lanc**ions**	**aie** lancé	**ayons** lancé
lanc**es**	lanc**iez**	**aies** lancé	**ayez** lancé
lanc**e**	lanc**ent**	**ait** lancé	**aient** lancé
imparfait du subjonctif		plus-que-parfait du subjonctif	
lanç**asse**	lanç**assions**	**eusse** lancé	**eussions** lancé
lanç**asses**	lanç**assiez**	**eusses** lancé	**eussiez** lancé
lanç**ât**	lanç**assent**	**eût** lancé	**eussent** lancé
impératif			
lance			
lançons			
lancez			

to wash **laver**

participe présent **lavant** participe passé **lavé**

SINGULAR	PLURAL	SINGULAR	PLURAL
présent de l'indicatif		passé composé	
lav**e**	lav**ons**	**ai** lavé	**avons** lavé
lav**es**	lav**ez**	**as** lavé	**avez** lavé
lav**e**	lav**ent**	**a** lavé	**ont** lavé
imparfait de l'indicatif		plus-que-parfait de l'indicatif	
lav**ais**	lav**ions**	**avais** lavé	**avions** lavé
lav**ais**	lav**iez**	**avais** lavé	**aviez** lavé
lav**ait**	lav**aient**	**avait** lavé	**avaient** lavé
passé simple		passé antérieur	
lav**ai**	lav**âmes**	**eus** lavé	**eûmes** lavé
lav**as**	lav**âtes**	**eus** lavé	**eûtes** lavé
lav**a**	lav**èrent**	**eut** lavé	**eurent** lavé
futur		futur antérieur	
laver**ai**	laver**ons**	**aurai** lavé	**aurons** lavé
laver**as**	laver**ez**	**auras** lavé	**aurez** lavé
laver**a**	laver**ont**	**aura** lavé	**auront** lavé
conditionnel		conditionnel passé	
laver**ais**	laver**ions**	**aurais** lavé	**aurions** lavé
laver**ais**	laver**iez**	**aurais** lavé	**auriez** lavé
laver**ait**	laver**aient**	**aurait** lavé	**auraient** lavé
présent du subjonctif		passé du subjonctif	
lav**e**	lav**ions**	**aie** lavé	**ayons** lavé
lav**es**	lav**iez**	**aies** lavé	**ayez** lavé
lav**e**	lav**ent**	**ait** lavé	**aient** lavé
imparfait du subjonctif		plus-que-parfait du subjonctif	
lava**sse**	lava**ssions**	**eusse** lavé	**eussions** lavé
lava**sses**	lava**ssiez**	**eusses** lavé	**eussiez** lavé
lav**ât**	lava**ssent**	**eût** lavé	**eussent** lavé

impératif
lave
lavons
lavez

se laver — to wash oneself

participe présent **se lavant** participe passé **lavé(e)(s)**

SINGULAR	PLURAL
présent de l'indicatif	
me lav**e**	**nous** lav**ons**
te lav**es**	**vous** lav**ez**
se lav**e**	**se** lav**ent**
imparfait de l'indicatif	
me lav**ais**	**nous** lav**ions**
te lav**ais**	**vous** lav**iez**
se lav**ait**	**se** lav**aient**
passé simple	
me lav**ai**	**nous** lav**âmes**
te lav**as**	**vous** lav**âtes**
se lav**a**	**se** lav**èrent**
futur	
me laver**ai**	**nous** laver**ons**
te laver**as**	**vous** laver**ez**
se laver**a**	**se** laver**ont**
conditionnel	
me laver**ais**	**nous** laver**ions**
te laver**ais**	**vous** laver**iez**
se laver**ait**	**se** laver**aient**
présent du subjonctif	
me lav**e**	**nous** lav**ions**
te lav**es**	**vous** lav**iez**
se lav**e**	**se** lav**ent**
imparfait du subjonctif	
me lava**sse**	**nous** lava**ssions**
te lava**sses**	**vous** lava**ssiez**
se lav**ât**	**se** lava**ssent**
impératif	
lave-toi	
lavons-nous	
lavez-vous	

SINGULAR	PLURAL
passé composé	
me suis lavé(e)	**nous sommes** lavé(e)s
t'es lavé(e)	**vous êtes** lavé(e)(s)
s'est lavé(e)	**se sont** lavé(e)s
plus-que-parfait de l'indicatif	
m'étais lavé(e)	**nous étions** lavé(e)s
t'étais lavé(e)	**vous étiez** lavé(e)(s)
s'était lavé(e)	**s'étaient** lavé(e)s
passé antérieur	
me fus lavé(e)	**nous fûmes** lavé(e)s
te fus lavé(e)	**vous fûtes** lavé(e)(s)
se fut lavé(e)	**se furent** lavé(e)s
futur antérieur	
me serai lavé(e)	**nous serons** lavé(e)s
te seras lavé(e)	**vous serez** lavé(e)(s)
se sera lavé(e)	**se seront** lavé(e)s
conditionnel passé	
me serais lavé(e)	**nous serions** lavé(e)s
te serais lavé(e)	**vous seriez** lavé(e)(s)
se serait lavé(e)	**se seraient** lavé(e)s
passé du subjonctif	
me sois lavé(e)	**nous soyons** lavé(e)s
te sois lavé(e)	**vous soyez** lavé(e)(s)
se soit lavé(e)	**se soient** lavé(e)s
plus-que-parfait du subjonctif	
me fusse lavé(e)	**nous fussions** lavé(e)s
te fusses lavé(e)	**vous fussiez** lavé(e)(s)
se fût lavé(e)	**se fussent** lavé(e)s

to bequeath, to pass on **léguer**

participe présent **léguant** participe passé **légué**

SINGULAR	PLURAL	SINGULAR	PLURAL
présent de l'indicatif		passé composé	
lègu**e**	légu**ons**	**ai** légué	**avons** légué
lègu**es**	légu**ez**	**as** légué	**avez** légué
lègu**e**	lègu**ent**	**a** légué	**ont** légué
imparfait de l'indicatif		plus-que-parfait de l'indicatif	
légu**ais**	légu**ions**	**avais** légué	**avions** légué
légu**ais**	légu**iez**	**avais** légué	**aviez** légué
légu**ait**	légu**aient**	**avait** légué	**avaient** légué
passé simple		passé antérieur	
légu**ai**	légu**âmes**	**eus** légué	**eûmes** légué
légu**as**	légu**âtes**	**eus** légué	**eûtes** légué
légu**a**	légu**èrent**	**eut** légué	**eurent** légué
futur		futur antérieur	
léguer**ai**	léguer**ons**	**aurai** légué	**aurons** légué
léguer**as**	léguer**ez**	**auras** légué	**aurez** légué
léguer**a**	léguer**ont**	**aura** légué	**auront** légué
conditionnel		conditionnel passé	
léguer**ais**	léguer**ions**	**aurais** légué	**aurions** légué
léguer**ais**	léguer**iez**	**aurais** légué	**auriez** légué
léguer**ait**	léguer**aient**	**aurait** légué	**auraient** légué
présent du subjonctif		passé du subjonctif	
lègu**e**	légu**ions**	**aie** légué	**ayons** légué
lègu**es**	légu**iez**	**aies** légué	**ayez** légué
lègu**e**	lègu**ent**	**ait** légué	**aient** légué
imparfait du subjonctif		plus-que-parfait du subjonctif	
légua**sse**	légua**ssions**	**eusse** légué	**eussions** légué
légua**sses**	légua**ssiez**	**eusses** légué	**eussiez** légué
légu**ât**	légua**ssent**	**eût** légué	**eussent** légué

impératif

lègue
léguons
léguez

lever — to lift, to raise

participe présent **levant** participe passé **levé**

SINGULAR	PLURAL

présent de l'indicatif

lèv**e**	lev**ons**
lèv**es**	lev**ez**
lèv**e**	lèv**ent**

imparfait de l'indicatif

lev**ais**	lev**ions**
lev**ais**	lev**iez**
lev**ait**	lev**aient**

passé simple

lev**ai**	lev**âmes**
lev**as**	lev**âtes**
lev**a**	lev**èrent**

futur

lèver**ai**	lèver**ons**
lèver**as**	lèver**ez**
lèver**a**	lèver**ont**

conditionnel

lèver**ais**	lèver**ions**
lèver**ais**	lèver**iez**
lèver**ait**	lèver**aient**

présent du subjonctif

lèv**e**	lev**ions**
lèv**es**	lev**iez**
lèv**e**	lèv**ent**

imparfait du subjonctif

leva**sse**	leva**ssions**
leva**sses**	leva**ssiez**
levâ**t**	leva**ssent**

impératif

lève
levons
levez

SINGULAR	PLURAL

passé composé

ai levé	**avons** levé
as levé	**avez** levé
a levé	**ont** levé

plus-que-parfait de l'indicatif

avais levé	**avions** levé
avais levé	**aviez** levé
avait levé	**avaient** levé

passé antérieur

eus levé	**eûmes** levé
eus levé	**eûtes** levé
eut levé	**eurent** levé

futur antérieur

aurai levé	**aurons** levé
auras levé	**aurez** levé
aura levé	**auront** levé

conditionnel passé

aurais levé	**aurions** levé
aurais levé	**auriez** levé
aurait levé	**auraient** levé

passé du subjonctif

aie levé	**ayons** levé
aies levé	**ayez** levé
ait levé	**aient** levé

plus-que-parfait du subjonctif

eusse levé	**eussions** levé
eusses levé	**eussiez** levé
eût levé	**eussent** levé

to get up — se lever

participe présent **se levant** participe passé **levé(e)(s)**

SINGULAR	PLURAL	SINGULAR	PLURAL
présent de l'indicatif		passé composé	
me lève	**nous** levons	**me suis** levé(e)	**nous sommes** levé(e)s
te lèves	**vous** levez	**t'es** levé(e)	**vous êtes** levé(e)(s)
se lève	**se** lèvent	**s'est** levé(e)	**se sont** levé(e)s
imparfait de l'indicatif		plus-que-parfait de l'indicatif	
me levais	**nous** levions	**m'étais** levé(e)	**nous étions** levé(e)s
te levais	**vous** leviez	**t'étais** levé(e)	**vous étiez** levé(e)(s)
se levait	**se** levaient	**s'était** levé(e)	**s'étaient** levé(e)s
passé simple		passé antérieur	
me levai	**nous** levâmes	**me fus** levé(e)	**nous fûmes** levé(e)s
te levas	**vous** levâtes	**te fus** levé(e)	**vous fûtes** levé(e)(s)
se leva	**se** levèrent	**se fut** levé(e)	**se furent** levé(e)s
futur		futur antérieur	
me lèverai	**nous** lèverons	**me serai** levé(e)	**nous serons** levé(e)s
te lèveras	**vous** lèverez	**te seras** levé(e)	**vous serez** levé(e)(s)
se lèvera	**se** lèveront	**se sera** levé(e)	**se seront** levé(e)s
conditionnel		conditionnel passé	
me lèverais	**nous** lèverions	**me serais** levé(e)	**nous serions** levé(e)s
te lèverais	**vous** lèveriez	**te serais** levé(e)	**vous seriez** levé(e)(s)
se lèverait	**se** lèveraient	**se serait** levé(e)	**se seraient** levé(e)s
présent du subjonctif		passé du subjonctif	
me lève	**nous** levions	**me sois** levé(e)	**nous soyons** levé(e)s
te lèves	**vous** leviez	**te sois** levé(e)	**vous soyez** levé(e)(s)
se lève	**se** lèvent	**se soit** levé(e)	**se soient** levé(e)s
imparfait du subjonctif		plus-que-parfait du subjonctif	
me levasse	**nous** levassions	**me fusse** levé(e)	**nous fussions** levé(e)s
te levasses	**vous** levassiez	**te fusses** levé(e)	**vous fussiez** levé(e)(s)
se levât	**se** levassent	**se fût** levé(e)	**se fussent** levé(e)s

impératif
lève-toi
levons-nous
levez-vous

lire — to read

participe présent **lisant** participe passé **lu**

SINGULAR	PLURAL	SINGULAR	PLURAL
présent de l'indicatif		passé composé	
lis	lisons	ai lu	avons lu
lis	lisez	as lu	avez lu
lit	lisent	a lu	ont lu
imparfait de l'indicatif		plus-que-parfait de l'indicatif	
lisais	lisions	avais lu	avions lu
lisais	lisiez	avais lu	aviez lu
lisait	lisaient	avait lu	avaient lu
passé simple		passé antérieur	
lus	lûmes	eus lu	eûmes lu
lus	lûtes	eus lu	eûtes lu
lut	lurent	eut lu	eurent lu
futur		futur antérieur	
lirai	lirons	aurai lu	aurons lu
liras	lirez	auras lu	aurez lu
lira	liront	aura lu	auront lu
conditionnel		conditionnel passé	
lirais	lirions	aurais lu	aurions lu
lirais	liriez	aurais lu	auriez lu
lirait	liraient	aurait lu	auraient lu
présent du subjonctif		passé du subjonctif	
lise	lisions	aie lu	ayons lu
lises	lisiez	aies lu	ayez lu
lise	lisent	ait lu	aient lu
imparfait du subjonctif		plus-que-parfait du subjonctif	
lusse	lussions	eusse lu	eussions lu
lusses	lussiez	eusses lu	eussiez lu
lût	lussent	eût lu	eussent lu

impératif
lis
lisons
lisez

MUST KNOW VERB

participe présent **logeant** participe passé **logé**

SINGULAR	PLURAL	SINGULAR	PLURAL
présent de l'indicatif		passé composé	
log**e**	loge**ons**	**ai** logé	**avons** logé
log**es**	log**ez**	**as** logé	**avez** logé
log**e**	log**ent**	**a** logé	**ont** logé
imparfait de l'indicatif		plus-que-parfait de l'indicatif	
loge**ais**	log**ions**	**avais** logé	**avions** logé
loge**ais**	log**iez**	**avais** logé	**aviez** logé
loge**ait**	loge**aient**	**avait** logé	**avaient** logé
passé simple		passé antérieur	
loge**ai**	loge**âmes**	**eus** logé	**eûmes** logé
loge**as**	loge**âtes**	**eus** logé	**eûtes** logé
loge**a**	logè**rent**	**eut** logé	**eurent** logé
futur		futur antérieur	
loger**ai**	loger**ons**	**aurai** logé	**aurons** logé
loger**as**	loger**ez**	**auras** logé	**aurez** logé
loger**a**	loger**ont**	**aura** logé	**auront** logé
conditionnel		conditionnel passé	
loger**ais**	loger**ions**	**aurais** logé	**aurions** logé
loger**ais**	loger**iez**	**aurais** logé	**auriez** logé
loger**ait**	loger**aient**	**aurait** logé	**auraient** logé
présent du subjonctif		passé du subjonctif	
log**e**	log**ions**	**aie** logé	**ayons** logé
log**es**	log**iez**	**aies** logé	**ayez** logé
log**e**	log**ent**	**ait** logé	**aient** logé
imparfait du subjonctif		plus-que-parfait du subjonctif	
logea**sse**	logea**ssions**	**eusse** logé	**eussions** logé
logea**sses**	logea**ssiez**	**eusses** logé	**eussiez** logé
logeâ**t**	logea**ssent**	**eût** logé	**eussent** logé

impératif
loge
logeons
logez

louer — to praise, to rent, to rent out

participe présent **louant** participe passé **loué**

SINGULAR	PLURAL	SINGULAR	PLURAL
présent de l'indicatif		passé composé	
lou**e**	lou**ons**	**ai** loué	**avons** loué
lou**es**	lou**ez**	**as** loué	**avez** loué
lou**e**	lou**ent**	**a** loué	**ont** loué
imparfait de l'indicatif		plus-que-parfait de l'indicatif	
lou**ais**	lou**ions**	**avais** loué	**avions** loué
lou**ais**	lou**iez**	**avais** loué	**aviez** loué
lou**ait**	lou**aient**	**avait** loué	**avaient** loué
passé simple		passé antérieur	
lou**ai**	lou**âmes**	**eus** loué	**eûmes** loué
lou**as**	lou**âtes**	**eus** loué	**eûtes** loué
lou**a**	lou**èrent**	**eut** loué	**eurent** loué
futur		futur antérieur	
louer**ai**	louer**ons**	**aurai** loué	**aurons** loué
louer**as**	louer**ez**	**auras** loué	**aurez** loué
louer**a**	louer**ont**	**aura** loué	**auront** loué
conditionnel		conditionnel passé	
louer**ais**	louer**ions**	**aurais** loué	**aurions** loué
louer**ais**	louer**iez**	**aurais** loué	**auriez** loué
louer**ait**	louer**aient**	**aurait** loué	**auraient** loué
présent du subjonctif		passé du subjonctif	
lou**e**	lou**ions**	**aie** loué	**ayons** loué
lou**es**	lou**iez**	**aies** loué	**ayez** loué
lou**e**	lou**ent**	**ait** loué	**aient** loué
imparfait du subjonctif		plus-que-parfait du subjonctif	
loua**sse**	loua**ssions**	**eusse** loué	**eussions** loué
loua**sses**	loua**ssiez**	**eusses** loué	**eussiez** loué
lou**ât**	loua**ssent**	**eût** loué	**eussent** loué

impératif

loue
louons
louez

to struggle, to fight **lutter**

participe présent **luttant** participe passé **lutté**

SINGULAR	PLURAL
présent de l'indicatif	
lutt**e**	lutt**ons**
lutt**es**	lutt**ez**
lutt**e**	lutt**ent**
imparfait de l'indicatif	
lutt**ais**	lutt**ions**
lutt**ais**	lutt**iez**
lutt**ait**	lutt**aient**
passé simple	
lutt**ai**	lutt**âmes**
lutt**as**	lutt**âtes**
lutt**a**	lutt**èrent**
futur	
lutter**ai**	lutter**ons**
lutter**as**	lutter**ez**
lutter**a**	lutter**ont**
conditionnel	
lutter**ais**	lutter**ions**
lutter**ais**	lutter**iez**
lutter**ait**	lutter**aient**
présent du subjonctif	
lutt**e**	lutt**ions**
lutt**es**	lutt**iez**
lutt**e**	lutt**ent**
imparfait du subjonctif	
lutta**sse**	lutta**ssions**
lutta**sses**	lutta**ssiez**
lutt**ât**	lutta**ssent**

impératif

lutte
luttons
luttez

SINGULAR	PLURAL
passé composé	
ai lutté	**avons** lutté
as lutté	**avez** lutté
a lutté	**ont** lutté
plus-que-parfait de l'indicatif	
avais lutté	**avions** lutté
avais lutté	**aviez** lutté
avait lutté	**avaient** lutté
passé antérieur	
eus lutté	**eûmes** lutté
eus lutté	**eûtes** lutté
eut lutté	**eurent** lutté
futur antérieur	
aurai lutté	**aurons** lutté
auras lutté	**aurez** lutté
aura lutté	**auront** lutté
conditionnel passé	
aurais lutté	**aurions** lutté
aurais lutté	**auriez** lutté
aurait lutté	**auraient** lutté
passé du subjonctif	
aie lutté	**ayons** lutté
aies lutté	**ayez** lutté
ait lutté	**aient** lutté
plus-que-parfait du subjonctif	
eusse lutté	**eussions** lutté
eusses lutté	**eussiez** lutté
eût lutté	**eussent** lutté

magasiner — to shop (Quebec)

participe présent **magasinant** participe passé **magasiné**

présent de l'indicatif

SINGULAR	PLURAL
magasin**e**	magasin**ons**
magasin**es**	magasin**ez**
magasin**e**	magasin**ent**

imparfait de l'indicatif

SINGULAR	PLURAL
magasin**ais**	magasin**ions**
magasin**ais**	magasin**iez**
magasin**ait**	magasin**aient**

passé simple

SINGULAR	PLURAL
magasin**ai**	magasin**âmes**
magasin**as**	magasin**âtes**
magasin**a**	magasin**èrent**

futur

SINGULAR	PLURAL
magasiner**ai**	magasiner**ons**
magasiner**as**	magasiner**ez**
magasiner**a**	magasiner**ont**

conditionnel

SINGULAR	PLURAL
magasiner**ais**	magasiner**ions**
magasiner**ais**	magasiner**iez**
magasiner**ait**	magasiner**aient**

présent du subjonctif

SINGULAR	PLURAL
magasin**e**	magasin**ions**
magasin**es**	magasin**iez**
magasin**e**	magasin**ent**

imparfait du subjonctif

SINGULAR	PLURAL
magasina**sse**	magasina**ssions**
magasina**sses**	magasina**ssiez**
magasinâ**t**	magasina**ssent**

impératif

magasine
magasinons
magasinez

passé composé

SINGULAR	PLURAL
ai magasiné	**avons** magasiné
as magasiné	**avez** magasiné
a magasiné	**ont** magasiné

plus-que-parfait de l'indicatif

SINGULAR	PLURAL
avais magasiné	**avions** magasiné
avais magasiné	**aviez** magasiné
avait magasiné	**avaient** magasiné

passé antérieur

SINGULAR	PLURAL
eus magasiné	**eûmes** magasiné
eus magasiné	**eûtes** magasiné
eut magasiné	**eurent** magasiné

futur antérieur

SINGULAR	PLURAL
aurai magasiné	**aurons** magasiné
auras magasiné	**aurez** magasiné
aura magasiné	**auront** magasiné

conditionnel passé

SINGULAR	PLURAL
aurais magasiné	**aurions** magasiné
aurais magasiné	**auriez** magasiné
aurait magasiné	**auraient** magasiné

passé du subjonctif

SINGULAR	PLURAL
aie magasiné	**ayons** magasiné
aies magasiné	**ayez** magasiné
ait magasiné	**aient** magasiné

plus-que-parfait du subjonctif

SINGULAR	PLURAL
eusse magasiné	**eussions** magasiné
eusses magasiné	**eussiez** magasiné
eût magasiné	**eussent** magasiné

She always looks in a magazine before she **shops.**

to lose weight, to grow thinner **maigrir**

participe présent **maigrissant** participe passé **maigri**

SINGULAR	PLURAL	SINGULAR	PLURAL
présent de l'indicatif		passé composé	
maigr**is**	maigr**issons**	**ai** maigri	**avons** maigri
maigr**is**	maigr**issez**	**as** maigri	**avez** maigri
maigr**it**	maigr**issent**	**a** maigri	**ont** maigri
imparfait de l'indicatif		plus-que-parfait de l'indicatif	
maigriss**ais**	maigriss**ions**	**avais** maigri	**avions** maigri
maigriss**ais**	maigriss**iez**	**avais** maigri	**aviez** maigri
maigriss**ait**	maigriss**aient**	**avait** maigri	**avaient** maigri
passé simple		passé antérieur	
maigr**is**	maigr**îmes**	**eus** maigri	**eûmes** maigri
maigr**is**	maigr**îtes**	**eus** maigri	**eûtes** maigri
maigr**it**	maigri**rent**	**eut** maigri	**eurent** maigri
futur		futur antérieur	
maigrir**ai**	maigrir**ons**	**aurai** maigri	**aurons** maigri
maigrir**as**	maigrir**ez**	**auras** maigri	**aurez** maigri
maigrir**a**	maigrir**ont**	**aura** maigri	**auront** maigri
conditionnel		conditionnel passé	
maigrir**ais**	maigrir**ions**	**aurais** maigri	**aurions** maigri
maigrir**ais**	maigrir**iez**	**aurais** maigri	**auriez** maigri
maigrir**ait**	maigrir**aient**	**aurait** maigri	**auraient** maigri
présent du subjonctif		passé du subjonctif	
maigriss**e**	maigriss**ions**	**aie** maigri	**ayons** maigri
maigriss**es**	maigriss**iez**	**aies** maigri	**ayez** maigri
maigriss**e**	maigriss**ent**	**ait** maigri	**aient** maigri
imparfait du subjonctif		plus-que-parfait du subjonctif	
maigri**sse**	maigri**ssions**	**eusse** maigri	**eussions** maigri
maigri**sses**	maigri**ssiez**	**eusses** maigri	**eussiez** maigri
maigr**ît**	maigri**ssent**	**eût** maigri	**eussent** maigri

impératif
maigris
maigrissons
maigrissez

MEMORY TIP

He always orders a **meager** portion of food.

M

manger — to eat

participe présent **mangeant** participe passé **mangé**

SINGULAR	PLURAL	SINGULAR	PLURAL
présent de l'indicatif		passé composé	
mang**e**	mange**ons**	**ai** mangé	**avons** mangé
mang**es**	mang**ez**	**as** mangé	**avez** mangé
mang**e**	mang**ent**	**a** mangé	**ont** mangé
imparfait de l'indicatif		plus-que-parfait de l'indicatif	
mange**ais**	mang**ions**	**avais** mangé	**avions** mangé
mange**ais**	mang**iez**	**avais** mangé	**aviez** mangé
mange**ait**	mange**aient**	**avait** mangé	**avaient** mangé
passé simple		passé antérieur	
mange**ai**	mange**âmes**	**eus** mangé	**eûmes** mangé
mange**as**	mange**âtes**	**eus** mangé	**eûtes** mangé
mange**a**	mang**èrent**	**eut** mangé	**eurent** mangé
futur		futur antérieur	
manger**ai**	manger**ons**	**aurai** mangé	**aurons** mangé
manger**as**	manger**ez**	**auras** mangé	**aurez** mangé
manger**a**	manger**ont**	**aura** mangé	**auront** mangé
conditionnel		conditionnel passé	
manger**ais**	manger**ions**	**aurais** mangé	**aurions** mangé
manger**ais**	manger**iez**	**aurais** mangé	**auriez** mangé
manger**ait**	manger**aient**	**aurait** mangé	**auraient** mangé
présent du subjonctif		passé du subjonctif	
mang**e**	mang**ions**	**aie** mangé	**ayons** mangé
mang**es**	mang**iez**	**aies** mangé	**ayez** mangé
mang**e**	mang**ent**	**ait** mangé	**aient** mangé
imparfait du subjonctif		plus-que-parfait du subjonctif	
mangea**sse**	mangea**ssions**	**eusse** mangé	**eussions** mangé
mangea**sses**	mangea**ssiez**	**eusses** mangé	**eussiez** mangé
mangeâ**t**	mangea**ssent**	**eût** mangé	**eussent** mangé

impératif

mange
mangeons
mangez

participe présent **manquant** participe passé **manqué**

SINGULAR	PLURAL	SINGULAR	PLURAL
présent de l'indicatif		passé composé	
manqu**e**	manqu**ons**	**ai** manqué	**avons** manqué
manqu**es**	manqu**ez**	**as** manqué	**avez** manqué
manqu**e**	manqu**ent**	**a** manqué	**ont** manqué
imparfait de l'indicatif		plus-que-parfait de l'indicatif	
manqu**ais**	manqu**ions**	**avais** manqué	**avions** manqué
manqu**ais**	manqu**iez**	**avais** manqué	**aviez** manqué
manqu**ait**	manqu**aient**	**avait** manqué	**avaient** manqué
passé simple		passé antérieur	
manqu**ai**	manqu**âmes**	**eus** manqué	**eûmes** manqué
manqu**as**	manqu**âtes**	**eus** manqué	**eûtes** manqué
manqu**a**	manqu**èrent**	**eut** manqué	**eurent** manqué
futur		futur antérieur	
manquer**ai**	manquer**ons**	**aurai** manqué	**aurons** manqué
manquer**as**	manquer**ez**	**auras** manqué	**aurez** manqué
manquer**a**	manquer**ont**	**aura** manqué	**auront** manqué
conditionnel		conditionnel passé	
manquer**ais**	manquer**ions**	**aurais** manqué	**aurions** manqué
manquer**ais**	manquer**iez**	**aurais** manqué	**auriez** manqué
manquer**ait**	manquer**aient**	**aurait** manqué	**auraient** manqué
présent du subjonctif		passé du subjonctif	
manqu**e**	manqu**ions**	**aie** manqué	**ayons** manqué
manqu**es**	manqu**iez**	**aies** manqué	**ayez** manqué
manqu**e**	manqu**ent**	**ait** manqué	**aient** manqué
imparfait du subjonctif		plus-que-parfait du subjonctif	
manqua**sse**	manqua**ssions**	**eusse** manqué	**eussions** manqué
manqua**sses**	manqua**ssiez**	**eusses** manqué	**eussiez** manqué
manqu**ât**	manqua**ssent**	**eût** manqué	**eussent** manqué

impératif
manque
manquons
manquez

marcher to walk (people), to work (things)

participe présent **marchant** participe passé **marché**

SINGULAR	PLURAL	SINGULAR	PLURAL
présent de l'indicatif		passé composé	
march**e**	march**ons**	**ai** marché	**avons** marché
march**es**	march**ez**	**as** marché	**avez** marché
march**e**	march**ent**	**a** marché	**ont** marché
imparfait de l'indicatif		plus-que-parfait de l'indicatif	
march**ais**	march**ions**	**avais** marché	**avions** marché
march**ais**	march**iez**	**avais** marché	**aviez** marché
march**ait**	march**aient**	**avait** marché	**avaient** marché
passé simple		passé antérieur	
march**ai**	march**âmes**	**eus** marché	**eûmes** marché
march**as**	march**âtes**	**eus** marché	**eûtes** marché
march**a**	march**èrent**	**eut** marché	**eurent** marché
futur		futur antérieur	
marcher**ai**	marcher**ons**	**aurai** marché	**aurons** marché
marcher**as**	marcher**ez**	**auras** marché	**aurez** marché
marcher**a**	marcher**ont**	**aura** marché	**auront** marché
conditionnel		conditionnel passé	
marcher**ais**	marcher**ions**	**aurais** marché	**aurions** marché
marcher**ais**	marcher**iez**	**aurais** marché	**auriez** marché
marcher**ait**	marcher**aient**	**aurait** marché	**auraient** marché
présent du subjonctif		passé du subjonctif	
march**e**	march**ions**	**aie** marché	**ayons** marché
march**es**	march**iez**	**aies** marché	**ayez** marché
march**e**	march**ent**	**ait** marché	**aient** marché
imparfait du subjonctif		plus-que-parfait du subjonctif	
marcha**sse**	marcha**ssions**	**eusse** marché	**eussions** marché
marcha**sses**	marcha**ssiez**	**eusses** marché	**eussiez** marché
marchâ**t**	marcha**ssent**	**eût** marché	**eussent** marché

M

impératif
marche
marchons
marchez

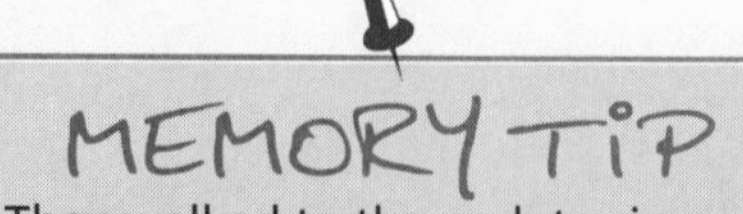

They walked to the park to sign up for the Protest **March**.

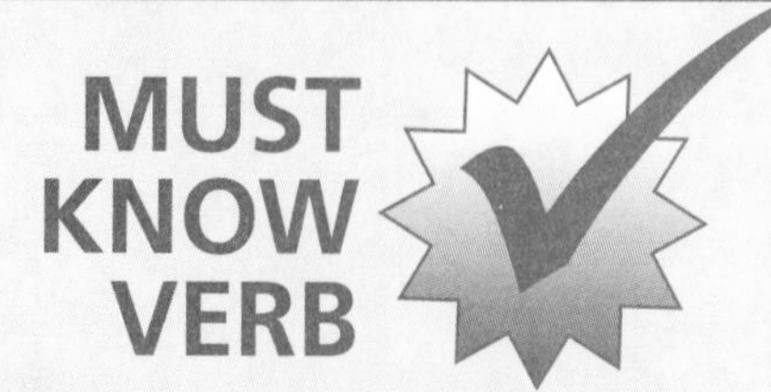

participe présent **maudissant** participe passé **maudit**

SINGULAR	PLURAL	SINGULAR	PLURAL
présent de l'indicatif		passé composé	
maud**is**	maud**issons**	**ai** maudit	**avons** maudit
maud**is**	maud**issez**	**as** maudit	**avez** maudit
maud**it**	maud**issent**	**a** maudit	**ont** maudit
imparfait de l'indicatif		plus-que-parfait de l'indicatif	
maudiss**ais**	maudiss**ions**	**avais** maudit	**avions** maudit
maudiss**ais**	maudiss**iez**	**avais** maudit	**aviez** maudit
maudiss**ait**	maudiss**aient**	**avait** maudit	**avaient** maudit
passé simple		passé antérieur	
maud**is**	maud**îmes**	**eus** maudit	**eûmes** maudit
maud**is**	maud**îtes**	**eus** maudit	**eûtes** maudit
maud**it**	maud**irent**	**eut** maudit	**eurent** maudit
futur		futur antérieur	
maudir**ai**	maudir**ons**	**aurai** maudit	**aurons** maudit
maudir**as**	maudir**ez**	**auras** maudit	**aurez** maudit
maudir**a**	maudir**ont**	**aura** maudit	**auront** maudit
conditionnel		conditionnel passé	
maudir**ais**	maudir**ions**	**aurais** maudit	**aurions** maudit
maudir**ais**	maudir**iez**	**aurais** maudit	**auriez** maudit
maudir**ait**	maudir**aient**	**aurait** maudit	**auraient** maudit
présent du subjonctif		passé du subjonctif	
maudiss**e**	maudiss**ions**	**aie** maudit	**ayons** maudit
maudiss**es**	maudiss**iez**	**aies** maudit	**ayez** maudit
maudiss**e**	maudiss**ent**	**ait** maudit	**aient** maudit
imparfait du subjonctif		plus-que-parfait du subjonctif	
maudi**sse**	maudi**ssions**	**eusse** maudit	**eussions** maudit
maudi**sses**	maudi**ssiez**	**eusses** maudit	**eussiez** maudit
maud**ît**	maudi**ssent**	**eût** maudit	**eussent** maudit

impératif
maudis
maudissons
maudissez

méconnaître — to misunderstand

participe présent **méconnaissant** participe passé **méconnu**

SINGULAR	PLURAL	SINGULAR	PLURAL
présent de l'indicatif		passé composé	
méconn**ais**	méconn**aissons**	**ai** méconnu	**avons** méconnu
méconn**ais**	méconn**aissez**	**as** méconnu	**avez** méconnu
méconn**aît**	méconn**aissent**	**a** méconnu	**ont** méconnu
imparfait de l'indicatif		plus-que-parfait de l'indicatif	
méconnaiss**ais**	méconnaiss**ions**	**avais** méconnu	**avions** méconnu
méconnaiss**ais**	méconnaiss**iez**	**avais** méconnu	**aviez** méconnu
méconnaiss**ait**	méconnaiss**aient**	**avait** méconnu	**avaient** méconnu
passé simple		passé antérieur	
méconn**us**	méconn**ûmes**	**eus** méconnu	**eûmes** méconnu
méconn**us**	méconn**ûtes**	**eus** méconnu	**eûtes** méconnu
méconn**ut**	méconn**urent**	**eut** méconnu	**eurent** méconnu
futur		futur antérieur	
méconnaît**rai**	méconnaît**rons**	**aurai** méconnu	**aurons** méconnu
méconnaît**ras**	méconnaît**rez**	**auras** méconnu	**aurez** méconnu
méconnaît**ra**	méconnaît**ront**	**aura** méconnu	**auront** méconnu
conditionnel		conditionnel passé	
méconnaît**rais**	méconnaît**rions**	**aurais** méconnu	**aurions** méconnu
méconnaît**rais**	méconnaît**riez**	**aurais** méconnu	**auriez** méconnu
méconnaît**rait**	méconnaît**raient**	**aurait** méconnu	**auraient** méconnu
présent du subjonctif		passé du subjonctif	
méconnaiss**e**	méconnaiss**ions**	**aie** méconnu	**ayons** méconnu
méconnaiss**es**	méconnaiss**iez**	**aies** méconnu	**ayez** méconnu
méconnaiss**e**	méconnaiss**ent**	**ait** méconnu	**aient** méconnu
imparfait du subjonctif		plus-que-parfait du subjonctif	
méconnu**sse**	méconnu**ssions**	**eusse** méconnu	**eussions** méconnu
méconnu**sses**	méconnu**ssiez**	**eusses** méconnu	**eussiez** méconnu
méconnû**t**	méconnu**ssent**	**eût** méconnu	**eussent** méconnu

impératif
méconnais
méconnaissons
méconnaissez

to beware, to mistrust — se méfier

participe présent **se méfiant** participe passé **méfié(e)(s)**

SINGULAR	PLURAL	SINGULAR	PLURAL
présent de l'indicatif		passé composé	
me méfi**e**	**nous** méfi**ons**	**me suis** méfié(e)	**nous sommes** méfiés(e)s
te méfi**es**	**vous** méfi**ez**	**t'es** méfié(e)	**vous êtes** méfié(e)(s)
se méfi**e**	**se** méfi**ent**	**s'est** méfié(e)	**se sont** méfiés(e)s
imparfait de l'indicatif		plus-que-parfait de l'indicatif	
me méfi**ais**	**nous** méfi**ions**	**m'étais** méfié(e)	**nous étions** méfiés(e)s
te méfi**ais**	**vous** méfi**iez**	**t'étais** méfié(e)	**vous étiez** méfié(e)(s)
se méfi**ait**	**se** méfi**aient**	**s'était** méfié(e)	**s'étaient** méfiés(e)s
passé simple		passé antérieur	
me méfi**ai**	**nous** méfi**âmes**	**me fus** méfié(e)	**nous fûmes** méfié(e)s
te méfi**as**	**vous** méfi**âtes**	**te fus** méfié(e)	**vous fûtes** méfié(e)(s)
se méfi**a**	**se** méfi**èrent**	**se fut** méfié(e)	**se furent** méfié(e)s
futur		futur antérieur	
me méfier**ai**	**nous** méfier**ons**	**me serai** méfié(e)	**nous serons** méfié(e)s
te méfier**as**	**vous** méfier**ez**	**te seras** méfié(e)	**vous serez** méfié(e)(s)
se méfier**a**	**se** méfier**ont**	**se sera** méfié(e)	**se seront** méfié(e)s
conditionnel		conditionnel passé	
me méfier**ais**	**nous** méfier**ions**	**me serais** méfié(e)	**nous serions** méfié(e)s
te méfier**ais**	**vous** méfier**iez**	**te serais** méfié(e)	**vous seriez** méfié(e)(s)
se méfier**ait**	**se** méfier**aient**	**se serait** méfié(e)	**se seraient** méfié(e)s
présent du subjonctif		passé du subjonctif	
me méfi**e**	**nous** méfi**ions**	**me sois** méfié(e)	**nous soyons** méfié(e)s
te méfi**es**	**vous** méfi**iez**	**te sois** méfié(e)	**vous soyez** méfié(e)(s)
se méfi**e**	**se** méfi**ent**	**se soit** méfié(e)	**se soient** méfié(e)s
imparfait du subjonctif		plus-que-parfait du subjonctif	
me méfia**sse**	**nous** méfia**ssions**	**me fusse** méfié(e)	**nous fussions** méfié(e)s
te méfia**sses**	**vous** méfia**ssiez**	**te fusses** méfié(e)	**vous fussiez** méfié(e)(s)
se méfi**ât**	**se** méfia**ssent**	**se fût** méfié(e)	**se fussent** méfié(e)s

impératif

méfie-toi
méfions-nous
méfiez-vous

mélanger — to mix

participe présent **mélangeant** participe passé **mélangé**

SINGULAR	PLURAL	SINGULAR	PLURAL
présent de l'indicatif		passé composé	
mélang**e**	mélange**ons**	**ai** mélangé	**avons** mélangé
mélang**es**	mélang**ez**	**as** mélangé	**avez** mélangé
mélang**e**	mélang**ent**	**a** mélangé	**ont** mélangé
imparfait de l'indicatif		plus-que-parfait de l'indicatif	
mélange**ais**	mélang**ions**	**avais** mélangé	**avions** mélangé
mélange**ais**	mélang**iez**	**avais** mélangé	**aviez** mélangé
mélange**ait**	mélange**aient**	**avait** mélangé	**avaient** mélangé
passé simple		passé antérieur	
mélange**ai**	mélange**âmes**	**eus** mélangé	**eûmes** mélangé
mélange**as**	mélange**âtes**	**eus** mélangé	**eûtes** mélangé
mélange**a**	mélang**èrent**	**eut** mélangé	**eurent** mélangé
futur		futur antérieur	
mélanger**ai**	mélanger**ons**	**aurai** mélangé	**aurons** mélangé
mélanger**as**	mélanger**ez**	**auras** mélangé	**aurez** mélangé
mélanger**a**	mélanger**ont**	**aura** mélangé	**auront** mélangé
conditionnel		conditionnel passé	
mélanger**ais**	mélanger**ions**	**aurais** mélangé	**aurions** mélangé
mélanger**ais**	mélanger**iez**	**aurais** mélangé	**auriez** mélangé
mélanger**ait**	mélanger**aient**	**aurait** mélangé	**auraient** mélangé
présent du subjonctif		passé du subjonctif	
mélang**e**	mélang**ions**	**aie** mélangé	**ayons** mélangé
mélang**es**	mélang**iez**	**aies** mélangé	**ayez** mélangé
mélang**e**	mélang**ent**	**ait** mélangé	**aient** mélangé
imparfait du subjonctif		plus-que-parfait du subjonctif	
mélangea**sse**	mélangea**ssions**	**eusse** mélangé	**eussions** mélangé
mélangea**sses**	mélangea**ssiez**	**eusses** mélangé	**eussiez** mélangé
mélangeâ**t**	mélangea**ssent**	**eût** mélangé	**eussent** mélangé

impératif
mélange
mélangeons
mélangez

participe présent **mêlant** participe passé **mêlé**

SINGULAR	PLURAL	SINGULAR	PLURAL
présent de l'indicatif		passé composé	
mêl**e**	mêl**ons**	**ai** mêlé	**avons** mêlé
mêl**es**	mêl**ez**	**as** mêlé	**avez** mêlé
mêl**e**	mêl**ent**	**a** mêlé	**ont** mêlé
imparfait de l'indicatif		plus-que-parfait de l'indicatif	
mêl**ais**	mêl**ions**	**avais** mêlé	**avions** mêlé
mêl**ais**	mêl**iez**	**avais** mêlé	**aviez** mêlé
mêl**ait**	mêl**aient**	**avait** mêlé	**avaient** mêlé
passé simple		passé antérieur	
mêl**ai**	mêl**âmes**	**eus** mêlé	**eûmes** mêlé
mêl**as**	mêl**âtes**	**eus** mêlé	**eûtes** mêlé
mêl**a**	mêl**èrent**	**eut** mêlé	**eurent** mêlé
futur		futur antérieur	
mêler**ai**	mêler**ons**	**aurai** mêlé	**aurons** mêlé
mêler**as**	mêler**ez**	**auras** mêlé	**aurez** mêlé
mêler**a**	mêler**ont**	**aura** mêlé	**auront** mêlé
conditionnel		conditionnel passé	
mêler**ais**	mêler**ions**	**aurais** mêlé	**aurions** mêlé
mêler**ais**	mêler**iez**	**aurais** mêlé	**auriez** mêlé
mêler**ait**	mêler**aient**	**aurait** mêlé	**auraient** mêlé
présent du subjonctif		passé du subjonctif	
mêl**e**	mêl**ions**	**aie** mêlé	**ayons** mêlé
mêl**es**	mêl**iez**	**aies** mêlé	**ayez** mêlé
mêl**e**	mêl**ent**	**ait** mêlé	**aient** mêlé
imparfait du subjonctif		plus-que-parfait du subjonctif	
mêla**sse**	mêla**ssions**	**eusse** mêlé	**eussions** mêlé
mêla**sses**	mêla**ssiez**	**eusses** mêlé	**eussiez** mêlé
mêlâ**t**	mêla**ssent**	**eût** mêlé	**eussent** mêlé

impératif
mêle
mêlons
mêlez

menacer — to threaten, to pose a threat to

participe présent **menaçant** participe passé **menacé**

SINGULAR	PLURAL	SINGULAR	PLURAL
présent de l'indicatif		passé composé	
menac**e**	mena**çons**	**ai** menacé	**avons** menacé
menac**es**	menac**ez**	**as** menacé	**avez** menacé
menac**e**	menac**ent**	**a** menacé	**ont** menacé
imparfait de l'indicatif		plus-que-parfait de l'indicatif	
menaç**ais**	menac**ions**	**avais** menacé	**avions** menacé
menaç**ais**	menac**iez**	**avais** menacé	**aviez** menacé
menaç**ait**	menaç**aient**	**avait** menacé	**avaient** menacé
passé simple		passé antérieur	
menaç**ai**	menaç**âmes**	**eus** menacé	**eûmes** menacé
menaça**s**	menaç**âtes**	**eus** menacé	**eûtes** menacé
menaça	menac**èrent**	**eut** menacé	**eurent** menacé
futur		futur antérieur	
menacer**ai**	menacer**ons**	**aurai** menacé	**aurons** menacé
menacer**as**	menacer**ez**	**auras** menacé	**aurez** menacé
menacer**a**	menacer**ont**	**aura** menacé	**auront** menacé
conditionnel		conditionnel passé	
menacer**ais**	menacer**ions**	**aurais** menacé	**aurions** menacé
menacer**ais**	menacer**iez**	**aurais** menacé	**auriez** menacé
menacer**ait**	menacer**aient**	**aurait** menacé	**auraient** menacé
présent du subjonctif		passé du subjonctif	
menac**e**	menac**ions**	**aie** menacé	**ayons** menacé
menac**es**	menac**iez**	**aies** menacé	**ayez** menacé
menac**e**	menac**ent**	**ait** menacé	**aient** menacé
imparfait du subjonctif		plus-que-parfait du subjonctif	
menaça**sse**	menaça**ssions**	**eusse** menacé	**eussions** menacé
menaça**sses**	menaça**ssiez**	**eusses** menacé	**eussiez** menacé
menacâ**t**	menaça**ssent**	**eût** menacé	**eussent** menacé

impératif
menace
menaçons
menacez

The approach of the dog was **menacing.**

participe présent **menant** participe passé **mené**

SINGULAR	PLURAL	SINGULAR	PLURAL
présent de l'indicatif		passé composé	
mèn**e**	men**ons**	**ai** mené	**avons** mené
mèn**es**	men**ez**	**as** mené	**avez** mené
mèn**e**	mèn**ent**	**a** mené	**ont** mené
imparfait de l'indicatif		plus-que-parfait de l'indicatif	
men**ais**	men**ions**	**avais** mené	**avions** mené
men**ais**	men**iez**	**avais** mené	**aviez** mené
men**ait**	men**aient**	**avait** mené	**avaient** mené
passé simple		passé antérieur	
men**ai**	men**âmes**	**eus** mené	**eûmes** mené
men**as**	men**âtes**	**eus** mené	**eûtes** mené
men**a**	men**èrent**	**eut** mené	**eurent** mené
futur		futur antérieur	
mèner**ai**	mener**ons**	**aurai** mené	**aurons** mené
mèner**as**	mener**ez**	**auras** mené	**aurez** mené
mèner**a**	mèner**ont**	**aura** mené	**auront** mené
conditionnel		conditionnel passé	
mèner**ais**	mener**ions**	**aurais** mené	**aurions** mené
mèner**ais**	mener**iez**	**aurais** mené	**auriez** mené
mèner**ait**	mèner**aient**	**aurait** mené	**auraient** mené
présent du subjonctif		passé du subjonctif	
mèn**e**	men**ions**	**aie** mené	**ayons** mené
mèn**es**	men**iez**	**aies** mené	**ayez** mené
mèn**e**	mèn**ent**	**ait** mené	**aient** mené
imparfait du subjonctif		plus-que-parfait du subjonctif	
mena**sse**	mena**ssions**	**eusse** mené	**eussions** mené
mena**sses**	mena**ssiez**	**eusses** mené	**eussiez** mené
menâ**t**	mena**ssent**	**eût** mené	**eussent** mené

impératif
mène
menons
menez

mentir — to lie

participe présent **mentant** participe passé **menti**

SINGULAR	PLURAL	SINGULAR	PLURAL
présent de l'indicatif		passé composé	
men**s**	men**tons**	**ai** menti	**avons** menti
men**s**	men**tez**	**as** menti	**avez** menti
men**t**	men**tent**	**a** menti	**ont** menti
imparfait de l'indicatif		plus-que-parfait de l'indicatif	
ment**ais**	ment**ions**	**avais** menti	**avions** menti
ment**ais**	ment**iez**	**avais** menti	**aviez** menti
ment**ait**	ment**aient**	**avait** menti	**avaient** menti
passé simple		passé antérieur	
ment**is**	ment**îmes**	**eus** menti	**eûmes** menti
ment**is**	ment**îtes**	**eus** menti	**eûtes** menti
ment**it**	ment**irent**	**eut** menti	**eurent** menti
futur		futur antérieur	
mentir**ai**	mentir**ons**	**aurai** menti	**aurons** menti
mentir**as**	mentir**ez**	**auras** menti	**aurez** menti
mentir**a**	mentir**ont**	**aura** menti	**auront** menti
conditionnel		conditionnel passé	
mentir**ais**	mentir**ions**	**aurais** menti	**aurions** menti
mentir**ais**	mentir**iez**	**aurais** menti	**auriez** menti
mentir**ait**	mentir**aient**	**aurait** menti	**auraient** menti
présent du subjonctif		passé du subjonctif	
ment**e**	ment**ions**	**aie** menti	**ayons** menti
ment**es**	ment**iez**	**aies** menti	**ayez** menti
ment**e**	ment**ent**	**ait** menti	**aient** menti
imparfait du subjonctif		plus-que-parfait du subjonctif	
menti**sse**	menti**ssions**	**eusse** menti	**eussions** menti
menti**sses**	menti**ssiez**	**eusses** menti	**eussiez** menti
ment**ît**	menti**ssent**	**eût** menti	**eussent** menti

impératif
mens
mentons
mentez

to be mistaken **se méprendre**

participe présent **se méprenant** participe passé **mépris(e)(es)**

SINGULAR	PLURAL	SINGULAR	PLURAL
présent de l'indicatif		passé composé	
me méprend**s**	**nous** mépren**ons**	**me suis** mépris(e)	**nous sommes** mépris(es)
te méprend**s**	**vous** mépren**ez**	**t'es** mépris(e)	**vous êtes** mépris(e)(es)
se méprend	**se** méprenn**ent**	**s'est** mépris(e)	**se sont** mépris(es)
imparfait de l'indicatif		plus-que-parfait de l'indicatif	
me mépren**ais**	**nous** mépren**ions**	**m'étais** mépris(e)	**nous étions** mépris(es)
te mépren**ais**	**vous** mépren**iez**	**t'étais** mépris(e)	**vous étiez** mépris(e)(es)
se mépren**ait**	**se** mépren**aient**	**s'était** mépris(e)	**s'étaient** mépris(es)
passé simple		passé antérieur	
me mépr**is**	**nous** mépr**îmes**	**me fus** mépris(e)	**nous fûmes** mépris(es)
te mépr**is**	**vous** mépr**îtes**	**te fus** mépris(e)	**vous fûtes** mépris(e)(es)
se mépr**it**	**se** mépr**irent**	**se fut** mépris(e)	**se furent** mépris(es)
futur		futur antérieur	
me méprendr**ai**	**nous** méprendr**ons**	**me serai** mépris(e)	**nous serons** mépris(es)
te méprendr**as**	**vous** méprendr**ez**	**te seras** mépris(e)	**vous serez** mépris(e)(es)
se méprendr**a**	**se** méprendr**ont**	**se sera** mépris(e)	**se seront** mépris(es)
conditionnel		conditionnel passé	
me méprendr**ais**	**nous** méprendr**ions**	**me serais** mépris(e)	**nous serions** mépris(es)
te méprendr**ais**	**vous** méprendr**iez**	**te serais** mépris(e)	**vous seriez** mépris(e)(es)
se méprendr**ait**	**se** méprendr**aient**	**se serait** mépris(e)	**se seraient** mépris(es)
présent du subjonctif		passé du subjonctif	
me méprenn**e**	**nous** mépren**ions**	**me sois** mépris(e)	**nous soyons** mépris(es)
te méprenn**es**	**vous** mépren**iez**	**te sois** mépris(e)	**vous soyez** mépris(e)(es)
se méprenn**e**	**se** méprenn**ent**	**se soit** mépris(e)	**se soient** mépris(es)
imparfait du subjonctif		plus-que-parfait du subjonctif	
me mépri**sse**	**nous** mépri**ssions**	**me fusse** mépris(e)	**nous fussions** mépris(es)
te mépri**sses**	**vous** mépri**ssiez**	**te fusses** mépris(e)	**vous fussiez** mépris(e)(es)
se mépr**ît**	**se** mépri**ssent**	**se fût** mépris(e)	**se fussent** mépris(es)

impératif

méprends-toi
méprenons-nous
méprenez-vous

mépriser — to despise

participe présent **méprisant** participe passé **méprisé**

SINGULAR	PLURAL	SINGULAR	PLURAL
présent de l'indicatif		passé composé	
mépris**e**	mépris**ons**	**ai** méprisé	**avons** méprisé
mépris**es**	mépris**ez**	**as** méprisé	**avez** méprisé
mépris**e**	mépris**ent**	**a** méprisé	**ont** méprisé
imparfait de l'indicatif		plus-que-parfait de l'indicatif	
mépris**ais**	mépris**ions**	**avais** méprisé	**avions** méprisé
mépris**ais**	mépris**iez**	**avais** méprisé	**aviez** méprisé
mépris**ait**	mépris**aient**	**avait** méprisé	**avaient** méprisé
passé simple		passé antérieur	
mépris**ai**	mépris**âmes**	**eus** méprisé	**eûmes** méprisé
mépris**as**	mépris**âtes**	**eus** méprisé	**eûtes** méprisé
mépris**a**	mépris**èrent**	**eut** méprisé	**eurent** méprisé
futur		futur antérieur	
mépriser**ai**	mépriser**ons**	**aurai** méprisé	**aurons** méprisé
mépriser**as**	mépriser**ez**	**auras** méprisé	**aurez** méprisé
mépriser**a**	mépriser**ont**	**aura** méprisé	**auront** méprisé
conditionnel		conditionnel passé	
mépriser**ais**	mépriser**ions**	**aurais** méprisé	**aurions** méprisé
mépriser**ais**	mépriser**iez**	**aurais** méprisé	**auriez** méprisé
mépriser**ait**	mépriser**aient**	**aurait** méprisé	**auraient** méprisé
présent du subjonctif		passé du subjonctif	
mépris**e**	mépris**ions**	**aie** méprisé	**ayons** méprisé
mépris**es**	mépris**iez**	**aies** méprisé	**ayez** méprisé
mépris**e**	mépris**ent**	**ait** méprisé	**aient** méprisé
imparfait du subjonctif		plus-que-parfait du subjonctif	
méprisa**sse**	méprisa**ssions**	**eusse** méprisé	**eussions** méprisé
méprisa**sses**	méprisa**ssiez**	**eusses** méprisé	**eussiez** méprisé
méprisâ**t**	méprisa**ssent**	**eût** méprisé	**eussent** méprisé

impératif
méprise
méprisons
méprisez

to merit, to deserve — mériter

participe présent **méritant** participe passé **mérité**

SINGULAR	PLURAL	SINGULAR	PLURAL
présent de l'indicatif		passé composé	
mérit**e**	mérit**ons**	**ai** mérité	**avons** mérité
mérit**es**	mérit**ez**	**as** mérité	**avez** mérité
mérit**e**	mérit**ent**	**a** mérité	**ont** mérité
imparfait de l'indicatif		plus-que-parfait de l'indicatif	
mérit**ais**	mérit**ions**	**avais** mérité	**avions** mérité
mérit**ais**	mérit**iez**	**avais** mérité	**aviez** mérité
mérit**ait**	mérit**aient**	**avait** mérité	**avaient** mérité
passé simple		passé antérieur	
mérit**ai**	mérit**âmes**	**eus** mérité	**eûmes** mérité
mérit**as**	mérit**âtes**	**eus** mérité	**eûtes** mérité
mérit**a**	mérit**èrent**	**eut** mérité	**eurent** mérité
futur		futur antérieur	
mériter**ai**	mériter**ons**	**aurai** mérité	**aurons** mérité
mériter**as**	mériter**ez**	**auras** mérité	**aurez** mérité
mériter**a**	mériter**ont**	**aura** mérité	**auront** mérité
conditionnel		conditionnel passé	
mériter**ais**	mériter**ions**	**aurais** mérité	**aurions** mérité
mériter**ais**	mériter**iez**	**aurais** mérité	**auriez** mérité
mériter**ait**	mériter**aient**	**aurait** mérité	**auraient** mérité
présent du subjonctif		passé du subjonctif	
mérit**e**	mérit**ions**	**aie** mérité	**ayons** mérité
mérit**es**	mérit**iez**	**aies** mérité	**ayez** mérité
mérit**e**	mérit**ent**	**ait** mérité	**aient** mérité
imparfait du subjonctif		plus-que-parfait du subjonctif	
mérita**sse**	mérita**ssions**	**eusse** mérité	**eussions** mérité
mérita**sses**	mérita**ssiez**	**eusses** mérité	**eussiez** mérité
mérit**ât**	mérita**ssent**	**eût** mérité	**eussent** mérité

impératif
mérite
méritons
méritez

mettre — to put, to put on (clothing)

participe présent **mettant** participe passé **mis**

SINGULAR	PLURAL	SINGULAR	PLURAL
présent de l'indicatif		passé composé	
met**s**	mett**ons**	**ai** mis	**avons** mis
met**s**	mett**ez**	**as** mis	**avez** mis
met	mett**ent**	**a** mis	**ont** mis
imparfait de l'indicatif		plus-que-parfait de l'indicatif	
mett**ais**	mett**ions**	**avais** mis	**avions** mis
mett**ais**	mett**iez**	**avais** mis	**aviez** mis
mett**ait**	mett**aient**	**avait** mis	**avaient** mis
passé simple		passé antérieur	
m**is**	m**îmes**	**eus** mis	**eûmes** mis
m**is**	m**îtes**	**eus** mis	**eûtes** mis
m**it**	m**irent**	**eut** mis	**eurent** mis
futur		futur antérieur	
mettr**ai**	mettr**ons**	**aurai** mis	**aurons** mis
mettr**as**	mettr**ez**	**auras** mis	**aurez** mis
mettr**a**	mettr**ont**	**aura** mis	**auront** mis
conditionnel		conditionnel passé	
mettr**ais**	mettr**ions**	**aurais** mis	**aurions** mis
mettr**ais**	mettr**iez**	**aurais** mis	**auriez** mis
mettr**ait**	mettr**aient**	**aurait** mis	**auraient** mis
présent du subjonctif		passé du subjonctif	
mett**e**	mett**ions**	**aie** mis	**ayons** mis
mett**es**	mett**iez**	**aies** mis	**ayez** mis
mett**e**	mett**ent**	**ait** mis	**aient** mis
imparfait du subjonctif		plus-que-parfait du subjonctif	
mi**sse**	mi**ssions**	**eusse** mis	**eussions** mis
mi**sses**	mi**ssiez**	**eusses** mis	**eussiez** mis
m**ît**	mi**ssent**	**eût** mis	**eussent** mis

impératif
mets
mettons
mettez

to begin, to place oneself **se mettre**

participe présent **se mettant** participe passé **mis(e)(s)**

SINGULAR	PLURAL	SINGULAR	PLURAL
présent de l'indicatif		passé composé	
me met**s**	**nous** mett**ons**	**me suis** mis(e)	**nous sommes** mis(es)
te met**s**	**vous** mett**ez**	**t'es** mis(e)	**vous êtes** mis(e)(es)
se met	**se** mett**ent**	**s'est** mis(e)	**se sont** mis(es)
imparfait de l'indicatif		plus-que-parfait de l'indicatif	
me mett**ais**	**nous** mett**ions**	**m'étais** mis(e)	**nous étions** mis(es)
te mett**ais**	**vous** mett**iez**	**t'étais** mis(e)	**vous étiez** mis(e)(es)
se mett**ait**	**se** mett**aient**	**s'était** mis(e)	**s'étaient** mis(es)
passé simple		passé antérieur	
me mis	**nous** m**îmes**	**me fus** mis(e)	**nous fûmes** mis(es)
te mis	**vous** m**îtes**	**te fus** mis(e)	**vous fûtes** mis(e)(es)
se m**it**	**se** m**irent**	**se fut** mis(e)	**se furent** mis(es)
futur		futur antérieur	
me mettr**ai**	**nous** mettr**ons**	**me serai** mis(e)	**nous serons** mis(es)
te mettr**as**	**vous** mettr**ez**	**te seras** mis(e)	**vous serez** mis(e)(es)
se mettr**a**	**se** mettr**ont**	**se sera** mis(e)	**se seront** mis(es)
conditionnel		conditionnel passé	
me mettr**ais**	**nous** mettr**ions**	**me serais** mis(e)	**nous serions** mis(es)
te mettr**ais**	**vous** mettr**iez**	**te serais** mis(e)	**vous seriez** mis(e)(es)
se mettr**ait**	**se** mettr**aient**	**se serait** mis(e)	**se seraient** mis(es)
présent du subjonctif		passé du subjonctif	
me mett**e**	**nous** mett**ions**	**me sois** mis(e)	**nous soyons** mis(es)
te mett**es**	**vous** mett**iez**	**te sois** mis(e)	**vous soyez** mis(e)(es)
se mett**e**	**se** mett**ent**	**se soit** mis(e)	**se soient** mis(es)
imparfait du subjonctif		plus-que-parfait du subjonctif	
me mi**sse**	**nous** mi**ssions**	**me fusse** mis(e)	**nous fussions** mis(es)
te mi**sses**	**vous** mi**ssiez**	**te fusses** mis(e)	**vous fussiez** mis(e)(es)
se m**ît**	**se** mi**ssent**	**se fût** mis(e)	**se fussent** mis(es)

impératif
mets-toi
mettons-nous
mettez-vous

mirer — to mirror

participe présent **mirant** — participe passé **miré**

SINGULAR	PLURAL	SINGULAR	PLURAL
présent de l'indicatif		passé composé	
mir**e**	mir**ons**	**ai** miré	**avons** miré
mir**es**	mir**ez**	**as** miré	**avez** miré
mir**e**	mir**ent**	**a** miré	**ont** miré
imparfait de l'indicatif		plus-que-parfait de l'indicatif	
mir**ais**	mir**ions**	**avais** miré	**avions** miré
mir**ais**	mir**iez**	**avais** miré	**aviez** miré
mir**ait**	mir**aient**	**avait** miré	**avaient** miré
passé simple		passé antérieur	
mir**ai**	mir**âmes**	**eus** miré	**eûmes** miré
mir**as**	mir**âtes**	**eus** miré	**eûtes** miré
mir**a**	mir**èrent**	**eut** miré	**eurent** miré
futur		futur antérieur	
mirer**ai**	mirer**ons**	**aurai** miré	**aurons** miré
mirer**as**	mirer**ez**	**auras** miré	**aurez** miré
mirer**a**	mirer**ont**	**aura** miré	**auront** miré
conditionnel		conditionnel passé	
mirer**ais**	mirer**ions**	**aurais** miré	**aurions** miré
mirer**ais**	mirer**iez**	**aurais** miré	**auriez** miré
mirer**ait**	mirer**aient**	**aurait** miré	**auraient** miré
présent du subjonctif		passé du subjonctif	
mir**e**	mir**ions**	**aie** miré	**ayons** miré
mir**es**	mir**iez**	**aies** miré	**ayez** miré
mir**e**	mir**ent**	**ait** miré	**aient** miré
imparfait du subjonctif		plus-que-parfait du subjonctif	
mira**sse**	mira**ssions**	**eusse** miré	**eussions** miré
mira**sses**	mira**ssiez**	**eusses** miré	**eussiez** miré
mir**ât**	mira**ssent**	**eût** miré	**eussent** miré

impératif
mire
mirons
mirez

to model, to shape **modeler**

participe présent **modelant** participe passé **modelé**

SINGULAR	PLURAL	SINGULAR	PLURAL
présent de l'indicatif		passé composé	
modèl**e**	model**ons**	**ai** modelé	**avons** modelé
modèl**es**	model**ez**	**as** modelé	**avez** modelé
modèl**e**	modèl**ent**	**a** modelé	**ont** modelé
imparfait de l'indicatif		plus-que-parfait de l'indicatif	
model**ais**	model**ions**	**avais** modelé	**avions** modelé
model**ais**	model**iez**	**avais** modelé	**aviez** modelé
model**ait**	model**aient**	**avait** modelé	**avaient** modelé
passé simple		passé antérieur	
model**ai**	model**âmes**	**eus** modelé	**eûmes** modelé
model**as**	model**âtes**	**eus** modelé	**eûtes** modelé
model**a**	model**èrent**	**eut** modelé	**eurent** modelé
futur		futur antérieur	
modèler**ai**	modèler**ons**	**aurai** modelé	**aurons** modelé
modèler**as**	modèler**ez**	**auras** modelé	**aurez** modelé
modèler**a**	modèler**ont**	**aura** modelé	**auront** modelé
conditionnel		conditionnel passé	
modèler**ais**	modèler**ions**	**aurais** modelé	**aurions** modelé
modèler**ais**	modèler**iez**	**aurais** modelé	**auriez** modelé
modèler**ait**	modèler**aient**	**aurait** modelé	**auraient** modelé
présent du subjonctif		passé du subjonctif	
modèl**e**	model**ions**	**aie** modelé	**ayons** modelé
modèl**es**	model**iez**	**aies** modelé	**ayez** modelé
modèl**e**	modèl**ent**	**ait** modelé	**aient** modelé
imparfait du subjonctif		plus-que-parfait du subjonctif	
modela**sse**	modela**ssions**	**eusse** modelé	**eussions** modelé
modela**sses**	modela**ssiez**	**eusses** modelé	**eussiez** modelé
modelâ**t**	modela**ssent**	**eût** modelé	**eussent** modelé

impératif

modèle

modelons

modelez

molester — to harass, to bother

participe présent **molestant** participe passé **moleste**

SINGULAR	PLURAL	SINGULAR	PLURAL
présent de l'indicatif		passé composé	
moleste	molestons	ai molesté	avons molesté
molestes	molestez	as molesté	avez molesté
moleste	molestent	a molesté	ont molesté
imparfait de l'indicatif		plus-que-parfait de l'indicatif	
molestais	molestions	avais molesté	avions molesté
molestais	molestiez	avais molesté	aviez molesté
molestait	molestaient	avait molesté	avaient molesté
passé simple		passé antérieur	
molestai	molestâmes	eus molesté	eûmes molesté
molestas	molestâtes	eus molesté	eûtes molesté
molesta	molestèrent	eut molesté	eurent molesté
futur		futur antérieur	
molesterai	molesterons	aurai molesté	aurons molesté
molesteras	molesterez	auras molesté	aurez molesté
molestera	molesteront	aura molesté	auront molesté
conditionnel		conditionnel passé	
molesterais	molesterions	aurais molesté	aurions molesté
molesterais	molesteriez	aurais molesté	auriez molesté
molesterait	molesteraient	aurait molesté	auraient molesté
présent du subjonctif		passé du subjonctif	
moleste	molestions	aie molesté	ayons molesté
molestes	molestiez	aies molesté	ayez molesté
moleste	molestent	ait molesté	aient molesté
imparfait du subjonctif		plus-que-parfait du subjonctif	
molestasse	molestassions	eusse molesté	eussions molesté
molestasses	molestassiez	eusses molesté	eussiez molesté
molestât	molestassent	eût molesté	eussent molesté

impératif
moleste
molestons
molestez

to rise, to go up **monter**

participe présent **montant** participe passé **monté(e)(s)**

SINGULAR	PLURAL	SINGULAR	PLURAL
présent de l'indicatif		passé composé	
mont**e**	mont**ons**	**suis** monté(e)	**sommes** monté(e)s
mont**es**	mont**ez**	**es** monté(e)	**êtes** monté(e)(s)
mont**e**	mont**ent**	**est** monté(e)	**sont** monté(e)s
imparfait de l'indicatif		plus-que-parfait de l'indicatif	
mont**ais**	mont**ions**	**étais** monté(e)	**étions** monté(e)s
mont**ais**	mont**iez**	**étais** monté(e)	**étiez** monté(e)(s)
mont**ait**	mont**aient**	**était** monté(e)	**étaient** monté(e)s
passé simple		passé antérieur	
mont**ai**	mont**âmes**	**fus** monté(e)	**fûmes** monté(e)s
mont**as**	mont**âtes**	**fus** monté(e)	**fûtes** monté(e)(s)
mont**a**	mont**èrent**	**fut** monté(e)	**furent** monté(e)s
futur		futur antérieur	
monter**ai**	monter**ons**	**serai** monté(e)	**serons** monté(e)s
monter**as**	monter**ez**	**seras** monté(e)	**serez** monté(e)(s)
monter**a**	monter**ont**	**sera** monté(e)	**seront** monté(e)s
conditionnel		conditionnel passé	
monter**ais**	monter**ions**	**serais** monté(e)	**serions** monté(e)s
monter**ais**	monter**iez**	**serais** monté(e)	**seriez** monté(e)(s)
monter**ait**	monter**aient**	**serait** monté(e)	**seraient** monté(e)s
présent du subjonctif		passé du subjonctif	
mont**e**	mont**ions**	**sois** monté(e)	**soyons** monté(e)s
mont**es**	mont**iez**	**sois** monté(e)	**soyez** monté(e)(s)
mont**e**	mont**ent**	**soit** monté(e)	**soient** monté(e)s
imparfait du subjonctif		plus-que-parfait du subjonctif	
monta**sse**	monta**ssions**	**fusse** monté(e)	**fussions** monté(e)s
monta**sses**	monta**ssiez**	**fusses** monté(e)	**fussiez** monté(e)(s)
montâ**t**	monta**ssent**	**fût** monté(e)	**fussent** monté(e)s

impératif
monte
montons
montez

montrer — to show, to display

participe présent **montrant** participe passé **montré**

SINGULAR	PLURAL	SINGULAR	PLURAL
présent de l'indicatif		passé composé	
montr**e**	montr**ons**	**ai** montré	**avons** montré
montr**es**	montr**ez**	**as** montré	**avez** montré
montr**e**	montr**ent**	**a** montré	**ont** montré
imparfait de l'indicatif		plus-que-parfait de l'indicatif	
montr**ais**	montr**ions**	**avais** montré	**avions** montré
montr**ais**	montr**iez**	**avais** montré	**aviez** montré
montr**ait**	montr**aient**	**avait** montré	**avaient** montré
passé simple		passé antérieur	
montr**ai**	montr**âmes**	**eus** montré	**eûmes** montré
montr**as**	montr**âtes**	**eus** montré	**eûtes** montré
montr**a**	montr**èrent**	**eut** montré	**eurent** montré
futur		futur antérieur	
montrer**ai**	montrer**ons**	**aurai** montré	**aurons** montré
montrer**as**	montrer**ez**	**auras** montré	**aurez** montré
montrer**a**	montrer**ont**	**aura** montré	**auront** montré
conditionnel		conditionnel passé	
montrer**ais**	montrer**ions**	**aurais** montré	**aurions** montré
montrer**ais**	montrer**iez**	**aurais** montré	**auriez** montré
montrer**ait**	montrer**aient**	**aurait** montré	**auraient** montré
présent du subjonctif		passé du subjonctif	
montr**e**	montr**ions**	**aie** montré	**ayons** montré
montr**es**	montr**iez**	**aies** montré	**ayez** montré
montr**e**	montr**ent**	**ait** montré	**aient** montré
imparfait du subjonctif		plus-que-parfait du subjonctif	
montra**sse**	montra**ssions**	**eusse** montré	**eussions** montré
montra**sses**	montra**ssiez**	**eusses** montré	**eussiez** montré
montr**ât**	montra**ssent**	**eût** montré	**eussent** montré

impératif
montre
montrons
montrez

participe présent **se moquant** participe passé **moqué(e)(s)**

SINGULAR	PLURAL	SINGULAR	PLURAL
présent de l'indicatif		passé composé	
me moque	**nous** moquons	**me suis** moqué(e)	**nous sommes** moqué(e)s
te moques	**vous** moquez	**t'es** moqué(e)	**vous êtes** moqué(e)(s)
se moque	**se** moquent	**s'est** moqué(e)	**se sont** moqué(e)s
imparfait de l'indicatif		plus-que-parfait de l'indicatif	
me moquais	**nous** moquions	**m'étais** moqué(e)	**nous étions** moqué(e)s
te moquais	**vous** moquiez	**t'étais** moqué(e)	**vous étiez** moqué(e)(s)
se moquait	**se** moquaient	**s'était** moqué(e)	**s'étaient** moqué(e)s
passé simple		passé antérieur	
me moquai	**nous** moquâmes	**me fus** moqué(e)	**nous fûmes** moqué(e)s
te moquas	**vous** moquâtes	**te fus** moqué(e)	**vous fûtes** moqué(e)(s)
se moqua	**se** moquèrent	**se fut** moqué(e)	**se furent** moqué(e)s
futur		futur antérieur	
me moquerai	**nous** moquerons	**me serai** moqué(e)	**nous serons** moqué(e)s
te moqueras	**vous** moquerez	**te seras** moqué(e)	**vous serez** moqué(e)(s)
se moquera	**se** moqueront	**se sera** moqué(e)	**se seront** moqué(e)s
conditionnel		conditionnel passé	
me moquerais	**nous** moquerions	**me serais** moqué(e)	**nous serions** moqué(e)s
te moquerais	**vous** moqueriez	**te serais** moqué(e)	**vous seriez** moqué(e)(s)
se moquerait	**se** moqueraient	**se serait** moqué(e)	**se seraient** moqué(e)s
présent du subjonctif		passé du subjonctif	
me moque	**nous** moquions	**me sois** moqué(e)	**nous soyons** moqué(e)s
te moques	**vous** moquiez	**te sois** moqué(e)	**vous soyez** moqué(e)(s)
se moque	**se** moquent	**se soit** moqué(e)	**se soient** moqué(e)s
imparfait du subjonctif		plus-que-parfait du subjonctif	
me moquasse	**nous** moquassions	**me fusse** moqué(e)	**nous fussions** moqué(e)s
te moquasses	**vous** moquassiez	**te fusses** moqué(e)	**vous fussiez** moqué(e)(s)
se moquât	**se** moquassent	**se fût** moqué(e)	**se fussent** moqué(e)s

impératif

moque-toi

moquons-nous

moquez-vous

mordre — to bite

participe présent **mordant** participe passé **mordu**

SINGULAR	PLURAL	SINGULAR	PLURAL
présent de l'indicatif		passé composé	
mord**s**	mord**ons**	**ai** mordu	**avons** mordu
mord**s**	mord**ez**	**as** mordu	**avez** mordu
mord	mord**ent**	**a** mordu	**ont** mordu
imparfait de l'indicatif		plus-que-parfait de l'indicatif	
mord**ais**	mord**ions**	**avais** mordu	**avions** mordu
mord**ais**	mord**iez**	**avais** mordu	**aviez** mordu
mord**ait**	mord**aient**	**avait** mordu	**avaient** mordu
passé simple		passé antérieur	
mord**is**	mord**îmes**	**eus** mordu	**eûmes** mordu
mord**is**	mord**îtes**	**eus** mordu	**eûtes** mordu
mord**it**	mord**irent**	**eut** mordu	**eurent** mordu
futur		futur antérieur	
mordr**ai**	mordr**ons**	**aurai** mordu	**aurons** mordu
mordr**as**	mordr**ez**	**auras** mordu	**aurez** mordu
mordr**a**	mordr**ont**	**aura** mordu	**auront** mordu
conditionnel		conditionnel passé	
mordr**ais**	mordr**ions**	**aurais** mordu	**aurions** mordu
mordr**ais**	mordr**iez**	**aurais** mordu	**auriez** mordu
mordr**ait**	mordr**aient**	**aurait** mordu	**auraient** mordu
présent du subjonctif		passé du subjonctif	
mord**e**	mord**ions**	**aie** mordu	**ayons** mordu
mord**es**	mord**iez**	**aies** mordu	**ayez** mordu
mord**e**	mord**ent**	**ait** mordu	**aient** mordu
imparfait du subjonctif		plus-que-parfait du subjonctif	
mordi**sse**	mordi**ssions**	**eusse** mordu	**eussions** mordu
mordi**sses**	mordi**ssiez**	**eusses** mordu	**eussiez** mordu
mordî**t**	mordi**ssent**	**eût** mordu	**eussent** mordu

impératif
mords
mordons
mordez

to grind **moudre**

participe présent **moulant** participe passé **moulu**

SINGULAR	PLURAL	SINGULAR	PLURAL
présent de l'indicatif		passé composé	
moud**s**	moul**ons**	**ai** moulu	**avons** moulu
moud**s**	moul**ez**	**as** moulu	**avez** moulu
moud	moul**ent**	**a** moulu	**ont** moulu
imparfait de l'indicatif		plus-que-parfait de l'indicatif	
moul**ais**	moul**ions**	**avais** moulu	**avions** moulu
moul**ais**	moul**iez**	**avais** moulu	**aviez** moulu
moul**ait**	moul**aient**	**avait** moulu	**avaient** moulu
passé simple		passé antérieur	
moul**us**	moul**ûmes**	**eus** moulu	**eûmes** moulu
moul**us**	moul**ûtes**	**eus** moulu	**eûtes** moulu
moul**ut**	moul**urent**	**eut** moulu	**eurent** moulu
futur		futur antérieur	
moudr**ai**	moudr**ons**	**aurai** moulu	**aurons** moulu
moudr**as**	moudr**ez**	**auras** moulu	**aurez** moulu
moudr**a**	moudr**ont**	**aura** moulu	**auront** moulu
conditionnel		conditionnel passé	
moudr**ais**	moudr**ions**	**aurais** moulu	**aurions** moulu
moudr**ais**	moudr**iez**	**aurais** moulu	**auriez** moulu
moudr**ait**	moudr**aient**	**aurait** moulu	**auraient** moulu
présent du subjonctif		passé du subjonctif	
moul**e**	moul**ions**	**aie** moulu	**ayons** moulu
moul**es**	moul**iez**	**aies** moulu	**ayez** moulu
moul**e**	moul**ent**	**ait** moulu	**aient** moulu
imparfait du subjonctif		plus-que-parfait du subjonctif	
moul**usse**	moul**ussions**	**eusse** moulu	**eussions** moulu
moul**usses**	moul**ussiez**	**eusses** moulu	**eussiez** moulu
moul**ût**	moul**ussent**	**eût** moulu	**eussent** moulu

impératif

mouds

moulons

moulez

mouiller — to wet, to moisten

participe présent **mouillant** participe passé **mouillé**

SINGULAR	PLURAL	SINGULAR	PLURAL
présent de l'indicatif		passé composé	
mouill**e**	mouill**ons**	**ai** mouillé	**avons** mouillé
mouill**es**	mouill**ez**	**as** mouillé	**avez** mouillé
mouill**e**	mouill**ent**	**a** mouillé	**ont** mouillé
imparfait de l'indicatif		plus-que-parfait de l'indicatif	
mouill**ais**	mouill**ions**	**avais** mouillé	**avions** mouillé
mouill**ais**	mouill**iez**	**avais** mouillé	**aviez** mouillé
mouill**ait**	mouill**aient**	**avait** mouillé	**avaient** mouillé
passé simple		passé antérieur	
mouill**ai**	mouill**âmes**	**eus** mouillé	**eûmes** mouillé
mouill**as**	mouill**âtes**	**eus** mouillé	**eûtes** mouillé
mouill**a**	mouill**èrent**	**eut** mouillé	**eurent** mouillé
futur		futur antérieur	
mouiller**ai**	mouiller**ons**	**aurai** mouillé	**aurons** mouillé
mouiller**as**	mouiller**ez**	**auras** mouillé	**aurez** mouillé
mouiller**a**	mouiller**ont**	**aura** mouillé	**auront** mouillé
conditionnel		conditionnel passé	
mouiller**ais**	mouiller**ions**	**aurais** mouillé	**aurions** mouillé
mouiller**ais**	mouiller**iez**	**aurais** mouillé	**auriez** mouillé
mouiller**ait**	mouiller**aient**	**aurait** mouillé	**auraient** mouillé
présent du subjonctif		passé du subjonctif	
mouill**e**	mouill**ions**	**aie** mouillé	**ayons** mouillé
mouill**es**	mouill**iez**	**aies** mouillé	**ayez** mouillé
mouill**e**	mouill**ent**	**ait** mouillé	**aient** mouillé
imparfait du subjonctif		plus-que-parfait du subjonctif	
mouill**asse**	mouill**assions**	**eusse** mouillé	**eussions** mouillé
mouill**asses**	mouill**assiez**	**eusses** mouillé	**eussiez** mouillé
mouill**ât**	mouill**assent**	**eût** mouillé	**eussent** mouillé

impératif
mouille
mouillons
mouillez

to die **mourir**

participe présent **mourant** participe passé **mort(e)(s)**

SINGULAR	PLURAL	SINGULAR	PLURAL
présent de l'indicatif		passé composé	
meur**s**	mour**ons**	**suis** mort(e)	**sommes** mort(e)s
meur**s**	mour**ez**	**es** mort(e)	**êtes** mort(e)(s)
meur**t**	meur**ent**	**est** mort(e)	**sont** mort(e)s
imparfait de l'indicatif		plus-que-parfait de l'indicatif	
mour**ais**	mour**ions**	**étais** mort(e)	**étions** mort(e)s
mour**ais**	mour**iez**	**étais** mort(e)	**étiez** mort(e)(s)
mour**ait**	mour**aient**	**était** mort(e)	**étaient** mort(e)s
passé simple		passé antérieur	
mour**us**	mour**ûmes**	**fus** mort(e)	**fûmes** mort(e)s
mour**us**	mour**ûtes**	**fus** mort(e)	**fûtes** mort(e)(s)
mour**ut**	mour**urent**	**fut** mort(e)	**furent** mort(e)s
futur		futur antérieur	
mourr**ai**	mourr**ons**	**serai** mort(e)	**serons** mort(e)s
mourr**as**	mourr**ez**	**seras** mort(e)	**serez** mort(e)(s)
mourr**a**	mourr**ont**	**sera** mort(e)	**seront** mort(e)s
conditionnel		conditionnel passé	
mourr**ais**	mourr**ions**	**serais** mort(e)	**serions** mort(e)s
mourr**ais**	mourr**iez**	**serais** mort(e)	**seriez** mort(e)(s)
mourr**ait**	mourr**aient**	**serait** mort(e)	**seraient** mort(e)s
présent du subjonctif		passé du subjonctif	
meur**e**	mour**ions**	**sois** mort(e)	**soyons** mort(e)s
meur**es**	mour**iez**	**sois** mort(e)	**soyez** mort(e)(s)
meur**e**	meur**ent**	**soit** mort(e)	**soient** mort(e)s
imparfait du subjonctif		plus-que-parfait du subjonctif	
mouru**sse**	mouru**ssions**	**fusse** mort(e)	**fussions** mort(e)s
mouru**sses**	mouru**ssiez**	**fusses** mort(e)	**fussiez** mort(e)(s)
mourû**t**	mouru**ssent**	**fût** mort(e)	**fussent** mort(e)s

impératif
meurs
mourons
mourez

M

MEMORY TIP
She received a **mortal** wound in the battle.

mouvoir — to move

participe présent **mouvant** participe passé **mû**

SINGULAR	PLURAL	SINGULAR	PLURAL
présent de l'indicatif		passé composé	
meu**s**	mouv**ons**	**ai** mû	**avons** mû
meu**s**	mouv**ez**	**as** mû	**avez** mû
meu**t**	meuv**ent**	**a** mû	**ont** mû
imparfait de l'indicatif		plus-que-parfait de l'indicatif	
mouv**ais**	mouv**ions**	**avais** mû	**avions** mû
mouv**ais**	mouv**iez**	**avais** mû	**aviez** mû
mouv**ait**	mouv**aient**	**avait** mû	**avaient** mû
passé simple		passé antérieur	
m**us**	m**ûmes**	**eus** mû	**eûmes** mû
m**us**	m**ûtes**	**eus** mû	**eûtes** mû
m**ut**	m**urent**	**eut** mû	**eurent** mû
futur		futur antérieur	
mouvr**ai**	mouvr**ons**	**aurai** mû	**aurons** mû
mouvr**as**	mouvr**ez**	**auras** mû	**aurez** mû
mouvr**a**	mouvr**ont**	**aura** mû	**auront** mû
conditionnel		conditionnel passé	
mouvr**ais**	mouvr**ions**	**aurais** mû	**aurions** mû
mouvr**ais**	mouvr**iez**	**aurais** mû	**auriez** mû
mouvr**ait**	mouvr**aient**	**aurait** mû	**auraient** mû
présent du subjonctif		passé du subjonctif	
meuv**e**	mouv**ions**	**aie** mû	**ayons** mû
meuv**es**	mouv**iez**	**aies** mû	**ayez** mû
meuv**e**	meuv**ent**	**ait** mû	**aient** mû
imparfait du subjonctif		plus-que-parfait du subjonctif	
mu**sse**	mu**ssions**	**eusse** mû	**eussions** mû
mu**sses**	mu**ssiez**	**eusses** mû	**eussiez** mû
mû**t**	mu**ssent**	**eût** mû	**eussent** mû

impératif
meus
mouvons
mouvez

to swim **nager**

participe présent **nageant** participe passé **nagé**

SINGULAR	PLURAL	SINGULAR	PLURAL
présent de l'indicatif		passé composé	
nag**e**	nage**ons**	**ai** nagé	**avons** nagé
nag**es**	nag**ez**	**as** nagé	**avez** nagé
nag**e**	nag**ent**	**a** nagé	**ont** nagé
imparfait de l'indicatif		plus-que-parfait de l'indicatif	
nage**ais**	nag**ions**	**avais** nagé	**avions** nagé
nage**ais**	nag**iez**	**avais** nagé	**aviez** nagé
nage**ait**	nage**aient**	**avait** nagé	**avaient** nagé
passé simple		passé antérieur	
nage**ai**	nage**âmes**	**eus** nagé	**eûmes** nagé
nage**as**	nage**âtes**	**eus** nagé	**eûtes** nagé
nage**a**	nag**èrent**	**eut** nagé	**eurent** nagé
futur		futur antérieur	
nager**ai**	nager**ons**	**aurai** nagé	**aurons** nagé
nager**as**	nager**ez**	**auras** nagé	**aurez** nagé
nager**a**	nager**ont**	**aura** nagé	**auront** nagé
conditionnel		conditionnel passé	
nager**ais**	nager**ions**	**aurais** nagé	**aurions** nagé
nager**ais**	nager**iez**	**aurais** nagé	**auriez** nagé
nager**ait**	nager**aient**	**aurait** nagé	**auraient** nagé
présent du subjonctif		passé du subjonctif	
nag**e**	nag**ions**	**aie** nagé	**ayons** nagé
nag**es**	nag**iez**	**aies** nagé	**ayez** nagé
nag**e**	nag**ent**	**ait** nagé	**aient** nagé
imparfait du subjonctif		plus-que-parfait du subjonctif	
nagea**sse**	nagea**ssions**	**eusse** nagé	**eussions** nagé
nagea**sses**	nagea**ssiez**	**eusses** nagé	**eussiez** nagé
nage**ât**	nagea**ssent**	**eût** nagé	**eussent** nagé

impératif
nage
nageons
nagez

N

naître — to be born

participe présent **naissant** — participe passé **né(e)(s)**

SINGULAR	PLURAL
présent de l'indicatif	
nai**s**	naiss**ons**
nai**s**	naiss**ez**
naî**t**	naiss**ent**
imparfait de l'indicatif	
naiss**ais**	naiss**ions**
naiss**ais**	naiss**iez**
naiss**ait**	naiss**aient**
passé simple	
naq**uis**	naqu**îmes**
naq**uis**	naqu**îtes**
naqu**it**	naq**uirent**
futur	
naîtr**ai**	naîtr**ons**
naîtr**as**	naîtr**ez**
naîtr**a**	naîtr**ont**
conditionnel	
naîtr**ais**	naîtr**ions**
naîtr**ais**	naîtr**iez**
naîtr**ait**	naîtr**aient**
présent du subjonctif	
naiss**e**	naiss**ions**
naiss**es**	naiss**iez**
naiss**e**	naiss**ent**
imparfait du subjonctif	
naqui**sse**	naqui**ssions**
naqui**sses**	naqui**ssiez**
naqu**ît**	naqui**ssent**
impératif	
nais	
naissons	
naissez	

SINGULAR	PLURAL
passé composé	
suis né(e)	**sommes** né(e)s
es né(e)	**êtes** né(e)(s)
est né(e)	**sont** né(e)s
plus-que-parfait de l'indicatif	
étais né(e)	**étions** né(e)s
étais né(e)	**étiez** né(e)(s)
était né(e)	**étaient** né(e)s
passé antérieur	
fus né(e)	**fûmes** né(e)s
fus né(e)	**fûtes** né(e)(s)
fut né(e)	**furent** né(e)s
futur antérieur	
serai né(e)	**serons** né(e)s
seras né(e)	**serez** né(e)(s)
sera né(e)	**seront** né(e)s
conditionnel passé	
serais né(e)	**serions** né(e)s
serais né(e)	**seriez** né(e)(s)
serait né(e)	**seraient** né(e)s
passé du subjonctif	
sois né(e)	**soyons** né(e)s
sois né(e)	**soyez** né(e)(s)
soit né(e)	**soient** né(e)s
plus-que-parfait du subjonctif	
fusse né(e)	**fussions** né(e)s
fusses né(e)	**fussiez** né(e)(s)
fût né(e)	**fussent** né(e)s

The winner was Courtney Arquette **née** Cox.

to navigate, to steer **naviguer**

participe présent **naviguant** participe passé **navigué**

SINGULAR	PLURAL
présent de l'indicatif	
navigu**e**	navigu**ons**
navigu**es**	navigu**ez**
navigu**e**	navigu**ent**
imparfait de l'indicatif	
navigu**ais**	navigu**ions**
navigu**ais**	navigu**iez**
navigu**ait**	navigu**aient**
passé simple	
navigu**ai**	navigu**âmes**
navigu**as**	navigu**âtes**
navigu**a**	navigu**èrent**
futur	
naviguer**ai**	naviguer**ons**
naviguer**as**	naviguer**ez**
naviguer**a**	naviguer**ont**
conditionnel	
naviguer**ais**	naviguer**ions**
naviguer**ais**	naviguer**iez**
naviguer**ait**	naviguer**aient**
présent du subjonctif	
navigu**e**	navigu**ions**
navigu**es**	navigu**iez**
navigu**e**	navigu**ent**
imparfait du subjonctif	
navigua**sse**	navigua**ssions**
navigua**sses**	navigua**ssiez**
naviguâ**t**	navigua**ssent**
impératif	
navigue	
naviguons	
naviguez	

SINGULAR	PLURAL
passé composé	
ai navigué	**avons** navigué
as navigué	**avez** navigué
a navigué	**ont** navigué
plus-que-parfait de l'indicatif	
avais navigué	**avions** navigué
avais navigué	**aviez** navigué
avait navigué	**avaient** navigué
passé antérieur	
eus navigué	**eûmes** navigué
eus navigué	**eûtes** navigué
eut navigué	**eurent** navigué
futur antérieur	
aurai navigué	**aurons** navigué
auras navigué	**aurez** navigué
aura navigué	**auront** navigué
conditionnel passé	
aurais navigué	**aurions** navigué
aurais navigué	**auriez** navigué
aurait navigué	**auraient** navigué
passé du subjonctif	
aie navigué	**ayons** navigué
aies navigué	**ayez** navigué
ait navigué	**aient** navigué
plus-que-parfait du subjonctif	
eusse navigué	**eussions** navigué
eusses navigué	**eussiez** navigué
eût navigué	**eussent** navigué

N

MEMORY TIP

The captain relied on his **navigation** system.

nécessiter — to necessitate, to require

participe présent **nécessitant** — participe passé **nécessité**

SINGULAR	PLURAL	SINGULAR	PLURAL
présent de l'indicatif		passé composé	
nécessit**e**	nécessit**ons**	**ai** nécessité	**avons** nécessité
nécessit**es**	nécessit**ez**	**as** nécessité	**avez** nécessité
nécessit**e**	nécessit**ent**	**a** nécessité	**ont** nécessité
imparfait de l'indicatif		plus-que-parfait de l'indicatif	
nécessit**ais**	nécessit**ions**	**avais** nécessité	**avions** nécessité
nécessit**ais**	nécessit**iez**	**avais** nécessité	**aviez** nécessité
nécessit**ait**	nécessit**aient**	**avait** nécessité	**avaient** nécessité
passé simple		passé antérieur	
nécessit**ai**	nécessit**âmes**	**eus** nécessité	**eûmes** nécessité
nécessit**as**	nécessit**âtes**	**eus** nécessité	**eûtes** nécessité
nécessit**a**	nécessit**èrent**	**eut** nécessité	**eurent** nécessité
futur		futur antérieur	
nécessiter**ai**	nécessiter**ons**	**aurai** nécessité	**aurons** nécessité
nécessiter**as**	nécessiter**ez**	**auras** nécessité	**aurez** nécessité
nécessiter**a**	nécessiter**ont**	**aura** nécessité	**auront** nécessité
conditionnel		conditionnel passé	
nécessiter**ais**	nécessiter**ions**	**aurais** nécessité	**aurions** nécessité
nécessiter**ais**	nécessiter**iez**	**aurais** nécessité	**auriez** nécessité
nécessiter**ait**	nécessiter**aient**	**aurait** nécessité	**auraient** nécessité
présent du subjonctif		passé du subjonctif	
nécessit**e**	nécessit**ions**	**aie** nécessité	**ayons** nécessité
nécessit**es**	nécessit**iez**	**aies** nécessité	**ayez** nécessité
nécessit**e**	nécessit**ent**	**ait** nécessité	**aient** nécessité
imparfait du subjonctif		plus-que-parfait du subjonctif	
nécessita**sse**	nécessita**ssions**	**eusse** nécessité	**eussions** nécessité
nécessita**sses**	nécessita**ssiez**	**eusses** nécessité	**eussiez** nécessité
nécessit**ât**	nécessita**ssent**	**eût** nécessité	**eussent** nécessité

impératif
nécessite
nécessitons
nécessitez

N

MEMORY TIP

The weather **necessitated** school closings.

to snow — neiger

participe présent **neigeant** participe passé **neigé**

présent de l'indicatif
neige

imparfait de l'indicatif
neigeait

passé simple
neigea

futur
neigera

conditionnel
neigerait

présent du subjonctif
neige

imparfait du subjonctif
neigeât

impératif
No conjugation for this tense.

passé composé
a neigé

plus-que-parfait de l'indicatif
avait neigé

passé antérieur
eut neigé

futur antérieur
aura neigé

conditionnel passé
aurait neigé

passé du subjonctif
ait neigé

plus-que-parfait du subjonctif
eût neigé

nettoyer — to clean

participe présent **nettoyant** participe passé **nettoyé**

SINGULAR	PLURAL	SINGULAR	PLURAL
présent de l'indicatif		passé composé	
nettoi**e**	nettoy**ons**	**ai** nettoyé	**avons** nettoyé
nettoi**es**	nettoy**ez**	**as** nettoyé	**avez** nettoyé
nettoi**e**	nettoi**ent**	**a** nettoyé	**ont** nettoyé
imparfait de l'indicatif		plus-que-parfait de l'indicatif	
nettoy**ais**	nettoy**ions**	**avais** nettoyé	**avions** nettoyé
nettoy**ais**	nettoy**iez**	**avais** nettoyé	**aviez** nettoyé
nettoy**ait**	nettoy**aient**	**avait** nettoyé	**avaient** nettoyé
passé simple		passé antérieur	
nettoy**ai**	nettoy**âmes**	**eus** nettoyé	**eûmes** nettoyé
nettoy**as**	nettoy**âtes**	**eus** nettoyé	**eûtes** nettoyé
nettoy**a**	nettoy**èrent**	**eut** nettoyé	**eurent** nettoyé
futur		futur antérieur	
nettoier**ai**	nettoier**ons**	**aurai** nettoyé	**aurons** nettoyé
nettoier**as**	nettoier**ez**	**auras** nettoyé	**aurez** nettoyé
nettoier**a**	nettoier**ont**	**aura** nettoyé	**auront** nettoyé
conditionnel		conditionnel passé	
nettoier**ais**	nettoier**ions**	**aurais** nettoyé	**aurions** nettoyé
nettoier**ais**	nettoier**iez**	**aurais** nettoyé	**auriez** nettoyé
nettoier**ait**	nettoier**aient**	**aurait** nettoyé	**auraient** nettoyé
présent du subjonctif		passé du subjonctif	
nettoi**e**	nettoy**ions**	**aie** nettoyé	**ayons** nettoyé
nettoi**es**	nettoy**iez**	**aies** nettoyé	**ayez** nettoyé
nettoi**e**	nettoi**ent**	**ait** nettoyé	**aient** nettoyé
imparfait du subjonctif		plus-que-parfait du subjonctif	
nettoya**sse**	nettoya**ssions**	**eusse** nettoyé	**eussions** nettoyé
nettoya**sses**	nettoya**ssiez**	**eusses** nettoyé	**eussiez** nettoyé
nettoyâ**t**	nettoya**ssent**	**eût** nettoyé	**eussent** nettoyé

impératif
nettoie
nettoyons
nettoyez

to deny **nier**

participe présent **niant** participe passé **nié**

	SINGULAR	PLURAL
présent de l'indicatif	ni**e**	ni**ons**
	ni**es**	ni**ez**
	ni**e**	ni**ent**
imparfait de l'indicatif	ni**ais**	ni**ions**
	ni**ais**	ni**iez**
	ni**ait**	ni**aient**
passé simple	ni**ai**	ni**âmes**
	ni**as**	ni**âtes**
	ni**a**	ni**èrent**
futur	nier**ai**	nier**ons**
	nier**as**	nier**ez**
	nier**a**	nier**ont**
conditionnel	nier**ais**	nier**ions**
	nier**ais**	nier**iez**
	nier**ait**	nier**aient**
présent du subjonctif	ni**e**	ni**ions**
	ni**es**	ni**iez**
	ni**e**	ni**ent**
imparfait du subjonctif	ni**asse**	ni**assions**
	ni**asses**	ni**assiez**
	ni**ât**	ni**assent**
impératif	nie	
	nions	
	niez	

	SINGULAR	PLURAL
passé composé	**ai** nié	**avons** nié
	as nié	**avez** nié
	a nié	**ont** nié
plus-que-parfait de l'indicatif	**avais** nié	**avions** nié
	avais nié	**aviez** nié
	avait nié	**avaient** nié
passé antérieur	**eus** nié	**eûmes** nié
	eus nié	**eûtes** nié
	eut nié	**eurent** nié
futur antérieur	**aurai** nié	**aurons** nié
	auras nié	**aurez** nié
	aura nié	**auront** nié
conditionnel passé	**aurais** nié	**aurions** nié
	aurais nié	**auriez** nié
	aurait nié	**auraient** nié
passé du subjonctif	**aie** nié	**ayons** nié
	aies nié	**ayez** nié
	ait nié	**aient** nié
plus-que-parfait du subjonctif	**eusse** nié	**eussions** nié
	eusses nié	**eussiez** nié
	eût nié	**eussent** nié

nommer — to name, to appoint

participe présent **nommant** participe passé **nommé**

SINGULAR	PLURAL	SINGULAR	PLURAL
présent de l'indicatif		passé composé	
nomm**e**	nomm**ons**	**ai** nommé	**avons** nommé
nomm**es**	nomm**ez**	**as** nommé	**avez** nommé
nomm**e**	nomm**ent**	**a** nommé	**ont** nommé
imparfait de l'indicatif		plus-que-parfait de l'indicatif	
nomm**ais**	nomm**ions**	**avais** nommé	**avions** nommé
nomm**ais**	nomm**iez**	**avais** nommé	**aviez** nommé
nomm**ait**	nomm**aient**	**avait** nommé	**avaient** nommé
passé simple		passé antérieur	
nomm**ai**	nomm**âmes**	**eus** nommé	**eûmes** nommé
nomm**as**	nomm**âtes**	**eus** nommé	**eûtes** nommé
nomm**a**	nomm**èrent**	**eut** nommé	**eurent** nommé
futur		futur antérieur	
nommer**ai**	nommer**ons**	**aurai** nommé	**aurons** nommé
nommer**as**	nommer**ez**	**auras** nommé	**aurez** nommé
nommer**a**	nommer**ont**	**aura** nommé	**auront** nommé
conditionnel		conditionnel passé	
nommer**ais**	nommer**ions**	**aurais** nommé	**aurions** nommé
nommer**ais**	nommer**iez**	**aurais** nommé	**auriez** nommé
nommer**ait**	nommer**aient**	**aurait** nommé	**auraient** nommé
présent du subjonctif		passé du subjonctif	
nomm**e**	nomm**ions**	**aie** nommé	**ayons** nommé
nomm**es**	nomm**iez**	**aies** nommé	**ayez** nommé
nomm**e**	nomm**ent**	**ait** nommé	**aient** nommé
imparfait du subjonctif		plus-que-parfait du subjonctif	
nomma**sse**	nomma**ssions**	**eusse** nommé	**eussions** nommé
nomma**sses**	nomma**ssiez**	**eusses** nommé	**eussiez** nommé
nommâ**t**	nomma**ssent**	**eût** nommé	**eussent** nommé

impératif
nomme
nommons
nommez

to feed, to nourish **nourrir**

participe présent **nourrissant** participe passé **nourri**

SINGULAR	PLURAL
présent de l'indicatif	
nourr**is**	nourr**issons**
nourr**is**	nourr**issez**
nourr**it**	nourr**issent**
imparfait de l'indicatif	
nourriss**ais**	nourriss**ions**
nourriss**ais**	nourriss**iez**
nourriss**ait**	nourriss**aient**
passé simple	
nourr**is**	nourr**îmes**
nourr**is**	nourr**îtes**
nourr**it**	nourrir**ent**
futur	
nourrir**ai**	nourrir**ons**
nourrir**as**	nourrir**iez**
nourrir**a**	nourrir**ont**
conditionnel	
nourrir**ais**	nourrir**ions**
nourrir**ais**	nourrir**iez**
nourrir**ait**	nourrir**aient**
présent du subjonctif	
nourriss**e**	nourriss**ions**
nourriss**es**	nourriss**iez**
nourriss**e**	nourriss**ent**
imparfait du subjonctif	
nourr**isse**	nourr**issions**
nourr**isses**	nourr**issiez**
nourr**ît**	nourr**issent**
impératif	
nourris	
nourrissons	
nourrissez	

SINGULAR	PLURAL
passé composé	
ai nourri	**avons** nourri
as nourri	**avez** nourri
a nourri	**ont** nourri
plus-que-parfait de l'indicatif	
avais nourri	**avions** nourri
avais nourri	**aviez** nourri
avait nourri	**avaient** nourri
passé antérieur	
eus nourri	**eûmes** nourri
eus nourri	**eûtes** nourri
eut nourri	**eurent** nourri
futur antérieur	
aurai nourri	**aurons** nourri
auras nourri	**aurez** nourri
aura nourri	**auront** nourri
conditionnel passé	
aurais nourri	**aurions** nourri
aurais nourri	**auriez** nourri
aurait nourri	**auraient** nourri
passé du subjonctif	
aie nourri	**ayons** nourri
aies nourri	**ayez** nourri
ait nourri	**aient** nourri
plus-que-parfait du subjonctif	
eusse nourri	**eussions** nourri
eusses nourri	**eussiez** nourri
eût nourri	**eussent** nourri

se noyer — to drown

participe présent **se noyant** participe passé **noyé(e)(s)**

SINGULAR	PLURAL
présent de l'indicatif	
me noi**e**	**nous** noy**ons**
te noi**es**	**vous** noy**ez**
se noi**e**	**se** noi**ent**
imparfait de l'indicatif	
me noy**ais**	**nous** noy**ions**
te noy**ais**	**vous** noy**iez**
se noy**ait**	**se** noy**aient**
passé simple	
me noy**ai**	**nous** noy**âmes**
te noy**as**	**vous** noy**âtes**
se noy**a**	**se** noy**èrent**
futur	
me noier**ai**	**nous** noier**ons**
te noier**as**	**vous** noier**ez**
se noier**a**	**se** noier**ont**
conditionnel	
me noier**ais**	**nous** noier**ions**
te noier**ais**	**vous** noier**iez**
se noier**ait**	**se** noier**aient**
présent du subjonctif	
me noi**e**	**nous** noy**ions**
te noi**es**	**vous** noy**iez**
se noi**e**	**se** noi**ent**
imparfait du subjonctif	
me noya**sse**	**nous** noya**ssions**
te noya**sses**	**vous** noya**ssiez**
se noyâ**t**	**se** noya**ssent**
impératif	
noie-toi	
noyons-nous	
noyez-vous	

SINGULAR	PLURAL
passé composé	
me suis noyé(e)	**nous sommes** noyé(e)s
t'es noyé(e)	**vous êtes** noyé(e)(s)
s'est noyé(e)	**se sont** noyé(e)s
plus-que-parfait de l'indicatif	
m'étais noyé(e)	**nous étions** noyé(e)s
t'étais noyé(e)	**vous étiez** noyé(e)(s)
s'était noyé(e)	**s'étaient** noyé(e)s
passé antérieur	
me fus noyé(e)	**nous fûmes** noyê(e)s
te fus noyé(e)	**vous fûtes** noyé(e)(s)
se fut noyé(e)	**se furent** noyé(e)s
futur antérieur	
me serai noyé(e)	**nous serons** noyé(e)s
te seras noyé(e)	**vous serez** noyé(e)(s)
se sera noyé(e)	**se seront** noyé(e)s
conditionnel passé	
me serais noyé(e)	**nous serions** noyé(e)s
te serais noyé(e)	**vous seriez** noyé(e)(s)
se serait noyé(e)	**se seraient** noyé(e)s
passé du subjonctif	
me sois noyé(e)	**nous soyons** noyé(e)s
te sois noyé(e)	**vous soyez** noyé(e)(s)
se soit noyé(e)	**se soient** noyé(e)s
plus-que-parfait du subjonctif	
me fusse noyé(e)	**nous fussions** noyé(e)s
te fusses noyé(e)	**vous fussiez** noyé(e)(s)
se fût noyé(e)	**se fussent** noyé(e)s

to harm, to hinder **nuire**

participe présent **nuisant** participe passé **nui**

SINGULAR	PLURAL
présent de l'indicatif	
nui**s**	nuis**ons**
nui**s**	nuis**ez**
nui**t**	nuis**ent**
imparfait de l'indicatif	
nuis**ais**	nuis**ions**
nuis**ais**	nuis**iez**
nuis**ait**	nuis**aient**
passé simple	
nuis**is**	nuis**îmes**
nuis**is**	nuis**îtes**
nuis**it**	nuis**irent**
futur	
nuir**ai**	nuir**ons**
nuir**as**	nuir**ez**
nuir**a**	nuir**ont**
conditionnel	
nuir**ais**	nuir**ions**
nuir**ais**	nuir**iez**
nuir**ait**	nuir**aient**
présent du subjonctif	
nuis**e**	nuis**ions**
nuis**es**	nuis**iez**
nuis**e**	nuis**ent**
imparfait du subjonctif	
nuisi**sse**	nuisi**ssions**
nuisi**sses**	nuisi**ssiez**
nuisî**t**	nuisi**ssent**
impératif	
nuis	
nuisons	
nuisez	

SINGULAR	PLURAL
passé composé	
ai nui	**avons** nui
as nui	**avez** nui
a nui	**ont** nui
plus-que-parfait de l'indicatif	
avais nui	**avions** nui
avais nui	**aviez** nui
avait nui	**avaient** nui
passé antérieur	
eus nui	**eûmes** nui
eus nui	**eûtes** nui
eut nui	**eurent** nui
futur antérieur	
aurai nui	**aurons** nui
auras nui	**aurez** nui
aura nui	**auront** nui
conditionnel passé	
aurais nui	**aurions** nui
aurais nui	**auriez** nui
aurait nui	**auraient** nui
passé du subjonctif	
aie nui	**ayons** nui
aies nui	**ayez** nui
ait nui	**aient** nui
plus-que-parfait du subjonctif	
eusse nui	**eussions** nui
eusses nui	**eussiez** nui
eût nui	**eussent** nui

obéir — to obey

participe présent **obéissant** participe passé **obéi**

SINGULAR	PLURAL	SINGULAR	PLURAL
présent de l'indicatif		passé composé	
obéi**s**	obéi**ssons**	**ai** obéi	**avons** obéi
obéi**s**	obéi**ssez**	**as** obéi	**avez** obéi
obéi**t**	obéi**ssent**	**a** obéi	**ont** obéi
imparfait de l'indicatif		plus-que-parfait de l'indicatif	
obéiss**ais**	obéiss**ions**	**avais** obéi	**avions** obéi
obéiss**ais**	obéiss**iez**	**avais** obéi	**aviez** obéi
obéiss**ait**	obéiss**aient**	**avait** obéi	**avaient** obéi
passé simple		passé antérieur	
obé**is**	obé**îmes**	**eus** obéi	**eûmes** obéi
obé**is**	obé**îtes**	**eus** obéi	**eûtes** obéi
obé**it**	obé**irent**	**eut** obéi	**eurent** obéi
futur		futur antérieur	
obéir**ai**	obéir**ons**	**aurai** obéi	**aurons** obéi
obéir**as**	obéir**ez**	**auras** obéi	**aurez** obéi
obéir**a**	obéir**ont**	**aura** obéi	**auront** obéi
conditionnel		conditionnel passé	
obéir**ais**	obéir**ions**	**aurais** obéi	**aurions** obéi
obéir**ais**	obéir**iez**	**aurais** obéi	**auriez** obéi
obéir**ait**	obéir**aient**	**aurait** obéi	**auraient** obéi
présent du subjonctif		passé du subjonctif	
obéiss**e**	obéiss**ions**	**aie** obéi	**ayons** obéi
obéiss**es**	obéiss**iez**	**aies** obéi	**ayez** obéi
obéiss**e**	obéiss**ent**	**ait** obéi	**aient** obéi
imparfait du subjonctif		plus-que-parfait du subjonctif	
obéi**sse**	obéi**ssions**	**eusse** obéi	**eussions** obéi
obéi**sses**	obéi**ssiez**	**eusses** obéi	**eussiez** obéi
obé**ît**	obéi**ssent**	**eût** obéi	**eussent** obéi

impératif
obéis
obéissons
obéissez

MEMORY TIP

The puppy **obeyed** the little girl.

to oblige (to), to require (to) **obliger**

participe présent **obligeant** participe passé **obligé**

SINGULAR	PLURAL	SINGULAR	PLURAL
présent de l'indicatif		passé composé	
oblig**e**	oblige**ons**	**ai** obligé	**avons** obligé
oblig**es**	oblig**ez**	**as** obligé	**avez** obligé
oblig**e**	oblig**ent**	**a** obligé	**ont** obligé
imparfait de l'indicatif		plus-que-parfait de l'indicatif	
oblige**ais**	oblig**ions**	**avais** obligé	**avions** obligé
oblige**ais**	oblig**iez**	**avais** obligé	**aviez** obligé
oblige**ait**	oblige**aient**	**avait** obligé	**avaient** obligé
passé simple		passé antérieur	
oblige**ai**	oblige**âmes**	**eus** obligé	**eûmes** obligé
oblige**as**	oblige**âtes**	**eus** obligé	**eûtes** obligé
oblige**a**	oblig**èrent**	**eut** obligé	**eurent** obligé
futur		futur antérieur	
obliger**ai**	obliger**ons**	**aurai** obligé	**aurons** obligé
obliger**as**	obliger**ez**	**auras** obligé	**aurez** obligé
obliger**a**	obliger**ont**	**aura** obligé	**auront** obligé
conditionnel		conditionnel passé	
obliger**ais**	obliger**ions**	**aurais** obligé	**aurions** obligé
obliger**ais**	obliger**iez**	**aurais** obligé	**auriez** obligé
obliger**ait**	obliger**aient**	**aurait** obligé	**auraient** obligé
présent du subjonctif		passé du subjonctif	
oblig**e**	oblig**ions**	**aie** obligé	**ayons** obligé
oblig**es**	oblig**iez**	**aies** obligé	**ayez** obligé
oblig**e**	oblig**ent**	**ait** obligé	**aient** obligé
imparfait du subjonctif		plus-que-parfait du subjonctif	
oblige**asse**	oblige**assions**	**eusse** obligé	**eussions** obligé
oblige**asses**	oblige**assiez**	**eusses** obligé	**eussiez** obligé
oblige**ât**	oblige**assent**	**eût** obligé	**eussent** obligé

impératif
oblige
obligeons
obligez

MEMORY TIP

They were **obligated** to pay the bills.

obscurcir — to darken, to obscure

participe présent **obscurcissant** participe passé **obscurci**

SINGULAR	PLURAL
présent de l'indicatif	
obscurc**is**	obscurc**issons**
obscurc**is**	obscurc**issez**
obscurc**it**	obscurc**issent**
imparfait de l'indicatif	
obscurciss**ais**	obscurciss**ions**
obscurciss**ais**	obscurciss**iez**
obscurciss**ait**	obscurciss**aient**
passé simple	
obscurc**is**	obscurc**îmes**
obscurc**is**	obscurc**îtes**
obscurc**it**	obscurci**rent**
futur	
obscurcir**ai**	obscurcir**ons**
obscurcir**as**	obscurcir**ez**
obscurcir**a**	obscurcir**ont**
conditionnel	
obscurcir**ais**	obscurcir**ions**
obscurcir**ais**	obscurcir**iez**
obscurcir**ait**	obscurcir**aient**
présent du subjonctif	
obscurciss**e**	obscurciss**ions**
obscurciss**es**	obscurciss**iez**
obscurciss**e**	obscurciss**ent**
imparfait du subjonctif	
obscurci**sse**	obscurci**ssions**
obscurci**sses**	obscurci**ssiez**
obscurc**ît**	obscurci**ssent**
impératif	
obscurcis	
obscurcissons	
obscurcissez	

SINGULAR	PLURAL
passé composé	
ai obscurci	**avons** obscurci
as obscurci	**avez** obscurci
a obscurci	**ont** obscurci
plus-que-parfait de l'indicatif	
avais obscurci	**avions** obscurci
avais obscurci	**aviez** obscurci
avait obscurci	**avaient** obscurci
passé antérieur	
eus obscurci	**eûmes** obscurci
eus obscurci	**eûtes** obscurci
eut obscurci	**eurent** obscurci
futur antérieur	
aurai obscurci	**aurons** obscurci
auras obscurci	**aurez** obscurci
aura obscurci	**auront** obscurci
conditionnel passé	
aurais obscurci	**aurions** obscurci
aurais obscurci	**auriez** obscurci
aurait obscurci	**auraient** obscurci
passé du subjonctif	
aie obscurci	**ayons** obscurci
aies obscurci	**ayez** obscurci
ait obscurci	**aient** obscurci
plus-que-parfait du subjonctif	
eusse obscurci	**eussions** obscurci
eusses obscurci	**eussiez** obscurci
eût obscurci	**eussent** obscurci

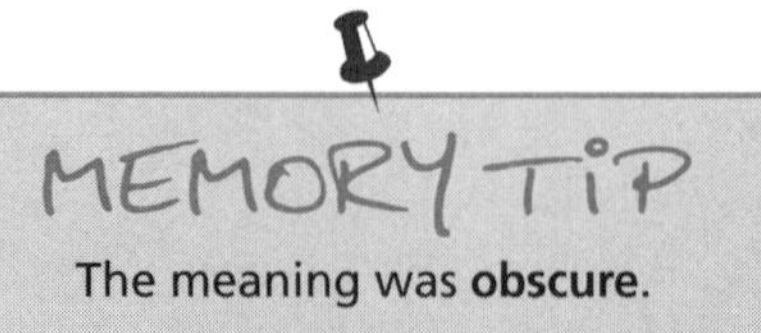
MEMORY TIP
The meaning was obscure.

participe présent **obtenant** participe passé **obtenu**

SINGULAR	PLURAL	SINGULAR	PLURAL
présent de l'indicatif		passé composé	
obt**iens**	obten**ons**	**ai** obtenu	**avons** obtenu
obt**iens**	obten**ez**	**as** obtenu	**avez** obtenu
obt**ient**	obtienn**ent**	**a** obtenu	**ont** obtenu
imparfait de l'indicatif		plus-que-parfait de l'indicatif	
obten**ais**	obten**ions**	**avais** obtenu	**avions** obtenu
obten**ais**	obten**iez**	**avais** obtenu	**aviez** obtenu
obten**ait**	obten**aient**	**avait** obtenu	**avaient** obtenu
passé simple		passé antérieur	
obt**ins**	obt**înmes**	**eus** obtenu	**eûmes** obtenu
obt**ins**	obt**întes**	**eus** obtenu	**eûtes** obtenu
obt**int**	obt**inrent**	**eut** obtenu	**eurent** obtenu
futur		futur antérieur	
obtiend**rai**	obtiend**rons**	**aurai** obtenu	**aurons** obtenu
obtiend**ras**	obtiend**rez**	**auras** obtenu	**aurez** obtenu
obtiend**ra**	obtiend**ront**	**aura** obtenu	**auront** obtenu
conditionnel		conditionnel passé	
obtiend**rais**	obtiend**rions**	**aurais** obtenu	**aurions** obtenu
obtiend**rais**	obtiend**riez**	**aurais** obtenu	**auriez** obtenu
obtiend**rait**	obtiend**raient**	**aurait** obtenu	**auraient** obtenu
présent du subjonctif		passé du subjonctif	
obtienn**e**	obten**ions**	**aie** obtenu	**ayons** obtenu
obtienn**es**	obten**iez**	**aies** obtenu	**ayez** obtenu
obtienn**e**	obtienn**ent**	**ait** obtenu	**aient** obtenu
imparfait du subjonctif		plus-que-parfait du subjonctif	
obtin**sse**	obtin**ssions**	**eusse** obtenu	**eussions** obtenu
obtin**sses**	obtin**ssiez**	**eusses** obtenu	**eussiez** obtenu
obtî**nt**	obtin**ssent**	**eût** obtenu	**eussent** obtenu

O

impératif
obtiens
obtenons
obtenez

occuper to occupy a place, person or position

participe présent **occupant** participe passé **occupé**

SINGULAR	PLURAL	SINGULAR	PLURAL
présent de l'indicatif		passé composé	
occup**e**	occup**ons**	**ai** occupé	**avons** occupé
occup**es**	occup**ez**	**as** occupé	**avez** occupé
occup**e**	occup**ent**	**a** occupé	**ont** occupé
imparfait de l'indicatif		plus-que-parfait de l'indicatif	
occup**ais**	occup**ions**	**avais** occupé	**avions** occupé
occup**ais**	occup**iez**	**avais** occupé	**aviez** occupé
occup**ait**	occup**aient**	**avait** occupé	**avaient** occupé
passé simple		passé antérieur	
occup**ai**	occup**âmes**	**eus** occupé	**eûmes** occupé
occup**as**	occup**âtes**	**eus** occupé	**eûtes** occupé
occup**a**	occup**èrent**	**eut** occupé	**eurent** occupé
futur		futur antérieur	
occuper**ai**	occuper**ons**	**aurai** occupé	**aurons** occupé
occuper**as**	occuper**ez**	**auras** occupé	**aurez** occupé
occuper**a**	occuper**ont**	**aura** occupé	**auront** occupé
conditionnel		conditionnel passé	
occuper**ais**	occuper**ions**	**aurais** occupé	**aurions** occupé
occuper**ais**	occuper**iez**	**aurais** occupé	**auriez** occupé
occuper**ait**	occuper**aient**	**aurait** occupé	**auraient** occupé
présent du subjonctif		passé du subjonctif	
occup**e**	occup**ions**	**aie** occupé	**ayons** occupé
occup**es**	occup**iez**	**aies** occupé	**ayez** occupé
occup**e**	occup**ent**	**ait** occupé	**aient** occupé
imparfait du subjonctif		plus-que-parfait du subjonctif	
occupa**sse**	occupa**ssions**	**eusse** occupé	**eussions** occupé
occupa**sses**	occupa**ssiez**	**eusses** occupé	**eussiez** occupé
occupâ**t**	occupa**ssent**	**eût** occupé	**eussent** occupé

impératif
occupe
occupons
occupez

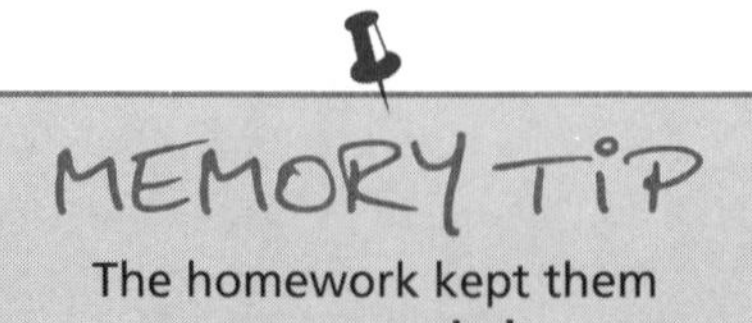

The homework kept them very **occupied**.

to be busy, to keep oneself occupied **s'occuper**

participe présent **s'occupant** participe passé **occupé(e)(s)**

SINGULAR	PLURAL
présent de l'indicatif	
m'occup**e**	**nous** occup**ons**
t'occup**es**	**vous** occup**ez**
s'occup**e**	**s'**occup**ent**
imparfait de l'indicatif	
m'occup**ais**	**nous** occup**ions**
t'occup**ais**	**vous** occup**iez**
s'occup**ait**	**s'**occup**aient**
passé simple	
m'occup**ai**	**nous** occup**âmes**
t'occup**as**	**vous** occup**âtes**
s'occup**a**	**s'**occup**èrent**
futur	
m'occuper**ai**	**nous** occuper**ons**
t'occuper**as**	**vous** occuper**ez**
s'occuper**a**	**s'**occuper**ont**
conditionnel	
m'occuper**ais**	**nous** occuper**ions**
t'occuper**ais**	**vous** occuper**iez**
s'occuper**ait**	**s'**occuper**aient**
présent du subjonctif	
m'occup**e**	**nous** occup**ions**
t'occup**es**	**vous** occup**iez**
s'occup**e**	**s'**occup**ent**
imparfait du subjonctif	
m'occupa**sse**	**nous** occupa**ssions**
t'occupa**sses**	**vous** occupa**ssiez**
s'occupâ**t**	**s'**occupa**ssent**
impératif	
occupe-toi	
occupons-nous	
occupez-vous	

SINGULAR	PLURAL
passé composé	
me suis occupé(e)	**nous sommes** occupé(e)s
t'es occupé(e)	**vous êtes** occupé(e)(s)
s'est occupé(e)	**se sont** occupé(e)s
plus-que-parfait de l'indicatif	
m'étais occupé(e)	**nous étions** occupé(e)s
t'étais occupé(e)	**vous étiez** occupé(e)(s)
s'était occupé(e)	**s'étaient** occupé(e)s
passé antérieur	
me fus occupé(e)	**nous fûmes** occupé(e)s
te fus occupé(e)	**vous fûtes** occupé(e)(s)
se fut occupé(e)	**se furent** occupé(e)s
futur antérieur	
me serai occupé(e)	**nous serons** occupé(e)s
te seras occupé(e)	**vous serez** occupé(e)(s)
se sera occupé(e)	**se seront** occupé(e)s
conditionnel passé	
me serais occupé(e)	**nous serions** occupé(e)s
te serais occupé(e)	**vous seriez** occupé(e)(s)
se serait occupé(e)	**se seraient** occupé(e)s
passé du subjonctif	
me sois occupé(e)	**nous soyons** occupé(e)s
te sois occupé(e)	**vous soyez** occupé(e)(s)
se soit occupé(e)	**se soient** occupé(e)s
plus-que-parfait du subjonctif	
me fusse occupé(e)	**nous fussions** occupé(e)s
te fusses occupé(e)	**vous fussiez** occupé(e)(s)
se fût occupé(e)	**se fussent** occupé(e)s

offrir — to offer, to give, to volunteer

participe présent **offrant** participe passé **offert**

SINGULAR	PLURAL	SINGULAR	PLURAL
présent de l'indicatif		*passé composé*	
offr**e**	offr**ons**	**ai** offert	**avons** offert
offr**es**	offr**ez**	**as** offert	**avez** offert
offr**e**	offr**ent**	**a** offert	**ont** offert
imparfait de l'indicatif		*plus-que-parfait de l'indicatif*	
offr**ais**	offr**ions**	**avais** offert	**avions** offert
offr**ais**	offr**iez**	**avais** offert	**aviez** offert
offr**ait**	offr**aient**	**avait** offert	**avaient** offert
passé simple		*passé antérieur*	
offr**is**	offr**îmes**	**eus** offert	**eûmes** offert
offr**is**	offr**îtes**	**eus** offert	**eûtes** offert
offr**ît**	offr**irent**	**eut** offert	**eurent** offert
futur		*futur antérieur*	
offrir**ai**	offrir**ons**	**aurai** offert	**aurons** offert
offrir**as**	offrir**ez**	**auras** offert	**aurez** offert
offrir**a**	offrir**ont**	**aura** offert	**auront** offert
conditionnel		*conditionnel passé*	
offrir**ais**	offrir**ions**	**aurais** offert	**aurions** offert
offrir**ais**	offrir**iez**	**aurais** offert	**auriez** offert
offrir**ait**	offrir**aient**	**aurait** offert	**auraient** offert
présent du subjonctif		*passé du subjonctif*	
offr**e**	offr**ions**	**aie** offert	**ayons** offert
offr**es**	offr**iez**	**aies** offert	**ayez** offert
offr**e**	offr**ent**	**ait** offert	**aient** offert
imparfait du subjonctif		*plus-que-parfait du subjonctif*	
offr**isse**	offr**issions**	**eusse** offert	**eussions** offert
offr**isses**	offr**issiez**	**eusses** offert	**eussiez** offert
offr**ît**	offr**issent**	**eût** offert	**eussent** offert

impératif

offre
offrons
offrez

participe présent **omettant** participe passé **omis**

SINGULAR	PLURAL	SINGULAR	PLURAL
présent de l'indicatif		passé composé	
omet**s**	omett**ons**	**ai** omis	**avons** omis
omet**s**	omett**ez**	**as** omis	**avez** omis
ome**t**	omett**ent**	**a** omis	**ont** omis
imparfait de l'indicatif		plus-que-parfait de l'indicatif	
omett**ais**	omett**ions**	**avais** omis	**avions** omis
omett**ais**	omett**iez**	**avais** omis	**aviez** omis
omett**ait**	omett**aient**	**avait** omis	**avaient** omis
passé simple		passé antérieur	
om**is**	om**îmes**	**eus** omis	**eûmes** omis
om**is**	om**îtes**	**eus** omis	**eûtes** omis
om**it**	om**irent**	**eut** omis	**eurent** omis
futur		futur antérieur	
omett**rai**	omett**rons**	**aurai** omis	**aurons** omis
omett**ras**	omett**rez**	**auras** omis	**aurez** omis
omett**ra**	omett**ront**	**aura** omis	**auront** omis
conditionnel		conditionnel passé	
omett**rais**	omett**rions**	**aurais** omis	**aurions** omis
omett**rais**	omett**riez**	**aurais** omis	**auriez** omis
omett**rait**	omett**raient**	**aurait** omis	**auraient** omis
présent du subjonctif		passé du subjonctif	
omett**e**	omett**ions**	**aie** omis	**ayons** omis
omett**es**	omett**iez**	**aies** omis	**ayez** omis
omett**e**	omett**ent**	**ait** omis	**aient** omis
imparfait du subjonctif		plus-que-parfait du subjonctif	
om**isse**	om**issions**	**eusse** omis	**eussions** omis
om**isses**	om**issiez**	**eusses** omis	**eussiez** omis
om**ît**	om**issent**	**eût** omis	**eussent** omis

impératif
omets
omettons
omettez

organiser — to organize

participe présent **organisant** — participe passé **organisé**

SINGULAR	PLURAL	SINGULAR	PLURAL
présent de l'indicatif		passé composé	
organis**e**	organis**ons**	**ai** organisé	**avons** organisé
organis**es**	organis**ez**	**as** organisé	**avez** organisé
organis**e**	organis**ent**	**a** organisé	**ont** organisé
imparfait de l'indicatif		plus-que-parfait de l'indicatif	
organis**ais**	organis**ions**	**avais** organisé	**avions** organisé
organis**ais**	organis**iez**	**avais** organisé	**aviez** organisé
organis**ait**	organis**aient**	**avait** organisé	**avaient** organisé
passé simple		passé antérieur	
organis**ai**	organis**âmes**	**eus** organisé	**eûmes** organisé
organis**as**	organis**âtes**	**eus** organisé	**eûtes** organisé
organis**a**	organis**èrent**	**eut** organisé	**eurent** organisé
futur		futur antérieur	
organiser**ai**	organiser**ons**	**aurai** organisé	**aurons** organisé
organiser**as**	organiser**ez**	**auras** organisé	**aurez** organisé
organiser**a**	organiser**ont**	**aura** organisé	**auront** organisé
conditionnel		conditionnel passé	
organiser**ais**	organiser**ions**	**aurais** organisé	**aurions** organisé
organiser**ais**	organiser**iez**	**aurais** organisé	**auriez** organisé
organiser**ait**	organiser**aient**	**aurait** organisé	**auraient** organisé
présent du subjonctif		passé du subjonctif	
organis**e**	organis**ions**	**aie** organisé	**ayons** organisé
organis**es**	organis**iez**	**aies** organisé	**ayez** organisé
organis**e**	organis**ent**	**ait** organisé	**aient** organisé
imparfait du subjonctif		plus-que-parfait du subjonctif	
organisa**sse**	organisa**ssions**	**eusse** organisé	**eussions** organisé
organisa**sses**	organisa**ssiez**	**eusses** organisé	**eussiez** organisé
organisâ**t**	organisa**ssent**	**eût** organisé	**eussent** organisé

impératif
organise
organisons
organisez

to dare **oser**

participe présent **osant** participe passé **osé**

SINGULAR	PLURAL	SINGULAR	PLURAL
présent de l'indicatif		passé composé	
os**e**	os**ons**	**ai** osé	**avons** osé
os**es**	os**ez**	**as** osé	**avez** osé
os**e**	os**ent**	**a** osé	**ont** osé
imparfait de l'indicatif		plus-que-parfait de l'indicatif	
os**ais**	os**ions**	**avais** osé	**avions** osé
os**ais**	os**iez**	**avais** osé	**aviez** osé
os**ait**	os**aient**	**avait** osé	**avaient** osé
passé simple		passé antérieur	
os**ai**	os**âmes**	**eus** osé	**eûmes** osé
os**as**	os**âtes**	**eus** osé	**eûtes** osé
os**a**	os**èrent**	**eut** osé	**eurent** osé
futur		futur antérieur	
oser**ai**	oser**ons**	**aurai** osé	**aurons** osé
oser**as**	oser**ez**	**auras** osé	**aurez** osé
oser**a**	oser**ont**	**aura** osé	**auront** osé
conditionnel		conditionnel passé	
oser**ais**	oser**ions**	**aurais** osé	**aurions** osé
oser**ais**	oser**iez**	**aurais** osé	**auriez** osé
oser**ait**	oser**aient**	**aurait** osé	**auraient** osé
présent du subjonctif		passé du subjonctif	
os**e**	os**ions**	**aie** osé	**ayons** osé
os**es**	os**iez**	**aies** osé	**ayez** osé
os**e**	os**ent**	**ait** osé	**aient** osé
imparfait du subjonctif		plus-que-parfait du subjonctif	
osa**sse**	osa**ssions**	**eusse** osé	**eussions** osé
osa**sses**	osa**ssiez**	**eusses** osé	**eussiez** osé
os**ât**	osa**ssent**	**eût** osé	**eussent** osé

impératif
ose
osons
osez

ôter — to take off, to remove

participe présent **ôtant** participe passé **ôté**

SINGULAR	PLURAL	SINGULAR	PLURAL
présent de l'indicatif		passé composé	
ôt**e**	ôt**ons**	**ai** ôté	**avons** ôté
ôt**es**	ôt**ez**	**as** ôté	**avez** ôté
ôt**e**	ôt**ent**	**a** ôté	**ont** ôté
imparfait de l'indicatif		plus-que-parfait de l'indicatif	
ôt**ais**	ôt**ions**	**avais** ôté	**avions** ôté
ôt**ais**	ôt**iez**	**avais** ôté	**aviez** ôté
ôt**ait**	ôt**aient**	**avait** ôté	**avaient** ôté
passé simple		passé antérieur	
ôt**ai**	ôt**âmes**	**eus** ôté	**eûmes** ôté
ôt**as**	ôt**âtes**	**eus** ôté	**eûtes** ôté
ôt**a**	ôt**èrent**	**eut** ôté	**eurent** ôté
futur		futur antérieur	
ôter**ai**	ôter**ons**	**aurai** ôté	**aurons** ôté
ôter**as**	ôter**ez**	**auras** ôté	**aurez** ôté
ôter**a**	ôter**ont**	**aura** ôté	**auront** ôté
conditionnel		conditionnel passé	
ôter**ais**	ôter**ions**	**aurais** ôté	**aurions** ôté
ôter**ais**	ôter**iez**	**aurais** ôté	**auriez** ôté
ôter**ait**	ôter**aient**	**aurait** ôté	**auraient** ôté
présent du subjonctif		passé du subjonctif	
ôt**e**	ôt**ions**	**aie** ôté	**ayons** ôté
ôt**es**	ôt**iez**	**aies** ôté	**ayez** ôté
ôt**e**	ôt**ent**	**ait** ôté	**aient** ôté
imparfait du subjonctif		plus-que-parfait du subjonctif	
ôta**sse**	ôta**ssions**	**eusse** ôté	**eussions** ôté
ôta**sses**	ôta**ssiez**	**eusses** ôté	**eussiez** ôté
ôtâ**t**	ôta**ssent**	**eût** ôté	**eussent** ôté

impératif
ôte
ôtons
ôtez

participe présent **oubliant** participe passé **oublié**

SINGULAR	PLURAL	SINGULAR	PLURAL
présent de l'indicatif		passé composé	
oubli**e**	oubli**ons**	**ai** oublié	**avons** oublié
oubli**es**	oubli**ez**	**as** oublié	**avez** oublié
oubli**e**	oubli**ent**	**a** oublié	**ont** oublié
imparfait de l'indicatif		plus-que-parfait de l'indicatif	
oubli**ais**	oubli**ions**	**avais** oublié	**avions** oublié
oubli**ais**	oubli**iez**	**avais** oublié	**aviez** oublié
oubli**ait**	oubli**aient**	**avait** oublié	**avaient** oublié
passé simple		passé antérieur	
oubli**ai**	oubli**âmes**	**eus** oublié	**eûmes** oublié
oubli**as**	oubli**âtes**	**eus** oublié	**eûtes** oublié
oubli**a**	oubli**èrent**	**eut** oublié	**eurent** oublié
futur		futur antérieur	
oublier**ai**	oublier**ons**	**aurai** oublié	**aurons** oublié
oublier**as**	oublier**ez**	**auras** oublié	**aurez** oublié
oublier**a**	oublier**ont**	**aura** oublié	**auront** oublié
conditionnel		conditionnel passé	
oublier**ais**	oublier**ions**	**aurais** oublié	**aurions** oublié
oublier**ais**	oublier**iez**	**aurais** oublié	**auriez** oublié
oublier**ait**	oublier**aient**	**aurait** oublié	**auraient** oublié
présent du subjonctif		passé du subjonctif	
oubli**e**	oubli**ions**	**aie** oublié	**ayons** oublié
oubli**es**	oubli**iez**	**aies** oublié	**ayez** oublié
oubli**e**	oubli**ent**	**ait** oublié	**aient** oublié
imparfait du subjonctif		plus-que-parfait du subjonctif	
oublia**sse**	oublia**ssions**	**eusse** oublié	**eussions** oublié
oublia**sses**	oublia**ssiez**	**eusses** oublié	**eussiez** oublié
oubliâ**t**	oublia**ssent**	**eût** oublié	**eussent** oublié

impératif
oublie
oublions
oubliez

ouvrir — to open, to open up, to undo

participe présent **ouvrant** participe passé **ouvert**

SINGULAR	PLURAL	SINGULAR	PLURAL
présent de l'indicatif		passé composé	
ouvr**e**	ouvr**ons**	**ai** ouvert	**avons** ouvert
ouvr**es**	ouvr**ez**	**as** ouvert	**avez** ouvert
ouvr**e**	ouvr**ent**	**a** ouvert	**ont** ouvert
imparfait de l'indicatif		plus-que-parfait de l'indicatif	
ouvr**ais**	ouvr**ions**	**avais** ouvert	**avions** ouvert
ouvr**ais**	ouvr**iez**	**avais** ouvert	**aviez** ouvert
ouvr**ait**	ouvr**aient**	**avait** ouvert	**avaient** ouvert
passé simple		passé antérieur	
ouvr**is**	ouvr**îmes**	**eus** ouvert	**eûmes** ouvert
ouvr**is**	ouvr**îtes**	**eus** ouvert	**eûtes** ouvert
ouvr**it**	ouvr**irent**	**eut** ouvert	**eurent** ouvert
futur		futur antérieur	
ouvrir**ai**	ouvrir**ons**	**aurai** ouvert	**aurons** ouvert
ouvrir**as**	ouvrir**ez**	**auras** ouvert	**aurez** ouvert
ouvrir**a**	ouvrir**ont**	**aura** ouvert	**auront** ouvert
conditionnel		conditionnel passé	
ouvrir**ais**	ouvrir**ions**	**aurais** ouvert	**aurions** ouvert
ouvrir**ais**	ouvrir**iez**	**aurais** ouvert	**auriez** ouvert
ouvrir**ait**	ouvrir**aient**	**aurait** ouvert	**auraient** ouvert
présent du subjonctif		passé du subjonctif	
ouvr**e**	ouvr**ions**	**aie** ouvert	**ayons** ouvert
ouvr**es**	ouvr**iez**	**aies** ouvert	**ayez** ouvert
ouvr**e**	ouvr**ent**	**ait** ouvert	**aient** ouvert
imparfait du subjonctif		plus-que-parfait du subjonctif	
ouvri**sse**	ouvri**ssions**	**eusse** ouvert	**eussions** ouvert
ouvri**sses**	ouvri**ssiez**	**eusses** ouvert	**eussiez** ouvert
ouvr**ît**	ouvri**ssent**	**eût** ouvert	**eussent** ouvert

impératif
ouvre
ouvrons
ouvrez

participe présent **pâlissant** participe passé **pâli**

SINGULAR	PLURAL	SINGULAR	PLURAL
présent de l'indicatif		passé composé	
pâl**is**	pâl**issons**	**ai** pâli	**avons** pâli
pâl**is**	pâl**issez**	**as** pâli	**avez** pâli
pâl**it**	pâl**issent**	**a** pâli	**ont** pâli
imparfait de l'indicatif		plus-que-parfait de l'indicatif	
pâliss**ais**	pâliss**ions**	**avais** pâli	**avions** pâli
pâliss**ais**	pâliss**iez**	**avais** pâli	**aviez** pâli
pâliss**ait**	pâliss**aient**	**avait** pâli	**avaient** pâli
passé simple		passé antérieur	
pâl**is**	pâl**îmes**	**eus** pâli	**eûmes** pâli
pâl**is**	pâl**îtes**	**eus** pâli	**eûtes** pâli
pâl**it**	pâl**irent**	**eut** pâli	**eurent** pâli
futur		futur antérieur	
pâlir**ai**	pâlir**ons**	**aurai** pâli	**aurons** pâli
pâlir**as**	pâlir**ez**	**auras** pâli	**aurez** pâli
pâlir**a**	pâlir**ont**	**aura** pâli	**auront** pâli
conditionnel		conditionnel passé	
pâlir**ais**	pâlir**ions**	**aurais** pâli	**aurions** pâli
pâlir**ais**	pâlir**iez**	**aurais** pâli	**auriez** pâli
pâlir**ait**	pâlir**aient**	**aurait** pâli	**auraient** pâli
présent du subjonctif		passé du subjonctif	
pâliss**e**	pâliss**ions**	**aie** pâli	**ayons** pâli
pâliss**es**	pâliss**iez**	**aies** pâli	**ayez** pâli
pâliss**e**	pâliss**ent**	**ait** pâli	**aient** pâli
imparfait du subjonctif		plus-que-parfait du subjonctif	
pâl**isse**	pâl**issions**	**eusse** pâli	**eussions** pâli
pâl**isses**	pâl**issiez**	**eusses** pâli	**eussiez** pâli
pâl**ît**	pâl**issent**	**eût** pâli	**eussent** pâli

impératif
pâlis
pâlissons
pâlissez

paraître — to appear, to seem

participe présent **paraissant** participe passé **paru**

SINGULAR	PLURAL	SINGULAR	PLURAL
présent de l'indicatif		passé composé	
para**is**	para**issons**	**ai** paru	**avons** paru
para**is**	para**issez**	**as** paru	**avez** paru
para**ît**	para**issent**	**a** paru	**ont** paru
imparfait de l'indicatif		plus-que-parfait de l'indicatif	
paraiss**ais**	paraiss**ions**	**avais** paru	**avions** paru
paraiss**ais**	paraiss**iez**	**avais** paru	**aviez** paru
paraiss**ait**	paraiss**aient**	**avait** paru	**avaient** paru
passé simple		passé antérieur	
par**us**	par**ûmes**	**eus** paru	**eûmes** paru
par**us**	par**ûtes**	**eus** paru	**eûtes** paru
par**ut**	par**urent**	**eut** paru	**eurent** paru
futur		futur antérieur	
paraîtr**ai**	paraîtr**ons**	**aurai** paru	**aurons** paru
paraîtr**as**	paraîtr**ez**	**auras** paru	**aurez** paru
paraîtr**a**	paraîtr**ont**	**aura** paru	**auront** paru
conditionnel		conditionnel passé	
paraîtr**ais**	paraîtr**ions**	**aurais** paru	**aurions** paru
paraîtr**ais**	paraîtr**iez**	**aurais** paru	**auriez** paru
paraîtr**ait**	paraîtr**aient**	**aurait** paru	**auraient** paru
présent du subjonctif		passé du subjonctif	
paraiss**e**	paraiss**ions**	**aie** paru	**ayons** paru
paraiss**es**	paraiss**iez**	**aies** paru	**ayez** paru
paraiss**e**	paraiss**ent**	**ait** paru	**aient** paru
imparfait du subjonctif		plus-que-parfait du subjonctif	
paru**sse**	paru**ssions**	**eusse** paru	**eussions** paru
paru**sses**	paru**ssiez**	**eusses** paru	**eussiez** paru
parû**t**	paru**ssent**	**eût** paru	**eussent** paru

impératif
parais
paraissons
paraissez

to pardon, to forgive **pardonner**

participe présent **pardonnant** participe passé **pardonné**

SINGULAR	PLURAL	SINGULAR	PLURAL
présent de l'indicatif		passé composé	
pardonn**e**	pardonn**ons**	**ai** pardonné	**avons** pardonné
pardonn**es**	pardonn**ez**	**as** pardonné	**avez** pardonné
pardonn**e**	pardonn**ent**	**a** pardonné	**ont** pardonné
imparfait de l'indicatif		plus-que-parfait de l'indicatif	
pardonn**ais**	pardonn**ions**	**avais** pardonné	**avions** pardonné
pardonn**ais**	pardonn**iez**	**avais** pardonné	**aviez** pardonné
pardonn**ait**	pardonn**aient**	**avait** pardonné	**avaient** pardonné
passé simple		passé antérieur	
pardonn**ai**	pardonn**âmes**	**eus** pardonné	**eûmes** pardonné
pardonn**as**	pardonn**âtes**	**eus** pardonné	**eûtes** pardonné
pardonn**a**	pardonnèr**ent**	**eut** pardonné	**eurent** pardonné
futur		futur antérieur	
pardonner**ai**	pardonner**ons**	**aurai** pardonné	**aurons** pardonné
pardonner**as**	pardonner**ez**	**auras** pardonné	**aurez** pardonné
pardonner**a**	pardonner**ont**	**aura** pardonné	**auront** pardonné
conditionnel		conditionnel passé	
pardonner**ais**	pardonner**ions**	**aurais** pardonné	**aurions** pardonné
pardonner**ais**	pardonner**iez**	**aurais** pardonné	**auriez** pardonné
pardonner**ait**	pardonner**aient**	**aurait** pardonné	**auraient** pardonné
présent du subjonctif		passé du subjonctif	
pardonn**e**	pardonn**ions**	**aie** pardonné	**ayons** pardonné
pardonn**es**	pardonn**iez**	**aies** pardonné	**ayez** pardonné
pardonn**e**	pardonn**ent**	**ait** pardonné	**aient** pardonné
imparfait du subjonctif		plus-que-parfait du subjonctif	
pardonna**sse**	pardonna**ssions**	**eusse** pardonné	**eussions** pardonné
pardonna**sses**	pardonna**ssiez**	**eusses** pardonné	**eussiez** pardonné
pardonnâ**t**	pardonna**ssent**	**eût** pardonné	**eussent** pardonné

impératif
pardonne
pardonnons
pardonnez

parler — to talk, to speak

participe présent **parlant** — participe passé **parlé**

SINGULAR	PLURAL	SINGULAR	PLURAL
présent de l'indicatif		passé composé	
parl**e**	parl**ons**	**ai** parlé	**avons** parlé
parl**es**	parl**ez**	**as** parlé	**avez** parlé
parl**e**	parl**ent**	**a** parlé	**ont** parlé
imparfait de l'indicatif		plus-que-parfait de l'indicatif	
parl**ais**	parl**ions**	**avais** parlé	**avions** parlé
parl**ais**	parl**iez**	**avais** parlé	**aviez** parlé
parl**ait**	parl**aient**	**avait** parlé	**avaient** parlé
passé simple		passé antérieur	
parl**ai**	parl**âmes**	**eus** parlé	**eûmes** parlé
parl**as**	parl**âtes**	**eus** parlé	**eûtes** parlé
parl**a**	parl**èrent**	**eut** parlé	**eurent** parlé
futur		futur antérieur	
parler**ai**	parler**ons**	**aurai** parlé	**aurons** parlé
parler**as**	parler**ez**	**auras** parlé	**aurez** parlé
parler**a**	parler**ont**	**aura** parlé	**auront** parlé
conditionnel		conditionnel passé	
parler**ais**	parler**ions**	**aurais** parlé	**aurions** parlé
parler**ais**	parler**iez**	**aurais** parlé	**auriez** parlé
parler**ait**	parler**aient**	**aurait** parlé	**auraient** parlé
présent du subjonctif		passé du subjonctif	
parl**e**	parl**ions**	**aie** parlé	**ayons** parlé
parl**es**	parl**iez**	**aies** parlé	**ayez** parlé
parl**e**	parl**ent**	**ait** parlé	**aient** parlé
imparfait du subjonctif		plus-que-parfait du subjonctif	
parla**sse**	parla**ssions**	**eusse** parlé	**eussions** parlé
parla**sses**	parla**ssiez**	**eusses** parlé	**eussiez** parlé
parlâ**t**	parla**ssent**	**eût** parlé	**eussent** parlé

impératif
parle
parlons
parlez

to share **partager**

participe présent **partageant** participe passé **partagé**

SINGULAR	PLURAL	SINGULAR	PLURAL
présent de l'indicatif		passé composé	
partag**e**	partage**ons**	**ai** partagé	**avons** partagé
partag**es**	partag**ez**	**as** partagé	**avez** partagé
partag**e**	partag**ent**	**a** partagé	**ont** partagé
imparfait de l'indicatif		plus-que-parfait de l'indicatif	
partage**ais**	partag**ions**	**avais** partagé	**avions** partagé
partage**ais**	partag**iez**	**avais** partagé	**aviez** partagé
partage**ait**	partage**aient**	**avait** partagé	**avaient** partagé
passé simple		passé antérieur	
partage**ai**	partage**âmes**	**eus** partagé	**eûmes** partagé
partage**as**	partage**âtes**	**eus** partagé	**eûtes** partagé
partage**a**	partag**èrent**	**eut** partagé	**eurent** partagé
futur		futur antérieur	
partager**ai**	partager**ons**	**aurai** partagé	**aurons** partagé
partager**as**	partager**ez**	**auras** partagé	**aurez** partagé
partager**a**	partager**ont**	**aura** partagé	**auront** partagé
conditionnel		conditionnel passé	
partager**ais**	partager**ions**	**aurais** partagé	**aurions** partagé
partager**ais**	partager**iez**	**aurais** partagé	**auriez** partagé
partager**ait**	partager**aient**	**aurait** partagé	**auraient** partagé
présent du subjonctif		passé du subjonctif	
partag**e**	partag**ions**	**aie** partagé	**ayons** partagé
partag**es**	partag**iez**	**aies** partagé	**ayez** partagé
partag**e**	partag**ent**	**ait** partagé	**aient** partagé
imparfait du subjonctif		plus-que-parfait du subjonctif	
partagea**sse**	partagea**ssions**	**eusse** partagé	**eussions** partagé
partagea**sses**	partagea**ssiez**	**eusses** partagé	**eussiez** partagé
partageâ**t**	partagea**ssent**	**eût** partagé	**eussent** partagé

impératif
partage
partageons
partagez

partir — to leave, to depart

participe présent **partant** | participe passé **parti(e)(s)**

SINGULAR	PLURAL	SINGULAR	PLURAL
présent de l'indicatif		passé composé	
par**s**	part**ons**	**suis** parti(e)	**sommes** parti(e)s
par**s**	part**ez**	**es** parti(e)	**êtes** parti(e)(s)
par**t**	part**ent**	**est** parti(e)	**sont** parti(e)s
imparfait de l'indicatif		plus-que-parfait de l'indicatif	
part**ais**	part**ions**	**étais** parti(e)	**étions** parti(e)s
part**ais**	part**iez**	**étais** parti(e)	**étiez** parti(e)(s)
part**ait**	part**aient**	**était** parti(e)	**étaient** parti(e)s
passé simple		passé antérieur	
part**is**	part**îmes**	**fus** parti(e)	**fûmes** parti(e)s
part**is**	part**îtes**	**fus** parti(e)	**fûtes** parti(e)(s)
part**it**	parti**rent**	**fut** parti(e)	**furent** parti(e)s
futur		futur antérieur	
partir**ai**	partir**ons**	**serai** parti(e)	**serons** parti(e)s
partir**as**	partir**ez**	**seras** parti(e)	**serez** parti(e)(s)
partir**a**	partir**ont**	**sera** parti(e)	**seront** parti(e)s
conditionnel		conditionnel passé	
partir**ais**	partir**ions**	**serais** parti(e)	**serions** parti(e)s
partir**ais**	partir**iez**	**serais** parti(e)	**seriez** parti(e)(s)
partir**ait**	partir**aient**	**serait** parti(e)	**seraient** parti(e)s
présent du subjonctif		passé du subjonctif	
part**e**	part**ions**	**sois** parti(e)	**soyons** parti(e)s
part**es**	part**iez**	**sois** parti(e)	**soyez** parti(e)(s)
part**e**	part**ent**	**soit** parti(e)	**soient** parti(e)s
imparfait du subjonctif		plus-que-parfait du subjonctif	
parti**sse**	parti**ssions**	**fusse** parti(e)	**fussions** parti(e)s
parti**sses**	parti**ssiez**	**fusses** parti(e)	**fussiez** parti(e)(s)
part**ît**	parti**ssent**	**fût** parti(e)	**fussent** parti(e)s

P

impératif
pars
partons
partez

to pass, to spend (time) **passer**

participe présent **passant** participe passé **passé**

SINGULAR	PLURAL	SINGULAR	PLURAL
présent de l'indicatif		passé composé	
pass**e**	pass**ons**	**ai** passé	**avons** passé
pass**es**	pass**ez**	**as** passé	**avez** passé
pass**e**	pass**ent**	**a** passé	**ont** passé
imparfait de l'indicatif		plus-que-parfait de l'indicatif	
pass**ais**	pass**ions**	**avais** passé	**avions** passé
pass**ais**	pass**iez**	**avais** passé	**aviez** passé
pass**ait**	pass**aient**	**avait** passé	**avaient** passé
passé simple		passé antérieur	
pass**ai**	pass**âmes**	**eus** passé	**eûmes** passé
pass**as**	pass**âtes**	**eus** passé	**eûtes** passé
pass**a**	pass**èrent**	**eut** passé	**eurent** passé
futur		futur antérieur	
passer**ai**	passer**ons**	**aurai** passé	**aurons** passé
passer**as**	passer**ez**	**auras** passé	**aurez** passé
passer**a**	passer**ont**	**aura** passé	**auront** passé
conditionnel		conditionnel passé	
passer**ais**	passer**ions**	**aurais** passé	**aurions** passé
passer**ais**	passer**iez**	**aurais** passé	**auriez** passé
passer**ait**	passer**aient**	**aurait** passé	**auraient** passé
présent du subjonctif		passé du subjonctif	
pass**e**	pass**ions**	**aie** passé	**ayons** passé
pass**es**	pass**iez**	**aies** passé	**ayez** passé
pass**e**	pass**ent**	**ait** passé	**aient** passé
imparfait du subjonctif		plus-que-parfait du subjonctif	
passa**sse**	passa**ssions**	**eusse** passé	**eussions** passé
passa**sses**	passa**ssiez**	**eusses** passé	**eussiez** passé
passâ**t**	passa**ssent**	**eût** passé	**eussent** passé

impératif
passe
passons
passez

patiner — to skate, to apply a finish to

participe présent **patinant** — participe passé **patiné**

SINGULAR	PLURAL	SINGULAR	PLURAL
présent de l'indicatif		passé composé	
patin**e**	patin**ons**	**ai** patiné	**avons** patiné
patin**es**	patin**ez**	**as** patiné	**avez** patiné
patin**e**	patin**ent**	**a** patiné	**ont** patiné
imparfait de l'indicatif		plus-que-parfait de l'indicatif	
patin**ais**	patin**ions**	**avais** patiné	**avions** patiné
patin**ais**	patin**iez**	**avais** patiné	**aviez** patiné
patin**ait**	patin**aient**	**avait** patiné	**avaient** patiné
passé simple		passé antérieur	
patin**ai**	patin**âmes**	**eus** patiné	**eûmes** patiné
patin**as**	patin**âtes**	**eus** patiné	**eûtes** patiné
patin**a**	patin**èrent**	**eut** patiné	**eurent** patiné
futur		futur antérieur	
patiner**ai**	patiner**ons**	**aurai** patiné	**aurons** patiné
patiner**as**	patiner**ez**	**auras** patiné	**aurez** patiné
patiner**a**	patiner**ont**	**aura** patiné	**auront** patiné
conditionnel		conditionnel passé	
patiner**ais**	patiner**ions**	**aurais** patiné	**aurions** patiné
patiner**ais**	patiner**iez**	**aurais** patiné	**auriez** patiné
patiner**ait**	patiner**aient**	**aurait** patiné	**auraient** patiné
présent du subjonctif		passé du subjonctif	
patin**e**	patin**ions**	**aie** patiné	**ayons** patiné
patin**es**	patin**iez**	**aies** patiné	**ayez** patiné
patin**e**	patin**ent**	**ait** patiné	**aient** patiné
imparfait du subjonctif		plus-que-parfait du subjonctif	
patina**sse**	patina**ssions**	**eusse** patiné	**eussions** patiné
patina**sses**	patina**ssiez**	**eusses** patiné	**eussiez** patiné
patinâ**t**	patina**ssent**	**eût** patiné	**eussent** patiné

impératif
patine
patinons
patinez

to pay (for) **payer**

participe présent **payant** participe passé **payé**

SINGULAR	PLURAL	SINGULAR	PLURAL
présent de l'indicatif		passé composé	
pay**e**	pay**ons**	**ai** payé	**avons** payé
pay**es**	pay**ez**	**as** payé	**avez** payé
pay**e**	pay**ent**	**a** payé	**ont** payé
imparfait de l'indicatif		plus-que-parfait de l'indicatif	
pay**ais**	pay**ions**	**avais** payé	**avions** payé
pay**ais**	pay**iez**	**avais** payé	**aviez** payé
pay**ait**	pay**aient**	**avait** payé	**avaient** payé
passé simple		passé antérieur	
pay**ai**	pay**âmes**	**eus** payé	**eûmes** payé
pay**as**	pay**âtes**	**eus** payé	**eûtes** payé
pay**a**	pay**èrent**	**eut** payé	**eurent** payé
futur		futur antérieur	
payer**ai**	payer**ons**	**aurai** payé	**aurons** payé
payer**as**	payer**ez**	**auras** payé	**aurez** payé
payer**a**	payer**ont**	**aura** payé	**auront** payé
conditionnel		conditionnel passé	
payer**ais**	payer**ions**	**aurais** payé	**aurions** payé
payer**ais**	payer**iez**	**aurais** payé	**auriez** payé
payer**ait**	payer**aient**	**aurait** payé	**auraient** payé
présent du subjonctif		passé du subjonctif	
pay**e**	pay**ions**	**aie** payé	**ayons** payé
pay**es**	pay**iez**	**aies** payé	**ayez** payé
pay**e**	pay**ent**	**ait** payé	**aient** payé
imparfait du subjonctif		plus-que-parfait du subjonctif	
paya**sse**	paya**ssions**	**eusse** payé	**eussions** payé
paya**sses**	paya**ssiez**	**eusses** payé	**eussiez** payé
payâ**t**	paya**ssent**	**eût** payé	**eussent** payé

impératif
paye
payons
payez

pêcher — to fish, to go fishing, to fish for

participe présent **pêchant** participe passé **pêché**

SINGULAR	PLURAL	SINGULAR	PLURAL
présent de l'indicatif		passé composé	
pêch**e**	pêch**ons**	**ai** pêché	**avons** pêché
pêch**es**	pêch**ez**	**as** pêché	**avez** pêché
pêch**e**	pêch**ent**	**a** pêché	**ont** pêché
imparfait de l'indicatif		plus-que-parfait de l'indicatif	
pêch**ais**	pêch**ions**	**avais** pêché	**avions** pêché
pêch**ais**	pêch**iez**	**avais** pêché	**aviez** pêché
pêch**ait**	pêch**aient**	**avait** pêché	**avaient** pêché
passé simple		passé antérieur	
pêch**ai**	pêch**âmes**	**eus** pêché	**eûmes** pêché
pêch**as**	pêch**âtes**	**eus** pêché	**eûtes** pêché
pêch**a**	pêch**èrent**	**eut** pêché	**eurent** pêché
futur		futur antérieur	
pêcher**ai**	pêcher**ons**	**aurai** pêché	**aurons** pêché
pêcher**as**	pêcher**ez**	**auras** pêché	**aurez** pêché
pêcher**a**	pêcher**ont**	**aura** pêché	**auront** pêché
conditionnel		conditionnel passé	
pêcher**ais**	pêcher**ions**	**aurais** pêché	**aurions** pêché
pêcher**ais**	pêcher**iez**	**aurais** pêché	**auriez** pêché
pêcher**ait**	pêcher**aient**	**aurait** pêché	**auraient** pêché
présent du subjonctif		passé du subjonctif	
pêch**e**	pêch**ions**	**aie** pêché	**ayons** pêché
pêch**es**	pêch**iez**	**aies** pêché	**ayez** pêché
pêch**e**	pêch**ent**	**ait** pêché	**aient** pêché
imparfait du subjonctif		plus-que-parfait du subjonctif	
pêcha**sse**	pêcha**ssions**	**eusse** pêché	**eussions** pêché
pêcha**sses**	pêcha**ssiez**	**eusses** pêché	**eussiez** pêché
pêchâ**t**	pêcha**ssent**	**eût** pêché	**eussent** pêché

impératif
pêche
pêchons
pêchez

to comb one's hair — se peigner

participe présent **se peignant** — participe passé **peigné(e)(s)**

SINGULAR	PLURAL	SINGULAR	PLURAL
présent de l'indicatif		passé composé	
me peign**e**	**nous** peign**ons**	**me suis** peigné(e)	**nous sommes** peigné(e)s
te peign**es**	**vous** peign**ez**	**t'es** peigné(e)	**vous êtes** peigné(e)(s)
se peign**e**	**se** peign**ent**	**s'est** peigné(e)	**se sont** peigné(e)s
imparfait de l'indicatif		plus-que-parfait de l'indicatif	
me peign**ais**	**nous** peign**ions**	**m'étais** peigné(e)	**nous étions** peigné(e)s
te peign**ais**	**vous** peign**iez**	**t'étais** peigné(e)	**vous étiez** peigné(e)(s)
se peign**ait**	**se** peign**aient**	**s'était** peigné(e)	**s'étaient** peigné(e)s
passé simple		passé antérieur	
me peign**ai**	**nous** peign**âmes**	**me fus** peigné(e)	**nous fûmes** peigné(e)s
te peign**as**	**vous** peign**âtes**	**te fus** peigné(e)	**vous fûtes** peigné(e)(s)
se peign**a**	**se** peign**èrent**	**se fut** peigné(e)	**se furent** peigné(e)s
futur		futur antérieur	
me peigner**ai**	**nous** peigner**ons**	**me serai** peigné(e)	**nous serons** peigné(e)s
te peigner**as**	**vous** peigner**ez**	**te seras** peigné(e)	**vous serez** peigné(e)(s)
se peigner**a**	**se** peigner**ont**	**se sera** peigné(e)	**se seront** peigné(e)s
conditionnel		conditionnel passé	
me peigner**ais**	**nous** peigner**ions**	**me serais** peigné(e)	**nous serions** peigné(e)s
te peigner**ais**	**vous** peigner**iez**	**te serais** peigné(e)	**vous seriez** peigné(e)(s)
se peigner**ait**	**se** peigner**aient**	**se serait** peigné(e)	**se seraient** peigné(e)s
présent du subjonctif		passé du subjonctif	
me peign**e**	**nous** peign**ions**	**me sois** peigné(e)	**nous soyons** peigné(e)s
te peign**es**	**vous** peign**iez**	**te sois** peigné(e)	**vous soyez** peigné(e)(s)
se peign**e**	**se** peign**ent**	**se soit** peigné(e)	**se soient** peigné(e)s
imparfait du subjonctif		plus-que-parfait du subjonctif	
me peigna**sse**	**nous** peigna**ssions**	**me fusse** peigné(e)	**nous fussions** peigné(e)s
te peigna**sses**	**vous** peigna**ssiez**	**te fusses** peigné(e)	**vous fussiez** peigné(e)(s)
se peign**ât**	**se** peigna**ssent**	**se fût** peigné(e)	**se fussent** peigné(e)s

impératif

peigne-toi

peignons-nous

peignez-vous

P

peindre — to paint, to portray

participe présent **peignant** participe passé **peint**

SINGULAR	PLURAL	SINGULAR	PLURAL
présent de l'indicatif		passé composé	
pein**s**	peign**ons**	**ai** peint	**avons** peint
pein**s**	peign**ez**	**as** peint	**avez** peint
pein**t**	peign**ent**	**a** peint	**ont** peint
imparfait de l'indicatif		plus-que-parfait de l'indicatif	
peign**ais**	peign**ions**	**avais** peint	**avions** peint
peign**ais**	peign**iez**	**avais** peint	**aviez** peint
peign**ait**	peign**aient**	**avait** peint	**avaient** peint
passé simple		passé antérieur	
peign**is**	peign**îmes**	**eus** peint	**eûmes** peint
peign**is**	peign**îtes**	**eus** peint	**eûtes** peint
peign**it**	peign**irent**	**eut** peint	**eurent** peint
futur		futur antérieur	
peindr**ai**	peindr**ons**	**aurai** peint	**aurons** peint
peindr**as**	peindr**ez**	**auras** peint	**aurez** peint
peindr**a**	peindr**ont**	**aura** peint	**auront** peint
conditionnel		conditionnel passé	
peindr**ais**	peindr**ions**	**aurais** peint	**aurions** peint
peindr**ais**	peindr**iez**	**aurais** peint	**auriez** peint
peindr**ait**	peindr**aient**	**aurait** peint	**auraient** peint
présent du subjonctif		passé du subjonctif	
peign**e**	peign**ions**	**aie** peint	**ayons** peint
peign**es**	peign**iez**	**aies** peint	**ayez** peint
peign**e**	peign**ent**	**ait** peint	**aient** peint
imparfait du subjonctif		plus-que-parfait du subjonctif	
peigni**sse**	peigni**ssions**	**eusse** peint	**eussions** peint
peigni**sses**	peigni**ssiez**	**eusses** peint	**eussiez** peint
peign**ît**	peigni**ssent**	**eût** peint	**eussent** peint

P

impératif
peins
peignons
peignez

to hang, to suspend — **pendre**

participe présent **pendant** participe passé **pendu**

SINGULAR	PLURAL
présent de l'indicatif	
pend**s**	pend**ons**
pend**s**	pend**ez**
pend	pend**ent**
imparfait de l'indicatif	
pend**ais**	pend**ions**
pend**ais**	pend**iez**
pend**ait**	pend**aient**
passé simple	
pend**is**	pend**îmes**
pend**is**	pend**îtes**
pend**it**	pend**irent**
futur	
pendr**ai**	pendr**ons**
pendr**as**	pendr**ez**
pendr**a**	pendr**ont**
conditionnel	
pendr**ais**	pendr**ions**
pendr**ais**	pendr**iez**
pendr**ait**	pendr**aient**
présent du subjonctif	
pend**e**	pend**ions**
pend**es**	pend**iez**
pend**e**	pend**ent**
imparfait du subjonctif	
pendi**sse**	pendi**ssions**
pendi**sses**	pendi**ssiez**
pendî**t**	pendi**ssent**
impératif	
pends	
pendons	
pendez	

SINGULAR	PLURAL
passé composé	
ai pendu	**avons** pendu
as pendu	**avez** pendu
a pendu	**ont** pendu
plus-que-parfait de l'indicatif	
avais pendu	**avions** pendu
avais pendu	**aviez** pendu
avait pendu	**avaient** pendu
passé antérieur	
eus pendu	**eûmes** pendu
eus pendu	**eûtes** pendu
eut pendu	**eurent** pendu
futur antérieur	
aurai pendu	**aurons** pendu
auras pendu	**aurez** pendu
aura pendu	**auront** pendu
conditionnel passé	
aurais pendu	**aurions** pendu
aurais pendu	**auriez** pendu
aurait pendu	**auraient** pendu
passé du subjonctif	
aie pendu	**ayons** pendu
aies pendu	**ayez** pendu
ait pendu	**aient** pendu
plus-que-parfait du subjonctif	
eusse pendu	**eussions** pendu
eusses pendu	**eussiez** pendu
eût pendu	**eussent** pendu

penser — to think

participe présent **pensant** participe passé **pensé**

SINGULAR	PLURAL	SINGULAR	PLURAL
présent de l'indicatif		passé composé	
pens**e**	pens**ons**	**ai** pensé	**avons** pensé
pens**es**	pens**ez**	**as** pensé	**avez** pensé
pens**e**	pens**ent**	**a** pensé	**ont** pensé
imparfait de l'indicatif		plus-que-parfait de l'indicatif	
pens**ais**	pens**ions**	**avais** pensé	**avions** pensé
pens**ais**	pens**iez**	**avais** pensé	**aviez** pensé
pens**ait**	pens**aient**	**avait** pensé	**avaient** pensé
passé simple		passé antérieur	
pens**ai**	pens**âmes**	**eus** pensé	**eûmes** pensé
pens**as**	pens**âtes**	**eus** pensé	**eûtes** pensé
pens**a**	pens**èrent**	**eut** pensé	**eurent** pensé
futur		futur antérieur	
penser**ai**	penser**ons**	**aurai** pensé	**aurons** pensé
penser**as**	penser**ez**	**auras** pensé	**aurez** pensé
penser**a**	penser**ont**	**aura** pensé	**auront** pensé
conditionnel		conditionnel passé	
penser**ais**	penser**ions**	**aurais** pensé	**aurions** pensé
penser**ais**	penser**iez**	**aurais** pensé	**auriez** pensé
penser**ait**	penser**aient**	**aurait** pensé	**auraient** pensé
présent du subjonctif		passé du subjonctif	
pens**e**	pens**ions**	**aie** pensé	**ayons** pensé
pens**es**	pens**iez**	**aies** pensé	**ayez** pensé
pens**e**	pens**ent**	**ait** pensé	**aient** pensé
imparfait du subjonctif		plus-que-parfait du subjonctif	
pensa**sse**	pensa**ssions**	**eusse** pensé	**eussions** pensé
pensa**sses**	pensa**ssiez**	**eusses** pensé	**eussiez** pensé
pensâ**t**	pensa**ssent**	**eût** pensé	**eussent** pensé

impératif
pense
pensons
pensez

MEMORY TIP
She is a **pensive** young lady.

to perceive, to sense **percevoir**

participe présent **percevant** participe passé **perçu**

SINGULAR	PLURAL	SINGULAR	PLURAL
présent de l'indicatif		passé composé	
perçoi**s**	percev**ons**	**ai** perçu	**avons** perçu
perçoi**s**	percev**ez**	**as** perçu	**avez** perçu
perçoi**t**	perçoiv**ent**	**a** perçu	**ont** perçu
imparfait de l'indicatif		plus-que-parfait de l'indicatif	
perceva**is**	percev**ions**	**avais** perçu	**avions** perçu
perceva**is**	percev**iez**	**avais** perçu	**aviez** perçu
perceva**it**	percev**aient**	**avait** perçu	**avaient** perçu
passé simple		passé antérieur	
perçu**s**	perç**ûmes**	**eus** perçu	**eûmes** perçu
perçu**s**	perç**ûtes**	**eus** perçu	**eûtes** perçu
perçu**t**	perçu**rent**	**eut** perçu	**eurent** perçu
futur		futur antérieur	
percevr**ai**	percevr**ons**	**aurai** perçu	**aurons** perçu
percevr**as**	percevr**ez**	**auras** perçu	**aurez** perçu
percevr**a**	percevr**ont**	**aura** perçu	**auront** perçu
conditionnel		conditionnel passé	
percevr**ais**	percevr**ions**	**aurais** perçu	**aurions** perçu
percevr**ais**	percevr**iez**	**aurais** perçu	**auriez** perçu
percevr**ait**	percevr**aient**	**aurait** perçu	**auraient** perçu
présent du subjonctif		passé du subjonctif	
perçoiv**e**	percev**ions**	**aie** perçu	**ayons** perçu
perçoiv**es**	percev**iez**	**aies** perçu	**ayez** perçu
perçoiv**e**	perçoiv**ent**	**ait** perçu	**aient** perçu
imparfait du subjonctif		plus-que-parfait du subjonctif	
perçu**sse**	perçu**ssions**	**eusse** perçu	**eussions** perçu
perçu**sses**	perçu**ssiez**	**eusses** perçu	**eussiez** perçu
perç**ût**	perçu**ssent**	**eût** perçu	**eussent** perçu

impératif
perçois
percevons
percevez

P

I can't **perceive** that type of behavior.

perdre — to lose

participe présent **perdant** participe passé **perdu**

SINGULAR	PLURAL	SINGULAR	PLURAL
présent de l'indicatif		passé composé	
perd**s**	perd**ons**	**ai** perdu	**avons** perdu
perd**s**	perd**ez**	**as** perdu	**avez** perdu
perd	perd**ent**	**a** perdu	**ont** perdu
imparfait de l'indicatif		plus-que-parfait de l'indicatif	
perd**ais**	perd**ions**	**avais** perdu	**avions** perdu
perd**ais**	perd**iez**	**avais** perdu	**aviez** perdu
perd**ait**	perd**aient**	**avait** perdu	**avaient** perdu
passé simple		passé antérieur	
perd**is**	perd**îmes**	**eus** perdu	**eûmes** perdu
perd**is**	perd**îtes**	**eus** perdu	**eûtes** perdu
perd**it**	perd**irent**	**eut** perdu	**eurent** perdu
futur		futur antérieur	
perdr**ai**	perdr**ons**	**aurai** perdu	**aurons** perdu
perdr**as**	perdr**ez**	**auras** perdu	**aurez** perdu
perdr**a**	perdr**ont**	**aura** perdu	**auront** perdu
conditionnel		conditionnel passé	
perdr**ais**	perdr**ions**	**aurais** perdu	**aurions** perdu
perdr**ais**	perdr**iez**	**aurais** perdu	**auriez** perdu
perdr**ait**	perdr**aient**	**aurait** perdu	**auraient** perdu
présent du subjonctif		passé du subjonctif	
perd**e**	perd**ions**	**aie** perdu	**ayons** perdu
perd**es**	perd**iez**	**aies** perdu	**ayez** perdu
perd**e**	perd**ent**	**ait** perdu	**aient** perdu
imparfait du subjonctif		plus-que-parfait du subjonctif	
perdi**sse**	perdi**ssions**	**eusse** perdu	**eussions** perdu
perdi**sses**	perdi**ssiez**	**eusses** perdu	**eussiez** perdu
perdî**t**	perdi**ssent**	**eût** perdu	**eussent** perdu

impératif
perds
perdons
perdez

to refine, to perfect, to improve **perfectionner**

participe présent **perfectionnant** participe passé **perfectionné**

SINGULAR	PLURAL	SINGULAR	PLURAL
présent de l'indicatif		passé composé	
perfectionn**e**	perfectionn**ons**	**ai** perfectionné	**avons** perfectionné
perfectionn**es**	perfectionn**ez**	**as** perfectionné	**avez** perfectionné
perfectionn**e**	perfectionn**ent**	**a** perfectionné	**ont** perfectionné
imparfait de l'indicatif		plus-que-parfait de l'indicatif	
perfectionn**ais**	perfectionn**ions**	**avais** perfectionné	**avions** perfectionné
perfectionn**ais**	perfectionn**iez**	**avais** perfectionné	**aviez** perfectionné
perfectionn**ait**	perfectionn**aient**	**avait** perfectionné	**avaient** perfectionné
passé simple		passé antérieur	
perfectionn**ai**	perfectionn**âmes**	**eus** perfectionné	**eûmes** perfectionné
perfectionn**as**	perfectionn**âtes**	**eus** perfectionné	**eûtes** perfectionné
perfectionn**a**	perfectionn**èrent**	**eut** perfectionné	**eurent** perfectionné
futur		futur antérieur	
perfectionner**ai**	perfectionner**ons**	**aurai** perfectionné	**aurons** perfectionné
perfectionner**as**	perfectionner**ez**	**auras** perfectionné	**aurez** perfectionné
perfectionner**a**	perfectionner**ont**	**aura** perfectionné	**auront** perfectionné
conditionnel		conditionnel passé	
perfectionner**ais**	perfectionner**ions**	**aurais** perfectionné	**aurions** perfectionné
perfectionner**ais**	perfectionner**iez**	**aurais** perfectionné	**auriez** perfectionné
perfectionner**ait**	perfectionner**aient**	**aurait** perfectionné	**auraient** perfectionné
présent du subjonctif		passé du subjonctif	
perfectionn**e**	perfectionn**ions**	**aie** perfectionné	**ayons** perfectionné
perfectionn**es**	perfectionn**iez**	**aies** perfectionné	**ayez** perfectionné
perfectionn**e**	perfectionn**ent**	**ait** perfectionné	**aient** perfectionné
imparfait du subjonctif		plus-que-parfait du subjonctif	
perfectionna**sse**	perfectionna**ssions**	**eusse** perfectionné	**eussions** perfectionné
perfectionna**sses**	perfectionna**ssiez**	**eusses** perfectionné	**eussiez** perfectionné
perfectionn**ât**	perfectionna**ssent**	**eût** perfectionné	**eussent** perfectionné

impératif
perfectionne
perfectionnons
perfectionnez

P

MEMORY TIP

I want to **practice** my speaking skills until they become perfect.

périr — to perish, to die

participe présent **périssant** participe passé **péri**

SINGULAR	PLURAL	SINGULAR	PLURAL
présent de l'indicatif		passé composé	
pér**is**	pér**issons**	**ai** péri	**avons** péri
pér**is**	pér**issez**	**as** péri	**avez** péri
pér**it**	pér**issent**	**a** péri	**ont** péri
imparfait de l'indicatif		plus-que-parfait de l'indicatif	
périss**ais**	périss**ions**	**avais** péri	**avions** péri
périss**ais**	périss**iez**	**avais** péri	**aviez** péri
périss**ait**	périss**aient**	**avait** péri	**avaient** péri
passé simple		passé antérieur	
pér**is**	pér**îmes**	**eus** péri	**eûmes** péri
pér**is**	pér**îtes**	**eus** péri	**eûtes** péri
pér**it**	pér**irent**	**eut** péri	**eurent** péri
futur		futur antérieur	
périr**ai**	périr**ons**	**aurai** péri	**aurons** péri
périr**as**	périr**ez**	**auras** péri	**aurez** péri
périr**a**	périr**ont**	**aura** péri	**auront** péri
conditionnel		conditionnel passé	
périr**ais**	périr**ions**	**aurais** péri	**aurions** péri
périr**ais**	périr**iez**	**aurais** péri	**auriez** péri
périr**ait**	périr**aient**	**aurait** péri	**auraient** péri
présent du subjonctif		passé du subjonctif	
périss**e**	périss**ions**	**aie** péri	**ayons** péri
périss**es**	périss**iez**	**aies** péri	**ayez** péri
périss**e**	périss**ent**	**ait** péri	**aient** péri
imparfait du subjonctif		plus-que-parfait du subjonctif	
pér**isse**	pér**issions**	**eusse** péri	**eussions** péri
pér**isses**	pér**issiez**	**eusses** péri	**eussiez** péri
pér**ît**	pér**issent**	**eût** péri	**eussent** péri

P

impératif
péris
périssons
périssez

to permit, to allow **permettre**

participe présent **permettant** participe passé **permis**

SINGULAR	PLURAL	SINGULAR	PLURAL
présent de l'indicatif		passé composé	
permet**s**	permett**ons**	**ai** permis	**avons** permis
permet**s**	permett**ez**	**as** permis	**avez** permis
permet	permett**ent**	**a** permis	**ont** permis
imparfait de l'indicatif		plus-que-parfait de l'indicatif	
permett**ais**	permett**ions**	**avais** permis	**avions** permis
permett**ais**	permett**iez**	**avais** permis	**aviez** permis
permett**ait**	permett**aient**	**avait** permis	**avaient** permis
passé simple		passé antérieur	
perm**is**	perm**îmes**	**eus** permis	**eûmes** permis
perm**is**	perm**îtes**	**eus** permis	**eûtes** permis
perm**it**	perm**îrent**	**eut** permis	**eurent** permis
futur		futur antérieur	
permettr**ai**	permettr**ons**	**aurai** permis	**aurons** permis
permettr**as**	permettr**ez**	**auras** permis	**aurez** permis
permettr**a**	permettr**ont**	**aura** permis	**auront** permis
conditionnel		conditionnel passé	
permettr**ais**	permettr**ions**	**aurais** permis	**aurions** permis
permettr**ais**	permettr**iez**	**aurais** permis	**auriez** permis
permettr**ait**	permettr**aient**	**aurait** permis	**auraient** permis
présent du subjonctif		passé du subjonctif	
permett**e**	permett**ions**	**aie** permis	**ayons** permis
permett**es**	permett**iez**	**aies** permis	**ayez** permis
permett**e**	permett**ent**	**ait** permis	**aient** permis
imparfait du subjonctif		plus-que-parfait du subjonctif	
perm**isse**	perm**issions**	**eusse** permis	**eussions** permis
perm**isses**	perm**issiez**	**eusses** permis	**eussiez** permis
perm**ît**	perm**issent**	**eût** permis	**eussent** permis

impératif
permets
permettons
permettez

MEMORY TIP
You are **permitted** to ask questions.

persuader to persuade, to convince, to induce

participe présent **persuadant** participe passé **persuadé**

SINGULAR	PLURAL	SINGULAR	PLURAL
présent de l'indicatif		passé composé	
persuad**e**	persuad**ons**	**ai** persuadé	**avons** persuadé
persuad**es**	persuad**ez**	**as** persuadé	**avez** persuadé
persuad**e**	persuad**ent**	**a** persuadé	**ont** persuadé
imparfait de l'indicatif		plus-que-parfait de l'indicatif	
persuad**ais**	persuad**ions**	**avais** persuadé	**avions** persuadé
persuad**ais**	persuad**iez**	**avais** persuadé	**aviez** persuadé
persuad**ait**	persuad**aient**	**avait** persuadé	**avaient** persuadé
passé simple		passé antérieur	
persuad**ai**	persuad**âmes**	**eus** persuadé	**eûmes** persuadé
persuad**as**	persuad**âtes**	**eus** persuadé	**eûtes** persuadé
persuad**a**	persuad**èrent**	**eut** persuadé	**eurent** persuadé
futur		futur antérieur	
persuader**ai**	persuader**ons**	**aurai** persuadé	**aurons** persuadé
persuader**as**	persuader**ez**	**auras** persuadé	**aurez** persuadé
persuader**a**	persuader**ont**	**aura** persuadé	**auront** persuadé
conditionnel		conditionnel passé	
persuader**ais**	persuader**ions**	**aurais** persuadé	**aurions** persuadé
persuader**ais**	persuader**iez**	**aurais** persuadé	**auriez** persuadé
persuader**ait**	persuader**aient**	**aurait** persuadé	**auraient** persuadé
présent du subjonctif		passé du subjonctif	
persuad**e**	persuad**ions**	**aie** persuadé	**ayons** persuadé
persuad**es**	persuad**iez**	**aies** persuadé	**ayez** persuadé
persuad**e**	persuad**ent**	**ait** persuadé	**aient** persuadé
imparfait du subjonctif		plus-que-parfait du subjonctif	
persuada**sse**	persuada**ssions**	**eusse** persuadé	**eussions** persuadé
persuada**sses**	persuada**ssiez**	**eusses** persuadé	**eussiez** persuadé
persuadâ**t**	persuada**ssent**	**eût** persuadé	**eussent** persuadé

impératif

persuade
persuadons
persuadez

participe présent **pesant** participe passé **pesé**

SINGULAR	PLURAL
présent de l'indicatif	
pès**e**	pes**ons**
pès**es**	pes**ez**
pès**e**	pès**ent**
imparfait de l'indicatif	
pes**ais**	pes**ions**
pes**ais**	pes**iez**
pes**ait**	pes**aient**
passé simple	
pes**ai**	pes**âmes**
pes**as**	pes**âtes**
pes**a**	pes**èrent**
futur	
pèser**ai**	pèser**ons**
pèser**as**	pèser**ez**
pèser**a**	pèser**ont**
conditionnel	
pèser**ais**	pèser**ions**
pèser**ais**	pèser**iez**
pèser**ait**	pèser**aient**
présent du subjonctif	
pès**e**	pes**ions**
pès**es**	pes**iez**
pès**e**	pès**ent**
imparfait du subjonctif	
pesa**sse**	pesa**ssions**
pesa**sses**	pesa**ssiez**
pes**ât**	pesa**ssent**
impératif	
pèse	
pesons	
pesez	

SINGULAR	PLURAL
passé composé	
ai pesé	**avons** pesé
as pesé	**avez** pesé
a pesé	**ont** pesé
plus-que-parfait de l'indicatif	
avais pesé	**avions** pesé
avais pesé	**aviez** pesé
avait pesé	**avaient** pesé
passé antérieur	
eus pesé	**eûmes** pesé
eus pesé	**eûtes** pesé
eut pesé	**eurent** pesé
futur antérieur	
aurai pesé	**aurons** pesé
auras pesé	**aurez** pesé
aura pesé	**auront** pesé
conditionnel passé	
aurais pesé	**aurions** pesé
aurais pesé	**auriez** pesé
aurait pesé	**auraient** pesé
passé du subjonctif	
aie pesé	**ayons** pesé
aies pesé	**ayez** pesé
ait pesé	**aient** pesé
plus-que-parfait du subjonctif	
eusse pesé	**eussions** pesé
eusses pesé	**eussiez** pesé
eût pesé	**eussent** pesé

pétiller — to bubble, to sparkle, to crackle

participe présent **pétillant** participe passé **pétillé**

SINGULAR	PLURAL	SINGULAR	PLURAL
présent de l'indicatif		passé composé	
pétill**e**	pétill**ons**	**ai** pétillé	**avons** pétillé
pétill**es**	pétill**ez**	**as** pétillé	**avez** pétillé
pétill**e**	pétill**ent**	**a** pétillé	**ont** pétillé
imparfait de l'indicatif		plus-que-parfait de l'indicatif	
pétill**ais**	pétill**ions**	**avais** pétillé	**avions** pétillé
pétill**ais**	pétill**iez**	**avais** pétillé	**aviez** pétillé
pétill**ait**	pétill**aient**	**avait** pétillé	**avaient** pétillé
passé simple		passé antérieur	
pétill**ai**	pétill**âmes**	**eus** pétillé	**eûmes** pétillé
pétill**as**	pétill**âtes**	**eus** pétillé	**eûtes** pétillé
pétill**a**	pétill**èrent**	**eut** pétillé	**eurent** pétillé
futur		futur antérieur	
pétiller**ai**	pétiller**ons**	**aurai** pétillé	**aurons** pétillé
pétiller**as**	pétiller**ez**	**auras** pétillé	**aurez** pétillé
pétiller**a**	pétiller**ont**	**aura** pétillé	**auront** pétillé
conditionnel		conditionnel passé	
pétiller**ais**	pétiller**ions**	**aurais** pétillé	**aurions** pétillé
pétiller**ais**	pétiller**iez**	**aurais** pétillé	**auriez** pétillé
pétiller**ait**	pétiller**aient**	**aurait** pétillé	**auraient** pétillé
présent du subjonctif		passé du subjonctif	
pétill**e**	pétill**ions**	**aie** pétillé	**ayons** pétillé
pétill**es**	pétill**iez**	**aies** pétillé	**ayez** pétillé
pétill**e**	pétill**ent**	**ait** pétillé	**aient** pétillé
imparfait du subjonctif		plus-que-parfait du subjonctif	
pétill**asse**	pétill**assions**	**eusse** pétillé	**eussions** pétillé
pétill**asses**	pétill**assiez**	**eusses** pétillé	**eussiez** pétillé
pétill**ât**	pétill**assent**	**eût** pétillé	**eussent** pétillé

impératif
pétille
pétillons
pétillez

to put/place (object), to seat (person) placer

participe présent **plaçant** participe passé **placé**

SINGULAR	PLURAL	SINGULAR	PLURAL
présent de l'indicatif		passé composé	
plac**e**	plaç**ons**	**ai** placé	**avons** placé
plac**es**	plac**ez**	**as** placé	**avez** placé
plac**e**	plac**ent**	**a** placé	**ont** placé
imparfait de l'indicatif		plus-que-parfait de l'indicatif	
plaç**ais**	plac**ions**	**avais** placé	**avions** placé
plaç**ais**	plac**iez**	**avais** placé	**aviez** placé
plaç**ait**	plaç**aient**	**avait** placé	**avaient** placé
passé simple		passé antérieur	
plaç**ai**	plaç**âmes**	**eus** placé	**eûmes** placé
plaç**as**	plaç**âtes**	**eus** placé	**eûtes** placé
plaç**a**	plac**èrent**	**eut** placé	**eurent** placé
futur		futur antérieur	
placer**ai**	placer**ons**	**aurai** placé	**aurons** placé
placer**as**	placer**ez**	**auras** placé	**aurez** placé
placer**a**	placer**ont**	**aura** placé	**auront** placé
conditionnel		conditionnel passé	
placer**ais**	placer**ions**	**aurais** placé	**aurions** placé
placer**ais**	placer**iez**	**aurais** placé	**auriez** placé
placer**ait**	placer**aient**	**aurait** placé	**auraient** placé
présent du subjonctif		passé du subjonctif	
plac**e**	plac**ions**	**aie** placé	**ayons** placé
plac**es**	plac**iez**	**aies** placé	**ayez** placé
plac**e**	plac**ent**	**ait** placé	**aient** placé
imparfait du subjonctif		plus-que-parfait du subjonctif	
plaç**asse**	plaç**assions**	**eusse** placé	**eussions** placé
plaç**asses**	plaç**assiez**	**eusses** placé	**eussiez** placé
plaç**ât**	plaç**assent**	**eût** placé	**eussent** placé

impératif
place
plaçons
placez

P

plaindre — to pity

participe présent **plaignant** participe passé **plaint**

SINGULAR	PLURAL	SINGULAR	PLURAL
présent de l'indicatif		passé composé	
plain**s**	plaign**ons**	**ai** plaint	**avons** plaint
plain**s**	plaign**ez**	**as** plaint	**avez** plaint
plain**t**	plaign**ent**	**a** plaint	**ont** plaint
imparfait de l'indicatif		plus-que-parfait de l'indicatif	
plaign**ais**	plaign**ions**	**avais** plaint	**avions** plaint
plaign**ais**	plaign**iez**	**avais** plaint	**aviez** plaint
plaign**ait**	plaign**aient**	**avait** plaint	**avaient** plaint
passé simple		passé antérieur	
plaign**is**	plaign**îmes**	**eus** plaint	**eûmes** plaint
plaign**is**	plaign**îtes**	**eus** plaint	**eûtes** plaint
plaign**it**	plaign**irent**	**eut** plaint	**eurent** plaint
futur		futur antérieur	
plaindr**ai**	plaindr**ons**	**aurai** plaint	**aurons** plaint
plaindr**as**	plaindr**ez**	**auras** plaint	**aurez** plaint
plaindr**a**	plaindr**ont**	**aura** plaint	**auront** plaint
conditionnel		conditionnel passé	
plaindr**ais**	plaindr**ions**	**aurais** plaint	**aurions** plaint
plaindr**ais**	plaindr**iez**	**aurais** plaint	**auriez** plaint
plaindr**ait**	plaindr**aient**	**aurait** plaint	**auraient** plaint
présent du subjonctif		passé du subjonctif	
plaign**e**	plaign**ions**	**aie** plaint	**ayons** plaint
plaign**es**	plaign**iez**	**aies** plaint	**ayez** plaint
plaign**e**	plaign**ent**	**ait** plaint	**aient** plaint
imparfait du subjonctif		plus-que-parfait du subjonctif	
plaigni**sse**	plaigni**ssions**	**eusse** plaint	**eussions** plaint
plaigni**sses**	plaigni**ssiez**	**eusses** plaint	**eussiez** plaint
plaign**ît**	plaigni**ssent**	**eût** plaint	**eussent** plaint

P

impératif
plains
plaignons
plaignez

to complain, to lament, to moan **se plaindre**

participe présent **se plaignant** participe passé **plaint(e)(s)**

SINGULAR	PLURAL
présent de l'indicatif	
me plain**s**	**nous** plaign**ons**
te plain**s**	**vous** plaign**ez**
se plain**t**	**se** plaign**ent**
imparfait de l'indicatif	
me plaign**ais**	**nous** plaign**ions**
te plaign**ais**	**vous** plaign**iez**
se plaign**ait**	**se** plaign**aient**
passé simple	
me plaign**is**	**nous** plaign**îmes**
te plaign**is**	**vous** plaign**îtes**
se plaign**it**	**se** plaign**irent**
futur	
me plaind**rai**	**nous** plaind**rons**
te plaind**ras**	**vous** plaind**rez**
se plaind**ra**	**se** plaind**ront**
conditionnel	
me plaind**rais**	**nous** plaind**rions**
te plaind**rais**	**vous** plaind**riez**
se plaind**rait**	**se** plaind**raient**
présent du subjonctif	
me plaign**e**	**nous** plaign**ions**
te plaign**es**	**vous** plaign**iez**
se plaign**e**	**se** plaign**ent**
imparfait du subjonctif	
me plaign**isse**	**nous** plaign**issions**
te plaign**isses**	**vous** plaign**issiez**
se plaign**ît**	**se** plaign**issent**

impératif

plains-toi
plaignons-nous
plaignez-vous

SINGULAR	PLURAL
passé composé	
me suis plaint(e)	**nous sommes** plaint(e)s
t'es plaint(e)	**vous êtes** plaint(e)(s)
s'est plaint(e)	**se sont** plaint(e)s
plus-que-parfait de l'indicatif	
m'étais plaint(e)	**nous étions** plaint(e)s
t'étais plaint(e)	**vous étiez** plaint(e)(s)
s'était plaint(e)	**s'étaient** plaint(e)s
passé antérieur	
me fus plaint(e)	**nous fûmes** plaint(e)s
te fus plaint(e)	**vous fûtes** plaint(e)(s)
se fut plaint(e)	**se furent** plaint(e)s
futur antérieur	
me serai plaint(e)	**nous serons** plaint(e)s
te seras plaint(e)	**vous serez** plaint(e)(s)
se sera plaint(e)	**se seront** plaint(e)s
conditionnel passé	
me serais plaint(e)	**nous serions** plaint(e)s
te serais plaint(e)	**vous seriez** plaint(e)(s)
se serait plaint(e)	**se seraient** plaint(e)s
passé du subjonctif	
me sois plaint(e)	**nous soyons** plaint(e)s
te sois plaint(e)	**vous soyez** plaint(e)(s)
se soit plaint(e)	**se soient** plaint(e)s
plus-que-parfait du subjonctif	
me fusse plaint(e)	**nous fussions** plaint(e)s
te fusses plaint(e)	**vous fussiez** plaint(e)(s)
se fût plaint(e)	**se fussent** plaint(e)s

plaire — to please

participe présent **plaisant** participe passé **plu**

SINGULAR	PLURAL	SINGULAR	PLURAL
présent de l'indicatif		passé composé	
plai**s**	plais**ons**	**ai** plu	**avons** plu
plai**s**	plais**ez**	**as** plu	**avez** plu
plaî**t**	plais**ent**	**a** plu	**ont** plu
imparfait de l'indicatif		plus-que-parfait de l'indicatif	
plais**ais**	plais**ions**	**avais** plu	**avions** plu
plais**ais**	plais**iez**	**avais** plu	**aviez** plu
plais**ait**	plais**aient**	**avait** plu	**avaient** plu
passé simple		passé antérieur	
pl**us**	pl**ûmes**	**eus** plu	**eûmes** plu
pl**us**	pl**ûtes**	**eus** plu	**eûtes** plu
pl**ut**	pl**urent**	**eut** plu	**eurent** plu
futur		futur antérieur	
plair**ai**	plair**ons**	**aurai** plu	**aurons** plu
plair**as**	plair**ez**	**auras** plu	**aurez** plu
plair**a**	plair**ont**	**aura** plu	**auront** plu
conditionnel		conditionnel passé	
plair**ais**	plair**ions**	**aurais** plu	**aurions** plu
plair**ais**	plair**iez**	**aurais** plu	**auriez** plu
plair**ait**	plair**aient**	**aurait** plu	**auraient** plu
présent du subjonctif		passé du subjonctif	
plais**e**	plais**ions**	**aie** plu	**ayons** plu
plais**es**	plais**iez**	**aies** plu	**ayez** plu
plais**e**	plais**ent**	**ait** plu	**aient** plu
imparfait du subjonctif		plus-que-parfait du subjonctif	
plu**sse**	plu**ssions**	**eusse** plu	**eussions** plu
plu**sses**	plu**ssiez**	**eusses** plu	**eussiez** plu
plû**t**	plu**ssent**	**eût** plu	**eussent** plu

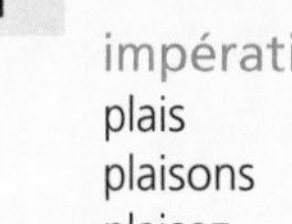

impératif
plais
plaisons
plaisez

participe présent **plaisantant** participe passé **plaisanté**

SINGULAR	PLURAL	SINGULAR	PLURAL
présent de l'indicatif		passé composé	
plaisant**e**	plaisant**ons**	**ai** plaisanté	**avons** plaisanté
plaisant**es**	plaisant**ez**	**as** plaisanté	**avez** plaisanté
plaisant**e**	plaisant**ent**	**a** plaisanté	**ont** plaisanté
imparfait de l'indicatif		plus-que-parfait de l'indicatif	
plaisant**ais**	plaisant**ions**	**avais** plaisanté	**avions** plaisanté
plaisant**ais**	plaisant**iez**	**avais** plaisanté	**aviez** plaisanté
plaisant**ait**	plaisant**aient**	**avait** plaisanté	**avaient** plaisanté
passé simple		passé antérieur	
plaisant**ai**	plaisant**âmes**	**eus** plaisanté	**eûmes** plaisanté
plaisant**as**	plaisant**âtes**	**eus** plaisanté	**eûtes** plaisanté
plaisant**a**	plaisant**èrent**	**eut** plaisanté	**eurent** plaisanté
futur		futur antérieur	
plaisanter**ai**	plaisanter**ons**	**aurai** plaisanté	**aurons** plaisanté
plaisanter**as**	plaisanter**ez**	**auras** plaisanté	**aurez** plaisanté
plaisanter**a**	plaisanter**ont**	**aura** plaisanté	**auront** plaisanté
conditionnel		conditionnel passé	
plaisanter**ais**	plaisanter**ions**	**aurais** plaisanté	**aurions** plaisanté
plaisanter**ais**	plaisanter**iez**	**aurais** plaisanté	**auriez** plaisanté
plaisanter**ait**	plaisanter**aient**	**aurait** plaisanté	**auraient** plaisanté
présent du subjonctif		passé du subjonctif	
plaisant**e**	plaisant**ions**	**aie** plaisanté	**ayons** plaisanté
plaisant**es**	plaisant**iez**	**aies** plaisanté	**ayez** plaisanté
plaisant**e**	plaisant**ent**	**ait** plaisanté	**aient** plaisanté
imparfait du subjonctif		plus-que-parfait du subjonctif	
plaisanta**sse**	plaisanta**ssions**	**eusse** plaisanté	**eussions** plaisanté
plaisanta**sses**	plaisanta**ssiez**	**eusses** plaisanté	**eussiez** plaisanté
plaisantâ**t**	plaisanta**ssent**	**eût** plaisanté	**eussent** plaisanté

impératif
plaisante
plaisantons
plaisantez

pleuvoir — to rain

participe présent **pleuvant** participe passé **plu**

présent de l'indicatif
pleu**t**

imparfait de l'indicatif
pleuv**ait**

passé simple
pl**ut**

futur
pleuvr**a**

conditionnel
pleuvr**ait**

présent du subjonctif
pleuv**e**

imparfait du subjonctif
pl**ût**

impératif
No conjugation for this tense.

passé composé
a plu

plus-que-parfait de l'indicatif
avait plu

passé antérieur
eut plu

futur antérieur
aura plu

conditionnel passé
aurait plu

passé du subjonctif
ait plu

plus-que-parfait du subjonctif
eût plu

to fold, to bend **plier**

participe présent **pliant** participe passé **plié**

SINGULAR	PLURAL	SINGULAR	PLURAL
présent de l'indicatif		passé composé	
pli**e**	pli**ons**	**ai** plié	**avons** plié
pli**es**	pli**ez**	**as** plié	**avez** plié
pli**e**	pli**ent**	**a** plié	**ont** plié
imparfait de l'indicatif		plus-que-parfait de l'indicatif	
pli**ais**	pli**ions**	**avais** plié	**avions** plié
pli**ais**	pli**iez**	**avais** plié	**aviez** plié
pli**ait**	pli**aient**	**avait** plié	**avaient** plié
passé simple		passé antérieur	
pli**ai**	pli**âmes**	**eus** plié	**eûmes** plié
pli**as**	pli**âtes**	**eus** plié	**eûtes** plié
pli**a**	pli**èrent**	**eut** plié	**eurent** plié
futur		futur antérieur	
plier**ai**	plier**ons**	**aurai** plié	**aurons** plié
plier**as**	plier**ez**	**auras** plié	**aurez** plié
plier**a**	plier**ont**	**aura** plié	**auront** plié
conditionnel		conditionnel passé	
plier**ais**	plier**ions**	**aurais** plié	**aurions** plié
plier**ais**	plier**iez**	**aurais** plié	**auriez** plié
plier**ait**	plier**aient**	**aurait** plié	**auraient** plié
présent du subjonctif		passé du subjonctif	
pli**e**	pli**ions**	**aie** plié	**ayons** plié
pli**es**	pli**iez**	**aies** plié	**ayez** plié
pli**e**	pli**ent**	**ait** plié	**aient** plié
imparfait du subjonctif		plus-que-parfait du subjonctif	
pli**asse**	pli**assions**	**eusse** plié	**eussions** plié
pli**asses**	pli**assiez**	**eusses** plié	**eussiez** plié
pli**ât**	pli**assent**	**eût** plié	**eussent** plié

impératif
plie
plions
pliez

porter — to wear, to carry

participe présent **portant** — participe passé **porté**

SINGULAR	PLURAL	SINGULAR	PLURAL
présent de l'indicatif		passé composé	
port**e**	port**ons**	**ai** porté	**avons** porté
port**es**	port**ez**	**as** porté	**avez** porté
port**e**	port**ent**	**a** porté	**ont** porté
imparfait de l'indicatif		plus-que-parfait de l'indicatif	
port**ais**	port**ions**	**avais** porté	**avions** porté
port**ais**	port**iez**	**avais** porté	**aviez** porté
port**ait**	port**aient**	**avait** porté	**avaient** porté
passé simple		passé antérieur	
port**ai**	port**âmes**	**eus** porté	**eûmes** porté
port**as**	port**âtes**	**eus** porté	**eûtes** porté
port**a**	port**èrent**	**eut** porté	**eurent** porté
futur		futur antérieur	
porter**ai**	porter**ons**	**aurai** porté	**aurons** porté
porter**as**	porter**ez**	**auras** porté	**aurez** porté
porter**a**	porter**ont**	**aura** porté	**auront** porté
conditionnel		conditionnel passé	
porter**ais**	porter**ions**	**aurais** porté	**aurions** porté
porter**ais**	porter**iez**	**aurais** porté	**auriez** porté
porter**ait**	porter**aient**	**aurait** porté	**auraient** porté
présent du subjonctif		passé du subjonctif	
port**e**	port**ions**	**aie** porté	**ayons** porté
port**es**	port**iez**	**aies** porté	**ayez** porté
port**e**	port**ent**	**ait** porté	**aient** porté
imparfait du subjonctif		plus-que-parfait du subjonctif	
porta**sse**	porta**ssions**	**eusse** porté	**eussions** porté
porta**sses**	porta**ssiez**	**eusses** porté	**eussiez** porté
port**ât**	porta**ssent**	**eût** porté	**eussent** porté

P

impératif
porte
portons
portez

MEMORY TIP
It was a **portable** phone.

to place, to lay, to position, to pose, to put **poser**

participe présent **posant** participe passé **posé**

SINGULAR	PLURAL	SINGULAR	PLURAL
présent de l'indicatif		passé composé	
pos**e**	pos**ons**	**ai** posé	**avons** posé
pos**es**	pos**ez**	**as** posé	**avez** posé
pos**e**	pos**ent**	**a** posé	**ont** posé
imparfait de l'indicatif		plus-que-parfait de l'indicatif	
pos**ais**	pos**ions**	**avais** posé	**avions** posé
pos**ais**	pos**iez**	**avais** posé	**aviez** posé
pos**ait**	pos**aient**	**avait** posé	**avaient** posé
passé simple		passé antérieur	
pos**ai**	pos**âmes**	**eus** posé	**eûmes** posé
pos**as**	pos**âtes**	**eus** posé	**eûtes** posé
pos**a**	pos**èrent**	**eut** posé	**eurent** posé
futur		futur antérieur	
poser**ai**	poser**ons**	**aurai** posé	**aurons** posé
poser**as**	poser**ez**	**auras** posé	**aurez** posé
poser**a**	poser**ont**	**aura** posé	**auront** posé
conditionnel		conditionnel passé	
poser**ais**	poser**ions**	**aurais** posé	**aurions** posé
poser**ais**	poser**iez**	**aurais** posé	**auriez** posé
poser**ait**	poser**aient**	**aurait** posé	**auraient** posé
présent du subjonctif		passé du subjonctif	
pos**e**	pos**ions**	**aie** posé	**ayons** posé
pos**es**	pos**iez**	**aies** posé	**ayez** posé
pos**e**	pos**ent**	**ait** posé	**aient** posé
imparfait du subjonctif		plus-que-parfait du subjonctif	
posa**sse**	posa**ssions**	**eusse** posé	**eussions** posé
posa**sses**	posa**ssiez**	**eusses** posé	**eussiez** posé
posâ**t**	posa**ssent**	**eût** posé	**eussent** posé

impératif
pose
posons
posez

MEMORY TIP
The **position** of the car is dangerous.

P

posséder — to possess, to own, to master

participe présent **possédant** participe passé **possédé**

SINGULAR	PLURAL	SINGULAR	PLURAL
présent de l'indicatif		*passé composé*	
possèd**e**	posséd**ons**	**ai** possédé	**avons** possédé
possèd**es**	posséd**ez**	**as** possédé	**avez** possédé
possèd**e**	possèd**ent**	**a** possédé	**ont** possédé
imparfait de l'indicatif		*plus-que-parfait de l'indicatif*	
posséd**ais**	posséd**ions**	**avais** possédé	**avions** possédé
posséd**ais**	posséd**iez**	**avais** possédé	**aviez** possédé
posséd**ait**	posséd**aient**	**avait** possédé	**avaient** possédé
passé simple		*passé antérieur*	
posséd**ai**	posséd**âmes**	**eus** possédé	**eûmes** possédé
posséd**as**	posséd**âtes**	**eus** possédé	**eûtes** possédé
posséd**a**	posséd**èrent**	**eut** possédé	**eurent** possédé
futur		*futur antérieur*	
posséder**ai**	posséder**ons**	**aurai** possédé	**aurons** possédé
posséder**as**	posséder**ez**	**auras** possédé	**aurez** possédé
posséder**a**	posséder**ont**	**aura** possédé	**auront** possédé
conditionnel		*conditionnel passé*	
posséder**ais**	posséder**ions**	**aurais** possédé	**aurions** possédé
posséder**ais**	posséder**iez**	**aurais** possédé	**auriez** possédé
posséder**ait**	posséder**aient**	**aurait** possédé	**auraient** possédé
présent du subjonctif		*passé du subjonctif*	
possèd**e**	posséd**ions**	**aie** possédé	**ayons** possédé
possèd**es**	posséd**iez**	**aies** possédé	**ayez** possédé
possèd**e**	possèd**ent**	**ait** possédé	**aient** possédé
imparfait du subjonctif		*plus-que-parfait du subjonctif*	
posséda**sse**	posséda**ssions**	**eusse** possédé	**eussions** possédé
posséda**sses**	posséda**ssiez**	**eusses** possédé	**eussiez** possédé
possédâ**t**	posséda**ssent**	**eût** possédé	**eussent** possédé

P

impératif
possède
possédons
possédez

to rot, to go bad, to spoil **pourrir**

participe présent **pourrissant** participe passé **pourri**

SINGULAR	PLURAL	SINGULAR	PLURAL
présent de l'indicatif		passé composé	
pourr**is**	pourr**issons**	**ai** pourri	**avons** pourri
pourr**is**	pourr**issez**	**as** pourri	**avez** pourri
pourr**it**	pourr**issent**	**a** pourri	**ont** pourri
imparfait de l'indicatif		plus-que-parfait de l'indicatif	
pourriss**ais**	pourriss**ions**	**avais** pourri	**avions** pourri
pourriss**ais**	pourriss**iez**	**avais** pourri	**aviez** pourri
pourriss**ait**	pourriss**aient**	**avait** pourri	**avaient** pourri
passé simple		passé antérieur	
pourr**is**	pourr**îmes**	**eus** pourri	**eûmes** pourri
pourr**is**	pourr**îtes**	**eus** pourri	**eûtes** pourri
pourr**it**	pourr**irent**	**eut** pourri	**eurent** pourri
futur		futur antérieur	
pourrir**ai**	pourrir**ons**	**aurai** pourri	**aurons** pourri
pourrir**as**	pourrir**ez**	**auras** pourri	**aurez** pourri
pourrir**a**	pourrir**ont**	**aura** pourri	**auront** pourri
conditionnel		conditionnel passé	
pourrir**ais**	pourrir**ions**	**aurais** pourri	**aurions** pourri
pourrir**ais**	pourrir**iez**	**aurais** pourri	**auriez** pourri
pourrir**ait**	pourrir**aient**	**aurait** pourri	**auraient** pourri
présent du subjonctif		passé du subjonctif	
pourri**sse**	pourri**ssions**	**aie** pourri	**ayons** pourri
pourri**sses**	pourri**ssiez**	**aies** pourri	**ayez** pourri
pourri**sse**	pourri**ssent**	**ait** pourri	**aient** pourri
imparfait du subjonctif		plus-que-parfait du subjonctif	
pourri**sse**	pourri**ssions**	**eusse** pourri	**eussions** pourri
pourri**sses**	pourri**ssiez**	**eusses** pourri	**eussiez** pourri
pourr**ît**	pourri**ssent**	**eût** pourri	**eussent** pourri

impératif
pourris
pourrissons
pourrissez

poursuivre — to pursue, to continue (studies)

participe présent **poursuivant** participe passé **poursuivi**

SINGULAR	PLURAL	SINGULAR	PLURAL
présent de l'indicatif		*passé composé*	
poursui**s**	poursuiv**ons**	**ai** poursuivi	**avons** poursuivi
poursui**s**	poursuiv**ez**	**as** poursuivi	**avez** poursuivi
poursui**t**	poursuiv**ent**	**a** poursuivi	**ont** poursuivi
imparfait de l'indicatif		*plus-que-parfait de l'indicatif*	
poursuiv**ais**	poursuiv**ions**	**avais** poursuivi	**avions** poursuivi
poursuiv**ais**	poursuiv**iez**	**avais** poursuivi	**aviez** poursuivi
poursuiv**ait**	poursuiv**aient**	**avait** poursuivi	**avaient** poursuivi
passé simple		*passé antérieur*	
poursuiv**is**	poursuiv**îmes**	**eus** poursuivi	**eûmes** poursuivi
poursuiv**is**	poursuiv**îtes**	**eus** poursuivi	**eûtes** poursuivi
poursuiv**it**	poursuiv**irent**	**eut** poursuivi	**eurent** poursuivi
futur		*futur antérieur*	
poursuivr**ai**	poursuivr**ons**	**aurai** poursuivi	**aurons** poursuivi
poursuivr**as**	poursuivr**ez**	**auras** poursuivi	**aurez** poursuivi
poursuivr**a**	poursuivr**ont**	**aura** poursuivi	**auront** poursuivi
conditionnel		*conditionnel passé*	
poursuivr**ais**	poursuivr**ions**	**aurais** poursuivi	**aurions** poursuivi
poursuivr**ais**	poursuivr**iez**	**aurais** poursuivi	**auriez** poursuivi
poursuivr**ait**	poursuivr**aient**	**aurait** poursuivi	**auraient** poursuivi
présent du subjonctif		*passé du subjonctif*	
poursuiv**e**	poursuiv**ions**	**aie** poursuivi	**ayons** poursuivi
poursuiv**es**	poursuiv**iez**	**aies** poursuivi	**ayez** poursuivi
poursuiv**e**	poursuiv**ent**	**ait** poursuivi	**aient** poursuivi
imparfait du subjonctif		*plus-que-parfait du subjonctif*	
poursuivi**sse**	poursuivi**ssions**	**eusse** poursuivi	**eussions** poursuivi
poursuivi**sses**	poursuivi**ssiez**	**eusses** poursuivi	**eussiez** poursuivi
poursuiv**ît**	poursuivi**ssent**	**eût** poursuivi	**eussent** poursuivi

impératif
poursuis
poursuivons
poursuivez

participe présent **poussant** participe passé **poussé**

SINGULAR	PLURAL	SINGULAR	PLURAL
présent de l'indicatif		passé composé	
pouss**e**	pouss**ons**	**ai** poussé	**avons** poussé
pouss**es**	pouss**ez**	**as** poussé	**avez** poussé
pouss**e**	pouss**ent**	**a** poussé	**ont** poussé
imparfait de l'indicatif		plus-que-parfait de l'indicatif	
pouss**ais**	pouss**ions**	**avais** poussé	**avions** poussé
pouss**ais**	pouss**iez**	**avais** poussé	**aviez** poussé
pouss**ait**	pouss**aient**	**avait** poussé	**avaient** poussé
passé simple		passé antérieur	
pouss**ai**	pouss**âmes**	**eus** poussé	**eûmes** poussé
pouss**as**	pouss**âtes**	**eus** poussé	**eûtes** poussé
pouss**a**	pouss**èrent**	**eut** poussé	**eurent** poussé
futur		futur antérieur	
pousser**ai**	pousser**ons**	**aurai** poussé	**aurons** poussé
pousser**as**	pousser**ez**	**auras** poussé	**aurez** poussé
pousser**a**	pousser**ont**	**aura** poussé	**auront** poussé
conditionnel		conditionnel passé	
pousser**ais**	pousser**ions**	**aurais** poussé	**aurions** poussé
pousser**ais**	pousser**iez**	**aurais** poussé	**auriez** poussé
pousser**ait**	pousser**aient**	**aurait** poussé	**auraient** poussé
présent du subjonctif		passé du subjonctif	
pouss**e**	pouss**ions**	**aie** poussé	**ayons** poussé
pouss**es**	pouss**iez**	**aies** poussé	**ayez** poussé
pouss**e**	pouss**ent**	**ait** poussé	**aient** poussé
imparfait du subjonctif		plus-que-parfait du subjonctif	
pouss**asse**	pouss**assions**	**eusse** poussé	**eussions** poussé
pouss**asses**	pouss**assiez**	**eusses** poussé	**eussiez** poussé
pouss**ât**	pouss**assent**	**eût** poussé	**eussent** poussé
impératif			
pousse			
poussons			
poussez			

pouvoir — to be able, can

participe présent **pouvant** participe passé **pu**

SINGULAR	PLURAL	SINGULAR	PLURAL
présent de l'indicatif		passé composé	
peu**x** or **puis**	pouv**ons**	**ai** pu	**avons** pu
peu**x**	pouv**ez**	**as** pu	**avez** pu
peu**t**	peuv**ent**	**a** pu	**ont** pu
imparfait de l'indicatif		plus-que-parfait de l'indicatif	
pouv**ais**	pouv**ions**	**avais** pu	**avions** pu
pouv**ais**	pouv**iez**	**avais** pu	**aviez** pu
pouv**ait**	pouv**aient**	**avait** pu	**avaient** pu
passé simple		passé antérieur	
p**us**	p**ûmes**	**eus** pu	**eûmes** pu
p**us**	p**ûtes**	**eus** pu	**eûtes** pu
p**ut**	p**urent**	**eut** pu	**eurent** pu
futur		futur antérieur	
pourr**ai**	pourr**ons**	**aurai** pu	**aurons** pu
pourr**as**	pourr**ez**	**auras** pu	**aurez** pu
pourr**a**	pourr**ont**	**aura** pu	**auront** pu
conditionnel		conditionnel passé	
pourr**ais**	pourr**ions**	**aurais** pu	**aurions** pu
pourr**ais**	pourr**iez**	**aurais** pu	**auriez** pu
pourr**ait**	pourr**aient**	**aurait** pu	**auraient** pu
présent du subjonctif		passé du subjonctif	
puiss**e**	puiss**ions**	**aie** pu	**ayons** pu
puiss**es**	puiss**iez**	**aies** pu	**ayez** pu
puiss**e**	puiss**ent**	**ait** pu	**aient** pu
imparfait du subjonctif		plus-que-parfait du subjonctif	
pu**sse**	pu**ssions**	**eusse** pu	**eussions** pu
pu**sses**	pu**ssiez**	**eusses** pu	**eussiez** pu
pû**t**	pu**ssent**	**eût** pu	**eussent** pu

impératif
No conjugation for this tense.

to predict, to foretell **prédire**

participe présent **prédisant** participe passé **prédit**

SINGULAR	PLURAL	SINGULAR	PLURAL
présent de l'indicatif		passé composé	
préd**is**	prédis**ons**	**ai** prédit	**avons** prédit
préd**is**	prédis**ez**	**as** prédit	**avez** prédit
préd**it**	prédis**ent**	**a** prédit	**ont** prédit
imparfait de l'indicatif		plus-que-parfait de l'indicatif	
prédis**ais**	prédis**ions**	**avais** prédit	**avions** prédit
prédis**ais**	prédis**iez**	**avais** prédit	**aviez** prédit
prédis**ait**	prédis**aient**	**avait** prédit	**avaient** prédit
passé simple		passé antérieur	
préd**is**	préd**îmes**	**eus** prédit	**eûmes** prédit
préd**is**	préd**îtes**	**eus** prédit	**eûtes** prédit
préd**it**	préd**irent**	**eut** prédit	**eurent** prédit
futur		futur antérieur	
prédir**ai**	prédir**ons**	**aurai** prédit	**aurons** prédit
prédir**as**	prédir**ez**	**auras** prédit	**aurez** prédit
prédir**a**	prédir**ont**	**aura** prédit	**auront** prédit
conditionnel		conditionnel passé	
prédir**ais**	prédir**ions**	**aurais** prédit	**aurions** prédit
prédir**ais**	prédir**iez**	**aurais** prédit	**auriez** prédit
prédir**ait**	prédir**aient**	**aurait** prédit	**auraient** prédit
présent du subjonctif		passé du subjonctif	
prédis**e**	prédis**ions**	**aie** prédit	**ayons** prédit
prédis**es**	prédis**iez**	**aies** prédit	**ayez** prédit
prédis**e**	prédis**ent**	**ait** prédit	**aient** prédit
imparfait du subjonctif		plus-que-parfait du subjonctif	
prédi**sse**	prédi**ssions**	**eusse** prédit	**eussions** prédit
prédi**sses**	prédi**ssiez**	**eusses** prédit	**eussiez** prédit
prédî**t**	prédi**ssent**	**eût** prédit	**eussent** prédit
impératif			
prédis			
prédisons			
prédisez			

P

préférer — to prefer, to like better

participe présent **préférant** participe passé **préféré**

SINGULAR	PLURAL	SINGULAR	PLURAL
présent de l'indicatif		passé composé	
préfèr**e**	préfér**ons**	**ai** préféré	**avons** préféré
préfèr**es**	préfér**ez**	**as** préféré	**avez** préféré
préfèr**e**	préfèr**ent**	**a** préféré	**ont** préféré
imparfait de l'indicatif		plus-que-parfait de l'indicatif	
préfér**ais**	préfér**ions**	**avais** préféré	**avions** préféré
préfér**ais**	préfér**iez**	**avais** préféré	**aviez** préféré
préfér**ait**	préfér**aient**	**avait** préféré	**avaient** préféré
passé simple		passé antérieur	
préfér**ai**	préfér**âmes**	**eus** préféré	**eûmes** préféré
préfér**as**	préfér**âtes**	**eus** préféré	**eûtes** préféré
préfér**a**	préfér**èrent**	**eut** préféré	**eurent** préféré
futur		futur antérieur	
préférer**ai**	préférer**ons**	**aurai** préféré	**aurons** préféré
préférer**as**	préférer**ez**	**auras** préféré	**aurez** préféré
préférer**a**	préférer**ont**	**aura** préféré	**auront** préféré
conditionnel		conditionnel passé	
préférer**ais**	préférer**ions**	**aurais** préféré	**aurions** préféré
préférer**ais**	préférer**iez**	**aurais** préféré	**auriez** préféré
préférer**ait**	préférer**aient**	**aurait** préféré	**auraient** préféré
présent du subjonctif		passé du subjonctif	
préfèr**e**	préfér**ions**	**aie** préféré	**ayons** préféré
préfèr**es**	préfér**iez**	**aies** préféré	**ayez** préféré
préfèr**e**	préfèr**ent**	**ait** préféré	**aient** préféré
imparfait du subjonctif		plus-que-parfait du subjonctif	
préféra**sse**	préféra**ssions**	**eusse** préféré	**eussions** préféré
préféra**sses**	préféra**ssiez**	**eusses** préféré	**eussiez** préféré
préfér**ât**	préféra**ssent**	**eût** préféré	**eussent** préféré

P

impératif

préfère
préférons
préférez

participe présent **prenant** participe passé **pris**

SINGULAR	PLURAL	SINGULAR	PLURAL
présent de l'indicatif		passé composé	
prend**s**	pren**ons**	**ai** pris	**avons** pris
prend**s**	pren**ez**	**as** pris	**avez** pris
prend	prenn**ent**	**a** pris	**ont** pris
imparfait de l'indicatif		plus-que-parfait de l'indicatif	
pren**ais**	pren**ions**	**avais** pris	**avions** pris
pren**ais**	pren**iez**	**avais** pris	**aviez** pris
pren**ait**	pren**aient**	**avait** pris	**avaient** pris
passé simple		passé antérieur	
pr**is**	pr**îmes**	**eus** pris	**eûmes** pris
pr**is**	pr**îtes**	**eus** pris	**eûtes** pris
pr**it**	pr**irent**	**eut** pris	**eurent** pris
futur		futur antérieur	
prendr**ai**	prendr**ons**	**aurai** pris	**aurons** pris
prendr**as**	prendr**ez**	**auras** pris	**aurez** pris
prendr**a**	prendr**ont**	**aura** pris	**auront** pris
conditionnel		conditionnel passé	
prendr**ais**	prendr**ions**	**aurais** pris	**aurions** pris
prendr**ais**	prendr**iez**	**aurais** pris	**auriez** pris
prendr**ait**	prendr**aient**	**aurait** pris	**auraient** pris
présent du subjonctif		passé du subjonctif	
prenn**e**	pren**ions**	**aie** pris	**ayons** pris
prenn**es**	pren**iez**	**aies** pris	**ayez** pris
prenn**e**	prenn**ent**	**ait** pris	**aient** pris
imparfait du subjonctif		plus-que-parfait du subjonctif	
pri**sse**	pri**ssions**	**eusse** pris	**eussions** pris
pri**sses**	pri**ssiez**	**eusses** pris	**eussiez** pris
prî**t**	pri**ssent**	**eût** pris	**eussent** pris

impératif
prends
prenons
prenez

préparer — to prepare

participe présent **préparant** — participe passé **préparé**

SINGULAR	PLURAL	SINGULAR	PLURAL
présent de l'indicatif		passé composé	
prépar**e**	prépar**ons**	**ai** préparé	**avons** préparé
prépar**es**	prépar**ez**	**as** préparé	**avez** préparé
prépar**e**	prépar**ent**	**a** préparé	**ont** préparé
imparfait de l'indicatif		plus-que-parfait de l'indicatif	
prépar**ais**	prépar**ions**	**avais** préparé	**avions** préparé
prépar**ais**	prépar**iez**	**avais** préparé	**aviez** préparé
prépar**ait**	prépar**aient**	**avait** préparé	**avaient** préparé
passé simple		passé antérieur	
prépar**ai**	prépar**âmes**	**eus** préparé	**eûmes** préparé
prépar**as**	prépar**âtes**	**eus** préparé	**eûtes** préparé
prépar**a**	prépar**èrent**	**eut** préparé	**eurent** préparé
futur		futur antérieur	
préparer**ai**	préparer**ons**	**aurai** préparé	**aurons** préparé
préparer**as**	préparer**ez**	**auras** préparé	**aurez** préparé
préparer**a**	préparer**ont**	**aura** préparé	**auront** préparé
conditionnel		conditionnel passé	
préparer**ais**	préparer**ions**	**aurais** préparé	**aurions** préparé
préparer**ais**	préparer**iez**	**aurais** préparé	**auriez** préparé
préparer**ait**	préparer**aient**	**aurait** préparé	**auraient** préparé
présent du subjonctif		passé du subjonctif	
prépar**e**	prépar**ions**	**aie** préparé	**ayons** préparé
prépar**es**	prépar**iez**	**aies** préparé	**ayez** préparé
prépar**e**	prépar**ent**	**ait** préparé	**aient** préparé
imparfait du subjonctif		plus-que-parfait du subjonctif	
prépara**sse**	prépara**ssions**	**eusse** préparé	**eussions** préparé
prépara**sses**	prépara**ssiez**	**eusses** préparé	**eussiez** préparé
prépar**ât**	prépara**ssent**	**eût** préparé	**eussent** préparé

impératif
préparer
préparons
préparez

participe présent **présentant** participe passé **présenté**

SINGULAR	PLURAL	SINGULAR	PLURAL
présent de l'indicatif		passé composé	
présent**e**	présent**ons**	**ai** présenté	**avons** présenté
présent**es**	présent**ez**	**as** présenté	**avez** présenté
présent**e**	présent**ent**	**a** présenté	**ont** présenté
imparfait de l'indicatif		plus-que-parfait de l'indicatif	
présent**ais**	présent**ions**	**avais** présenté	**avions** présenté
présent**ais**	présent**iez**	**avais** présenté	**aviez** présenté
présent**ait**	présent**aient**	**avait** présenté	**avaient** présenté
passé simple		passé antérieur	
présent**ai**	présent**âmes**	**eus** présenté	**eûmes** présenté
présent**as**	présent**âtes**	**eus** présenté	**eûtes** présenté
présent**a**	présent**èrent**	**eut** présenté	**eurent** présenté
futur		futur antérieur	
présenter**ai**	présenter**ons**	**aurai** présenté	**aurons** présenté
présenter**as**	présenter**ez**	**auras** présenté	**aurez** présenté
présenter**a**	présenter**ont**	**aura** présenté	**auront** présenté
conditionnel		conditionnel passé	
présenter**ais**	présenter**ions**	**aurais** présenté	**aurions** présenté
présenter**ais**	présenter**iez**	**aurais** présenté	**auriez** présenté
présenter**ait**	présenter**aient**	**aurait** présenté	**auraient** présenté
présent du subjonctif		passé du subjonctif	
présent**e**	présent**ions**	**aie** présenté	**ayons** présenté
présent**es**	présent**iez**	**aies** présenté	**ayez** présenté
présent**e**	présent**ent**	**ait** présenté	**aient** présenté
imparfait du subjonctif		plus-que-parfait du subjonctif	
présent**asse**	présent**assions**	**eusse** présenté	**eussions** présenté
présent**asses**	présent**assiez**	**eusses** présenté	**eussiez** présenté
présent**ât**	présent**assent**	**eût** présenté	**eussent** présenté

impératif
présente
présentons
présentez

se présenter — to introduce oneself

participe présent **se présentant** participe passé **présenté(e)(s)**

SINGULAR	PLURAL
présent de l'indicatif	
me présent**e**	**nous** présent**ons**
te présent**es**	**vous** présent**ez**
se présent**e**	**se** présent**ent**
imparfait de l'indicatif	
me présent**ais**	**nous** présent**ions**
te présent**ais**	**vous** présent**iez**
se présent**ait**	**se** présent**aient**
passé simple	
me présent**ai**	**nous** présent**âmes**
te présent**as**	**vous** présent**âtes**
se présent**a**	**se** présent**èrent**
futur	
me présenter**ai**	**nous** présenter**ons**
te présenter**as**	**vous** présenter**ez**
se présenter**a**	**se** présenter**ont**
conditionnel	
me présenter**ais**	**nous** présenter**ions**
te présenter**ais**	**vous** présenter**iez**
se présenter**ait**	**se** présenter**aient**
présent du subjonctif	
me présent**e**	**nous** présent**ions**
te présent**es**	**vous** présent**iez**
se présent**e**	**se** présent**ent**
imparfait du subjonctif	
me présenta**sse**	**nous** présenta**ssions**
te présenta**sses**	**vous** présenta**ssiez**
se présent**ât**	**se** présenta**ssent**
impératif	
présente-toi	
présentons-nous	
présentez-vous	

SINGULAR	PLURAL
passé composé	
me suis présenté(e)	**nous sommes** présenté(e)s
t'es présenté(e)	**vous êtes** présenté(e)(s)
s'est présenté(e)	**se sont** présenté(e)s
plus-que-parfait de l'indicatif	
m'étais présenté(e)	**nous étions** présenté(e)s
t'étais présenté(e)	**vous étiez** présenté(e)(s)
s'était présenté(e)	**s'étaient** présenté(e)s
passé antérieur	
me fus présenté(e)	**nous fûmes** présenté(e)s
te fus présenté(e)	**vous fûtes** présenté(e)(s)
se fut présenté(e)	**se furent** présenté(e)s
futur antérieur	
me serai présenté(e)	**nous serons** présenté(e)s
te seras présenté(e)	**vous serez** présenté(e)(s)
se sera présenté(e)	**se seront** présenté(e)s
conditionnel passé	
me serais présenté(e)	**nous serions** présenté(e)s
te serais présenté(e)	**vous seriez** présenté(e)(s)
se serait présenté(e)	**se seraient** présenté(e)s
passé du subjonctif	
me sois présenté(e)	**nous soyons** présenté(e)s
te sois présenté(e)	**vous soyez** présenté(e)(s)
se soit présenté(e)	**se soient** présenté(e)s
plus-que-parfait du subjonctif	
me fusse présenté(e)	**nous fussions** présenté(e)s
te fusses présenté(e)	**vous fussiez** présenté(e)(s)
se fût présenté(e)	**se fussent** présenté(e)s

to pretend, to claim **prétendre**

participe présent **prétendant** participe passé **prétendu**

SINGULAR	PLURAL	SINGULAR	PLURAL
présent de l'indicatif		passé composé	
prétend**s**	prétend**ons**	**ai** prétendu	**avons** prétendu
prétend**s**	prétend**ez**	**as** prétendu	**avez** prétendu
prétend	prétend**ent**	**a** prétendu	**ont** prétendu
imparfait de l'indicatif		plus-que-parfait de l'indicatif	
prétend**ais**	prétend**ions**	**avais** prétendu	**avions** prétendu
prétend**ais**	prétend**iez**	**avais** prétendu	**aviez** prétendu
prétend**ait**	prétend**aient**	**avait** prétendu	**avaient** prétendu
passé simple		passé antérieur	
prétend**is**	prétend**îmes**	**eus** prétendu	**eûmes** prétendu
prétend**is**	prétend**îtes**	**eus** prétendu	**eûtes** prétendu
prétend**it**	prétend**irent**	**eut** prétendu	**eurent** prétendu
futur		futur antérieur	
prétendr**ai**	prétendr**ons**	**aurai** prétendu	**aurons** prétendu
prétendr**as**	prétendr**ez**	**auras** prétendu	**aurez** prétendu
prétendr**a**	prétendr**ont**	**aura** prétendu	**auront** prétendu
conditionnel		conditionnel passé	
prétendr**ais**	prétendr**ions**	**aurais** prétendu	**aurions** prétendu
prétendr**ais**	prétendr**iez**	**aurais** prétendu	**auriez** prétendu
prétendr**ait**	prétendr**aient**	**aurait** prétendu	**auraient** prétendu
présent du subjonctif		passé du subjonctif	
prétend**e**	prétend**ions**	**aie** prétendu	**ayons** prétendu
prétend**es**	prétend**iez**	**aies** prétendu	**ayez** prétendu
prétend**e**	prétend**ent**	**ait** prétendu	**aient** prétendu
imparfait du subjonctif		plus-que-parfait du subjonctif	
prétendi**sse**	prétendi**ssions**	**eusse** prétendu	**eussions** prétendu
prétendi**sses**	prétendi**ssiez**	**eusses** prétendu	**eussiez** prétendu
prétendî**t**	prétendi**ssent**	**eût** prétendu	**eussent** prétendu
impératif			
prétends			
prétendons			
prétendez			

P

prêter — to lend

participe présent **prêtant** — participe passé **prêté**

SINGULAR	PLURAL	SINGULAR	PLURAL
présent de l'indicatif		passé composé	
prêt**e**	prêt**ons**	**ai** prêté	**avons** prêté
prêt**es**	prêt**ez**	**as** prêté	**avez** prêté
prêt**e**	prêt**ent**	**a** prêté	**ont** prêté
imparfait de l'indicatif		plus-que-parfait de l'indicatif	
prêt**ais**	prêt**ions**	**avais** prêté	**avions** prêté
prêt**ais**	prêt**iez**	**avais** prêté	**aviez** prêté
prêt**ait**	prêt**aient**	**avait** prêté	**avaient** prêté
passé simple		passé antérieur	
prêt**ai**	prêt**âmes**	**eus** prêté	**eûmes** prêté
prêt**as**	prêt**âtes**	**eus** prêté	**eûtes** prêté
prêt**a**	prêt**èrent**	**eut** prêté	**eurent** prêté
futur		futur antérieur	
prêter**ai**	prêter**ons**	**aurai** prêté	**aurons** prêté
prêter**as**	prêter**ez**	**auras** prêté	**aurez** prêté
prêter**a**	prêter**ont**	**aura** prêté	**auront** prêté
conditionnel		conditionnel passé	
prêter**ais**	prêter**ions**	**aurais** prêté	**aurions** prêté
prêter**ais**	prêter**iez**	**aurais** prêté	**auriez** prêté
prêter**ait**	prêter**aient**	**aurait** prêté	**auraient** prêté
présent du subjonctif		passé du subjonctif	
prêt**e**	prêt**ions**	**aie** prêté	**ayons** prêté
prêt**es**	prêt**iez**	**aies** prêté	**ayez** prêté
prêt**e**	prêt**ent**	**ait** prêté	**aient** prêté
imparfait du subjonctif		plus-que-parfait du subjonctif	
prêta**sse**	prêta**ssions**	**eusse** prêté	**eussions** prêté
prêta**sses**	prêta**ssiez**	**eusses** prêté	**eussiez** prêté
prêtâ**t**	prêta**ssent**	**eût** prêté	**eussent** prêté

impératif
prête
prêtons
prêtez

participe présent **prévenant** participe passé **prévenu**

SINGULAR	PLURAL	SINGULAR	PLURAL
présent de l'indicatif		passé composé	
prévien**s**	préven**ons**	**ai** prévenu	**avons** prévenu
prévien**s**	préven**ez**	**as** prévenu	**avez** prévenu
prévien**t**	prévienn**ent**	**a** prévenu	**ont** prévenu
imparfait de l'indicatif		plus-que-parfait de l'indicatif	
préven**ais**	préven**ions**	**avais** prévenu	**avions** prévenu
préven**ais**	préven**iez**	**avais** prévenu	**aviez** prévenu
préven**ait**	préven**aient**	**avait** prévenu	**avaient** prévenu
passé simple		passé antérieur	
prévin**s**	prév**înmes**	**eus** prévenu	**eûmes** prévenu
prévin**s**	prév**întes**	**eus** prévenu	**eûtes** prévenu
prévin**t**	prév**inrent**	**eut** prévenu	**eurent** prévenu
futur		futur antérieur	
préviendr**ai**	préviendr**ons**	**aurai** prévenu	**aurons** prévenu
préviendr**as**	préviendr**ez**	**auras** prévenu	**aurez** prévenu
préviendr**a**	préviendr**ont**	**aura** prévenu	**auront** prévenu
conditionnel		conditionnel passé	
préviendr**ais**	préviendr**ions**	**aurais** prévenu	**aurions** prévenu
préviendr**ais**	préviendr**iez**	**aurais** prévenu	**auriez** prévenu
préviendr**ait**	préviendr**aient**	**aurait** prévenu	**auraient** prévenu
présent du subjonctif		passé du subjonctif	
prévienn**e**	préven**ions**	**aie** prévenu	**ayons** prévenu
prévienn**es**	préven**iez**	**aies** prévenu	**ayez** prévenu
prévienn**e**	prévienn**ent**	**ait** prévenu	**aient** prévenu
imparfait du subjonctif		plus-que-parfait du subjonctif	
prévin**sse**	prévin**ssions**	**eusse** prévenu	**eussions** prévenu
prévin**sses**	prévin**ssiez**	**eusses** prévenu	**eussiez** prévenu
prévîn**t**	prévin**ssent**	**eût** prévenu	**eussent** prévenu

impératif
préviens
prévenons
prévenez

prévoir — to foresee

participe présent **prévoyant** participe passé **prévu**

SINGULAR	PLURAL
présent de l'indicatif	
prévoi**s**	prévoy**ons**
prévoi**s**	prévoy**ez**
prévoi**t**	prévoi**ent**
imparfait de l'indicatif	
prévoy**ais**	prévoy**ions**
prévoy**ais**	prévoy**iez**
prévoy**ait**	prévoy**aient**
passé simple	
prév**is**	prév**îmes**
prév**is**	prév**îtes**
prév**it**	prév**irent**
futur	
prévoir**ai**	prévoir**ons**
prévoir**as**	prévoir**ez**
prévoir**a**	prévoir**ont**
conditionnel	
prévoir**ais**	prévoir**ions**
prévoir**ais**	prévoir**iez**
prévoir**ait**	prévoir**aient**
présent du subjonctif	
prévoi**e**	prévoy**ions**
prévoi**es**	prévoy**iez**
prévoi**e**	prévoi**ent**
imparfait du subjonctif	
prévi**sse**	prévi**ssions**
prévi**sses**	prévi**ssiez**
prév**ît**	prévi**ssent**

impératif
prévois
prévoyons
prévoyez

SINGULAR	PLURAL
passé composé	
ai prévu	**avons** prévu
as prévu	**avez** prévu
a prévu	**ont** prévu
plus-que-parfait de l'indicatif	
avais prévu	**avions** prévu
avais prévu	**aviez** prévu
avait prévu	**avaient** prévu
passé antérieur	
eus prévu	**eûmes** prévu
eus prévu	**eûtes** prévu
eut prévu	**eurent** prévu
futur antérieur	
aurai prévu	**aurons** prévu
auras prévu	**aurez** prévu
aura prévu	**auront** prévu
conditionnel passé	
aurais prévu	**aurions** prévu
aurais prévu	**auriez** prévu
aurait prévu	**auraient** prévu
passé du subjonctif	
aie prévu	**ayons** prévu
aies prévu	**ayez** prévu
ait prévu	**aient** prévu
plus-que-parfait du subjonctif	
eusse prévu	**eussions** prévu
eusses prévu	**eussiez** prévu
eût prévu	**eussent** prévu

participe présent **priant** participe passé **prié**

SINGULAR	PLURAL	SINGULAR	PLURAL
présent de l'indicatif		passé composé	
pri**e**	pri**ons**	**ai** prié	**avons** prié
pri**es**	pri**ez**	**as** prié	**avez** prié
pri**e**	pri**ent**	**a** prié	**ont** prié
imparfait de l'indicatif		plus-que-parfait de l'indicatif	
pri**ais**	pri**ions**	**avais** prié	**avions** prié
pri**ais**	pri**iez**	**avais** prié	**aviez** prié
pri**ait**	pri**aient**	**avait** prié	**avaient** prié
passé simple		passé antérieur	
pri**ai**	pri**âmes**	**eus** prié	**eûmes** prié
pri**as**	pri**âtes**	**eus** prié	**eûtes** prié
pri**a**	pri**èrent**	**eut** prié	**eurent** prié
futur		futur antérieur	
prier**ai**	prier**ons**	**aurai** prié	**aurons** prié
prier**as**	prier**ez**	**auras** prié	**aurez** prié
prier**a**	prier**ont**	**aura** prié	**auront** prié
conditionnel		conditionnel passé	
prier**ais**	prier**ions**	**aurais** prié	**aurions** prié
prier**ais**	prier**iez**	**aurais** prié	**auriez** prié
prier**ait**	prier**aient**	**aurait** prié	**auraient** prié
présent du subjonctif		passé du subjonctif	
pri**e**	pri**ions**	**aie** prié	**ayons** prié
pri**es**	pri**iez**	**aies** prié	**ayez** prié
pri**e**	pri**ent**	**ait** prié	**aient** prié
imparfait du subjonctif		plus-que-parfait du subjonctif	
pria**sse**	pria**ssions**	**eusse** prié	**eussions** prié
pria**sses**	pria**ssiez**	**eusses** prié	**eussiez** prié
pri**ât**	pria**ssent**	**eût** prié	**eussent** prié

impératif
prie
prions
priez

P

MEMORY TIP
I **prayed** that they would return.

produire — to produce

participe présent **produisant** participe passé **produit**

SINGULAR	PLURAL	SINGULAR	PLURAL
présent de l'indicatif		passé composé	
produi**s**	produis**ons**	**ai** produit	**avons** produit
produi**s**	produis**ez**	**as** produit	**avez** produit
produi**t**	produis**ent**	**a** produit	**ont** produit
imparfait de l'indicatif		plus-que-parfait de l'indicatif	
produis**ais**	produis**ions**	**avais** produit	**avions** produit
produis**ais**	produis**iez**	**avais** produit	**aviez** produit
produis**ait**	produis**aient**	**avait** produit	**avaient** produit
passé simple		passé antérieur	
produis**is**	produis**îmes**	**eus** produit	**eûmes** produit
produis**is**	produis**îtes**	**eus** produit	**eûtes** produit
produis**it**	produis**irent**	**eut** produit	**eurent** produit
futur		futur antérieur	
produir**ai**	produir**ons**	**aurai** produit	**aurons** produit
produir**as**	produir**ez**	**auras** produit	**aurez** produit
produir**a**	produir**ont**	**aura** produit	**auront** produit
conditionnel		conditionnel passé	
produir**ais**	produir**ions**	**aurais** produit	**aurions** produit
produir**ais**	produir**iez**	**aurais** produit	**auriez** produit
produir**ait**	produir**aient**	**aurait** produit	**auraient** produit
présent du subjonctif		passé du subjonctif	
produis**e**	produis**ions**	**aie** produit	**ayons** produit
produis**es**	produis**iez**	**aies** produit	**ayez** produit
produis**e**	produis**ent**	**ait** produit	**aient** produit
imparfait du subjonctif		plus-que-parfait du subjonctif	
produisi**sse**	produisi**ssions**	**eusse** produit	**eussions** produit
produisi**sses**	produisi**ssiez**	**eusses** produit	**eussiez** produit
produisî**t**	produisi**ssent**	**eût** produit	**eussent** produit

impératif
produis
produisons
produisez

to program, to plan **programmer**

participe présent **programmant** participe passé **programmé**

SINGULAR	PLURAL	SINGULAR	PLURAL
présent de l'indicatif		passé composé	
programm**e**	programm**ons**	**ai** programmé	**avons** programmé
programm**es**	programm**ez**	**as** programmé	**avez** programmé
programm**e**	programm**ent**	**a** programmé	**ont** programmé
imparfait de l'indicatif		plus-que-parfait de l'indicatif	
programm**ais**	programm**ions**	**avais** programmé	**avions** programmé
programm**ais**	programm**iez**	**avais** programmé	**aviez** programmé
programm**ait**	programm**aient**	**avait** programmé	**avaient** programmé
passé simple		passé antérieur	
programm**ai**	programm**âmes**	**eus** programmé	**eûmes** programmé
programm**as**	programm**âtes**	**eus** programmé	**eûtes** programmé
programm**a**	programm**èrent**	**eut** programmé	**eurent** programmé
futur		futur antérieur	
programmer**ai**	programmer**ons**	**aurai** programmé	**aurons** programmé
programmer**as**	programmer**ez**	**auras** programmé	**aurez** programmé
programmer**a**	programmer**ont**	**aura** programmé	**auront** programmé
conditionnel		conditionnel passé	
programmer**ais**	programmer**ions**	**aurais** programmé	**aurions** programmé
programmer**ais**	programmer**iez**	**aurais** programmé	**auriez** programmé
programmer**ait**	programmer**aient**	**aurait** programmé	**auraient** programmé
présent du subjonctif		passé du subjonctif	
programm**e**	programm**ions**	**aie** programmé	**ayons** programmé
programm**es**	programm**iez**	**aies** programmé	**ayez** programmé
programm**e**	programm**ent**	**ait** programmé	**aient** programmé
imparfait du subjonctif		plus-que-parfait du subjonctif	
programma**sse**	programma**ssions**	**eusse** programmé	**eussions** programmé
programma**sses**	programma**ssiez**	**eusses** programmé	**eussiez** programmé
programmâ**t**	programma**ssent**	**eût** programmé	**eussent** programmé

impératif
programme
programmons
programmez

projeter to plan, to throw, to show (a film)

participe présent **projetant** participe passé **projeté**

SINGULAR	PLURAL	SINGULAR	PLURAL
présent de l'indicatif		passé composé	
projett**e**	projet**ons**	**ai** projeté	**avons** projeté
projett**es**	projet**ez**	**as** projeté	**avez** projeté
projett**e**	projett**ent**	**a** projeté	**ont** projeté
imparfait de l'indicatif		plus-que-parfait de l'indicatif	
projet**ais**	projet**ions**	**avais** projeté	**avions** projeté
projet**ais**	projet**iez**	**avais** projeté	**aviez** projeté
projet**ait**	projet**aient**	**avait** projeté	**avaient** projeté
passé simple		passé antérieur	
projet**ai**	projet**âmes**	**eus** projeté	**eûmes** projeté
projet**as**	projet**âtes**	**eus** projeté	**eûtes** projeté
projet**a**	projet**èrent**	**eut** projeté	**eurent** projeté
futur		futur antérieur	
projetter**ai**	projetter**ons**	**aurai** projeté	**aurons** projeté
projetter**as**	projetter**ez**	**auras** projeté	**aurez** projeté
projetter**a**	projetter**ont**	**aura** projeté	**auront** projeté
conditionnel		conditionnel passé	
projetter**ais**	projetter**ions**	**aurais** projeté	**aurions** projeté
projetter**ais**	projetter**iez**	**aurais** projeté	**auriez** projeté
projetter**ait**	projetter**aient**	**aurait** projeté	**auraient** projeté
présent du subjonctif		passé du subjonctif	
projett**e**	projet**ions**	**aie** projeté	**ayons** projeté
projett**es**	projet**iez**	**aies** projeté	**ayez** projeté
projett**e**	projett**ent**	**ait** projeté	**aient** projeté
imparfait du subjonctif		plus-que-parfait du subjonctif	
projeta**sse**	projeta**ssions**	**eusse** projeté	**eussions** projeté
projeta**sses**	projeta**ssiez**	**eusses** projeté	**eussiez** projeté
projetâ**t**	projeta**ssent**	**eût** projeté	**eussent** projeté

impératif
projette
projetons
projetez

MEMORY TIP

The images were **projected** on the wall.

participe présent **promenant** participe passé **promené**

SINGULAR	PLURAL	SINGULAR	PLURAL
présent de l'indicatif		passé composé	
promèn**e**	promen**ons**	**ai** promené	**avons** promené
promèn**es**	promen**ez**	**as** promené	**avez** promené
promèn**e**	promèn**ent**	**a** promené	**ont** promené
imparfait de l'indicatif		plus-que-parfait de l'indicatif	
promen**ais**	promen**ions**	**avais** promené	**avions** promené
promen**ais**	promen**iez**	**avais** promené	**aviez** promené
promen**ait**	promen**aient**	**avait** promené	**avaient** promené
passé simple		passé antérieur	
promen**ai**	promen**âmes**	**eus** promené	**eûmes** promené
promen**as**	promen**âtes**	**eus** promené	**eûtes** promené
promen**a**	promen**èrent**	**eut** promené	**eurent** promené
futur		futur antérieur	
promèner**ai**	promèner**ons**	**aurai** promené	**aurons** promené
promèner**as**	promèner**ez**	**auras** promené	**aurez** promené
promèner**a**	promèner**ont**	**aura** promené	**auront** promené
conditionnel		conditionnel passé	
promèner**ais**	promèner**ions**	**aurais** promené	**aurions** promené
promèner**ais**	promèner**iez**	**aurais** promené	**auriez** promené
promèner**ait**	promèner**aient**	**aurait** promené	**auraient** promené
présent du subjonctif		passé du subjonctif	
promèn**e**	promen**ions**	**aie** promené	**ayons** promené
promèn**es**	promen**iez**	**aies** promené	**ayez** promené
promèn**e**	promèn**ent**	**ait** promené	**aient** promené
imparfait du subjonctif		plus-que-parfait du subjonctif	
promena**sse**	promena**ssions**	**eusse** promené	**eussions** promené
promena**sses**	promena**ssiez**	**eusses** promené	**eussiez** promené
promenâ**t**	promena**ssent**	**eût** promené	**eussent** promené

impératif
promène
promenons
promenez

P

He took a short **promenade** down the street.

se promener to take a walk, to go for a walk

participe présent **se promenant** participe passé **promené(e)(s)**

SINGULAR	PLURAL
présent de l'indicatif	
me promèn**e**	**nous** promen**ons**
te promèn**es**	**vous** promen**ez**
se promèn**e**	**se** promèn**ent**
imparfait de l'indicatif	
me promen**ais**	**nous** promen**ions**
te promen**ais**	**vous** promen**iez**
se promen**ait**	**se** promen**aient**
passé simple	
me promen**ai**	**nous** promen**âmes**
te promen**as**	**vous** promen**âtes**
se promen**a**	**se** promen**èrent**
futur	
me promèner**ai**	**nous** promèner**ons**
te promèner**as**	**vous** promèner**ez**
se promèner**a**	**se** promèner**ont**
conditionnel	
me promèner**ais**	**nous** promèner**ions**
te promèner**ais**	**vous** promèner**iez**
se promèner**ait**	**se** promèner**aient**
présent du subjonctif	
me promèn**e**	**nous** promen**ions**
te promèn**es**	**vous** promen**iez**
se promèn**e**	**se** promèn**ent**
imparfait du subjonctif	
me promena**sse**	**nous** promena**ssions**
te promena**sses**	**vous** promena**ssiez**
se promen**ât**	**se** promena**ssent**

impératif

promène-toi
promenons-nous
promenez-vous

SINGULAR	PLURAL
passé composé	
me suis promené(e)	**nous sommes** promené(e)s
t'es promené(e)	**vous êtes** promené(e)(s)
s'est promené(e)	**se sont** promené(e)s
plus-que-parfait de l'indicatif	
m'étais promené(e)	**nous étions** promené(e)s
t'étais promené(e)	**vous étiez** promené(e)(s)
s'était promené(e)	**s'étaient** promené(e)s
passé antérieur	
me fus promené(e)	**nous fûmes** promené(e)s
te fus promené(e)	**vous fûtes** promené(e)(s)
se fut promené(e)	**se furent** promené(e)s
futur antérieur	
me serai promené(e)	**nous serons** promené(e)s
te seras promené(e)	**vous serez** promené(e)(s)
se sera promené(e)	**se seront** promené(e)s
conditionnel passé	
me serais promené(e)	**nous serions** promené(e)s
te serais promené(e)	**vous seriez** promené(e)(s)
se serait promené(e)	**se seraient** promené(e)s
passé du subjonctif	
me sois promené(e)	**nous soyons** promené(e)s
te sois promené(e)	**vous soyez** promené(e)(s)
se soit promené(e)	**se soient** promené(e)s
plus-que-parfait du subjonctif	
me fusse promené(e)	**nous fussions** promené(e)s
te fusses promené(e)	**vous fussiez** promené(e)(s)
se fût promené(e)	**se fussent** promené(e)s

to promise, to show promise **promettre**

participe présent **promettant** participe passé **promis**

SINGULAR	PLURAL	SINGULAR	PLURAL
présent de l'indicatif		passé composé	
promet**s**	promett**ons**	**ai** promis	**avons** promis
promet**s**	promett**ez**	**as** promis	**avez** promis
promet	promett**ent**	**a** promis	**ont** promis
imparfait de l'indicatif		plus-que-parfait de l'indicatif	
promett**ais**	promett**ions**	**avais** promis	**avions** promis
promett**ais**	promett**iez**	**avais** promis	**aviez** promis
promett**ait**	promett**aient**	**avait** promis	**avaient** promis
passé simple		passé antérieur	
prom**is**	prom**îmes**	**eus** promis	**eûmes** promis
prom**is**	prom**îtes**	**eus** promis	**eûtes** promis
prom**it**	prom**îrent**	**eut** promis	**eurent** promis
futur		futur antérieur	
promettr**ai**	promettr**ons**	**aurai** promis	**aurons** promis
promettr**as**	promettr**ez**	**auras** promis	**aurez** promis
promettr**a**	promettr**ont**	**aura** promis	**auront** promis
conditionnel		conditionnel passé	
promettr**ais**	promettr**ions**	**aurais** promis	**aurions** promis
promettr**ais**	promettr**iez**	**aurais** promis	**auriez** promis
promettr**ait**	promettr**aient**	**aurait** promis	**auraient** promis
présent du subjonctif		passé du subjonctif	
promett**e**	promett**ions**	**aie** promis	**ayons** promis
promett**es**	promett**iez**	**aies** promis	**ayez** promis
promett**e**	promett**ent**	**ait** promis	**aient** promis
imparfait du subjonctif		plus-que-parfait du subjonctif	
prom**isse**	prom**issions**	**eusse** promis	**eussions** promis
prom**isses**	prom**issiez**	**eusses** promis	**eussiez** promis
prom**ît**	prom**issent**	**eût** promis	**eussent** promis

impératif
promets
promettons
promettez

prononcer — to pronounce, to declare

participe présent **prononçant** participe passé **prononcé**

présent de l'indicatif

SINGULAR	PLURAL
prononc**e**	prononç**ons**
prononc**es**	prononc**ez**
prononc**e**	prononc**ent**

imparfait de l'indicatif

SINGULAR	PLURAL
prononç**ais**	prononc**ions**
prononç**ais**	prononc**iez**
prononç**ait**	prononç**aient**

passé simple

SINGULAR	PLURAL
prononç**ai**	prononç**âmes**
prononç**as**	prononç**âtes**
prononç**a**	prononc**èrent**

futur

SINGULAR	PLURAL
prononcer**ai**	prononcer**ons**
prononcer**as**	prononcer**ez**
prononcer**a**	prononcer**ont**

conditionnel

SINGULAR	PLURAL
prononcer**ais**	prononcer**ions**
prononcer**ais**	prononcer**iez**
prononcer**ait**	prononcer**aient**

présent du subjonctif

SINGULAR	PLURAL
prononc**e**	prononc**ions**
prononc**es**	prononc**iez**
prononc**e**	prononc**ent**

imparfait du subjonctif

SINGULAR	PLURAL
prononça**sse**	prononça**ssions**
prononça**sses**	prononça**ssiez**
prononçâ**t**	prononça**ssent**

impératif

prononce
prononçons
prononcez

passé composé

SINGULAR	PLURAL
ai prononcé	**avons** prononcé
as prononcé	**avez** prononcé
a prononcé	**ont** prononcé

plus-que-parfait de l'indicatif

SINGULAR	PLURAL
avais prononcé	**avions** prononcé
avais prononcé	**aviez** prononcé
avait prononcé	**avaient** prononcé

passé antérieur

SINGULAR	PLURAL
eus prononcé	**eûmes** prononcé
eus prononcé	**eûtes** prononcé
eut prononcé	**eurent** prononcé

futur antérieur

SINGULAR	PLURAL
aurai prononcé	**aurons** prononcé
auras prononcé	**aurez** prononcé
aura prononcé	**auront** prononcé

conditionnel passé

SINGULAR	PLURAL
aurais prononcé	**aurions** prononcé
aurais prononcé	**auriez** prononcé
aurait prononcé	**auraient** prononcé

passé du subjonctif

SINGULAR	PLURAL
aie prononcé	**ayons** prononcé
aies prononcé	**ayez** prononcé
ait prononcé	**aient** prononcé

plus-que-parfait du subjonctif

SINGULAR	PLURAL
eusse prononce	**eussions** prononcé
eusses prononcé	**eussiez** prononcé
eût prononcé	**eussent** prononcé

to prove **prouver**

participe présent **prouvant** participe passé **prouvé**

SINGULAR	PLURAL	SINGULAR	PLURAL
présent de l'indicatif		passé composé	
prouv**e**	prouv**ons**	**ai** prouvé	**avons** prouvé
prouv**es**	prouv**ez**	**as** prouvé	**avez** prouvé
prouv**e**	prouv**ent**	**a** prouvé	**ont** prouvé
imparfait de l'indicatif		plus-que-parfait de l'indicatif	
prouv**ais**	prouv**ions**	**avais** prouvé	**avions** prouvé
prouv**ais**	prouv**iez**	**avais** prouvé	**aviez** prouvé
prouv**ait**	prouv**aient**	**avait** prouvé	**avaient** prouvé
passé simple		passé antérieur	
prouv**ai**	prouv**âmes**	**eus** prouvé	**eûmes** prouvé
prouv**as**	prouv**âtes**	**eus** prouvé	**eûtes** prouvé
prouv**a**	prouv**èrent**	**eut** prouvé	**eurent** prouvé
futur		futur antérieur	
prouver**ai**	prouver**ons**	**aurai** prouvé	**aurons** prouvé
prouver**as**	prouver**ez**	**auras** prouvé	**aurez** prouvé
prouver**a**	prouver**ont**	**aura** prouvé	**auront** prouvé
conditionnel		conditionnel passé	
prouver**ais**	prouver**ions**	**aurais** prouvé	**aurions** prouvé
prouver**ais**	prouver**iez**	**aurais** prouvé	**auriez** prouvé
prouver**ait**	prouver**aient**	**aurait** prouvé	**auraient** prouvé
présent du subjonctif		passé du subjonctif	
prouv**e**	prouv**ions**	**aie** prouvé	**ayons** prouvé
prouv**es**	prouv**iez**	**aies** prouvé	**ayez** prouvé
prouv**e**	prouv**ent**	**ait** prouvé	**aient** prouvé
imparfait du subjonctif		plus-que-parfait du subjonctif	
prouva**sse**	prouva**ssions**	**eusse** prouvé	**eussions** prouvé
prouva**sses**	prouva**ssiez**	**eusses** prouvé	**eussiez** prouvé
prouvâ**t**	prouva**ssent**	**eût** prouvé	**eussent** prouvé

impératif
prouve
prouvons
prouvez

punir — to punish

participe présent **punissant** participe passé **puni**

SINGULAR	PLURAL	SINGULAR	PLURAL
présent de l'indicatif		passé composé	
pun**is**	pun**issons**	**ai** puni	**avons** puni
pun**is**	pun**issez**	**as** puni	**avez** puni
pun**it**	pun**issent**	**a** puni	**ont** puni
imparfait de l'indicatif		plus-que-parfait de l'indicatif	
puniss**ais**	puniss**ions**	**avais** puni	**avions** puni
puniss**ais**	puniss**iez**	**avais** puni	**aviez** puni
puniss**ait**	puniss**aient**	**avait** puni	**avaient** puni
passé simple		passé antérieur	
pun**is**	pun**îmes**	**eus** puni	**eûmes** puni
pun**is**	pun**îtes**	**eus** puni	**eûtes** puni
pun**it**	pun**irent**	**eut** puni	**eurent** puni
futur		futur antérieur	
punir**ai**	punir**ons**	**aurai** puni	**aurons** puni
punir**as**	punir**ez**	**auras** puni	**aurez** puni
punir**a**	punir**ont**	**aura** puni	**auront** puni
conditionnel		conditionnel passé	
punir**ais**	punir**ions**	**aurais** puni	**aurions** puni
punir**ais**	punir**iez**	**aurais** puni	**auriez** puni
punir**ait**	punir**aient**	**aurait** puni	**auraient** puni
présent du subjonctif		passé du subjonctif	
puniss**e**	puniss**ions**	**aie** puni	**ayons** puni
puniss**es**	puniss**iez**	**aies** puni	**ayez** puni
puniss**e**	puniss**ent**	**ait** puni	**aient** puni
imparfait du subjonctif		plus-que-parfait du subjonctif	
puni**sse**	puni**ssions**	**eusse** puni	**eussions** puni
puni**sses**	puni**ssiez**	**eusses** puni	**eussiez** puni
pun**ît**	puni**ssent**	**eût** puni	**eussent** puni

P

impératif

punis

punissons

punissez

MEMORY TIP

The **punishment** for the crime was excessive.

participe présent **quittant** participe passé **quitté**

SINGULAR	PLURAL	SINGULAR	PLURAL
présent de l'indicatif		passé composé	
quitt**e**	quitt**ons**	**ai** quitté	**avons** quitté
quitt**es**	quitt**ez**	**as** quitté	**avez** quitté
quitt**e**	quitt**ent**	**a** quitté	**ont** quitté
imparfait de l'indicatif		plus-que-parfait de l'indicatif	
quitt**ais**	quitt**ions**	**avais** quitté	**avions** quitté
quitt**ais**	quitt**iez**	**avais** quitté	**aviez** quitté
quitt**ait**	quitt**aient**	**avait** quitté	**avaient** quitté
passé simple		passé antérieur	
quitt**ai**	quitt**âmes**	**eus** quitté	**eûmes** quitté
quitt**as**	quitt**âtes**	**eus** quitté	**eûtes** quitté
quitt**a**	quitt**èrent**	**eut** quitté	**eurent** quitté
futur		futur antérieur	
quitter**ai**	quitter**ons**	**aurai** quitté	**aurons** quitté
quitter**as**	quitter**ez**	**auras** quitté	**aurez** quitté
quitter**a**	quitter**ont**	**aura** quitté	**auront** quitté
conditionnel		conditionnel passé	
quitter**ais**	quitter**ions**	**aurais** quitté	**aurions** quitté
quitter**ais**	quitter**iez**	**aurais** quitté	**auriez** quitté
quitter**ait**	quitter**aient**	**aurait** quitté	**auraient** quitté
présent du subjonctif		passé du subjonctif	
quitt**e**	quitt**ions**	**aie** quitté	**ayons** quitté
quitt**es**	quitt**iez**	**aies** quitté	**ayez** quitté
quitt**e**	quitt**ent**	**ait** quitté	**aient** quitté
imparfait du subjonctif		plus-que-parfait du subjonctif	
quitta**sse**	quitta**ssions**	**eusse** quitté	**eussions** quitté
quitta**sses**	quitta**ssiez**	**eusses** quitté	**eussiez** quitté
quittâ**t**	quitta**ssent**	**eût** quitté	**eussent** quitté

impératif
quitte
quittons
quittez

raconter to tell a story, to describe, to narrate

participe présent **racontant** participe passé **raconté**

SINGULAR	PLURAL
présent de l'indicatif	
racont**e**	racont**ons**
racont**es**	racont**ez**
racont**e**	racont**ent**
imparfait de l'indicatif	
racont**ais**	racont**ions**
racont**ais**	racont**iez**
racont**ait**	racont**aient**
passé simple	
racont**ai**	racont**âmes**
racont**as**	racont**âtes**
racont**a**	racont**èrent**
futur	
raconter**ai**	raconter**ons**
raconter**as**	raconter**ez**
raconter**a**	raconter**ont**
conditionnel	
raconter**ais**	raconter**ions**
raconter**ais**	raconter**iez**
raconter**ait**	raconter**aient**
présent du subjonctif	
racont**e**	racont**ions**
racont**es**	racont**iez**
racont**e**	racont**ent**
imparfait du subjonctif	
raconta**sse**	raconta**ssions**
raconta**sses**	raconta**ssiez**
racontâ**t**	raconta**ssent**
impératif	
raconte	
racontons	
racontez	

SINGULAR	PLURAL
passé composé	
ai raconté	**avons** raconté
as raconté	**avez** raconté
a raconté	**ont** raconté
plus-que-parfait de l'indicatif	
avais raconté	**avions** raconté
avais raconté	**aviez** raconté
avait raconté	**avaient** raconté
passé antérieur	
eus raconté	**eûmes** raconté
eus raconté	**eûtes** raconté
eut raconté	**eurent** raconté
futur antérieur	
aurai raconté	**aurons** raconté
auras raconté	**aurez** raconté
aura raconté	**auront** raconté
conditionnel passé	
aurais raconté	**aurions** raconté
aurais raconté	**auriez** raconté
aurait raconté	**auraient** raconté
passé du subjonctif	
aie raconté	**ayons** raconté
aies raconté	**ayez** raconté
ait raconté	**aient** raconté
plus-que-parfait du subjonctif	
eusse raconté	**eussions** raconté
eusses raconté	**eussiez** raconté
eût raconté	**eussent** raconté

MEMORY TIP

They **recounted** the story with many details.

to get cooler, to refresh oneself **se rafraîchir**

participe présent **se rafraîchissant** participe passé **rafraîchi(e)(s)**

SINGULAR	PLURAL	SINGULAR	PLURAL
présent de l'indicatif		passé composé	
me rafraîch**is**	**nous** rafraîch**issons**	**me suis** rafraîchi(e)	**nous sommes** rafraîchi(e)s
te rafraîch**is**	**vous** rafraîch**issez**	**t'es** rafraîchi(e)	**vous êtes** rafraîchi(e)(s)
se rafraîch**it**	**se** rafraîch**issent**	**s'est** rafraîchi(e)	**se sont** rafraîchi(e)s
imparfait de l'indicatif		plus-que-parfait de l'indicatif	
me rafraîch**issais**	**nous** rafraîch**issions**	**m'étais** rafraîchi(e)	**nous étions** rafraîchi(e)s
te rafraîch**issais**	**vous** rafraîch**issiez**	**t'étais** rafraîchi(e)	**vous étiez** rafraîchi(e)(s)
se rafraîch**issait**	**se** rafraîch**issaient**	**s'était** rafraîchi(e)	**s'étaient** rafraîchi(e)s
passé simple		passé antérieur	
me rafraîch**is**	**nous** rafraîch**îmes**	**me fus** rafraîchi(e)	**nous fûmes** rafraîchi(e)s
te rafraîch**is**	**vous** rafraîch**îtes**	**te fus** rafraîchi(e)	**vous fûtes** rafraîchi(e)(s)
se rafraîch**it**	**se** rafraîch**irent**	**se fut** rafraîchi(e)	**se furent** rafraîchi(e)s
futur		futur antérieur	
me rafraîchir**ai**	**nous** rafraîchir**ons**	**me serai** rafraîchi(e)	**nous serons** rafraîchi(e)s
te rafraîchir**as**	**vous** rafraîchir**ez**	**te seras** rafraîchi(e)	**vous serez** rafraîchi(e)(s)
se rafraîchir**a**	**se** rafraîchir**ont**	**se sera** rafraîchi(e)	**se seront** rafraîchi(e)s
conditionnel		conditionnel passé	
me rafraîchir**ais**	**nous** rafraîchir**ions**	**me serais** rafraîchi(e)	**nous serions** rafraîchi(e)s
te rafraîchir**ais**	**vous** rafraîchir**iez**	**te serais** rafraîchi(e)	**vous seriez** rafraîchi(e)(s)
se rafraîchir**ait**	**se** rafraîchir**aient**	**se serait** rafraîchi(e)	**se seraient** rafraîchi(e)s
présent du subjonctif		passé du subjonctif	
me rafraîch**isse**	**nous** rafraîch**issions**	**me sois** rafraîchi(e)	**nous soyons** rafraîchi(e)s
te rafraîch**isses**	**vous** rafraîch**issiez**	**te sois** rafraîchi(e)	**vous soyez** rafraîchi(e)(s)
se rafraîch**isse**	**se** rafraîch**issent**	**se soit** rafraîchi(e)	**se soient** rafraîchi(e)s
imparfait du subjonctif		plus-que-parfait du subjonctif	
me rafraîchi**sse**	**nous** rafraîchi**ssions**	**me fusse** rafraîchi(e)	**nous fussions** rafraîchi(e)s
te rafraîchi**sses**	**vous** rafraîchi**ssiez**	**te fusses** rafraîchi(e)	**vous fussiez** rafraîchi(e)(s)
se rafraîch**ît**	**se** rafraîchi**ssent**	**se fût** rafraîchi(e)	**se fussent** rafraîchi(e)s

impératif

rafraîchis-toi

rafraîchissons-nous

rafraîchissez-vous

rajeunir — to rejuvenate, to update

participe présent **rajeunissant** participe passé **rajeuni**

SINGULAR	PLURAL
présent de l'indicatif	
rajeun**is**	rajeun**issons**
rajeun**is**	rajeun**issez**
rajeun**it**	rajeun**issent**
imparfait de l'indicatif	
rajeuniss**ais**	rajeuniss**ions**
rajeuniss**ais**	rajeuniss**iez**
rajeuniss**ait**	rajeuniss**aient**
passé simple	
rajeun**is**	rajeun**îmes**
rajeun**is**	rajeun**îtes**
rajeun**it**	rajeuni**rent**
futur	
rajeunir**ai**	rajeunir**ons**
rajeunir**as**	rajeunir**ez**
rajeunir**a**	rajeunir**ont**
conditionnel	
rajeunir**ais**	rajeunir**ions**
rajeunir**ais**	rajeunir**iez**
rajeunir**ait**	rajeunir**aient**
présent du subjonctif	
rajeuniss**e**	rajeuniss**ions**
rajeuniss**es**	rajeuniss**iez**
rajeuniss**e**	rajeuniss**ent**
imparfait du subjonctif	
rajeuni**sse**	rajeuni**ssions**
rajeuni**sses**	rajeuni**ssiez**
rajeunî**t**	rajeuni**ssent**
impératif	
rajeunis	
rajeunissons	
rajeunissez	

SINGULAR	PLURAL
passé composé	
ai rajeuni	**avons** rajeuni
as rajeuni	**avez** rajeuni
a rajeuni	**ont** rajeuni
plus-que-parfait de l'indicatif	
avais rajeuni	**avions** rajeuni
avais rajeuni	**aviez** rajeuni
avait rajeuni	**avaient** rajeuni
passé antérieur	
eus rajeuni	**eûmes** rajeuni
eus rajeuni	**eûtes** rajeuni
eut rajeuni	**eurent** rajeuni
futur antérieur	
aurai rajeuni	**aurons** rajeuni
auras rajeuni	**aurez** rajeuni
aura rajeuni	**auront** rajeuni
conditionnel passé	
aurais rajeuni	**aurions** rajeuni
aurais rajeuni	**auriez** rajeuni
aurait rajeuni	**auraient** rajeuni
passé du subjonctif	
aie rajeuni	**ayons** rajeuni
aies rajeuni	**ayez** rajeuni
ait rajeuni	**aient** rajeuni
plus-que-parfait du subjonctif	
eusse rajeuni	**eussions** rajeuni
eusses rajeuni	**eussiez** rajeuni
eût rajeuni	**eussent** rajeuni

MEMORY TIP
I was **rejuvenated** by the news.

to slow down, to slacken **ralentir**

participe présent **ralentissant** participe passé **ralenti**

SINGULAR	PLURAL	SINGULAR	PLURAL
présent de l'indicatif		passé composé	
ralent**is**	ralent**issons**	**ai** ralenti	**avons** ralenti
ralent**is**	ralent**issez**	**as** ralenti	**avez** ralenti
ralent**it**	ralent**issent**	**a** ralenti	**ont** ralenti
imparfait de l'indicatif		plus-que-parfait de l'indicatif	
ralentiss**ais**	ralentiss**ions**	**avais** ralenti	**avions** ralenti
ralentiss**ais**	ralentiss**iez**	**avais** ralenti	**aviez** ralenti
ralentiss**ait**	ralentiss**aient**	**avait** ralenti	**avaient** ralenti
passé simple		passé antérieur	
ralent**is**	ralent**îmes**	**eus** ralenti	**eûmes** ralenti
ralent**is**	ralent**îtes**	**eus** ralenti	**eûtes** ralenti
ralent**it**	ralenti**rent**	**eut** ralenti	**eurent** ralenti
futur		futur antérieur	
ralentir**ai**	ralentir**ons**	**aurai** ralenti	**aurons** ralenti
ralentir**as**	ralentir**ez**	**auras** ralenti	**aurez** ralenti
ralentir**a**	ralentir**ont**	**aura** ralenti	**auront** ralenti
conditionnel		conditionnel passé	
ralentir**ais**	ralentir**ions**	**aurais** ralenti	**aurions** ralenti
ralentir**ais**	ralentir**iez**	**aurais** ralenti	**auriez** ralenti
ralentir**ait**	ralentir**aient**	**aurait** ralenti	**auraient** ralenti
présent du subjonctif		passé du subjonctif	
ralentiss**e**	ralentiss**ions**	**aie** ralenti	**ayons** ralenti
ralentiss**es**	ralentiss**iez**	**aies** ralenti	**ayez** ralenti
ralentiss**e**	ralentiss**ent**	**ait** ralenti	**aient** ralenti
imparfait du subjonctif		plus-que-parfait du subjonctif	
ralenti**sse**	ralenti**ssions**	**eusse** ralenti	**eussions** ralenti
ralenti**sses**	ralenti**ssiez**	**eusses** ralenti	**eussiez** ralenti
ralent**ît**	ralenti**ssent**	**eût** ralenti	**eussent** ralenti

impératif
ralentis
ralentissons
ralentissez

ranger — to tidy up

participe présent **rangeant** participe passé **rangé**

SINGULAR	PLURAL	SINGULAR	PLURAL
présent de l'indicatif		passé composé	
rang**e**	range**ons**	**ai** rangé	**avons** rangé
rang**es**	rang**ez**	**as** rangé	**avez** rangé
rang**e**	rang**ent**	**a** rangé	**ont** rangé
imparfait de l'indicatif		plus-que-parfait de l'indicatif	
range**ais**	rang**ions**	**avais** rangé	**avions** rangé
range**ais**	rang**iez**	**avais** rangé	**aviez** rangé
range**ait**	range**aient**	**avait** rangé	**avaient** rangé
passé simple		passé antérieur	
range**ai**	range**âmes**	**eus** rangé	**eûmes** rangé
range**as**	range**âtes**	**eus** rangé	**eûtes** rangé
range**a**	rang**èrent**	**eut** rangé	**eurent** rangé
futur		futur antérieur	
ranger**ai**	ranger**ons**	**aurai** rangé	**aurons** rangé
ranger**as**	ranger**ez**	**auras** rangé	**aurez** rangé
ranger**a**	ranger**ont**	**aura** rangé	**auront** rangé
conditionnel		conditionnel passé	
ranger**ais**	ranger**ions**	**aurais** rangé	**aurions** rangé
ranger**ais**	ranger**iez**	**aurais** rangé	**auriez** rangé
ranger**ait**	ranger**aient**	**aurait** rangé	**auraient** rangé
présent du subjonctif		passé du subjonctif	
rang**e**	rang**ions**	**aie** rangé	**ayons** rangé
rang**es**	rang**iez**	**aies** rangé	**ayez** rangé
rang**e**	rang**ent**	**ait** rangé	**aient** rangé
imparfait du subjonctif		plus-que-parfait du subjonctif	
range**asse**	range**assions**	**eusse** rangé	**eussions** rangé
range**asses**	range**assiez**	**eusses** rangé	**eussiez** rangé
range**ât**	range**assent**	**eût** rangé	**eussent** rangé

impératif

range
rangeons
rangez

to recall, to call back, to remind **rappeler**

participe présent **rappelant** participe passé **rappelé**

SINGULAR	PLURAL
présent de l'indicatif	
rappell**e**	rappel**ons**
rappell**es**	rappel**ez**
rappell**e**	rappell**ent**
imparfait de l'indicatif	
rappel**ais**	rappel**ions**
rappel**ais**	rappel**iez**
rappel**ait**	rappel**aient**
passé simple	
rappel**ai**	rappel**âmes**
rappel**as**	rappel**âtes**
rappel**a**	rappel**èrent**
futur	
rappeller**ai**	rappeller**ons**
rappeller**as**	rappeller**ez**
rappeller**a**	rappeller**ont**
conditionnel	
rappeller**ais**	rappeller**ions**
rappeller**ais**	rappeler**iez**
rappeller**ait**	rappeller**aient**
présent du subjonctif	
rappell**e**	rappel**ions**
rappell**es**	rappel**iez**
rappell**e**	rappell**ent**
imparfait du subjonctif	
rappela**sse**	rappela**ssions**
rappela**sses**	rappela**ssiez**
rappelâ**t**	rappela**ssent**
impératif	
rappelle	
rappelons	
rappelez	

SINGULAR	PLURAL
passé composé	
ai rappelé	**avons** rappelé
as rappelé	**avez** rappelé
a rappelé	**ont** rappelé
plus-que-parfait de l'indicatif	
avais rappelé	**avions** rappelé
avais rappelé	**aviez** rappelé
avait rappelé	**avaient** rappelé
passé antérieur	
eus rappelé	**eûmes** rappelé
eus rappelé	**eûtes** rappelé
eut rappelé	**eurent** rappelé
futur antérieur	
aurai rappelé	**aurons** rappelé
auras rappelé	**aurez** rappelé
aura rappelé	**auront** rappelé
conditionnel passé	
aurais rappelé	**aurions** rappelé
aurais rappelé	**auriez** rappelé
aurait rappelé	**auraient** rappelé
passé du subjonctif	
aie rappelé	**ayons** rappelé
aies rappelé	**ayez** rappelé
ait rappelé	**aient** rappelé
plus-que-parfait du subjonctif	
eusse rappelé	**eussions** rappelé
eusses rappelé	**eussiez** rappelé
eût rappelé	**eussent** rappelé

se rappeler — to remember, to recollect

participe présent **se rappelant** participe passé **rappelé(e)(s)**

SINGULAR	PLURAL

présent de l'indicatif

me rappel**le**	**nous** rappel**ons**
te rappel**les**	**vous** rappel**ez**
se rappel**le**	**se** rappel**lent**

imparfait de l'indicatif

me rappel**ais**	**nous** rappel**ions**
te rappel**ais**	**vous** rappel**iez**
se rappel**ait**	**se** rappel**aient**

passé simple

me rappel**ai**	**nous** rappel**âmes**
te rappel**as**	**vous** rappel**âtes**
se rappel**a**	**se** rappel**èrent**

futur

me rappeller**ai**	**nous** rappeller**ons**
te rappeller**as**	**vous** rappeller**ez**
se rappeller**a**	**se** rappeller**ont**

conditionnel

me rappeller**ais**	**nous** rappeller**ions**
te rappeller**ais**	**vous** rappeller**iez**
se rappeller**ait**	**se** rappeller**aient**

présent du subjonctif

me rappel**le**	**nous** rappel**ions**
te rappel**les**	**vous** rappel**iez**
se rappel**le**	**se** rappel**lent**

imparfait du subjonctif

me rappela**sse**	**nous** rappela**ssions**
te rappela**sses**	**vous** rappela**ssiez**
se rappel**ât**	**se** rappela**ssent**

impératif

rappelle-toi
rappelons-nous
rappelez-vous

SINGULAR	PLURAL

passé composé

me suis rappelé(e)	**nous sommes** rappelé(e)s
t'es rappelé(e)	**vous êtes** rappelé(e)(s)
s'est rappelé(e)	**se sont** rappelé(e)s

plus-que-parfait de l'indicatif

m'étais rappelé(e)	**nous étions** rappelé(e)s
t'étais rappelé(e)	**vous étiez** rappelé(e)(s)
s'était rappelé(e)	**s'étaient** rappelé(e)s

passé antérieur

me fus rappelé(e)	**nous fûmes** rappelé(e)s
te fus rappelé(e)	**vous fûtes** rappelé(e)(s)
se fut rappelé(e)	**se furent** rappelé(e)s

futur antérieur

me serai rappelé(e)	**nous serons** rappelé(e)s
te seras rappelé(e)	**vous serez** rappelé(e)(s)
se sera rappelé(e)	**se seront** rappelé(e)s

conditionnel passé

me serais rappelé(e)	**nous serions** rappelé(e)s
te serais rappelé(e)	**vous seriez** rappelé(e)(s)
se serait rappelé(e)	**se seraient** rappelé(e)s

passé du subjonctif

me sois rappelé(e)	**nous soyons** rappelé(e)s
te sois rappelé(e)	**vous soyez** rappelé(e)(s)
se soit rappelé(e)	**se soient** rappelé(e)s

plus-que-parfait du subjonctif

me fusse rappelé(e)	**nous fussions** rappelé(e)s
te fusses rappelé(e)	**vous fussiez** rappelé(e)(s)
se fût rappelé(e)	**se fussent** rappelé(e)s

to fail, to miss **rater**

participe présent **ratant** participe passé **raté**

SINGULAR	PLURAL	SINGULAR	PLURAL
présent de l'indicatif		passé composé	
rat**e**	rat**ons**	**ai** raté	**avons** raté
rat**es**	rat**ez**	**as** raté	**avez** raté
rat**e**	rat**ent**	**a** raté	**ont** raté
imparfait de l'indicatif		plus-que-parfait de l'indicatif	
rat**ais**	rat**ions**	**avais** raté	**avions** raté
rat**ais**	rat**iez**	**avais** raté	**aviez** raté
rat**ait**	rat**aient**	**avait** raté	**avaient** raté
passé simple		passé antérieur	
rat**ai**	rat**âmes**	**eus** raté	**eûmes** raté
rat**as**	rat**âtes**	**eus** raté	**eûtes** raté
rat**a**	rat**èrent**	**eut** raté	**eurent** raté
futur		futur antérieur	
rater**ai**	rater**ons**	**aurai** raté	**aurons** raté
rater**as**	rater**ez**	**auras** raté	**aurez** raté
rater**a**	rater**ont**	**aura** raté	**auront** raté
conditionnel		conditionnel passé	
rater**ais**	rater**ions**	**aurais** raté	**aurions** raté
rater**ais**	rater**iez**	**aurais** raté	**auriez** raté
rater**ait**	rater**aient**	**aurait** raté	**auraient** raté
présent du subjonctif		passé du subjonctif	
rat**e**	rat**ions**	**aie** raté	**ayons** raté
rat**es**	rat**iez**	**aies** raté	**ayez** raté
rat**e**	rat**ent**	**ait** raté	**aient** raté
imparfait du subjonctif		plus-que-parfait du subjonctif	
rata**sse**	rata**ssions**	**eusse** raté	**eussions** raté
rata**sses**	rata**ssiez**	**eusses** raté	**eussiez** raté
ratâ**t**	rata**ssent**	**eût** raté	**eussent** raté

impératif
rate
ratons
ratez

R

MEMORY TIP

When the test was rated
I found out that I **failed**.

recevoir to receive, to get, to welcome (guests)

participe présent **recevant** participe passé **reçu**

SINGULAR	PLURAL	SINGULAR	PLURAL
présent de l'indicatif		passé composé	
reçoi**s**	recev**ons**	**ai** reçu	**avons** reçu
reçoi**s**	recev**ez**	**as** reçu	**avez** reçu
reçoi**t**	reçoiv**ent**	**a** reçu	**ont** reçu
imparfait de l'indicatif		plus-que-parfait de l'indicatif	
recev**ais**	recev**ions**	**avais** reçu	**avions** reçu
recev**ais**	recev**iez**	**avais** reçu	**aviez** reçu
recev**ait**	recev**aient**	**avait** reçu	**avaient** reçu
passé simple		passé antérieur	
reçu**s**	reç**ûmes**	**eus** reçu	**eûmes** reçu
reçu**s**	reç**ûtes**	**eus** reçu	**eûtes** reçu
reçu**t**	reçu**rent**	**eut** reçu	**eurent** reçu
futur		futur antérieur	
recevr**ai**	recevr**ons**	**aurai** reçu	**aurons** reçu
recevr**as**	recevr**ez**	**auras** reçu	**aurez** reçu
recevr**a**	recevr**ont**	**aura** reçu	**auront** reçu
conditionnel		conditionnel passé	
recevr**ais**	recevr**ions**	**aurais** reçu	**aurions** reçu
recevr**ais**	recevr**iez**	**aurais** reçu	**auriez** reçu
recevr**ait**	recevr**aient**	**aurait** reçu	**auraient** reçu
présent du subjonctif		passé du subjonctif	
reçoiv**e**	recev**ions**	**aie** reçu	**ayons** reçu
reçoiv**es**	recev**iez**	**aies** reçu	**ayez** reçu
reçoiv**e**	reçoiv**ent**	**ait** reçu	**aient** reçu
imparfait du subjonctif		plus-que-parfait du subjonctif	
reçu**sse**	reçu**ssions**	**eusse** reçu	**eussions** reçu
reçu**sses**	reçû**ssiez**	**eusses** reçu	**eussiez** reçu
reçu**t**	reçu**ssent**	**eût** reçu	**eussent** reçu

impératif
reçois
recevons
recevez

to recognize, to acknowledge **reconnaître**

participe présent **reconnaissant** participe passé **reconnu**

SINGULAR	PLURAL	SINGULAR	PLURAL
présent de l'indicatif		passé composé	
reconn**ais**	reconnaiss**ons**	**ai** reconnu	**avons** reconnu
reconn**ais**	reconnaiss**ez**	**as** reconnu	**avez** reconnu
reconn**aît**	reconnaiss**ent**	**a** reconnu	**ont** reconnu
imparfait de l'indicatif		plus-que-parfait de l'indicatif	
reconnaiss**ais**	reconnaiss**ions**	**avais** reconnu	**avions** reconnu
reconnaiss**ais**	reconnaiss**iez**	**avais** reconnu	**aviez** reconnu
reconnaiss**ait**	reconnaiss**aient**	**avait** reconnu	**avaient** reconnu
passé simple		passé antérieur	
reconn**us**	reconn**ûmes**	**eus** reconnu	**eûmes** reconnu
reconn**us**	reconn**ûtes**	**eus** reconnu	**eûtes** reconnu
reconn**ut**	reconn**urent**	**eut** reconnu	**eurent** reconnu
futur		futur antérieur	
reconnaîtr**ai**	reconnaîtr**ons**	**aurai** reconnu	**aurons** reconnu
reconnaîtr**as**	reconnaîtr**ez**	**auras** reconnu	**aurez** reconnu
reconnaîtr**a**	reconnaîtr**ont**	**aura** reconnu	**auront** reconnu
conditionnel		conditionnel passé	
reconnaîtr**ais**	reconnaîtr**ions**	**aurais** reconnu	**aurions** reconnu
reconnaîtr**ais**	reconnaîtr**iez**	**aurais** reconnu	**auriez** reconnu
reconnaîtr**ait**	reconnaîtr**aient**	**aurait** reconnu	**auraient** reconnu
présent du subjonctif		passé du subjonctif	
reconnaiss**e**	reconnaiss**ions**	**aie** reconnu	**ayons** reconnu
reconnaiss**es**	reconnaiss**iez**	**aies** reconnu	**ayez** reconnu
reconnaiss**e**	reconnaiss**ent**	**ait** reconnu	**aient** reconnu
imparfait du subjonctif		plus-que-parfait du subjonctif	
reconnu**sse**	reconnu**ssions**	**eusse** reconnu	**eussions** reconnu
reconnu**sses**	reconnu**ssiez**	**eusses** reconnu	**eussiez** reconnu
reconn**ût**	reconnui**ssent**	**eût** reconnu	**eussent** reconnu

impératif
reconnais
reconnaissons
reconnaissez

MEMORY TIP

The soldiers' reconnaissance helped them **recognize** the enemy territory.

recueillir — to collect, to gather

participe présent **recueillant** participe passé **recueilli**

SINGULAR	PLURAL	SINGULAR	PLURAL
présent de l'indicatif		passé composé	
recueill**e**	recueill**ons**	**ai** recueilli	**avons** recueilli
recueill**es**	recueill**ez**	**as** recueilli	**avez** recueilli
recueill**e**	recueill**ent**	**a** recueilli	**ont** recueilli
imparfait de l'indicatif		plus-que-parfait de l'indicatif	
recueill**ais**	recueill**ions**	**avais** recueilli	**avions** recueilli
recueill**ais**	recueill**iez**	**avais** recueilli	**aviez** recueilli
recueill**ait**	recueill**aient**	**avait** recueilli	**avaient** recueilli
passé simple		passé antérieur	
recueill**is**	recueill**îmes**	**eus** recueilli	**eûmes** recueilli
recueill**is**	recueill**îtes**	**eus** recueilli	**eûtes** recueilli
recueill**it**	recueill**irent**	**eut** recueilli	**eurent** recueilli
futur		futur antérieur	
recueiller**ai**	recueiller**ons**	**aurai** recueilli	**aurons** recueilli
recueiller**as**	recueiller**ez**	**auras** recueilli	**aurez** recueilli
recueiller**a**	recueiller**ont**	**aura** recueilli	**auront** recueilli
conditionnel		conditionnel passé	
recueiller**ais**	recueiller**ions**	**aurais** recueilli	**aurions** recueilli
recueiller**ais**	recueiller**iez**	**aurais** recueilli	**auriez** recueilli
recueiller**ait**	recueiller**aient**	**aurait** recueilli	**auraient** recueilli
présent du subjonctif		passé du subjonctif	
recueill**e**	recueill**ions**	**aie** recueilli	**ayons** recueilli
recueill**es**	recueill**iez**	**aies** recueilli	**ayez** recueilli
recueill**e**	recueill**ent**	**ait** recueilli	**aient** recueilli
imparfait du subjonctif		plus-que-parfait du subjonctif	
recueill**isse**	recueill**issions**	**eusse** recueilli	**eussions** recueilli
recueill**isses**	recueill**issiez**	**eusses** recueilli	**eussiez** recueilli
recueill**ît**	recueill**issent**	**eût** recueilli	**eussent** recueilli

impératif
recueille
recueillons
recueillez

participe présent **réduisant** participe passé **réduit**

SINGULAR	PLURAL
présent de l'indicatif	
rédui**s**	réduis**ons**
rédui**s**	réduis**ez**
rédui**t**	réduis**ent**
imparfait de l'indicatif	
réduis**ais**	réduis**ions**
réduis**ais**	réduis**iez**
réduis**ait**	réduis**aient**
passé simple	
réduis**is**	réduis**îmes**
réduis**is**	réduis**îtes**
réduis**it**	réduis**irent**
futur	
réduir**ai**	réduir**ons**
réduir**as**	réduir**ez**
réduir**a**	réduir**ont**
conditionnel	
réduir**ais**	réduir**ions**
réduir**ais**	réduir**iez**
réduir**ait**	réduir**aient**
présent du subjonctif	
réduis**e**	réduis**ions**
réduis**es**	réduis**iez**
réduis**e**	réduis**ent**
imparfait du subjonctif	
réduisi**sse**	réduisi**ssions**
réduisi**sses**	réduisi**ssiez**
réduisî**t**	réduisi**ssent**
impératif	
réduis	
réduisons	
réduisez	

SINGULAR	PLURAL
passé composé	
ai réduit	**avons** réduit
as réduit	**avez** réduit
a réduit	**ont** réduit
plus-que-parfait de l'indicatif	
avais réduit	**avions** réduit
avais réduit	**aviez** réduit
avait réduit	**avaient** réduit
passé antérieur	
eus réduit	**eûmes** réduit
eus réduit	**eûtes** réduit
eut réduit	**eurent** réduit
futur antérieur	
aurai réduit	**aurons** réduit
auras réduit	**aurez** réduit
aura réduit	**auront** réduit
conditionnel passé	
aurais réduit	**aurions** réduit
aurais réduit	**auriez** réduit
aurait réduit	**auraient** réduit
passé du subjonctif	
aie réduit	**ayons** réduit
aies réduit	**ayez** réduit
ait réduit	**aient** réduit
plus-que-parfait du subjonctif	
eusse réduit	**eussions** réduit
eusses réduit	**eussiez** réduit
eût réduit	**eussent** réduit

réfléchir — to reflect, to ponder

participe présent **réfléchissant** participe passé **réfléchi**

SINGULAR	PLURAL	SINGULAR	PLURAL
présent de l'indicatif		*passé composé*	
réfléch**is**	réfléch**issons**	**ai** réfléchi	**avons** réfléchi
réfléch**is**	réfléch**issez**	**as** réfléchi	**avez** réfléchi
réfléch**it**	réfléch**issent**	**a** réfléchi	**ont** réfléchi
imparfait de l'indicatif		*plus-que-parfait de l'indicatif*	
réfléchiss**ais**	réfléchiss**ions**	**avais** réfléchi	**avions** réfléchi
réfléchiss**ais**	réfléchiss**iez**	**avais** réfléchi	**aviez** réfléchi
réfléchiss**ait**	réfléchiss**aient**	**avait** réfléchi	**avaient** réfléchi
passé simple		*passé antérieur*	
réfléch**is**	réfléch**îmes**	**eus** réfléchi	**eûmes** réfléchi
réfléch**is**	réfléch**îtes**	**eus** réfléchi	**eûtes** réfléchi
réfléch**it**	réfléch**irent**	**eut** réfléchi	**eurent** réfléchi
futur		*futur antérieur*	
réfléchir**ai**	réfléchir**ons**	**aurai** réfléchi	**aurons** réfléchi
réfléchir**as**	réfléchir**ez**	**auras** réfléchi	**aurez** réfléchi
réfléchir**a**	réfléchir**ont**	**aura** réfléchi	**auront** réfléchi
conditionnel		*conditionnel passé*	
réfléchir**ais**	réfléchir**ions**	**aurais** réfléchi	**aurions** réfléchi
réfléchir**ais**	réfléchir**iez**	**aurais** réfléchi	**auriez** réfléchi
réfléchir**ait**	réfléchir**aient**	**aurait** réfléchi	**auraient** réfléchi
présent du subjonctif		*passé du subjonctif*	
réfléchiss**e**	réfléchiss**ions**	**aie** réfléchi	**ayons** réfléchi
réfléchiss**es**	réfléchiss**iez**	**aies** réfléchi	**ayez** réfléchi
réfléchiss**e**	réfléchiss**ent**	**ait** réfléchi	**aient** réfléchi
imparfait du subjonctif		*plus-que-parfait du subjonctif*	
réfléchi**sse**	réfléchi**ssions**	**eusse** réfléchi	**eussions** réfléchi
réfléchi**sses**	réfléchi**ssiez**	**eusses** réfléchi	**eussiez** réfléchi
réfléch**ît**	réfléchi**ssent**	**eût** réfléchi	**eussent** réfléchi

impératif
réfléchis
réfléchissons
réfléchissez

R

MEMORY TIP

The **reflection** of the moon on the lake was beautiful.

to refuse, to turn down, to reject **refuser**

participe présent **refusant** participe passé **refusé**

SINGULAR	PLURAL	SINGULAR	PLURAL
présent de l'indicatif		passé composé	
refus**e**	refus**ons**	**ai** refusé	**avons** refusé
refus**es**	refus**ez**	**as** refusé	**avez** refusé
refus**e**	refus**ent**	**a** refusé	**ont** refusé
imparfait de l'indicatif		plus-que-parfait de l'indicatif	
refus**ais**	refus**ions**	**avais** refusé	**avions** refusé
refus**ais**	refus**iez**	**avais** refusé	**aviez** refusé
refus**ait**	refus**aient**	**avait** refusé	**avaient** refusé
passé simple		passé antérieur	
refus**ai**	refus**âmes**	**eus** refusé	**eûmes** refusé
refus**as**	refus**âtes**	**eus** refusé	**eûtes** refusé
refus**a**	refus**èrent**	**eut** refusé	**eurent** refusé
futur		futur antérieur	
refuser**ai**	refuser**ons**	**aurai** refusé	**aurons** refusé
refuser**as**	refuser**ez**	**auras** refusé	**aurez** refusé
refuser**a**	refuser**ont**	**aura** refusé	**auront** refusé
conditionnel		conditionnel passé	
refuser**ais**	refuser**ions**	**aurais** refusé	**aurions** refusé
refuser**ais**	refuser**iez**	**aurais** refusé	**auriez** refusé
refuser**ait**	refuser**aient**	**aurait** refusé	**auraient** refusé
présent du subjonctif		passé du subjonctif	
refus**e**	refus**ions**	**aie** refusé	**ayons** refusé
refus**es**	refus**iez**	**aies** refusé	**ayez** refusé
refus**e**	refus**ent**	**ait** refusé	**aient** refusé
imparfait du subjonctif		plus-que-parfait du subjonctif	
refusa**sse**	refusa**ssions**	**eusse** refusé	**eussions** refusé
refusa**sses**	refusa**ssiez**	**eusses** refusé	**eussiez** refusé
refus**ât**	refusa**ssent**	**eût** refusé	**eussent** refusé

impératif
refuse
refusons
refusez

regarder — to watch, to look at, to look

participe présent **regardant** participe passé **regardé**

SINGULAR	PLURAL	SINGULAR	PLURAL
présent de l'indicatif		passé composé	
regard**e**	regard**ons**	**ai** regardé	**avons** regardé
regard**es**	regard**ez**	**as** regardé	**avez** regardé
regard**e**	regard**ent**	**a** regardé	**ont** regardé
imparfait de l'indicatif		plus-que-parfait de l'indicatif	
regard**ais**	regard**ions**	**avais** regardé	**avions** regardé
regard**ais**	regard**iez**	**avais** regardé	**aviez** regardé
regard**ait**	regard**aient**	**avait** regardé	**avaient** regardé
passé simple		passé antérieur	
regard**ai**	regard**âmes**	**eus** regardé	**eûmes** regardé
regard**as**	regard**âtes**	**eus** regardé	**eûtes** regardé
regard**a**	regard**èrent**	**eut** regardé	**eurent** regardé
futur		futur antérieur	
regarder**ai**	regarder**ons**	**aurai** regardé	**aurons** regardé
regarder**as**	regarder**ez**	**auras** regardé	**aurez** regardé
regarder**a**	regarder**ont**	**aura** regardé	**auront** regardé
conditionnel		conditionnel passé	
regarder**ais**	regarder**ions**	**aurais** regardé	**aurions** regardé
regarder**ais**	regarder**iez**	**aurais** regardé	**auriez** regardé
regarder**ait**	regarder**aient**	**aurait** regardé	**auraient** regardé
présent du subjonctif		passé du subjonctif	
regard**e**	regard**ions**	**aie** regardé	**ayons** regardé
regard**es**	regard**iez**	**aies** regardé	**ayez** regardé
regard**e**	regard**ent**	**ait** regardé	**aient** regardé
imparfait du subjonctif		plus-que-parfait du subjonctif	
regarda**sse**	regarda**ssions**	**eusse** regardé	**eussions** regardé
regarda**sses**	regarda**ssiez**	**eusses** regardé	**eussiez** regardé
regard**ât**	regarda**ssent**	**eût** regardé	**eussent** regardé

impératif
regarde
regardons
regardez

R

to pay — régler

participe présent **réglant** participe passé **réglé**

SINGULAR	PLURAL	SINGULAR	PLURAL
présent de l'indicatif		passé composé	
règ**le**	rég**lons**	**ai** réglé	**avons** réglé
règ**les**	rég**lez**	**as** réglé	**avez** réglé
règ**le**	règ**lent**	**a** réglé	**ont** réglé
imparfait de l'indicatif		plus-que-parfait de l'indicatif	
rég**lais**	rég**lions**	**avais** réglé	**avions** réglé
rég**lais**	rég**liez**	**avais** réglé	**aviez** réglé
rég**lait**	rég**laient**	**avait** réglé	**avaient** réglé
passé simple		passé antérieur	
rég**lai**	rég**lâmes**	**eus** réglé	**eûmes** réglé
rég**las**	rég**lâtes**	**eus** réglé	**eûtes** réglé
rég**la**	rég**lèrent**	**eut** réglé	**eurent** réglé
futur		futur antérieur	
régler**ai**	régler**ons**	**aurai** réglé	**aurons** réglé
régler**as**	régler**ez**	**auras** réglé	**aurez** réglé
régler**a**	régler**ont**	**aura** réglé	**auront** réglé
conditionnel		conditionnel passé	
régler**ais**	régler**ions**	**aurais** réglé	**aurions** réglé
régler**ais**	régler**iez**	**aurais** réglé	**auriez** réglé
régler**ait**	régler**aient**	**aurait** réglé	**auraient** réglé
présent du subjonctif		passé du subjonctif	
règ**le**	rég**lions**	**aie** réglé	**ayons** réglé
règ**les**	rég**liez**	**aies** réglé	**ayez** réglé
règ**le**	règ**lent**	**ait** réglé	**aient** réglé
imparfait du subjonctif		plus-que-parfait du subjonctif	
rég**lasse**	rég**lassions**	**eusse** réglé	**eussions** réglé
rég**lasses**	rég**lassiez**	**eusses** réglé	**eussiez** réglé
rég**lât**	rég**lassent**	**eût** réglé	**eussent** réglé

impératif

règle

réglons

réglez

regretter — to be sorry about, to regret

participe présent **regrettant** — participe passé **regretté**

SINGULAR	PLURAL	SINGULAR	PLURAL
présent de l'indicatif		passé composé	
regrett**e**	regrett**ons**	**ai** regretté	**avons** regretté
regrett**es**	regrett**ez**	**as** regretté	**avez** regretté
regrett**e**	regrett**ent**	**a** regretté	**ont** regretté
imparfait de l'indicatif		plus-que-parfait de l'indicatif	
regrett**ais**	regrett**ions**	**avais** regretté	**avions** regretté
regrett**ais**	regrett**iez**	**avais** regretté	**aviez** regretté
regrett**ait**	regrett**aient**	**avait** regretté	**avaient** regretté
passé simple		passé antérieur	
regrett**ai**	regrett**âmes**	**eus** regretté	**eûmes** regretté
regrett**as**	regrett**âtes**	**eus** regretté	**eûtes** regretté
regrett**a**	regrett**èrent**	**eut** regretté	**eurent** regretté
futur		futur antérieur	
regretter**ai**	regretter**ons**	**aurai** regretté	**aurons** regretté
regretter**as**	regretter**ez**	**auras** regretté	**aurez** regretté
regretter**a**	regretter**ont**	**aura** regretté	**auront** regretté
conditionnel		conditionnel passé	
regretter**ais**	regretter**ions**	**aurais** regretté	**aurions** regretté
regretter**ais**	regretter**iez**	**aurais** regretté	**auriez** regretté
regretter**ait**	regretter**aient**	**aurait** regretté	**auraient** regretté
présent du subjonctif		passé du subjonctif	
regrett**e**	regrett**ions**	**aie** regretté	**ayons** regretté
regrett**es**	regrett**iez**	**aies** regretté	**ayez** regretté
regrett**e**	regrett**ent**	**ait** regretté	**aient** regretté
imparfait du subjonctif		plus-que-parfait du subjonctif	
regretta**sse**	regretta**ssions**	**eusse** regretté	**eussions** regretté
regretta**sses**	regretta**ssiez**	**eusses** regretté	**eussiez** regretté
regrett**ât**	regretta**ssent**	**eût** regretté	**eussent** regretté

impératif
regrette
regrettons
regrettez

to reread **relire**

participe présent **relisant** participe passé **relu**

SINGULAR	PLURAL	SINGULAR	PLURAL
présent de l'indicatif		passé composé	
reli**s**	relis**ons**	**ai** relu	**avons** relu
reli**s**	relis**ez**	**as** relu	**avez** relu
reli**t**	relis**ent**	**a** relu	**ont** relu
imparfait de l'indicatif		plus-que-parfait de l'indicatif	
relis**ais**	relis**ions**	**avais** relu	**avions** relu
relis**ais**	relis**iez**	**avais** relu	**aviez** relu
relis**ait**	relis**aient**	**avait** relu	**avaient** relu
passé simple		passé antérieur	
rel**us**	rel**ûmes**	**eus** relu	**eûmes** relu
rel**us**	rel**ûtes**	**eus** relu	**eûtes** relu
rel**ut**	rel**urent**	**eut** relu	**eurent** relu
futur		futur antérieur	
relir**ai**	relir**ons**	**aurai** relu	**aurons** relu
relir**as**	relir**ez**	**auras** relu	**aurez** relu
relir**a**	relir**ont**	**aura** relu	**auront** relu
conditionnel		conditionnel passé	
relir**ais**	relir**ions**	**aurais** relu	**aurions** relu
relir**ais**	relir**iez**	**aurais** relu	**auriez** relu
relir**ait**	relir**aient**	**aurait** relu	**auraient** relu
présent du subjonctif		passé du subjonctif	
relis**e**	relis**ions**	**aie** relu	**ayons** relu
relis**es**	relis**iez**	**aies** relu	**ayez** relu
relis**e**	relis**ent**	**ait** relu	**aient** relu
imparfait du subjonctif		plus-que-parfait du subjonctif	
rel**usse**	rel**ussions**	**eusse** relu	**eussions** relu
rel**usses**	rel**ussiez**	**eusses** relu	**eussiez** relu
rel**ût**	rel**ussent**	**eût** relu	**eussent** relu

impératif
relis
relisons
relisez

R

remarquer — to notice, to observe

participe présent **remarquant** — participe passé **remarqué**

SINGULAR	PLURAL	SINGULAR	PLURAL
présent de l'indicatif		passé composé	
remarqu**e**	remarqu**ons**	**ai** remarqué	**avons** remarqué
remarqu**es**	remarqu**ez**	**as** remarqué	**avez** remarqué
remarqu**e**	remarqu**ent**	**a** remarqué	**ont** remarqué
imparfait de l'indicatif		plus-que-parfait de l'indicatif	
remarqu**ais**	remarqu**ions**	**avais** remarqué	**avions** remarqué
remarqu**ais**	remarqu**iez**	**avais** remarqué	**aviez** remarqué
remarqu**ait**	remarqu**aient**	**avait** remarqué	**avaient** remarqué
passé simple		passé antérieur	
remarqu**ai**	remarqu**âmes**	**eus** remarqué	**eûmes** remarqué
remarqu**as**	remarqu**âtes**	**eus** remarqué	**eûtes** remarqué
remarqu**a**	remarqu**èrent**	**eut** remarqué	**eurent** remarqué
futur		futur antérieur	
remarquer**ai**	remarquer**ons**	**aurai** remarqué	**aurons** remarqué
remarquer**as**	remarquer**ez**	**auras** remarqué	**aurez** remarqué
remarquer**a**	remarquer**ont**	**aura** remarqué	**auront** remarqué
conditionnel		conditionnel passé	
remarquer**ais**	remarquer**ions**	**aurais** remarqué	**aurions** remarqué
remarquer**ais**	remarquer**iez**	**aurais** remarqué	**auriez** remarqué
remarquer**ait**	remarquer**aient**	**aurait** remarqué	**auraient** remarqué
présent du subjonctif		passé du subjonctif	
remarqu**e**	remarqu**ions**	**aie** remarqué	**ayons** remarqué
remarqu**es**	remarqu**iez**	**aies** remarqué	**ayez** remarqué
remarqu**e**	remarqu**ent**	**ait** remarqué	**aient** remarqué
imparfait du subjonctif		plus-que-parfait du subjonctif	
remarqua**sse**	remarqua**ssions**	**eusse** remarqué	**eussions** remarqué
remarqua**sses**	remarqua**ssiez**	**eusses** remarqué	**eussiez** remarqué
remarquâ**t**	remarqua**ssent**	**eût** remarqué	**eussent** remarqué

impératif
remarque
remarquons
remarquez

to thank, to give thanks **remercier**

participe présent **remerciant** participe passé **remercié**

SINGULAR	PLURAL	SINGULAR	PLURAL
présent de l'indicatif		passé composé	
remerci**e**	remerci**ons**	**ai** remercié	**avons** remercié
remerci**es**	remerci**ez**	**as** remercié	**avez** remercié
remerci**e**	remerci**ent**	**a** remercié	**ont** remercié
imparfait de l'indicatif		plus-que-parfait de l'indicatif	
remerci**ais**	remerci**ions**	**avais** remercié	**avions** remercié
remerci**ais**	remerci**iez**	**avais** remercié	**aviez** remercié
remerci**ait**	remerci**aient**	**avait** remercié	**avaient** remercié
passé simple		passé antérieur	
remerci**ai**	remerci**âmes**	**eus** remercié	**eûmes** remercié
remerci**as**	remerci**âtes**	**eus** remercié	**eûtes** remercié
remerci**a**	remerci**èrent**	**eut** remercié	**eurent** remercié
futur		futur antérieur	
remercier**ai**	remercier**ons**	**aurai** remercié	**aurons** remercié
remercier**as**	remercier**ez**	**auras** remercié	**aurez** remercié
remercier**a**	remercier**ont**	**aura** remercié	**auront** remercié
conditionnel		conditionnel passé	
remercier**ais**	remercier**ions**	**aurais** remercié	**aurions** remercié
remercier**ais**	remercier**iez**	**aurais** remercié	**auriez** remercié
remercier**ait**	remercier**aient**	**aurait** remercié	**auraient** remercié
présent du subjonctif		passé du subjonctif	
remerci**e**	remerci**ions**	**aie** remercié	**ayons** remercié
remerci**es**	remerci**iez**	**aies** remercié	**ayez** remercié
remerci**e**	remerci**ent**	**ait** remercié	**aient** remercié
imparfait du subjonctif		plus-que-parfait du subjonctif	
remercia**sse**	remercia**ssions**	**eusse** remercié	**eussions** remercié
remercia**sses**	remercia**ssiez**	**eusses** remercié	**eussiez** remercié
remerciâ**t**	remercia**ssent**	**eût** remercié	**eussent** remercié

impératif

remercie
remercions
remerciez

remettre — to put back, to postpone

participe présent **remettant** participe passé **remis**

SINGULAR	PLURAL	SINGULAR	PLURAL
présent de l'indicatif		passé composé	
remet**s**	remett**ons**	**ai** remis	**avons** remis
remet**s**	remett**ez**	**as** remis	**avez** remis
remet	remett**ent**	**a** remis	**ont** remis
imparfait de l'indicatif		plus-que-parfait de l'indicatif	
remett**ais**	remett**ions**	**avais** remis	**avions** remis
remett**ais**	remett**iez**	**avais** remis	**aviez** remis
remett**ait**	remett**aient**	**avait** remis	**avaient** remis
passé simple		passé antérieur	
rem**is**	rem**îmes**	**eus** remis	**eûmes** remis
rem**is**	rem**îtes**	**eus** remis	**eûtes** remis
rem**it**	rem**irent**	**eut** remis	**eurent** remis
futur		futur antérieur	
remettr**ai**	remettr**ons**	**aurai** remis	**aurons** remis
remettr**as**	remettr**ez**	**auras** remis	**aurez** remis
remettr**a**	remettr**ont**	**aura** remis	**auront** remis
conditionnel		conditionnel passé	
remettr**ais**	remettr**ions**	**aurais** remis	**aurions** remis
remettr**ais**	remettr**iez**	**aurais** remis	**auriez** remis
remettr**ait**	remettr**aient**	**aurait** remis	**auraient** remis
présent du subjonctif		passé du subjonctif	
remett**e**	remett**ions**	**aie** remis	**ayons** remis
remett**es**	remett**iez**	**aies** remis	**ayez** remis
remett**e**	remett**ent**	**ait** remis	**aient** remis
imparfait du subjonctif		plus-que-parfait du subjonctif	
rem**isse**	rem**issions**	**eusse** remis	**eussions** remis
rem**isses**	rem**issiez**	**eusses** remis	**eussiez** remis
rem**ît**	rem**issent**	**eût** remis	**eussent** remis

impératif
remets
remettons
remettez

participe présent **remplaçant** participe passé **remplacé**

SINGULAR	PLURAL	SINGULAR	PLURAL
présent de l'indicatif		passé composé	
remplac**e**	remplaç**ons**	**ai** remplacé	**avons** remplacé
remplac**es**	remplac**ez**	**as** remplacé	**avez** remplacé
remplac**e**	remplac**ent**	**a** remplacé	**ont** remplacé
imparfait de l'indicatif		plus-que-parfait de l'indicatif	
remplaç**ais**	remplac**ions**	**avais** remplacé	**avions** remplacé
remplaç**ais**	remplac**iez**	**avais** remplacé	**aviez** remplacé
remplaç**ait**	remplaç**aient**	**avait** remplacé	**avaient** remplacé
passé simple		passé antérieur	
remplaç**ai**	remplaç**âmes**	**eus** remplacé	**eûmes** remplacé
remplaç**as**	remplaç**âtes**	**eus** remplacé	**eûtes** remplacé
remplaç**a**	remplac**èrent**	**eut** remplacé	**eurent** remplacé
futur		futur antérieur	
remplacer**ai**	remplacer**ons**	**aurai** remplacé	**aurons** remplacé
remplacer**as**	remplacer**ez**	**auras** remplacé	**aurez** remplacé
remplacer**a**	remplacer**ont**	**aura** remplacé	**auront** remplacé
conditionnel		conditionnel passé	
remplacer**ais**	remplacer**ions**	**aurais** remplacé	**aurions** remplacé
remplacer**ais**	remplacer**iez**	**aurais** remplacé	**auriez** remplacé
remplacer**ait**	remplacer**aient**	**aurait** remplacé	**auraient** remplacé
présent du subjonctif		passé du subjonctif	
remplac**e**	remplac**ions**	**aie** remplacé	**ayons** remplacé
remplac**es**	remplac**iez**	**aies** remplacé	**ayez** remplacé
remplac**e**	remplac**ent**	**ait** remplacé	**aient** remplacé
imparfait du subjonctif		plus-que-parfait du subjonctif	
remplaç**asse**	remplaç**assions**	**eusse** remplacé	**eussions** remplacé
remplaç**asses**	remplaç**assiez**	**eusses** remplacé	**eussiez** remplacé
remplaç**ât**	remplaç**assent**	**eût** remplacé	**eussent** remplacé

impératif

remplace

remplaçons

remplacez

remplir — to fill, to fill in (forms), to refill

participe présent **remplissant** participe passé **rempli**

SINGULAR	PLURAL	SINGULAR	PLURAL
présent de l'indicatif		passé composé	
rempl**is**	rempl**issons**	**ai** rempli	**avons** rempli
rempl**is**	rempl**issez**	**as** rempli	**avez** rempli
rempl**it**	rempl**issent**	**a** rempli	**ont** rempli
imparfait de l'indicatif		plus-que-parfait de l'indicatif	
rempliss**ais**	rempliss**ions**	**avais** rempli	**avions** rempli
rempliss**ais**	rempliss**iez**	**avais** rempli	**aviez** rempli
rempliss**ait**	rempliss**aient**	**avait** rempli	**avaient** rempli
passé simple		passé antérieur	
rempl**is**	rempl**îmes**	**eus** rempli	**eûmes** rempli
rempl**is**	rempl**îtes**	**eus** rempli	**eûtes** rempli
rempl**it**	rempli**rent**	**eut** rempli	**eurent** rempli
futur		futur antérieur	
rempliri**ai**	rempliri**ons**	**aurai** rempli	**aurons** rempli
rempli**ras**	rempli**rez**	**auras** rempli	**aurez** rempli
rempli**ra**	rempli**ront**	**aura** rempli	**auront** rempli
conditionnel		conditionnel passé	
rempli**rais**	rempli**rions**	**aurais** rempli	**aurions** rempli
rempli**rais**	rempli**riez**	**aurais** rempli	**auriez** rempli
rempli**rait**	rempli**raient**	**aurait** rempli	**auraient** rempli
présent du subjonctif		passé du subjonctif	
rempliss**e**	rempliss**ions**	**aie** rempli	**ayons** rempli
rempliss**es**	rempliss**iez**	**aies** rempli	**ayez** rempli
rempliss**e**	rempliss**ent**	**ait** rempli	**aient** rempli
imparfait du subjonctif		plus-que-parfait du subjonctif	
rempli**sse**	rempli**ssions**	**eusse** rempli	**eussions** rempli
rempli**sses**	rempli**ssiez**	**eusses** rempli	**eussiez** rempli
rempl**ît**	rempli**ssent**	**eût** rempli	**eussent** rempli

impératif
remplis
remplissons
remplissez

to meet, to encounter **rencontrer**

participe présent **rencontrant** participe passé **rencontré**

SINGULAR	PLURAL	SINGULAR	PLURAL
présent de l'indicatif		passé composé	
rencontr**e**	rencontr**ons**	**ai** rencontré	**avons** rencontré
rencontr**es**	rencontr**ez**	**as** rencontré	**avez** rencontré
rencontr**e**	rencontr**ent**	**a** rencontré	**ont** rencontré
imparfait de l'indicatif		plus-que-parfait de l'indicatif	
rencontr**ais**	rencontr**ions**	**avais** rencontré	**avions** rencontré
rencontr**ais**	rencontr**iez**	**avais** rencontré	**aviez** rencontré
rencontr**ait**	rencontr**aient**	**avait** rencontré	**avaient** rencontré
passé simple		passé antérieur	
rencontr**ai**	rencontr**âmes**	**eus** rencontré	**eûmes** rencontré
rencontr**as**	rencontr**âtes**	**eus** rencontré	**eûtes** rencontré
rencontr**a**	rencontr**èrent**	**eut** rencontré	**eurent** rencontré
futur		futur antérieur	
rencontrer**ai**	rencontrer**ons**	**aurai** rencontré	**aurons** rencontré
rencontrer**as**	rencontrer**ez**	**auras** rencontré	**aurez** rencontré
rencontrer**a**	rencontrer**ont**	**aura** rencontré	**auront** rencontré
conditionnel		conditionnel passé	
rencontrer**ais**	rencontrer**ions**	**aurais** rencontré	**aurions** rencontré
rencontrer**ais**	rencontrer**iez**	**aurais** rencontré	**auriez** rencontré
rencontrer**ait**	rencontrer**aient**	**aurait** rencontré	**auraient** rencontré
présent du subjonctif		passé du subjonctif	
rencontr**e**	rencontr**ions**	**aie** rencontré	**ayons** rencontré
rencontr**es**	rencontr**iez**	**aies** rencontré	**ayez** rencontré
rencontr**e**	rencontr**ent**	**ait** rencontré	**aient** rencontré
imparfait du subjonctif		plus-que-parfait du subjonctif	
rencontra**sse**	rencontra**ssions**	**eusse** rencontré	**eussions** rencontré
rencontra**sses**	rencontra**ssiez**	**eusses** rencontré	**eussiez** rencontré
rencontrâ**t**	rencontra**ssent**	**eût** rencontré	**eussent** rencontré

impératif
rencontre
rencontrons
rencontrez

R

MEMORY TIP

Their **meeting** was not a chance encounter.

rendre — to return, to give back

participe présent **rendant** participe passé **rendu**

SINGULAR	PLURAL	SINGULAR	PLURAL
présent de l'indicatif		*passé composé*	
rend**s**	rend**ons**	**ai** rendu	**avons** rendu
rend**s**	rend**ez**	**as** rendu	**avez** rendu
rend	rend**ent**	**a** rendu	**ont** rendu
imparfait de l'indicatif		*plus-que-parfait de l'indicatif*	
rend**ais**	rend**ions**	**avais** rendu	**avions** rendu
rend**ais**	rend**iez**	**avais** rendu	**aviez** rendu
rend**ait**	rend**aient**	**avait** rendu	**avaient** rendu
passé simple		*passé antérieur*	
rend**is**	rend**îmes**	**eus** rendu	**eûmes** rendu
rend**is**	rend**îtes**	**eus** rendu	**eûtes** rendu
rend**it**	rend**irent**	**eut** rendu	**eurent** rendu
futur		*futur antérieur*	
rendr**ai**	rendr**ons**	**aurai** rendu	**aurons** rendu
rendr**as**	rendr**ez**	**auras** rendu	**aurez** rendu
rendr**a**	rendr**ont**	**aura** rendu	**auront** rendu
conditionnel		*conditionnel passé*	
rendr**ais**	rendr**ions**	**aurais** rendu	**aurions** rendu
rendr**ais**	rendr**iez**	**aurais** rendu	**auriez** rendu
rendr**ait**	rendr**aient**	**aurait** rendu	**auraient** rendu
présent du subjonctif		*passé du subjonctif*	
rend**e**	rend**ions**	**aie** rendu	**ayons** rendu
rend**es**	rend**iez**	**aies** rendu	**ayez** rendu
rend**e**	rend**ent**	**ait** rendu	**aient** rendu
imparfait du subjonctif		*plus-que-parfait du subjonctif*	
rendi**sse**	rendi**ssions**	**eusse** rendu	**eussions** rendu
rendi**sses**	rendi**ssiez**	**eusses** rendu	**eussiez** rendu
rendî**t**	rendi**ssent**	**eût** rendu	**eussent** rendu

impératif
rends
rendons
rendez

R

to give up, to renounce **renoncer**

participe présent **renonçant** participe passé **renoncé**

SINGULAR	PLURAL	SINGULAR	PLURAL
présent de l'indicatif		passé composé	
renonc**e**	renonç**ons**	**ai** renoncé	**avons** renoncé
renonc**es**	renonc**ez**	**as** renoncé	**avez** renoncé
renonc**e**	renonc**ent**	**a** renoncé	**ont** renoncé
imparfait de l'indicatif		plus-que-parfait de l'indicatif	
renonç**ais**	renonc**ions**	**avais** renoncé	**avions** renoncé
renonç**ais**	renonc**iez**	**avais** renoncé	**aviez** renoncé
renonç**ait**	renonç**aient**	**avait** renoncé	**avaient** renoncé
passé simple		passé antérieur	
renonç**ai**	renonç**âmes**	**eus** renoncé	**eûmes** renoncé
renonç**as**	renonç**âtes**	**eus** renoncé	**eûtes** renoncé
renonç**a**	renonc**èrent**	**eut** renoncé	**eurent** renoncé
futur		futur antérieur	
renoncer**ai**	renoncer**ons**	**aurai** renoncé	**aurons** renoncé
renoncer**as**	renoncer**ez**	**auras** renoncé	**aurez** renoncé
renoncer**a**	renoncer**ont**	**aura** renoncé	**auront** renoncé
conditionnel		conditionnel passé	
renoncer**ais**	renoncer**ions**	**aurais** renoncé	**aurions** renoncé
renoncer**ais**	renoncer**iez**	**aurais** renoncé	**auriez** renoncé
renoncer**ait**	renoncer**aient**	**aurait** renoncé	**auraient** renoncé
présent du subjonctif		passé du subjonctif	
renonc**e**	renonc**ions**	**aie** renoncé	**ayons** renoncé
renonc**es**	renonc**iez**	**aies** renoncé	**ayez** renoncé
renonc**e**	renonc**ent**	**ait** renoncé	**aient** renoncé
imparfait du subjonctif		plus-que-parfait du subjonctif	
renonç**asse**	renonç**assions**	**eusse** renoncé	**eussions** renoncé
renonç**asses**	renonç**assiez**	**eusses** renoncé	**eussiez** renoncé
renonç**ât**	renonç**assent**	**eût** renoncé	**eussent** renoncé

impératif

renonce
renonçons
renoncez

rentrer — to return

participe présent **rentrant** participe passé **rentré(e)(s)**

SINGULAR	PLURAL	SINGULAR	PLURAL
présent de l'indicatif		passé composé	
rentr**e**	rentr**ons**	**suis** rentré(e)	**sommes** rentré(e)s
rentr**es**	rentr**ez**	**es** rentré(e)	**êtes** rentré(e)(s)
rentr**e**	rentr**ent**	**est** rentré(e)	**sont** rentré(e)s
imparfait de l'indicatif		plus-que-parfait de l'indicatif	
rentr**ais**	rentr**ions**	**étais** rentré(e)	**étions** rentré(e)s
rentr**ais**	rentr**iez**	**étais** rentré(e)	**étiez** rentré(e)(s)
rentr**ait**	rentr**aient**	**était** rentré(e)	**étaient** rentré(e)s
passé simple		passé antérieur	
rentr**ai**	rentr**âmes**	**fus** rentré(e)	**fûmes** rentré(e)s
rentr**as**	rentr**âtes**	**fus** rentré(e)	**fûtes** rentré(e)(s)
rentr**a**	rentr**èrent**	**fut** rentré(e)	**furent** rentré(e)s
futur		futur antérieur	
rentrer**ai**	rentrer**ons**	**serai** rentré(e)	**serons** rentré(e)s
rentrer**as**	rentrer**ez**	**seras** rentré(e)	**serez** rentré(e)(s)
rentrer**a**	rentrer**ont**	**sera** rentré(e)	**seront** rentré(e)s
conditionnel		conditionnel passé	
rentrer**ais**	rentrer**ions**	**serais** rentré(e)	**serions** rentré(e)s
rentrer**ais**	rentrer**iez**	**serais** rentré(e)	**seriez** rentré(e)(s)
rentrer**ait**	rentrer**aient**	**serait** rentré(e)	**seraient** rentré(e)s
présent du subjonctif		passé du subjonctif	
rentr**e**	rentr**ions**	**sois** rentré(e)	**soyons** rentré(e)s
rentr**es**	rentr**iez**	**sois** rentré(e)	**soyez** rentré(e)(s)
rentr**e**	rentr**ent**	**soit** rentré(e)	**soient** rentré(e)s
imparfait du subjonctif		plus-que-parfait du subjonctif	
rentra**sse**	rentra**ssions**	**fusse** rentré(e)	**fussions** rentré(e)s
rentra**sses**	rentra**ssiez**	**fusses** rentré(e)	**fussiez** rentré(e)(s)
rentrâ**t**	rentra**ssent**	**fût** rentré(e)	**fussent** rentré(e)s

impératif
rentre
rentrons
rentrez

MUST KNOW VERB

participe présent **répandant** participe passé **répandu**

SINGULAR	PLURAL	SINGULAR	PLURAL
présent de l'indicatif		passé composé	
répand**s**	répand**ons**	**ai** répandu	**avons** répandu
répand**s**	répand**ez**	**as** répandu	**avez** répandu
répand	répand**ent**	**a** répandu	**ont** répandu
imparfait de l'indicatif		plus-que-parfait de l'indicatif	
répand**ais**	répand**ions**	**avais** répandu	**avions** répandu
répand**ais**	répand**iez**	**avais** répandu	**aviez** répandu
répand**ait**	répand**aient**	**avait** répandu	**avaient** répandu
passé simple		passé antérieur	
répand**is**	répand**îmes**	**eus** répandu	**eûmes** répandu
répand**is**	répand**îtes**	**eus** répandu	**eûtes** répandu
répand**it**	répand**irent**	**eut** répandu	**eurent** répandu
futur		futur antérieur	
répandr**ai**	répandr**ons**	**aurai** répandu	**aurons** répandu
répandr**as**	répandr**ez**	**auras** répandu	**aurez** répandu
répandr**a**	répandr**ont**	**aura** répandu	**auront** répandu
conditionnel		conditionnel passé	
répandr**ais**	répandr**ions**	**aurais** répandu	**aurions** répandu
répandr**ais**	répandr**iez**	**aurais** répandu	**auriez** répandu
répandr**ait**	répandr**aient**	**aurait** répandu	**auraient** répandu
présent du subjonctif		passé du subjonctif	
répand**e**	répand**ions**	**aie** répandu	**ayons** répandu
répand**es**	répand**iez**	**aies** répandu	**ayez** répandu
répand**e**	répand**ent**	**ait** répandu	**aient** répandu
imparfait du subjonctif		plus-que-parfait du subjonctif	
répandi**sse**	répandi**ssions**	**eusse** répandu	**eussions** répandu
répandi**sses**	répandi**ssiez**	**eusses** répandu	**eussiez** répandu
répandî**t**	répandi**ssent**	**eût** répandu	**eussent** répandu

impératif
répands
répandons
répandez

R

reparaître to reappear, to appear again

participe présent **reparaissant** participe passé **reparu**

SINGULAR	PLURAL	SINGULAR	PLURAL
présent de l'indicatif		passé composé	
repara**is**	repar**aissons**	**ai** reparu	**avons** reparu
repara**is**	repar**aissez**	**as** reparu	**avez** reparu
reparaî**t**	repar**aissent**	**a** reparu	**ont** reparu
imparfait de l'indicatif		plus-que-parfait de l'indicatif	
reparaiss**ais**	reparaiss**ions**	**avais** reparu	**avions** reparu
reparaiss**ais**	reparaiss**iez**	**avais** reparu	**aviez** reparu
reparaiss**ait**	reparaiss**aient**	**avait** reparu	**avaient** reparu
passé simple		passé antérieur	
repar**us**	repar**ûmes**	**eus** reparu	**eûmes** reparu
repar**us**	repar**ûtes**	**eus** reparu	**eûtes** reparu
repar**ut**	repar**urent**	**eut** reparu	**eurent** reparu
futur		futur antérieur	
reparaîtr**ai**	reparaîtr**ons**	**aurai** reparu	**aurons** reparu
reparaîtr**as**	reparaîtr**ez**	**auras** reparu	**aurez** reparu
reparaîtr**a**	reparaîtr**ont**	**aura** reparu	**auront** reparu
conditionnel		conditionnel passé	
reparaîtr**ais**	reparaîtr**ions**	**aurais** reparu	**aurions** reparu
reparaîtr**ais**	reparaîtr**iez**	**aurais** reparu	**auriez** reparu
reparaîtr**ait**	reparaîtr**aient**	**aurait** reparu	**auraient** reparu
présent du subjonctif		passé du subjonctif	
reparaiss**e**	reparaiss**ions**	**aie** reparu	**ayons** reparu
reparaiss**es**	reparaiss**iez**	**aies** reparu	**ayez** reparu
reparaiss**e**	reparaiss**ent**	**ait** reparu	**aient** reparu
imparfait du subjonctif		plus-que-parfait du subjonctif	
reparu**sse**	reparu**ssions**	**eusse** reparu	**eussions** reparu
reparu**sses**	reparu**ssiez**	**eusses** reparu	**eussiez** reparu
reparû**t**	reparu**ssent**	**eût** reparu	**eussent** reparu

impératif
reparais
reparaissons
reparaissez

to fix, to repair **réparer**

participe présent **réparant** participe passé **réparé**

SINGULAR	PLURAL	SINGULAR	PLURAL
présent de l'indicatif		passé composé	
répar**e**	répar**ons**	**ai** réparé	**avons** réparé
répar**es**	répar**ez**	**as** réparé	**avez** réparé
répar**e**	répar**ent**	**a** réparé	**ont** réparé
imparfait de l'indicatif		plus-que-parfait de l'indicatif	
répar**ais**	répar**ions**	**avais** réparé	**avions** réparé
répar**ais**	répar**iez**	**avais** réparé	**aviez** réparé
répar**ait**	répar**aient**	**avait** réparé	**avaient** réparé
passé simple		passé antérieur	
répar**ai**	répar**âmes**	**eus** réparé	**eûmes** réparé
répar**as**	répar**âtes**	**eus** réparé	**eûtes** réparé
répar**a**	répar**èrent**	**eut** réparé	**eurent** réparé
futur		futur antérieur	
réparer**ai**	réparer**ons**	**aurai** réparé	**aurons** réparé
réparer**as**	réparer**ez**	**auras** réparé	**aurez** réparé
réparer**a**	réparer**ont**	**aura** réparé	**auront** réparé
conditionnel		conditionnel passé	
réparer**ais**	réparer**ions**	**aurais** réparé	**aurions** réparé
réparer**ais**	réparer**iez**	**aurais** réparé	**auriez** réparé
réparer**ait**	réparer**aient**	**aurait** réparé	**auraient** réparé
présent du subjonctif		passé du subjonctif	
répar**e**	répar**ions**	**aie** réparé	**ayons** réparé
répar**es**	répar**iez**	**aies** réparé	**ayez** réparé
répar**e**	répar**ent**	**ait** réparé	**aient** réparé
imparfait du subjonctif		plus-que-parfait du subjonctif	
répara**sse**	répara**ssions**	**eusse** réparé	**eussions** réparé
répara**sses**	répara**ssiez**	**eusses** réparé	**eussiez** réparé
répar**ât**	répara**ssent**	**eût** réparé	**eussent** réparé

impératif

répare

réparons

réparez

repasser — to iron, to pass again

participe présent **repassant** — participe passé **repassé**

SINGULAR	PLURAL	SINGULAR	PLURAL
présent de l'indicatif		passé composé	
repass**e**	repass**ons**	**ai** repassé	**avons** repassé
repass**es**	repass**ez**	**as** repassé	**avez** repassé
repass**e**	repass**ent**	**a** repassé	**ont** repassé
imparfait de l'indicatif		plus-que-parfait de l'indicatif	
repass**ais**	repass**ions**	**avais** repassé	**avions** repassé
repass**ais**	repass**iez**	**avais** repassé	**aviez** repassé
repass**ait**	repass**aient**	**avait** repassé	**avaient** repassé
passé simple		passé antérieur	
repass**ai**	repass**âmes**	**eus** repassé	**eûmes** repassé
repass**as**	repass**âtes**	**eus** repassé	**eûtes** repassé
repass**a**	repass**èrent**	**eut** repassé	**eurent** repassé
futur		futur antérieur	
repasser**ai**	repasser**ons**	**aurai** repassé	**aurons** repassé
repasser**as**	repasser**ez**	**auras** repassé	**aurez** repassé
repasser**a**	repasser**ont**	**aura** repassé	**auront** repassé
conditionnel		conditionnel passé	
repasser**ais**	repasser**ions**	**aurais** repassé	**aurions** repassé
repasser**ais**	repasser**iez**	**aurais** repassé	**auriez** repassé
repasser**ait**	repasser**aient**	**aurait** repassé	**auraient** repassé
présent du subjonctif		passé du subjonctif	
repass**e**	repass**ions**	**aie** repassé	**ayons** repassé
repass**es**	repass**iez**	**aies** repassé	**ayez** repassé
repass**e**	repass**ent**	**ait** repassé	**aient** repassé
imparfait du subjonctif		plus-que-parfait du subjonctif	
repassa**sse**	repassa**ssions**	**eusse** repassé	**eussions** repassé
repassa**sses**	repassa**ssiez**	**eusses** repassé	**eussiez** repassé
repass**ât**	repassa**ssent**	**eût** repassé	**eussent** repassé

impératif
repasse
repassons
repassez

to repeat, to rehearse, to rehearse for **répéter**

participe présent **répétant** participe passé **répété**

SINGULAR	PLURAL	SINGULAR	PLURAL
présent de l'indicatif		passé composé	
répèt**e**	répét**ons**	**ai** répété	**avons** répété
répèt**es**	répét**ez**	**as** répété	**avez** répété
répèt**e**	répèt**ent**	**a** répété	**ont** répété
imparfait de l'indicatif		plus-que-parfait de l'indicatif	
répét**ais**	répét**ions**	**avais** répété	**avions** répété
répét**ais**	répét**iez**	**avais** répété	**aviez** répété
répét**ait**	répét**aient**	**avait** répété	**avaient** répété
passé simple		passé antérieur	
répét**ai**	répét**âmes**	**eus** répété	**eûmes** répété
répét**as**	répét**âtes**	**eus** répété	**eûtes** répété
répét**a**	répét**èrent**	**eut** répété	**eurent** répété
futur		futur antérieur	
répèter**ai**	répéter**ons**	**aurai** répété	**aurons** répété
répèter**as**	répéter**ez**	**auras** répété	**aurez** répété
répèter**a**	répèter**ont**	**aura** répété	**auront** répété
conditionnel		conditionnel passé	
répèter**ais**	répéter**ions**	**aurais** répété	**aurions** répété
répèter**ais**	répéter**iez**	**aurais** répété	**auriez** répété
répèter**ait**	répèter**aient**	**aurait** répété	**auraient** répété
présent du subjonctif		passé du subjonctif	
répèt**e**	répét**ions**	**aie** répété	**ayons** répété
répèt**es**	répét**iez**	**aies** répété	**ayez** répété
répèt**e**	répèt**ent**	**ait** répété	**aient** répété
imparfait du subjonctif		plus-que-parfait du subjonctif	
répéta**sse**	répéta**ssions**	**eusse** répété	**eussions** répété
répéta**sses**	répéta**ssiez**	**eusses** répété	**eussiez** répété
répét**ât**	répéta**ssent**	**eût** répété	**eussent** répété

impératif
répète
répétons
répétez

répondre — to respond, to reply, to answer

participe présent **répondant** participe passé **répondu**

SINGULAR	PLURAL	SINGULAR	PLURAL
présent de l'indicatif		passé composé	
répond**s**	répond**ons**	**ai** répondu	**avons** répondu
répond**s**	répond**ez**	**as** répondu	**avez** répondu
répond	répond**ent**	**a** répondu	**ont** répondu
imparfait de l'indicatif		plus-que-parfait de l'indicatif	
répond**ais**	répond**ions**	**avais** répondu	**avions** répondu
répond**ais**	répond**iez**	**avais** répondu	**aviez** répondu
répond**ait**	répond**aient**	**avait** répondu	**avaient** répondu
passé simple		passé antérieur	
répond**is**	répond**îmes**	**eus** répondu	**eûmes** répondu
répond**is**	répond**îtes**	**eus** répondu	**eûtes** répondu
répond**it**	répond**irent**	**eut** répondu	**eurent** répondu
futur		futur antérieur	
répondr**ai**	répondr**ons**	**aurai** répondu	**aurons** répondu
répondr**as**	répondr**ez**	**auras** répondu	**aurez** répondu
répondr**a**	répondr**ont**	**aura** répondu	**auront** répondu
conditionnel		conditionnel passé	
répondr**ais**	répondr**ions**	**aurais** répondu	**aurions** répondu
répondr**ais**	répondr**iez**	**aurais** répondu	**auriez** répondu
répondr**ait**	répondr**aient**	**aurait** répondu	**auraient** répondu
présent du subjonctif		passé du subjonctif	
répond**e**	répond**ions**	**aie** répondu	**ayons** répondu
répond**es**	répond**iez**	**aies** répondu	**ayez** répondu
répond**e**	répond**ent**	**ait** répondu	**aient** répondu
imparfait du subjonctif		plus-que-parfait du subjonctif	
répondi**sse**	répondi**ssions**	**eusse** répondu	**eussions** répondu
répondi**sses**	répondi**ssiez**	**eusses** répondu	**eussiez** répondu
répondî**t**	répondi**ssent**	**eût** répondu	**eussent** répondu

impératif
répondsrépondons
répondez

to rest, to relax, to take a break **se reposer**

participe présent **se reposant** participe passé **reposé(e)(s)**

SINGULAR	PLURAL	SINGULAR	PLURAL
présent de l'indicatif		passé composé	
me repos**e**	**nous** repos**ons**	**me suis** reposé(e)	**nous sommes** reposé(e)s
te repos**es**	**vous** repos**ez**	**t'es** reposé(e)	**vous êtes** reposé(e)(s)
se repos**e**	**se** repos**ent**	**s'est** reposé(e)	**se sont** reposé(e)s
imparfait de l'indicatif		plus-que-parfait de l'indicatif	
me repos**ais**	**nous** repos**ions**	**m'étais** reposé(e)	**nous étions** reposé(e)s
te repos**ais**	**vous** repos**iez**	**t'étais** reposé(e)	**vous étiez** reposé(e)(s)
se repos**ait**	**se** repos**aient**	**s'était** reposé(e)	**s'étaient** reposé(e)s
passé simple		passé antérieur	
me repos**ai**	**nous** repos**âmes**	**me fus** reposé(e)	**nous fûmes** reposé(e)s
te repos**as**	**vous** repos**âtes**	**te fus** reposé(e)	**vous fûtes** reposé(e)(s)
se repos**a**	**se** repos**èrent**	**se fut** reposé(e)	**se furent** reposé(e)s
futur		futur antérieur	
me reposer**ai**	**nous** reposer**ons**	**me serai** reposé(e)	**nous serons** reposé(e)s
te reposer**as**	**vous** reposer**ez**	**te seras** reposé(e)	**vous serez** reposé(e)(s)
se reposer**a**	**se** reposer**ont**	**se sera** reposé(e)	**se seront** reposé(e)s
conditionnel		conditionnel passé	
me reposer**ais**	**nous** reposer**ions**	**me serais** reposé(e)	**nous serions** reposé(e)s
te reposer**ais**	**vous** reposer**iez**	**te serais** reposé(e)	**vous seriez** reposé(e)(s)
se reposer**ait**	**se** reposer**aient**	**se serait** reposé(e)	**se seraient** reposé(e)s
présent du subjonctif		passé du subjonctif	
me repos**e**	**nous** repos**ions**	**me sois** reposé(e)	**nous soyons** reposé(e)s
te repos**es**	**vous** repos**iez**	**te sois** reposé(e)	**vous soyez** reposé(e)(s)
se repos**e**	**se** repos**ent**	**se soit** reposé(e)	**se soient** reposé(e)s
imparfait du subjonctif		plus-que-parfait du subjonctif	
me repos**asse**	**nous** repos**assions**	**me fusse** reposé(e)	**nous fussions** reposé(e)s
te repos**asses**	**vous** repos**assiez**	**te fusses** reposé(e)	**vous fussiez** reposé(e)(s)
se repos**ât**	**se** repos**assent**	**se fût** reposé(e)	**se fussent** reposé(e)s

impératif

repose-toi

reposons-nous

reposez-vous

reprendre — to take back, to resume

participe présent **reprenant** — participe passé **repris**

SINGULAR	PLURAL	SINGULAR	PLURAL
présent de l'indicatif		passé composé	
repren**ds**	repren**ons**	**ai** repris	**avons** repris
repren**ds**	repren**ez**	**as** repris	**avez** repris
reprend	reprenn**ent**	**a** repris	**ont** repris
imparfait de l'indicatif		plus-que-parfait de l'indicatif	
repren**ais**	repren**ions**	**avais** repris	**avions** repris
repren**ais**	repren**iez**	**avais** repris	**aviez** repris
repren**ait**	repren**aient**	**avait** repris	**avaient** repris
passé simple		passé antérieur	
repr**is**	repr**îmes**	**eus** repris	**eûmes** repris
repr**is**	repr**îtes**	**eus** repris	**eûtes** repris
repr**it**	repr**irent**	**eut** repris	**eurent** repris
futur		futur antérieur	
reprendr**ai**	reprendr**ons**	**aurai** repris	**aurons** repris
reprendr**as**	reprendr**ez**	**auras** repris	**aurez** repris
reprendr**a**	reprendr**ont**	**aura** repris	**auront** repris
conditionnel		conditionnel passé	
reprendr**ais**	reprendr**ions**	**aurais** repris	**aurions** repris
reprendr**ais**	reprendr**iez**	**aurais** repris	**auriez** repris
reprendr**ait**	reprendr**aient**	**aurait** repris	**auraient** repris
présent du subjonctif		passé du subjonctif	
reprenn**e**	repren**ions**	**aie** repris	**ayons** repris
reprenn**es**	repren**iez**	**aies** repris	**ayez** repris
reprenn**e**	reprenn**ent**	**ait** repris	**aient** repris
imparfait du subjonctif		plus-que-parfait du subjonctif	
repri**sse**	repri**ssions**	**eusse** repris	**eussions** repris
repri**sses**	repri**ssiez**	**eusses** repris	**eussiez** repris
reprî**t**	repri**ssent**	**eût** repris	**eussent** repris

impératif
reprends
reprenons
reprenez

to reprimand, to rebuke réprimander

participe présent **réprimandant** participe passé **réprimandé**

SINGULAR	PLURAL	SINGULAR	PLURAL
présent de l'indicatif		passé composé	
réprimand**e**	réprimand**ons**	**ai** réprimandé	**avons** réprimandé
réprimand**es**	réprimand**ez**	**as** réprimandé	**avez** réprimandé
réprimand**e**	réprimand**ent**	**a** réprimandé	**ont** réprimandé
imparfait de l'indicatif		plus-que-parfait de l'indicatif	
réprimand**ais**	réprimand**ions**	**avais** réprimandé	**avions** réprimandé
réprimand**ais**	réprimand**iez**	**avais** réprimandé	**aviez** réprimandé
réprimand**ait**	réprimand**aient**	**avait** réprimandé	**avaient** réprimandé
passé simple		passé antérieur	
réprimand**ai**	réprimand**âmes**	**eus** réprimandé	**eûmes** réprimandé
réprimand**as**	réprimand**âtes**	**eus** réprimandé	**eûtes** réprimandé
réprimand**a**	réprimand**èrent**	**eut** réprimandé	**eurent** réprimandé
futur		futur antérieur	
réprimander**ai**	réprimander**ons**	**aurai** réprimandé	**aurons** réprimandé
réprimander**as**	réprimander**ez**	**auras** réprimandé	**aurez** réprimandé
réprimander**a**	réprimander**ont**	**aura** réprimandé	**auront** réprimandé
conditionnel		conditionnel passé	
réprimander**ais**	réprimander**ions**	**aurais** réprimandé	**aurions** réprimandé
réprimander**ais**	réprimander**iez**	**aurais** réprimandé	**auriez** réprimandé
réprimander**ait**	réprimander**aient**	**aurait** réprimandé	**auraient** réprimandé
présent du subjonctif		passé du subjonctif	
réprimand**e**	réprimand**ions**	**aie** réprimandé	**ayons** réprimandé
réprimand**es**	réprimand**iez**	**aies** réprimandé	**ayez** réprimandé
réprimand**e**	réprimand**ent**	**ait** réprimandé	**aient** réprimandé
imparfait du subjonctif		plus-que-parfait du subjonctif	
réprimanda**sse**	réprimanda**ssions**	**eusse** réprimandé	**eussions** réprimandé
réprimanda**sses**	réprimanda**ssiez**	**eusses** réprimandé	**eussiez** réprimandé
réprimandâ**t**	réprimanda**ssent**	**eût** réprimandé	**eussent** réprimandé

impératif
réprimande
réprimandons
réprimandez

reproduire — to reproduce

participe présent **reproduisant** participe passé **reproduit**

SINGULAR	PLURAL	SINGULAR	PLURAL
présent de l'indicatif		passé composé	
reprodu**is**	reprodu**isons**	**ai** reproduit	**avons** reproduit
reprodu**is**	reprodu**isez**	**as** reproduit	**avez** reproduit
reprodu**it**	reprodu**isent**	**a** reproduit	**ont** reproduit
imparfait de l'indicatif		plus-que-parfait de l'indicatif	
reproduis**ais**	reproduis**ions**	**avais** reproduit	**avions** reproduit
reproduis**ais**	reproduis**iez**	**avais** reproduit	**aviez** reproduit
reproduis**ait**	reproduis**aient**	**avait** reproduit	**avaient** reproduit
passé simple		passé antérieur	
reproduis**is**	reproduis**îmes**	**eus** reproduit	**eûmes** reproduit
reproduis**is**	reproduis**îtes**	**eus** reproduit	**eûtes** reproduit
reproduis**it**	reproduis**irent**	**eut** reproduit	**eurent** reproduit
futur		futur antérieur	
reproduir**ai**	reproduir**ons**	**aurai** reproduit	**aurons** reproduit
reproduir**as**	reproduir**ez**	**auras** reproduit	**aurez** reproduit
reproduir**a**	reproduir**ont**	**aura** reproduit	**auront** reproduit
conditionnel		conditionnel passé	
reproduir**ais**	reproduir**ions**	**aurais** reproduit	**aurions** reproduit
reproduir**ais**	reproduir**iez**	**aurais** reproduit	**auriez** reproduit
reproduir**ait**	reproduir**aient**	**aurait** reproduit	**auraient** reproduit
présent du subjonctif		passé du subjonctif	
reproduis**e**	reproduis**ions**	**aie** reproduit	**ayons** reproduit
reproduis**es**	reproduis**iez**	**aies** reproduit	**ayez** reproduit
reproduis**e**	reproduis**ent**	**ait** reproduit	**aient** reproduit
imparfait du subjonctif		plus-que-parfait du subjonctif	
reproduisi**sse**	reproduisi**ssions**	**eusse** reproduit	**eussions** reproduit
reproduisi**sses**	reproduisi**ssiez**	**eusses** reproduit	**eussiez** reproduit
reproduisî**t**	reproduisi**ssent**	**eût** reproduit	**eussent** reproduit

impératif
reproduis
reproduisons
reproduisez

to resolve, to solve **résoudre**

participe présent **résolvant** participe passé **résolu**

SINGULAR	PLURAL	SINGULAR	PLURAL
présent de l'indicatif		passé composé	
résou**s**	résolv**ons**	**ai** résolu	**avons** résolu
résou**s**	résolv**ez**	**as** résolu	**avez** résolu
résou**t**	résolv**ent**	**a** résolu	**ont** résolu
imparfait de l'indicatif		plus-que-parfait de l'indicatif	
résolv**ais**	résolv**ions**	**avais** résolu	**avions** résolu
résolv**ais**	résolv**iez**	**avais** résolu	**aviez** résolu
résolv**ait**	résolv**aient**	**avait** résolu	**avaient** résolu
passé simple		passé antérieur	
résol**us**	résol**ûmes**	**eus** résolu	**eûmes** résolu
résol**us**	résol**ûtes**	**eus** résolu	**eûtes** résolu
résol**ut**	résol**urent**	**eut** résolu	**eurent** résolu
futur		futur antérieur	
résoudr**ai**	résoudr**ons**	**aurai** résolu	**aurons** résolu
résoudr**as**	résoudr**ez**	**auras** résolu	**aurez** résolu
résoudr**a**	résoudr**ont**	**aura** résolu	**auront** résolu
conditionnel		conditionnel passé	
résoudr**ais**	résoudr**ions**	**aurais** résolu	**aurions** résolu
résoudr**ais**	résoudr**iez**	**aurais** résolu	**auriez** résolu
résoudr**ait**	résoudr**aient**	**aurait** résolu	**auraient** résolu
présent du subjonctif		passé du subjonctif	
résolv**e**	résolv**ions**	**aie** résolu	**ayons** résolu
résolv**es**	résolv**iez**	**aies** résolu	**ayez** résolu
résolv**e**	résolv**ent**	**ait** résolu	**aient** résolu
imparfait du subjonctif		plus-que-parfait du subjonctif	
résolu**sse**	résolu**ssions**	**eusse** résolu	**eussions** résolu
résolu**sses**	résolu**ssiez**	**eusses** résolu	**eussiez** résolu
résolû**t**	résolu**ssent**	**eût** résolu	**eussent** résolu

impératif
résous
résolvons
résolvez

R

ressembler to resemble, to be like, to look like

participe présent **ressemblant** participe passé **ressemblé**

SINGULAR	PLURAL	SINGULAR	PLURAL
présent de l'indicatif		passé composé	
ressemble	ressemblons	ai ressemblé	avons ressemblé
ressembles	ressemblez	as ressemblé	avez ressemblé
ressemble	ressemblent	a ressemblé	ont ressemblé
imparfait de l'indicatif		plus-que-parfait de l'indicatif	
ressemblais	ressemblions	avais ressemblé	avions ressemblé
ressemblais	ressembliez	avais ressemblé	aviez ressemblé
ressemblait	ressemblaient	avait ressemblé	avaient ressemblé
passé simple		passé antérieur	
ressemblai	ressemblâmes	eus ressemblé	eûmes ressemblé
ressemblas	ressemblâtes	eus ressemblé	eûtes ressemblé
ressembla	ressemblèrent	eut ressemblé	eurent ressemblé
futur		futur antérieur	
ressemblerai	ressemblerons	aurai ressemblé	aurons ressemblé
ressembleras	ressemblerez	auras ressemblé	aurez ressemblé
ressemblera	ressembleront	aura ressemblé	auront ressemblé
conditionnel		conditionnel passé	
ressemblerais	ressemblerions	aurais ressemblé	aurions ressemblé
ressemblerais	ressembleriez	aurais ressemblé	auriez ressemblé
ressemblerait	ressembleraient	aurait ressemblé	auraient ressemblé
présent du subjonctif		passé du subjonctif	
ressemble	ressemblions	aie ressemblé	ayons ressemblé
ressembles	ressembliez	aies ressemblé	ayez ressemblé
ressemble	ressemblent	ait ressemblé	aient ressemblé
imparfait du subjonctif		plus-que-parfait du subjonctif	
ressemblasse	ressemblassions	eusse ressemblé	eussions ressemblé
ressemblasses	ressemblassiez	eusses ressemblé	eussiez ressemblé
ressemblât	ressemblassent	eût ressemblé	eussent ressemblé

impératif
ressemble
ressemblons
ressemblez

to remain, to stay, to be left (over) — rester

participe présent **restant** participe passé **resté(e)(s)**

SINGULAR	PLURAL	SINGULAR	PLURAL
présent de l'indicatif		passé composé	
rest**e**	rest**ons**	**suis** resté(e)	**sommes** resté(e)s
rest**es**	rest**ez**	**es** resté(e)	**êtes** resté(e)(s)
rest**e**	rest**ent**	**est** resté(e)	**sont** resté(e)s
imparfait de l'indicatif		plus-que-parfait de l'indicatif	
rest**ais**	rest**ions**	**étais** resté(e)	**étions** resté(e)s
rest**ais**	rest**iez**	**étais** resté(e)	**étiez** resté(e)(s)
rest**ait**	rest**aient**	**était** resté(e)	**étaient** resté(e)s
passé simple		passé antérieur	
rest**ai**	rest**âmes**	**fus** resté(e)	**fûmes** resté(e)s
rest**as**	rest**âtes**	**fus** resté(e)	**fûtes** resté(e)(s)
rest**a**	rest**èrent**	**fut** resté(e)	**furent** resté(e)s
futur		futur antérieur	
rester**ai**	rester**ons**	**serai** resté(e)	**serons** resté(e)s
rester**as**	rester**ez**	**seras** resté(e)	**serez** resté(e)(s)
rester**a**	rester**ont**	**sera** resté(e)	**seront** resté(e)s
conditionnel		conditionnel passé	
rester**ais**	rester**ions**	**serais** resté(e)	**serions** resté(e)s
rester**ais**	rester**iez**	**serais** resté(e)	**seriez** resté(e)(s)
rester**ait**	rester**aient**	**serait** resté(e)	**seraient** resté(e)s
présent du subjonctif		passé du subjonctif	
rest**e**	rest**ions**	**sois** resté(e)	**soyons** resté(e)s
rest**es**	rest**iez**	**sois** resté(e)	**soyez** resté(e)(s)
rest**e**	rest**ent**	**soit** resté(e)	**soient** resté(e)s
imparfait du subjonctif		plus-que-parfait du subjonctif	
resta**sse**	resta**ssions**	**fusse** resté(e)	**fussions** resté(e)s
resta**sses**	resta**ssiez**	**fusses** resté(e)	**fussiez** resté(e)(s)
rest**ât**	resta**ssent**	**fût** resté(e)	**fussent** resté(e)s

impératif
reste
restons
restez

retenir — to hold back, to retain, to detain

participe présent **retenant** participe passé **retenu**

SINGULAR	PLURAL	SINGULAR	PLURAL
présent de l'indicatif		passé composé	
retien**s**	reten**ons**	**ai** retenu	**avons** retenu
retien**s**	reten**ez**	**as** retenu	**avez** retenu
retien**t**	retienn**ent**	**a** retenu	**ont** retenu
imparfait de l'indicatif		plus-que-parfait de l'indicatif	
reten**ais**	reten**ions**	**avais** retenu	**avions** retenu
reten**ais**	reten**iez**	**avais** retenu	**aviez** retenu
reten**ait**	reten**aient**	**avait** retenu	**avaient** retenu
passé simple		passé antérieur	
retin**s**	retîn**mes**	**eus** retenu	**eûmes** retenu
retin**s**	retîn**tes**	**eus** retenu	**eûtes** retenu
retin**t**	retin**rent**	**eut** retenu	**eurent** retenu
futur		futur antérieur	
retiendr**ai**	retiendr**ons**	**aurai** retenu	**aurons** retenu
retiendr**as**	retiendr**ez**	**auras** retenu	**aurez** retenu
retiendr**a**	retiendr**ont**	**aura** retenu	**auront** retenu
conditionnel		conditionnel passé	
retiendr**ais**	retiendr**ions**	**aurais** retenu	**aurions** retenu
retiendr**ais**	retiendr**iez**	**aurais** retenu	**auriez** retenu
retiendr**ait**	retiendr**aient**	**aurait** retenu	**auraient** retenu
présent du subjonctif		passé du subjonctif	
retienn**e**	reten**ions**	**aie** retenu	**ayons** retenu
retienn**es**	reten**iez**	**aies** retenu	**ayez** retenu
retienn**e**	retienn**ent**	**aie** retenu	**aient** retenu
imparfait du subjonctif		plus-que-parfait du subjonctif	
retin**sse**	retin**ssions**	**eusse** retenu	**eussions** retenu
retin**sses**	retin**ssiez**	**eusses** retenu	**eussiez** retenu
retîn**t**	retin**ssent**	**eût** retenu	**eussent** retenu

impératif
retiens
retenons
retenez

MEMORY TIP

We're **retaining** the check until Monday.

to draw (out) again, to pull again **retirer**

participe présent **retirant** participe passé **retiré**

SINGULAR	PLURAL	SINGULAR	PLURAL
présent de l'indicatif		passé composé	
retir**e**	retir**ons**	**ai** retiré	**avons** retiré
retir**es**	retir**ez**	**as** retiré	**avez** retiré
retir**e**	retir**ent**	**a** retiré	**ont** retiré
imparfait de l'indicatif		plus-que-parfait de l'indicatif	
retir**ais**	retir**ions**	**avais** retiré	**avions** retiré
retir**ais**	retir**iez**	**avais** retiré	**aviez** retiré
retir**ait**	retir**aient**	**avait** retiré	**avaient** retiré
passé simple		passé antérieur	
retir**ai**	retir**âmes**	**eus** retiré	**eûmes** retiré
retir**as**	retir**âtes**	**eus** retiré	**eûtes** retiré
retir**a**	retir**èrent**	**eut** retiré	**eurent** retiré
futur		futur antérieur	
retirer**ai**	retirer**ons**	**aurai** retiré	**aurons** retiré
retirer**as**	retirer**ez**	**auras** retiré	**aurez** retiré
retirer**a**	retirer**ont**	**aura** retiré	**auront** retiré
conditionnel		conditionnel passé	
retirer**ais**	retirer**ions**	**aurais** retiré	**aurions** retiré
retirer**ais**	retirer**iez**	**aurais** retiré	**auriez** retiré
retirer**ait**	retirer**aient**	**aurait** retiré	**auraient** retiré
présent du subjonctif		passé du subjonctif	
retir**e**	retir**ions**	**aie** retiré	**ayons** retiré
retir**es**	retir**iez**	**aies** retiré	**ayez** retiré
retir**e**	retir**ent**	**ait** retiré	**aient** retiré
imparfait du subjonctif		plus-que-parfait du subjonctif	
retira**sse**	retira**ssions**	**eusse** retiré	**eussions** retiré
retira**sses**	retira**ssiez**	**eusses** retiré	**eussiez** retiré
retirâ**t**	retira**ssent**	**eût** retiré	**eussent** retiré

impératif
retire
retirons
retirez

se retirer — to retire, to withdraw

participe présent **se retirant** — participe passé **retiré(e)(s)**

présent de l'indicatif

SINGULAR	PLURAL
me retir**e**	**nous** retir**ons**
te retir**es**	**vous** retir**ez**
se retir**e**	**se** retir**ent**

imparfait de l'indicatif

SINGULAR	PLURAL
me retir**ais**	**nous** retir**ions**
te retir**ais**	**vous** retir**iez**
se retir**ait**	**se** retir**aient**

passé simple

SINGULAR	PLURAL
me retir**ai**	**nous** retir**âmes**
te retir**as**	**vous** retir**âtes**
se retir**a**	**se** retir**èrent**

futur

SINGULAR	PLURAL
me retirer**ai**	**nous** retirer**ons**
te retirer**as**	**vous** retirer**ez**
se retirer**a**	**se** retirer**ont**

conditionnel

SINGULAR	PLURAL
me retirer**ais**	**nous** retirer**ions**
te retirer**ais**	**vous** retirer**iez**
se retirer**ait**	**se** retirer**aient**

présent du subjonctif

SINGULAR	PLURAL
me retir**e**	**nous** retir**ions**
te retir**es**	**vous** retir**iez**
se retir**e**	**se** retir**ent**

imparfait du subjonctif

SINGULAR	PLURAL
me retira**sse**	**nous** retira**ssions**
te retira**sses**	**vous** retira**ssiez**
se retirâ**t**	**se** retira**ssent**

impératif

retire-toi
retirons-nous
retirez-vous

passé composé

SINGULAR	PLURAL
me suis retiré(e)	**nous sommes** retiré(e)s
t'es retiré(e)	**vous êtes** retiré(e)(s)
s'est retiré(e)	**se sont** retiré(e)s

plus-que-parfait de l'indicatif

SINGULAR	PLURAL
m'étais retiré(e)	**nous étions** retiré(e)s
t'étais retiré(e)	**vous étiez** retiré(e)(s)
s'était retiré(e)	**s'étaient** retiré(e)s

passé antérieur

SINGULAR	PLURAL
me fus retiré(e)	**nous fûmes** retiré(e)s
te fus retiré(e)	**vous fûtes** retiré(e)(s)
se fut retiré(e)	**se furent** retiré(e)s

futur antérieur

SINGULAR	PLURAL
me serai retiré(e)	**nous serons** retiré(e)s
te seras retiré(e)	**vous serez** retiré(e)(s)
se sera retiré(e)	**se seront** retiré(e)s

conditionnel passé

SINGULAR	PLURAL
me serais retiré(e)	**nous serions** retiré(e)s
te serais retiré(e)	**vous seriez** retiré(e)(s)
se serait retiré(e)	**se seraient** retiré(e)s

passé du subjonctif

SINGULAR	PLURAL
me sois retiré(e)	**nous soyons** retiré(e)s
te sois retiré(e)	**vous soyez** retiré(e)(s)
se soit retiré(e)	**se soient** retiré(e)s

plus-que-parfait du subjonctif

SINGULAR	PLURAL
me fusse retiré(e)	**nous fussions** retiré(e)s
te fusses retiré(e)	**vous fussiez** retiré(e)(s)
se fût retiré(e)	**se fussent** retiré(e)s

to turn over, to turn around **se retourner**

participe présent **se retournant** participe passé **retourné(e)(s)**

SINGULAR	PLURAL
présent de l'indicatif	
me retourn**e**	**nous** retourn**ons**
te retourn**es**	**vous** retourn**ez**
se retourn**e**	**se** retourn**ent**
imparfait de l'indicatif	
me retourn**ais**	**nous** retourn**ions**
te retourn**ais**	**vous** retourn**iez**
se retourn**ait**	**se** retourn**aient**
passé simple	
me retourn**ai**	**nous** retourn**âmes**
te retourn**as**	**vous** retourn**âtes**
se retourn**a**	**se** retourn**èrent**
futur	
me retourner**ai**	**nous** retourner**ons**
te retourner**as**	**vous** retourner**ez**
se retourner**a**	**se** retourner**ont**
conditionnel	
me retourner**ais**	**nous** retourner**ions**
te retourner**ais**	**vous** retourner**iez**
se retourner**ait**	**se** retourner**aient**
présent du subjonctif	
me retourn**e**	**nous** retourn**ions**
te retourn**es**	**vous** retourn**iez**
se retourn**e**	**se** retourn**ent**
imparfait du subjonctif	
me retourna**sse**	**nous** retourna**ssions**
te retourna**sses**	**vous** retourna**ssiez**
se retourn**ât**	**se** retourna**ssent**
impératif	
retourne-toi	
retournons-nous	
retournez-vous	

SINGULAR	PLURAL
passé composé	
me suis retourné(e)	**nous sommes** retourné(e)s
t'es retourné(e)	**vous êtes** retourné(e)(s)
s'est retourné(e)	**se sont** retourné(e)s
plus-que-parfait de l'indicatif	
m'étais retourné(e)	**nous étions** retourné(e)s
t'étais retourné(e)	**vous étiez** retourné(e)(s)
s'était retourné(e)	**s'étaient** retourné(e)s
passé antérieur	
me fus retourné(e)	**nous fûmes** retourné(e)s
te fus retourné(e)	**vous fûtes** retourné(e)(s)
se fut retourné(e)	**se furent** retourné(e)s
futur antérieur	
me serai retourné(e)	**nous serons** retourné(e)s
te seras retourné(e)	**vous serez** retourné(e)(s)
se sera retourné(e)	**se seront** retourné(e)s
conditionnel passé	
me serais retourné(e)	**nous serions** retourné(e)s
te serais retourné(e)	**vous seriez** retourné(e)(s)
se serait retourné(e)	**se seraient** retourné(e)s
passé du subjonctif	
me sois retourné(e)	**nous soyons** retourné(e)s
te sois retourné(e)	**vous soyez** retourné(e)(s)
se soit retourné(e)	**se soient** retourné(e)s
plus-que-parfait du subjonctif	
me fusse retourné(e)	**nous fussions** retourné(e)s
te fusses retourné(e)	**vous fussiez** retourné(e)(s)
se fût retourné(e)	**se fussent** retourné(e)s

réussir — to succeed, to do well, to pass

participe présent **réussissant** participe passé **réussi**

SINGULAR	PLURAL	SINGULAR	PLURAL
présent de l'indicatif		passé composé	
réuss**is**	réuss**issons**	**ai** réussi	**avons** réussi
réuss**is**	réuss**issez**	**as** réussi	**avez** réussi
réuss**it**	réuss**issent**	**a** réussi	**ont** réussi
imparfait de l'indicatif		plus-que-parfait de l'indicatif	
réussiss**ais**	réussiss**ions**	**avais** réussi	**avions** réussi
réussiss**ais**	réussiss**iez**	**avais** réussi	**aviez** réussi
réussiss**ait**	réussiss**aient**	**avait** réussi	**avaient** réussi
passé simple		passé antérieur	
réuss**is**	réuss**îmes**	**eus** réussi	**eûmes** réussi
réuss**is**	réuss**îtes**	**eus** réussi	**eûtes** réussi
réuss**it**	réussi**rent**	**eut** réussi	**eurent** réussi
futur		futur antérieur	
réussir**ai**	réussir**ons**	**aurai** réussi	**aurons** réussi
réussir**as**	réussir**ez**	**auras** réussi	**aurez** réussi
réussir**a**	réussir**ont**	**aura** réussi	**auront** réussi
conditionnel		conditionnel passé	
réussir**ais**	réussir**ions**	**aurais** réussi	**aurions** réussi
réussir**ais**	réussir**iez**	**aurais** réussi	**auriez** réussi
réussir**ait**	réussir**aient**	**aurait** réussi	**auraient** réussi
présent du subjonctif		passé du subjonctif	
réussiss**e**	réussiss**ions**	**aie** réussi	**ayons** réussi
réussiss**es**	réussiss**iez**	**aies** réussi	**ayez** réussi
réussiss**e**	réussiss**ent**	**ait** réussi	**aient** réussi
imparfait du subjonctif		plus-que-parfait du subjonctif	
réussi**sse**	réussi**ssions**	**eusse** réussi	**eussions** réussi
réussi**sses**	réussi**ssiez**	**eusses** réussi	**eussiez** réussi
réuss**ît**	réussi**ssent**	**eût** réussi	**eussent** réussi

impératif
réussis
réussissons
réussissez

to wake up, to awaken — se réveiller

participe présent **se réveillant** participe passé **réveillé(e)(s)**

SINGULAR	PLURAL	SINGULAR	PLURAL
présent de l'indicatif		*passé composé*	
me réveill**e**	**nous** réveill**ons**	**me suis** réveillé(e)	**nous sommes** réveillé(e)s
te réveill**es**	**vous** réveill**ez**	**t'es** réveillé(e)	**vous êtes** réveillé(e)(s)
se réveill**e**	**se** réveill**ent**	**s'est** réveillé(e)	**se sont** réveillé(e)s
imparfait de l'indicatif		*plus-que-parfait de l'indicatif*	
me réveill**ais**	**nous** réveill**ions**	**m'étais** réveillé(e)	**nous étions** réveillé(e)s
te réveill**ais**	**vous** réveill**iez**	**t'étais** réveillé(e)	**vous étiez** réveillé(e)(s)
se réveill**ait**	**se** réveill**aient**	**s'était** réveillé(e)	**s'étaient** réveillé(e)s
passé simple		*passé antérieur*	
me réveill**ai**	**nous** réveill**âmes**	**me fus** réveillé(e)	**nous fûmes** réveillé(e)s
te réveill**as**	**vous** réveill**âtes**	**te fus** réveillé(e)	**vous fûtes** réveillé(e)(s)
se réveill**a**	**se** réveill**èrent**	**se fut** réveillé(e)	**se furent** réveillé(e)s
futur		*futur antérieur*	
me réveiller**ai**	**nous** réveiller**ons**	**me serai** réveillé(e)	**nous serons** réveillé(e)s
te réveiller**as**	**vous** réveiller**ez**	**te seras** réveillé(e)	**vous serez** réveillé(e)(s)
se réveiller**a**	**se** réveiller**ont**	**se sera** réveillé(e)	**se seront** réveillé(e)s
conditionnel		*conditionnel passé*	
me réveiller**ais**	**nous** réveiller**ions**	**me serais** réveillé(e)	**nous serions** réveillé(e)s
te réveiller**ais**	**vous** réveiller**iez**	**te serais** réveillé(e)	**vous seriez** réveillé(e)(s)
se réveiller**ait**	**se** réveiller**aient**	**se serait** réveillé(e)	**se seraient** réveillé(e)s
présent du subjonctif		*passé du subjonctif*	
me réveill**e**	**nous** réveill**ions**	**me sois** réveillé(e)	**nous soyons** réveillé(e)s
te réveill**es**	**vous** réveill**iez**	**te sois** réveillé(e)	**vous soyez** réveillé(e)(s)
se réveill**e**	**se** réveill**ent**	**se soit** réveillé(e)	**se soient** réveillé(e)s
imparfait du subjonctif		*plus-que-parfait du subjonctif*	
me réveilla**sse**	**nous** réveilla**ssions**	**me fusse** réveillé(e)	**nous fussions** réveillé(e)s
te réveilla**sses**	**vous** réveilla**ssiez**	**te fusses** réveillé(e)	**vous fussiez** réveillé(e)(s)
se réveill**ât**	**se** réveilla**ssent**	**se fût** réveillé(e)	**se fussent** réveillé(e)s

impératif

réveille-toi
réveillons-nous
réveillez-vous

R

MEMORY TIP

The bugler played "reveille" to **wake up** the soldiers.

revenir — to come back, to return

participe présent **revenant** participe passé **revenu(e)(s)**

SINGULAR	PLURAL	SINGULAR	PLURAL
présent de l'indicatif		*passé composé*	
revien**s**	reven**ons**	**suis** revenu(e)	**sommes** revenu(e)s
revien**s**	reven**ez**	**es** revenu(e)	**êtes** revenu(e)(s)
revien**t**	revienn**ent**	**est** revenu(e)	**sont** revenu(e)s
imparfait de l'indicatif		*plus-que-parfait de l'indicatif*	
reven**ais**	reven**ions**	**étais** revenu(e)	**étions** revenu(e)s
reven**ais**	reven**iez**	**étais** revenu(e)	**étiez** revenu(e)(s)
reven**ait**	reven**aient**	**était** revenu(e)	**étaient** revenu(e)s
passé simple		*passé antérieur*	
rev**ins**	rev**înmes**	**fus** revenu(e)	**fûmes** revenu(e)s
rev**ins**	rev**întes**	**fus** revenu(e)	**fûtes** revenu(e)(s)
rev**int**	rev**inrent**	**fut** revenu(e)	**furent** revenu(e)s
futur		*futur antérieur*	
reviendr**ai**	reviendr**ons**	**serai** revenu(e)	**serons** revenu(e)s
reviendr**as**	reviendr**ez**	**seras** revenu(e)	**serez** revenu(e)(s)
reviendr**a**	reviendr**ont**	**sera** revenu(e)	**seront** revenu(e)s
conditionnel		*conditionnel passé*	
reviendr**ais**	reviendr**ions**	**serais** revenu(e)	**serions** revenu(e)s
reviendr**ais**	reviendr**iez**	**serais** revenu(e)	**seriez** revenu(e)(s)
reviendr**ait**	reviendr**aient**	**serait** revenu(e)	**seraient** revenu(e)s
présent du subjonctif		*passé du subjonctif*	
revienn**e**	reven**ions**	**sois** revenu(e)	**soyons** revenu(e)s
revienn**es**	reven**iez**	**sois** revenu(e)	**soyez** revenu(e)(s)
revienn**e**	revienn**ent**	**soit** revenu(e)	**soient** revenu(e)s
imparfait du subjonctif		*plus-que-parfait du subjonctif*	
revin**sse**	revin**ssions**	**fusse** revenu(e)	**fussions** revenu(e)s
revin**sses**	revin**ssiez**	**fusses** revenu(e)	**fussiez** revenu(e)(s)
revî**nt**	revin**ssent**	**fût** revenu(e)	**fussent** revenu(e)s

impératif

reviens
revenons
revenez

R

participe présent **rêvant** participe passé **rêvé**

SINGULAR	PLURAL	SINGULAR	PLURAL
présent de l'indicatif		passé composé	
rêv**e**	rêv**ons**	**ai** rêvé	**avons** rêvé
rêv**es**	rêv**ez**	**as** rêvé	**avez** rêvé
rêv**e**	rêv**ent**	**a** rêvé	**ont** rêvé
imparfait de l'indicatif		plus-que-parfait de l'indicatif	
rêv**ais**	rêv**ions**	**avais** rêvé	**avions** rêvé
rêv**ais**	rêv**iez**	**avais** rêvé	**aviez** rêvé
rêv**ait**	rêv**aient**	**avait** rêvé	**avaient** rêvé
passé simple		passé antérieur	
rêv**ai**	rêv**âmes**	**eus** rêvé	**eûmes** rêvé
rêv**as**	rêv**âtes**	**eus** rêvé	**eûtes** rêvé
rêv**a**	rêv**èrent**	**eut** rêvé	**eurent** rêvé
futur		futur antérieur	
rêver**ai**	rêver**ons**	**aurai** rêvé	**aurons** rêvé
rêver**as**	rêver**ez**	**auras** rêvé	**aurez** rêvé
rêver**a**	rêver**ont**	**aura** rêvé	**auront** rêvé
conditionnel		conditionnel passé	
rêver**ais**	rêver**ions**	**aurais** rêvé	**aurions** rêvé
rêver**ais**	rêver**iez**	**aurais** rêvé	**auriez** rêvé
rêver**ait**	rêver**aient**	**aurait** rêvé	**auraient** rêvé
présent du subjonctif		passé du subjonctif	
rêv**e**	rêv**ions**	**aie** rêvé	**ayons** rêvé
rêv**es**	rêv**iez**	**aies** rêvé	**ayez** rêvé
rêv**e**	rêv**ent**	**ait** rêvé	**aient** rêvé
imparfait du subjonctif		plus-que-parfait du subjonctif	
rêva**sse**	rêva**ssions**	**eusse** rêvé	**eussions** rêvé
rêva**sses**	rêva**ssiez**	**eusses** rêvé	**eussiez** rêvé
rêvâ**t**	rêva**ssent**	**eût** rêvé	**eussent** rêvé

impératif
rêve
rêvons
rêvez

revoir — to see again, to see once more

participe présent **revoyant** participe passé **revu**

SINGULAR	PLURAL
présent de l'indicatif	
revoi**s**	revoy**ons**
revoi**s**	revoy**ez**
revoi**t**	revoi**ent**
imparfait de l'indicatif	
revoy**ais**	revoy**ions**
revoy**ais**	revoy**iez**
revoy**ait**	revoy**aient**
passé simple	
rev**is**	rev**îmes**
rev**is**	rev**îtes**
rev**it**	rev**irent**
futur	
reverr**ai**	reverr**ons**
reverr**as**	reverr**ez**
reverr**a**	reverr**ont**
conditionnel	
reverr**ais**	reverr**ions**
reverr**ais**	reverr**iez**
reverr**ait**	reverr**aient**
présent du subjonctif	
revoi**e**	revoy**ions**
revoi**es**	revoy**iez**
revoi**e**	revoi**ent**
imparfait du subjonctif	
revi**sse**	revi**ssions**
revi**sses**	revi**ssiez**
revî**t**	revi**ssent**
impératif	
revois	
revoyons	
revoyez	

SINGULAR	PLURAL
passé composé	
ai revu	**avons** revu
as revu	**avez** revu
a revu	**ont** revu
plus-que-parfait de l'indicatif	
avais revu	**avions** revu
avais revu	**aviez** revu
avait revu	**avaient** revu
passé antérieur	
eus revu	**eûmes** revu
eus revu	**eûtes** revu
eut revu	**eurent** revu
futur antérieur	
aurai revu	**aurons** revu
auras revu	**aurez** revu
aura revu	**auront** revu
conditionnel passé	
aurais revu	**aurions** revu
aurais revu	**auriez** revu
aurait revu	**auraient** revu
passé du subjonctif	
aie revu	**ayons** revu
aies revu	**ayez** revu
ait revu	**aient** revu
plus-que-parfait du subjonctif	
eusse revu	**eussions** revu
eusses revu	**eussiez** revu
eût revu	**eussent** revu

to laugh **rire**

participe présent **riant** participe passé **ri**

SINGULAR	PLURAL	SINGULAR	PLURAL
présent de l'indicatif		passé composé	
r**is**	r**ions**	**ai** ri	**avons** ri
r**is**	r**iez**	**as** ri	**avez** ri
r**it**	r**ient**	**a** ri	**ont** ri
imparfait de l'indicatif		plus-que-parfait de l'indicatif	
ri**ais**	ri**ions**	**avais** ri	**avions** ri
ri**ais**	ri**iez**	**avais** ri	**aviez** ri
ri**ait**	ri**aient**	**avait** ri	**avaient** ri
passé simple		passé antérieur	
r**is**	r**îmes**	**eus** ri	**eûmes** ri
r**is**	r**îtes**	**eus** ri	**eûtes** ri
r**it**	r**irent**	**eut** ri	**eurent** ri
futur		futur antérieur	
rir**ai**	rir**ons**	**aurai** ri	**aurons** ri
rir**as**	rir**ez**	**auras** ri	**aurez** ri
rir**a**	rir**ont**	**aura** ri	**auront** ri
conditionnel		conditionnel passé	
rir**ais**	rir**ions**	**aurais** ri	**aurions** ri
rir**ais**	rir**iez**	**aurais** ri	**auriez** ri
rir**ait**	rir**aient**	**aurait** ri	**auraient** ri
présent du subjonctif		passé du subjonctif	
ri**e**	ri**ions**	**aie** ri	**ayons** ri
ri**es**	ri**iez**	**aies** ri	**ayez** ri
ri**e**	ri**ent**	**ait** ri	**aient** ri
imparfait du subjonctif		plus-que-parfait du subjonctif	
r**isse**	r**issions**	**eusse** ri	**eussions** ri
r**isses**	r**issiez**	**eusses** ri	**eussiez** ri
r**ît**	r**issent**	**eût** ri	**eussent** ri

impératif
ris
rions
riez

rompre — to break, to break up, to sever

participe présent **rompant** participe passé **rompu**

SINGULAR	PLURAL	SINGULAR	PLURAL
présent de l'indicatif		passé composé	
romp**s**	romp**ons**	**ai** rompu	**avons** rompu
romp**s**	romp**ez**	**as** rompu	**avez** rompu
romp**t**	romp**ent**	**a** rompu	**ont** rompu
imparfait de l'indicatif		plus-que-parfait de l'indicatif	
romp**ais**	romp**ions**	**avais** rompu	**avions** rompu
romp**ais**	romp**iez**	**avais** rompu	**aviez** rompu
romp**ait**	romp**aient**	**avait** rompu	**avaient** rompu
passé simple		passé antérieur	
romp**is**	romp**îmes**	**eus** rompu	**eûmes** rompu
romp**is**	romp**îtes**	**eus** rompu	**eûtes** rompu
romp**it**	romp**irent**	**eut** rompu	**eurent** rompu
futur		futur antérieur	
rompr**ai**	rompr**ons**	**aurai** rompu	**aurons** rompu
rompr**as**	rompr**ez**	**auras** rompu	**aurez** rompu
rompr**a**	rompr**ont**	**aura** rompu	**auront** rompu
conditionnel		conditionnel passé	
rompr**ais**	rompr**ions**	**aurais** rompu	**aurions** rompu
rompr**ais**	rompr**iez**	**aurais** rompu	**auriez** rompu
rompr**ait**	rompr**aient**	**aurait** rompu	**auraient** rompu
présent du subjonctif		passé du subjonctif	
romp**e**	romp**ions**	**aie** rompu	**ayons** rompu
romp**es**	romp**iez**	**aies** rompu	**ayez** rompu
romp**e**	romp**ent**	**ait** rompu	**aient** rompu
imparfait du subjonctif		plus-que-parfait du subjonctif	
rompi**sse**	rompi**ssions**	**eusse** rompu	**eussions** rompu
rompi**sses**	rompi**ssiez**	**eusses** rompu	**eussiez** rompu
rompî**t**	rompi**ssent**	**eût** rompu	**eussent** rompu

impératif
romps
rompons
rompez

participe présent **rougissant** participe passé **rougi**

SINGULAR	PLURAL	SINGULAR	PLURAL
présent de l'indicatif		passé composé	
rougi**s**	rougi**ssons**	**ai** rougi	**avons** rougi
rougi**s**	rougi**ssez**	**as** rougi	**avez** rougi
rougi**t**	rougi**ssent**	**a** rougi	**ont** rougi
imparfait de l'indicatif		plus-que-parfait de l'indicatif	
rougiss**ais**	rougiss**ions**	**avais** rougi	**avions** rougi
rougiss**ais**	rougiss**iez**	**avais** rougi	**aviez** rougi
rougiss**ait**	rougiss**aient**	**avait** rougi	**avaient** rougi
passé simple		passé antérieur	
roug**is**	roug**îmes**	**eus** rougi	**eûmes** rougi
roug**is**	roug**îtes**	**eus** rougi	**eûtes** rougi
roug**it**	roug**irent**	**eut** rougi	**eurent** rougi
futur		futur antérieur	
rougir**ai**	rougir**ons**	**aurai** rougi	**aurons** rougi
rougir**as**	rougir**ez**	**auras** rougi	**aurez** rougi
rougir**a**	rougir**ont**	**aura** rougi	**auront** rougi
conditionnel		conditionnel passé	
rougir**ais**	rougir**ions**	**aurais** rougi	**aurions** rougi
rougir**ais**	rougir**iez**	**aurais** rougi	**auriez** rougi
rougir**ait**	rougir**aient**	**aurait** rougi	**auraient** rougi
présent du subjonctif		passé du subjonctif	
rougiss**e**	rougiss**ions**	**aie** rougi	**ayons** rougi
rougiss**es**	rougiss**iez**	**aies** rougi	**ayez** rougi
rougiss**e**	rougiss**ent**	**ait** rougi	**aient** rougi
imparfait du subjonctif		plus-que-parfait du subjonctif	
rougi**sse**	rougi**ssions**	**eusse** rougi	**eussions** rougi
rougi**sses**	rougi**ssiez**	**eusses** rougi	**eussiez** rougi
roug**ît**	rougi**ssent**	**eût** rougi	**eussent** rougi

impératif
rougis
rougissons
rougissez

MEMORY TIP
In the past, **blush** was called rouge.

rouler — to roll, to roll along, to drive

participe présent **roulant** participe passé **roulé**

SINGULAR	PLURAL	SINGULAR	PLURAL
présent de l'indicatif		passé composé	
roul**e**	roul**ons**	**ai** roulé	**avons** roulé
roul**es**	roul**ez**	**as** roulé	**avez** roulé
roul**e**	roul**ent**	**a** roulé	**ont** roulé
imparfait de l'indicatif		plus-que-parfait de l'indicatif	
roul**ais**	roul**ions**	**avais** roulé	**avions** roulé
roul**ais**	roul**iez**	**avais** roulé	**aviez** roulé
roul**ait**	roul**aient**	**avait** roulé	**avaient** roulé
passé simple		passé antérieur	
roul**ai**	roul**âmes**	**eus** roulé	**eûmes** roulé
roul**as**	roul**âtes**	**eus** roulé	**eûtes** roulé
roul**a**	roul**èrent**	**eut** roulé	**eurent** roulé
futur		futur antérieur	
rouler**ai**	rouler**ons**	**aurai** roulé	**aurons** roulé
rouler**as**	rouler**ez**	**auras** roulé	**aurez** roulé
rouler**a**	rouler**ont**	**aura** roulé	**auront** roulé
conditionnel		conditionnel passé	
rouler**ais**	rouler**ions**	**aurais** roulé	**aurions** roulé
rouler**ais**	rouler**iez**	**aurais** roulé	**auriez** roulé
rouler**ait**	rouler**aient**	**aurait** roulé	**auraient** roulé
présent du subjonctif		passé du subjonctif	
roul**e**	roul**ions**	**aie** roulé	**ayons** roulé
roul**es**	roul**iez**	**aies** roulé	**ayez** roulé
roul**e**	roul**ent**	**ait** roulé	**aient** roulé
imparfait du subjonctif		plus-que-parfait du subjonctif	
roula**sse**	roula**ssions**	**eusse** roulé	**eussions** roulé
roula**sses**	roula**ssiez**	**eusses** roulé	**eussiez** roulé
roulâ**t**	roula**ssent**	**eût** roulé	**eussent** roulé

impératif
roule
roulons
roulez

to seize, to comprehend **saisir**

participe présent **saisissant** participe passé **saisi**

SINGULAR	PLURAL	SINGULAR	PLURAL
présent de l'indicatif		passé composé	
saisi**s**	saisi**ssons**	**ai** saisi	**avons** saisi
saisi**s**	saisi**ssez**	**as** saisi	**avez** saisi
saisi**t**	saisi**ssent**	**a** saisi	**ont** saisi
imparfait de l'indicatif		plus-que-parfait de l'indicatif	
saisiss**ais**	saisiss**ions**	**avais** saisi	**avions** saisi
saisiss**ais**	saisiss**iez**	**avais** saisi	**aviez** saisi
saisiss**ait**	saisiss**aient**	**avait** saisi	**avaient** saisi
passé simple		passé antérieur	
saisi**s**	saisî**mes**	**eus** saisi	**eûmes** saisi
saisi**s**	saisî**tes**	**eus** saisi	**eûtes** saisi
saisi**t**	saisi**rent**	**eut** saisi	**eurent** saisi
futur		futur antérieur	
saisir**ai**	saisir**ons**	**aurai** saisi	**aurons** saisi
saisir**as**	saisir**ez**	**auras** saisi	**aurez** saisi
saisir**a**	saisir**ont**	**aura** saisi	**auront** saisi
conditionnel		conditionnel passé	
saisir**ais**	saisir**ions**	**aurais** saisi	**aurions** saisi
saisir**ais**	saisir**iez**	**aurais** saisi	**auriez** saisi
saisir**ait**	saisir**aient**	**aurait** saisi	**auraient** saisi
présent du subjonctif		passé du subjonctif	
saisiss**e**	saisiss**ions**	**aie** saisi	**ayons** saisi
saisiss**es**	saisiss**iez**	**aies** saisi	**ayez** saisi
saisiss**e**	saisiss**ent**	**ait** saisi	**aient** saisi
imparfait du subjonctif		plus-que-parfait du subjonctif	
saisi**sse**	saisi**ssions**	**eusse** saisi	**eussions** saisi
saisi**sses**	saisi**ssiez**	**eusses** saisi	**eussiez** saisi
saisî**t**	saisi**ssent**	**eût** saisi	**eussent** saisi

impératif
saisis
saisissons
saisissez

S

salir — to soil, to dirty

participe présent **salissant** — participe passé **sali**

SINGULAR	PLURAL	SINGULAR	PLURAL
présent de l'indicatif		passé composé	
sali**s**	sali**ssons**	**ai** sali	**avons** sali
sali**s**	sali**ssez**	**as** sali	**avez** sali
sali**t**	sali**ssent**	**a** sali	**ont** sali
imparfait de l'indicatif		plus-que-parfait de l'indicatif	
saliss**ais**	saliss**ions**	**avais** sali	**avions** sali
saliss**ais**	saliss**iez**	**avais** sali	**aviez** sali
saliss**ait**	saliss**aient**	**avait** sali	**avaient** sali
passé simple		passé antérieur	
sali**s**	sal**îmes**	**eus** sali	**eûmes** sali
sali**s**	sal**îtes**	**eus** sali	**eûtes** sali
sali**t**	sali**rent**	**eut** sali	**eurent** sali
futur		futur antérieur	
salir**ai**	salir**ons**	**aurai** sali	**aurons** sali
salir**as**	salir**ez**	**auras** sali	**aurez** sali
salir**a**	salir**ont**	**aura** sali	**auront** sali
conditionnel		conditionnel passé	
salir**ais**	salir**ions**	**aurais** sali	**aurions** sali
salir**ais**	salir**iez**	**aurais** sali	**auriez** sali
salir**ait**	salir**aient**	**aurait** sali	**auraient** sali
présent du subjonctif		passé du subjonctif	
saliss**e**	saliss**ions**	**aie** sali	**ayons** sali
saliss**es**	saliss**iez**	**aies** sali	**ayez** sali
saliss**e**	saliss**ent**	**ait** sali	**aient** sali
imparfait du subjonctif		plus-que-parfait du subjonctif	
sali**sse**	sali**ssions**	**eusse** sali	**eussions** sali
sali**sses**	sali**ssiez**	**eusses** sali	**eussiez** sali
sal**ît**	sali**ssent**	**eût** sali	**eussent** sali

impératif
salis
salissons
salissez

participe présent **satisfaisant** participe passé **satisfait**

SINGULAR	PLURAL	SINGULAR	PLURAL
présent de l'indicatif		passé composé	
satisfai**s**	satisfais**ons**	**ai** satisfait	**avons** satisfait
satisfai**s**	satisfait**es**	**as** satisfait	**avez** satisfait
satisfai**t**	satisf**ont**	**a** satisfait	**ont** satisfait
imparfait de l'indicatif		plus-que-parfait de l'indicatif	
satisfais**ais**	satisfais**ions**	**avais** satisfait	**avions** satisfait
satisfais**ais**	satisfais**iez**	**avais** satisfait	**aviez** satisfait
satisfais**ait**	satisfais**aient**	**avait** satisfait	**avaient** satisfait
passé simple		passé antérieur	
satisf**is**	satisf**îmes**	**eus** satisfait	**eûmes** satisfait
satisf**is**	satisf**îtes**	**eus** satisfait	**eûtes** satisfait
satisf**it**	satisf**irent**	**eut** satisfait	**eurent** satisfait
futur		futur antérieur	
satisfer**ai**	satisfer**ons**	**aurai** satisfait	**aurons** satisfait
satisfer**as**	satisfer**ez**	**auras** satisfait	**aurez** satisfait
satisfer**a**	satisfer**ont**	**aura** satisfait	**auront** satisfait
conditionnel		conditionnel passé	
satisfer**ais**	satisfer**ions**	**aurais** satisfait	**aurions** satisfait
satisfer**ais**	satisfer**iez**	**aurais** satisfait	**auriez** satisfait
satisfer**ait**	satisfer**aient**	**aurait** satisfait	**auraient** satisfait
présent du subjonctif		passé du subjonctif	
satisfass**e**	satisfass**ions**	**aie** satisfait	**ayons** satisfait
satisfass**es**	satisfass**iez**	**aies** satisfait	**ayez** satisfait
satisfass**e**	satisfass**ent**	**ait** satisfait	**aient** satisfait
imparfait du subjonctif		plus-que-parfait du subjonctif	
satisfi**sse**	satisfi**ssions**	**eusse** satisfait	**eussions** satisfait
satisfi**sses**	satisfi**ssiez**	**eusses** satisfait	**eussiez** satisfait
satisf**ît**	satisfi**ssent**	**eût** satisfait	**eussent** satisfait

impératif
satisfais
satisfaisons
satisfaites

sauter — to jump, to skip over

participe présent **sautant** participe passé **sauté**

SINGULAR	PLURAL	SINGULAR	PLURAL
présent de l'indicatif		passé composé	
saut**e**	saut**ons**	**ai** sauté	**avons** sauté
saut**es**	saut**ez**	**as** sauté	**avez** sauté
saut**e**	saut**ent**	**a** sauté	**ont** sauté
imparfait de l'indicatif		plus-que-parfait de l'indicatif	
saut**ais**	saut**ions**	**avais** sauté	**avions** sauté
saut**ais**	saut**iez**	**avais** sauté	**aviez** sauté
saut**ait**	saut**aient**	**avait** sauté	**avaient** sauté
passé simple		passé antérieur	
saut**ai**	saut**âmes**	**eus** sauté	**eûmes** sauté
saut**as**	saut**âtes**	**eus** sauté	**eûtes** sauté
saut**a**	saut**èrent**	**eut** sauté	**eurent** sauté
futur		futur antérieur	
sauter**ai**	sauter**ons**	**aurai** sauté	**aurons** sauté
sauter**as**	sauter**ez**	**auras** sauté	**aurez** sauté
sauter**a**	sauter**ont**	**aura** sauté	**auront** sauté
conditionnel		conditionnel passé	
sauter**ais**	sauter**ions**	**aurais** sauté	**aurions** sauté
sauter**ais**	sauter**iez**	**aurais** sauté	**auriez** sauté
sauter**ait**	sauter**aient**	**aurait** sauté	**auraient** sauté
présent du subjonctif		passé du subjonctif	
saut**e**	saut**ions**	**aie** sauté	**ayons** sauté
saut**es**	saut**iez**	**aies** sauté	**ayez** sauté
saut**e**	saut**ent**	**ait** sauté	**aient** sauté
imparfait du subjonctif		plus-que-parfait du subjonctif	
sauta**sse**	sauta**ssions**	**eusse** sauté	**eussions** sauté
sauta**sses**	sauta**ssiez**	**eusses** sauté	**eussiez** sauté
saut**ât**	sauta**ssent**	**eût** sauté	**eussent** sauté

impératif
saute
sautons
sautez

MEMORY TIP

The drops of water in the hot sauté pan **jumped**.

participe présent **sauvant** participe passé **sauvé**

SINGULAR	PLURAL	SINGULAR	PLURAL
présent de l'indicatif		passé composé	
sauv**e**	sauv**ons**	**ai** sauvé	**avons** sauvé
sauv**es**	sauv**ez**	**as** sauvé	**avez** sauvé
sauv**e**	sauv**ent**	**a** sauvé	**ont** sauvé
imparfait de l'indicatif		plus-que-parfait de l'indicatif	
sauv**ais**	sauv**ions**	**avais** sauvé	**avions** sauvé
sauv**ais**	sauv**iez**	**avais** sauvé	**aviez** sauvé
sauv**ait**	sauv**aient**	**avait** sauvé	**avaient** sauvé
passé simple		passé antérieur	
sauv**ai**	sauv**âmes**	**eus** sauvé	**eûmes** sauvé
sauv**as**	sauv**âtes**	**eus** sauvé	**eûtes** sauvé
sauv**a**	sauv**èrent**	**eut** sauvé	**eurent** sauvé
futur		futur antérieur	
sauver**ai**	sauver**ons**	**aurai** sauvé	**aurons** sauvé
sauver**as**	sauver**ez**	**auras** sauvé	**aurez** sauvé
sauver**a**	sauver**ont**	**aura** sauvé	**auront** sauvé
conditionnel		conditionnel passé	
sauver**ais**	sauver**ions**	**aurais** sauvé	**aurions** sauvé
sauver**ais**	sauver**iez**	**aurais** sauvé	**auriez** sauvé
sauver**ait**	sauver**aient**	**aurait** sauvé	**auraient** sauvé
présent du subjonctif		passé du subjonctif	
sauv**e**	sauv**ions**	**aie** sauvé	**ayons** sauvé
sauv**es**	sauv**iez**	**aies** sauvé	**ayez** sauvé
sauv**e**	sauv**ent**	**ait** sauvé	**aient** sauvé
imparfait du subjonctif		plus-que-parfait du subjonctif	
sauva**sse**	sauva**ssions**	**eusse** sauvé	**eussions** sauvé
sauva**sses**	sauva**ssiez**	**eusses** sauvé	**eussiez** sauvé
sauvâ**t**	sauva**ssent**	**eût** sauvé	**eussent** sauvé

impératif
sauve
sauvons
sauvez

se sauver — to run away

participe présent **se sauvant** participe passé **sauvé(e)(s)**

SINGULAR	PLURAL	SINGULAR	PLURAL
présent de l'indicatif		*passé composé*	
me sauv**e**	**nous** sauv**ons**	**me suis** sauvé(e)	**nous sommes** sauvé(e)s
te sauv**es**	**vous** sauv**ez**	**t'es** sauvé(e)	**vous êtes** sauvé(e)(s)
se sauv**e**	**se** sauv**ent**	**s'est** sauvé(e)	**se sont** sauvé(e)s
imparfait de l'indicatif		*plus-que-parfait de l'indicatif*	
me sauv**ais**	**nous** sauv**ions**	**m'étais** sauvé(e)	**nous étions** sauvé(e)s
te sauv**ais**	**vous** sauv**iez**	**t'étais** sauvé(e)	**vous étiez** sauvé(e)(s)
se sauv**ait**	**se** sauv**aient**	**s'était** sauvé(e)	**s'étaient** sauvé(e)s
passé simple		*passé antérieur*	
me sauv**ai**	**nous** sauv**âmes**	**me fus** sauvé(e)	**nous fûmes** sauvé(e)s
te sauv**as**	**vous** sauv**âtes**	**te fus** sauvé(e)	**vous fûtes** sauvé(e)(s)
se sauv**a**	**se** sauv**èrent**	**se fut** sauvé(e)	**se furent** sauvé(e)s
futur		*futur antérieur*	
me sauver**ai**	**nous** sauver**ons**	**me serai** sauvé(e)	**nous serons** sauvé(e)s
te sauver**as**	**vous** sauver**ez**	**te seras** sauvé(e)	**vous serez** sauvé(e)(s)
se sauver**a**	**se** sauver**ont**	**se sera** sauvé(e)	**se seront** sauvé(e)s
conditionnel		*conditionnel passé*	
me sauver**ais**	**nous** sauver**ions**	**me serais** sauvé(e)	**nous serions** sauvé(e)s
te sauver**ais**	**vous** sauver**iez**	**te serais** sauvé(e)	**vous seriez** sauvé(e)(s)
se sauver**ait**	**se** sauver**aient**	**se serait** sauvé(e)	**se seraient** sauvé(e)s
présent du subjonctif		*passé du subjonctif*	
me sauv**e**	**nous** sauv**ions**	**me sois** sauvé(e)	**nous soyons** sauvé(e)s
te sauv**es**	**vous** sauv**iez**	**te sois** sauvé(e)	**vous soyez** sauvé(e)(s)
se sauv**e**	**se** sauv**ent**	**se soit** sauvé(e)	**se soient** sauvé(e)s
imparfait du subjonctif		*plus-que-parfait du subjonctif*	
me sauva**sse**	**nous** sauva**ssions**	**me fusse** sauvé(e)	**nous fussions** sauvé(e)s
te sauva**sses**	**vous** sauva**ssiez**	**te fusses** sauvé(e)	**vous fussiez** sauvé(e)(s)
se sauv**ât**	**se** sauva**ssent**	**se fût** sauvé(e)	**se fussent** sauvé(e)s

impératif

sauve-toi
sauvons-nous
sauvez-vous

to know (how) savoir

participe présent **sachant** participe passé **su**

SINGULAR	PLURAL	SINGULAR	PLURAL
présent de l'indicatif		*passé composé*	
sai**s**	sav**ons**	**ai** su	**avons** su
sai**s**	sav**ez**	**as** su	**avez** su
sai**t**	sav**ent**	**a** su	**ont** su
imparfait de l'indicatif		*plus-que-parfait de l'indicatif*	
sav**ais**	sav**ions**	**avais** su	**avions** su
sav**ais**	sav**iez**	**avais** su	**aviez** su
sav**ait**	sav**aient**	**avait** su	**avaient** su
passé simple		*passé antérieur*	
s**us**	s**ûmes**	**eus** su	**eûmes** su
s**us**	s**ûtes**	**eus** su	**eûtes** su
s**ut**	s**urent**	**eut** su	**eurent** su
futur		*futur antérieur*	
saur**ai**	saur**ons**	**aurai** su	**aurons** su
saur**as**	saur**ez**	**auras** su	**aurez** su
saur**a**	saur**ont**	**aura** su	**auront** su
conditionnel		*conditionnel passé*	
saur**ais**	saur**ions**	**aurais** su	**aurions** su
saur**ais**	saur**iez**	**aurais** su	**auriez** su
saur**ait**	saur**aient**	**aurait** su	**auraient** su
présent du subjonctif		*passé du subjonctif*	
sach**e**	sach**ions**	**aie** su	**ayons** su
sach**es**	sach**iez**	**aies** su	**ayez** su
sach**e**	sach**ent**	**ait** su	**aient** su
imparfait du subjonctif		*plus-que-parfait du subjonctif*	
su**sse**	su**ssions**	**eusse** su	**eussions** su
su**sses**	su**ssiez**	**eusses** su	**eussiez** su
sû**t**	su**ssent**	**eût** su	**eussent** su

impératif

sache
sachons
sachez

sécher

to dry

participe présent **séchant** participe passé **séché**

SINGULAR	PLURAL	SINGULAR	PLURAL
présent de l'indicatif		passé composé	
sèch**e**	séch**ons**	**ai** séché	**avons** séché
sèch**es**	séch**ez**	**as** séché	**avez** séché
sèch**e**	sèch**ent**	**a** séché	**ont** séché
imparfait de l'indicatif		plus-que-parfait de l'indicatif	
séch**ais**	séch**ions**	**avais** séché	**avions** séché
séch**ais**	séch**iez**	**avais** séché	**aviez** séché
séch**ait**	séch**aient**	**avait** séché	**avaient** séché
passé simple		passé antérieur	
séch**ai**	séch**âmes**	**eus** séché	**eûmes** séché
séch**as**	séch**âtes**	**eus** séché	**eûtes** séché
séch**a**	séch**èrent**	**eut** séché	**eurent** séché
futur		futur antérieur	
sécher**ai**	sécher**ons**	**aurai** séché	**aurons** séché
sécher**as**	sécher**ez**	**auras** séché	**aurez** séché
sécher**a**	sécher**ont**	**aura** séché	**auront** séché
conditionnel		conditionnel passé	
sécher**ais**	sécher**ions**	**aurais** séché	**aurions** séché
sécher**ais**	sécher**iez**	**aurais** séché	**auriez** séché
sécher**ait**	sécher**aient**	**aurait** séché	**auraient** séché
présent du subjonctif		passé du subjonctif	
sèch**e**	séch**ions**	**aie** séché	**ayons** séché
sèch**es**	séch**iez**	**aies** séché	**ayez** séché
sèch**e**	sèch**ent**	**ait** séché	**aient** séché
imparfait du subjonctif		plus-que-parfait du subjonctif	
sécha**sse**	sécha**ssions**	**eusse** séché	**eussions** séché
sécha**sses**	sécha**ssiez**	**eusses** séché	**eussiez** séché
séch**ât**	sécha**ssent**	**eût** séché	**eussent** séché

impératif
sèche
séchons
séchez

to shake — secouer

participe présent **secouant** participe passé **secoué**

SINGULAR	PLURAL	SINGULAR	PLURAL
présent de l'indicatif		passé composé	
secou**e**	secou**ons**	**ai** secoué	**avons** secoué
secou**es**	secou**ez**	**as** secoué	**avez** secoué
secou**e**	secou**ent**	**a** secoué	**ont** secoué
imparfait de l'indicatif		plus-que-parfait de l'indicatif	
secou**ais**	secou**ions**	**avais** secoué	**avions** secoué
secou**ais**	secou**iez**	**avais** secoué	**aviez** secoué
secou**ait**	secou**aient**	**avait** secoué	**avaient** secoué
passé simple		passé antérieur	
secou**ai**	secou**âmes**	**eus** secoué	**eûmes** secoué
secou**as**	secou**âtes**	**eus** secoué	**eûtes** secoué
secou**a**	secou**èrent**	**eut** secoué	**eurent** secoué
futur		futur antérieur	
secouer**ai**	secouer**ons**	**aurai** secoué	**aurons** secoué
secouer**as**	secouer**ez**	**auras** secoué	**aurez** secoué
secouer**a**	secouer**ont**	**aura** secoué	**auront** secoué
conditionnel		conditionnel passé	
secouer**ais**	secouer**ions**	**aurais** secoué	**aurions** secoué
secouer**ais**	secouer**iez**	**aurais** secoué	**auriez** secoué
secouer**ait**	secouer**aient**	**aurait** secoué	**auraient** secoué
présent du subjonctif		passé du subjonctif	
secou**e**	secou**ions**	**aie** secoué	**ayons** secoué
secou**es**	secou**iez**	**aies** secoué	**ayez** secoué
secou**e**	secou**ent**	**ait** secoué	**aient** secoué
imparfait du subjonctif		plus-que-parfait du subjonctif	
secoua**sse**	secoua**ssions**	**eusse** secoué	**eussions** secoué
secoua**sses**	secoua**ssiez**	**eusses** secoué	**eussiez** secoué
secou**ât**	secoua**ssent**	**eût** secoué	**eussent** secoué

impératif
secoue
secouons
secouez

S

secourir — to help, to rescue

participe présent **secourant** participe passé **secouru**

SINGULAR	PLURAL	SINGULAR	PLURAL
présent de l'indicatif		passé composé	
secour**s**	secour**ons**	**ai** secouru	**avons** secouru
secour**s**	secour**ez**	**as** secouru	**avez** secouru
secour**t**	secour**ent**	**a** secouru	**ont** secouru
imparfait de l'indicatif		plus-que-parfait de l'indicatif	
secour**ais**	secour**ions**	**avais** secouru	**avions** secouru
secour**ais**	secour**iez**	**avais** secouru	**aviez** secouru
secour**ait**	secour**aient**	**avait** secouru	**avaient** secouru
passé simple		passé antérieur	
secour**us**	secour**ûmes**	**eus** secouru	**eûmes** secouru
secour**us**	secour**ûtes**	**eus** secouru	**eûtes** secouru
secour**ut**	secour**urent**	**eut** secouru	**eurent** secouru
futur		futur antérieur	
secourr**ai**	secourr**ons**	**aurai** secouru	**aurons** secouru
secourr**as**	secourr**ez**	**auras** secouru	**aurez** secouru
secourr**a**	secourr**ont**	**aura** secouru	**auront** secouru
conditionnel		conditionnel passé	
secourr**ais**	secourr**ions**	**aurais** secouru	**aurions** secouru
secourr**ais**	secourr**iez**	**aurais** secouru	**auriez** secouru
secourr**ait**	secourr**aient**	**aurait** secouru	**auraient** secouru
présent du subjonctif		passé du subjonctif	
secour**e**	secour**ions**	**aie** secouru	**ayons** secouru
secour**es**	secour**iez**	**aies** secouru	**ayez** secouru
secour**e**	secour**ent**	**ait** secouru	**aient** secouru
imparfait du subjonctif		plus-que-parfait du subjonctif	
secouru**sse**	secouru**ssions**	**eusse** secouru	**eussions** secouru
secouru**sses**	secouru**ssiez**	**eusses** secouru	**eussiez** secouru
secour**ût**	secouru**ssent**	**eût** secouru	**eussent** secouru

impératif

secours
secourons
secourez

to seduce, to captivate **séduire**

participe présent **séduisant** participe passé **séduit**

SINGULAR	PLURAL	SINGULAR	PLURAL
présent de l'indicatif		passé composé	
sédui**s**	séduis**ons**	**ai** séduit	**avons** séduit
sédui**s**	séduis**ez**	**as** séduit	**avez** séduit
sédui**t**	séduis**ent**	**a** séduit	**ont** séduit
imparfait de l'indicatif		plus-que-parfait de l'indicatif	
séduis**ais**	séduis**ions**	**avais** séduit	**avions** séduit
séduis**ais**	séduis**iez**	**avais** séduit	**aviez** séduit
séduis**ait**	séduis**aient**	**avait** séduit	**avaient** séduit
passé simple		passé antérieur	
séduis**is**	séduis**îmes**	**eus** séduit	**eûmes** séduit
séduis**is**	séduis**îtes**	**eus** séduit	**eûtes** séduit
séduis**it**	séduis**irent**	**eut** séduit	**eurent** séduit
futur		futur antérieur	
séduir**ai**	séduir**ons**	**aurai** séduit	**aurons** séduit
séduir**as**	séduir**ez**	**auras** séduit	**aurez** séduit
séduir**a**	séduir**ont**	**aura** séduit	**auront** séduit
conditionnel		conditionnel passé	
séduir**ais**	séduir**ions**	**aurais** séduit	**aurions** séduit
séduir**ais**	séduir**iez**	**aurais** séduit	**auriez** séduit
séduir**ait**	séduir**aient**	**aurait** séduit	**auraient** séduit
présent du subjonctif		passé du subjonctif	
sédui**se**	sédui**sions**	**aie** séduit	**ayons** séduit
sédui**ses**	sédui**siez**	**aies** séduit	**ayez** séduit
sédui**se**	sédui**sent**	**ait** séduit	**aient** séduit
imparfait du subjonctif		plus-que-parfait du subjonctif	
séduisi**sse**	séduisi**ssions**	**eusse** séduit	**eussions** séduit
séduisi**sses**	séduisi**ssiez**	**eusses** séduit	**eussiez** séduit
séduis**ît**	séduisi**ssent**	**eût** séduit	**eussent** séduit

impératif
séduis
séduisons
séduisez

S

sentir — to feel, to smell

participe présent **sentant** — participe passé **senti**

SINGULAR	PLURAL	SINGULAR	PLURAL
présent de l'indicatif		passé composé	
sen**s**	sent**ons**	**ai** senti	**avons** senti
sen**s**	sent**ez**	**as** senti	**avez** senti
sen**t**	sent**ent**	**a** senti	**ont** senti
imparfait de l'indicatif		plus-que-parfait de l'indicatif	
sent**ais**	sent**ions**	**avais** senti	**avions** senti
sent**ais**	sent**iez**	**avais** senti	**aviez** senti
sent**ait**	sent**aient**	**avait** senti	**avaient** senti
passé simple		passé antérieur	
sent**is**	sent**îmes**	**eus** senti	**eûmes** senti
sent**is**	sent**îtes**	**eus** senti	**eûtes** senti
sent**it**	sent**irent**	**eut** senti	**eurent** senti
futur		futur antérieur	
sentir**ai**	sentir**ons**	**aurai** senti	**aurons** senti
sentir**as**	sentir**ez**	**auras** senti	**aurez** senti
sentir**a**	sentir**ont**	**aura** senti	**auront** senti
conditionnel		conditionnel passé	
sentir**ais**	sentir**ions**	**aurais** senti	**aurions** senti
sentir**ais**	sentir**iez**	**aurais** senti	**auriez** senti
sentir**ait**	sentir**aient**	**aurait** senti	**auraient** senti
présent du subjonctif		passé du subjonctif	
sent**e**	sent**ions**	**aie** senti	**ayons** senti
sent**es**	sent**iez**	**aies** senti	**ayez** senti
sent**e**	sent**ent**	**ait** senti	**aient** senti
imparfait du subjonctif		plus-que-parfait du subjonctif	
senti**sse**	senti**ssions**	**eusse** senti	**eussions** senti
senti**sses**	senti**ssiez**	**eusses** senti	**eussiez** senti
sent**ît**	senti**ssent**	**eût** senti	**eussent** senti

impératif
sens
sentons
sentez

to separate, to split — séparer

participe présent **séparant** participe passé **séparé**

SINGULAR	PLURAL	SINGULAR	PLURAL
présent de l'indicatif		passé composé	
sépar**e**	sépar**ons**	**ai** séparé	**avons** séparé
sépar**es**	sépar**ez**	**as** séparé	**avez** séparé
sépar**e**	sépar**ent**	**a** séparé	**ont** séparé
imparfait de l'indicatif		plus-que-parfait de l'indicatif	
sépar**ais**	sépar**ions**	**avais** séparé	**avions** séparé
sépar**ais**	sépar**iez**	**avais** séparé	**aviez** séparé
sépar**ait**	sépar**aient**	**avait** séparé	**avaient** séparé
passé simple		passé antérieur	
sépar**ai**	sépar**âmes**	**eus** séparé	**eûmes** séparé
sépar**as**	sépar**âtes**	**eus** séparé	**eûtes** séparé
sépar**a**	sépar**èrent**	**eut** séparé	**eurent** séparé
futur		futur antérieur	
séparer**ai**	séparer**ons**	**aurai** séparé	**aurons** séparé
séparer**as**	séparer**ez**	**auras** séparé	**aurez** séparé
séparer**a**	séparer**ont**	**aura** séparé	**auront** séparé
conditionnel		conditionnel passé	
séparer**ais**	séparer**ions**	**aurais** séparé	**aurions** séparé
séparer**ais**	séparer**iez**	**aurais** séparé	**auriez** séparé
séparer**ait**	séparer**aient**	**aurait** séparé	**auraient** séparé
présent du subjonctif		passé du subjonctif	
sépar**e**	sépar**ions**	**aie** séparé	**ayons** séparé
sépar**es**	sépar**iez**	**aies** séparé	**ayez** séparé
sépar**e**	sépar**ent**	**ait** séparé	**aient** séparé
imparfait du subjonctif		plus-que-parfait du subjonctif	
sépara**sse**	sépara**ssions**	**eusse** séparé	**eussions** séparé
sépara**sses**	sépara**ssiez**	**eusses** séparé	**eussiez** séparé
sépar**ât**	sépara**ssent**	**eût** séparé	**eussent** séparé

impératif

sépare

séparons

séparez

se séparer — to be separated from

participe présent **se séparant** — participe passé **séparé(e)(s)**

SINGULAR	PLURAL	SINGULAR	PLURAL
présent de l'indicatif		passé composé	
me sépar**e**	**nous** sépar**ons**	**me suis** séparé(e)	**nous sommes** séparé(e)s
te sépar**es**	**vous** sépar**ez**	**t'es** séparé(e)	**vous êtes** séparé(e)(s)
se sépar**e**	**se** sépar**ent**	**s'est** séparé(e)	**se sont** séparé(e)s
imparfait de l'indicatif		plus-que-parfait de l'indicatif	
me sépar**ais**	**nous** sépar**ions**	**m'étais** séparé(e)	**nous étions** séparé(e)s
te sépar**ais**	**vous** sépar**iez**	**t'étais** séparé(e)	**vous étiez** séparé(e)(s)
se sépar**ait**	**se** sépar**aient**	**s'était** séparé(e)	**s'étaient** séparé(e)s
passé simple		passé antérieur	
me sépar**ai**	**nous** sépar**âmes**	**me fus** séparé(e)	**nous fûmes** séparé(e)s
te sépar**as**	**vous** sépar**âtes**	**te fus** séparé(e)	**vous fûtes** séparé(e)(s)
se sépar**a**	**se** sépar**èrent**	**se fut** séparé(e)	**se furent** séparé(e)s
futur		futur antérieur	
me séparer**ai**	**nous** séparer**ons**	**me serai** séparé(e)	**nous serons** séparé(e)s
te séparer**as**	**vous** séparer**ez**	**te seras** séparé(e)	**vous serez** séparé(e)(s)
se séparer**a**	**se** séparer**ont**	**se sera** séparé(e)	**se seront** séparé(e)s
conditionnel		conditionnel passé	
me séparer**ais**	**nous** séparer**ions**	**me serais** séparé(e)	**nous serions** séparé(e)s
te séparer**ais**	**vous** séparer**iez**	**te serais** séparé(e)	**vous seriez** séparé(e)(s)
se séparer**ait**	**se** séparer**aient**	**se serait** séparé(e)	**se seraient** séparé(e)s
présent du subjonctif		passé du subjonctif	
me sépar**e**	**nous** sépar**ions**	**me sois** séparé(e)	**nous soyons** séparé(e)s
te sépar**es**	**vous** sépar**iez**	**te sois** séparé(e)	**vous soyez** séparé(e)(s)
se sépar**e**	**se** sépar**ent**	**se soit** séparé(e)	**se soient** séparé(e)s
imparfait du subjonctif		plus-que-parfait du subjonctif	
me sépara**sse**	**nous** sépara**ssions**	**me fusse** séparé(e)	**nous fussions** séparé(e)s
te sépara**sses**	**vous** sépara**ssiez**	**te fusses** séparé(e)	**vous fussiez** séparé(e)(s)
se sépar**ât**	**se** sépara**ssent**	**se fût** séparé(e)	**se fussent** séparé(e)s

impératif
sépare-toi
séparons-nous
séparez-vous

participe présent **serrant** participe passé **serré**

SINGULAR	PLURAL	SINGULAR	PLURAL
présent de l'indicatif		passé composé	
serr**e**	serr**ons**	**ai** serré	**avons** serré
serr**es**	serr**ez**	**as** serré	**avez** serré
serr**e**	serr**ent**	**a** serré	**ont** serré
imparfait de l'indicatif		plus-que-parfait de l'indicatif	
serr**ais**	serr**ions**	**avais** serré	**avions** serré
serr**ais**	serr**iez**	**avais** serré	**aviez** serré
serr**ait**	serr**aient**	**avait** serré	**avaient** serré
passé simple		passé antérieur	
serr**ai**	serr**âmes**	**eus** serré	**eûmes** serré
serr**as**	serr**âtes**	**eus** serré	**eûtes** serré
serr**a**	serr**èrent**	**eut** serré	**eurent** serré
futur		futur antérieur	
serrer**ai**	serrer**ons**	**aurai** serré	**aurons** serré
serrer**as**	serrer**ez**	**auras** serré	**aurez** serré
serrer**a**	serrer**ont**	**aura** serré	**auront** serré
conditionnel		conditionnel passé	
serrer**ais**	serrer**ions**	**aurais** serré	**aurions** serré
serrer**ais**	serrer**iez**	**aurais** serré	**auriez** serré
serrer**ait**	serrer**aient**	**aurait** serré	**auraient** serré
présent du subjonctif		passé du subjonctif	
serr**e**	serr**ions**	**aie** serré	**ayons** serré
serr**es**	serr**iez**	**aies** serré	**ayez** serré
serr**e**	serr**ent**	**ait** serré	**aient** serré
imparfait du subjonctif		plus-que-parfait du subjonctif	
serra**sse**	serra**ssions**	**eusse** serré	**eussions** serré
serra**sses**	serra**ssiez**	**eusses** serré	**eussiez** serré
serr**ât**	serra**ssent**	**eût** serré	**eussent** serré

impératif
serre
serrons
serrez

servir — to serve, to help

participe présent **servant** participe passé **servi**

SINGULAR	PLURAL	SINGULAR	PLURAL
présent de l'indicatif		passé composé	
ser**s**	serv**ons**	**ai** servi	**avons** servi
ser**s**	serv**ez**	**as** servi	**avez** servi
ser**t**	serv**ent**	**a** servi	**ont** servi
imparfait de l'indicatif		plus-que-parfait de l'indicatif	
serv**ais**	serv**ions**	**avais** servi	**avions** servi
serv**ais**	serv**iez**	**avais** servi	**aviez** servi
serv**ait**	serv**aient**	**avait** servi	**avaient** servi
passé simple		passé antérieur	
servi**s**	serv**îmes**	**eus** servi	**eûmes** servi
servi**s**	serv**îtes**	**eus** servi	**eûtes** servi
servi**t**	serv**irent**	**eut** servi	**eurent** servi
futur		futur antérieur	
servir**ai**	servir**ons**	**aurai** servi	**aurons** servi
servir**as**	servir**ez**	**auras** servi	**aurez** servi
servir**a**	servir**ont**	**aura** servi	**auront** servi
conditionnel		conditionnel passé	
servir**ais**	servir**ions**	**aurais** servi	**aurions** servi
servir**ais**	servir**iez**	**aurais** servi	**auriez** servi
servir**ait**	servir**aient**	**aurait** servi	**auraient** servi
présent du subjonctif		passé du subjonctif	
serv**e**	serv**ions**	**aie** servi	**ayons** servi
serv**es**	serv**iez**	**aies** servi	**ayez** servi
serv**e**	serv**ent**	**ait** servi	**aient** servi
imparfait du subjonctif		plus-que-parfait du subjonctif	
servi**sse**	servi**ssions**	**eusse** servi	**eussions** servi
servi**sses**	servi**ssiez**	**eusses** servi	**eussiez** servi
serv**ît**	servi**ssent**	**eût** servi	**eussent** servi

impératif
sers
servons
servez

to help oneself — se servir

participe présent **se servant** participe passé **servi(e)(s)**

SINGULAR	PLURAL	SINGULAR	PLURAL
présent de l'indicatif		passé composé	
me sers	**nous** servons	**me suis** servi(e)	**nous sommes** servi(e)s
te sers	**vous** servez	**t'es** servi(e)	**vous êtes** servi(e)(s)
se sert	**se** servent	**s'est** servi(e)	**se sont** servi(e)s
imparfait de l'indicatif		plus-que-parfait de l'indicatif	
me servais	**nous** servions	**m'étais** servi(e)	**nous étions** servi(e)s
te servais	**vous** serviez	**t'étais** servi(e)	**vous étiez** servi(e)(s)
se servait	**se** servaient	**s'était** servi(e)	**s'étaient** servi(e)s
passé simple		passé antérieur	
me servis	**nous** servîmes	**me fus** servi(e)	**nous fûmes** servi(e)s
te servis	**vous** servîtes	**te fus** servi(e)	**vous fûtes** servi(e)(s)
se servit	**se** servirent	**se fut** servi(e)	**se furent** servi(e)s
futur		futur antérieur	
me servirai	**nous** servirons	**me serai** servi(e)	**nous serons** servi(e)s
te serviras	**vous** servirez	**te seras** servi(e)	**vous serez** servi(e)(s)
se servira	**se** serviront	**se sera** servi(e)	**se seront** servi(e)s
conditionnel		conditionnel passé	
me servirais	**nous** servirions	**me serais** servi(e)	**nous serions** servi(e)s
te servirais	**vous** serviriez	**te serais** servi(e)	**vous seriez** servi(e)(s)
se servirait	**se** serviraient	**se serait** servi(e)	**se seraient** servi(e)s
présent du subjonctif		passé du subjonctif	
me serve	**nous** servions	**me sois** servi(e)	**nous soyons** servi(e)s
te serves	**vous** serviez	**te sois** servi(e)	**vous soyez** servi(e)(s)
se serve	**se** servent	**se soit** servi(e)	**se soient** servi(e)s
imparfait du subjonctif		plus-que-parfait du subjonctif	
me servisse	**nous** servissions	**me fusse** servi(e)	**nous fussions** servi(e)s
te servisses	**vous** servissiez	**te fusses** servi(e)	**vous fussiez** servi(e)(s)
se servît	**se** servissent	**se fût** servi(e)	**se fussent** servi(e)s

impératif
sers-toi
servons-nous
servez-vous

signaler — to point out, to signal

participe présent **signalant** — participe passé **signalé**

SINGULAR	PLURAL	SINGULAR	PLURAL
présent de l'indicatif		passé composé	
signal**e**	signal**ons**	**ai** signalé	**avons** signalé
signal**es**	signal**ez**	**as** signalé	**avez** signalé
signal**e**	signal**ent**	**a** signalé	**ont** signalé
imparfait de l'indicatif		plus-que-parfait de l'indicatif	
signal**ais**	signal**ions**	**avais** signalé	**avions** signalé
signal**ais**	signal**iez**	**avais** signalé	**aviez** signalé
signal**ait**	signal**aient**	**avait** signalé	**avaient** signalé
passé simple		passé antérieur	
signal**ai**	signal**âmes**	**eus** signalé	**eûmes** signalé
signal**as**	signal**âtes**	**eus** signalé	**eûtes** signalé
signal**a**	signal**èrent**	**eut** signalé	**eurent** signalé
futur		futur antérieur	
signaler**ai**	signaler**ons**	**aurai** signalé	**aurons** signalé
signaler**as**	signaler**ez**	**auras** signalé	**aurez** signalé
signaler**a**	signaler**ont**	**aura** signalé	**auront** signalé
conditionnel		conditionnel passé	
signaler**ais**	signaler**ions**	**aurais** signalé	**aurions** signalé
signaler**ais**	signaler**iez**	**aurais** signalé	**auriez** signalé
signaler**ait**	signaler**aient**	**aurait** signalé	**auraient** signalé
présent du subjonctif		passé du subjonctif	
signal**e**	signal**ions**	**aie** signalé	**ayons** signalé
signal**es**	signal**iez**	**aies** signalé	**ayez** signalé
signal**e**	signal**ent**	**ait** signalé	**aient** signalé
imparfait du subjonctif		plus-que-parfait du subjonctif	
signala**sse**	signala**ssions**	**eusse** signalé	**eussions** signalé
signala**sses**	signala**ssiez**	**eusses** signalé	**eussiez** signalé
signalâ**t**	signala**ssent**	**eût** signalé	**eussent** signalé

impératif
signale
signalons
signalez

participe présent **signant** participe passé **signé**

SINGULAR	PLURAL
présent de l'indicatif	
sign**e**	sign**ons**
sign**es**	sign**ez**
sign**e**	sign**ent**
imparfait de l'indicatif	
sign**ais**	sign**ions**
sign**ais**	sign**iez**
sign**ait**	sign**aient**
passé simple	
sign**ai**	sign**âmes**
sign**as**	sign**âtes**
sign**a**	sign**èrent**
futur	
signer**ai**	signer**ons**
signer**as**	signer**ez**
signer**a**	signer**ont**
conditionnel	
signer**ais**	signer**ions**
signer**ais**	signer**iez**
signer**ait**	signer**aient**
présent du subjonctif	
sign**e**	sign**ions**
sign**es**	sign**iez**
sign**e**	sign**ent**
imparfait du subjonctif	
sign**asse**	sign**assions**
sign**asses**	sign**assiez**
sign**ât**	sign**assent**
impératif	
signe	
signons	
signez	

SINGULAR	PLURAL
passé composé	
ai signé	**avons** signé
as signé	**avez** signé
a signé	**ont** signé
plus-que-parfait de l'indicatif	
avais signé	**avions** signé
avais signé	**aviez** signé
avait signé	**avaient** signé
passé antérieur	
eus signé	**eûmes** signé
eus signé	**eûtes** signé
eut signé	**eurent** signé
futur antérieur	
aurai signé	**aurons** signé
auras signé	**aurez** signé
aura signé	**auront** signé
conditionnel passé	
aurais signé	**aurions** signé
aurais signé	**auriez** signé
aurait signé	**auraient** signé
passé du subjonctif	
aie signé	**ayons** signé
aies signé	**ayez** signé
ait signé	**aient** signé
plus-que-parfait du subjonctif	
eusse signé	**eussions** signé
eusses signé	**eussiez** signé
eût signé	**eussent** signé

songer — to dream, to think

participe présent **songeant** participe passé **songé**

SINGULAR	PLURAL
présent de l'indicatif	
song**e**	songe**ons**
song**es**	song**ez**
song**e**	song**ent**
imparfait de l'indicatif	
songe**ais**	song**ions**
songe**ais**	song**iez**
songe**ait**	songe**aient**
passé simple	
songe**ai**	songe**âmes**
songe**as**	songe**âtes**
songe**a**	song**èrent**
futur	
songer**ai**	songer**ons**
songer**as**	songer**ez**
songer**a**	songer**ont**
conditionnel	
songer**ais**	songer**ions**
songer**ais**	songer**iez**
songer**ait**	songer**aient**
présent du subjonctif	
song**e**	song**ions**
song**es**	song**iez**
song**e**	song**ent**
imparfait du subjonctif	
songea**sse**	songea**ssions**
songea**sses**	songea**ssiez**
songeâ**t**	songea**ssent**
impératif	
songe	
songeons	
songez	

SINGULAR	PLURAL
passé composé	
ai songé	**avons** songé
as songé	**avez** songé
a songé	**ont** songé
plus-que-parfait de l'indicatif	
avais songé	**avions** songé
avais songé	**aviez** songé
avait songé	**avaient** songé
passé antérieur	
eus songé	**eûmes** songé
eus songé	**eûtes** songé
eut songé	**eurent** songé
futur antérieur	
aurai songé	**aurons** songé
auras songé	**aurez** songé
aura songé	**auront** songé
conditionnel passé	
aurais songé	**aurions** songé
aurais songé	**auriez** songé
aurait songé	**auraient** songé
passé du subjonctif	
aie songé	**ayons** songé
aies songé	**ayez** songé
ait songé	**aient** songé
plus-que-parfait du subjonctif	
eusse songé	**eussions** songé
eusses songé	**eussiez** songé
eût songé	**eussent** songé

to ring **sonner**

participe présent **sonnant** participe passé **sonné**

SINGULAR	PLURAL	SINGULAR	PLURAL
présent de l'indicatif		passé composé	
sonn**e**	sonn**ons**	**ai** sonné	**avons** sonné
sonn**es**	sonn**ez**	**as** sonné	**avez** sonné
sonn**e**	sonn**ent**	**a** sonné	**ont** sonné
imparfait de l'indicatif		plus-que-parfait de l'indicatif	
sonn**ais**	sonn**ions**	**avais** sonné	**avions** sonné
sonn**ais**	sonn**iez**	**avais** sonné	**aviez** sonné
sonn**ait**	sonn**aient**	**avait** sonné	**avaient** sonné
passé simple		passé antérieur	
sonn**ai**	sonn**âmes**	**eus** sonné	**eûmes** sonné
sonn**as**	sonn**âtes**	**eus** sonné	**eûtes** sonné
sonn**a**	sonn**èrent**	**eut** sonné	**eurent** sonné
futur		futur antérieur	
sonner**ai**	sonner**ons**	**aurai** sonné	**aurons** sonné
sonner**as**	sonner**ez**	**auras** sonné	**aurez** sonné
sonner**a**	sonner**ont**	**aura** sonné	**auront** sonné
conditionnel		conditionnel passé	
sonner**ais**	sonner**ions**	**aurais** sonné	**aurions** sonné
sonner**ais**	sonner**iez**	**aurais** sonné	**auriez** sonné
sonner**ait**	sonner**aient**	**aurait** sonné	**auraient** sonné
présent du subjonctif		passé du subjonctif	
sonn**e**	sonn**ions**	**aie** sonné	**ayons** sonné
sonn**es**	sonn**iez**	**aies** sonné	**ayez** sonné
sonn**e**	sonn**ent**	**ait** sonné	**aient** sonné
imparfait du subjonctif		plus-que-parfait du subjonctif	
sonna**sse**	sonna**ssions**	**eusse** sonné	**eussions** sonné
sonna**sses**	sonna**ssiez**	**eusses** sonné	**eussiez** sonné
sonnâ**t**	sonna**ssent**	**eût** sonné	**eussent** sonné

impératif
sonne
sonnons
sonnez

S

sortir — to go out, to leave

participe présent **sortant** — participe passé **sorti(e)(s)**

SINGULAR	PLURAL	SINGULAR	PLURAL
présent de l'indicatif		passé composé	
sor**s**	sort**ons**	**suis** sorti(e)	**sommes** sorti(e)s
sor**s**	sort**ez**	**es** sorti(e)	**êtes** sorti(e)(s)
sor**t**	sort**ent**	**est** sorti(e)	**sont** sorti(e)s
imparfait de l'indicatif		plus-que-parfait de l'indicatif	
sort**ais**	sort**ions**	**étais** sorti(e)	**étions** sorti(e)s
sort**ais**	sort**iez**	**étais** sorti(e)	**étiez** sorti(e)(s)
sort**ait**	sort**aient**	**était** sorti(e)	**étaient** sorti(e)s
passé simple		passé antérieur	
sort**is**	sort**îmes**	**fus** sorti(e)	**fûmes** sorti(e)s
sort**is**	sort**îtes**	**fus** sorti(e)	**fûtes** sorti(e)(s)
sort**it**	sort**irent**	**fut** sorti(e)	**furent** sorti(e)s
futur		futur antérieur	
sortir**ai**	sortir**ons**	**serai** sorti(e)	**serons** sorti(e)s
sortir**as**	sortir**ez**	**seras** sorti(e)	**serez** sorti(e)(s)
sortir**a**	sortir**ont**	**sera** sorti(e)	**seront** sorti(e)s
conditionnel		conditionnel passé	
sortir**ais**	sortir**ions**	**serais** sorti(e)	**serions** sorti(e)s
sortir**ais**	sortir**iez**	**serais** sorti(e)	**seriez** sorti(e)(s)
sortir**ait**	sortir**aient**	**serait** sorti(e)	**seraient** sorti(e)s
présent du subjonctif		passé du subjonctif	
sort**e**	sort**ions**	**sois** sorti(e)	**soyons** sorti(e)s
sort**es**	sort**iez**	**sois** sorti(e)	**soyez** sorti(e)(s)
sort**e**	sort**ent**	**soit** sorti(e)	**soient** sorti(e)s
imparfait du subjonctif		plus-que-parfait du subjonctif	
sorti**sse**	sorti**ssions**	**fusse** sorti(e)	**fussions** sorti(e)s
sorti**sses**	sorti**ssiez**	**fusses** sorti(e)	**fussiez** sorti(e)(s)
sort**ît**	sorti**ssent**	**fût** sorti(e)	**fussent** sorti(e)s

impératif
sors
sortons
sortez

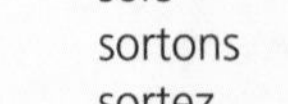

participe présent **soufflant** participe passé **soufflé**

SINGULAR	PLURAL	SINGULAR	PLURAL
présent de l'indicatif		passé composé	
souffl**e**	souffl**ons**	**ai** soufflé	**avons** soufflé
souffl**es**	souffl**ez**	**as** soufflé	**avez** soufflé
souffl**e**	souffl**ent**	**a** soufflé	**ont** soufflé
imparfait de l'indicatif		plus-que-parfait de l'indicatif	
souffl**ais**	souffl**ions**	**avais** soufflé	**avions** soufflé
souffl**ais**	souffl**iez**	**avais** soufflé	**aviez** soufflé
souffl**ait**	souffl**aient**	**avait** soufflé	**avaient** soufflé
passé simple		passé antérieur	
souffl**ai**	souffl**âmes**	**eus** soufflé	**eûmes** soufflé
souffl**as**	souffl**âtes**	**eus** soufflé	**eûtes** soufflé
souffl**a**	souffl**èrent**	**eut** soufflé	**eurent** soufflé
futur		futur antérieur	
souffler**ai**	souffler**ons**	**aurai** soufflé	**aurons** soufflé
souffler**as**	souffler**ez**	**auras** soufflé	**aurez** soufflé
souffler**a**	souffler**ont**	**aura** soufflé	**auront** soufflé
conditionnel		conditionnel passé	
souffler**ais**	souffler**ions**	**aurais** soufflé	**aurions** soufflé
souffler**ais**	souffler**iez**	**aurais** soufflé	**auriez** soufflé
souffler**ait**	souffler**aient**	**aurait** soufflé	**auraient** soufflé
présent du subjonctif		passé du subjonctif	
souffl**e**	souffl**ions**	**aie** soufflé	**ayons** soufflé
souffl**es**	souffl**iez**	**aies** soufflé	**ayez** soufflé
souffl**e**	souffl**ent**	**ait** soufflé	**aient** soufflé
imparfait du subjonctif		plus-que-parfait du subjonctif	
souffla**sse**	souffla**ssions**	**eusse** soufflé	**eussions** soufflé
souffla**sses**	souffla**ssiez**	**eusses** soufflé	**eussiez** soufflé
soufflâ**t**	souffla**ssent**	**eût** soufflé	**eussent** soufflé

impératif
souffle
soufflons
soufflez

souffrir — to suffer

participe présent **souffrant** participe passé **souffert**

SINGULAR	PLURAL	SINGULAR	PLURAL
présent de l'indicatif		passé composé	
souffr**e**	souffr**ons**	**ai** souffert	**avons** souffert
souffr**es**	souffr**ez**	**as** souffert	**avez** souffert
souffr**e**	souffr**ent**	**a** souffert	**ont** souffert
imparfait de l'indicatif		plus-que-parfait de l'indicatif	
souffr**ais**	souffr**ions**	**avais** souffert	**avions** souffert
souffr**ais**	souffr**iez**	**avais** souffert	**aviez** souffert
souffr**ait**	souffr**aient**	**avait** souffert	**avaient** souffert
passé simple		passé antérieur	
souffr**is**	souffr**îmes**	**eus** souffert	**eûmes** souffert
souffr**is**	souffr**îtes**	**eus** souffert	**eûtes** souffert
souffr**it**	souffr**irent**	**eut** souffert	**eurent** souffert
futur		futur antérieur	
souffrir**ai**	souffrir**ons**	**aurai** souffert	**aurons** souffert
souffrir**as**	souffrir**ez**	**auras** souffert	**aurez** souffert
souffrir**a**	souffrir**ont**	**aura** souffert	**auront** souffert
conditionnel		conditionnel passé	
souffrir**ais**	souffrir**ions**	**aurais** souffert	**aurions** souffert
souffrir**ais**	souffrir**iez**	**aurais** souffert	**auriez** souffert
souffrir**ait**	souffrir**aient**	**aurait** souffert	**auraient** souffert
présent du subjonctif		passé du subjonctif	
souffr**e**	souffr**ions**	**aie** souffert	**ayons** souffert
souffr**es**	souffr**iez**	**aies** souffert	**ayez** souffert
souffr**e**	souffr**ent**	**ait** souffert	**aient** souffert
imparfait du subjonctif		plus-que-parfait du subjonctif	
souffri**sse**	souffri**ssions**	**eusse** souffert	**eussions** souffert
souffri**sses**	souffri**ssiez**	**eusses** souffert	**eussiez** souffert
souffrî**t**	souffri**ssent**	**eût** souffert	**eussent** souffert

impératif
souffre
souffrons
souffrez

MEMORY TIP

The victims of the earthquake are **suffering**.

to wish — souhaiter

participe présent **souhaitant** participe passé **souhaité**

SINGULAR	PLURAL	SINGULAR	PLURAL
présent de l'indicatif		passé composé	
souhait**e**	souhait**ons**	**ai** souhaité	**avons** souhaité
souhait**es**	souhait**ez**	**as** souhaité	**avez** souhaité
souhait**e**	souhait**ent**	**a** souhaité	**ont** souhaité
imparfait de l'indicatif		plus-que-parfait de l'indicatif	
souhait**ais**	souhait**ions**	**avais** souhaité	**avions** souhaité
souhait**ais**	souhait**iez**	**avais** souhaité	**aviez** souhaité
souhait**ait**	souhait**aient**	**avait** souhaité	**avaient** souhaité
passé simple		passé antérieur	
souhait**ai**	souhait**âmes**	**eus** souhaité	**eûmes** souhaité
souhait**as**	souhait**âtes**	**eus** souhaité	**eûtes** souhaité
souhait**a**	souhait**èrent**	**eut** souhaité	**eurent** souhaité
futur		futur antérieur	
souhaiter**ai**	souhaiter**ons**	**aurai** souhaité	**aurons** souhaité
souhaiter**as**	souhaiter**ez**	**auras** souhaité	**aurez** souhaité
souhaiter**a**	souhaiter**ont**	**aura** souhaité	**auront** souhaité
conditionnel		conditionnel passé	
souhaiter**ais**	souhaiter**ions**	**aurais** souhaité	**aurions** souhaité
souhaiter**ais**	souhaiter**iez**	**aurais** souhaité	**auriez** souhaité
souhaiter**ait**	souhaiter**aient**	**aurait** souhaité	**auraient** souhaité
présent du subjonctif		passé du subjonctif	
souhait**e**	souhait**ions**	**aie** souhaité	**ayons** souhaité
souhait**es**	souhait**iez**	**aies** souhaité	**ayez** souhaité
souhait**e**	souhait**ent**	**ait** souhaité	**aient** souhaité
imparfait du subjonctif		plus-que-parfait du subjonctif	
souhaita**sse**	souhaita**ssions**	**eusse** souhaité	**eussions** souhaité
souhaita**sses**	souhaita**ssiez**	**eusses** souhaité	**eussiez** souhaité
souhaitâ**t**	souhaita**ssent**	**eût** souhaité	**eussent** souhaité

impératif
souhaite
souhaitons
souhaitez

soumettre — to submit, to subdue

participe présent **soumettant** participe passé **soumis**

SINGULAR	PLURAL	SINGULAR	PLURAL
présent de l'indicatif		passé composé	
soumet**s**	soumett**ons**	**ai** soumis	**avons** soumis
soumet**s**	soumett**ez**	**as** soumis	**avez** soumis
soumet	soumett**ent**	**a** soumis	**ont** soumis
imparfait de l'indicatif		plus-que-parfait de l'indicatif	
soumett**ais**	soumett**ions**	**avais** soumis	**avions** soumis
soumett**ais**	soumett**iez**	**avais** soumis	**aviez** soumis
soumett**ait**	soumett**aient**	**avait** soumis	**avaient** soumis
passé simple		passé antérieur	
soum**is**	soum**îmes**	**eus** soumis	**eûmes** soumis
soum**is**	soum**îtes**	**eus** soumis	**eûtes** soumis
soum**it**	soum**irent**	**eut** soumis	**eurent** soumis
futur		futur antérieur	
soumettr**ai**	soumettr**ons**	**aurai** soumis	**aurons** soumis
soumettr**as**	soumettr**ez**	**auras** soumis	**aurez** soumis
soumettr**a**	soumettr**ont**	**aura** soumis	**auront** soumis
conditionnel		conditionnel passé	
soumettr**ais**	soumettr**ions**	**aurais** soumis	**aurions** soumis
soumettr**ais**	soumettr**iez**	**aurais** soumis	**auriez** soumis
soumettr**ait**	soumettr**aient**	**aurait** soumis	**auraient** soumis
présent du subjonctif		passé du subjonctif	
soumett**e**	soumett**ions**	**aie** soumis	**ayons** soumis
soumett**es**	soumett**iez**	**aies** soumis	**ayez** soumis
soumett**e**	soumett**ent**	**ait** soumis	**aient** soumis
imparfait du subjonctif		plus-que-parfait du subjonctif	
soumi**sse**	soumi**ssions**	**eusse** soumis	**eussions** soumis
soumi**sses**	soumi**ssiez**	**eusses** soumis	**eussiez** soumis
soum**ît**	soumi**ssent**	**eût** soumis	**eussent** soumis

impératif
soumets
soumettons
soumettez

MEMORY TIP

I refused to **submit** the requested documents.

to eat dinner (Quebec) souper

participe présent **soupant** participe passé **soupé**

SINGULAR	PLURAL
présent de l'indicatif	
soup**e**	soup**ons**
soup**es**	soup**ez**
soup**e**	soup**ent**
imparfait de l'indicatif	
soup**ais**	soup**ions**
soup**ais**	soup**iez**
soup**ait**	soup**aient**
passé simple	
soup**ai**	soup**âmes**
soup**as**	soup**âtes**
soup**a**	soup**èrent**
futur	
souper**ai**	souper**ons**
souper**as**	souper**ez**
souper**a**	souper**ont**
conditionnel	
souper**ais**	souper**ions**
souper**ais**	souper**iez**
souper**ait**	souper**aient**
présent du subjonctif	
soup**e**	soup**ions**
soup**es**	soup**iez**
soup**e**	soup**ent**
imparfait du subjonctif	
soupa**sse**	soupa**ssions**
soupa**sses**	soupa**ssiez**
soupâ**t**	soupa**ssent**
impératif	
soupe	
soupons	
soupez	

SINGULAR	PLURAL
passé composé	
ai soupé	**avons** soupé
as soupé	**avez** soupé
a soupé	**ont** soupé
plus-que-parfait de l'indicatif	
avais soupé	**avions** soupé
avais soupé	**aviez** soupé
avait soupé	**avaient** soupé
passé antérieur	
eus soupé	**eûmes** soupé
eus soupé	**eûtes** soupé
eut soupé	**eurent** soupé
futur antérieur	
aurai soupé	**aurons** soupé
auras soupé	**aurez** soupé
aura soupé	**auront** soupé
conditionnel passé	
aurais soupé	**aurions** soupé
aurais soupé	**auriez** soupé
aurait soupé	**auraient** soupé
passé du subjonctif	
aie soupé	**ayons** soupé
aies soupé	**ayez** soupé
ait soupé	**aient** soupé
plus-que-parfait du subjonctif	
eusse soupé	**eussions** soupé
eusses soupé	**eussiez** soupé
eût soupé	**eussent** soupé

Do you eat **supper** with your family?

sourire — to smile

participe présent **souriant** participe passé **souri**

SINGULAR	PLURAL	SINGULAR	PLURAL
présent de l'indicatif		passé composé	
souri**s**	souri**ons**	**ai** souri	**avons** souri
souri**s**	souri**ez**	**as** souri	**avez** souri
souri**t**	souri**ent**	**a** souri	**ont** souri
imparfait de l'indicatif		plus-que-parfait de l'indicatif	
souri**ais**	souri**ions**	**avais** souri	**avions** souri
souri**ais**	souri**iez**	**avais** souri	**aviez** souri
souri**ait**	souri**aient**	**avait** souri	**avaient** souri
passé simple		passé antérieur	
souri**s**	sour**îmes**	**eus** souri	**eûmes** souri
souri**s**	sour**îtes**	**eus** souri	**eûtes** souri
souri**t**	souri**rent**	**eut** souri	**eurent** souri
futur		futur antérieur	
sourir**ai**	sourir**ons**	**aurai** souri	**aurons** souri
sourir**as**	sourir**ez**	**auras** souri	**aurez** souri
sourir**a**	sourir**ont**	**aura** souri	**auront** souri
conditionnel		conditionnel passé	
sourir**ais**	sourir**ions**	**aurais** souri	**aurions** souri
sourir**ais**	sourir**iez**	**aurais** souri	**auriez** souri
sourir**ait**	sourir**aient**	**aurait** souri	**auraient** souri
présent du subjonctif		passé du subjonctif	
souri**e**	souri**ions**	**aie** souri	**ayons** souri
souri**es**	souri**iez**	**aies** souri	**ayez** souri
souri**e**	souri**ent**	**ait** souri	**aient** souri
imparfait du subjonctif		plus-que-parfait du subjonctif	
souri**sse**	souri**ssions**	**eusse** souri	**eussions** souri
souri**sses**	souri**ssiez**	**eusses** souri	**eussiez** souri
sour**ît**	souri**ssent**	**eût** souri	**eussent** souri

impératif
souris
sourions
souriez

to sustain, to support **soutenir**

participe présent **soutenant** participe passé **soutenu**

SINGULAR	PLURAL	SINGULAR	PLURAL
présent de l'indicatif		passé composé	
soutien**s**	souten**ons**	**ai** soutenu	**avons** soutenu
soutien**s**	souten**ez**	**as** soutenu	**avez** soutenu
soutien**t**	soutienn**ent**	**a** soutenu	**ont** soutenu
imparfait de l'indicatif		plus-que-parfait de l'indicatif	
souten**ais**	souten**ions**	**avais** soutenu	**avions** soutenu
souten**ais**	souten**iez**	**avais** soutenu	**aviez** soutenu
souten**ait**	souten**aient**	**avait** soutenu	**avaient** soutenu
passé simple		passé antérieur	
soutin**s**	soutîn**mes**	**eus** soutenu	**eûmes** soutenu
soutin**s**	soutîn**tes**	**eus** soutenu	**eûtes** soutenu
soutin**t**	soutin**rent**	**eut** soutenu	**eurent** soutenu
futur		futur antérieur	
soutiendr**ai**	soutiendr**ons**	**aurai** soutenu	**aurons** soutenu
soutiendr**as**	soutiendr**ez**	**auras** soutenu	**aurez** soutenu
soutiendr**a**	soutiendr**ont**	**aura** soutenu	**auront** soutenu
conditionnel		conditionnel passé	
soutiendr**ais**	soutiendr**ions**	**aurais** soutenu	**aurions** soutenu
soutiendr**ais**	soutiendr**iez**	**aurais** soutenu	**auriez** soutenu
soutiendr**ait**	soutiendr**aient**	**aurait** soutenu	**auraient** soutenu
présent du subjonctif		passé du subjonctif	
soutienn**e**	souten**ions**	**aie** soutenu	**ayons** soutenu
soutienn**es**	souten**iez**	**aies** soutenu	**ayez** soutenu
soutienn**e**	soutienn**ent**	**aie** soutenu	**aient** soutenu
imparfait du subjonctif		plus-que-parfait du subjonctif	
soutin**sse**	soutin**ssions**	**eusse** soutenu	**eussions** soutenu
soutin**sses**	soutin**ssiez**	**eusses** soutenu	**eussiez** soutenu
soutîn**t**	soutin**ssent**	**eût** soutenu	**eussent** soutenu

impératif
soutiens
soutenons
soutenez

MEMORY TIP

The students were able to **sustain** a conversation in French.

S

se souvenir — to remember

participe présent **se souvenant** participe passé **souvenu(e)(s)**

SINGULAR	PLURAL	SINGULAR	PLURAL
présent de l'indicatif		passé composé	
me souvien**s**	**nous** souven**ons**	**me suis** souvenu(e)	**nous sommes** souvenu(e)s
te souvien**s**	**vous** souven**ez**	**t'es** souvenu(e)	**vous êtes** souvenu(e)(s)
se souvien**t**	**se** souvien**nent**	**s'est** souvenu(e)	**se sont** souvenu(e)s
imparfait de l'indicatif		plus-que-parfait de l'indicatif	
me souven**ais**	**nous** souven**ions**	**m'étais** souvenu(e)	**nous étions** souvenu(e)s
te souven**ais**	**vous** souven**iez**	**t'étais** souvenu(e)	**vous étiez** souvenu(e)(s)
se souven**ait**	**se** souven**aient**	**s'était** souvenu(e)	**s'étaient** souvenu(e)s
passé simple		passé antérieur	
me souv**ins**	**nous** souv**înmes**	**me fus** souvenu(e)	**nous fûmes** souvenu(e)s
te souv**ins**	**vous** souv**întes**	**te fus** souvenu(e)	**vous fûtes** souvenu(e)(s)
se souv**int**	**se** souvin**rent**	**se fut** souvenu(e)	**se furent** souvenue(e)s
futur		futur antérieur	
me souviendr**ai**	**nous** souviendr**ons**	**me serai** souvenu(e)	**nous serons** souvenu(e)s
te souviendr**as**	**vous** souviendr**ez**	**te seras** souvenu(e)	**vous serez** souvenu(e)(s)
se souviendr**a**	**se** souviendr**ont**	**se sera** souvenu(e)	**se seront** souvenu(e)s
conditionnel		conditionnel passé	
me souviendr**ais**	**nous** souviendr**ions**	**me serais** souvenu(e)	**nous serions** souvenu(e)s
te souviendr**ais**	**vous** souviendr**iez**	**te serais** souvenu(e)	**vous seriez** souvenu(e)(s)
se souviendr**ait**	**se** souviendr**aient**	**se serait** souvenu(e)	**se seraient** souvenu(e)s
présent du subjonctif		passé du subjonctif	
me souvienn**e**	**nous** souven**ions**	**me sois** souvenu(e)	**nous soyons** souvenu(e)s
te souvienn**es**	**vous** souven**iez**	**te sois** souvenu(e)	**vous soyez** souvenu(e)(s)
se souvienn**e**	**se** souvienn**ent**	**se soit** souvenu(e)	**se soient** souvenu(e)s
imparfait du subjonctif		plus-que-parfait du subjonctif	
me souvin**sse**	**nous** souvin**ssions**	**me fusse** souvenu(e)	**nous fussions** souvenu(e)s
te souvin**sses**	**vous** souvin**ssiez**	**te fusses** souvenu(e)	**vous fussiez** souvenu(e)(s)
se souvîn**t**	**se** souvin**ssent**	**se fût** souvenu(e)	**se fussent** souvenu(e)s
impératif			
souviens-toi			
souvenons-nous			
souvenez-vous			

MEMORY TIP

Their souvenirs helped to **remind** them of their vacation.

to undergo, to suffer **subir**

participe présent **subissant** participe passé **subi**

SINGULAR	PLURAL	SINGULAR	PLURAL
présent de l'indicatif		passé composé	
sub**is**	sub**issons**	**ai** subi	**avons** subi
sub**is**	sub**issez**	**as** subi	**avez** subi
sub**it**	sub**issent**	**a** subi	**ont** subi
imparfait de l'indicatif		plus-que-parfait de l'indicatif	
subiss**ais**	subiss**ions**	**avais** subi	**avions** subi
subiss**ais**	subiss**iez**	**avais** subi	**aviez** subi
subiss**ait**	subiss**aient**	**avait** subi	**avaient** subi
passé simple		passé antérieur	
sub**is**	sub**îmes**	**eus** subi	**eûmes** subi
sub**is**	sub**îtes**	**eus** subi	**eûtes** subi
sub**it**	sub**irent**	**eut** subi	**eurent** subi
futur		futur antérieur	
subir**ai**	subir**ons**	**aurai** subi	**aurons** subi
subir**as**	subir**ez**	**auras** subi	**aurez** subi
subir**a**	subir**ont**	**aura** subi	**auront** subi
conditionnel		conditionnel passé	
subir**ais**	subir**ions**	**aurais** subi	**aurions** subi
subir**ais**	subir**iez**	**aurais** subi	**auriez** subi
subir**ait**	subir**aient**	**aurait** subi	**auraient** subi
présent du subjonctif		passé du subjonctif	
subiss**e**	subiss**ions**	**aie** subi	**ayons** subi
subiss**es**	subiss**iez**	**aies** subi	**ayez** subi
subiss**e**	subiss**ent**	**ait** subi	**aient** subi
imparfait du subjonctif		plus-que-parfait du subjonctif	
sub**isse**	sub**issions**	**eusse** subi	**eussions** subi
sub**isses**	sub**issiez**	**eusses** subi	**eussiez** subi
sub**ît**	sub**issent**	**eût** subi	**eussent** subi

impératif
subis
subissons
subissez

participe présent **suçant** participe passé **sucé**

SINGULAR	PLURAL	SINGULAR	PLURAL
présent de l'indicatif		passé composé	
suc**e**	suç**ons**	**ai** sucé	**avons** sucé
suc**es**	suc**ez**	**as** sucé	**avez** sucé
suc**e**	suc**ent**	**a** sucé	**ont** sucé
imparfait de l'indicatif		plus-que-parfait de l'indicatif	
suç**ais**	suc**ions**	**avais** sucé	**avions** sucé
suç**ais**	suc**iez**	**avais** sucé	**aviez** sucé
suç**ait**	suç**aient**	**avait** sucé	**avaient** sucé
passé simple		passé antérieur	
suç**ai**	suç**âmes**	**eus** sucé	**eûmes** sucé
suç**as**	suç**âtes**	**eus** sucé	**eûtes** sucé
suç**a**	suc**èrent**	**eut** sucé	**eurent** sucé
futur		futur antérieur	
sucer**ai**	sucer**ons**	**aurai** sucé	**aurons** sucé
sucer**as**	sucer**ez**	**auras** sucé	**aurez** sucé
sucer**a**	sucer**ont**	**aura** sucé	**auront** sucé
conditionnel		conditionnel passé	
sucer**ais**	sucer**ions**	**aurais** sucé	**aurions** sucé
sucer**ais**	sucer**iez**	**aurais** sucé	**auriez** sucé
sucer**ait**	sucer**aient**	**aurait** sucé	**auraient** sucé
présent du subjonctif		passé du subjonctif	
suc**e**	suc**ions**	**aie** sucé	**ayons** sucé
suc**es**	suc**iez**	**aies** sucé	**ayez** sucé
suc**e**	suc**ent**	**ait** sucé	**aient** sucé
imparfait du subjonctif		plus-que-parfait du subjonctif	
suça**sse**	suça**ssions**	**eusse** sucé	**eussions** sucé
suça**sses**	suça**ssiez**	**eusses** sucé	**eussiez** sucé
suçâ**t**	suça**ssent**	**eût** sucé	**eussent** sucé

impératif
suce
suçons
sucez

to follow **suivre**

participe présent **suivant** participe passé **suivi**

SINGULAR	PLURAL	SINGULAR	PLURAL
présent de l'indicatif		passé composé	
sui**s**	suiv**ons**	**ai** suivi	**avons** suivi
sui**s**	suiv**ez**	**as** suivi	**avez** suivi
sui**t**	suiv**ent**	**a** suivi	**ont** suivi
imparfait de l'indicatif		plus-que-parfait de l'indicatif	
suiv**ais**	suiv**ions**	**avais** suivi	**avions** suivi
suiv**ais**	suiv**iez**	**avais** suivi	**aviez** suivi
suiv**ait**	suiv**aient**	**avait** suivi	**avaient** suivi
passé simple		passé antérieur	
suivi**s**	suiv**îmes**	**eus** suivi	**eûmes** suivi
suivi**s**	suiv**îtes**	**eus** suivi	**eûtes** suivi
suivi**t**	suivi**rent**	**eut** suivi	**eurent** suivi
futur		futur antérieur	
suivr**ai**	suivr**ons**	**aurai** suivi	**aurons** suivi
suivr**as**	suivr**ez**	**auras** suivi	**aurez** suivi
suivr**a**	suivr**ont**	**aura** suivi	**auront** suivi
conditionnel		conditionnel passé	
suivr**ais**	suivr**ions**	**aurais** suivi	**aurions** suivi
suivr**ais**	suivr**iez**	**aurais** suivi	**auriez** suivi
suivr**ait**	suivr**aient**	**aurait** suivi	**auraient** suivi
présent du subjonctif		passé du subjonctif	
suiv**e**	suiv**ions**	**aie** suivi	**ayons** suivi
suiv**es**	suiv**iez**	**aies** suivi	**ayez** suivi
suiv**e**	suiv**ent**	**ait** suivi	**aient** suivi
imparfait du subjonctif		plus-que-parfait du subjonctif	
suivi**sse**	suivi**ssions**	**eusse** suivi	**eussions** suivi
suivi**sses**	suivi**ssiez**	**eusses** suivi	**eussiez** suivi
suiv**ît**	suivi**ssent**	**eût** suivi	**eussent** suivi

impératif
suis
suivons
suivez

The musical suite consisted of several pieces **following** one another.

S

MUST KNOW VERB

supplier — to beg, to implore

participe présent **suppliant** — participe passé **supplié**

SINGULAR	PLURAL	SINGULAR	PLURAL
présent de l'indicatif		passé composé	
suppli**e**	suppli**ons**	**ai** supplié	**avons** supplié
suppli**es**	suppli**ez**	**as** supplié	**avez** supplié
suppli**e**	suppli**ent**	**a** supplié	**ont** supplié
imparfait de l'indicatif		plus-que-parfait de l'indicatif	
suppli**ais**	suppli**ions**	**avais** supplié	**avions** supplié
suppli**ais**	suppli**iez**	**avais** supplié	**aviez** supplié
suppli**ait**	suppli**aient**	**avait** supplié	**avaient** supplié
passé simple		passé antérieur	
suppli**ai**	suppli**âmes**	**eus** supplié	**eûmes** supplié
suppli**as**	suppli**âtes**	**eus** supplié	**eûtes** supplié
suppli**a**	suppli**èrent**	**eut** supplié	**eurent** supplié
futur		futur antérieur	
supplier**ai**	supplier**ons**	**aurai** supplié	**aurons** supplié
supplier**as**	supplier**ez**	**auras** supplié	**aurez** supplié
supplier**a**	supplier**ont**	**aura** supplié	**auront** supplié
conditionnel		conditionnel passé	
supplier**ais**	supplier**ions**	**aurais** supplié	**aurions** supplié
supplier**ais**	supplier**iez**	**aurais** supplié	**auriez** supplié
supplier**ait**	supplier**aient**	**aurait** supplié	**auraient** supplié
présent du subjonctif		passé du subjonctif	
suppli**e**	suppli**ions**	**aie** supplié	**ayons** supplié
suppli**es**	suppli**iez**	**aies** supplié	**ayez** supplié
suppli**e**	suppli**ent**	**ait** supplié	**aient** supplié
imparfait du subjonctif		plus-que-parfait du subjonctif	
suppli**asse**	suppli**assions**	**eusse** supplié	**eussions** supplié
suppli**asses**	suppli**assiez**	**eusses** supplié	**eussiez** supplié
suppli**ât**	suppli**assent**	**eût** supplié	**eussent** supplié

impératif
supplie
supplions
suppliez

participe présent **supportant** participe passé **supporté**

SINGULAR	PLURAL	SINGULAR	PLURAL
présent de l'indicatif		passé composé	
support**e**	support**ons**	**ai** supporté	**avons** supporté
support**es**	support**ez**	**as** supporté	**avez** supporté
support**e**	support**ent**	**a** supporté	**ont** supporté
imparfait de l'indicatif		plus-que-parfait de l'indicatif	
support**ais**	support**ions**	**avais** supporté	**avions** supporté
support**ais**	support**iez**	**avais** supporté	**aviez** supporté
support**ait**	support**aient**	**avait** supporté	**avaient** supporté
passé simple		passé antérieur	
support**ai**	support**âmes**	**eus** supporté	**eûmes** supporté
support**as**	support**âtes**	**eus** supporté	**eûtes** supporté
support**a**	support**èrent**	**eut** supporté	**eurent** supporté
futur		futur antérieur	
supporter**ai**	supporter**ons**	**aurai** supporté	**aurons** supporté
supporter**as**	supporter**ez**	**auras** supporté	**aurez** supporté
supporter**a**	supporter**ont**	**aura** supporté	**auront** supporté
conditionnel		conditionnel passé	
supporter**ais**	supporter**ions**	**aurais** supporté	**aurions** supporté
supporter**ais**	supporter**iez**	**aurais** supporté	**auriez** supporté
supporter**ait**	supporter**aient**	**aurait** supporté	**auraient** supporté
présent du subjonctif		passé du subjonctif	
support**e**	support**ions**	**aie** supporté	**ayons** supporté
support**es**	support**iez**	**aies** supporté	**ayez** supporté
support**e**	support**ent**	**ait** supporté	**aient** supporté
imparfait du subjonctif		plus-que-parfait du subjonctif	
supporta**sse**	supporta**ssions**	**eusse** supporté	**eussions** supporté
supporta**sses**	supporta**ssiez**	**eusses** supporté	**eussiez** supporté
supportâ**t**	supporta**ssent**	**eût** supporté	**eussent** supporté

impératif
supporte
supportons
supportez

surprendre — to surprise

participe présent **surprenant** | participe passé **surpris**

SINGULAR	PLURAL	SINGULAR	PLURAL
présent de l'indicatif		passé composé	
surpren**ds**	surpren**ons**	**ai** surpris	**avons** surpris
surpren**ds**	surpren**ez**	**as** surpris	**avez** surpris
surpren**d**	surpren**nent**	**a** surpris	**ont** surpris
imparfait de l'indicatif		plus-que-parfait de l'indicatif	
surpren**ais**	surpren**ions**	**avais** surpris	**avions** surpris
surpren**ais**	surpren**iez**	**avais** surpris	**aviez** surpris
surpren**ait**	surpren**aient**	**avait** surpris	**avaient** surpris
passé simple		passé antérieur	
surpri**s**	surprî**mes**	**eus** surpris	**eûmes** surpris
surpri**s**	surprî**tes**	**eus** surpris	**eûtes** surpris
surpri**t**	surpri**rent**	**eut** surpris	**eurent** surpris
futur		futur antérieur	
surprendr**ai**	surprendr**ons**	**aurai** surpris	**aurons** surpris
surprendr**as**	surprendr**ez**	**auras** surpris	**aurez** surpris
surprendr**a**	surprendr**ont**	**aura** surpris	**auront** surpris
conditionnel		conditionnel passé	
surprendr**ais**	surprendr**ions**	**aurais** surpris	**aurions** surpris
surprendr**ais**	surprendr**iez**	**aurais** surpris	**auriez** surpris
surprendr**ait**	surprendr**aient**	**aurait** surpris	**auraient** surpris
présent du subjonctif		passé du subjonctif	
surpren**ne**	surpren**ions**	**aie** surpris	**ayons** surpris
surpren**nes**	surpren**iez**	**aies** surpris	**ayez** surpris
surpren**ne**	surpren**nent**	**ait** surpris	**aient** surpris
imparfait du subjonctif		plus-que-parfait du subjonctif	
surpri**sse**	surpri**ssions**	**eusse** surpris	**eussions** surpris
surpri**sses**	surpri**ssiez**	**eusses** surpris	**eussiez** surpris
surprî**t**	surpri**ssent**	**eût** surpris	**eussent** surpris

impératif
surprends
surprenons
surprenez

participe présent **survivant** participe passé **survécu**

SINGULAR	PLURAL
présent de l'indicatif	
survi**s**	surviv**ons**
survi**s**	surviv**ez**
survi**t**	surviv**ent**
imparfait de l'indicatif	
surviv**ais**	surviv**ions**
surviv**ais**	surviv**iez**
surviv**ait**	surviv**aient**
passé simple	
survéc**us**	survéc**ûmes**
survéc**us**	survéc**ûtes**
survéc**ut**	survéc**urent**
futur	
survivr**ai**	survivr**ons**
survivr**as**	survivr**ez**
survivr**a**	survivr**ont**
conditionnel	
survivr**ais**	survivr**ions**
survivr**ais**	survivr**iez**
survivr**ait**	survivr**aient**
présent du subjonctif	
surviv**e**	surviv**ions**
surviv**es**	surviv**iez**
surviv**e**	surviv**ent**
imparfait du subjonctif	
survécu**sse**	survécu**ssions**
survécu**sses**	survécu**ssiez**
survéc**ût**	survécu**ssent**

impératif
survis
survivons
survivez

SINGULAR	PLURAL
passé composé	
ai survécu	**avons** survécu
as survécu	**avez** survécu
a survécu	**ont** survécu
plus-que-parfait de l'indicatif	
avais survécu	**avions** survécu
avais survécu	**aviez** survécu
avait survécu	**avaient** survécu
passé antérieur	
eus survécu	**eûmes** survécu
eus survécu	**eûtes** survécu
eut survécu	**eurent** survécu
futur antérieur	
aurai survécu	**aurons** survécu
auras survécu	**aurez** survécu
aura survécu	**auront** survécu
conditionnel passé	
aurais survécu	**aurions** survécu
aurais survécu	**auriez** survécu
aurait survécu	**auraient** survécu
passé du subjonctif	
aie survécu	**ayons** survécu
aies survécu	**ayez** survécu
ait survécu	**aient** survécu
plus-que-parfait du subjonctif	
eusse survécu	**eussions** survécu
eusses survécu	**eussiez** survécu
eût survécu	**eussent** survécu

survoler — to fly over

participe présent **survolant** participe passé **survolé**

SINGULAR	PLURAL	SINGULAR	PLURAL
présent de l'indicatif		passé composé	
survol**e**	survol**ons**	**ai** survolé	**avons** survolé
survol**es**	survol**ez**	**as** survolé	**avez** survolé
survol**e**	survol**ent**	**a** survolé	**ont** survolé
imparfait de l'indicatif		plus-que-parfait de l'indicatif	
survol**ais**	survol**ions**	**avais** survolé	**avions** survolé
survol**ais**	survol**iez**	**avais** survolé	**aviez** survolé
survol**ait**	survol**aient**	**avait** survolé	**avaient** survolé
passé simple		passé antérieur	
survol**ai**	survol**âmes**	**eus** survolé	**eûmes** survolé
survol**as**	survol**âtes**	**eus** survolé	**eûtes** survolé
survol**a**	survol**èrent**	**eut** survolé	**eurent** survolé
futur		futur antérieur	
survoler**ai**	survoler**ons**	**aurai** survolé	**aurons** survolé
survoler**as**	survoler**ez**	**auras** survolé	**aurez** survolé
survoler**a**	survoler**ont**	**aura** survolé	**auront** survolé
conditionnel		conditionnel passé	
survoler**ais**	survoler**ions**	**aurais** survolé	**aurions** survolé
survoler**ais**	survoler**iez**	**aurais** survolé	**auriez** survolé
survoler**ait**	survoler**aient**	**aurait** survolé	**auraient** survolé
présent du subjonctif		passé du subjonctif	
survol**e**	survol**ions**	**aie** survolé	**ayons** survolé
survol**es**	survol**iez**	**aies** survolé	**ayez** survolé
survol**e**	survol**ent**	**ait** survolé	**aient** survolé
imparfait du subjonctif		plus-que-parfait du subjonctif	
survol**asse**	survol**assions**	**eusse** survolé	**eussions** survolé
survol**asses**	survol**assiez**	**eusses** survolé	**eussiez** survolé
survol**ât**	survol**assent**	**eût** survolé	**eussent** survolé

impératif
survole
survolons
survolez

to be silent, to be quiet — se taire

participe présent **se taisant** participe passé **tu(e)(s)**

SINGULAR	PLURAL
présent de l'indicatif	
me tais	**nous** taisons
te tais	**vous** taisez
se tait	**se** taisent
imparfait de l'indicatif	
me taisais	**nous** taisions
te taisais	**vous** taisiez
se taisait	**se** taisaient
passé simple	
me tus	**nous** tûmes
te tus	**vous** tûtes
se tut	**se** turent
futur	
me tairai	**nous** tairons
te tairas	**vous** tairez
se taira	**se** tairont
conditionnel	
me tairais	**nous** tairions
te tairais	**vous** tairiez
se tairait	**se** tairaient
présent du subjonctif	
me taise	**nous** taisions
te taises	**vous** taisiez
se taise	**se** taisent
imparfait du subjonctif	
me tusse	**nous** tussions
te tusses	**vous** tussiez
se tût	**se** tussent
impératif	
tais-toi	
taisons-nous	
taisez-vous	

SINGULAR	PLURAL
passé composé	
me suis tu(e)	**nous sommes** tu(e)s
t'es tu(e)	**vous êtes** tu(e)(s)
s'est tu(e)	**se sont** tu(e)s
plus-que-parfait de l'indicatif	
m'étais tu(e)	**nous étions** tu(e)s
t'étais tu(e)	**vous étiez** tu(e)(s)
s'était tu(e)	**s'étaient** tu(e)s
passé antérieur	
me fus tu(e)	**nous fûmes** tu(e)s
te fus tu(e)	**vous fûtes** tu(e)(s)
se fut tu(e)	**se furent** tu(e)s
futur antérieur	
me serai tu(e)	**nous serons** tu(e)s
te seras tu(e)	**vous serez** tu(e)(s)
se sera tu(e)	**se seront** tu(e)s
conditionnel passé	
me serais tu(e)	**nous serions** tu(e)s
te serais tu(e)	**vous seriez** tu(e)(s)
se serait tu(e)	**se seraient** tu(e)s
passé du subjonctif	
me sois tu(e)	**nous soyons** tu(e)s
te sois tu(e)	**vous soyez** tu(e)(s)
se soit tu(e)	**se soient** tu(e)s
plus-que-parfait du subjonctif	
me fusse tu(e)	**nous fussions** tu(e)s
te fusses tu(e)	**vous fussiez** tu(e)(s)
se fût tu(e)	**se fussent** tu(e)s

téléphoner — to call, to phone

participe présent **téléphonant** participe passé **téléphoné**

présent de l'indicatif

SINGULAR	PLURAL
téléphon**e**	téléphon**ons**
téléphon**es**	téléphon**ez**
téléphon**e**	téléphon**ent**

imparfait de l'indicatif

SINGULAR	PLURAL
téléphon**ais**	téléphon**ions**
téléphon**ais**	téléphon**iez**
téléphon**ait**	téléphon**aient**

passé simple

SINGULAR	PLURAL
téléphon**ai**	téléphon**âmes**
téléphon**as**	téléphon**âtes**
téléphon**a**	téléphon**èrent**

futur

SINGULAR	PLURAL
téléphoner**ai**	téléphoner**ons**
téléphoner**as**	téléphoner**ez**
téléphoner**a**	téléphoner**ont**

conditionnel

SINGULAR	PLURAL
téléphoner**ais**	téléphoner**ions**
téléphoner**ais**	téléphoner**iez**
téléphoner**ait**	téléphoner**aient**

présent du subjonctif

SINGULAR	PLURAL
téléphon**e**	téléphon**ions**
téléphon**es**	téléphon**iez**
téléphon**e**	téléphon**ent**

imparfait du subjonctif

SINGULAR	PLURAL
téléphona**sse**	téléphona**ssions**
téléphona**sses**	téléphona**ssiez**
téléphon**ât**	téléphona**ssent**

impératif

téléphone
téléphonons
téléphonez

passé composé

SINGULAR	PLURAL
ai téléphoné	**avons** téléphoné
as téléphoné	**avez** téléphoné
a téléphoné	**ont** téléphoné

plus-que-parfait de l'indicatif

SINGULAR	PLURAL
avais téléphoné	**avions** téléphoné
avais téléphoné	**aviez** téléphoné
avait téléphoné	**avaient** téléphoné

passé antérieur

SINGULAR	PLURAL
eus téléphoné	**eûmes** téléphoné
eus téléphoné	**eûtes** téléphoné
eut téléphoné	**eurent** téléphoné

futur antérieur

SINGULAR	PLURAL
aurai téléphoné	**aurons** téléphoné
auras téléphoné	**aurez** téléphoné
aura téléphoné	**auront** téléphoné

conditionnel passé

SINGULAR	PLURAL
aurais téléphoné	**aurions** téléphoné
aurais téléphoné	**auriez** téléphoné
aurait téléphoné	**auraient** téléphoné

passé du subjonctif

SINGULAR	PLURAL
aie téléphoné	**ayons** téléphoné
aies téléphoné	**ayez** téléphoné
ait téléphoné	**aient** téléphoné

plus-que-parfait du subjonctif

SINGULAR	PLURAL
eusse téléphoné	**eussions** téléphoné
eusses téléphoné	**eussiez** téléphoné
eût téléphoné	**eussent** téléphoné

participe présent **tendant** participe passé **tendu**

SINGULAR	PLURAL	SINGULAR	PLURAL
présent de l'indicatif		passé composé	
tend**s**	tend**ons**	**ai** tendu	**avons** tendu
tend**s**	tend**ez**	**as** tendu	**avez** tendu
tend	tend**ent**	**a** tendu	**ont** tendu
imparfait de l'indicatif		plus-que-parfait de l'indicatif	
tend**ais**	tend**ions**	**avais** tendu	**avions** tendu
tend**ais**	tend**iez**	**avais** tendu	**aviez** tendu
tend**ait**	tend**aient**	**avait** tendu	**avaient** tendu
passé simple		passé antérieur	
tend**is**	tend**îmes**	**eus** tendu	**eûmes** tendu
tend**is**	tend**îtes**	**eus** tendu	**eûtes** tendu
tend**it**	tend**irent**	**eut** tendu	**eurent** tendu
futur		futur antérieur	
tendr**ai**	tendr**ons**	**aurai** tendu	**aurons** tendu
tendr**as**	tendr**ez**	**auras** tendu	**aurez** tendu
tendr**a**	tendr**ont**	**aura** tendu	**auront** tendu
conditionnel		conditionnel passé	
tendr**ais**	tendr**ions**	**aurais** tendu	**aurions** tendu
tendr**ais**	tendr**iez**	**aurais** tendu	**auriez** tendu
tendr**ait**	tendr**aient**	**aurait** tendu	**auraient** tendu
présent du subjonctif		passé du subjonctif	
tend**e**	tend**ions**	**aie** tendu	**ayons** tendu
tend**es**	tend**iez**	**aies** tendu	**ayez** tendu
tend**e**	tend**ent**	**ait** tendu	**aient** tendu
imparfait du subjonctif		plus-que-parfait du subjonctif	
tendi**sse**	tendi**ssions**	**eusse** tendu	**eussions** tendu
tendi**sses**	tendi**ssiez**	**eusses** tendu	**eussiez** tendu
tendî**t**	tendi**ssent**	**eût** tendu	**eussent** tendu

impératif
tends
tendons
tendez

T

tenir — to hold, to grasp

participe présent **tenant** — participe passé **tenu**

SINGULAR	PLURAL	SINGULAR	PLURAL
présent de l'indicatif		passé composé	
tien**s**	ten**ons**	**ai** tenu	**avons** tenu
tien**s**	ten**ez**	**as** tenu	**avez** tenu
tien**t**	tienn**ent**	**a** tenu	**ont** tenu
imparfait de l'indicatif		plus-que-parfait de l'indicatif	
ten**ais**	ten**ions**	**avais** tenu	**avions** tenu
ten**ais**	ten**iez**	**avais** tenu	**aviez** tenu
ten**ait**	ten**aient**	**avait** tenu	**avaient** tenu
passé simple		passé antérieur	
t**ins**	t**înmes**	**eus** tenu	**eûmes** tenu
t**ins**	t**întes**	**eus** tenu	**eûtes** tenu
t**int**	t**inrent**	**eut** tenu	**eurent** tenu
futur		futur antérieur	
tiendr**ai**	tiendr**ons**	**aurai** tenu	**aurons** tenu
tiendr**as**	tiendr**ez**	**auras** tenu	**aurez** tenu
tiendr**a**	tiendr**ont**	**aura** tenu	**auront** tenu
conditionnel		conditionnel passé	
tiendr**ais**	tiendr**ions**	**aurais** tenu	**aurions** tenu
tiendr**ais**	tiendr**iez**	**aurais** tenu	**auriez** tenu
tiendr**ait**	tiendr**aient**	**aurait** tenu	**auraient** tenu
présent du subjonctif		passé du subjonctif	
tienn**e**	ten**ions**	**aie** tenu	**ayons** tenu
tienn**es**	ten**iez**	**aies** tenu	**ayez** tenu
tienn**e**	tienn**ent**	**ait** tenu	**aient** tenu
imparfait du subjonctif		plus-que-parfait du subjonctif	
tin**sse**	tin**ssions**	**eusse** tenu	**eussions** tenu
tin**sses**	tin**ssiez**	**eusses** tenu	**eussiez** tenu
tîn**t**	tin**ssent**	**eût** tenu	**eussent** tenu

impératif
tiens
tenons
tenez

to tempt, to attempt **tenter**

participe présent **tentant** participe passé **tenté**

SINGULAR	PLURAL	SINGULAR	PLURAL
présent de l'indicatif		passé composé	
tent**e**	tent**ons**	**ai** tenté	**avons** tenté
tent**es**	tent**ez**	**as** tenté	**avez** tenté
tent**e**	tent**ent**	**a** tenté	**ont** tenté
imparfait de l'indicatif		plus-que-parfait de l'indicatif	
tent**ais**	tent**ions**	**avais** tenté	**avions** tenté
tent**ais**	tent**iez**	**avais** tenté	**aviez** tenté
tent**ait**	tent**aient**	**avait** tenté	**avaient** tenté
passé simple		passé antérieur	
tent**ai**	tent**âmes**	**eus** tenté	**eûmes** tenté
tent**as**	tent**âtes**	**eus** tenté	**eûtes** tenté
tent**a**	tent**èrent**	**eut** tenté	**eurent** tenté
futur		futur antérieur	
tenter**ai**	tenter**ons**	**aurai** tenté	**aurons** tenté
tenter**as**	tenter**ez**	**auras** tenté	**aurez** tenté
tenter**a**	tenter**ont**	**aura** tenté	**auront** tenté
conditionnel		conditionnel passé	
tenter**ais**	tenter**ions**	**aurais** tenté	**aurions** tenté
tenter**ais**	tenter**iez**	**aurais** tenté	**auriez** tenté
tenter**ait**	tenter**aient**	**aurait** tenté	**auraient** tenté
présent du subjonctif		passé du subjonctif	
tent**e**	tent**ions**	**aie** tenté	**ayons** tenté
tent**es**	tent**iez**	**aies** tenté	**ayez** tenté
tent**e**	tent**ent**	**ait** tenté	**aient** tenté
imparfait du subjonctif		plus-que-parfait du subjonctif	
tent**asse**	tent**assions**	**eusse** tenté	**eussions** tenté
tent**asses**	tent**assiez**	**eusses** tenté	**eussiez** tenté
tent**ât**	tent**assent**	**eût** tenté	**eussent** tenté

impératif
tente
tentons
tentez

terminer — to terminate, to finish

participe présent **terminant** participe passé **terminé**

SINGULAR	PLURAL	SINGULAR	PLURAL
présent de l'indicatif		passé composé	
termin**e**	termin**ons**	**ai** terminé	**avons** terminé
termin**es**	termin**ez**	**as** terminé	**avez** terminé
termin**e**	termin**ent**	**a** terminé	**ont** terminé
imparfait de l'indicatif		plus-que-parfait de l'indicatif	
termin**ais**	termin**ions**	**avais** terminé	**avions** terminé
termin**ais**	termin**iez**	**avais** terminé	**aviez** terminé
termin**ait**	termin**aient**	**avait** terminé	**avaient** terminé
passé simple		passé antérieur	
termin**ai**	termin**âmes**	**eus** terminé	**eûmes** terminé
termin**as**	termin**âtes**	**eus** terminé	**eûtes** terminé
termin**a**	termin**èrent**	**eut** terminé	**eurent** terminé
futur		futur antérieur	
terminer**ai**	terminer**ons**	**aurai** terminé	**aurons** terminé
terminer**as**	terminer**ez**	**auras** terminé	**aurez** terminé
terminer**a**	terminer**ont**	**aura** terminé	**auront** terminé
conditionnel		conditionnel passé	
terminer**ais**	terminer**ions**	**aurais** terminé	**aurions** terminé
terminer**ais**	terminer**iez**	**aurais** terminé	**auriez** terminé
terminer**ait**	terminer**aient**	**aurait** terminé	**auraient** terminé
présent du subjonctif		passé du subjonctif	
termin**e**	termin**ions**	**aie** terminé	**ayons** terminé
termin**es**	termin**iez**	**aies** terminé	**ayez** terminé
termin**e**	termin**ent**	**ait** termine	**aient** terminé
imparfait du subjonctif		plus-que-parfait du subjonctif	
termina**sse**	termina**ssions**	**eusse** terminé	**eussions** terminé
termina**sses**	termina**ssiez**	**eusses** terminé	**eussiez** terminé
terminâ**t**	termina**ssent**	**eût** terminé	**eussent** terminé

impératif
termine
terminons
terminez

T

participe présent **tirant** participe passé **tiré**

SINGULAR	PLURAL	SINGULAR	PLURAL
présent de l'indicatif		passé composé	
tir**e**	tir**ons**	**ai** tiré	**avons** tiré
tir**es**	tir**ez**	**as** tiré	**avez** tiré
tir**e**	tir**ent**	**a** tiré	**ont** tiré
imparfait de l'indicatif		plus-que-parfait de l'indicatif	
tir**ais**	tir**ions**	**avais** tiré	**avions** tiré
tir**ais**	tir**iez**	**avais** tiré	**aviez** tiré
tir**ait**	tir**aient**	**avait** tiré	**avaient** tiré
passé simple		passé antérieur	
tir**ai**	tir**âmes**	**eus** tiré	**eûmes** tiré
tir**as**	tir**âtes**	**eus** tiré	**eûtes** tiré
tir**a**	tir**èrent**	**eut** tiré	**eurent** tiré
futur		futur antérieur	
tirer**ai**	tirer**ons**	**aurai** tiré	**aurons** tiré
tirer**as**	tirer**ez**	**auras** tiré	**aurez** tiré
tirer**a**	tirer**ont**	**aura** tiré	**auront** tiré
conditionnel		conditionnel passé	
tirer**ais**	tirer**ions**	**aurais** tiré	**aurions** tiré
tirer**ais**	tirer**iez**	**aurais** tiré	**auriez** tiré
tirer**ait**	tirer**aient**	**aurait** tiré	**auraient** tiré
présent du subjonctif		passé du subjonctif	
tir**e**	tir**ions**	**aie** tiré	**ayons** tiré
tir**es**	tir**iez**	**aies** tiré	**ayez** tiré
tir**e**	tir**ent**	**ait** tiré	**aient** tiré
imparfait du subjonctif		plus-que-parfait du subjonctif	
tira**sse**	tira**ssions**	**eusse** tiré	**eussions** tiré
tira**sses**	tira**ssiez**	**eusses** tiré	**eussiez** tiré
tirâ**t**	tira**ssent**	**eût** tiré	**eussent** tiré

impératif
tire
tirons
tirez

tomber — to fall

participe présent **tombant** participe passé **tombé(e)(s)**

SINGULAR	PLURAL
présent de l'indicatif	
tombe	tombons
tombes	tombez
tombe	tombent
imparfait de l'indicatif	
tombais	tombions
tombais	tombiez
tombait	tombaient
passé simple	
tombai	tombâmes
tombas	tombâtes
tomba	tombèrent
futur	
tomberai	tomberons
tomberas	tomberez
tombera	tomberont
conditionnel	
tomberais	tomberions
tomberais	tomberiez
tomberait	tomberaient
présent du subjonctif	
tombe	tombions
tombes	tombiez
tombe	tombent
imparfait du subjonctif	
tombasse	tombassions
tombasses	tombassiez
tombât	tombassent
impératif	
tombe	
tombons	
tombez	

SINGULAR	PLURAL
passé composé	
suis tombé(e)	sommes tombé(e)s
es tombé(e)	êtes tombé(e)(s)
est tombé(e)	sont tombé(e)s
plus-que-parfait de l'indicatif	
étais tombé(e)	étions tombé(e)s
étais tombé(e)	étiez tombé(e)(s)
était tombé(e)	étaient tombé(e)s
passé antérieur	
fus tombé(e)	fûmes tombé(e)s
fus tombé(e)	fûtes tombé(e)(s)
fut tombé(e)	furent tombé(e)s
futur antérieur	
serai tombé(e)	serons tombé(e)s
seras tombé(e)	serez tombé(e)(s)
sera tombé(e)	seront tombé(e)s
conditionnel passé	
serais tombé(e)	serions tombé(e)s
serais tombé(e)	seriez tombé(e)(s)
serait tombé(e)	seraient tombé(e)s
passé du subjonctif	
sois tombé(e)	soyons tombé(e)s
sois tombé(e)	soyez tombé(e)(s)
soit tombé(e)	soient tombé(e)s
plus-que-parfait du subjonctif	
fusse tombé(e)	fussions tombé(e)s
fusses tombé(e)	fussiez tombé(e)(s)
fût tombé(e)	fussent tombé(e)s

to twist **tordre**

participe présent **tordant** participe passé **tordu**

SINGULAR	PLURAL	SINGULAR	PLURAL
présent de l'indicatif		passé composé	
tord**s**	tord**ons**	**ai** tordu	**avons** tordu
tord**s**	tord**ez**	**as** tordu	**avez** tordu
tord	tord**ent**	**a** tordu	**ont** tordu
imparfait de l'indicatif		plus-que-parfait de l'indicatif	
tord**ais**	tord**ions**	**avais** tordu	**avions** tordu
tord**ais**	tord**iez**	**avais** tordu	**aviez** tordu
tord**ait**	tord**aient**	**avait** tordu	**avaient** tordu
passé simple		passé antérieur	
tord**is**	tord**îmes**	**eus** tordu	**eûmes** tordu
tord**is**	tord**îtes**	**eus** tordu	**eûtes** tordu
tord**it**	tord**irent**	**eut** tordu	**eurent** tordu
futur		futur antérieur	
tordr**ai**	tordr**ons**	**aurai** tordu	**aurons** tordu
tordr**as**	tordr**ez**	**auras** tordu	**aurez** tordu
tordr**a**	tordr**ont**	**aura** tordu	**auront** tordu
conditionnel		conditionnel passé	
tordr**ais**	tordr**ions**	**aurais** tordu	**aurions** tordu
tordr**ais**	tordr**iez**	**aurais** tordu	**auriez** tordu
tordr**ait**	tordr**aient**	**aurait** tordu	**auraient** tordu
présent du subjonctif		passé du subjonctif	
tord**e**	tord**ions**	**aie** tordu	**ayons** tordu
tord**es**	tord**iez**	**aies** tordu	**ayez** tordu
tord**e**	tord**ent**	**ait** tordu	**aient** tordu
imparfait du subjonctif		plus-que-parfait du subjonctif	
tordi**sse**	tordi**ssions**	**eusse** tordu	**eussions** tordu
tordi**sses**	tordi**ssiez**	**eusses** tordu	**eussiez** tordu
tord**ît**	tordi**ssent**	**eût** tordu	**eussent** tordu

impératif
tords
tordons
tordez

T

toucher — to touch, to affect

participe présent **touchant** participe passé **touché**

SINGULAR	PLURAL	SINGULAR	PLURAL
présent de l'indicatif		passé composé	
touch**e**	touch**ons**	**ai** touché	**avons** touché
touch**es**	touch**ez**	**as** touché	**avez** touché
touch**e**	touch**ent**	**a** touché	**ont** touché
imparfait de l'indicatif		plus-que-parfait de l'indicatif	
touch**ais**	touch**ions**	**avais** touché	**avions** touché
touch**ais**	touch**iez**	**avais** touché	**aviez** touché
touch**ait**	touch**aient**	**avait** touché	**avaient** touché
passé simple		passé antérieur	
touch**ai**	touch**âmes**	**eus** touché	**eûmes** touché
touch**as**	touch**âtes**	**eus** touché	**eûtes** touché
touch**a**	touch**èrent**	**eut** touché	**eurent** touché
futur		futur antérieur	
toucher**ai**	toucher**ons**	**aurai** touché	**aurons** touché
toucher**as**	toucher**ez**	**auras** touché	**aurez** touché
toucher**a**	toucher**ont**	**aura** touché	**auront** touché
conditionnel		conditionnel passé	
toucher**ais**	toucher**ions**	**aurais** touché	**aurions** touché
toucher**ais**	toucher**iez**	**aurais** touché	**auriez** touché
toucher**ait**	toucher**aient**	**aurait** touché	**auraient** touché
présent du subjonctif		passé du subjonctif	
touch**e**	touch**ions**	**aie** touché	**ayons** touché
touch**es**	touch**iez**	**aies** touché	**ayez** touché
touch**e**	touch**ent**	**ait** touché	**aient** touché
imparfait du subjonctif		plus-que-parfait du subjonctif	
touch**asse**	touch**assions**	**eusse** touché	**eussions** touché
touch**asses**	touch**assiez**	**eusses** touché	**eussiez** touché
touch**ât**	touch**assent**	**eût** touché	**eussent** touché

impératif
touche
touchons
touchez

to turn, to shoot film **tourner**

participe présent **tournant** participe passé **tourné**

SINGULAR	PLURAL
présent de l'indicatif	
tourn**e**	tourn**ons**
tourn**es**	tourn**ez**
tourn**e**	tourn**ent**
imparfait de l'indicatif	
tourn**ais**	tourn**ions**
tourn**ais**	tourn**iez**
tourn**ait**	tourn**aient**
passé simple	
tourn**ai**	tourn**âmes**
tourn**as**	tourn**âtes**
tourn**a**	tourn**èrent**
futur	
tourner**ai**	tourner**ons**
tourner**as**	tourner**ez**
tourner**a**	tourner**ont**
conditionnel	
tourner**ais**	tourner**ions**
tourner**ais**	tourner**iez**
tourner**ait**	tourner**aient**
présent du subjonctif	
tourn**e**	tourn**ions**
tourn**es**	tourn**iez**
tourn**e**	tourn**ent**
imparfait du subjonctif	
tourna**sse**	tourna**ssions**
tourna**sses**	tourna**ssiez**
tournâ**t**	tourna**ssent**
impératif	
tourne	
tournons	
tournez	

SINGULAR	PLURAL
passé composé	
ai tourné	**avons** tourné
as tourné	**avez** tourné
a tourné	**ont** tourné
plus-que-parfait de l'indicatif	
avais tourné	**avions** tourné
avais tourné	**aviez** tourné
avait tourné	**avaient** tourné
passé antérieur	
eus tourné	**eûmes** tourné
eus tourné	**eûtes** tourné
eut tourné	**eurent** tourné
futur antérieur	
aurai tourné	**aurons** tourné
auras tourné	**aurez** tourné
aura tourné	**auront** tourné
conditionnel passé	
aurais tourné	**aurions** tourné
aurais tourné	**auriez** tourné
aurait tourné	**auraient** tourné
passé du subjonctif	
aie tourné	**ayons** tourné
aies tourné	**ayez** tourné
ait tourné	**aient** tourné
plus-que-parfait du subjonctif	
eusse tourné	**eussions** tourné
eusses tourné	**eussiez** tourné
eût tourné	**eussent** tourné

tousser — to cough

participe présent **toussant** participe passé **toussé**

SINGULAR	PLURAL	SINGULAR	PLURAL
présent de l'indicatif		passé composé	
touss**e**	touss**ons**	**ai** toussé	**avons** toussé
touss**es**	touss**ez**	**as** toussé	**avez** toussé
touss**e**	touss**ent**	**a** toussé	**ont** toussé
imparfait de l'indicatif		plus-que-parfait de l'indicatif	
touss**ais**	touss**ions**	**avais** toussé	**avions** toussé
touss**ais**	touss**iez**	**avais** toussé	**aviez** toussé
touss**ait**	touss**aient**	**avait** toussé	**avaient** toussé
passé simple		passé antérieur	
touss**ai**	touss**âmes**	**eus** toussé	**eûmes** toussé
touss**as**	touss**âtes**	**eus** toussé	**eûtes** toussé
touss**a**	touss**èrent**	**eut** toussé	**eurent** toussé
futur		futur antérieur	
tousser**ai**	tousser**ons**	**aurai** toussé	**aurons** toussé
tousser**as**	tousser**ez**	**auras** toussé	**aurez** toussé
tousser**a**	tousser**ont**	**aura** toussé	**auront** toussé
conditionnel		conditionnel passé	
tousser**ais**	tousser**ions**	**aurais** toussé	**aurions** toussé
tousser**ais**	tousser**iez**	**aurais** toussé	**auriez** toussé
tousser**ait**	tousser**aient**	**aurait** toussé	**auraient** toussé
présent du subjonctif		passé du subjonctif	
touss**e**	touss**ions**	**aie** toussé	**ayons** toussé
touss**es**	touss**iez**	**aies** toussé	**ayez** toussé
touss**e**	touss**ent**	**ait** toussé	**aient** toussé
imparfait du subjonctif		plus-que-parfait du subjonctif	
toussa**sse**	toussa**ssions**	**eusse** toussé	**eussions** toussé
toussa**sses**	toussa**ssiez**	**eusses** toussé	**eussiez** toussé
toussâ**t**	toussa**ssent**	**eût** toussé	**eussent** toussé

impératif
tousse
toussons
toussez

to translate **traduire**

participe présent **traduisant** participe passé **traduit**

SINGULAR	PLURAL
présent de l'indicatif	
tradu**is**	tradui**sons**
tradu**is**	tradui**sez**
tradu**it**	tradui**sent**
imparfait de l'indicatif	
traduis**ais**	traduis**ions**
traduis**ais**	traduis**iez**
traduis**ait**	traduis**aient**
passé simple	
traduis**is**	traduis**îmes**
traduis**is**	traduis**îtes**
traduis**it**	traduis**irent**
futur	
traduir**ai**	traduir**ons**
traduir**as**	traduir**ez**
traduir**a**	traduir**ont**
conditionnel	
traduir**ais**	traduir**ions**
traduir**ais**	traduir**iez**
traduir**ait**	traduir**aient**
présent du subjonctif	
traduis**e**	traduis**ions**
traduis**es**	traduis**iez**
traduis**e**	traduis**ent**
imparfait du subjonctif	
traduisi**sse**	traduisi**ssions**
traduisi**sses**	traduisi**ssiez**
traduisî**t**	traduisi**ssent**
impératif	
traduis	
traduisons	
traduisez	

SINGULAR	PLURAL
passé composé	
ai traduit	**avons** traduit
as traduit	**avez** traduit
a traduit	**ont** traduit
plus-que-parfait de l'indicatif	
avais traduit	**avions** traduit
avais traduit	**aviez** traduit
avait traduit	**avaient** traduit
passé antérieur	
eus traduit	**eûmes** traduit
eus traduit	**eûtes** traduit
eut traduit	**eurent** traduit
futur antérieur	
aurai traduit	**aurons** traduit
auras traduit	**aurez** traduit
aura traduit	**auront** traduit
conditionnel passé	
aurais traduit	**aurions** traduit
aurais traduit	**auriez** traduit
aurait traduit	**auraient** traduit
passé du subjonctif	
aie traduit	**ayons** traduit
aies traduit	**ayez** traduit
ait traduit	**aient** traduit
plus-que-parfait du subjonctif	
eusse traduit	**eussions** traduit
eusses traduit	**eussiez** traduit
eût traduit	**eussent** traduit

trahir — to betray

participe présent **trahissant** participe passé **trahi**

SINGULAR	PLURAL	SINGULAR	PLURAL
présent de l'indicatif		passé composé	
trahi**s**	trahi**ssons**	**ai** trahi	**avons** trahi
trahi**s**	trahi**ssez**	**as** trahi	**avez** trahi
trahi**t**	trahi**ssent**	**a** trahi	**ont** trahi
imparfait de l'indicatif		plus-que-parfait de l'indicatif	
trahiss**ais**	trahiss**ions**	**avais** trahi	**avions** trahi
trahiss**ais**	trahiss**iez**	**avais** trahi	**aviez** trahi
trahiss**ait**	trahiss**aient**	**avait** trahi	**avaient** trahi
passé simple		passé antérieur	
trahi**s**	trah**îmes**	**eus** trahi	**eûmes** trahi
trahi**s**	trah**îtes**	**eus** trahi	**eûtes** trahi
trahi**t**	trahi**rent**	**eut** trahi	**eurent** trahi
futur		futur antérieur	
trahir**ai**	trahir**ons**	**aurai** trahi	**aurons** trahi
trahir**as**	trahir**ez**	**auras** trahi	**aurez** trahi
trahir**a**	trahir**ont**	**aura** trahi	**auront** trahi
conditionnel		conditionnel passé	
trahir**ais**	trahir**ions**	**aurais** trahi	**aurions** trahi
trahir**ais**	trahir**iez**	**aurais** trahi	**auriez** trahi
trahir**ait**	trahir**aient**	**aurait** trahi	**auraient** trahi
présent du subjonctif		passé du subjonctif	
trahiss**e**	trahiss**ions**	**aie** trahi	**ayons** trahi
trahiss**es**	trahiss**iez**	**aies** trahi	**ayez** trahi
trahiss**e**	trahiss**ent**	**ait** trahi	**aient** trahi
imparfait du subjonctif		plus-que-parfait du subjonctif	
trahi**sse**	trahi**ssions**	**eusse** trahi	**eussions** trahi
trahi**sses**	trahi**ssiez**	**eusses** trahi	**eussiez** trahi
trah**ît**	trahi**ssent**	**eût** trahi	**eussent** trahi

impératif
trahis
trahissons
trahissez

to treat, to negotiate **traiter**

participe présent **traitant** participe passé **traité**

SINGULAR	PLURAL	SINGULAR	PLURAL
présent de l'indicatif		passé composé	
trait**e**	trait**ons**	**ai** traité	**avons** traité
trait**es**	trait**ez**	**as** traité	**avez** traité
trait**e**	trait**ent**	**a** traité	**ont** traité
imparfait de l'indicatif		plus-que-parfait de l'indicatif	
trait**ais**	trait**ions**	**avais** traité	**avions** traité
trait**ais**	trait**iez**	**avais** traité	**aviez** traité
trait**ait**	trait**aient**	**avait** traité	**avaient** traité
passé simple		passé antérieur	
trait**ai**	trait**âmes**	**eus** traité	**eûmes** traité
trait**as**	trait**âtes**	**eus** traité	**eûtes** traité
trait**a**	trait**èrent**	**eut** traité	**eurent** traité
futur		futur antérieur	
traiter**ai**	traiter**ons**	**aurai** traité	**aurons** traité
traiter**as**	traiter**ez**	**auras** traité	**aurez** traité
traiter**a**	traiter**ont**	**aura** traité	**auront** traité
conditionnel		conditionnel passé	
traiter**ais**	traiter**ions**	**aurais** traité	**aurions** traité
traiter**ais**	traiter**iez**	**aurais** traité	**auriez** traité
traiter**ait**	traiter**aient**	**aurait** traité	**auraient** traité
présent du subjonctif		passé du subjonctif	
trait**e**	trait**ions**	**aie** traité	**ayons** traité
trait**es**	trait**iez**	**aies** traité	**ayez** traité
trait**e**	trait**ent**	**ait** traité	**aient** traité
imparfait du subjonctif		plus-que-parfait du subjonctif	
traita**sse**	traita**ssions**	**eusse** traité	**eussions** traité
traita**sses**	traita**ssiez**	**eusses** traité	**eussiez** traité
trait**ât**	traita**ssent**	**eût** traité	**eussent** traité

impératif
traite
traitons
traitez

T

transmettre — to pass on, to transmit

participe présent **transmettant** participe passé **transmis**

SINGULAR	PLURAL	SINGULAR	PLURAL
présent de l'indicatif		passé composé	
transmet**s**	transmett**ons**	**ai** transmis	**avons** transmis
transmet**s**	transmett**ez**	**as** transmis	**avez** transmis
transmet	transmett**ent**	**a** transmis	**ont** transmis
imparfait de l'indicatif		plus-que-parfait de l'indicatif	
transmett**ais**	transmett**ions**	**avais** transmis	**avions** transmis
transmett**ais**	transmett**iez**	**avais** transmis	**aviez** transmis
transmett**ait**	transmett**aient**	**avait** transmis	**avaient** transmis
passé simple		passé antérieur	
transm**is**	transm**îmes**	**eus** transmis	**eûmes** transmis
transm**is**	transm**îtes**	**eus** transmis	**eûtes** transmis
transm**it**	transm**irent**	**eut** transmis	**eurent** transmis
futur		futur antérieur	
transmettr**ai**	transmettr**ons**	**aurai** transmis	**aurons** transmis
transmettr**as**	transmettr**ez**	**auras** transmis	**aurez** transmis
transmettr**a**	transmettr**ont**	**aura** transmis	**auront** transmis
conditionnel		conditionnel passé	
transmettr**ais**	transmettr**ions**	**aurais** transmis	**aurions** transmis
transmettr**ais**	transmettr**iez**	**aurais** transmis	**auriez** transmis
transmettr**ait**	transmettr**aient**	**aurait** transmis	**auraient** transmis
présent du subjonctif		passé du subjonctif	
transmett**e**	transmett**ions**	**aie** transmis	**ayons** transmis
transmett**es**	transmett**iez**	**aies** transmis	**ayez** transmis
transmett**e**	transmett**ent**	**ait** transmis	**aient** transmis
imparfait du subjonctif		plus-que-parfait du subjonctif	
transmi**sse**	transmi**ssions**	**eusse** transmis	**eussions** transmis
transmi**sses**	transmi**ssiez**	**eusses** transmis	**eussiez** transmis
transmî**t**	transmi**ssent**	**eût** transmis	**eussent** transmis

impératif
transmets
transmettons
transmettez

MEMORY TIP

The radio **transmission** was weak.

T

participe présent **travaillant** participe passé **travaillé**

SINGULAR	PLURAL	SINGULAR	PLURAL
présent de l'indicatif		passé composé	
travaill**e**	travaill**ons**	**ai** travaillé	**avons** travaillé
travaill**es**	travaill**ez**	**as** travaillé	**avez** travaillé
travaill**e**	travaill**ent**	**a** travaillé	**ont** travaillé
imparfait de l'indicatif		plus-que-parfait de l'indicatif	
travaill**ais**	travaill**ions**	**avais** travaillé	**avions** travaillé
travaill**ais**	travaill**iez**	**avais** travaillé	**aviez** travaillé
travaill**ait**	travaill**aient**	**avait** travaillé	**avaient** travaillé
passé simple		passé antérieur	
travaill**ai**	travaill**âmes**	**eus** travaillé	**eûmes** travaillé
travaill**as**	travaill**âtes**	**eus** travaillé	**eûtes** travaillé
travaill**a**	travaill**èrent**	**eut** travaillé	**eurent** travaillé
futur		futur antérieur	
travailler**ai**	travailler**ons**	**aurai** travaillé	**aurons** travaillé
travailler**as**	travailler**ez**	**auras** travaillé	**aurez** travaillé
travailler**a**	travailler**ont**	**aura** travaillé	**auront** travaillé
conditionnel		conditionnel passé	
travailler**ais**	travailler**ions**	**aurais** travaillé	**aurions** travaillé
travailler**ais**	travailler**iez**	**aurais** travaillé	**auriez** travaillé
travailler**ait**	travailler**aient**	**aurait** travaillé	**auraient** travaillé
présent du subjonctif		passé du subjonctif	
travaill**e**	travaill**ions**	**aie** travaillé	**ayons** travaillé
travaill**es**	travaill**iez**	**aies** travaillé	**ayez** travaillé
travaill**e**	travaill**ent**	**ait** travaillé	**aient** travaillé
imparfait du subjonctif		plus-que-parfait du subjonctif	
travailla**sse**	travailla**ssions**	**eusse** travaillé	**eussions** travaillé
travailla**sses**	travailla**ssiez**	**eusses** travaillé	**eussiez** travaillé
travaill**ât**	travailla**ssent**	**eût** travaillé	**eussent** travaillé

impératif
travaille
travaillons
travaillez

traverser — to traverse, to cross

participe présent **traversant** participe passé **traversé**

SINGULAR	PLURAL
présent de l'indicatif	
travers**e**	travers**ons**
travers**es**	travers**ez**
travers**e**	travers**ent**
imparfait de l'indicatif	
travers**ais**	travers**ions**
travers**ais**	travers**iez**
travers**ait**	travers**aient**
passé simple	
travers**ai**	travers**âmes**
travers**as**	travers**âtes**
travers**a**	travers**èrent**
futur	
traverser**ai**	traverser**ons**
traverser**as**	traverser**ez**
traverser**a**	traverser**ont**
conditionnel	
traverser**ais**	traverser**ions**
traverser**ais**	traverser**iez**
traverser**ait**	traverser**aient**
présent du subjonctif	
travers**e**	travers**ions**
travers**es**	travers**iez**
travers**e**	travers**ent**
imparfait du subjonctif	
traversa**sse**	traversa**ssions**
traversa**sses**	traversa**ssiez**
traversâ**t**	traversa**ssent**
impératif	
traverse	
traversons	
traversez	

SINGULAR	PLURAL
passé composé	
ai traversé	**avons** traversé
as traversé	**avez** traversé
a traversé	**ont** traversé
plus-que-parfait de l'indicatif	
avais traversé	**avions** traversé
avais traversé	**aviez** traversé
avait traversé	**avaient** traversé
passé antérieur	
eus traversé	**eûmes** traversé
eus traversé	**eûtes** traversé
eut traversé	**eurent** traversé
futur antérieur	
aurai traversé	**aurons** traversé
auras traversé	**aurez** traversé
aura traversé	**auront** traversé
conditionnel passé	
aurais traversé	**aurions** traversé
aurais traversé	**auriez** traversé
aurait traversé	**auraient** traversé
passé du subjonctif	
aie traversé	**ayons** traversé
aies traversé	**ayez** traversé
ait traversé	**aient** traversé
plus-que-parfait du subjonctif	
eusse traversé	**eussions** traversé
eusses traversé	**eussiez** traversé
eût traversé	**eussent** traversé

to cheat, to trick **tricher**

participe présent **trichant** participe passé **triché**

SINGULAR	PLURAL	SINGULAR	PLURAL
présent de l'indicatif		passé composé	
trich**e**	trich**ons**	**ai** triché	**avons** triché
trich**es**	trich**ez**	**as** triché	**avez** triché
trich**e**	trich**ent**	**a** triché	**ont** triché
imparfait de l'indicatif		plus-que-parfait de l'indicatif	
trich**ais**	trich**ions**	**avais** triché	**avions** triché
trich**ais**	trich**iez**	**avais** triché	**aviez** triché
trich**ait**	trich**aient**	**avait** triché	**avaient** triché
passé simple		passé antérieur	
trich**ai**	trich**âmes**	**eus** triché	**eûmes** triché
trich**as**	trich**âtes**	**eus** triché	**eûtes** triché
trich**a**	trich**èrent**	**eut** triché	**eurent** triché
futur		futur antérieur	
tricher**ai**	tricher**ons**	**aurai** triché	**aurons** triché
tricher**as**	tricher**ez**	**auras** triché	**aurez** triché
tricher**a**	tricher**ont**	**aura** triché	**auront** triché
conditionnel		conditionnel passé	
tricher**ais**	tricher**ions**	**aurais** triché	**aurions** triché
tricher**ais**	tricher**iez**	**aurais** triché	**auriez** triché
tricher**ait**	tricher**aient**	**aurait** triché	**auraient** triché
présent du subjonctif		passé du subjonctif	
trich**e**	trich**ions**	**aie** triché	**ayons** triché
trich**es**	trich**iez**	**aies** triché	**ayez** triché
trich**e**	trich**ent**	**ait** triché	**aient** triché
imparfait du subjonctif		plus-que-parfait du subjonctif	
tricha**sse**	tricha**ssions**	**eusse** triché	**eussions** triché
tricha**sses**	tricha**ssiez**	**eusses** triché	**eussiez** triché
trichâ**t**	tricha**ssent**	**eût** triché	**eussent** triché

impératif
triche
trichons
trichez

tromper — to deceive, to mislead

participe présent **trompant** participe passé **trompé**

SINGULAR	PLURAL	SINGULAR	PLURAL
présent de l'indicatif		passé composé	
tromp**e**	tromp**ons**	**ai** trompé	**avons** trompé
tromp**es**	tromp**ez**	**as** trompé	**avez** trompé
tromp**e**	tromp**ent**	**a** trompé	**ont** trompé
imparfait de l'indicatif		plus-que-parfait de l'indicatif	
tromp**ais**	tromp**ions**	**avais** trompé	**avions** trompé
tromp**ais**	tromp**iez**	**avais** trompé	**aviez** trompé
tromp**ait**	tromp**aient**	**avait** trompé	**avaient** trompé
passé simple		passé antérieur	
tromp**ai**	tromp**âmes**	**eus** trompé	**eûmes** trompé
tromp**as**	tromp**âtes**	**eus** trompé	**eûtes** trompé
tromp**a**	tromp**èrent**	**eut** trompé	**eurent** trompé
futur		futur antérieur	
tromper**ai**	tromper**ons**	**aurai** trompé	**aurons** trompé
tromper**as**	tromper**ez**	**auras** trompé	**aurez** trompé
tromper**a**	tromper**ont**	**aura** trompé	**auront** trompé
conditionnel		conditionnel passé	
tromper**ais**	tromper**ions**	**aurais** trompé	**aurions** trompé
tromper**ais**	tromper**iez**	**aurais** trompé	**auriez** trompé
tromper**ait**	tromper**aient**	**aurait** trompé	**auraient** trompé
présent du subjonctif		passé du subjonctif	
tromp**e**	tromp**ions**	**aie** trompé	**ayons** trompé
tromp**es**	tromp**iez**	**aies** trompé	**ayez** trompé
tromp**e**	tromp**ent**	**ait** trompé	**aient** trompé
imparfait du subjonctif		plus-que-parfait du subjonctif	
trompa**sse**	trompa**ssions**	**eusse** trompé	**eussions** trompé
trompa**sses**	trompa**ssiez**	**eusses** trompé	**eussiez** trompé
trompâ**t**	trompa**ssent**	**eût** trompé	**eussent** trompé

impératif
trompe
trompons
trompez

MEMORY TIP

The architectural technique of *trompe l'œil* **fools** you into thinking that painted windows are real.

to be mistaken, to make a mistake **se tromper**

participe présent **se trompant** participe passé **trompé(e)(s)**

présent de l'indicatif

SINGULAR	PLURAL
me tromp**e**	**nous** tromp**ons**
te tromp**es**	**vous** tromp**ez**
se tromp**e**	**se** tromp**ent**

imparfait de l'indicatif

SINGULAR	PLURAL
me tromp**ais**	**nous** tromp**ions**
te tromp**ais**	**vous** tromp**iez**
se tromp**ait**	**se** tromp**aient**

passé simple

SINGULAR	PLURAL
me tromp**ai**	**nous** tromp**âmes**
te tromp**as**	**vous** tromp**âtes**
se tromp**a**	**se** tromp**èrent**

futur

SINGULAR	PLURAL
me tromper**ai**	**nous** tromper**ons**
te tromper**as**	**vous** tromper**ez**
se tromper**a**	**se** tromper**ont**

conditionnel

SINGULAR	PLURAL
me tromper**ais**	**nous** tromper**ions**
te tromper**ais**	**vous** tromper**iez**
se tromper**ait**	**se** tromper**aient**

présent du subjonctif

SINGULAR	PLURAL
me tromp**e**	**nous** tromp**ions**
te tromp**es**	**vous** tromp**iez**
se tromp**e**	**se** tromp**ent**

imparfait du subjonctif

SINGULAR	PLURAL
me trompa**sse**	**nous** trompa**ssions**
te trompa**sses**	**vous** trompa**ssiez**
se tromp**ât**	**se** trompa**ssent**

impératif

trompe-toi
trompons-nous
trompez-vous

passé composé

SINGULAR	PLURAL
me suis trompé(e)	**nous sommes** trompé(e)s
t'es trompé(e)	**vous êtes** trompé(e)(s)
s'est trompé(e)	**se sont** trompé(e)s

plus-que-parfait de l'indicatif

SINGULAR	PLURAL
m'étais trompé(e)	**nous étions** trompé(e)s
t'étais trompé(e)	**vous étiez** trompé(e)(s)
s'était trompé(e)	**s'étaient** trompé(e)s

passé antérieur

SINGULAR	PLURAL
me fus trompé(e)	**nous fûmes** trompé(e)s
te fus trompé(e)	**vous fûtes** tromp(e)(s)
se fut trompé(e)	**se furent** trompé(e)s

futur antérieur

SINGULAR	PLURAL
me serai trompé(e)	**nous serons** trompé(e)s
te seras trompé(e)	**vous serez** trompé(e)(s)
se sera trompé(e)	**se seront** trompé(e)s

conditionnel passé

SINGULAR	PLURAL
me serais trompé(e)	**nous serions** trompé(e)s
te serais trompé(e)	**vous seriez** trompé(e)(s)
se serait trompé(e)	**se seraient** trompé(e)s

passé du subjonctif

SINGULAR	PLURAL
me sois trompé(e)	**nous soyons** trompé(e)s
te sois trompé(e)	**vous soyez** trompé(e)(s)
se soit trompé(e)	**se soient** trompé(e)s

plus-que-parfait du subjonctif

SINGULAR	PLURAL
me fusse trompé(e)	**nous fussions** trompé(e)s
te fusses trompé(e)	**vous fussiez** trompé(e)(s)
se fût trompé(e)	**se fussent** trompé(e)s

trouver — to find

participe présent **trouvant** participe passé **trouvé**

SINGULAR	PLURAL	SINGULAR	PLURAL
présent de l'indicatif		passé composé	
trouv**e**	trouv**ons**	**ai** trouvé	**avons** trouvé
trouv**es**	trouv**ez**	**as** trouvé	**avez** trouvé
trouv**e**	trouv**ent**	**a** trouvé	**ont** trouvé
imparfait de l'indicatif		plus-que-parfait de l'indicatif	
trouv**ais**	trouv**ions**	**avais** trouvé	**avions** trouvé
trouv**ais**	trouv**iez**	**avais** trouvé	**aviez** trouvé
trouv**ait**	trouv**aient**	**avait** trouvé	**avaient** trouvé
passé simple		passé antérieur	
trouv**ai**	trouv**âmes**	**eus** trouvé	**eûmes** trouvé
trouv**as**	trouv**âtes**	**eus** trouvé	**eûtes** trouvé
trouv**a**	trouv**èrent**	**eut** trouvé	**eurent** trouvé
futur		futur antérieur	
trouver**ai**	trouver**ons**	**aurai** trouvé	**aurons** trouvé
trouver**as**	trouver**ez**	**auras** trouvé	**aurez** trouvé
trouver**a**	trouver**ont**	**aura** trouvé	**auront** trouvé
conditionnel		conditionnel passé	
trouver**ais**	trouver**ions**	**aurais** trouvé	**aurions** trouvé
trouver**ais**	trouver**iez**	**aurais** trouvé	**auriez** trouvé
trouver**ait**	trouver**aient**	**aurait** trouvé	**auraient** trouvé
présent du subjonctif		passé du subjonctif	
trouv**e**	trouv**ions**	**aie** trouvé	**ayons** trouvé
trouv**es**	trouv**iez**	**aies** trouvé	**ayez** trouvé
trouv**e**	trouv**ent**	**ait** trouvé	**aient** trouvé
imparfait du subjonctif		plus-que-parfait du subjonctif	
trouva**sse**	trouva**ssions**	**eusse** trouvé	**eussions** trouvé
trouva**sses**	trouva**ssiez**	**eusses** trouvé	**eussiez** trouvé
trouvâ**t**	trouva**ssent**	**eût** trouvé	**eussent** trouvé

impératif
trouve
trouvons
trouvez

to kill — tuer

participe présent **tuant** participe passé **tué**

SINGULAR	PLURAL
présent de l'indicatif	
tu**e**	tu**ons**
tu**es**	tu**ez**
tu**e**	tu**ent**
imparfait de l'indicatif	
tu**ais**	tu**ions**
tu**ais**	tu**iez**
tu**ait**	tu**aient**
passé simple	
tu**ai**	tu**âmes**
tu**as**	tu**âtes**
tu**a**	tu**èrent**
futur	
tuer**ai**	tuer**ons**
tuer**as**	tuer**ez**
tuer**a**	tuer**ont**
conditionnel	
tuer**ais**	tuer**ions**
tuer**ais**	tuer**iez**
tuer**ait**	tuer**aient**
présent du subjonctif	
tu**e**	tu**ions**
tu**es**	tu**iez**
tu**e**	tu**ent**
imparfait du subjonctif	
tua**sse**	tua**ssions**
tua**sses**	tua**ssiez**
tu**ât**	tua**ssent**
impératif	
tue	
tuons	
tuez	

SINGULAR	PLURAL
passé composé	
ai tué	**avons** tué
as tué	**avez** tué
a tué	**ont** tué
plus-que-parfait de l'indicatif	
avais tué	**avions** tué
avais tué	**aviez** tué
avait tué	**avaient** tué
passé antérieur	
eus tué	**eûmes** tué
eus tué	**eûtes** tué
eut tué	**eurent** tué
futur antérieur	
aurai tué	**aurons** tué
auras tué	**aurez** tué
aura tué	**auront** tué
conditionnel passé	
aurais tué	**aurions** tué
aurais tué	**auriez** tué
aurait tué	**auraient** tué
passé du subjonctif	
aie tué	**ayons** tué
aies tué	**ayez** tué
ait tué	**aient** tué
plus-que-parfait du subjonctif	
eusse tué	**eussions** tué
eusses tué	**eussiez** tué
eût tué	**eussent** tué

tutoyer — to address as "tu"

participe présent **tutoyant** participe passé **tutoyé**

SINGULAR	PLURAL	SINGULAR	PLURAL
présent de l'indicatif		passé composé	
tutoi**e**	tutoy**ons**	**ai** tutoyé	**avons** tutoyé
tutoi**es**	tutoy**ez**	**as** tutoyé	**avez** tutoyé
tutoi**e**	tutoi**ent**	**a** tutoyé	**ont** tutoyé
imparfait de l'indicatif		plus-que-parfait de l'indicatif	
tutoy**ais**	tutoy**ions**	**avais** tutoyé	**avions** tutoyé
tutoy**ais**	tutoy**iez**	**avais** tutoyé	**aviez** tutoyé
tutoy**ait**	tutoy**aient**	**avait** tutoyé	**avaient** tutoyé
passé simple		passé antérieur	
tutoy**ai**	tutoy**âmes**	**eus** tutoyé	**eûmes** tutoyé
tutoy**as**	tutoy**âtes**	**eus** tutoyé	**eûtes** tutoyé
tutoy**a**	tutoy**èrent**	**eut** tutoyé	**eurent** tutoyé
futur		futur antérieur	
tutoier**ai**	tutoier**ons**	**aurai** tutoyé	**aurons** tutoyé
tutoier**as**	tutoier**ez**	**auras** tutoyé	**aurez** tutoyé
tutoier**a**	tutoier**ont**	**aura** tutoyé	**auront** tutoyé
conditionnel		conditionnel passé	
tutoier**ais**	tutoier**ions**	**aurais** tutoyé	**aurions** tutoyé
tutoier**ais**	tutoier**iez**	**aurais** tutoyé	**auriez** tutoyé
tutoier**ait**	tutoier**aient**	**aurait** tutoyé	**auraient** tutoyé
présent du subjonctif		passé du subjonctif	
tutoi**e**	tutoy**ions**	**aie** tutoyé	**ayons** tutoyé
tutoi**es**	tutoy**iez**	**aies** tutoyé	**ayez** tutoyé
tutoi**e**	tutoi**ent**	**ait** tutoyé	**aient** tutoyé
imparfait du subjonctif		plus-que-parfait du subjonctif	
tutoy**asse**	tutoy**assions**	**eusse** tutoyé	**eussions** tutoyé
tutoy**asses**	tutoy**assiez**	**eusses** tutoyé	**eussiez** tutoyé
tutoy**ât**	tutoy**assent**	**eût** tutoyé	**eussent** tutoyé

impératif
tutoie
tutoyons
tutoyez

participe présent **unissant** participe passé **uni**

SINGULAR	PLURAL	SINGULAR	PLURAL
présent de l'indicatif		passé composé	
uni**s**	uni**ssons**	**ai** uni	**avons** uni
uni**s**	uni**ssez**	**as** uni	**avez** uni
uni**t**	uni**ssent**	**a** uni	**ont** uni
imparfait de l'indicatif		plus-que-parfait de l'indicatif	
uniss**ais**	uniss**ions**	**avais** uni	**avions** uni
uniss**ais**	uniss**iez**	**avais** uni	**aviez** uni
uniss**ait**	uniss**aient**	**avait** uni	**avaient** uni
passé simple		passé antérieur	
uni**s**	unî**mes**	**eus** uni	**eûmes** uni
uni**s**	unî**tes**	**eus** uni	**eûtes** uni
uni**t**	uni**rent**	**eut** uni	**eurent** uni
futur		futur antérieur	
unir**ai**	unir**ons**	**aurai** uni	**aurons** uni
unir**as**	unir**ez**	**auras** uni	**aurez** uni
unir**a**	unir**ont**	**aura** uni	**auront** uni
conditionnel		conditionnel passé	
unir**ais**	unir**ions**	**aurais** uni	**aurions** uni
unir**ais**	unir**iez**	**aurais** uni	**auriez** uni
unir**ait**	unir**aient**	**aurait** uni	**auraient** uni
présent du subjonctif		passé du subjonctif	
uniss**e**	uniss**ions**	**aie** uni	**ayons** uni
uniss**es**	uniss**iez**	**aies** uni	**ayez** uni
uniss**e**	uniss**ent**	**ait** uni	**aient** uni
imparfait du subjonctif		plus-que-parfait du subjonctif	
uni**sse**	uni**ssions**	**eusse** uni	**eussions** uni
uni**sses**	uni**ssiez**	**eusses** uni	**eussiez** uni
unî**t**	uni**ssent**	**eût** uni	**eussent** uni

impératif
unis
unissons
unissez

utiliser to use, to employ (tool or resource)

participe présent **utilisant** participe passé **utilisé**

SINGULAR	PLURAL	SINGULAR	PLURAL
présent de l'indicatif		passé composé	
utilis**e**	utilis**ons**	**ai** utilisé	**avons** utilisé
utilis**es**	utilis**ez**	**as** utilisé	**avez** utilisé
utilis**e**	utilis**ent**	**a** utilisé	**ont** utilisé
imparfait de l'indicatif		plus-que-parfait de l'indicatif	
utilis**ais**	utilis**ions**	**avais** utilisé	**avions** utilisé
utilis**ais**	utilis**iez**	**avais** utilisé	**aviez** utilisé
utilis**ait**	utilis**aient**	**avait** utilisé	**avaient** utilisé
passé simple		passé antérieur	
utilis**ai**	utilis**âmes**	**eus** utilisé	**eûmes** utilisé
utilis**as**	utilis**âtes**	**eus** utilisé	**eûtes** utilisé
utilis**a**	utilis**èrent**	**eut** utilisé	**eurent** utilisé
futur		futur antérieur	
utiliser**ai**	utiliser**ons**	**aurai** utilisé	**aurons** utilisé
utiliser**as**	utiliser**ez**	**auras** utilisé	**aurez** utilisé
utiliser**a**	utiliser**ont**	**aura** utilisé	**auront** utilisé
conditionnel		conditionnel passé	
utiliser**ais**	utiliser**ions**	**aurais** utilisé	**aurions** utilisé
utiliser**ais**	utiliser**iez**	**aurais** utilisé	**auriez** utilisé
utiliser**ait**	utiliser**aient**	**aurait** utilisé	**auraient** utilisé
présent du subjonctif		passé du subjonctif	
utilis**e**	utilis**ions**	**aie** utilisé	**ayons** utilisé
utilis**es**	utilis**iez**	**aies** utilisé	**ayez** utilisé
utilis**e**	utilis**ent**	**ait** utilisé	**aient** utilisé
imparfait du subjonctif		plus-que-parfait du subjonctif	
utilisa**sse**	utilisa**ssions**	**eusse** utilisé	**eussions** utilisé
utilisa**sses**	utilisa**ssiez**	**eusses** utilisé	**eussiez** utilisé
utilisâ**t**	utilisa**ssent**	**eût** utilisé	**eussent** utilisé

impératif
utilise
utilisons
utilisez

U

to vanquish, to conquer **vaincre**

participe présent **vainquant** participe passé **vaincu**

SINGULAR	PLURAL	SINGULAR	PLURAL
présent de l'indicatif		passé composé	
vainc**s**	vainqu**ons**	**ai** vaincu	**avons** vaincu
vainc**s**	vainqu**ez**	**as** vaincu	**avez** vaincu
vainc	vainqu**ent**	**a** vaincu	**ont** vaincu
imparfait de l'indicatif		plus-que-parfait de l'indicatif	
vainqu**ais**	vainqu**ions**	**avais** vaincu	**avions** vaincu
vainqu**ais**	vainqu**iez**	**avais** vaincu	**aviez** vaincu
vainqu**ait**	vainqu**aient**	**avait** vaincu	**avaient** vaincu
passé simple		passé antérieur	
vainqu**is**	vainqu**îmes**	**eus** vaincu	**eûmes** vaincu
vainqu**is**	vainqu**îtes**	**eus** vaincu	**eûtes** vaincu
vainqu**it**	vainqu**irent**	**eut** vaincu	**eurent** vaincu
futur		futur antérieur	
vaincr**ai**	vaincr**ons**	**aurai** vaincu	**aurons** vaincu
vaincr**as**	vaincr**ez**	**auras** vaincu	**aurez** vaincu
vaincr**a**	vaincr**ont**	**aura** vaincu	**auront** vaincu
conditionnel		conditionnel passé	
vaincr**ais**	vaincr**ions**	**aurais** vaincu	**aurions** vaincu
vaincr**ais**	vaincr**iez**	**aurais** vaincu	**auriez** vaincu
vaincr**ait**	vaincr**aient**	**aurait** vaincu	**auraient** vaincu
présent du subjonctif		passé du subjonctif	
vainqu**e**	vainqu**ions**	**aie** vaincu	**ayons** vaincu
vainqu**es**	vainqu**iez**	**aies** vaincu	**ayez** vaincu
vainqu**e**	vainqu**ent**	**ait** vaincu	**aient** vaincu
imparfait du subjonctif		plus-que-parfait du subjonctif	
vainqui**sse**	vainqui**ssions**	**eusse** vaincu	**eussions** vaincu
vainqui**sses**	vainqui**ssiez**	**eusses** vaincu	**eussiez** vaincu
vainqu**ît**	vainqui**ssent**	**eût** vaincu	**eussent** vaincu

impératif
vaincs
vainquons
vainquez

valoir — to be of worth, to be as good as

participe présent **valant** participe passé **valu**

SINGULAR	PLURAL	SINGULAR	PLURAL
présent de l'indicatif		passé composé	
vau**x**	val**ons**	**ai** valu	**avons** valu
vau**x**	val**ez**	**as** valu	**avez** valu
vau**t**	val**ent**	**a** valu	**ont** valu
imparfait de l'indicatif		plus-que-parfait de l'indicatif	
val**ais**	val**ions**	**avais** valu	**avions** valu
val**ais**	val**iez**	**avais** valu	**aviez** valu
val**ait**	val**aient**	**avait** valu	**avaient** valu
passé simple		passé antérieur	
val**us**	val**ûmes**	**eus** valu	**eûmes** valu
val**us**	val**ûtes**	**eus** valu	**eûtes** valu
val**ut**	val**urent**	**eut** valu	**eurent** valu
futur		futur antérieur	
vaud**rai**	vaud**rons**	**aurai** valu	**aurons** valu
vaud**ras**	vaud**rez**	**auras** valu	**aurez** valu
vaud**ra**	vaud**ront**	**aura** valu	**auront** valu
conditionnel		conditionnel passé	
vaud**rais**	vaud**rions**	**aurais** valu	**aurions** valu
vaud**rais**	vaud**riez**	**aurais** valu	**auriez** valu
vaud**rait**	vaud**raient**	**aurait** valu	**auraient** valu
présent du subjonctif		passé du subjonctif	
vaill**e**	val**ions**	**aie** valu	**ayons** valu
vaill**es**	val**iez**	**aies** valu	**ayez** valu
vaill**e**	vaill**ent**	**ait** valu	**aient** valu
imparfait du subjonctif		plus-que-parfait du subjonctif	
valu**sse**	valu**ssions**	**eusse** valu	**eussions** valu
valu**sses**	valu**ssiez**	**eusses** valu	**eussiez** valu
valû**t**	valu**ssent**	**eût** valu	**eussent** valu

impératif
vaux
valons
valez

to give value to, to develop (land) valoriser

participe présent **valorisant** participe passé **valorisé**

SINGULAR	PLURAL	SINGULAR	PLURAL
présent de l'indicatif		passé composé	
valoris**e**	valoris**ons**	**ai** valorisé	**avons** valorisé
valoris**es**	valoris**ez**	**as** valorisé	**avez** valorisé
valoris**e**	valoris**ent**	**a** valorisé	**ont** valorisé
imparfait de l'indicatif		plus-que-parfait de l'indicatif	
valoris**ais**	valoris**ions**	**avais** valorisé	**avions** valorisé
valoris**ais**	valoris**iez**	**avais** valorisé	**aviez** valorisé
valoris**ait**	valoris**aient**	**avait** valorisé	**avaient** valorisé
passé simple		passé antérieur	
valoris**ai**	valoris**âmes**	**eus** valorisé	**eûmes** valorisé
valoris**as**	valoris**âtes**	**eus** valorisé	**eûtes** valorisé
valoris**a**	valoris**èrent**	**eut** valorisé	**eurent** valorisé
futur		futur antérieur	
valoriser**ai**	valoriser**ons**	**aurai** valorisé	**aurons** valorisé
valoriser**as**	valoriser**ez**	**auras** valorisé	**aurez** valorisé
valoriser**a**	valoriser**ont**	**aura** valorisé	**auront** valorisé
conditionnel		conditionnel passé	
valoriser**ais**	valoriser**ions**	**aurais** valorisé	**aurions** valorisé
valoriser**ais**	valoriser**iez**	**aurais** valorisé	**auriez** valorisé
valoriser**ait**	valoriser**aient**	**aurait** valorisé	**auraient** valorisé
présent du subjonctif		passé du subjonctif	
valoris**e**	valoris**ions**	**aie** valorisé	**ayons** valorisé
valoris**es**	valoris**iez**	**aies** valorisé	**ayez** valorisé
valoris**e**	valoris**ent**	**ait** valorisé	**aient** valorisé
imparfait du subjonctif		plus-que-parfait du subjonctif	
valorisa**sse**	valorisa**ssions**	**eusse** valorisé	**eussions** valorisé
valorisa**sses**	valorisa**ssiez**	**eusses** valorisé	**eussiez** valorisé
valoris**ât**	valorisa**ssent**	**eût** valorisé	**eussent** valorisé

impératif
valorise
valorisons
valorisez

se vanter — to pride oneself on, to boast

participe présent **se vantant** participe passé **vanté(e)(s)**

SINGULAR	PLURAL	SINGULAR	PLURAL
présent de l'indicatif		*passé composé*	
me vant**e**	**nous** vant**ons**	**me suis** vanté(e)	**nous sommes** vanté(e)s
te vant**es**	**vous** vant**ez**	**t'es** vanté(e)	**vous êtes** vanté(e)(s)
se vant**e**	**se** vant**ent**	**s'est** vanté(e)	**se sont** vanté(e)s
imparfait de l'indicatif		*plus-que-parfait de l'indicatif*	
me vant**ais**	**nous** vant**ions**	**m'étais** vanté(e)	**nous étions** vanté(e)s
te vant**ais**	**vous** vant**iez**	**t'étais** vanté(e)	**vous étiez** vanté(e)(s)
se vant**ait**	**se** vant**aient**	**s'était** vanté(e)	**s'étaient** vanté(e)s
passé simple		*passé antérieur*	
me vant**ai**	**nous** vant**âmes**	**me fus** vanté(e)	**nous fûmes** vanté(e)s
te vant**as**	**vous** vant**âtes**	**te fus** vanté(e)	**vous fûtes** vanté(e)(s)
se vant**a**	**se** vant**èrent**	**se fut** vanté(e)	**se furent** vanté(e)s
futur		*futur antérieur*	
me vanter**ai**	**nous** vanter**ons**	**me serai** vanté(e)	**nous serons** vanté(e)s
te vanter**as**	**vous** vanter**ez**	**te seras** vanté(e)	**vous serez** vanté(e)(s)
se vanter**a**	**se** vanter**ont**	**se sera** vanté(e)	**se seront** vanté(e)s
conditionnel		*conditionnel passé*	
me vanter**ais**	**nous** vanter**ions**	**me serais** vanté(e)	**nous serions** vanté(e)s
te vanter**ais**	**vous** vanter**iez**	**te serais** vanté(e)	**vous seriez** vanté(e)(s)
se vanter**ait**	**se** vanter**aient**	**se serait** vanté(e)	**se seraient** vanté(e)s
présent du subjonctif		*passé du subjonctif*	
me vant**e**	**nous** vant**ions**	**me sois** vanté(e)	**nous soyons** vanté(e)s
te vant**es**	**vous** vant**iez**	**te sois** vanté(e)	**vous soyez** vanté(e)(s)
se vant**e**	**se** vant**ent**	**se soit** vanté(e)	**se soient** vanté(e)s
imparfait du subjonctif		*plus-que-parfait du subjonctif*	
me vanta**sse**	**nous** vanta**ssions**	**me fusse** vanté(e)	**nous fussions** vanté(e)s
te vanta**sses**	**vous** vanta**ssiez**	**te fusses** vanté(e)	**vous fussiez** vanté(e)(s)
se vant**ât**	**se** vanta**ssent**	**se fût** vanté(e)	**se fussent** vanté(e)s

impératif

vante-toi
vantons-nous
vantez-vous

to sell **vendre**

participe présent **vendant** participe passé **vendu**

SINGULAR	PLURAL	SINGULAR	PLURAL
présent de l'indicatif		passé composé	
vend**s**	vend**ons**	**ai** vendu	**avons** vendu
vend**s**	vend**ez**	**as** vendu	**avez** vendu
vend	vend**ent**	**a** vendu	**ont** vendu
imparfait de l'indicatif		plus-que-parfait de l'indicatif	
vend**ais**	vend**ions**	**avais** vendu	**avions** vendu
vend**ais**	vend**iez**	**avais** vendu	**aviez** vendu
vend**ait**	vend**aient**	**avait** vendu	**avaient** vendu
passé simple		passé antérieur	
vend**is**	vend**îmes**	**eus** vendu	**eûmes** vendu
vend**is**	vend**îtes**	**eus** vendu	**eûtes** vendu
vend**it**	vend**irent**	**eut** vendu	**eurent** vendu
futur		futur antérieur	
vendr**ai**	vendr**ons**	**aurai** vendu	**aurons** vendu
vendr**as**	vendr**ez**	**auras** vendu	**aurez** vendu
vendr**a**	vendr**ont**	**aura** vendu	**auront** vendu
conditionnel		conditionnel passé	
vendr**ais**	vendr**ions**	**aurais** vendu	**aurions** vendu
vendr**ais**	vendr**iez**	**aurais** vendu	**auriez** vendu
vendr**ait**	vendr**aient**	**aurait** vendu	**auraient** vendu
présent du subjonctif		passé du subjonctif	
vend**e**	vend**ions**	**aie** vendu	**ayons** vendu
vend**es**	vend**iez**	**aies** vendu	**ayez** vendu
vend**e**	vend**ent**	**ait** vendu	**aient** vendu
imparfait du subjonctif		plus-que-parfait du subjonctif	
vendi**sse**	vendi**ssions**	**eusse** vendu	**eussions** vendu
vendi**sses**	vendi**ssiez**	**eusses** vendu	**eussiez** vendu
vend**ît**	vendi**ssent**	**eût** vendu	**eussent** vendu

impératif
vends
vendons
vendez

venger — to avenge

participe présent **vengeant** participe passé **vengé**

SINGULAR	PLURAL	SINGULAR	PLURAL
présent de l'indicatif		passé composé	
veng**e**	venge**ons**	**ai** vengé	**avons** vengé
veng**es**	veng**ez**	**as** vengé	**avez** vengé
veng**e**	veng**ent**	**a** vengé	**ont** vengé
imparfait de l'indicatif		plus-que-parfait de l'indicatif	
venge**ais**	veng**ions**	**avais** vengé	**avions** vengé
venge**ais**	veng**iez**	**avais** vengé	**aviez** vengé
venge**ait**	venge**aient**	**avait** vengé	**avaient** vengé
passé simple		passé antérieur	
venge**ai**	venge**âmes**	**eus** vengé	**eûmes** vengé
venge**as**	venge**âtes**	**eus** vengé	**eûtes** vengé
venge**a**	veng**èrent**	**eut** vengé	**eurent** vengé
futur		futur antérieur	
venger**ai**	venger**ons**	**aurai** vengé	**aurons** vengé
venger**as**	venger**ez**	**auras** vengé	**aurez** vengé
venger**a**	venger**ont**	**aura** vengé	**auront** vengé
conditionnel		conditionnel passé	
venger**ais**	venger**ions**	**aurais** vengé	**aurions** vengé
venger**ais**	venger**iez**	**aurais** vengé	**auriez** vengé
venger**ait**	venger**aient**	**aurait** vengé	**auraient** vengé
présent du subjonctif		passé du subjonctif	
veng**e**	veng**ions**	**aie** vengé	**ayons** vengé
veng**es**	veng**iez**	**aies** vengé	**ayez** vengé
veng**e**	veng**ent**	**ait** vengé	**aient** vengé
imparfait du subjonctif		plus-que-parfait du subjonctif	
vengea**sse**	vengea**ssions**	**eusse** vengé	**eussions** vengé
vengea**sses**	vengea**ssiez**	**eusses** vengé	**eussiez** vengé
vengeâ**t**	vengea**ssent**	**eût** vengé	**eussent** vengé

impératif

venge
vengeons
vengez

to come **venir**

participe présent **venant** participe passé **venu(e)(s)**

SINGULAR	PLURAL	SINGULAR	PLURAL
présent de l'indicatif		passé composé	
vien**s**	ven**ons**	**suis** venu(e)	**sommes** venu(e)s
vien**s**	ven**ez**	**es** venu(e)	**êtes** venu(e)(s)
vien**t**	vienn**ent**	**est** venu(e)	**sont** venu(e)s
imparfait de l'indicatif		plus-que-parfait de l'indicatif	
ven**ais**	ven**ions**	**étais** venu(e)	**étions** venu(e)s
ven**ais**	ven**iez**	**étais** venu(e)	**étiez** venu(e)(s)
ven**ait**	ven**aient**	**était** venu(e)	**étaient** venu(e)s
passé simple		passé antérieur	
vin**s**	vîn**mes**	**fus** venu(e)	**fûmes** venu(e)s
vin**s**	vîn**tes**	**fus** venu(e)	**fûtes** venu(e)(s)
vin**t**	vin**rent**	**fut** venu(e)	**furent** venu(e)s
futur		futur antérieur	
viend**rai**	viend**rons**	**serai** venu(e)	**serons** venu(e)s
viend**ras**	viend**rez**	**seras** venu(e)	**serez** venu(e)(s)
viend**ra**	viend**ront**	**sera** venu(e)	**seront** venu(e)s
conditionnel		conditionnel passé	
viend**rais**	viend**rions**	**serais** venu(e)	**serions** venu(e)s
viend**rais**	viend**riez**	**serais** venu(e)	**seriez** venu(e)(s)
viend**rait**	viend**raient**	**serait** venu(e)	**seraient** venu(e)s
présent du subjonctif		passé du subjonctif	
vienn**e**	ven**ions**	**sois** venu(e)	**soyons** venu(e)s
vienn**es**	ven**iez**	**sois** venu(e)	**soyez** venu(e)(s)
vienn**e**	vienn**ent**	**soit** venu(e)	**soient** venu(e)s
imparfait du subjonctif		plus-que-parfait du subjonctif	
vin**sse**	vin**ssions**	**fusse** venu(e)	**fussions** venu(e)s
vin**sses**	vin**ssiez**	**fusses** venu(e)	**fussiez** venu(e)(s)
vîn**t**	vin**ssent**	**fût** venu(e)	**fussent** venu(e)s

impératif
viens
venons
venez

vérifier — to confirm, to check

participe présent **vérifiant** participe passé **vérifié**

SINGULAR	PLURAL	SINGULAR	PLURAL
présent de l'indicatif		passé composé	
vérifi**e**	vérifi**ons**	**ai** vérifié	**avons** vérifié
vérifi**es**	vérifi**ez**	**as** vérifié	**avez** vérifié
vérifi**e**	vérifi**ent**	**a** vérifié	**ont** vérifié
imparfait de l'indicatif		plus-que-parfait de l'indicatif	
vérifi**ais**	vérifi**ions**	**avais** vérifié	**avions** vérifié
vérifi**ais**	vérifi**iez**	**avais** vérifié	**aviez** vérifié
vérifi**ait**	vérifi**aient**	**avait** vérifié	**avaient** vérifié
passé simple		passé antérieur	
vérifi**ai**	vérifi**âmes**	**eus** vérifié	**eûmes** vérifié
vérifi**as**	vérifi**âtes**	**eus** vérifié	**eûtes** vérifié
vérifi**a**	vérifi**èrent**	**eut** vérifié	**eurent** vérifié
futur		futur antérieur	
vérifier**ai**	vérifier**ons**	**aurai** vérifié	**aurons** vérifié
vérifier**as**	vérifier**ez**	**auras** vérifié	**aurez** vérifié
vérifier**a**	vérifier**ont**	**aura** vérifié	**auront** vérifié
conditionnel		conditionnel passé	
vérifier**ais**	vérifier**ions**	**aurais** vérifié	**aurions** vérifié
vérifier**ais**	vérifier**iez**	**aurais** vérifié	**auriez** vérifié
vérifier**ait**	vérifier**aient**	**aurait** vérifié	**auraient** vérifié
présent du subjonctif		passé du subjonctif	
vérifi**e**	vérifi**ions**	**aie** vérifié	**ayons** vérifié
vérifi**es**	vérifi**iez**	**aies** vérifié	**ayez** vérifié
vérifi**e**	vérifi**ent**	**ait** vérifié	**aient** vérifié
imparfait du subjonctif		plus-que-parfait du subjonctif	
vérifia**sse**	vérifia**ssions**	**eusse** vérifié	**eussions** vérifié
vérifia**sses**	vérifia**ssiez**	**eusses** vérifié	**eussiez** vérifié
vérifiâ**t**	vérifia**ssent**	**eût** vérifié	**eussent** vérifié

impératif
vérifie
vérifions
vérifiez

to clothe, to dress — vêtir

participe présent **vêtant** participe passé **vêtu**

SINGULAR	PLURAL	SINGULAR	PLURAL
présent de l'indicatif		passé composé	
vêt**s**	vêt**ons**	**ai** vêtu	**avons** vêtu
vêt**s**	vêt**ez**	**as** vêtu	**avez** vêtu
vêt	vêt**ent**	**a** vêtu	**ont** vêtu
imparfait de l'indicatif		plus-que-parfait de l'indicatif	
vêt**ais**	vêt**ions**	**avais** vêtu	**avions** vêtu
vêt**ais**	vêt**iez**	**avais** vêtu	**aviez** vêtu
vêt**ait**	vêt**aient**	**avait** vêtu	**avaient** vêtu
passé simple		passé antérieur	
vêt**is**	vêt**îmes**	**eus** vêtu	**eûmes** vêtu
vêt**is**	vêt**îtes**	**eus** vêtu	**eûtes** vêtu
vêt**it**	vêt**irent**	**eut** vêtu	**eurent** vêtu
futur		futur antérieur	
vêtir**ai**	vêtir**ons**	**aurai** vêtu	**aurons** vêtu
vêtir**as**	vêtir**ez**	**auras** vêtu	**aurez** vêtu
vêtir**a**	vêtir**ont**	**aura** vêtu	**auront** vêtu
conditionnel		conditionnel passé	
vêtir**ais**	vêtir**ions**	**aurais** vêtu	**aurions** vêtu
vêtir**ais**	vêtir**iez**	**aurais** vêtu	**auriez** vêtu
vêtir**ait**	vêtir**aient**	**aurait** vêtu	**auraient** vêtu
présent du subjonctif		passé du subjonctif	
vêt**e**	vêt**ions**	**aie** vêtu	**ayons** vêtu
vêt**es**	vêt**iez**	**aies** vêtu	**ayez** vêtu
vêt**e**	vêt**ent**	**ait** vêtu	**aient** vêtu
imparfait du subjonctif		plus-que-parfait du subjonctif	
vêti**sse**	vêti**ssions**	**eusse** vêtu	**eussions** vêtu
vêti**sses**	vêti**ssiez**	**eusses** vêtu	**eussiez** vêtu
vêtî**t**	vêti**ssent**	**eût** vêtu	**eussent** vêtu

impératif
vêts
vêtons
vêtez

vieillir — to age, to become old

participe présent **vieillissant** participe passé **vieilli**

SINGULAR	PLURAL
présent de l'indicatif	
vieill**is**	vieill**issons**
vieill**is**	vieill**issez**
vieill**it**	vieill**issent**
imparfait de l'indicatif	
vieilliss**ais**	vieilliss**ions**
vieilliss**ais**	vieilliss**iez**
vieilliss**ait**	vieilliss**aient**
passé simple	
vieill**is**	vieill**îmes**
vieill**is**	vieill**îtes**
vieill**it**	vieill**irent**
futur	
vieillir**ai**	vieillir**ons**
vieillir**as**	vieillir**ez**
vieillir**a**	vieillir**ont**
conditionnel	
vieillir**ais**	vieillir**ions**
vieillir**ais**	vieillir**iez**
vieillir**ait**	vieillir**aient**
présent du subjonctif	
vieilliss**e**	vieilliss**ions**
vieilliss**es**	vieilliss**iez**
vieilliss**e**	vieilliss**ent**
imparfait du subjonctif	
vieill**isse**	vieill**issions**
vieill**isses**	vieill**issiez**
vieill**ît**	vieill**issent**
impératif	
vieillis	
vieillissons	
vieillissez	

SINGULAR	PLURAL
passé composé	
ai vieilli	**avons** vieilli
as vieilli	**avez** vieilli
a vieilli	**ont** vieilli
plus-que-parfait de l'indicatif	
avais vieilli	**avions** vieilli
avais vieilli	**aviez** vieilli
avait vieilli	**avaient** vieilli
passé antérieur	
eus vieilli	**eûmes** vieilli
eus vieilli	**eûtes** vieilli
eut vieilli	**eurent** vieilli
futur antérieur	
aurai vieilli	**aurons** vieilli
auras vieilli	**aurez** vieilli
aura vieilli	**auront** vieilli
conditionnel passé	
aurais vieilli	**aurions** vieilli
aurais vieilli	**auriez** vieilli
aurait vieilli	**auraient** vieilli
passé du subjonctif	
aie vieilli	**ayons** vieilli
aies vieilli	**ayez** vieilli
ait vieilli	**aient** vieilli
plus-que-parfait du subjonctif	
eusse vieilli	**eussions** vieilli
eusses vieilli	**eussiez** vieilli
eût vieilli	**eussent** vieilli

to visit — visiter

participe présent **visitant** participe passé **visité**

SINGULAR	PLURAL	SINGULAR	PLURAL
présent de l'indicatif		passé composé	
visit**e**	visit**ons**	**ai** visité	**avons** visité
visit**es**	visit**ez**	**as** visité	**avez** visité
visit**e**	visit**ent**	**a** visité	**ont** visité
imparfait de l'indicatif		plus-que-parfait de l'indicatif	
visit**ais**	visit**ions**	**avais** visité	**avions** visité
visit**ais**	visit**iez**	**avais** visité	**aviez** visité
visit**ait**	visit**aient**	**avait** visité	**avaient** visité
passé simple		passé antérieur	
visit**ai**	visit**âmes**	**eus** visité	**eûmes** visité
visit**as**	visit**âtes**	**eus** visité	**eûtes** visité
visit**a**	visit**èrent**	**eut** visité	**eurent** visité
futur		futur antérieur	
visiter**ai**	visiter**ons**	**aurai** visité	**aurons** visité
visiter**as**	visiter**ez**	**auras** visité	**aurez** visité
visiter**a**	visiter**ont**	**aura** visité	**auront** visité
conditionnel		conditionnel passé	
visiter**ais**	visiter**ions**	**aurais** visité	**aurions** visité
visiter**ais**	visiter**iez**	**aurais** visité	**auriez** visité
visiter**ait**	visiter**aient**	**aurait** visité	**auraient** visité
présent du subjonctif		passé du subjonctif	
visit**e**	visit**ions**	**aie** visité	**ayons** visité
visit**es**	visit**iez**	**aies** visité	**ayez** visité
visit**e**	visit**ent**	**ait** visité	**aient** visité
imparfait du subjonctif		plus-que-parfait du subjonctif	
visita**sse**	visita**ssions**	**eusse** visité	**eussions** visité
visita**sses**	visita**ssiez**	**eusses** visité	**eussiez** visité
visit**ât**	visita**ssent**	**eût** visité	**eussent** visité

impératif
visite
visitons
visitez

participe présent **vivant** — participe passé **vécu**

SINGULAR	PLURAL	SINGULAR	PLURAL
présent de l'indicatif		passé composé	
vi**s**	viv**ons**	**ai** vécu	**avons** vécu
vi**s**	viv**ez**	**as** vécu	**avez** vécu
vi**t**	viv**ent**	**a** vécu	**ont** vécu
imparfait de l'indicatif		plus-que-parfait de l'indicatif	
viv**ais**	viv**ions**	**avais** vécu	**avions** vécu
viv**ais**	viv**iez**	**avais** vécu	**aviez** vécu
viv**ait**	viv**aient**	**avait** vécu	**avaient** vécu
passé simple		passé antérieur	
véc**us**	véc**ûmes**	**eus** vécu	**eûmes** vécu
véc**us**	véc**ûtes**	**eus** vécu	**eûtes** vécu
véc**ut**	véc**urent**	**eut** vécu	**eurent** vécu
futur		futur antérieur	
vivr**ai**	vivr**ons**	**aurai** vécu	**aurons** vécu
vivr**as**	vivr**ez**	**auras** vécu	**aurez** vécu
vivr**a**	vivr**ont**	**aura** vécu	**auront** vécu
conditionnel		conditionnel passé	
vivr**ais**	vivr**ions**	**aurais** vécu	**aurions** vécu
vivr**ais**	vivr**iez**	**aurais** vécu	**auriez** vécu
vivr**ait**	vivr**aient**	**aurait** vécu	**auraient** vécu
présent du subjonctif		passé du subjonctif	
viv**e**	viv**ions**	**aie** vécu	**ayons** vécu
viv**es**	viv**iez**	**aies** vécu	**ayez** vécu
viv**e**	viv**ent**	**ait** vécu	**aient** vécu
imparfait du subjonctif		plus-que-parfait du subjonctif	
vécu**sse**	vécu**ssions**	**eusse** vécu	**eussions** vécu
vécu**sses**	vécu**ssiez**	**eusses** vécu	**eussiez** vécu
véc**ût**	vécu**ssent**	**eût** vécu	**eussent** vécu

impératif
vis
vivons
vivez

participe présent **voyant** participe passé **vu**

SINGULAR	PLURAL	SINGULAR	PLURAL
présent de l'indicatif		passé composé	
vois	voyons	ai vu	avons vu
vois	voyez	as vu	avez vu
voit	voient	a vu	ont vu
imparfait de l'indicatif		plus-que-parfait de l'indicatif	
voyais	voyions	avais vu	avions vu
voyais	voyiez	avais vu	aviez vu
voyait	voyaient	avait vu	avaient vu
passé simple		passé antérieur	
vis	vîmes	eus vu	eûmes vu
vis	vîtes	eus vu	eûtes vu
vit	virent	eut vu	eurent vu
futur		futur antérieur	
verrai	verrons	aurai vu	aurons vu
verras	verrez	auras vu	aurez vu
verra	verront	aura vu	auront vu
conditionnel		conditionnel passé	
verrais	verrions	aurais vu	aurions vu
verrais	verriez	aurais vu	auriez vu
verrait	verraient	aurait vu	auraient vu
présent du subjonctif		passé du subjonctif	
voie	voyions	aie vu	ayons vu
voies	voyiez	aies vu	ayez vu
voie	voient	ait vu	aient vu
imparfait du subjonctif		plus-que-parfait du subjonctif	
visse	vissions	eusse vu	eussions vu
visses	vissiez	eusses vu	eussiez vu
vît	vissent	eût vu	eussent vu

impératif
vois
voyons
voyez

voler — to fly, to steal

participe présent **volant** | participe passé **volé**

présent de l'indicatif

SINGULAR	PLURAL
vol**e**	vol**ons**
vol**es**	vol**ez**
vol**e**	vol**ent**

imparfait de l'indicatif

SINGULAR	PLURAL
vol**ais**	vol**ions**
vol**ais**	vol**iez**
vol**ait**	vol**aient**

passé simple

SINGULAR	PLURAL
vol**ai**	vol**âmes**
vol**as**	vol**âtes**
vol**a**	vol**èrent**

futur

SINGULAR	PLURAL
voler**ai**	voler**ons**
voler**as**	voler**ez**
voler**a**	voler**ont**

conditionnel

SINGULAR	PLURAL
voler**ais**	voler**ions**
voler**ais**	voler**iez**
voler**ait**	voler**aient**

présent du subjonctif

SINGULAR	PLURAL
vol**e**	vol**ions**
vol**es**	vol**iez**
vol**e**	vol**ent**

imparfait du subjonctif

SINGULAR	PLURAL
vola**sse**	vola**ssions**
vola**sses**	vola**ssiez**
volâ**t**	volla**sent**

impératif

vole
volons
volez

passé composé

SINGULAR	PLURAL
ai volé	**avons** volé
as volé	**avez** volé
a volé	**ont** volé

plus-que-parfait de l'indicatif

SINGULAR	PLURAL
avais volé	**avions** volé
avais volé	**aviez** volé
avait volé	**avaient** volé

passé antérieur

SINGULAR	PLURAL
eus volé	**eûmes** volé
eus volé	**eûtes** volé
eut volé	**eurent** volé

futur antérieur

SINGULAR	PLURAL
aurai volé	**aurons** volé
auras volé	**aurez** volé
aura volé	**auront** volé

conditionnel passé

SINGULAR	PLURAL
aurais volé	**aurions** volé
aurais volé	**auriez** volé
aurait volé	**auraient** volé

passé du subjonctif

SINGULAR	PLURAL
aie volé	**ayons** volé
aies volé	**ayez** volé
ait volé	**aient** volé

plus-que-parfait du subjonctif

SINGULAR	PLURAL
eusse volé	**eussions** volé
eusses volé	**eussiez** volé
eût volé	**eussent** volé

to want **vouloir**

participe présent **voulant** participe passé **voulu**

SINGULAR	PLURAL	SINGULAR	PLURAL
présent de l'indicatif		passé composé	
veu**x**	voul**ons**	**ai** voulu	**avons** voulu
veu**x**	voul**ez**	**as** voulu	**avez** voulu
veu**t**	veul**ent**	**a** voulu	**ont** voulu
imparfait de l'indicatif		plus-que-parfait de l'indicatif	
voul**ais**	voul**ions**	**avais** voulu	**avions** voulu
voul**ais**	voul**iez**	**avais** voulu	**aviez** voulu
voul**ait**	voul**aient**	**avait** voulu	**avaient** voulu
passé simple		passé antérieur	
voul**us**	voul**ûmes**	**eus** voulu	**eûmes** voulu
voul**us**	voul**ûtes**	**eus** voulu	**eûtes** voulu
voul**ut**	voul**urent**	**eut** voulu	**eurent** voulu
futur		futur antérieur	
voudr**ai**	voudr**ons**	**aurai** voulu	**aurons** voulu
voudr**as**	voudr**ez**	**auras** voulu	**aurez** voulu
voudr**a**	voudr**ont**	**aura** voulu	**auront** voulu
conditionnel		conditionnel passé	
voudr**ais**	voudr**ions**	**aurais** voulu	**aurions** voulu
voudr**ais**	voudr**iez**	**aurais** voulu	**auriez** voulu
voudr**ait**	voudr**aient**	**aurait** voulu	**auraient** voulu
présent du subjonctif		passé du subjonctif	
veuill**e**	voul**ions**	**aie** voulu	**ayons** voulu
veuill**es**	voul**iez**	**aies** voulu	**ayez** voulu
veuill**e**	veuill**ent**	**ait** voulu	**aient** voulu
imparfait du subjonctif		plus-que-parfait du subjonctif	
voul**usse**	voul**ussions**	**eusse** voulu	**eussions** voulu
voul**usses**	voul**ussiez**	**eusses** voulu	**eussiez** voulu
voul**ût**	voul**ussent**	**eût** voulu	**eussent** voulu

impératif
veuille
veuillons
veuillez

vouvoyer — to address as "vous"

participe présent **vouvoyant** participe passé **vouvoyé**

SINGULAR	PLURAL	SINGULAR	PLURAL
présent de l'indicatif		passé composé	
vouvoi**e**	vouvoy**ons**	**ai** vouvoyé	**avons** vouvoyé
vouvoi**es**	vouvoy**ez**	**as** vouvoyé	**avez** vouvoyé
vouvoi**e**	vouvoi**ent**	**a** vouvoyé	**ont** vouvoyé
imparfait de l'indicatif		plus-que-parfait de l'indicatif	
vouvoy**ais**	vouvoy**ions**	**avais** vouvoyé	**avions** vouvoyé
vouvoy**ais**	vouvoy**iez**	**avais** vouvoyé	**aviez** vouvoyé
vouvoy**ait**	vouvoy**aient**	**avait** vouvoyé	**avaient** vouvoyé
passé simple		passé antérieur	
vouvoy**ai**	vouvoy**âmes**	**eus** vouvoyé	**eûmes** vouvoyé
vouvoy**as**	vouvoy**âtes**	**eus** vouvoyé	**eûtes** vouvoyé
vouvoy**a**	vouvoy**èrent**	**eut** vouvoyé	**eurent** vouvoyé
futur		futur antérieur	
vouvoier**ai**	vouvoier**ons**	**aurai** vouvoyé	**aurons** vouvoyé
vouvoier**as**	vouvoier**ez**	**auras** vouvoyé	**aurez** vouvoyé
vouvoier**a**	vouvoier**ont**	**aura** vouvoyé	**auront** vouvoyé
conditionnel		conditionnel passé	
vouvoier**ais**	vouvoier**ions**	**aurais** vouvoyé	**aurions** vouvoyé
vouvoier**ais**	vouvoier**iez**	**aurais** vouvoyé	**auriez** vouvoyé
vouvoier**ait**	vouvoier**aient**	**aurait** vouvoyé	**auraient** vouvoyé
présent du subjonctif		passé du subjonctif	
vouvoi**e**	vouvoy**ions**	**aie** vouvoyé	**ayons** vouvoyé
vouvoi**es**	vouvoy**iez**	**aies** vouvoyé	**ayez** vouvoyé
vouvoi**e**	vouvoi**ent**	**ait** vouvoyé	**aient** vouvoyé
imparfait du subjonctif		plus-que-parfait du subjonctif	
vouvoya**sse**	vouvoya**ssions**	**eusse** vouvoyé	**eussions** vouvoyé
vouvoya**sses**	vouvoya**ssiez**	**eusses** vouvoyé	**eussiez** vouvoyé
vouvoyâ**t**	vouvoya**ssent**	**eût** vouvoyé	**eussent** vouvoyé

impératif
vouvoie
vouvoyons
vouvoyez

participe présent **voyageant** participe passé **voyagé**

SINGULAR	PLURAL	SINGULAR	PLURAL
présent de l'indicatif		passé composé	
voyag**e**	voyage**ons**	**ai** voyagé	**avons** voyagé
voyag**es**	voyag**ez**	**as** voyagé	**avez** voyagé
voyag**e**	voyag**ent**	**a** voyagé	**ont** voyagé
imparfait de l'indicatif		plus-que-parfait de l'indicatif	
voyage**ais**	voyag**ions**	**avais** voyagé	**avions** voyagé
voyage**ais**	voyag**iez**	**avais** voyagé	**aviez** voyagé
voyage**ait**	voyage**aient**	**avait** voyagé	**avaient** voyagé
passé simple		passé antérieur	
voyage**ai**	voyage**âmes**	**eus** voyagé	**eûmes** voyagé
voyage**as**	voyage**âtes**	**eus** voyagé	**eûtes** voyagé
voyage**a**	voyag**èrent**	**eut** voyagé	**eurent** voyagé
futur		futur antérieur	
voyager**ai**	voyager**ons**	**aurai** voyagé	**aurons** voyagé
voyager**as**	voyager**ez**	**auras** voyagé	**aurez** voyagé
voyager**a**	voyager**ont**	**aura** voyagé	**auront** voyagé
conditionnel		conditionnel passé	
voyager**ais**	voyager**ions**	**aurais** voyagé	**aurions** voyagé
voyager**ais**	voyager**iez**	**aurais** voyagé	**auriez** voyagé
voyager**ait**	voyager**aient**	**aurait** voyagé	**auraient** voyagé
présent du subjonctif		passé du subjonctif	
voyag**e**	voyag**ions**	**aie** voyagé	**ayons** voyagé
voyag**es**	voyag**iez**	**aies** voyagé	**ayez** voyagé
voyag**e**	voyag**ent**	**ait** voyagé	**aient** voyagé
imparfait du subjonctif		plus-que-parfait du subjonctif	
voyagea**sse**	voyagea**ssions**	**eusse** voyagé	**eussions** voyagé
voyagea**sses**	voyagea**ssiez**	**eusses** voyagé	**eussiez** voyagé
voyageâ**t**	voyagea**ssent**	**eût** voyagé	**eussent** voyagé

impératif
voyage
voyageons
voyagez

These voyagers love to **travel.**

French Verb Activities

Exercise 1

Présent. Choose the form of the verb that corresponds to the subject. The first sentence is done for you.

1. Ma fille ______apprend______ à lire et à écrire à l'école.

   (A) apprends
   (B) apprenons
   (C) apprennent
   (D) apprend
   (E) apprenez

2. Tu ____________________ tes devoirs à la maison.

   (A) faisons
   (B) faites
   (C) fais
   (D) font
   (E) fait

3. Vous ____________________ toujours beaucoup de cartes postales.

   (A) écrivez
   (B) écris
   (C) écrivons
   (D) écrivent
   (E) écrit

4. Nous ____________________ le bus chaque matin.

   (A) attends
   (B) attendons
   (C) attendent
   (D) attend
   (E) attendez

5. Ils ____________________ aller en ville faire des courses.

   (A) veut
   (B) veux
   (C) voulons
   (D) voulez
   (E) veulent

6. Il ______________________________ toujours la vérité.

   (A) dites
   (B) disons
   (C) dis
   (D) dit
   (E) disent

7. Je ______________________________ un manteau et des gants.

   (A) mettent
   (B) mets
   (C) mettez
   (D) met
   (E) mettons

8. Mes sœurs ____________________ beaucoup d'appels téléphoniques.

   (A) reçoit
   (B) recevons
   (C) reçois
   (D) reçoivent
   (E) recevez

Exercise 2

Présent. Fill in the spaces with the present form of the verb in parentheses. The first one is done for you.

1. Elise _____choisit_____ (choisir) de nouvelles chaussures.
2. Les élèves ____________________ (répondre) aux questions du professeur.
3. Paul ______________________________ (lire) le journal.
4. Colin et moi, nous ____________________ (manger) des pommes chaque jour.
5. Vous ______________________________ (courir) pour attraper le train.
6. Ce matin, je ______________________________ (aller) à la bibliothèque.
7. Tu ______________________________ (servir) du café à tes parents.

Exercise 3

Imparfait. Choose the form of the verb that corresponds to the subject. The first one is done for you.

1. Avant, les chats ______buvaient______ du lait de vache.

    (A) buvions
    (B) buvait
    (C) buvaient

2. Dis, papa, est-ce que tu ____________ utiliser un ordinateur en classe ?

    (A) devais
    (B) devait
    (C) deviez

3. En 1930, on n' ____________ pas encore de lave-vaisselle.

    (A) employions
    (B) employaient
    (C) employait

4. Mes amies et moi, nous ____________ toujours ensemble.

    (A) était
    (B) étions
    (C) étiez

5. Il y a vingt ans, je ____________ encore le verre à la poubelle.

    (A) jetais
    (B) jetait
    (C) jetions

6. À 18 ans, vous ____________ vos amis au moins deux fois par semaine.

    (A) voyions
    (B) voyiez
    (C) voyaient

Exercise 4

Passé composé. Fill in the spaces with the *passé composé* form of the verb in parentheses. The first one is done for you.

1. Ce matin, je/j' ____ai réussi____ (réussir) à atteindre mon père.
2. Raphaël ________ (ouvrir) son premier compte en banque le mois dernier.
3. Jusqu'à quelle heure est-ce que vous ________ (sortir) hier soir ?
4. Ils ________ (se réveiller) à midi dimanche dernier.
5. Tu ________ (obtenir) ton diplôme en mai 2009.
6. Nous ________ (connaître) son grand-père dans les années 70.

Exercise 5

Passé composé or imparfait? Fill in the spaces with the correct form of the verb in parentheses. The first one is done for you.

1. Dans sa jeunesse, ma grand-mère ____aimait____ aller au cinéma.

   (A) a aimé
   (B) aimait

2. Autrefois, on ________ de téléphones portables.

   (A) ne se servait pas
   (B) ne s'est pas servi

3. Nous ________ la nouvelle avec plaisir.

   (A) accueillions
   (B) avons accueilli

4. Est-ce que vous ________ une Jaguar ?

   (A) avez déjà conduit
   (B) conduisiez déjà

5. À cinq ans, je/j' ________ compter jusqu'à cent.

   (A) savais
   (B) ai su

6. Il ______________________________ toute la matinée.

   (A) pleuvait
   (B) a plu

7. Lors de leur dernière excursion, ces deux alpinistes ________ dans une crevasse.

   (A) sont tombés
   (B) tombaient

8. Ce matin tu _______ la chance de rester à la maison à cause du mauvais temps.

   (A) avais
   (B) a eu

Exercise 6

Imparfait or passé composé? Fill in the space with the correct tense of the verb in parentheses. The first one is done for you.

1. Hier je ______suis allé(e)______ (aller) faire des courses au supermarché.
2. Avant les portables, il ______________ (falloir) toujours chercher une cabine téléphonique.
3. Ce chanteur ______________________________ (mourir) l'été passé.
4. Est-ce que tu ____________________ (résoudre) ton problème de physique ?
5. Nous ______________________________ (rire) l'autre soir au théâtre.
6. Enfants, Jules et Jeanne ______________ (suivre) toujours leur grand frère.
7. Vous __________ (vivre) encore chez vos parents quand l'accident est arrivé.

Exercise 7

Futur simple. Choose the form of the verb that corresponds to the subject in each sentence. The first one is done for you.

1. Qu'est-ce que vous ___offrirez___ à votre sœur pour son anniversaire?

   (A) offrirons
   (B) offrira
   (C) offrirez

2. Tu __________ t'y retrouver?

   (A) saura
   (B) sauras
   (C) sauront

3. Je me demande ce que cette maison __________ dans deux ans.

   (A) vaudrez
   (B) vaudra
   (C) vaudrons

4. Vous __________ bien quelque chose, n'est-ce pas?

   (A) boira
   (B) boirons
   (C) boirez

5. Que __________ -ils quand ils auront fini l'école?

   (A) deviendrons
   (B) deviendront
   (C) deviendrai

6. Dimanche prochain, elle __________ tout un marathon.

   (A) courrai
   (B) courras
   (C) courra

7. Nous __________ aller au cinéma dimanche soir.

   (A) pourrons
   (B) pourrez
   (C) pourront

Exercise 8

Conditionnel présent. Fill in the spaces with the conditional form of the verb in parentheses. The first one is done for you.

1. Est-ce que tes parents te permettraient (permettre) de sortir avec des garçons?
2. On ne ______________________ (croire) pas qu'il ait seulement vingt ans.
3. Nous ne ______________________ (déranger) pas le président pour si peu.
4. S'il avait le temps, il ______________ (répondre) certainement à sa lettre.
5. J' ____________________________ (acheter) bien cette petite robe noire !
6. Tu ____________________________ (devoir) te renseigner avant de partir.
7. Étienne et Paul ____________________ (aller) à la piscine cet après-midi s'il faisait chaud.

Exercise 9

Conditionnel present, imparfait, présent or futur? Add the correct form of the verb in parentheses. Choose between conditional, imperfect, present and future. The first one is done for you.

1. Il fermera son magasin s'il ne vend (vendre) rien.
2. Si j'avais deux jours de plus, cela me ____________ (suffire) pour terminer mon travail.
3. Tu _______ (craindre) la réaction de tes parents s'ils apprennent la vérité !
4. Si je ratais l'examen, vous _______________ (conclure) que je n'ai rien fait.
5. Nicole et Natacha _____________ (parvenir) à le consoler si elles étaient là.
6. Si on l'attaque demain lors de l'émission, il ______________ (se défendre).
7. Vous _________________ (consentir) toujours à nous aider si nous vous le demandons poliment.
8. Si nous leur ____________________ (mentir), ils le sauraient tout de suite.

Exercise 10

Subjonctif. Choose the form of the verb that corresponds to the subject. The first one is done for you.

1. Je me repose jusqu'à ce que nous ___commencions___ à travailler.

   (A) commence
   (B) commencions
   (C) commencent

2. Ne faites rien, sauf s'ils ________________.

   (A) te plaignes
   (B) se plaigne
   (C) se plaignent

3. Est-il possible que vous ________________ cette photo ?

   (A) agrandisse
   (B) agrandissions
   (C) agrandissiez

4. Pourvu que je lui ________________ !

   (A) plaise
   (B) plaises
   (C) plaisions

5. Dites-le lui de sorte qu'elle ________________ se préparer.

   (A) puisses
   (B) puisse
   (C) puissiez

6. Il faudrait que nous ________________ cette lettre avant de l'envoyer.

   (A) relisions
   (B) relisiez
   (C) relisent

7. Il est indispensable que tu ________________ de la patience.

   (A) aie
   (B) aient
   (C) aies

Exercise 11

Subjonctif. Choose the form of the verb that corresponds to the subject in each sentence. The first one is done for you.

1. Il préfère que tu lui ______dises______ (dire) cela toi-même.
2. Il est dommage que vous ne __________ (tenir) pas à rencontrer mon amie.
3. Il faut qu'il __________ (vaincre) son adversaire encore une fois.
4. Ils seront punis à moins qu'ils __________ (obéir).
5. Mangez ! Je ne voudrais pas que vous __________ (mourir) de faim.
6. Mes parents voudraient que je leur __________ (rendre) visite plus souvent.
7. Elle nous appelle pour que nous lui __________ (faire) des courses.

Exercise 12

Indicatif or subjonctif? Choose the correct mode from the list. The first one is done for you.

1. Il faut toujours que nous ______promenions______ le chien.

   (A) promenons
   (B) promenions

2. La police ne pense pas qu'elle __________ toute seule.

   (A) s'est enfuie
   (B) se soit enfuie

3. J'espère que tu __________ ton erreur.

   (A) admets
   (B) admettes

4. Votre société voulait que vous __________ des actions.

   (A) acquérez
   (B) acquériez

5. Je ne crois pas qu'il me ______________________ dans la rue.

   (A) reconnaît
   (B) reconnaisse

6. Ma sœur était sûre que cet artiste ______________________ encore.

   (A) vivait
   (B) vive

7. Il faut partir avant qu'il ______________________ trop tard.

   (A) est
   (B) soit

8. Il arrive juste après que nous ______________________ la pelouse.

   (A) avons tondu
   (B) ayons tondu

9. La tache est partie sans que vous l' ______________________ .

   (A) avez nettoyée
   (B) ayez nettoyée

Exercise 13

Indicatif or subjonctif? Add the correct form of the verb in parentheses. Choose between subjunctive and indicative modes, and present and perfect tenses. The first one is done for you.

1. Je doute que ces changements me ______réussissent______ (réussir).
2. Vous souhaitez que vos enfants ______________________ (s'entendre).
3. On vous enseigne le code afin que vous n' ______________________ (enfreindre) pas la loi.
4. Il est sûr que tout le monde ______________________ (comprendre) ce qu'il a dit.
5. Il aurait aimé que je l' ______________________ (introduire) auprès de nos amis.
6. Elle croit que nous ______________________ (partager) les mêmes intérêts.

7. Attendez donc que la neige ________ (fondre) avant de prendre la route.

8. Je ne pense pas qu'il ____________________ (s'agir) d'un gros problème.

Exercise 14

Sequence of tenses. Fill in the correct tense of the verb. The first one is done for you.

1. Jeanne m'a demandé si je/j' ____avais fait____ mes devoirs hier.

   (A) fais
   (B) avais fait
   (C) ai fait

2. Jules veut savoir quand nous lui ________________ enfin notre histoire.

   (A) racontions
   (B) raconterons
   (C) avons raconté

3. Paul m'a assuré qu'il ________________________ ses parents demain.

   (A) contacterait
   (B) contactait
   (C) a contacté

4. Lucie a avoué qu'elle ______________________ au concert de son frère.

   (A) s'endormait
   (B) s'endormira
   (C) s'était endormie

5. Natacha admet qu'elle ____________ les poupées quand elle était petite.

   (A) déteste
   (B) détestait
   (C) a détesté

Exercise 15

Sequence of tenses. Rewrite the following sentences in the past. The first one is done for you.

1. Il pense que cette maison appartient à mes parents.

   Il pensait que cette maison ___appartenait___ à mes parents.

2. Tu prétends que tu t'es tordu la cheville en te levant.

   Tu as prétendu que tu ______________________ en te levant.

3. Elle annonce qu'elle posera sa candidature.

   Elle a annoncé qu'elle ______________________ sa candidature.

4. Vous dites que vous allez bientôt prendre des vacances.

   Vous avez dit que vous ______________ bientôt prendre des vacances.

5. Vous demandez si nous jouerons aux cartes avec nos amis.

   Vous avez demandé si nous ______________ aux cartes avec nos amis.

6. Elles confessent qu'elles ont grossi de plusieurs kilos.

   Elles ont confessé qu'elles ______________________ de plusieurs kilos.

7. Je suis sûr que je n'aurai pas terminé mon travail avant le week-end.

   J'étais sûr que je n' ______________________ avant le week-end.

Exercise 16

All tenses and modes together. Read the following text adapted from "Le Petit Chaperon Rouge" by Charles Perrault. Fill in the blank with the correct form of the verb in parentheses. The first one is done for you.

Il ___était___ (1. être) une fois une petite fille qui __________ (2. porter) toujours une cape rouge que sa mère __________ (3. coudre) elle-même.

Un jour la mère __________ (4. appeler) la fillette et lui __________ (5. tenir) les propos suivants :

« __________ (6. écouter)-moi bien. Nous __________ (7. devoir) nous occuper de ta grand-mère qui __________ (8. sembler) très malade. Je __________ (9. vouloir) que tu __________ (10. aller) la voir aujourd'hui avec ce petit pot de beurre et cette galette ».

Une fois que sa mère __________ (11. remplir) le panier de nourriture, la petite fille __________ (12. se mettre) en route. Elle __________ (13. avoir) un peu peur car il __________ (14. faire) sombre dans la forêt.

Au bout de quelques minutes, elle __________ (15. entendre) une voix dire : « Bonjour, petite fille ! Où __________ -tu (16. se rendre) ainsi ? Veux-tu que nous __________ (17. courir) ensemble ? »

C'était le grand méchant loup ! Le Petit Chaperon Rouge lui __________ (18. expliquer) qu'elle __________ (19. aller) rendre visite à sa mère-grand.

Le loup __________ (20. proposer) à la fillette de prendre deux chemins différents. Il __________ (21. savoir) qu'il __________ (22. arriver) bien avant elle chez la vieille dame et qu'il __________ (23. avoir) le temps de la manger avant que la petite fille __________ (24. apparaître) à la porte.

C'est exactement ce qui __________ (25. se passer) ! Le loup __________ (26. dévorer) la vieille dame quand la fillette __________ (27. se montrer). S'il avait eu le temps, le loup __________ (28. avaler) la petite de même. Malheureusement pour lui, ses cris __________ (29. alerter) des bûcherons qui __________ (30. travailler) non loin de là…

Exercise 17

Literary tenses: *passé simple* and *imparfait du subjonctif*. Identify the infinitive of the underlined verbs. The first one is done for you.

1. Je ne sais pas ce qu'il <u>advint</u> de ce chanteur. advenir
2. Il <u>fallut</u> se rendre à l'évidence : le public n'était pas content. __________
3. Vous ne pensez pas qu'il <u>sût</u> la vérité. __________

4. Nous vîmes les dégâts. ____________________

5. Il aurait été regrettable qu'ils n'ouvrissent point cette auberge. __________

6. Ils firent comme s'ils n'avaient rien vu. ____________________

7. Je ne pensais pas que vous crussiez en Dieu ! ____________________

Must Know Verbs

Here is a list of Must Know Verbs. Each is followed by the page number on which you will find its conjugation in this book.

1. acheter (78)
2. aimer (90)
3. aller (92)
4. appeler (103)
5. apprendre (109)
6. arriver (115)
7. attendre (121)
8. avoir (125)
9. boire (134)
10. changer (141)
11. chercher (144)
12. choisir (145)
13. commencer (151)
14. comprendre (156)
15. conduire (162)
16. connaître (166)
17. continuer (176)
18. courir (185)
19. croire (193)
20. demander (213)
21. devenir (231)
22. devoir (233)
23. dire (237)
24. donner (248)
25. dormir (249)
26. écrire (256)
27. entendre (272)
28. entrer (275)
29. envoyer (278)
30. essayer (281)
31. éteindre (285)
32. être (287)
33. étudier (288)
34. expliquer (297)
35. faire (306)
36. falloir (307)
37. finir (321)
38. jouer (401)
39. laver (409)
40. se lever (413)
41. lire (414)
42. manger (420)
43. marcher (422)
44. mettre (434)
45. obtenir (461)
46. ouvrir (470)
47. parler (474)
48. partir (476)
49. payer (479)
50. penser (484)
51. perdre (486)
52. plaire (496)
53. pouvoir (506)
54. prendre (509)
55. recevoir (536)
56. regarder (542)
57. rendre (552)
58. rentrer (554)
59. répondre (560)
60. rester (567)
61. savoir (587)
62. sentir (592)
63. sortir (602)
64. suivre (613)
65. supporter (615)
66. tenir (622)
67. terminer (624)
68. travailler (635)
69. trouver (640)
70. valoir (646)
71. vendre (649)
72. venir (651)
73. vivre (656)
74. voir (657)
75. vouloir (659)

Test Prep Verb List

Here is a list of useful Test Prep Verbs. Each is followed by a number i.e.: *associer* (108). The number 108 refers to the page number where you will find the conjugation of the model verb *apprécier*. The verb *associer* is conjugated like the model verb *apprécier*.

1. analyser (90)
2. argumenter (90)
3. associer (108)
4. barrer (90)
5. se baser sur (90)
6. citer (90)
7. classer (90)
8. cocher (90)
9. combiner (90)
10. commenter (90)
11. comparer (90)
12. compléter (502)
13. conclure (161)
14. conjuguer (234)
15. considérer (508)
16. constater (90)
17. constituer (289)
18. construire (162)
19. contenir (651)
20. convenir (651)
21. correspondre (121)
22. corriger (141)
23. créer (189)
24. décrire (256)
25. déduire (162)
26. définir (321)
27. démontrer (90)
28. déterminer (90)
29. développer (90)
30. dicter (90)
31. discuter (90)
32. disposer de (90)
33. distinguer (234)
34. diviser (90)
35. écouter (90)
36. éliminer (90)
37. employer (266)
38. entourer (90)
39. estimer (90)
40. établir (321)
41. éviter (90)
42. examiner (90)
43. exclure (161)
44. exprimer (90)
45. extraire (245)
46. formuler (90)
47. illustrer (90)
48. imaginer (90)
49. indiquer (90)
50. introduire (162)
51. inventer (90)
52. observer (90)
53. oublier (108)
54. poser (90)
55. préparer (90)
56. présenter (90)
57. proposer (90)
58. rapporter (90)
59. réaliser (90)
60. recopier (108)
61. rédiger (141)
62. réfléchir (321)
63. relever (412)
64. relier (108)
65. remplacer (151)
66. repérer (508)
67. répéter (502)
68. retrouver (90)
69. se servir de (596)
70. signifier (108)
71. situer (289)
72. souligner (90)
73. suggérer (508)
74. transformer (90)
75. utiliser (90)

Tech **VERB** list

Useful tech verbs in *français.*

Apply	**appliquer**
Back up	**sauvegarder**
Boot up	**mettre en route**
Cancel	**annuler**
Choose	**sélectionner**
Click on	**cliquer sur**
Close	**fermer**
Connect (to)	**connecter (à)**
Copy	**copier**
Delete	**effacer, supprimer**
Double-click on	**double-cliquer sur**
Download a document	**télécharger un document**
Download music	**télécharger musique**

Tech **VERB** list

Useful tech verbs in *français*.

Edit	**éditer**
Exit	**quitter**
Explore	**explorer**
File	**classer**
Find	**trouver**
Finish	**terminer**
Format	**formater**
Install	**installer**
Print	**imprimer**
Restart	**relancer**
Scan	**scanner**
Select	**sélectionner**
Upgrade	**mettre à jour**

French **TEXT** Messaging

Text your friends in *français.*

1	un, une	*one*
1viT	inviter	*to invite*
2	de	*of, from*
2labal	de la balle	*great*
2m1	demain	*tomorrow*
2manD	demander	*to ask*
6né	ciné (cinéma)	*cinema*
7	cet, cette	*this*
9	neuf	*new*
100	sans	*without*
a12c4	à un de ces quatre	*see you around*
a2m1	à demain	*see you tomorrow*
a +	à plus	*see you later*
ab1to	à bientôt	*see you soon*
aPro	apéro (apéritif)	*aperitif*
b1	bien	*good/well*
b1to	bientôt	*soon*
balaD	balader	*take a walk*
bcp	beaucoup	*a lot*
biz	bise	*kiss*
bjr	bonjour	*good morning*
boC	bosser	*work*
bsr	bonsoir	*good evening*
c	c'est	*it's*
cad	c'est-à-dire	*which means*
ct	c'était	*it was*
d	des	*some*
d1gue	dingue	*crazy*
d6d	décidé	*decided*
danC	danser	*dance*
dja	déjà	*already*
dpch	dépêche	*hurry up*

Text your friends in *français.*

dpenc	dépenser	*to spend*
ds	dans	*in*
dsl	désolé	*sorry*
éD	aider	*to help*
enfR	enfer	*hell*
entouk	en tout cas	*in any case*
eske	est-ce que	*do....?*
fo	il faut	*we/you/they have to*
fR	faire	*to do*
frR	frère	*brother*
g	j'ai	*I have*
gf1	j'ai faim	*I'm hungry*
g la n	j'ai la haine	*I'm angry*
gnial	génial	*great*
grav	grave	*seriously*
ht	acheter	*to buy*
id	idée	*idea*
ir	hier	*yesterday*
j	je	*I*
jamé	jamais	*never*
jtdr	je t'adore	*I adore you*
jtm	je t'aime	*I love you*
kdo	cadeau	*present*
ke	que	*that*
keske	qu'est-ce que...?	*what do...?*
kf	café	*coffee*
ki	qui	*who*
kL	quel	*what, which*
klk1	quelqu'un	*someone*
koi	quoi	*what*
koi29	quoi de neuf?	*what's going on?*
koncR	concert	*concert*

French **TEXT** Messaging

Text your friends in *français.*

ktf	qu'est-ce que tu fais?	*what are you doing?*
l	elle	*she*
lekL	lequel?	*which one?*
lol	mort de rire	*laughing out loud*
mdr	mort de rire	*laughing out loud*
mer6	merci	*thanks*
mnt	maintenant	*now*
moy1	moyen	*so-so*
mR	mère	*mother*
msg	message	*message*
n	haine	*hate*
net	Internet	*internet*
nouvL	nouvelle	*news*
nrv	énervé	*angry*
ok1	aucun	*none*
oqp	occupé	*occupied*
otL	hôtel	*hotel*
ouvR	ouvert	*open*
pa	pas	*not*
partt	partout	*everywhere*
pb	problème	*problem*
pcq	parce que	*because*
pE	peu	*not much*
pk	pourquoi	*why*
pl1	plein	*full*
pr	pour	*for*
qd	quand	*when*
renps	parents	*parents*
rep	réponse	*answer*
ri1	rien	*nothing*
slt	salut	*hey*
stp	s'il te plaît	*please*

French **TEXT** Messaging

Text your friends in *français.*

t	t'es (tu es)	*you are*
taf	travail	*work*
tjr	toujours	*always*
tkl	tranquille	*quiet*
tkt	t'inquiète	*don't worry*
tn	ton	*your*
tr1	train	*train*
tt	tout	*everything*
TT	t'étais	*you were*
tufékoi	tu fais quoi	*what are you doing*
ve	veux	*want*
vi1	viens	*come*
vrmt	vraiment	*really*
vs	vous	*you (formal/plural)*
we	week-end	*weekend*
xlt	excellent	*excellent*
ya	il y a	*there is*
:-)	sourire	*smile*
:-(	triste	*sad*
:-D	mort de rire	*laughing out loud*
;-)	clin d'œil	*wink*
:-P	tirer la langue	*sticking out tongue*
:-x	aucun commentaire	*no comment*
-	moins	*less*
+	plus	*more*

Taking a French test or quiz soon? Preparing for a test is not only about studying content such as French verbs, reading, vocabulary, useful expressions or culture, it is also about practicing and using your learning skills.

The Berlitz author, review and editorial teams would like to share with you some test-taking strategies that have worked for them. Many of these strategies may be familiar to you, but it's always helpful to review them again. Remember that enhancing your learning skills will help you with all of your classes!

Bonne chance!

General Test-Taking Tips: Before the Test

- Review test-taking strategies to help you get a head start on the test.
- Prepping for an exam really begins on your first day of class.
- Reading, reviewing and keeping up with your classwork is the first step to test prep.
- Take good notes in class, especially when your teacher suggests that you write something down.
- Review your notes on a regular basis (at least twice a week).
- Review additional classroom assignments such as worksheets, in-class activities, assignments or readings.
- Review previous quizzes, tests and any test preparation materials related to your class.
- Study with a partner or with a small group of classmates.
- If your teacher has a review session, be sure that you attend the review session.
- During the review session, be sure to ask questions; ask for clarification and for additional practice activities, too.
- Prepare a brief tip sheet for yourself in which you summarize important information, conjugation endings, vocabulary definitions and ideas so that you can review at a glance.
- Spend additional time on material that is more challenging for you and remember that there is material that you do know—and probably know quite well!
- Get a good night of sleep. Remember that "all-nighters" deprive you of the sleep you need to perform well.
- Be sure to eat well before your test.

Test-Taking Tips: During the Test

- Be sure to bring extra pencils, pens, paper, erasers and any materials and resources that your teacher has allowed you to use for the test.
- Arrive early so that you are not stressed.
- Bring a watch to class so that you can manage your time.
- Scan the entire test before you begin so that you know what you will need to do to manage your time.
- Read instruction lines carefully. Be sure that you answer what you are being asked.
- Do the sections that you know well first before moving to the more challenging ones.
- Balance the amount of time that you spend on each question. If you find that you are spending too much time on one question, skip it and come back to it later.
- Be sure that you save about 10 minutes at the end of the test to review. You may be able to catch your own mistakes.

Test-Taking Tips: After the Test

- Review your test and see if you can identify your own mistakes. If you can't identify your mistakes, ask your teacher.
- Correct your test mistakes in your notebook for future reference.
- Review the test to see what sections you did well on and what sections you need to review again. Make a list so that you can begin to prepare for your next quiz or test.
- Keep your test for future reference, review and practice.

Verb Activities Answer Key

Exercise 1

1. (D) apprend
2. (C) fais
3. (A) écrivez
4. (B) attendons
5. (E) veulent
6. (D) dit
7. (B) mets
8. (D) reçoivent

Exercise 2

1. choisit
2. répondent
3. lit
4. mangeons
5. courez
6. vais
7. sers

Exercise 3

1. (C) buvaient
2. (A) devais
3. (C) employait
4. (B) étions
5. (A) jetais
6. (B) voyiez

Verb Activities Answer Key

Exercise 4

1. j'ai réussi
2. a ouvert
3. êtes sorti(e)(s)
4. se sont réveillés
5. as obtenu
6. avons connu

Exercise 5

1. (B) aimait
2. (A) ne se servait pas
3. (B) avons accueilli
4. (A) avez déjà conduit
5. (A) je savais
6. (B) a plu
7. (A) sont tombés
8. (B) a eu

Exercise 6

1. suis allé(e)
2. fallait
3. est mort
4. as résolu
5. avons ri
6. suivaient
7. viviez

Exercise 7

1. (C) offrirez
2. (B) sauras
3. (B) vaudra
4. (C) boirez
5. (B) deviendront
6. (C) courra
7. (A) pourrons

Exercise 8

1. permettraient
2. croirait
3. dérangerions
4. répondrait
5. achèterais
6. devrais
7. iraient

Exercise 9

1. vend
2. suffirait
3. crains
4. concluriez
5. parviendraient
6. se défendra
7. consentez
8. mentions

Exercise 10

1. (B) commencions
2. (C) se plaignent
3. (C) agrandissiez
4. (A) plaise
5. (B) puisse
6. (A) relisions
7. (C) aies

Exercise 11

1. dises
2. teniez
3. vainque
4. obéissent
5. mouriez
6. rende
7. fassions

Exercise 12

1. (B) promenions
2. (B) se soit enfuie
3. (A) admets
4. (B) acquériez
5. (B) reconnaisse
6. (A) vivait
7. (B) soit
8. (A) avons tondu
9. (B) ayez nettoyée

Verb Activities Answer Key

Exercise 13

1. réussissent
2. s'entendent
3. enfreigniez
4. a compris
5. introduise
6. partageons
7. ait fondu
8. s'agisse

Exercise 14

1. (B) j'avais fait
2. (B) raconterons
3. (A) contacterait
4. (C) s'était endormie
5. (B) détestait

Exercise 15

1. appartenait
2. t'étais tordu
3. poserait
4. alliez
5. jouerions
6. avaient grossi
7. aurais pas terminé

Verb Activities Answer Key

Exercise 16

1. était
2. portait
3. avait cousue
4. a appelé
5. a tenu
6. écoute
7. devons
8. semble
9. veux
10. aille
11. avait rempli
12. s'est mise
13. avait
14. faisait
15. a entendu
16. te rends
17. courions
18. a expliqué
19. allait
20. a proposé
21. savait
22. arriverait
23. aurait
24. apparaisse
25. s'est passé
26. avait dévoré
27. s'est montrée
28. aurait avalé
29. ont alerté
30. travaillaient

Exercise 17

1. advenir
2. falloir
3. savoir
4. voir
5. ouvrir
6. faire
7. croire

Index of over 2500 French Verbs

Model Verbs

Below, you will find a list of model verbs. We have included these verbs since most other French verbs are conjugated like one of these model forms. We suggest that you study these model verbs; once you know these conjugations you will be able to conjugate almost any verb!

On the following pages, you will find an index of an additional 2500 verbs. Each verb is followed by an English translation. The English translation is followed by a number, for example: **exister** to exist (90). The number 90 refers to the page number where you will find the conjugation of the verb *aimer*. The verb *exister* is conjugated like the model verb *aimer*. Note: (sb) and (sth) are abbreviations for somebody and something.

Index of over 2500 French Verbs

A

abandonner to abandon (90)
abdiquer to abdicate (90)
abîmer to damage, to spoil (90)
abjurer to abjure, to renounce (90)
abonder to abound, to be plentiful (90)
abonner to subscribe (90)
aboyer to bark (266)
abreuver to water (90)
abriter to shelter (90)
abroger to repeal (141)
abrutir to deafen, to stun (321)
absenter (s') to absent oneself (62)
absorber to absorb (90)
abstraire to abstract (245)
abuser to abuse (90)
accabler to overwhelm (90)
accaparer to corner, to monopolize (90)
accéder (à) to reach, to access (502)
accélérer to accelerate (508)
accidenter to damage, to injure (90)
acclamer to cheer, to acclaim (90)
accommoder to prepare (90)
s'accommoder de to put up with (89)
accomplir to accomplish, to fulfill (obligation) (321)
accoster to accost (90)
accoucher to give birth (90)
accourir to run up (185)
accréditer to give credence to, to accredit (90)
accrocher to hang (90)
accroupir (s') to crouch, to squat (529)
accumuler to store up, to accumulate, to store (90)
acharner (s') to persevere, to keep going at, to hound (62)
acheminer to transport (90)
acquiescer (à) to acquiesce (151)
acquitter to acquit (90)
actionner to activate (90)
activer to speed up, to stimulate (90)
actualiser to update (90)
additionner to add up (90)
adhérer to stick to, to grip, to join (508)
adjuger to auction (141)
administrer to administer, to run (90)
admirer to admire (90)
adopter to adopt, to pass (law) (90)
adoucir to soften, to soothe, to ease (321)
aérer to air, to space out (508)
affaiblir to weaken (321)
affairer (s') to bustle about (62)
affaisser (s') to collapse, to sink (62)
affamer to starve (90)
affecter to feign, to affect (90)
affermir to strenghten (321)
afficher to put up, to display (90)
affilier to affiliate (108)
affiner to hone, to slim down (90)
affliger to afflict, to distress (141)
affluer to flock, to pour in (289)
affoler to throw into a panic (90)
affranchir to stamp, to free (321)
affréter to charter (502)
affronter to face, to brave (90)
agencer to lay out (151)
agenouiller (s') to kneel down (62)
aggraver to aggravate, to make (sth) worse (90)
agiter to wave, to shake (90)
agoniser to be dying (90)
agrafer to staple, to fasten (90)
agrandir to enlarge (321)
agréer to accept (189)

B

bagarrer (se) to fight, to argue (214)
baigner to bathe, to soak, to be great (90)
bâiller to yawn, to be ajar (90)
baiser to kiss, to screw, to con (90)
balader (se) to stroll (214)
balancer to swing (151)
balbutier to mumble (108)
banaliser to trivialize (90)
bander to bandage, to tense (muscle) (90)
bannir to banish (321)
baptiser to baptize (90)
baratiner to give (sb) the spiel, to chat (sb) up (90)
barrer to cancel out, to cross out (90)
barricader to barricade (90)
basculer to topple, to tip up, to tip out (90)
baser (sur) to base (on) (90)
batailler to fight, to scuffle, to struggle (90)
bavarder to chat (90)
baver to dribble (90)
bêcher to dig (90)
bégayer to stammer (281/282)
bénéficier (de) to have, to enjoy, to benefit by (108)
bénir to bless (321)
bercer to rock, to cradle (151)
berner to fool, to deceive (90)
beurrer to butter (90)
bifurquer to fork, to turn off, to switch to (90)
blaguer to joke, to tease (234)
blasphémer to blaspheme (502)
blêmir to blanch, to turn pale (321)
blinder to put security fittings on (door), to bulletproof, to reinforce (90)
bloquer to wedge, to block (90)
blottir (se) to huddle (529)
bluffer to bluff (90)
boiter to limp (90)
bombarder to bomb, to shell (90)
bomber to bulge (90)
bondir to spring (321)
border to border (90)
borner (se) à to be limited to, to restrict oneself to (214)
bosser to grind away at, to work (90)
boucher to cork, to plug (90)
boucler to buckle, to lock up, to finish off, to curl (90)
bouder to sulk (90)
bougonner to grumble (90)
bouillonner to bubble, to boil (90)
bouleverser to move (sb) deeply, to shatter, to disrupt (90)
bouquiner to read (90)
bourrer to stuff (90)
bousculer to jostle, to rush (90)
bousiller to wreck, to smash up (90)
boutonner to button (90)
boxer to box (90)
boycotter to boycott (90)
brader to sell off (90)
brailler to yell, to bawl (90)
brandir to brandish (321)
braquer to point, to train, to rob, to lock (90)
brasser to brew, to shuffle, to handle (90)
braver to defy, to brave (90)
bredouiller to mumble, to mutter (90)
breveter to patent (399)
bricoler to tinker around, to do it yourself (90)
brimer to bully, to victimize (90)
briser to break (90)
broder to embroider (90)
broncher to flinch (90)
bronzer to tan (90)
brosser to brush (90)
brouiller to scramble, to jumble, to blur, to jam, to turn against (90)

D

dépérir to waste away (321)
dépêtrer (se) to get out of (214)
dépeupler to depopulate, to clear (90)
dépister to track down, to detect, to screen for (90)
déplacer to displace (151)
déplier to unfold, to stretch, to open out (108)
déplorer to object, to regret, to deplore (90)
déployer to unfold, to display, to deploy (266)
déporter to deport (90)
déposer to deposit, to dump (90)
déposséder to dispossess (90)
dépouiller to strip (90)
dépoussiérer to dust (off), to rejuvenate (508)
dépraver to deprave, to corrupt, to pervert (90)
déprimer to depress (90)
déprogrammer to withdraw, to remove from the schedule (90)
déraciner to uproot, to root out (90)
dérailler to go off the rails, to derail (90)
déraisonner to rave (90)
déranger to disturb (141)
déraper to skid, to go wrong (90)
dérégler to disturb, to put out, to unsettle (502)
dérider to cheer up, to unwrinkle (90)
dériver to drift, to divert, to derive (90)
dérober to steal, to conceal (90)
déroger (à) to depart from (141)
dérouler to unroll (90)
dérouter to reroute, to disconcert (90)
désactiver to deactivate, to decontaminate (90)
désagréger to break up, to crumble (68)
désaltérer to quench the thirst of, to refresh (508)
désappointer to disappoint (90)
désapprouver to disapprove (90)
désarmer to disarm (90)
désavantager to penalize, to (put at a) disadvantage (141)
désengager to release from a commitment (141)
désensibiliser to desensitize (90)
déséquilibrer to throw off balance, to destabilize (90)
déserter to desert (90)
désespérer to despair (508)
déshabiller to undress (someone) (90)
désherber to weed (90)
déshériter to disinherit (90)
déshonorer to dishonour, to ruin (90)
déshumaniser to dehumanize (90)
déshydrater to dehydrate (90)
désigner to indicate, to choose, to nominate, to designate (90)
désinfecter to disinfect (90)
désintégrer to disintegrate (502)
désintéresser (se) to lose interest in (388)
désintoxiquer to detoxify, to counteract (90)
désister (se) to stand down, to withdraw (214)
désobéir (à) to disobey (321)
désodoriser to deodorize (90)
désoler to distress, to sadden (90)
désolidariser (se) de to dissociate oneself from (214)
désorganiser to disorganize (90)

E

fédérer to federate (508)
fêler to crack (90)
fermenter to ferment (90)
fertiliser to fertilize (90)
festoyer to feast (266)
ficeler to tie up (103)
ficher to stick in, to file (90)
fidéliser to secure the loyalty of (90)
figer to congeal, to coagulate, to clot (141)
fignoler to perfect, to polish (90)
figurer (se) to imagine, to believe (214)
filmer to film, to shoot (90)
filtrer to filter, to filter through (90)
finaliser to finalize (90)
financer to finance (151)
fiscaliser to tax (90)
fissurer to crack, to fissure (90)
flageller to whip (90)
flageoler to shake, to tremble (90)
flairer to scent, to sense (danger) (90)
flamber to singe, to blow, to burn, to soar (90)
flancher to give out, to waver (90)
flâner to stroll, to hang about (90)
flatter to flatter (90)
flécher to mark with arrows, to signpost (502)
fléchir to bend, to fall, to weaken (321)
flemmarder to loaf about (90)
flétrir to wither, to fade (321)
flinguer to blow away (234)
flipper to feel down, to flip (90)
flirter to flirt (90)
flouer to rook, to con (401)
fluctuer to fluctuate (289)
fluidifier to fluidize (108)
focaliser to focus (90)
foisonner to abound, to expand (90)
folâtrer to frolic, to fool around (90)
fomenter to foment, to cause (90)
forcir to get bigger (321)
forer to drill, to sink (90)
forger to forge (141)
formater to format (90)
forniquer to fornicate (90)
fortifier to fortify (108)
foudroyer to strike down (266)
fouetter to whip (90)
fouiner to go through, to nose about (90)
fouler to tread (90)
fourguer to fence (234)
fourmiller to swarm, to abound, to tingle (90)
fourrer to fill, to stick, to put (90)
fourvoyer (se) to be in error, to get oneself involved (in) (456)
fracasser to smash (90)
fractionner to divide, to split up (90)
fracturer to fracture, to break open (90)
fragiliser to weaken (90)
fragmenter to split (up), to divide (90)
fraîchir to get cooler, to freshen (321)
franchir to cross, to get over (321)
franciser to gallicize (90)
fraterniser to fraternize (90)
frauder to defraud, to cheat (90)
frayer to clear (281/282)
fredonner to hum (90)
frelater to adulterate (90)
frétiller to wriggle, to wag (90)
frictionner to rub (down) (90)
frigorifier to refrigerate (108)
frimer to show off (90)
fringuer to dress (234)
friper to crumple (90)
friser to curl, to border on (90)
froisser to crumple, to crease, to offend (90)
frôler to brush against, to escape narrowly (90)

froncer to gather, to frown (151)
fructifier to bear fruit, to be productive (108)
frustrer to frustrate (90)
fuguer to run away (234)
fulminer to fulminate (90)
fureter to rummage (78)
fuser to ring out (90)
fusiller to shoot, to wreck (90)
fusionner to merge (90)

G

gaffer to flub (90)
gager to guarantee, to wager (141)
galérer to have a hard time (508)
galoper to gallop (90)
galvaniser to galvanize (90)
gambader to gambol (90)
garer to park (90)
garnir to fill, to decorate, to garnish (321)
gaver to force-feed (90)
gazéifier to carbonate (108)
gazer to gas (90)
gazouiller to twitter (90)
geindre to moan, to whine, to groan (482)
gémir to moan (321)
généraliser to generalize (90)
générer to generate (508)
gerber to bind, to pile, to throw up (90)
gercer to chap, to crack (151)
gérer to manage, to handle (508)
germer to germinate (90)
gesticuler to gesticulate (90)
gicler to spurt, to squirt (90)
gifler to slap (90)
gigoter to wriggle, to fidget (90)
glacer to ice (151)
glander to loaf about (90)
glaner to glean, to gather (90)
globaliser to globalize (90)
glorifier to glorify (108)
glousser to cluck, to chuckle (90)
gober to suck (eggs), to fall for (90)
goinfrer (se) to stuff oneself (214)
gommer to rub out, to erase (90)
gondoler to crinkle, to warp (90)
goudronner to macadamize (90)
gourer (se) to make a mistake (214)
gouverner to govern, to steer (90)
gracier to pardon, to reprieve (108)
graduer to increase, to graduate (289)
graisser to grease (90)
grappiller to pick up, to glean (90)
gratifier to gratify (108)
gratiner to brown a dish (90)
graver to engrave, to burn (CDs) (90)
gravir to climb up (321)
graviter to orbit, to gravitate (90)
greffer to transplant, to graft (90)
grelotter to shiver (90)
grésiller to crackle, to sizzle (90)
grever to put a strain on (412)
gribouiller to doodle, to scribble (90)
griffer to scratch, to put one's label on (90)
griffonner to scribble (90)
grignoter to nibble (90)
griller to grill (90)
grimacer to grimace, to make a face (151)
grimer to make up (90)
grincer to creak (151)
grogner to growl (90)
grommeler to grumble (103)
grouiller to swarm about (90)
grouper to put together (90)
gruger to dupe (141)
gueuler to yell, to bawl (90)

présider to chair, to preside over (90)
pressentir to have a premonition about (476)
presser to squeeze, to press, to urge, to hurry (90)
pressuriser to pressurize (90)
présumer to presume, to overestimate (90)
prétexter to plead, to give as a pretext (90)
prévaloir to prevail (646)
primer to award a prize to, to prevail over (90)
priser to prize, to snort (90)
privatiser to privatize (90)
priver to deprive (90)
privilégier to privilege, to favor (108)
procéder to proceed (502)
proclamer to proclaim (90)
procréer to procreate (189)
procurer to provide, to bring (90)
prodiguer to be lavish with (234)
profaner to profane (90)
proférer to utter (508)
professer to affirm, to profess, to teach (90)
profiter (à, de) to benefit, to profit, to take advantage of, to thrive (90)
progresser to improve, to progress, to rise (90)
prohiber to prohibit (90)
proliférer to proliferate (508)
prolonger to extend, to prolong (141)
promouvoir to promote (446)
promulguer to promulgate (234)
prôner to advocate (90)
pronostiquer to forecast, to prognosticate (90)
propager to propagate, to spread (141)
prophétiser to prophesy (90)
proposer to suggest, to offer (drink, dish), to propose (90)
propulser to propel, to push, to fling (90)
proroger to extend, to renew, to defer (141)
proscrire to banish, to proscribe, to forbid (256)
prospecter to comb (area), to explore, to prospect (90)
prospérer to flourish, to thrive (508)
prosterner (se) to bow down (214)
prostituer to prostitute (289)
protéger to protect (68)
protester to protest (90)
provenir (de) to come from, to result from, to arise from (651)
provoquer to cause, to provoke, to arouse (90)
publier to publish (108)
puer to stink (289)
puiser to draw (90)
pulluler to proliferate, to congregate (90)
pulvériser to pulverise, to demolish, to spray (90)
purger to purge, to serve (sentence) (141)
purifier to purify (108)

Q

quadrupler to quadruple (90)
qualifier to qualify, to describe (108)
quantifier to quantify (108)
quémander to beg (90)
quereller (se) to quarrel (214)
questionner to interrogate, to question (90)
quêter to take the collection, to beg for (90)

R

rabâcher to keep repeating, to keep harping on (90)
rabaisser to reduce, to belittle (90)

S

teindre to dye, to stain (482)
teinter to tint, to tinge (90)
télécopier to fax (108)
télégraphier to cable, to telegraph (108)
témoigner to testify, to show (90)
tempérer to temper, to soften (508)
tenailler to gnaw, to torment (90)
tergiverser to prevaricate (90)
ternir to tarnish, to dull (321)
terrasser to strike down, to shatter (90)
terrer (se) to earth, to burrow (214)
terrifier to terrify (108)
terroriser to terrorize (90)
tester to test (90)
téter to suck (502)
théoriser to theorize, to speculate (90)
tiédir to cool down, to warm up (321)
timbrer to stamp (90)
tinter to chime, to tinkle (90)
tisser to weave, to spin (90)
titrer to subtitle, to entitle (90)
tituber to stagger (90)
tolérer to tolerate (508)
tondre to crop, to shear, to mow (121)
tonifier to tone up (108)
tonner to thunder, to roar (90)
toquer to tap (90)
torturer to torture (90)
totaliser to total, to totalize (90)
touiller to stir, to toss (90)
tourbillonner to swirl (90)
tourmenter to torment (90)
tracasser to worry (90)
tracer to draw, to plot, to write (151)
tracter to tow, to pull (90)
traficoter to be up to (90)
trafiquer to fiddle with, to be up to (90)
traînasser to loaf about (90)
traîner to pull, to drag (on, around), to lie around (90)
traire to milk, to draw (245)
tramer to hatch, to plot, to screen (90)
trancher to cut, to decide (90)
tranquilliser to reassure (90)
transcender to transcend (90)
transcrire to transcribe (256)
transférer to transfer, to relocate (508)
transformer to alter, to change, to transform (90)
transfuser to give a blood transfusion (90)
transgresser to break (law, rule), to transgress (90)
transiger to compromise (141)
transiter to pass through, to transit (90)
transparaître to show through (166)
transpercer to pierce, to go through (151)
transpirer to sweat, to leak out (90)
transplanter to transplant (90)
transporter to transport, to carry (90)
transposer to transpose (90)
transvaser to decant (90)
traquer to track down, to hunt down (90)
traumatiser to traumatize (90)
travestir to dress up, to distort (truth) (321)
trébucher to stumble (90)
trembler to tremble, to shake (90)
trémousser (se) to wiggle, to wriggle (214)
tremper to dip, to soak (90)
trépasser to pass away (90)
trépigner to stamp one's feet (90)

voûter to vault (over) (90)
vulgariser to come into general use, to popularize (90)

Z

zapper to zap, to hop from one thing to another (90)
zipper to zip (90)
zoomer to zoom in (90)

For iPod:

Introduction

Berlitz® French Essential Words and Phrases for iPod is a unique digital e-phrase book that contains 300 travel-related words and phrases—all for use on your iPod.

Simply download the software from our web site at www.berlitzpublishing.com/601verbs to your computer, run the automatic installer and your iPod Classic or Nano will be loaded instantly with words, phrases, pictures and audio for your trip—no need to carry a phrase book, CD, or separate audio device! The program is easily organized into thematic menus, so you can quickly scroll to find the phrase you're looking for. This easy-to-navigate technology ensures that you can communicate in a variety of situations immediately: at the airport, train station, hotel, restaurant, shopping area, Internet café and more.

System Requirements

Windows 2000, XP, Vista or Windows 7, Internet Explorer
Mac OS 10.4 or later, Safari
25MB of available hard disk space.

iTunes Requirements:
Windows or Mac Version 8.0 or later

iPod Requirements:
iPod Classic 5th generation or later; iPod Nano 3rd generation or later.

Installation Instructions

> For error-free installation, make sure your iPod is connected and iTunes is open. Wait until your iPod appears in the iTunes Source Menu.
> In iTunes, make sure your iPod has the Options boxes checked as illustrated here:

For PC iPods

> On Windows PCs, the installer screen will automatically extract the zipped content and prompt you to start the installation process. Follow the installer menus to properly install the text into the Notes folder of your iPod and the audio into your iTunes Library. Your iTunes will then sync to your iPod to transfer the audio into your iPod's music folder. Note: if you have "Manually manage music and videos" checked under your iTunes Options, you will have to drag the audio files from the iTunes Library to your iPod after installation.

For Mac iPods

> On your Mac, open the folder called Berlitz_FR_LT_unzipped.
> Double click the MacBook Installer icon. Follow the installation menus as they lead you through the process.
> Eject your iPod and go to the iPod Extras, then the Notes folder. You'll find Berlitz® French there.

Technical Support

For technical support issues for this product, please refer to our help page at www.ipreppress.com/iphrase.htm. You can also contact us by phone at 1-866-439-5032 (toll free U.S. only) or 1-215-321-0447 Monday through Friday, 9 a.m. to 6 p.m. EST or email us at help@ipreppress.com.

iPhone and iPod touch Instructions

For iPhone and iPod touch:

Berlitz® 21 French Verbs for iPhone and iPod touch is a free app that accompanies *Berlitz 601 French Verbs*. It enables you to use your iPhone and iPod touch to conjugate 21 essential French verbs in all the major tenses in the palm of your hand! Go to the iTunes app store and search for "Berlitz 21 French Verbs" or click on the link to the iTunes app store at our website www.berlitzpublishing.com/601verbs to download the free app.